Contraste insuffisant
NF Z 43-120-14

LA
SOCIÉTÉ DES JACOBINS

COLLECTION DE DOCUMENTS RELATIFS A L'HISTOIRE DE PARIS
PENDANT LA RÉVOLUTION FRANÇAISE
Publiée sous le patronage du Conseil municipal

LA SOCIÉTÉ DES JACOBINS

RECUEIL DE DOCUMENTS

POUR L'HISTOIRE

DU CLUB DES JACOBINS DE PARIS

PAR

F.-A. AULARD

TOME I — 1789-1790

PARIS

LIBRAIRIE JOUAUST | LIBRAIRIE NOBLET
7, RUE DE LILLE   13, RUE CUJAS

MAISON QUANTIN
7, RUE SAINT-BENOIT

1889

INTRODUCTION

I. Idée générale de ce recueil. — II. Faits préalables : le Club breton. — III. Formation de la Société des amis de la constitution. — IV. Dénomination et séance des Jacobins, lieu de leurs séances. — V. Organisation intérieure du club : § 1. Règlement. § 2. Liste des membres. § 3. Liste des comités. § 4. Liste des présidents et secrétaires. § 5. Sociétés affiliées. — VI. Législation des clubs pendant la Révolution. — VII. Bibliographie : § 1. Histoires générales des Jacobins. § 2. Journaux. — VIII. Du plan et de la méthode suivis dans ce recueil.

I

IDÉE GÉNÉRALE DE CE RECUEIL

Si le Club des Jacobins n'a encore été l'objet d'aucune appréciation équitable et vraiment historique, si le fanatisme seul s'est prononcé sur le compte de la célèbre Société, qui fut le foyer de la Révolution, c'est en grande partie à cause de l'absence ou plutôt de la dispersion des documents. L'histoire des Jacobins est un sujet qui, faute de textes authentiques et suivis, a été abandonné à la légende, légende de haine ou d'amour, légende d'erreur ou de mensonge.

Il nous manque le document essentiel, à savoir le procès-verbal officiel ou registre des délibérations de la Société des Jacobins de Paris (quand nous avons celui de tel club d'une commune de 300 âmes !) : ces comptes rendus, seuls authentiques, ont disparu, nous ne savons comment ni à quelle époque.

Le journal imprimé qui raconte les séances de la Société les raconte assez mal, et il n'expose qu'une partie de la carrière des Jacobins.

Jusqu'en juin 1791, nous n'avons que des textes isolés, et, à partir de décembre 1793, que des comptes rendus épars dans les feuilles périodiques, chez les unes sans suite, chez les autres sans détail.

Si cependant on rapproche dans un ordre chronologique ces textes de toute nature, une certaine lumière sort de ce rapprochement; on sait du moins tout ce qu'il est possible de savoir en l'état des choses; les légendes se dissipent, et on entrevoit le vrai rôle de ces Jacobins, tour à tour monarchistes, girondins, montagnards, et dont la tribune a été ouverte, successivement, à toutes les opinions qui ont dominé.

C'est ce rapprochement de textes que nous tentons dans ce recueil, composé sous les auspices du Conseil municipal de Paris. Nous offrons à l'histoire les moyens de reprendre possession d'un sujet, jusqu'ici légendaire.

II

LE CLUB BRETON

Avant de produire les textes que nous avons réunis et commentés, nous voudrions indiquer les faits préalables dont la connaissance est nécessaire à l'intelligence de ces textes, rechercher ce que fut le Club des Jacobins en sa première forme, comment il s'organisa, quels écrivains en ont déjà essayé l'histoire, quelles sources il faut suivre.

On peut considérer le *Club breton* de Versailles comme la première forme du Club parisien des Jacobins.

Malheureusement nous n'avons guère sur l'origine et la formation de ce Club que des détails vagues et contradictoires.

Nous allons du moins soumettre au lecteur quelques textes contemporains au sujet de la date de formation, du local, de l'activité intérieure et extérieure du Club breton.

Il est certain qu'il fut établi fort peu de temps après la réunion des États généraux : car on lit dans les mémoires du véridique Grégoire (I, 380) une sorte de compte rendu de la séance du Club breton du 22 juin 1789, et cette séance n'est point présentée par Grégoire comme la première en date [1]. D'autre part, Étienne Dumont, dans ses *Souvenirs sur Mirabeau* (p. 100), montre Sieyès, en juin 1789, le jour même de la séance royale, jugeant le Club breton comme une assemblée qui

---

1. Il est à peu près certain que les graves questions qui occupèrent la séance du Tiers état du 17 juin 1789 avaient été débattues auparavant au Club breton : « M. l'abbé Sieyès, dit Mounier, avait proposé de se constituer sous le titre des *seuls représentants vérifiés et connus*. Cette proposition avait été approuvée, dans une assemblée particulière, par un assez grand nombre de députés qui ont toujours été en usage de se réunir dans un *club*. » (Mounier, *Exposé de ma conduite dans l'Assemblée nationale*, p. 5.) Il n'est guère admissible que Mounier veuille parler ici d'un autre club que le Club breton.

a déjà un passé : « Je ne retournerai plus, aurait-il dit, avec ces hommes-là ; c'est une politique de caverne : ils proposent des attentats comme des expédients. » On peut donc dire que l'existence du Club breton remonte aux premiers jours de la Révolution.

Où siégeait-il?

« Dans une espèce de souterrain de l'avenue de Saint-Cloud », écrit le journaliste-historien Montjoie en 1791 [1]. « Dans un café à Versailles, sur l'avenue de Saint-Cloud », dit un des membres du Club, Dubois-Crancé [2]. « Dans l'avenue de Saint-Cloud, n° 36 », écrit en l'an IX l'éditeur de l'*Histoire de la Révolution de France* par Bertrand de Moleville [3]. « Dans une auberge », écrit Bertrand de Moleville lui-même [4]. Enfin l'ex-membre du Club breton Alexandre de Lameth s'exprime ainsi dans son *Histoire de l'Assemblée constituante* [5] : « Les Bretons ayant choisi à Versailles un local assez vaste pour lieu de réunion, un nombre considérable de députés et quelques membres de la minorité de la noblesse en firent partie... Cette réunion a été connue sous le nom de Comité breton. »

J'ai pensé que la tradition orale avait conservé le souvenir exact de la maison même où siégeait le club, et je me suis adressé à l'un des habitants de Versailles qui connaissent le mieux l'histoire de la Révolution dans cette ville, M. le professeur Thénard. Voici la note qu'il a bien voulu me remettre :

La dernière maison de la rue de la Pompe, n° 44, maison dont une façade donne sur l'avenue de Saint-Cloud, a été pendant de longues années, près d'un siècle, connue sous le nom de café Amaury. C'est dans cet immeuble que naquit en 1754 Nicolas Amaury, fils de Jean-Louis Amaury, marchand limonadier. En 1781, Nicolas avait succédé à son père ; vers 1810, la maison passait sous la direction du fils de Nicolas, lequel mourait dans son immeuble, le vendredi 28 août 1826, à l'âge de soixante-douze ans.

Pourquoi ces détails biographiques à propos du Club breton? On en comprendra l'importance en lisant les documents qui vont bientôt suivre. Amaury, le limonadier, était, comme beaucoup de Versaillais, zélé partisan des réformes ; à l'heure des élections primaires il coopéra à la rédaction du cahier de sa corporation et fut délégué parmi les trente-six députés que la ville de Versailles envoya au bailliage. Pendant plusieurs années, Amaury remplit des fonctions municipales importantes. Il était donc connu pour ses opinions libérales, et je

---

1. *Histoire de la Révolution de France, et de l'Assemblée nationale*; Paris, Gattey, 1792, in-4°, 2º partie, p. 121.
2. *Analyse de la Révolution française*, publiée par Th. Iung; Paris, Charpentier, 1885, in-12, p. 49.
3. Tome I, pages 376-380 (en note).
4. *Ibid.*
5. Paris, 1828, 2 vol. in-8°, tome I, p. 422, note 4.

crois qu'à ce point de vue son établissement avait dû être indiqué, recommandé aux députés qui arrivaient des différents points du royaume. Sa maison était, dans son genre, une des plus importantes de la ville ; située dans la partie la plus peuplée, elle offrait l'avantage de n'être pas très éloignée de l'Hôtel des Menus, où se trouvait la salle de l'Assemblée nationale.

D'après la tradition, la salle fréquentée par les députés était la première, au rez-de-chaussée, celle qui donne sur la petite place formée par la jonction de la rue de la Pompe et du côté gauche de l'avenue de Saint-Cloud. Le café occupait aussi l'entresol, où se réunissaient peut-être aussi les députés quand ils voulaient délibérer en secret.

Sous la Restauration et sous le gouvernement de Juillet, le café Amaury servait de rendez-vous à tous les libéraux.

Il n'y a pas quarante ans qu'un monsieur Angé, avocat consultant, avait l'habitude d'aller dans ce café et d'y occuper la place que, disait-il, prenait toujours Robespierre ; et cet avocat avait assisté, à Versailles, au début de la Révolution, assez âgé dès lors pour bien voir et se rappeler.

Il est donc très probable que le café Amaury était le lieu de réunion du Club breton.

Voyons maintenant quels furent les fondateurs et les premiers membres de cette réunion, toute privée, secrète, et réservée aux seuls députés.

Comme le nom du Club breton l'indique, ce furent les députés de Bretagne qui le fondèrent[1]. Ce sont eux qui prirent l'habitude de se réunir au café Amaury et de s'y consulter avant les séances. C'est

---

1. « ...Le Club breton, ainsi appelé parce qu'il commença par quelques conférences de plusieurs députés de Bretagne sur la conduite qu'ils avaient à tenir aux États généraux. C'était une portion de ces mêmes hommes qu'on avait vus en Bretagne, dans leur chambre de lecture, organiser des insurrections contre les envoyés du roi. » Beaulieu, *Essais historiques sur les causes et les effets de la Révolution française*, I, 281. Voir aussi Pagenel, *Essai historique et critique sur la Révolution française*, I, 354 et sqq. ; Montlosier, *Mémoires*, I, 330 ; Bailly, *Mémoires*, I, 290. — Les historiens de la Bretagne ne s'accordent ni sur le nom ni sur la date de fondation de ce Club. Duchâtellier dit, parlant du débat sur le *veto* : « Plusieurs députés de la province (de Bretagne) formaient dès lors à Paris une réunion régulière qui prit le titre de *Chambre de la province de Bretagne*. Ses membres correspondaient avec les sénéchaussées et les communes qui les avaient nommés à l'Assemblée nationale... » (*Histoire de la Révolution dans les départements de l'ancienne Bretagne*, Paris et Nantes, 1836, 4 vol. in-8 ; t. I, p. 188.) M. René Kerviler s'exprime ainsi : « Le Chapelier fut un des fondateurs de ce *Salon breton* où s'élaborèrent les principaux projets de résistance aux ordres de la cour et aux prétentions des deux autres ordres. Le 5 mai, dit le *Bulletin de la correspondance de Rennes*, les députés de Bretagne, réunis au salon commun, ont adopté, sur la proposition de Le Chapelier, une déclaration de l'Assemblée, sur son état actuel, avec invitation et interpellation aux ordres privilégiés de se rendre enfin dans la salle commune pour y vérifier les pouvoirs... » (*Recherches et notice sur les députés de la Bretagne aux États généraux et à l'Assemblée constituante*, Rennes, 1888-1889, 2 vol. in-8 ; t. II, p. 77.)

leur comité, tout régional, qui devint un centre d'attraction, d'autant plus aisément qu'à ce moment où s'achevait l'unité nationale, chaque député rougissait de n'être tenu que pour le député d'une province. Les Bretons furent sans doute, pour ce motif, heureux de recevoir dans leur club les autres patriotes leurs collègues.

Voici la liste des députés du tiers état et du clergé de Bretagne[1]. On peut les considérer, les uns et les autres, comme ayant formé le Club breton : car Alexandre de Lameth nous apprend que presque tous les députés du clergé de cette province s'étaient joints à leurs collègues du tiers[2].

CLERGÉ

Évêché de Dol :

SIMON, recteur de la Boussac.
GARNIER, recteur de Notre-Dame-de-Dol.

Évêché de Nantes :

MOYON, recteur de Saint-André-des-Eaux. (*Démissionnaire en août 1789.*)
CHEVALLIER, recteur de Saint-Lumine-de-Coutais. (*Démissionnaire à la même date.*)
MAISONNEUVE, recteur de Saint-Étienne-de-Montluc. (*Démissionnaire à la même date.*)
BINOT, principal du collège d'Ancenis. (*Élu aux élections supplémentaires du 25 septembre 1789.*)
LATYL, oratorien. (*Élu aux mêmes élections.*)
MÉCHIN, recteur de Brains, près Machecoul. (*Élu aux mêmes élections.*)

Évêché de Quimper :

DE LESSÉGUES DE ROSAVEN, prieur-recteur de Plogonnec.
GUINO, recteur d'Elliant.
LOËDON DE KERANON, recteur de Gourin. (*Remplace l'abbé Hervé, aussitôt démissionnaire.*)

Évêché de Rennes :

GUILLOU, recteur de Martigné-Ferchaud. (*Démissionnaire en août 1789.*)
VANNEAU, recteur d'Orgères.
HUNAULT, recteur de Billé et doyen de Fougères. (*Démissionnaire en août 1789.*)

---

1. On sait que la noblesse de cette province avait refusé de députer aux États généraux.
2. *Histoire de l'Assemblée constituante*, I, 421.

DUBOURG-LANCELOT, recteur de Retiers. (Élu aux élections supplémentaires du 12 septembre 1789.)
QUERRE DE LACOSTE, recteur de Saint-Jean-de-Rennes. (Élu aux mêmes élections.)

Évêché de Saint-Brieuc :

RUELLO, recteur de Loudéac.
HINGANT, recteur d'Andel.

Évêché de Saint-Malo :

RAMIER, recteur de Broons.
ALLAIN, recteur de Notre-Dame-de-Josselin.

Évêché de Saint-Paul-de-Léon :

EXPILLY, recteur de Saint-Martin-de-Morlaix.
Dom VERGORT, prieur de l'abbaye royale du Relec.

Évêché de Tréguier :

LUCAS, recteur du Minihy-Tréguier.
DELAUNAY, prémontré de Beauport, prieur de Plounagat.

Évêché de Vannes :

GABRIEL, recteur de Questembert.
GUÉGAN, recteur de Pontivy.
LOAISEL, recteur de Redon. (Démissionnaire en août 1789.)
LE BRETON, prieur des Bénédictins de Redon. (Remplace en septembre 1789 Loaisel, démissionnaire.)

TIERS ÉTAT

Sénéchaussée de Brest :

LEGENDRE (Laurent-François), avocat à Brest.
MOYOT, négociant à Lanildut.

Sénéchaussée de Carhaix, Châteaulin, Quimperlé et autres y réunies :

LE GOFF DE BOSGRAVE, avocat à Châteaulin.
BILLETTE DE VILLEROCHE, négociant, ancien maire de Quimperlé.

Sénéchaussée de Dinan :

GOUPARD, avocat.
GAGON DU CHESNAY, avocat, maire de Dinan.

Sénéchaussée de Fougères, Saint-Aubin et Hédé :

Fournier de la Pommeraye, procureur du roi en la sénéchaussée de Fougères.
Lemoine de la Gibaudais, avocat en parlement à Fougères, maire de Fougères.

Sénéchaussée d'Hennebont :

Delaville Le Roulx, négociant à Lorient.
Cornuller du Moustoir, procureur du roi à Hennebont.
Le Floc'h (Corentin), laboureur à Quanquisern-en-Lignol.

Sénéchaussée de Lesneven :

Le Guen de Kerangal, négociant à Landivisiau.
Prudhomme de Keraudon, de Saint-Paul-de-Léon, lieutenant des canonniers gardes-côtes et commissaire des États de Bretagne.

Sénéchaussée de Morlaix et Lannion :

Goufre de Kervennou, sénéchal de Lannion.
Baudouin de Maisonblanche, avocat à Lannion.
Le Lay de Grantugen, cultivateur à Plouigneau.
Mazurié de Pennanech, négociant, ancien maire de Morlaix.

Sénéchaussée de Nantes et Guérande :

Guinebaud de Saint-Mesme, négociant à Nantes.
Giraud-Duplessis, avocat du roi et procureur-syndic de la communauté de Nantes.
Baco de la Chapelle, procureur du roi au présidial de Nantes.
Pellerin, avocat à Nantes. (*Démissionnaire en août 1790 et remplacé par Maupassant, agriculteur à Nort.*)
Chaillou, sénéchal de la vicomté de Saint-Nazaire.
Jary, négociant, directeur des mines à Nort.
Cottin, secrétaire du roi et seigneur de Safré.
Blin, médecin à Nantes.

Sénéchaussée de Ploërmel :

Tuault de la Bouvrie, sénéchal de Ploërmel.
Boullé, avocat à Pontivy.
Robin de Morhery, avocat et agriculteur au Quillio. (*Presque aussitôt démissionnaire.*)
Perret de Trégadout, ancien maire de Ploërmel.
Le Deist de Botidoux, négociant à Uzel. (*Remplace Robin de Morhery, démissionnaire.*)

Sénéchaussée de Quimper et Concarneau :

Le Goazre de Kervelégan, sénéchal du présidial de Quimper.
Le Déan, ancien subrécargue de la Compagnie des Indes.
Le Guillou de Kerinsoult, avocat, échevin de Quimper. (*Démissionnaire en septembre ou octobre 1789.*)
Taxhot de Clermont, sénéchal de Pont-Croix. (*Remplace en octobre 1789 Le Guillou de Kerincuff, démissionnaire.*)

Sénéchaussée de Rennes :

Glezen, avocat au parlement de Rennes.
Lanjuinais, avocat et professeur en droit canon à Rennes.
Huard, avocat, armateur à Saint-Malo. (*Mort en octobre 1789. Remplacé par Varin de la Brunelière, avocat.*)
Hardy de la Largère, maire de Vitré.
Gérard (Michel), cultivateur à Tuel-en-Montgermont.
Le Chapelier, avocat à Rennes.
Defermon des Chapelières, procureur au parlement de Rennes, commissaire des États de Bretagne.

Sénéchaussée de Saint-Brieuc et Jugon :

Palasne de Champeaux, sénéchal de Saint-Brieuc.
De Neuville, sénéchal de Jugon.
Poulain de Corbion, maire de Saint-Brieuc.

Sénéchaussée de Vannes, Auray et Rhys :

Lucas de Bourgerel, avocat à Vannes.
Dusers, conseiller au présidial de Vannes.

Aux députés bretons se joignirent, presque aussitôt, comme le montrent les documents que j'ai cités et ceux qui vont suivre, le duc d'Aiguillon, Mirabeau, Sieyès, Barnave, Petion, Volney, l'abbé Grégoire, Robespierre, Charles et Alexandre de Lameth, des députés de Franche-Comté, La Révellière-Lépeaux et quelques députés d'Anjou, Bouche, le marquis de Lacoste, etc.

D'après Montjoie, les premières séances du Club furent présidées par Glezen.

Il n'est pas facile de reconstituer l'histoire intérieure d'une assemblée qui ne tenait peut-être même pas de procès-verbaux et qui, en tout cas, n'a rien publié.

Sans essayer des hypothèses ou des inductions qui ne conviendraient pas à notre méthode et à notre but, donnons sans commentaires les textes contemporains ou émanés de contemporains qui sont relatifs aux travaux et à l'influence du Club breton.

Montjoie, *Histoire de la Révolution de France*, 2ᵉ partie, p. 121 :

C'était dans une espèce de souterrain de l'avenue de Saint-Cloud que se tramaient les complots de ce genre [1]. Les conjurés s'y réunissaient, sous la présidence de M. Glezen, député du tiers état de Rennes. Leurs principaux chefs étaient MM. Le Chapelier, Sieyès, Mirabeau, Barnave, Pétion, Volney. Là, le comte de Mirabeau commença à développer le plan de révolution dont il était porteur; mais il le fit avec précaution et de manière que les députés que je viens de nommer furent d'abord les seuls initiés dans le secret; encore Mirabeau leur laissa-t-il plutôt entrevoir l'ensemble du plan qu'il ne le leur développa.

Les autres députés qui composaient le conciliabule ne savaient réellement pas où l'on en voulait venir; on choisissait, parmi eux, les plus dociles, les plus crédules : c'étaient les séides de tous ces Mahomet; on les lançait dans le peuple et dans l'Assemblée. Au milieu de la multitude, ils échauffaient les esprits; au sein de l'Assemblée, ils étaient chargés de faire la première ouverture des projets qu'on voulait mettre à exécution. C'étaient les enfants perdus de l'armée des conjurés. On les appela, on les appelle encore aujourd'hui les *casse-cou*.

Tel fut d'abord M. Corroller; tels furent, dans la suite, MM. Bouche, le marquis de Lacoste, les deux MM. de Lameth.

C'est une telle association, qu'on nomma d'abord le *Club breton*, qui a donné naissance au *Club des Jacobins*, à celui de 1789, à celui de *la Propagande* qui, au moment où j'écris ceci (1791), a pour nom *Cercle social* ou *Bouche de fer*.

Le même, 2ᵉ partie, p. 154-155 :

Tout cet appareil [2] n'effrayait ni ne décourageait les membres du Club breton. Ils avaient résolu d'obtenir, à quelque prix que ce fût, l'éloignement de toutes les troupes, et ils étaient bien moins inquiets du développement de cette force que de la lenteur des bourgeois de Paris à se soulever... Jouant sur le mot *aristocratie*, qui était déjà le cri de ralliement des factieux, ils disaient de M. d'Eprémesnil que c'était un *aristocrate*; d'un autre, qu'il était *aristocrâne*; d'un troisième, que c'était un *aristocroc*; d'un quatrième, que c'était un *aristocruche*, et enfin du prélat qui avait vu le fer des assassins levé sur sa tête, que c'était un *aristocrâne* [3]. Ils s'égayaient également sur M. le comte d'Artois; ils supposaient à ce prince une affaire d'honneur avec M. le maréchal de Ségur, qui, comme on sait, a perdu le bras droit sur un champ de bataille.

---

1. Les complots des patriotes. Montjoie est un écrivain royaliste.
2. Les préparatifs militaires de la Cour au commencement de juillet 1789.
3. Il s'agit probablement de l'archevêque de Paris, Leclerc de Juigné, qui, le 25 juin 1789, fut menacé par le peuple de Versailles parce qu'on le soupçonnait d'être, dans la chambre du clergé, un des chefs du parti qui s'opposait à la réunion des Ordres.

Ici Montjoie ajoute des détails rétrospectifs sur les desseins du Club breton au moment de la réunion des trois Ordres :

Il fut fort question, dit-il, parmi les membres du Club breton, de grossir la source de leurs largesses et de se former, aux dépens des dupes qu'ils avaient déjà faites, un trésor dont ils auraient disposé à leur gré. Entre autres plans qu'ils conçurent, ils s'arrêtèrent à un, sur l'exécution duquel ils voulurent sonder l'opinion du public. Ils firent donc répandre le bruit que le trésor royal était épuisé, et, l'État ayant des besoins très urgents, ils allaient établir une caisse nationale, dans laquelle tous les citoyens seraient invités à verser les sommes qu'ils jugeraient à propos, et dont on leur payerait un intérêt raisonnable. Afin d'inspirer plus de confiance en faveur de cet établissement, ils disaient que l'administration de la caisse ne serait point confiée aux ministres, mais à des commissaires pris dans l'Assemblée nationale, et fréquemment changés.

Le même, 3ᵉ partie, p. 63, à l'occasion des événements des 12 et 13 juillet 1789, donne une analyse et des extraits d'une lettre de Bretagne sur Le Chapelier, et, en la commentant, nous fournit quelques renseignements sur le Club breton :

Nous avons, dans M. Le Chapelier, un bon défenseur. M. Le Chapelier, comme je l'ai dit au lecteur, était membre du Club breton. Ceux qui composaient cette association étaient les seuls que le bouleversement universel n'effrayât point. Rien ne les étonnait, parce que tout était prévu. Ils se réjouissaient surtout beaucoup d'être débarrassés du *charlatan*, nom, comme je l'ai dit, qu'ils donnaient à M. Necker. Au milieu de la désolation de leurs concitoyens, ils conservaient, à l'ordinaire, toute leur gaieté. Ils préludèrent à cette guerre par des plaisanteries. Ils avaient, le jour même du renvoi de M. Necker, fait couvrir les rues de Paris de placards facétieux. Je n'en rapporterai que deux. L'un contenait en substance ce qui suit :

« Le duc de Bourbon, ayant été emporté par la passion de la chasse, à la poursuite d'un cerf, ayant traversé et foulé aux pieds les grains qui sont dans les plaines de Fitz-James et autres, ayant enfin une suite de plus de deux cents hommes à cheval, et Son Altesse Sérénissime conjecturant qu'à cause de cela les dégâts doivent être très considérables, prévient les personnes dont les possessions auront été endommagées qu'elles peuvent se présenter à son hôtel, pour y recevoir les indemnités qu'elles sont en droit d'attendre. »

Le second placard ne contenait que ce peu de mots : « Charge de grand-maître de cérémonies à vendre. S'adresser à Mᵐᵉ de Brézé. »

Ces témoignages de gaieté, cette apparente insouciance au milieu des feux qui s'allumaient de toute part, forment, avec l'inquiétude et l'effroi du reste des Français, un contraste qui mérite d'être observé.

Le même, 3ᵉ partie, p. 134, à propos du renvoi de Necker :

Les membres du Club breton se réunirent ; ils étaient, dans cet instant, parfaitement instruits des derniers excès commis dans la capitale. Ils se réjouirent en voyant que le renvoi de M. Necker avait enfin opéré la Révolution.

« Je suis, disait M. Corroller en déjeunant avec MM. Malouet, Dufraisse et Maisonneuve, députés de la sénéchaussée d'Auvergne [1], d'une espèce de comité qui a entretenu correspondance avec tous les régiments de l'armée pour les engager à la défection. Pour soulever le peuple, il y avait été résolu, si la cour n'eût pas renvoyé M. Necker, de mettre le feu au Palais-Bourbon. » Cette espèce de comité, c'était le Club breton.

Voyant la défection des troupes fort avancée, et le peuple entièrement soulevé, sans qu'il fût besoin d'incendier le Palais-Bourbon, il se décida à placer M. d'Orléans à la tête des affaires, afin, comme le disait le comte de Mirabeau, que le vaisseau public s'élançât avec plus de rapidité vers la liberté.

Grégoire, *Mémoires*, I, 380 :

Trois jours après le serment du Jeu de paume se tint la séance royale. La veille du soir, nous étions douze à quinze députés réunis au *Club breton*, ainsi nommé parce que les Bretons en avaient été les fondateurs.

Instruits de ce que méditait la cour pour le lendemain, chaque article fut discuté par tous ; et tous opinaient sur le parti à prendre. La première résolution fut celle de rester dans la salle malgré la défense du roi. Il fut convenu qu'avant l'ouverture de la séance nous circulerions dans les groupes de nos collègues pour leur annoncer ce qui allait se passer sous leurs yeux, et ce qu'il fallait y opposer. Mais, dit quelqu'un, le vœu de douze à quinze personnes pourra-t-il déterminer la conduite de douze cents députés ? Il lui fut répondu que la particule *on* a une force magique ; nous dirons : Voilà ce que doit faire la cour, et, parmi les patriotes, on est convenu de telles mesures... *On* signifie 400, comme il signifie 10. — L'expédient réussit.

Alexandre de Lameth, *Histoire de l'Assemblée constituante*, I, 422, note 4 :

Les Bretons ayant choisi à Versailles un local assez vaste pour lieu de réunion, un nombre considérable de députés et quelques membres de la minorité de la noblesse en firent partie. Ce fut là, comme je l'ai dit plus haut, que le duc d'Aiguillon fit lecture de la proposition sur les droits féodaux, qu'il présenta le lendemain à l'Assemblée. Cette réunion a été connue sous le nom de *Comité breton*.

Dubois-Crancé, *Analyse de la Révolution française*, p. 49 :

Il venait de s'élever une puissance populaire qui opposa à tous les projets de la cour une barrière insurmontable, qui devint bientôt assez forte pour s'emparer elle-même du gouvernement et faire trembler l'Europe sur ses projets. Je veux parler de la fameuse *Société des Jacobins*. (*Cette Société n'était pas celle de la Terreur.*)

---

1. « Voyez la déposition de M. de Guilhermy, entendu dans l'affaire du 6 octobre. » (*Note de Montjoie.*)

Cette Société n'était dans le principe qu'une réunion de députés bretons, établie dans un café à Versailles, sur l'avenue de Saint-Cloud.

La Bretagne avait, plus particulièrement qu'une autre province, manifesté longtemps avant l'ouverture des États généraux son intention de secouer le joug de la féodalité. Les États avaient été troublés par des dissensions politiques; et c'est pour ainsi dire du foyer de son insurrection que le peuple avait tiré les éléments qui devaient faire prévaloir ses droits et manifester sa volonté dans la grande Assemblée des représentants de la nation.

La noblesse de cette province avait, au contraire, refusé de députer aux États généraux, se réservant d'approuver ou de rejeter, dans ses États particuliers, tout ce qui pourrait être délibéré dans le Sénat français...

Indépendamment des talents qui distinguèrent plusieurs orateurs de cette députation aux États généraux, c'était une chose très remarquable de voir l'ensemble, l'aplomb de ces députés, toujours unanimes dans leur vote, et cette unanimité était due à cette réunion dont je viens de parler, où, dans une franche communication d'opinions, ils s'éclairaient d'avance sur le parti à prendre dans les circonstances qui se présentaient. Les autres députations, au contraire, étaient presque toutes divisées. La cour n'épargnait à leur égard aucun moyen de corruption. D'abord, elle s'était attachée à séduire les principaux orateurs; argent, promesses, dîners, tout fut employé, et la minorité comptait déjà dans ses rangs plus de cent déserteurs de la cause populaire, lorsque j'allai me présenter au Club breton. « Je viens, dis-je à mes collègues, répéter une phrase qui a paru faire une profonde sensation dans l'Assemblée. Je disais, il y a quelques jours : *la noblesse tranche, le clergé ruse, la cour corrompt; nous n'avons pas de temps à perdre pour déjouer les complots de nos ennemis.* Vous avez sur les députés du reste du royaume un avantage dont ils ne sont pas jaloux, mais dont, au nom du bien public, je viens vous prier de les rendre participants : c'est celui de nous communiquer vos lumières dans cette réunion, et d'y discuter d'avance les sujets importants qui doivent se placer à l'ordre du jour. Je suis porteur de paroles des députés de plusieurs bailliages, et je ne doute pas que tous les bons citoyens, défenseurs de la même cause que nous, ne s'empressent d'accepter avec reconnaissance une carte d'entrée dans vos conférences. »

Lanjuinais présidait cette réunion. Il accepta, au nom de ses codéputés, la proposition que je venais de faire. Alors, le Club breton devint celui de tous les députés reconnus pour être les défenseurs de la cause du peuple. On présume bien qu'il s'y introduisit quelques faux frères, des émissaires de la cour; mais comme nous ne faisions rien que ce que nous eussions fait, sans scrupule, en place publique, nous attachions peu d'importance à cet espionnage. Il n'en était pas de même des monarchistes, qui tenaient des conciliabules secrets chez la reine, Monsieur, Mme de Tessé, le duc de Luxembourg, l'archevêque d'Aix et autres, qui eussent été bien fâchés d'avoir quelques-uns de nous pour témoins de leurs cabales, de leurs infernales machinations, qui ont fini par les plonger, eux et la royauté, dans le précipice.

Mallet du Pan, *Mercure britannique*, 25 juillet 1800 (t. V, p. 49), s'exprime ainsi à propos de la journée du 20 juin 1789 :

Sieyès, Barnave et le Club breton avaient déterminé de profiter de la circonstance pour transférer sans délai l'Assemblée dans la capitale. Ils arrivèrent au Jeu de paume avec ce projet. M. Mounier et d'autres députés en furent avertis. L'échauffement était au comble; on n'avait plus que le choix des illégalités. Pour prévenir la proposition si dangereuse de la translation immédiate, M. Mounier interjeta la motion du serment de ne point se séparer jusqu'à l'accomplissement de la constitution. Cet avis suspendit le coup monté par le Club breton, et si les voix, dans la section des députés les plus modérés, se fussent divisées, ce club l'eût emporté [1].

Millin, *Antiquités nationales* [2], tome I, 4ᵉ fascicule, p. 54 :

Peu de temps après l'ouverture des *États généraux*, plusieurs députés de la ci-devant province de Bretagne s'assemblèrent pour délibérer entre eux sur les matières qui devaient être soumises à la discussion. Cette association reçut le nom de *Comité breton*.

Les membres de ce comité crurent devoir associer à leurs travaux la députation du Dauphiné, province qui avait si bien mérité de la patrie, qui avait montré un courage si énergique. Quelques députés, sur le patriotisme desquels on ne pouvait former aucun doute, demandèrent aussi à être reçus dans ce comité, et y furent facilement admis.

On reconnut bientôt les salutaires effets de cette institution, dans le moment où les États du royaume, composés des membres méconnus l'un à l'autre, ne pouvaient pas avoir entre eux cet accord qui devait seul les mettre en état de résister aux efforts des agents du despotisme. Ce fut surtout à cette époque, où les États généraux se constituèrent en Assemblée nationale, que l'on sentit mieux son utilité.

Les membres du Comité breton (car, malgré les nouvelles associations, il avait conservé son nom) continuèrent leurs délibérations particulières. Ils firent encore quelques nouvelles réceptions, jusqu'à l'époque où l'Assemblée nationale, déclarée inséparable de la personne du roi, vint se fixer à Paris.

Bertrand de Moleville, *Mémoires particuliers sur le règne de Louis XVI*, t. I, p. 44 :

Quelques jours après l'ouverture des États généraux, la curiosité de savoir dans le plus grand détail ce qui se passait me fit aller à Versailles. Je fus rencontré dans la rue par trois députés des communes de Bretagne, qui vinrent

---

1. D'après Droz, *Histoire du règne de Louis XVI*, éd. de 1860, t. II, p. 469, il y eut le 20 juin 1789 au soir, « au Club breton, une réunion de cent cinquante députés; le duc d'Aiguillon présidait ».

2. *Antiquités nationales*, ou Recueil de monuments pour servir à l'histoire générale et particulière de l'Empire français, tels que tombeaux, inscriptions, statues, vitraux, fresques, etc., tirés des abbayes, monastères, châteaux et autres lieux devenus domaines nationaux; présenté à l'Assemblée nationale, et favorablement accueilli par elle. Par Aubin-Louis Millin. Quatrième fascicule. *Paris, Drouhin*, 1791, in-4º. — Voir une appréciation de cet ouvrage dans la *Chronique de Paris* du 11 avril 1791.

3. Dans son *Histoire de la Révolution* il dit : « Dans les premiers jours du mois de juin... »

à moi, avec le plus grand empressement, me témoigner le plus vif regret de ne m'avoir pas vu plus tôt, malgré tous les mouvements qu'ils s'étaient donnés pour me trouver, et me demandèrent rendez-vous pour *conférer avec moi sur des objets très importants*. Il était environ sept heures du soir. Je leur proposai de les accompagner chez eux, et de leur donner sur-le-champ le rendez-vous qu'ils me demandaient. Ils acceptèrent ma proposition d'autant plus volontiers qu'ils attendaient, dans ce moment, quelques-uns de leurs collègues, membres comme eux du *Club breton*, dont se forma peu de temps après le fameux Club des Jacobins. Je me rendis donc avec eux à leur auberge, où notre comité se trouva bientôt composé de sept ou huit personnes, et notamment de deux députés de Quimper et de deux de Saint-Brieuc, que j'avais connus en Bretagne.

Après que ceux que je ne connaissais pas m'eurent été présentés, Champeaux-Palasne, député de Saint-Brieuc, prit la parole et me dit que, depuis leur arrivée, lui et ses collègues désiraient, avec la plus grande impatience, de me voir pour me consulter sur la conduite qu'ils devaient tenir. « Nous sommes tous ici, me dit-il en propres termes, comme tombés des nues dans un pays dont nous n'avons pas la moindre idée; nous ne connaissons ni la cour ni les ministres; nous ne savons pas un mot de ce qu'on veut que nous fassions; et nous avons espéré que vous voudriez bien nous diriger; vous connaissez assez notre confiance en vous pour croire que nous serons ici aussi dociles à vos conseils que nous l'étions en Bretagne. »

Ils se réunirent tous pour me faire la même demande et me donner les mêmes assurances. Je leur demandai quelles étaient leurs dispositions et dans quel sens ils entendaient que je pourrais les diriger. Ils m'assurèrent tous, dans les termes les plus positifs, que leur intention était de tout faire pour le roi et pour rétablir son autorité, de manière que la noblesse et les parlements ne pussent jamais y porter atteinte. J'approuvai infiniment ces dispositions, mais je leur observai que, n'étant point dans le ministère, je ne pouvais pas me charger de les diriger, que c'était à M. Necker qu'ils devaient s'adresser, et que je lui en parlerais, s'ils m'y autorisaient. Ils me répondirent qu'ils ne se souciaient pas d'aller chez M. Necker, parce qu'il y avait toujours trop de monde, et que, si on les y voyait trop souvent, on les croirait vendus à la cour; que, si je voulais être leur intermédiaire auprès du ministre et leur transmettre ses intentions, ils s'y conformeraient avec la plus grande exactitude. Je leur promis de voir M. Necker le lendemain, et de leur faire part de sa réponse. Ils me consultèrent ensuite sur le choix de leur président, car il n'y en avait pas encore de nommé, et ils étaient si peu au fait de la carte de la cour qu'ils étaient décidés à faire nommer le duc d'Orléans, dans l'idée qu'ils ne pouvaient faire un choix plus agréable au roi. Je leur fis connaître leur erreur, et M. Bailly fut nommé président.

J'allai le lendemain chez M. Necker, lui faire part de la proposition dont j'étais chargé, et à laquelle il fit la réponse la plus négative, fondée sur sa morale et ses prétendus principes.

A ce passage l'éditeur de l'an IX a ajouté une note dont nous avons déjà parlé, mais qu'il faut reproduire en entier, parce qu'elle émane d'un contemporain et peut-être de Bertrand de Moleville lui-même :

Seconde note sur le Club breton. — Le Club breton s'assemblait dans l'avenue de Saint-Cloud, numéro 36. Il n'était d'abord formé que des députés de Bretagne. Les députés de Franche-Comté s'y réunirent ensuite. Quelque temps après on y reçut encore quelques députés d'Anjou, parmi lesquels le trop fameux La Révellière-Lépeaux. On y fit d'abord des propositions très modérées, et il y fut arrêté dans les premières séances qu'on éviterait une révolution, s'il était possible. Quand on connaît cette disposition, on a lieu de s'étonner que le ministère de ce temps-là, qui craignait tant d'employer la force, ait négligé d'employer les moyens des gouvernements faibles, ceux qu'on a tant de fois mis en usage pour éloigner les hommes de leur devoir et dont on eût pu se servir alors pour les y ramener. Le Club breton, qu'une main habile aurait pu diriger vers le salut de la monarchie, se tourna tout à fait contre elle, et cette réunion, qu'on avait dédaignée, ne tarda pas à devenir formidable par le nombre des chefs de factions qui vinrent bientôt s'y réunir. Ce Club breton était initié par ses affidés dans tout ce qui se faisait et se disait au château, et cette espèce de police, qui pénétrait jusque dans la pensée du roi, concourait merveilleusement au succès des mesures qu'on prenait tous les jours contre la cour. Une dame Las..., marchande de bois de la reine, s'était chargée d'aller à la découverte. On avait des espions jusque dans le château. Dès lors on put remarquer, parmi les personnes qui approchaient de Leurs Majestés, cet esprit d'ingratitude que les philosophes disent être le principe des républiques. Lors de la translation de l'Assemblée nationale à Paris, le Club breton s'assembla au couvent des Jacobins dont il prit ensuite le nom. On se réunit d'abord au réfectoire. Il était encore peu nombreux. Il fut décidé qu'on y admettrait deux cents citoyens de Paris ; on demeura plus de deux mois à les choisir. Le temps n'était pas venu où l'on se contentait de demander : Qu'as-tu fait pour être pendu? Les Lameth, l'abbé Sieyès et Mirabeau ne furent reçus que longtemps après.

Mémoires de Condorcet sur la Révolution française, extraits de sa correspondance et de celle de ses amis; Paris, 1824, 2 vol. in-8 ; t. II, p. 68 [1].

La veille (de la séance royale du 23 juin 1789), le Club breton s'assembla au nombre de 150. On y discuta ce qu'il conviendrait de faire dans tous les cas. Il fut convenu à l'unanimité que les communes se tiendraient dans le plus profond silence avant, pendant et après la cérémonie. Les membres du club convinrent aussi de se disperser dans les différentes parties de l'Assemblée et

---

1. Cet ouvrage a été rédigé par le marquis Frédéric-Gaëtan de La Rochefoucauld-Liancourt. Ce sont des extraits de notes et de lettres émanées de Condorcet ou de ses amis. Les passages guillemetés (et celui que nous citons est du nombre) sont présentés par l'éditeur comme étant de Condorcet. Le lieutenant général A.-C. O'Connor protesta contre la forme et le fond de ce recueil, par une lettre en date du 24 juillet 1824, insérée dans le *Journal de la librairie*. Il dut reconnaître cependant, malgré ses critiques et ses doutes, qu'une grande partie des morceaux attribués à Condorcet étaient authentiques. Cette publication ne doit donc pas être rejetée *a priori* comme entièrement apocryphe, mais on ne peut la citer que sous réserve.

que chacun d'eux contiendrait ou fortifierait ceux qui seraient tentés de se détacher[1].

Enfin n'omettons pas le passage que le conventionnel Dulaure a consacré, dans son *Histoire de Paris*, au Club breton et à la formation du Club des Jacobins :

Au mois d'août 1789, plusieurs comités particuliers se formèrent à Versailles, pendant que l'Assemblée des États généraux s'y tenait encore. Parmi ces comités se distinguait celui des députés patriotes de la province de Bretagne. Bientôt un grand nombre de députés d'autres provinces et même des personnes qui n'étaient point membres de l'Assemblée se réunirent à ce comité, dans lequel fut faite la proposition de constituer les États généraux en Assemblée nationale; proposition qui, le 17 juin 1789, eut son exécution.
L'Assemblée nationale étant, en octobre 1789, transférée à Paris, le Comité breton y continua ses séances.
Au mois de novembre, une société établie à Londres, sous le nom de *Club de la révolution de France*, ayant adressé à l'Assemblée nationale une lettre pour la féliciter de ses travaux, les membres du Comité breton conçurent le projet de former à Paris une société à l'instar de celle de Londres, et de lui donner des bases plus solides et plus étendues que celles de ce comité. En conséquence, ils choisirent et louèrent la salle de la bibliothèque du couvent des Jacobins de la rue Saint-Honoré, et se nommèrent d'abord *Société de la révolution*. Mais, au mois de février 1790, ils prirent le nom de *Société des amis de la constitution*[2].

Voilà, sauf erreur, tout ce que les contemporains nous ont laissé d'essentiel sur l'histoire intérieure et extérieure du Club breton.
Ce que les historiens postérieurs à la Révolution ont ajouté à ces détails ne semble reposer sur rien de sérieux. M. G. Dairnvaell, dans son *Histoire des Jacobins*, dit que Mirabeau prononça en juillet 1789, au Club breton, un discours pour excuser le meurtre de Foullon et de Bertier, et il donne ce discours. Ne le trouvant dans aucune édition des œuvres oratoires de Mirabeau, nous eûmes l'idée de recourir aux *Lettres à mes commettants*. Ce texte y forme la fin de la dix-neuvième et dernière. C'est la péroraison d'un éloquent article de journal que M. Dairnvaell a donné comme un discours de tribune.

Bien que nous nous soyons fait une règle de ne rapporter que des

---

1. Tome II, page 71, du même ouvrage, on attribue à Condorcet une note assez confuse sur l'origine du Club breton. J'y relève seulement cette phrase : « Dès que Le Chapelier l'eut établi, toutes les petites villes de la Bretagne en fondèrent de semblables, et envoyèrent à Paris des députés pour être affiliés, comme autrefois on se faisait recevoir chevalier par le plus brave gentilhomme de la province. »
2. *Histoire physique, civile et morale de Paris*, par J.-A. Dulaure; Paris, 1825, 8 vol. in-8; t. V, p. 490.

témoignages des contemporains, nous croyons cependant devoir donner ici, par exception, les quelques lignes que l'*Histoire parlementaire* consacre au Club breton, parce que les auteurs de cette histoire ont pu interroger les survivants de l'époque révolutionnaire :

A cette occasion [1] on commença aussi à parler du *Club breton* dans le salon de l'opposition nobiliaire. Ce club avait commencé par une réunion des députés bretons qui s'assemblaient pour débattre à l'avance les sujets qui devaient être traités aux États généraux. Il était d'abord uniquement composé des représentants du Tiers et de curés de la Bretagne ; ensuite divers députés du côté gauche s'y firent admettre. A l'époque où nous sommes, 1er juillet, il était fort nombreux : on comptait, parmi ses membres, Le Chapelier, Goupil de Préfeln, Lanjuinais, Sieyès, Barnave, Lameth ; le duc d'Aiguillon en était président. Nous voudrions pouvoir en donner une liste plus complète ; mais nous n'en possédons aucune, et nous croyons qu'on n'en a jamais publié [2].

III

FORMATION DE LA SOCIÉTÉ DES AMIS DE LA CONSTITUTION À PARIS

Après les journées des 5 et 6 octobre 1789, l'Assemblée nationale se transporta à Paris, et, comme le Club breton n'était formé que de députés, il n'y eut plus de Club breton à Versailles.

Montjoie dit que ce Club se transporta aussi avec l'Assemblée à Paris, place des Victoires, n° 7 [3]. Il assure même, deux pages plus loin, que le club de la place des Victoires fonctionna pendant quelque temps indépendamment du Club des Jacobins Saint-Honoré :

Le club resté à la place des Victoires, écrit-il, dictait à la Société des Jacobins les décrets qu'il s'agissait d'obtenir, et c'était l'affaire de celle-ci de contraindre l'Assemblée nationale à les rendre. De cette manière le club se trouva maître de la marche des Jacobins, des opérations de l'Assemblée et des destinées de la France entière. Mais il ne tarda pas à arriver ce qui devait arriver : le grand nombre fut prêt à dévorer le petit. La Société des Jacobins, infiniment plus nombreuse que le club, forte de la publicité de ses séances et de l'appui que lui prêtaient les auxiliaires des tribunes, entreprit de régner seule. Les membres du club furent obligés de venir se confondre parmi ceux de la Société. C'est ainsi qu'expira l'agrégation connue sous le nom de Club breton.

1. Il s'agit de la journée du 10 juillet 1789.
2. Buchez et Roux, *Histoire parlementaire de la Révolution*, t. II, p. 36.
3. *Histoire de la conjuration d'Orléans*, III, 6.

INTRODUCTION

Mais ce témoignage est isolé et nul autre texte ne le confirme.

Le Club des Jacobins est-il né, à proprement parler, du Club breton? Les documents relatifs à cette question sont les mêmes où se trouvent racontés les débuts de la Société des amis de la constitution [1]. Il faut les citer, en commençant par ceux qui émanent d'écrivains jacobins.

La Révellière-Lépeaux, dans ses *Mémoires*, imprimés, mais inédits [2], s'exprime ainsi sur le Club des Jacobins :

Il n'a dû son origine ni au Club breton ni à une faction particulière, comme on le croit communément. Le Club breton n'avait point survécu à notre translation de Versailles à Paris. Mais, après cette époque, le parti aristocratique nommait le bureau [3] le plus ordinairement, parce qu'il y avait des réunions où l'on convenait de ceux qu'on y devait porter. Ce fut alors que les députés franc-comtois, des députés angevins, comme Leclerc, Pilastre et moi, et quelques autres constituants, hommes droits et bien intentionnés, pensèrent à faire des réunions de leur côté, pour assurer le bureau aux patriotes. Ils choisirent pour cela une salle basse de l'ancien couvent des Jacobins, rue Saint-Honoré, dans laquelle, dit-on, s'étaient tenues les premières assemblées de la Ligue. Notre première réunion eut lieu un dimanche matin. Nous n'étions que quinze ou vingt députés. On n'y reçut d'abord aucun étranger; mais bientôt les Lameth et leurs amis s'y trouvèrent en force et y introduisirent une foule d'intrigants et d'ambitieux [4].

On lit dans l'*Analyse de la Révolution française*, par Dubois-Crancé, p. 54 :

Lorsque l'Assemblée des États généraux eut décidé, le 6 octobre 1789, qu'elle était inséparable du roi et qu'elle irait à Paris tenir ses séances, le *Club breton* fut rompu, mais les avantages que la cour en obtint forcèrent bientôt ses membres à chercher les moyens de réorganiser leur réunion. Il fallait un local à portée des séances du corps constituant, qui venait d'être établi au manège des Tuileries; on trouva le prieur des Jacobins de la rue Saint-Honoré disposé à prêter la salle de la bibliothèque du couvent, et l'on s'y installa. Le Chapelier fut le premier président, et moi (Dubois-Crancé) le secrétaire; il n'y avait que des députés et l'on n'y discutait que des objets relatifs aux travaux de l'Assemblée constituante.

---

1. Au fond, il est très légitime de dire que le Club des Jacobins naquit du Club breton : il ressort de tous les documents que nous allons citer que les membres de celui-ci furent les fondateurs de celui-là. Mais ils affectaient patriotiquement, au moment de la destruction des provinces, de ne plus se réclamer d'aucune dénomination provinciale.

2. I, 85-86.

3. Il s'agit du bureau de la Constituante.

4. D'après un pamphlet contre-révolutionnaire du 16 février 1790 que nous reproduisons plus loin, les chefs du Club des Jacobins avaient formé un comité secret rue Basse-du-Rempart.

Tout à coup, les royalistes firent courir le bruit qu'il s'assemblait nocturnement aux Jacobins une bande de régicides. On publia des pamphlets distribués gratis, une foule de calomnies contre la réunion. On alla jusqu'à répandre dans le public que Barnave, après un discours très animé, avait fait apporter par le prieur des Jacobins le poignard de Jacques Clément, et que toute la Société avait juré sur ce poignard la destruction de la monarchie française. Les représentants du peuple qui se virent si cruellement insultés, craignant d'être compromis par une calomnie que la cour avait si grand intérêt d'accréditer, ne trouvèrent d'autre moyen, pour lui en imposer, que de recevoir des membres étrangers au corps constituant, afin que ces citoyens, déjà investis, par la part qu'ils avaient prise aux événements, d'une portion d'estime et de confiance publiques, pussent désabuser le peuple que l'intrigue tentait d'égarer, et l'instruire de ce qui se passait réellement dans la Société qui se réunissait aux Jacobins. Ce remède ne fut pas suffisant, et la cour eut bientôt trouvé le moyen de rendre suspects à la multitude ceux-là mêmes que nous avions agrégés à la Société.

Alors on se décida à occuper l'église, qui était devenue vacante par la suppression des ordres monastiques.

Des détails plus précis encore et plus abondants sur la formation du Club des Jacobins se trouvent dans l'*Histoire de l'Assemblée constituante* de l'ex-jacobin Alexandre de Lameth, I, 422, note 4 :

Après la translation de l'Assemblée à Paris, les députés des provinces éloignées de la capitale, et qui, pour la plupart, n'y étaient jamais venus (car l'on ne voyageait point alors avec les facilités que l'on trouve aujourd'hui), éprouvaient une espèce de terreur à l'idée d'être isolés et pour ainsi dire perdus au milieu de cette immense cité. Aussi cherchèrent-ils presque tous à se loger le plus près possible de l'Assemblée, qui siégeait alors près des Feuillants (à l'endroit où se croisent les rues de Rivoli et de Castiglione), pour se retrouver en cas d'événements; mais ils désiraient aussi qu'on établît un point de réunion pour se concerter sur la direction des affaires publiques. Ils s'adressèrent aux personnes en qui ils avaient confiance, et dont le domicile était habituellement fixé dans la capitale. On fit des recherches dans les environs de l'Assemblée, et on loua, pour deux cents francs par an [1], le réfectoire du couvent des Jacobins, et pour une somme pareille le mobilier, qui consistait en chaises et tables pour le bureau.

La première séance réunit environ cent députés, et le lendemain un nombre double. Ils nommèrent le baron de Menou président, et secrétaires Target, Barnave, Alexandre Lameth, Le Chapelier, Adrien du Port, et trois autres dont les noms ont échappé à ma mémoire. On choisit une commission pour rédiger un projet de règlement. Barnave en fut le rapporteur; la Société décida qu'elle porterait le nom d'*Amis de la constitution*, que tous les membres de l'Assemblée seraient admis à en faire partie, et qu'on n'y recevrait d'étrangers à la représentation nationale que les écrivains qui auraient publié quelques ou-

---

1. Montlosier (*Mémoires*, I, 330) dit que ce réfectoire fut loué 300 francs par an. Mais cet adversaire des Jacobins n'avait que des renseignements de seconde main.

vrages utiles. Les premiers reçus furent Condorcet, le marquis de Casotte, économiste distingué, l'abbé Lecamus, mathématicien, et un petit nombre d'autres savants ou publicistes.

La Société des amis de la constitution avait pour but de discuter les questions qui étaient ou devaient être incessamment mises à l'ordre du jour de l'Assemblée nationale. On ne peut nier que tant que le nombre des individus non députés n'exerça point d'influence sur les discussions, elles eurent souvent plus de force et plus d'éclat que dans l'Assemblée même, où l'on se trouvait gêné par les contradictions violentes du côté droit, et souvent intimidé par la foule des spectateurs. Ces travaux préliminaires répandaient beaucoup de lumières sur la discussion. Il résulta encore un grand avantage, pour le parti populaire, de la détermination de faire, dans le sein de la Société, un scrutin préparatoire pour la nomination du président, des secrétaires et des comités de l'Assemblée : car, dès ce moment, les élections furent presque toujours faites par le côté gauche, tandis que jusqu'alors elles avaient presque entièrement dépendu du côté droit. Camus, avocat du clergé, alors président, et devenu depuis républicain, avait été nommé par l'aristocratie.

Le nombre des députés qui fréquentaient habituellement la Société des amis de la constitution s'éleva promptement à près de quatre cents; celui des écrivains augmenta aussi, dans une assez forte proportion; mais, bientôt après, on n'exigea plus la condition d'avoir publié des ouvrages utiles pour être admis dans la Société; on décida qu'il suffirait d'être proposé par six membres. Alors cette réunion s'accrut considérablement, et déjà elle ne présentait plus la même responsabilité dans sa composition.

Bientôt, le local n'étant plus suffisant, on obtint des moines du couvent la translation du lieu des séances dans leur bibliothèque, et plus tard dans leur église.

Vers le mois de décembre 1789, beaucoup de principaux habitants des provinces, venus à Paris, soit pour des intérêts privés, soit pour voir de plus près le mouvement des affaires publiques, se firent présenter à la Société et témoignèrent le désir d'en établir de pareilles dans les villes principales de la France. L'opposition violente de l'aristocratie, qui n'avait point encore perdu, par le fait, la puissance qu'elle avait si longtemps exercée, fit considérer comme un moyen efficace de lui résister ces agglomérations de citoyens disposés à défendre la cause des intérêts publics.

Il y a peu de détails dans les *Mémoires* de Barère sur les débuts du Club des Jacobins; mais il dit nettement (I, 292) que le Club breton devint le club des Jacobins :

Club breton devenu le Club des Jacobins. — Peu de temps après que l'Assemblée nationale fut venue se fixer à Paris, on vit se former ce club, devenu si influent, si célèbre, si exclusif, le *Club des Jacobins*. Ce nom lui fut donné à cause de l'église des moines ci-devant Jacobins de la rue Saint-Honoré où il s'établit à la fin de l'année 1789. Mais ce qu'on ignore généralement, c'est que ce club existait sous un autre nom, et avec des formes moins délibératives, sous le nom de *Club breton* [1].

1. Un autre contemporain dit de même : « Il se tient dans la maison des Ja-

Le Club breton s'était formé à Versailles, après la séance royale du 23 juin. Il se composa d'abord des nombreux et énergiques députés de la province de Bretagne. On y admit ensuite MM. Sieyès, de Lameth frères, Charles de Noailles, le duc d'Aiguillon, du Port (Adrien), et quelques autres députés. Jamais je n'avais été admis au Club breton. Ce ne fut qu'à Paris, longtemps après son établissement aux Jacobins, que mes collègues me proposèrent d'augmenter le nombre des députés qui s'y assemblaient. Je n'y vis alors que des députés, et très peu d'externes ¹.

Il ressort des textes qui précèdent que la Société des amis de la constitution fut établie à Paris, aux Jacobins Saint-Honoré, à la fin de l'année 1789, mais sans qu'on puisse dire au juste à quelle date ².

IV

DÉNOMINATION ET SCEAU DES JACOBINS
LIEU DE LEURS SÉANCES

§ 1.

Il semble à peu près certain que le Club des Jacobins fut désigné, dans les premiers jours de son existence, sous le nom de *Société de la Révolution*; mais cette appellation ne dura pas ³.

Les Jacobins s'appelèrent, sous la monarchie constitutionnelle, *Société des amis de la constitution, séants aux Jacobins à Paris*.

Ce nom de *Jacobins* leur fut donné d'abord, pour les rendre ridicules, par les ennemis de la Révolution ⁴.

cobins de la rue Saint-Honoré des assemblées fréquentes, qui ont succédé à celles qui se tenaient à Versailles sous le nom de *Comité breton*. (*Journal des Impartiaux*, t. I, p. 4. Ce journal était l'organe d'un club rival des Jacobins, qui avait été fondé en 1790 par Malouet, Clermont-Tonnerre et les *monarchiens*.)

1. Dans l'*Histoire de France depuis la Révolution de 1789*, par Toulongeon (Paris, an IX, 2 vol. in-4°), je ne trouve que des considérations générales sur l'influence des Jacobins (t. I, p. 166).

2. Quelques contemporains semblent même reporter au commencement de 1790 la fondation des Jacobins. Mounier dit : « On sait qu'en 1790 des hommes qui voulaient préparer la France à de grands changements formèrent, dans la capitale une société pour délibérer sur les affaires publiques. » *De l'Influence attribuée aux philosophes*, etc., éd. de 1822, p. 148. — De même un journal obscur, l'*Observateur* (n° 70), dit, à la date du 9 février 1790, que le Club des Jacobins existe *depuis un mois*.

3. Le jacobin Feydel raconta en 1791 que les Jacobins quittèrent ce nom lors de la fondation du *Club de 1789*. C'est une erreur de date évidente puisque le *Règlement des amis de la constitution* est antérieur à la fondation de ce club. (Voir Buchez et Roux, *Histoire parlementaire*, XI, 160.)

4. « On leur donna ce nom par dérision; ils s'en firent gloire, et cette dénomi-

On lit, à ce sujet, dans les *Révolutions de Paris*, n° 139 (du 3 au 11 mai 1792), p. 476 :

Ce sobriquet de *Jacobins* traîne après lui quelque chose de ridicule et de sinistre tout à la fois. Il sent la faction, et il gâte les morceaux les plus éloquents et les plus patriotiques prononcés à la tribune de ce club. Mais les choses en sont venues au point qu'il n'est peut-être plus possible que les Amis de la constitution renoncent à ce nom de *Jacobins* sous lequel ils sont si connus, et contre lequel Robespierre lui-même a réclamé en vain. Toute leur ressource est de le rendre respectable à force de civisme et de prudence, de bienfaits et de lumières. Qu'ils évitent de le prononcer trop souvent! Qu'ils laissent tomber en désuétude cette qualification dont on voudrait bien faire un mur de séparation pour diviser les forces des patriotes, pour du moins isoler les plus ardents d'entre eux, et en faire une marque distinctive qui servirait à désigner les bons citoyens qu'on veut perdre!

Après avoir protesté contre ce surnom, les membres du Club finirent par l'adopter officiellement, au moment où l'établissement de la République les contraignit à renoncer à leur titre d'*Amis de la constitution*. Le 21 septembre 1792, la Société décida qu'elle prendrait à l'avenir le titre de *Société des Jacobins, amis de la liberté et de l'égalité*.

On trouvera ci-joint une reproduction des diverses vignettes en forme de sceau que les Jacobins de Paris placèrent en tête de leurs manuscrits ou de leurs imprimés et qui varièrent selon les époques.

§ 2.

Il a déjà été question, dans les documents qui précèdent, du local des Jacobins, mais en termes souvent contradictoires. Il faut citer ici ce que dit Millin de ce local dans ses *Antiquités nationales* à propos du couvent des Jacobins. Cette description parut au commencement de 1791 et fut signalée comme très exacte par la *Chronique de Paris* du 11 avril 1791.

Ce couvent, dit Millin, est situé rue Saint-Honoré, un peu au-dessus de Saint-

---

nation s'étendit à toutes les sociétés du même genre établies dans les provinces. » Mounier, *De l'Influence attribuée aux philosophes*, p. 118.

1. 4ᵉ livraison, p. 12. Rappelons que le titre exact est *Antiquités nationales, ou Recueil de monuments pour servir à l'histoire générale et particulière de l'Empire français, tels que tombeaux, inscriptions, statues, vitraux, fresques, etc., tirés des abbayes, monastères, châteaux et autres lieux devenus domaines nationaux*, par Aubin-Louis Millin. Présenté à l'Assemblée nationale et accueilli favorablement par elle, le 9 décembre 1790. Paris, 1790-an VII, 61 livraisons en 5 vol. in-4.

VIGNETTES EMPLOYÉES PAR LES JACOBINS
EN TÊTE DE LEURS MANUSCRITS ET DE LEURS IMPRIMÉS

PÉRIODE MONARCHIQUE

PÉRIODE RÉPUBLICAINE

Roch. L'entrée est peu importante; elle est formée de trois arcades, dont celle du milieu est pour les voitures; au-dessus des arcades, destinées aux gens de pied, sont deux niches : dans celle à droite, est placé saint Dominique; dans celle à gauche, sainte Catherine de Sienne.

Quand on a passé cette porte, on entre dans une vaste cour. Les deux côtés sont occupés par de grands bâtiments, dont la location rendait un revenu assez considérable. A droite, est une grande porte qui donne sur la rue de la Sourdière.

Les bâtiments du couvent et l'église n'ont rien de très remarquable par eux-mêmes; ils sont vastes, mais point ornés d'architecture.

L'église est très simple; on y rentre par une petite porte fort étroite. Elle est dédiée à l'Annonciation.

La nef est une vaste salle voûtée, accompagnée, sur les côtés, de quelques chapelles et d'un grand buffet d'orgues...

Suit une longue description des ornements, sculptures, inscriptions, tombeaux, vitraux de la nef.

Le chœur, continue Millin, est assez bien décoré. Le grand autel est doré, orné de plusieurs reliquaires, d'un tableau représentant *l'Annonciation*, par François Porbus, et deux statues, dont une représente le roi saint Louis, et l'autre le pape Pie V.

Ce chœur est accompagné de deux belles chapelles...

Parmi les tombeaux de cette église, il faut citer celui de Campanella, qui était mort dans ce couvent même le 29 mai 1638.

Les bâtiments du couvent des Jacobins, dit Millin, sont beaux et vastes; le cloître était peint à fresque; mais les peintures sont entièrement dégradées. Les diverses salles du rez-de-chaussée sont actuellement (1791) occupées : le juge de paix à son tribunal dans celle où la Société des amis de la constitution tenait ses séances. A côté, est la chapelle : la Société fraternelle, présidée par M. Dansart*, s'y rassemble les dimanches et les fêtes.

1. Au moment où écrit Millin (printemps de 1791), les Amis de la constitution siègent, comme on va le voir, dans la bibliothèque.
2. « C'est à lui, dit Millin, que l'on doit la première idée de ces sociétés. Ce bon citoyen, guidé par le seul amour du bien public, imagina de lire et d'expliquer au peuple, les jours de dimanches et de fêtes, les décrets de l'Assemblée nationale. Quelques bouts de chandelle éclairèrent d'abord ce nouveau Lycée; une foule d'ouvriers et d'artisans, hommes simples et peu instruits, mais ayant une âme sensible et surtout susceptible de ces nobles élans qui produisent l'enthousiasme national et l'amour de la patrie, accourut pour l'entendre. Plusieurs hommes auxquels une fortune plus considérable, la facilité de mener une vie moins active, avaient procuré le moyen de recevoir une éducation plus soignée, y furent attirés, les uns par curiosité, les autres par cet amour du peuple, passion si forte et si noble des véritables citoyens. Beaucoup de femmes vinrent aussi à ces séances. Bientôt la société, devenue considérable, se donna quelques règlements et prit le nom de Société fraternelle. Tout s'y passe avec décence et régularité. Ce n'est pas sous les lambris dorés qu'il faut chercher le véritable

Après avoir donné le court historique du Club breton que nous avons cité plus haut, Millin ajoute :

Ce dérangement (le transfert de l'Assemblée nationale à Paris) dispersa quelque temps le Comité (breton). Bientôt, plusieurs de ses membres se rassemblèrent ; ils cherchèrent un local voisin des Tuileries ; les Jacobins leur offrirent leur chapitre, qu'ils acceptèrent, et ce comité fut appelé dans le monde *Club des Jacobins*, du nom du lieu où il tenait ses séances.

Le nombre des membres s'accroissant, le local devint trop petit :

Les bancs qui entouraient la salle pour la tenue du chapitre, et quelques chaises, avaient d'abord suffi. Il fallut ensuite faire pratiquer des bancs en gradins pour placer un plus grand nombre de personnes ; mais, tous ces moyens étant encore insuffisants, on résolut de chercher un local plus vaste et plus convenable.

Les pères Jacobins, qui étaient admis aux séances de la société, et qui y avaient puisé les vrais principes de la philosophie et du patriotisme, la voyaient à regret s'éloigner de leur maison. Ils proposèrent la bibliothèque ; cet emplacement fut accepté, et disposé comme il l'est aujourd'hui...

Cette bibliothèque était dans une vaste salle voûtée, placée au-dessus de l'église.

patriotisme, c'est dans la classe la moins aisée. Chaque dimanche et chaque fête M. Dansart lit les décrets, les meilleurs articles des journaux patriotes, il annonce les événements heureux, ceux qui sont à craindre ; chacun peut ensuite, après avoir obtenu la parole de ce digne président, dire ce qu'il croit utile pour le bien de la patrie. Des artistes célèbres, des hommes de lettres distingués, ne dédaignent pas de monter dans la tribune patriotique après un ouvrier ; et presque toujours on aperçoit que les premiers n'ont d'autre avantage sur l'autre que de revêtir la raison de formes plus agréables. Cette société s'assemble dans le réfectoire des Jacobins : l'âme reçoit une nourriture salutaire dans ce lieu si souvent témoin de la gourmandise dominicaine. M. Dansart a eu de dignes imitateurs, et bientôt il n'y aura pas une section dans Paris qui n'ait une société fraternelle. » Déjà on avait pu lire dans la *Chronique de Paris* du 21 novembre 1790 : « Un maître de pension, dirigé par un sentiment de patriotisme, rassemble tous les soirs, dans une des salles des Jacobins, rue Saint-Honoré, plusieurs artisans et des marchands de fruits et de légumes du quartier, avec leurs femmes et leurs enfants, pour lire et interpréter les décrets de l'Assemblée nationale. Il apporte à cet effet, chaque fois, un bout de chandelle dans sa poche, avec un briquet et de l'amadou ; et dernièrement, la lumière étant sur le point de manquer, plusieurs des assistants se cotisèrent pour faire l'emplette d'une autre chandelle, qui fit durer la séance jusqu'à dix heures du soir, à la grande satisfaction de toute l'assemblée. »

1. « Au moment de la destruction de ce couvent, dit Millin, elle était composée de vingt et un mille volumes, parmi lesquels il y avait des ouvrages très précieux. On y comptait plus de quatre cents manuscrits en langues orientales, dont plusieurs traitent de la religion des Druses. On y voyait un manuscrit précieux des capitulaires de Charlemagne. On y trouvait aussi le manuscrit original du *Catéchisme des Jésuites*, composé par Étienne Pasquier, écrit de sa main. »

Sur la porte était placée cette inscription :

HÆC PRINCIPI DELPHINO BIBLIOTHECA DICATA FUIT

DIE NATALI EJUS 5 SEPTEMBRIS 1638

Les armes du dauphin (qui devait être Louis XIV) accompagnaient cette inscription.

Au-dessus de la même porte était un tableau, que Piganiol de la Force attribuait à Nicolas Ninet de Lestain, et dont l'idée était assez originale :

Le peintre, dit Millin, a placé au milieu une fontaine ornée d'architecture; au-dessus est saint Thomas d'Aquin, surnommé l'*Ange de l'école*, et à qui, pour cette raison, il a donné des ailes immenses. Cette fontaine jette de l'eau par plusieurs tuyaux, et des moines de différents ordres s'empressent tous d'aller remplir leur tasse de cette liqueur angélique. Sur le devant du tableau est un jésuite qui tient une petite cruche, et qui, par là, ferait croire qu'il a grande envie de s'enivrer de cette eau. Mais son attitude est d'ailleurs si distraite qu'on voit bien qu'il n'en veut pas faire un grand usage.

On voyait, sur les murs de la bibliothèque, une suite de religieux qui avaient illustré l'ordre.

Dans le fond était un autel pour dire la messe, et, aux deux côtés, deux très beaux globes, semblables aux deux plus petites de la Bibliothèque du roi.

Les tablettes étaient placées des deux côtés, et n'étaient interrompues que par les fenêtres; au-dessus de chaque tablette, on avait écrit en lettres d'or le titre des matières dont traitaient les ouvrages, qui étaient rangés dans un ordre systématique.

On trouvait à l'extrémité deux grands cabinets, dans lesquels étaient les livres les plus précieux.

Voici, d'après Millin, les seuls changements qui furent faits à ce local quand les Jacobins s'y installèrent :

On a pratiqué tout autour des bancs en amphithéâtre : au milieu à droite, en entrant, est le fauteuil du président; au-dessous est le bureau du secrétaire; en face est la tribune.

La photogravure ci-jointe est la reproduction de l'estampe donnée par Millin et qui montre le Club des Jacobins dans cette bibliothèque.

Ce local lui-même devint bientôt trop étroit, et, d'après Millin, la Société fut obligée de clore sa liste jusqu'à ce qu'elle eût pu s'en procurer un plus vaste.

Ce nouveau local fut la chapelle même des ci-devant Jacobins, devenue bien national et que l'État loua à la Société des amis de la con-

UNE SÉANCE DE LA SOCIÉTÉ DES AMIS DE LA CONSTITUTION DANS LA BIBLIOTHÈQUE DU COUVENT DES JACOBINS (1791)

stitution¹, comme il ressort de cet arrêté du département de Paris en date du 15 avril 1791 (*Mon.*, VIII, 154) :

> Sur la soumission faite par la Société des amis de la constitution, séant aux Jacobins de cette ville, à l'effet de prendre à loyer l'église des Jacobins, le chœur et ses dépendances, à tel prix et sous telles conditions qu'il plaira ;
> Vu l'estimation faite de la location desdits lieux à la somme de 1,200 livres, le procureur général syndic entendu ;
> Le directoire autorise la municipalité à consentir cette location, à condition qu'elle cessera et que les lieux seront rendus libres au moment où, par suite des soumissions déjà faites ou à faire, ou par d'autres dispositions, les terrains et bâtiments seraient rendus ou employés à une destination publique.

La Société s'y installa le 29 mai 1791².

Ainsi le Club des Jacobins occupa successivement, dans l'enceinte du couvent, trois locaux différents :

1° Pendant les premières semaines de son existence, en 1790, une salle du rez-de-chaussée (le *réfectoire*, selon A. de Lameth, le *chapitre*, selon Millin) ;

2° Jusqu'au printemps de 1791, la bibliothèque ;

3° Du 29 mai 1791 jusqu'à la fin, la chapelle.

Le Club des Jacobins fut fermé le 21 brumaire an III (11 novembre 1794)³.

Le 28 floréal suivant, la Convention décréta « que l'emplacement des ci-devant Jacobins, rue Honoré, serait consacré à l'établissement d'un marché public. Ce marché portera le nom de *Neuf-Thermidor...* »

Le marché en question fut établi sous le Consulat et s'appela marché Saint-Honoré.

De l'édifice des Jacobins il ne subsista que quelques vestiges, qu'en 1865 M. Ernest Hamel (*Hist. de Robespierre*, I, 178) a décrits en ces termes :

> On voit encore, dans la petite rue Saint-Hyacinthe, les trois grandes portes d'entrée⁴ donnant accès dans la maison où siégeait la Société. Les bâtiments où se trouvait la salle des séances, aujourd'hui détruits, étaient au fond de la cour et avaient vue sur des jardins remplacés depuis par un marché. Sous le

---

1. Le bail fut fait au nom du citoyen Guiraut, l'inventeur des procédés logotachygraphiques.

2. *Chronique de Paris* du 1ᵉʳ juin 1791. — « Autour de la salle des Jacobins sont suspendues les chaines que les citoyens ont enlevées à la Bastille. » *Les Jacobins convaincus d'imposture*, s. l. n. d., in-8 de 8 pages.

3. Voir plus bas, au chapitre *Législation des clubs*.

4. Il y avait deux entrées ; l'une rue Saint-Honoré, l'autre rue Saint-Hyacinthe.

vestibule de la porte, à droite, existe toujours le vaste escalier par lequel les membres du club se rendaient aux bureaux, situés au premier étage.

V

ORGANISATION INTÉRIEURE

DE LA SOCIÉTÉ DES JACOBINS

§ 1. RÈGLEMENT

Un document capital pour l'histoire de la formation et de l'organisation intérieure du club des Jacobins, et qu'il est nécessaire de donner ici, c'est le *Règlement de la Société des amis de la constitution*, rédigé par Barnave, voté par la Société le 8 février 1790 et imprimé par son ordre[1].

RÈGLEMENT DE LA SOCIÉTÉ DES AMIS DE LA CONSTITUTION.

Dès que les premières discussions de l'Assemblée nationale eurent permis à tous les députés de juger réciproquement les principes par lesquels ils étaient conduits, ceux qui se crurent animés d'un zèle plus ardent pour les droits des hommes commencèrent à se réunir, et formèrent entre eux une Société fondée sur l'estime et la confiance.

A la douceur de s'entretenir et de s'épancher avec des hommes qui professent les mêmes sentiments et qui sont liés par les mêmes devoirs, s'unissait l'avantage de porter dans l'Assemblée nationale des esprits préparés par la discussion et prémunis contre toute espèce de surprise.

Depuis sa translation dans la capitale, l'utilité de ces conversations s'est fait de plus en plus sentir. Non seulement le nombre des membres de l'Assemblée qui ont désiré y prendre part s'est considérablement accru, mais plusieurs députés des villes auprès de l'Assemblée nationale ont demandé à y être admis; et de simples particuliers ont mérité et obtenu, par les travaux importants dont ils ont fait hommage à la Société, le droit d'assister à ses discussions; enfin, de plusieurs villes du royaume, des associations de patriotes zélés ont demandé, les unes à y être agrégées, les autres à se former sur son modèle.

Dans ces moments critiques pour la monarchie, au milieu des obstacles qu'éprouve notre liberté de la part de ceux dont elle renverse les prétentions, il a paru aux membres de la Société que tout ce qui tendait à réunir les amis de la constitution devait être précieusement accueilli; ils ont cru voir dans ces

---

[1]. Bibl. nat., Lb 40/569, in-12. — Le président de la Société, duc d'Aiguillon, envoya le règlement aux journaux avec prière de l'insérer. Mais, il ne fut, croyons-nous, reproduit que par la feuille ultra-royaliste, *les Actes des apôtres*, qui, dans son n° 78, l'accompagna de commentaires ironiques.

associations un moyen d'établir entre les bons citoyens l'uniformité de vœux, de principes et de conduite, qui consommera de la manière la plus prompte et la plus paisible l'heureuse révolution qu'ils désirent tous. Lorsque la constitution préparée au sein de l'Assemblée nationale est prête à s'exécuter dans tout le royaume, il faut que les principes qui l'ont dirigée soient universellement répandus; lorsque de toutes parts on sème l'erreur, les alarmes, les calomnies, il faut que partout la vérité puisse se faire entendre et parler à tous le même langage; et, s'il arrivait encore qu'un petit nombre d'hommes, dénués par eux-mêmes des forces nécessaires pour lutter avec succès contre la masse des volontés, voulussent rétablir leur empire en divisant la nation, en suscitant les rivalités, en irritant les passions, l'amour-propre, les préjugés et tous les intérêts privés contre l'intérêt général, il faut que les amis du bien puissent opposer à leurs cris séditieux des paroles calmes et rassurantes; et qu'informés exactement, prémunis eux-mêmes contre le mensonge, ils ne cessent d'éclairer le peuple, et le préservent des erreurs qui sont devenues le seul espoir de ses ennemis.

Ainsi, ces sociétés formées par l'enthousiasme du bien public, les discussions politiques qui firent en tout temps les délices des peuples libres, sont commandées aujourd'hui par les intérêts les plus chers de notre patrie. Sa liberté, sa tranquillité, nous pressent d'unir les bons citoyens par une correspondance intime; et, s'il lui reste des ennemis, tout jusqu'à leur sûreté nous invite à former contre leurs efforts une réunion si puissante qu'ils cessent, en perdant l'espoir, d'appeler sur notre patrie des troubles qui ne présenteraient plus que des dangers pour eux.

Une Société établie auprès de l'Assemblée nationale et renfermant un grand nombre de députés des différentes provinces peut seule offrir un centre commun à celles qui s'établiront dans tout le royaume; elle recevra leurs instructions et leur transmettra les vues qui résulteront du rapprochement des lumières et des intérêts; elle leur transmettra, surtout, l'esprit des décrets de l'Assemblée nationale, à l'exécution desquels toutes ces sociétés seront particulièrement vouées.

Destinées à répandre la vérité, à défendre la liberté, la constitution, leurs moyens seront aussi purs que l'objet qu'elles se proposent; la publicité sera le garant de toutes leurs démarches. Écrire et parler ouvertement, professer leurs principes sans détour, avouer leurs travaux, leurs vues, leurs espérances, ce sera la marche franche par laquelle elles travailleront à obtenir l'estime publique, qui seule peut faire leur force et leur utilité.

La fidélité à la constitution, le dévouement à la défendre, le respect et la soumission aux pouvoirs qu'elle aura établis, seront les premières lois imposées à ceux qui voudront être admis à ces Sociétés. Les titres pour s'y présenter seront surtout l'amour de l'égalité et ce sentiment profond des droits des hommes qui se dévoue par instinct à la défense des faibles et des opprimés et qui sent assez sa dignité pour honorer son semblable, indépendamment des distinctions et des titres ultérieurs.

Après avoir expliqué le but de ces associations, le règlement propre à les diriger sera extrêmement simple. Les institutions contraires à la nature ont besoin d'être soutenues par des lois profondément combinées: ici, presque tout consiste à choisir des hommes déjà pénétrés de l'esprit qui doit animer la Société.

Des articles de police qui vont suivre quelques-uns peuvent ne convenir qu'à la Société des amis de la constitution établie auprès de l'Assemblée nationale; il sera facile aux autres Sociétés qui voudront adopter le même règlement de leur en substituer de plus conformes à leurs convenances particulières; mais les dispositions relatives à l'esprit et au but de l'institution doivent être partout les mêmes.

ARTICLE PREMIER.

L'objet de la Société des amis de la constitution est : 1° de discuter d'avance les questions qui doivent être décidées dans l'Assemblée nationale; 2° de travailler à l'établissement et à l'affermissement de la constitution suivant l'esprit du préambule ci-dessus; 3° de correspondre avec les autres Sociétés du même genre qui pourront se former dans le royaume.

ART. II.

On ne fera point usage du scrutin pour l'admission des personnes présentées à la Société; elles devront être proposées par un membre et appuyées, savoir : les députés et suppléants à l'Assemblée nationale ou vers l'Assemblée nationale, par deux membres seulement, et toutes autres personnes par cinq. Leur nom restera inscrit pendant deux séances, sur un tableau destiné à cet usage, avec les noms du membre qui les présente et de ceux qui les appuient. Pendant le même temps chacun pourra faire des objections contre eux, ensuite leur admission sera jugée à la majorité des voix.

ART. III.

Les personnes sur l'admission desquelles il aura été prononcé par un ajournement ne pourront être proposées de nouveau avant l'intervalle d'un mois, à moins que l'ajournement ne soit proposé à jour fixe.

ART. IV.

Lorsqu'un membre de la Société sera convaincu d'avoir manifesté soit verbalement, soit par écrit, et à plus forte raison par ses actions, des principes évidemment contraires à la constitution et aux droits des hommes, en un mot à l'esprit de la Société, il sera, suivant la gravité des circonstances, réprimandé par le président, ou exclu de la Société, après un jugement rendu à la majorité des voix.

ART. V.

La même exclusion sera prononcée contre ceux qui auront été absents de la Société, pendant un mois, sans motifs légitimes.

ART. VI.

La Société admettra comme associés étrangers les personnes habitantes hors de Paris, en observant les formalités et les conditions qui sont prescrites pour les membres résidents [1].

1. Quelques jours avant l'adoption de ce règlement, les étrangers étaient ad-

ORGANISATION INTÉRIEURE DU CLUB

Art. VII.

La Société admettra comme associées, sur la demande de quelques-uns de ses membres, les Sociétés du même genre qui sont établies ou pourront s'établir dans les autres villes du royaume, pourvu que l'esprit de leur institution, garanti par les membres qui feront la proposition, soit essentiellement le même, et il sera entretenu avec ces Sociétés étrangères une correspondance suivie.

Art. VIII.

Les officiers de la Société seront un président, quatre secrétaires et un trésorier. Il sera nommé, en outre, lorsque les circonstances l'exigeront, des

mis aux Jacobins presque sans formalité, comme le prouve ce passage du *Voyage* d'Arthur Young à la date du 18 janvier 1790 : « Le soir M. Decretot et M. Blin m'ont mené au Club des Jacobins. Il y avait plus de cent députés présents, et le président sur son fauteuil. On me présenta à lui comme l'auteur de l'*Arithmétique politique*; alors il se leva, répéta mon nom à l'assemblée, en demandant s'il éveillait quelques objections, aucune. Voilà toute la cérémonie, non pas seulement de présentation, mais même d'élection ; car on me dit qu'à présent je puis toujours être admis en qualité d'étranger. On procéda ainsi à dix ou douze autres élections. On débat dans ce club toute question qui doit être portée à l'Assemblée nationale, on y lit les projets de loi qui sont rejetés ou approuvés après correction. Quand ils ont obtenu l'assentiment général, tout le parti s'engage à les soutenir. On y arrête des plans de conduite, on y élit des personnes qui devront faire partie des comités, on y nomme des présidents pour l'Assemblée. » — En mars 1790, il y aurait eu une querelle et même une scission au Club à propos des étrangers qui s'y mêlaient aux délibérations ; si bien que des non-Jacobins influaient sur les résolutions de la Société et indirectement sur celles de l'Assemblée nationale. « Cette observation, judicieuse fut faite par le marquis de Crillon, qui, ne pouvant tolérer une irrégularité aussi monstrueuse, se sépara, entraîna un nombre considérable de députés et les réunit chez lui. On appela cette assemblée rivale, du nom de son chef, le *Comité Crillon*. Ce schisme jeta l'alarme dans tout le parti démocrate, et les plus zélés s'entremirent pour en arrêter les suites. Enfin la réunion s'opéra (le vendredi 19 mars), sous la condition expresse qu'on ne traiterait pas des affaires à porter à l'Assemblée nationale en présence des membres du Club qui ne seraient pas députés et qu'à cet effet il se tiendrait deux séances par semaine (les vendredi et dimanche au soir), où ces profanes n'auraient pas droit d'assister. M. de Crillon poussait la sévérité jusqu'à exiger un autre local pour ces conférences intimes ; mais il se relâcha sur ce point. » (*Histoire authentique et suivie de la Révolution de France*, I, 618.) — L'ouvrage auquel nous empruntons ces détails est aussi curieux que peu connu. En voici le titre complet : *Histoire autentique* (sic) *et suivie de la Révolution de France, à commencer depuis l'Assemblée des Notables jusqu'à la seconde législature. Ouvrage précieux pour les contemporains et pour l'histoire, contenant une foule d'anecdotes ignorées ou peu connues sur les vraies causes de la Révolution, un* (sic) *esquisse des principaux personnages qui ont joué un rôle dans ce grand événement, etc., etc., en une suite de lettres adressées par l'auteur à un de ses correspondants dans l'étranger*. Londres, 1792, 2 vol. in-8. (Le tome I contient 832 pages, et le tome II, 827. Bib. nat. Lc 2/2278). Nous ignorons le nom de l'auteur. Il était hostile à la Révolution, mais ses informations sont souvent précises et presque toujours curieuses.

commissaires, soit pour la préparation des divers travaux dont la Société voudra s'occuper, soit pour la correspondance[1].

Art. IX.

Le président et deux secrétaires seront changés tous les mois, et nommés au scrutin à la pluralité simple; le trésorier sera révocable à volonté.

Art. X.

En l'absence du président, sa place sera remplie par le dernier de ses prédécesseurs, qui sera présent à la séance[2].

Art. XI.

Les secrétaires, outre les fonctions ordinaires de leur emploi, tiendront une liste des membres de la Société, des associés étrangers et des Sociétés affiliées, dont plusieurs copies seront affichées dans la salle des séances, et une autre restera sur le bureau; ils tiendront un tableau des personnes présentées dans la forme indiquée à l'art. 3; ils seront chargés de tous les papiers de la Société et des soins relatifs à l'impression des ouvrages qu'elle aura résolu de faire imprimer, notamment d'une liste sur trois colonnes des noms des membres de la Société, associés étrangers et Sociétés affiliées, à laquelle il sera fait un supplément tous les trois mois.

Art. XII.

Le trésorier recevra la contribution de chaque membre aux dépenses de la Société; il payera ces mêmes dépenses à concurrence des fonds qu'il aura reçus, sans être obligé de faire des avances, et rendra compte à réquisition. Il sera chargé, en outre, de tous les soins économiques, tels que le logement, le feu, la lumière, etc.; et, s'il ne peut suffire à toutes ces fonctions, il lui sera nommé un adjoint.

Art. XIII.

La Société s'assemblera à six heures du soir, tous les jours qui ne seront point occupés par l'Assemblée nationale, à l'exception des dimanches et jours de fêtes, et il sera indiqué au besoin des séances extraordinaires.

Art. XIV.

On discutera dans la Société tout ce qui peut intéresser la liberté, l'ordre public et la constitution, suivant l'esprit et les principes qui ont été annoncés dans le préambule; mais les discussions qui y auront lieu ne gêneront

---

1. Plus tard, il est constant qu'il y eut un président, un vice-président, quatre secrétaires, douze inspecteurs, quatre censeurs, huit commissaires-introducteurs, un trésorier, un archiviste. Mais nous n'avons pas jusqu'ici retrouvé le texte de ce règlement additionnel.

2. « En l'absence du président, son prédécesseur le remplacera dans les mêmes fonctions. » Règlement de l'Assemblée constituante, I, 50.

aucunement la liberté d'opinion de ses membres dans l'Assemblée nationale.

Art. XV.

Quant à l'ordre de la parole et au mode de discussion, la Société observera le règlement de l'Assemblée nationale.

Arrêté dans la Société des amis de la constitution, le 8 février 1790.

Le Duc d'Aiguillon,
Président de la Société des amis de la constitution.

Lapoule, Thibault, curé de Souppes, *secrétaires.*

On remarquera que, dans ce règlement[1], il n'est point question du chiffre de la cotisation que devait payer chaque membre du club. Sur ce point je ne trouve d'autres renseignements que ceux que donne Louis Blanc et qu'il a peut-être empruntés à la tradition orale :

Indépendamment des frais de réception fixés à 12 livres, chaque membre avait à payer annuellement 24 livres, aux époques des 1er janvier, 1er avril, 1er juillet et 1er octobre, le tout pour faire face non seulement aux dépenses intérieures, mais encore à l'impression des circulaires ou à la publication des pamphlets que les circonstances pouvaient rendre nécessaires. Qui ne payait pas se voyait exclus[2].

Quant à la publicité des séances, elle ne fut décidée par les Jacobins que le 12 octobre 1791. La tribune du chœur fut provisoirement réservée aux dames. Celle des orgues fut augmentée de quelques bancs. Et, dès le vendredi 14 octobre 1791, le public fut admis.

§ 2. Liste des membres

Le 24 décembre 1790, la Société fit imprimer une liste de ses membres (alors au nombre de plus de onze cents), avec un supplément que nous avons fondu dans la liste générale[3].

---

1. Il existe aussi un *Projet de règlement pour la Société des amis de la constitution séante aux Jacobins de Paris*, Paris, imprimerie du *Patriote français*, 1791, in-8 de 20 p. (Bibl. nat., Lb 40/570.) Ce projet est infiniment plus détaillé que le règlement que nous venons de reproduire; mais rien n'indique qu'il ait été adopté. — Les 22 et 24 juillet 1791, un règlement additionnel fut discuté sur les affiliations : nous le reproduirons à sa date.

2. Louis Blanc, *Histoire de la Révolution*, V, 106.

3. Nous avons marqué d'un astérisque les noms empruntés à ce supplément, qui pour la plupart appartiennent sans doute à des personnes introduites aux Jacobins après le 21 décembre 1790. La liste est signée du président Mirabeau

A

ADET, rue du Paradis, au Marais. — Pierre-Auguste Adet, chimiste, diplomate, préfet de la Nièvre, chevalier de l'Empire.

AGIER, rue des Maçons. — Deux Agier demeurent dans la même rue : 1° Agier, lieutenant général de la sénéchaussée du Poitou, constituant ; 2° Pierre-Jean Agier, membre du Comité des recherches de la Commune de Paris en 1789.

AIGREMONT, rue Saintonge, n° 5.

AIGUILLON (D'), rue de l'Université. — Armand de Vignerot-Duplessis-Richelieu, duc d'Aiguillon, constituant.

ALEXANDRE, Anglais, hôtel du Roi, place du Carrousel.

ALLARD-THÉVENIN, rue d'Argenteuil, n° 39.

ALLART, rue Richelieu, cour Saint-Guillaume. — Pierre Allart, négociant, électeur de la section du Palais-Royal en 1790.

ALQUIER, hôtel d'Espagne, rue Richelieu. — Charles-Jean-Marie Alquier, constituant, conventionnel, ambassadeur à Naples, chevalier de l'Empire.

ALYON, rue Bourbon, faubourg Saint-Germain, 97.

ANDRÉ, rue de l'Échelle, n° 11.

ANDRÉ, rue Montmartre, vis-à-vis l'hôtel d'Uzès. — Jean-Baptiste André, chirurgien, électeur de la section de la Bibliothèque en 1790.

ANDRÉ, rue Richelieu, n° 91.

ANDRIEUX, rue Mazarine, n° 89.

ANDRIEUX, rue de la Coutellerie, n° 29. — Nous ne savons lequel de ces deux Andrieux est l'homme de lettres.

ANTHOINE, hôtel de Portugal, rue du Mail. — C'est probablement François-Paul-Nicolas Anthoine, constituant, conventionnel, bien que l'*Almanach royal* de 1791 lui donne pour domicile l'hôtel de Montpensier, rue des Frondeurs.

AOUST, rue du Faubourg-Montmartre, n° 17. — Eustache-Jean-Marie, marquis d'Aoust, constituant, conventionnel.

---

le supplément n'est pas signé. Quelques noms figurent dans les deux listes, qui sont aussi mal orthographiées que possible. Nous avons essayé de restituer leur vraie figure aux noms connus et d'identifier le plus de Jacobins possible, en indiquant, lorsque c'était faisable, leurs professions ou leurs conditions successives. — Ajoutons que cette liste, quoique officielle, est certainement incomplète. Par exemple, on n'y trouve pas le nom de Le Chapelier, un des fondateurs et un des membres les plus actifs du Club.

ARMAND, rue de la Vrillière, n° 8.

ARMAND, rue Saint-Honoré, n° 339. — Avocat à Saint-Flour, constituant.

ARRAULT, rue Mazarine, n° 28.

ARTHUR, rue Louis-le-Grand. — Robert Arthur, fabricant de papiers peints, électeur, membre de la Commune.

ASTRUC, rue des Grands-Augustins.

AUBRÊME, Palais-Royal, hôtel de la Reine.

AUBRIET, rue Saint-Honoré, Café militaire.

AUDIBERT-CAILLE, rue Richelieu, n° 46.

AUDIER-MASSILLON, rue Saint-Honoré, n° 343. — Lieutenant général en la sénéchaussée d'Aix, constituant, juge au Tribunal de cassation.

AUDIFFRED, rue Quincampoix, n° 40.

AUGIER, rue des Jeûneurs. — Négociant à Cognac, constituant.

B

BABAUD, rue des Grands-Augustins, n° 24.

BABEY, rue Caumartin, n° 30. — Avocat du roi à Orgelet, constituant, conventionnel.

BACHE, rue de la Monnaie, n° 22.

BACHELIER D'AGIS, rue de la Feuillade, n° 2.

*BACOFFE, rue du Temple, n° 124. — Jean-Baptiste Bacoffe, maître en pharmacie.

BACON, rue Coq-Héron, hôtel du Roi.

BACON, rue Notre-Dame-des-Victoires, n° 2.

BACON (fils), rue Notre-Dame-des-Victoires, n° 2. — C'est peut-être P.-J. J. Bacon, électeur de 1790, littérateur. Mais il demeurait rue Feydeau, n° 22.

BACOS, rue de la Feuillade, n° 1.

BAGNERIS, rue Saint-Benoît, hôtel de Couci.

BAILLE (DE PRESLE), rue Richelieu, n° 143.

BAILLOT, rue Richelieu, hôtel des États-Généraux. — Avocat à Troyes, constituant.

*BAILLY, hôtel de la Mairie. — Jean-Sylvain Bailly, de l'Académie française, constituant, maire de Paris.

BAILLY (Philibert), rue de Condé, en face de celle des Fossés-Monsieur-le-Prince.

Bancal (Henri), rue du Petit-Bourbon, maison du notaire. — Bancal des Issards, membre de la Commune de Paris, conventionnel.
Bar, rue Sainte-Anne, butte Saint-Roch, n° 78.
Barabé, rue du Monceau-Saint-Gervais, hôtel de Bourgogne.
Barabé (le jeune), place du Pont-Neuf, vis-à-vis Henri IV.
*Barbantane, cour des Fontaines, Palais-Royal.
Barbier, rue Bergère, n° 9.
Barbier, rue Mêlée. — Jean-Nicolas Barbier, négociant.
Barbon, rue Vivienne, n° 24.
*Barère de Vieuzac, rue des Filles-Saint-Thomas. — Avocat, constituant, conventionnel.
Barnave, hôtel Lameth, cul-de-sac Notre-Dame-des-Champs. — Avocat à Grenoble, constituant.
Barneville, rue Bourbon-Villeneuve, n° 41.
Baronat, rue des Poulies, n° 18.
Barré (de Saint-Venant), rue Ville-l'Évêque.
Barrère, rue Vivienne.
Bart, rue de la Sourdière, n° 36. — Jean Bart, avocat.
Basquiat, rue du Colombier, hôtel d'Angleterre. — Basquiat de Mugriet, lieutenant général en la sénéchaussée de Saint-Sever, constituant.
Baudart, à Gravelines.
Baudoin de Maison-Blanche, rue Traversière. — Avocat à Lannion, constituant.
Baudouin, rue du Foin-Saint-Jacques. — François-Jean Baudouin, imprimeur de l'Assemblée nationale, député suppléant de Paris aux États généraux.
Baudrais, rue de Marivaux, près le Théâtre-Italien. — Jean Baudrais, littérateur, membre de la Commune de Paris.
Baux, rue Richelieu, au coin de celle de Villedo, n° 40.
Bazin, rue Sainte-Anne, butte Saint-Roch, hôtel de Genève. — Avocat à Gien, constituant.
Beaugrand, rue Neuve-des-Petits-Champs, n° 87.
Beauharnais (Alexandre de). Général, constituant; il demeurait rue des Petits-Augustins, au petit hôtel de la Rochefoucauld.
Béchet, rue Charenton, n° 196. — Jean-Baptiste-Bernard Béchet, directeur de l'administration des Quinze-Vingts.
Bégourt, rue et hôtel des Deux-Écus.
Belbace, rue Grange-Batelière, n° 37.
Bélin, rue Neuve-des-Mathurins, n° 59.
Bellier, rue Montmartre, n° 142.

BELMONT, rue du Temple, n° 47.

*BÉNEZET, rue Greneta.

BENOIT, rue Porte-Saint-Honoré, au café du Garde-Meuble. — Avocat à Frolois, bailliage de Châtillon-sur-Seine, constituant.

BERGER, rue des Vieux-Augustins, n° 15. — Jean-Bernard Berger, avocat.

BERGER, rue de l'Échelle, n° 3.

BERMOND, rue des Maçons, n° 34.

*BERTAUD, rue de Bourgogne, n° 5.

BERTHELIN, vis-à-vis Saint-Honoré.

BERTHON, place Saint-Michel, n° 9.

BERTRAND, rue Thévenot, n° 31.

BERTOUT, rue de la Harpe, n° 5.

BERVIC, aux Galeries du Louvre. — Charles-Clément Balvay Bervic, graveur, membre de l'Académie de peinture.

BESSE, rue de Beaune, faubourg Saint-Germain, n° 15. — Curé de Saint-Aubin, bailliage d'Avesnes, constituant.

BESSIN, rue Saint-Merri, n° 38. — C'est peut-être Bessin, procureur au Châtelet, commandant de la garde bourgeoise du district de Saint-Méry, en juillet 1789.

BESSON, rue du Bac, hôtel National.

BESSON (l'aîné), rue du Bac, hôtel National.

BIAUZAT, rue de l'Université, n° 26. — Gaultier de Biauzat, avocat à Clermont, constituant.

BIDERMANN, rue des Jeûneurs, n° 3. — Jacques Bidermann, négociant, membre de la Commune de Paris.

BILLAUD, rue Saint-André-des-Arts, n° 42. — Billaud-Varenne, avocat, conventionnel.

BILLECOCQ, rue Ventadour, n° 13. — Jean-Baptiste Billecocq, avocat et littérateur.

BILLETTE, rue Saint-Honoré, n° 261. — Billette de Villeroche, négociant, ancien maire de Quimperlé, constituant.

BILLON, rue de Montpensier, n° 59.

BITAUBÉ, rue Sainte-Anne, n° 62. — Paul-Jérémie Bitaubé, littérateur, membre de l'Institut.

BLACQUE, rue de la Mortellerie, n° 30.

BLANDIN, rue Aubry-le-Boucher, n° 22. — Un des jurés du tribunal du 17 août 1792.

BLANCART, rue Richelieu n° 159. — Propr" en Dauphiné, constituant.

BLANCHET, rue de Tournon, n° 47. — Secrétaire des Jacobins en floréal an II.

BLANC, rue de la Harpe.
BLOT, rue Favart, n° 3.
BOCQUET, rue Saint-Germain-l'Auxerrois.
BOISGNON, rue Notre-Dame-des-Victoires, n° 2.
BOISLANDRY, rue Saint-Honoré, n° 343. — Négociant à Versailles, constituant.
BOISSEL, rue Neuve-des-Petits-Champs, n° 99. — F. Boissel, littérateur, auteur du *Catéchisme du genre humain*.
BOISSY D'ANGLAS, rue Neuve-de-l'Université, n° 10. — Avocat au Parlement, constituant, conventionnel.
BOLTS (Guillaume), rue Neuve-des-Capucins, n° 6.
BONEN, rue des Lavandières-Sainte-Opportune.
BONNARD, rue Montmartre, hôtel d'Artois. — C'est peut-être le même qu'un certain Bonnard, ex-commissaire du pouvoir exécutif, guillotiné à Paris, le 28 pluviôse an VII, pour tentative de vol chez l'envoyé du dey d'Alger. — Cf. *Moniteur*, XXIX, 608 *bis*.
BONNECARRÈRE, rue Saint-Georges, n° 8. — Diplomate, chargé d'affaires à Liège en 1791, directeur des affaires étrangères sous Dumouriez en 1792.
BONNEMER, passage de Lesdiguières. — C'est probablement Aubin de Bonnemer, un des vainqueurs de la Bastille.
BONJOUR, rue Royale, place Louis XV, n° 17.
BONNOMET, rue Chabanais, n° 13. — Denis-Charles-François Bonnomet, notaire.
BONTEMS, rue Saint-Honoré, au Lycée.
BOREL, rue et hôtel Coq-Héron. — Durand Borel, juge au Tribunal de cassation, chevalier de l'Empire.
BORI, quai de Conti, n° 6.
BORIE, quai et place de Conti.
BOSE, rue des Prouvaires, n° 52. — C'est peut-être Boze, peintre du roi.
BOSSUT, rue de l'Arbre-Sec, n° 11.
BOTIDOUX, rue d'Anjou-Saint-Honoré. — Le Deist de Botidoux, négociant à Uzel, constituant.
BOUCHE, rue Richelieu, hôtel de Valois. — Avocat, sénéchaussée d'Aix, constituant.
BOUCHE (fils), rue Richelieu, hôtel de Valois. — Avocat, sénéchaussée de Forcalquier, constituant.
BOUCIANT, rue Poissonnière.
BOULANGER, rue des Deux-Portes-Saint-Sauveur.
BOULLÉE, rue Saint-Honoré, n° 319.
BOULLENGER.

BOULLEROT, rue des Poulies, hôtel du Poitou.
BOULOGNE, Palais-Royal, n° 9.
BOURDIER, rue de Bourbon, faubourg Saint-Germain, n° 61.
BOURDON, rue Neuve-Sainte-Avoye, n° 7. — Léonard Bourdon de la Crosnière, instituteur, conventionnel.
BOURDON, faubourg Saint-Denis, n° 25. — Bourdon des Planches, père du précédent, ex-premier commis des finances.
BOURGAIN, rue de Seine, n° 97. — Dénis-Guillaume Bourgain, député de Paris à la Convention.
BOURGEOIS, Montagne-Sainte-Geneviève, n° 2.
BOURGEOIS (fils), rue du Chantre, hôtel de la Source.
BOUSSATON, place du Théâtre-Italien.
BOUSSION, rue des Vieux-Augustins, n° 23. — Député suppléant de la sénéchaussée d'Agen, siégea à la Constituante en remplacement de M. Escoure de Peluzat.
* BOUSSOGNE (Martial), rue du Sépulcre, n° 76.
BOUTARIC, rue Traversière. — Président de l'élection de Figeac, constituant.
BOUTON, place Royale, n° 14.
*BOYER, hôtel de Penthièvre.
BRANCAS, rue Bourbon, faubourg Saint-Germain, n° 26. — Le duc de Brancas-Lauraguais, l'amant de Sophie Arnould, père d'Antoine-Constant de Brancas, colonel du 11° cuirassiers, baron de l'Empire.
BRANCHE, rue Saint-Honoré, n° 366. — Avocat, sénéchaussée de Riom, constituant.
BRANTHOME, cul-de-sac de Notre-Dame-des-Champs.
BRÉGUET, quai des Morfondus, n° 65.
BRESSON, hôtel de Chartres, rue Richelieu, n° 31.
BRETEUIL, rue des Rosiers-au-Marais, n° 37.
BREVET DE BEAUJOUR, rue Richelieu, hôtel d'Espagne. — Avocat du roi au présidial d'Angers, constituant.
* BRICHARD, rue Saint-André-des-Arts. — François-Romain Brichard, notaire.
BRIZARD, rue des Grands-Augustins.
BROGLIE, rue de Varennes. — Victor, duc de Broglie, constituant.
BRONGNARD (fils), aux Invalides.
BROSTARET, rue Saint-Thomas-du-Louvre, hôtel de l'Union. — Avocat à Casteljaloux, constituant.
BROUSSE, rue des Quatre-Fils, n° 27. — Armand-Bernard-Honoré Brousse, ancien avocat, électeur de la section des Enfants-Rouges en 1790.

BROUSSONET, rue des Blancs-Manteaux, n° 20. — Pierre-Marie-Auguste Broussonet, botaniste, député de Paris à l'Assemblée législative.
BRU, rue du Coq-Saint-Honoré.
BRUNE, rue du Théâtre-Français, n° 1. — C'est le futur maréchal de France, alors imprimeur et journaliste.
*BRUNEAU, rue du Mail, n° 30. — Jean Bruneau, négociant, électeur de la section de la place Louis XIV en 1790.
BRUNET, rue Quincampoix, n° 25.
BRUNET-LATUQUE, rue Saint-Thomas-du-Louvre, n° 23. — Juge royal au Puch, sénéchaussée de Nérac, constituant.
BUCHEY, hôtel Charot, rue Saint-Honoré.
BUISSON, rue Saint-Honoré, n° 23.
BUNEL, rue Comtesse-d'Artois, n° 81.
BUTEAU, rue Greneta, n° 38.
BUXOT, hôtel de Bouillon, quai des Théatins.
BUYS, hôtel du Palais-Royal, cour des Fontaines.
BYON, rue de Seine, faubourg Saint-Germain.

C

*CABANIS. — Pierre-Jean Cabanis, médecin et philosophe, membre de l'Institut, député au Conseil des Cinq-Cents, comte de l'Empire.
CABANNES.
CABARUS, hôtel d'Empire, rue Vivienne. — Ce ne peut être le comte de Cabarus, dont la fille épousa Tallien : il était alors ministre des finances en Espagne. Il s'agit sans doute d'un de ses parents.
CAFFIN, rue Saint-Jacques, vis-à-vis le collège Louis-le-Grand.
CAILHAVA, Palais-Royal, n° 18. — C'est le littérateur.
CAILLY, rue Neuve-Saint-Eustache, n° 19. — Un des administrateurs du Comité de surveillance de la Commune de Paris avant le 31 mai 1793.
CAIRE, rue Montmartre, n° 181. — C'est sans doute Paul Caire, qui fut commissaire du Directoire exécutif à Lyon après le 18 fructidor.
CANCHOIS, rue de la Harpe, n° 54.
CANNAT, rue du Cimetière-Saint-André-des-Arts.
CARLET, rue Poissonnière, n° 22.
CARNÉ, rue Neuve-Saint-Roch, n° 55.
CARONDELET, rue de Bourbon, n° 12. — De Carondelet, ci-devant prévôt du chapitre de Séclin, constituant.

Carra, rue de la Michodière, n° 7. — Littérateur, conventionnel.
Carra, rue de la Ferronnerie, n° 10.
Carrel, rue de la Sourdière, n° 46.
Carrey, rue du Bac.
Castaignède, hôtel Necker, rue Richelieu. — Notaire, sénéchaussée de Tartas, constituant.
Castelanet, rue Favart, n° 2. — Notaire à Marseille, constituant.
Cattet, rue des Vieux-Augustins, n° 68.
Cattey, rue des Petits-Augustins, au coin de celle des Marais.
Cavalcanti, hôtel Lameth, cul-de-sac Notre-Dame-des-Champs.
Cazaux, hôtel de Bourbon, rue Croix-des-Petits-Champs. — C'est probablement le marquis de Cazaux, publiciste, ami de Mirabeau.
Cazin, rue Chantereine. — C'est peut-être le même que Cazin, un des coaccusés de Babeuf.
Cellier (Louis), rue Saint-Honoré, vis-à-vis celle des Bons-Enfants. — Membre de la Commune de Paris, successeur de Chaumette dans la place d'agent national près de cette commune.
Chabroud, rue Sainte-Anne, n° 9. — Avocat, constituant.
* Chachet, rue Saint-Florentin, n° 2.
Chaillon, rue Traversière-Saint-Honoré. — Avocat, sénéchaussée de Nantes, constituant, conventionnel.
Chaillon, rue d'Orléans-Saint-Martin, n° 19.
Chambon, rue Guénégaud. — Chambon de la Tour, constituant.
Chambon, rue de Grenelle-Saint-Honoré, n° 65. — Nicolas Chambon, médecin, maire de Paris à la fin de 1792.
Chamel, hôtel d'Espagne, rue Richelieu.
Champfort, arcade du Palais-Royal, n° 18. — C'est le célèbre écrivain.
Champeaux, rue Taranne, n° 33. — C'est peut-être Joseph-Nicolas de Champeaux, curé de Monsigny, constituant, conseiller et inspecteur général de l'Université impériale, chevalier de l'Empire. Mais l'*Almanach royal* de 1791 le fait demeurer au Cloître-Saint-Honoré.
Champelle, rue Sainte-Anne, n° 56. — C'est peut-être le médecin Champelle, auteur d'un remède antivénérien, et qui s'intitulait ancien chirurgien-major de Paris. Cf. *Moniteur*, XIX, 75, et XXII, 187.
Chamseru, rue du Hasard, n° 12. — De Chamseru, un des électeurs de 1789.
Chanchat, rue Vieille-du-Temple, n° 45.
Chanlin, rue du Doyenné, n° 4.
Chapelle, au Louvre.
Charfoulot, rue Saint-Dominique, au Gros-Caillou.
Charke, cour des Fontaines, au Palais-Royal.

Charlar, hôtel d'Anjou, rue Serpente.

Chartres, Palais-Royal. — Louis-Philippe d'Orléans, duc de Chartres : c'est le futur roi des Français.

Chauffe, rue Traversière, au coin de celle des Trois-Frères.

Chauveau, à Passy, à côté des eaux.

Chauveau (fils).

Chauvet, aux Invalides.

Chaveau, rue Jacob, n° 12.

Chavet, rue Saint-Martin, n° 243.

Chaviche, rue du Petit-Lion, n° 7.

Chazot.

Chèdeville, rue des Petits-Pères, n° 9.

Chénaux, rue Saint-Honoré, près la rue Tirechappe. — Membre de la Commune de Paris en 1793.

Chendret, au Louvre, pavillon de l'Infante.

Chénier, rue de Cléry, n° 73. — C'est probablement le littérateur Marie-Joseph Chénier.

Chépy (père), rue Boucher, n° 20.

Chépy (fils), rue Boucher, n° 20. — Pierre Chépy, secrétaire de légation à Liège et à Lisbonne en 1792, commissaire national en Belgique lors de la première occupation française, agent secret à Grenoble à la fin de 1793, commissaire général de police à Brest de 1803 à 1814.

Chéret, rue Saint-Germain-l'Auxerrois. — Nous ne savons si c'est le même que Chéret, président provisoire de la section de Bonne-Nouvelle dans la journée du 13 vendémiaire an IV. Cf. *Moniteur*, XXVI, 353.

Chevalier, rue Coquillière, n° 104.

Chevalier, hôtel de Malte, rue Richelieu. — Cultivateur, constituant.

Choderlos de Laclos, cour des Fontaines, n° 27. — C'est le littérateur, depuis général.

Choderlos, hôtel d'Angleterre, rue des Filles-Saint-Thomas.

Chol, rue du Cimetière-Saint-Nicolas-des-Champs.

Cholet, rue Royale, porte Saint-Honoré. — Jean-Baptiste Cholet, conservateur des hypothèques, membre de la Commune de Paris en 1789 et administrateur du département des impositions.

Choron, rue Saint-Dominique, faubourg Saint-Germain, n° 27.

Cirodde, rue de la Coutellerie, n° 9.

Clausse, rue Chantereine, au coin de celle des Trois-Frères.

Clavière, rue d'Amboise, n° 10. — C'est le Genevois Étienne Chavière, ministre des contributions publiques après le 10 août.

CLÉREMBOURG, rue Saint-Honoré, 359. — Électeur de 1790.

CLERGET, rue Mêlée, n° 78. — Curé d'Onans, en Franche-Comté, constituant.

CLOOTS, rue Jacob, hôtel de Modène. — C'est Anacharsis Cloots, le futur conventionnel.

COCHON, rue de Grenelle, hôtel de Nîmes. — Charles Cochon de Lapparent, constituant, conventionnel, sénateur, comte de l'Empire.

COCQUEREAU, quai de l'École, n° 15.

COITAM, rue d'Argenteuil.

COLIN, rue Montmartre, n° 151. — Commissaire du Conseil exécutif en Belgique, 1792-1793.

COLLARD, rue de la Monnaie, n° 41.

COLLET, rue Simon-le-Franc, n° 8.

COLLIGNON, rue d'Argenteuil, n° 62.

COLOT, rue du Mail, n° 38.

COMBERT, rue Saint-Honoré, n° 144.

COMBETTE, Grande rue Verte, n° 15.

COMEIRAS, rue Saint-Marc, n° 26. — P.-J. Bonhomme de Comeiras, jurisconsulte, agent du Conseil exécutif en 1793.

COMPS (de), rue d'Aubin, n° 69. — Son nom est écrit Decomps dans la liste. Mais il s'agit évidemment du secrétaire de Mirabeau. Voir la *Correspondance entre Mirabeau et La Marck*, I, 263.

* CONARD, cour des Fontaines, Palais-Royal.

* CONDEVAL, rue Vivienne, n° 30.

CONSTANTIN, rue Saint-Benoît, hôtel de Gouël.

CONSTANTINI, chez M. Pape, maître en chirurgie, cour du Dragon-Saint-Germain. — Député extraordinaire de la ville de Bonifacio.

CORDER, hôtel de Choiseul, rue Neuve-Saint-Marc.

* CORNU, rue des Maçons-Sorbonne, n° 34. — Jean-Gabriel Cornu, procureur.

* CORROLLER, rue Boucher, n° 2. — Procureur du roi à Hennebond, constituant.

COSSIGNY, rue de la Chaussée-d'Antin, n° 77.

COSSIN, rue de la Parcheminerie, n° 36.

COTTIN, rue de Ménars, n° 8. — Propriétaire, sénéchaussée de Nantes, constituant.

COUILLEROT, rue de Verneuil, n° 95.

COURNAND, au Collège-Royal. — L'abbé Antoine de Cournand, professeur de littérature française au Collège de France, membre du département de Paris en septembre 1792.

Courrejoles, Palais-Royal, n° 129. — Député de Saint-Domingue à la Constituante.

Couseseyte, rue de Rohan, n° 16.

Coussard (de Lechaux), hôtel du Roi, place du Carrousel.

*Coussand de Saint-Lô (Guy), rue Notre-Dame-des-Victoires, n° 31. — Maréchal de camp, général de division sous l'Empire.

Coutouly, rue des Poulies, n° 18. — C'est peut-être A. Coutouly, journaliste et homme de lettres, qui fut condamné à mort le 19 messidor an II.

Chamail, rue des Moulins, butte Saint-Roch, n° 35.

Cressant, rue du Monceau-Saint-Gervais, n° 3. — Membre de la Commune de Paris en 1793.

Cresson, rue des Deux-Écus, n° 74. — Membre de la Commune de Paris en 1793.

Cressy, rue Neuve-Saint-Roch, n° 41. — Louis-Claude de Cressy, huissier-priseur.

Crétin, hôtel du Cirque-Royal, rue Richelieu.

Creuzé, rue Saint-Honoré, n° 324.

Creuzé (de la Touche), rue Dauphine, hôtel des Armes de l'Empire. — Jacques-Antoine Creuzé-Latouche, constituant, conventionnel.

Crevel, rue Poullier, n° 1.

Curt, rue Neuve-Saint-Augustin, n° 27. — C'est le constituant de Curt, député de la Guadeloupe aux États généraux.

Cussac, Palais-Royal, n°s 7 et 8.

D

D'Aboville, cloître Notre-Dame. — Il s'agit peut-être de François-Marie d'Aboville, général, membre du Sénat conservateur, comte de l'Empire.

Dalbarade, rue Neuve-Saint-Marc, hôtel des Ambassadeurs. — C'est le futur ministre de la marine en 1793.

Dameuve, rue du Mouton, n° 8. — Denis Dameuve, avocat et procureur au Parlement.

Damour, rue d'Enfer, n° 140.

Damoye, place de la Porte-Saint-Antoine.

Danjou, rue Saint-Martin.

Danjou, rue du Coq-Saint-Jean. — L'un de ces deux Danjou est probablement Jean-Pierre-André Danjou, prêtre et instituteur, membre de la Commune révolutionnaire du 10 août, commissaire du Conseil exécutif.

DARCHE, rue d'Angevilliers, hôtel de Conti. — Maître de forges à Marienbourg, constituant.

DARÇON, hôtel Sainte-Anne, rue Sainte-Anne. — C'est peut-être le général d'Arçon.

DARRIMAJOU, place de l'Estrapade. — Dominique Darrimajou, secrétaire-greffier de la section de l'Observatoire.

* DAUBERVAL.

DAUPIGNAC, rue de Grenelle-Saint-Honoré, n° 50.

DAUJON, rue Saint-Martin.

DAVID, au Louvre. — C'est le peintre Jacques-Louis David, conventionnel, premier peintre de l'empereur, chevalier de l'Empire.

DAVOST, rue du Bac, n° 10. — Greffier du point d'honneur, constituant.

DAVRIGNY, hôtel de Munster, rue des Jeûneurs.

DÉBLINE, rue des Petits-Augustins, n° 18.

* DESBOURGS, rue des Filles-du-Calvaire, n° 14.

DECHAPT, rue Neuve-Saint-Médéric, hôtel d'Abbeville.

DECLE, rue de l'Échelle, n° 3.

DECRETOT, rue Neuve-des-Bons-Enfants, n° 7. — Jean-Baptiste Decretot, négociant à Louviers, constituant, administrateur de la Caisse d'arrondissement, chevalier de l'Empire.

DECROIX (Charles), rue Neuve-Saint-Augustin.

DEFORGUES, rue Dauphine, n° 84. — Membre de la Commune du 10 août, ministre des affaires étrangères en 1793.

DEFRASNE, rue Saint-Martin.

DELARBRE, rue Montholon. — Louis Delarbre, architecte.

DELASTRE, rue Poissonnière, n° 154.

* DELBECQ, hôtel de Chartres, rue Richelieu. — Député suppléant du bailliage de Lille aux États généraux, siégea à la Constituante en remplacement de M. de Noyelles.

DELCLOCHES, rue Saint-Thomas-du-Louvre. — Membre de la commission d'épurement des Jacobins en novembre 1793.

DELON, rue Saint-Séverin, n° 16.

DELPLANQUES, rue d'Argenteuil, passage Saint-Roch.

DENEAUX, rue et l'Ile-Saint-Louis.

DENISOT, à Passy, n° 16.

DEPERAY, rue du Sépulcre, n° 30.

DEPONT, rue des Filles-Saint-Thomas, n° 11.

DERGNY.

DESANDROUIN, rue Chantereine, Chaussée-d'Antin. — Le marquis de Desandrouin, constituant.

DESAUBIER-VASAR, rue Saint-Athanase, n° 6.

Desckmet, rue Saint-Jacques, collège Louis-le-Grand.
Descloseaux, rue d'Anjou, faubourg Saint-Eustache, n° 106.
Desenne, Palais-Royal, n°ˢ 1 et 2. — Libraire.
Desenne, rue Richelieu, n° 130.
Desfieux, rue Notre-Dame-des-Victoires, n° 20. — François Desfieux, marchand de vins, membre du tribunal du 17 août 1792, condamné à mort comme complice d'Hébert.
Desfondis, rue de Chabanais, n° 44.
Desjardins, rue Saint-Martin, n° 245.
Desmoulins, rue du Théâtre-Français, n° 1. — C'est Camille Desmoulins, journaliste, futur conventionnel.
Desodoards, rue Saint-André-des-Arts. — Antoine-Étienne-Nicolas Fantin des Odoards, ancien vicaire général d'Embrun, historien.
Desouche, rue de la Mortellerie, n° 126.
Despierres, rue du Colombier, n° 36.
Despréaux, rue du Sentier, n° 20.
Desprès, place de l'École, n° 1.
Desroches, rue des Poulies, n° 18.
Dessources, rue des Deux-Écus, hôtel de Rouen.
Destournelles, rue de Chabanais, n° 8. — Louis-Deschamps Destournelles, membre de la Commune du 10 août, ministre des contributions publiques en 1793.
Deudon, à l'Estrapade.
Devaux, rue Perdue, n° 12.
Devaux.
Dinocheau. — Avocat à Blois, constituant.
Doraison, rue de Grenelle, faubourg Saint-Germain, n° 55. — C'est le général H. Doraison, qui défendit la Convention dans la journée du 1ᵉʳ prairial an III. Cf. *Moniteur*, XXIV, 554.
Doutrepont, rue Greneta, au Roi David.
Dubarouier, rue du Hasard-Richelieu, n° 4.
Dubignon, rue Notre-Dame-des-Victoires, n° 29.
Dubloc, rue Croix-des-Petits-Champs, n° 59.
Dubloi, hôtel du Roi, rue du Carrousel.
Dubois de Crancé, rue Charlot, n° 37. — Constituant, conventionnel, ministre de la guerre.
Dubourg-Lancelot, rue de la Madeleine-Ville-l'Évêque, hôtel de Bourbon, n° 26. — Député suppléant aux États généraux.
Dubuisson, rue Saint-Guillaume, hôtel de Berlin. — Ulric Dubuisson, littérateur, commissaire du Conseil exécutif auprès de Dumouriez, guillotiné avec Hébert.

Duchamps, rue Favart, lettre H.

Duclos-Dufresnoy, rue Vivienne. — Charles-Nicolas Duclos-Dufresnoy, notaire.

Dudoyer, rue du Colombier, n° 20. — Gérard Dudoyer de Gastels, auteur dramatique, mari de l'actrice Doligny.

Dufan, rue Saint-Roch, n° 28.

Dufay (de la Tour), rue Chapon, n° 24.

Dufourny, rue des Mathurins. — Dufourny de Villiers, ingénieur, membre du département de Paris.

Dugas, rue Vivienne, n° 30.

Dugazon, hôtel de Bullion, quai des Théatins. — C'est probablement l'acteur Dugazon.

Dujonquay, rue du Chaume, n° 55.

Dulaure, rue du Jardinet. — C'est le futur conventionnel.

Dumaine, rue de la Boucherie, n° 8.

Dumas, rue Thévenot, n° 37.

Dumas, rue Croix-des-Petits-Champs, n° 26. — René-Marie Dumas, chevalier de Saint-Louis.

Dumez, rue des Deux-Anges, faubourg Saint-Germain. — Membre de la Commune de Paris et administrateur des subsistances en 1793.

Dumouchet, rue Saint-Honoré, n° 406.

Duplan, rue de Bourbon, faubourg Saint-Germain, n° 113.

Duplain, cour du Commerce, rue de l'Ancienne-Comédie-Française. — Pierre-Jean Duplain, journaliste et libraire, membre de la Commune du 10 août.

Duplanil, rue de Bourbon, faubourg Saint-Germain, n° 113.

Duplay (père), rue Saint-Honoré, n° 336. — Menuisier, plus tard hôte de Robespierre.

Duplay (fils), rue Saint-Honoré, n° 336.

Du Port, rue du Grand-Chantier, au Marais. — Adrien du Port, conseiller au Parlement, constituant.

Durand, rue Mêlée, n° 68. — Jean-Baptiste-Léonard Durand, ancien consul en Afrique.

Durand de Maillane, rue Saint-Honoré, n° 254. — Avocat, sénéchaussée d'Arles, constituant, conventionnel.

Durand (de Saint-André), rue Bretonvilliers, île Saint-Louis, n° 5.

Durand-Sallé, rue de Montmorency, au Marais, n° 11.

Durouzeau, rue des Noyers, n° 24. — Denis Durouzeau, avocat.

Dutour, rue du Faubourg-Saint-Martin, n° 57.

Duval, rue Saint-Honoré, n° 261.

Duval (de Grandpré), rue Richelieu, n° 118. — Avocat, constituant.

Duvergier, l'aîné, quai de l'École, n° 14. — Henri Duvergier, joaillier.

Duvernay, rue Sainte-Anne, butte Saint-Roch, n° 60.

Duvernet, rue du Four-Saint-Honoré.

Duveyrier, rue Saint-Jacques. — Honoré-Nicolas Duveyrier, membre de la Commune de Paris, tribun, premier président de la Cour d'appel de Montpellier, baron de l'Empire.

Duvilliers, rue Sainte-Anne, hôtel d'Orléans.

* Duvivier, rue Saint-Nicaise, n° 21. — Nous ne savons si c'est le constituant Duvivier; il demeurait, d'après l'*Almanach royal*, au Palais-Royal, n° 87.

E

Élie, rue de la Harpe, n° 10. — Porte-drapeau au régiment de la Reine, un des vainqueurs de la Bastille, général de division en 1793.

Enfantin, rue Saint-Martin, n° 219.

Épaulart, rue Vivienne, n° 30.

Erdmann, hôtel de Choiseul, rue Neuve-Saint-Marc.

* Escorbiac, rue du Chêne-Vert, n° 13.

Escourbiac. — Jean-Adrien Escourbiac, chirurgien-major du bataillon de Popincourt, rue du Chemin-Vert, n° 13.

Esmonin, rue des Deux-Boules, n° 4.

Espagnac, rue d'Anjou-Saint-Honoré. — C'est l'abbé d'Espagnac, financier, futur fournisseur de l'armée des Alpes et de celle de Belgique, condamné à mort avec les Dantonistes.

Esselin, rue Poissonnière.

Essertant, rue de Grenelle-Saint-Honoré, n° 48.

Étienne, rue Coquillière, n° 60.

Évrard, rue Traversière, n° 8.

F

Fabre d'Églantine, rue du Théâtre-Français. — C'est le poète et le futur conventionnel.

Fabre d'Olivet, rue du Renard-Saint-Sauveur, n° 1. — Fabre d'Olivet, écrivain.

Faguet, Grande-Rue du Faubourg-Saint-Martin, n° 25.

Fargier, rue Favart, n° 2.

Faucher (César), appartement d'Héloïse, maison du chanoine Fulbert. — C'est le général, fusillé à Bordeaux en 1815.

Faucher (Constantin), idem. — C'est le général, frère jumeau du précédent et qui eut la même destinée.

Fauvel, rue Saint-Jacques, n° 44.

Favier, rue Dauphine, n° 18.

Fayotte, rue du Mail, n° 48.

Fénis, rue de Ménars.

Fenouillot-Falbaire, rue Favart, n° 3. — C'est Fenouillot de Falbaire, l'auteur de *l'Honnête criminel*.

Fergusson, rue de Grammont, n° 9.

Fermon, rue Saint-Nicaise, n° 44. — C'est Jacques de Fermon, qui signa plus tard *Defermon*, constituant, conventionnel, conseiller d'État à vie, président de la section des finances, ministre d'État, comte de l'Empire.

Ferrier, rue Montorgueil, n° 108.

Ferrières, rue des Bons-Enfants, n° 39. — C'est le comte de Ferrières-Sauvebœuf, auteur de *Mémoires historiques et politiques*, Paris, 1790, 2 vol. in-8, où il raconte ses voyages en Orient.

Feuillant, rue de Chartres.

Févelat, rue des Fossés-Montmartre, n° 7.

Feydel, rue Saint-Honoré, vis-à-vis la petite écurie du roi. — Avocat à Cahors, constituant.

Fitz-Gérald, rue Saint-Dominique-d'Enfer. — C'est probablement lord Édouard Fitz-Gérald, Irlandais, qui épousa Paméla, fille de Mme de Genlis et du duc d'Orléans.

Fléchier, rue Sainte-Anne, butte Saint-Roch, n° 20.

Flexainville, rue Royale, près la place Louis XV, n° 17.

Florent-Guiot, rue Traversière-Saint-Honoré, n° 55. — Avocat à Semur, constituant, conventionnel.

Foacier, rue de Grenelle-Saint-Honoré, n° 30.

Focard, rue de Grenelle-Saint-Honoré.

Fockedey, rue Saint-Louis-au-Marais, hôtel d'Ecquevilly. — C'est probablement le futur conventionnel, médecin à Dunkerque.

Fol, rue des Fossés-Montmartre, n° 3.

Follon, rue et porte Saint-Honoré, n° 401.

Fontenay, rue et Ile Saint-Louis, n° 89.

Fontenoy, rue du Colombier, n° 5.

Forest, rue Sainte-Anne, butte Saint-Roch.

Tome I. Introduction.

Forestier, rue Saint-Honoré, au coin de celle du Champ-Fleury, n° 576. — Membre de la Commune de Paris en 1793.

Fortin, rue Mauconseil, n° 63. — Électeur de 1789 pour le district de Saint-Germain-des-Prés, un des administrateurs des postes en 1793.

Fostens, pavillon de l'Infante, au Louvre.

Foucault, rue de la Chanverrerie. — Rémi Foucault, juge au tribunal révolutionnaire en 1793.

Fougolss, rue Saint-Thomas-du-Louvre, n° 36.

Fouillocx, rue d'Orléans-Saint-Honoré, n° 8.

Fouquier, rue Saint-Marc, n° 35. — Fouquier d'Hérouelle, seigneur et cultivateur, bailliage de Saint-Quentin, constituant.

Fournier, rue de Chabanais, n° 18.

Fréron, rue du Théâtre-Français, n° 1. — Auteur du journal l'*Orateur du Peuple*, conventionnel.

Frétel, rue Saint-Honoré, vis-à-vis celle des Bons-Enfants.

Fréton, rue du Théâtre-Français, n° 1.

Fricaud, de Charolles, rue des Moineaux, n° 35. — Avocat, constituant.

Frignet, rue de Ménars.

Frochot, rue de Richelieu. — Avocat, constituant, préfet de la Seine, comte de l'Empire.

Froidure, rue Boucher, n° 29. — N.-A.-M. Froidure, membre de la Commune de Paris, un des administrateurs de police en 1793.

Froment, quai des Théatins, n° 11. — Membre de la commission d'épurement des Jacobins à la fin de 1793.

Fulcran-Fabre, rue de Seine, n° 29.

G

Gachel, rue Bergère, n° 5. — C'est peut-être le docteur Gachet, auteur d'un élixir antigoutteux et qu'une réclame insérée dans le *Moniteur* (III, 130) présente comme un des plus ardents apôtres de la Révolution.

Gaigne, rue du Doyenné-Saint-Louis-du-Louvre, n° 26. — Marc-René Gaigne, doyen des conseillers de l'amirauté de France.

Gaillard, rue de l'Hirondelle.

Gaillard (de Luly).

Galimard, rue de la Chanverrerie, n° 26.

Gallois, rue Saint-Jacques, n° 229. — Homme de lettres, commissaire civil dans la Vendée en 1791.

Gallot, hôtel d'Anjou, rue Dauphine. — Médecin, constituant.

Gamas, hôtel d'Aiguillon, rue de l'Université. — Auteur dramatique, composa en 1794 une pièce intitulée *Cange, ou le Commissionnaire de Saint-Lazare*.

Gandon, rue du Bouloi, n° 35. — Yves-Nicolas-Marie Gandon, juge au Tribunal de cassation, chevalier de l'Empire.

Garran, rue des Grands-Augustins, n° 12. — Garran de Coulon, membre du Comité des recherches de la Commune de Paris, président du Tribunal de cassation, député à la Législative et à la Convention, membre de l'Institut, sénateur, comte de l'Empire.

Garrido, rue d'Antchri, n° 13.

Garrignon, rue Croix-des-Petits-Champs, hôtel du Perron.

Garron, rue Sainte-Appolline, n° 31.

Gateau, rue Saint-Sauveur, n° 51.

Gautherot, rue Neuve-des-Petits-Champs, n° 104.

Gauthier, hôtel de Valois, rue de Richelieu.

Gautier, hôtel d'Espagne, rue de Richelieu.

Gavet, rue du Four-Saint-Honoré.

*Genais, rue de l'Université, n° 133.

Geneté, rue des Moulins, butte Saint-Roch.

Genette, rue de Grammont, n° 9.

Geoffroy, rue Saint-Honoré, vis-à-vis celle de Richelieu. — Avocat au bailliage de Charolles, constituant.

Gérard, rue de Grenelle-Saint-Honoré. — Constituant, député de la colonie de Saint-Domingue, province du sud.

Gerbert, rue de l'Arbre-Sec, n° 17.

Gerbet (le jeune), rue de Tournon, n° 6.

Gerdret. — Antoine-Christophe Gerdret, négociant.

Gerdret (le jeune), rue Saint-Florentin, n° 6.

Gerle, rue Saint-Honoré, n° 366. — Dom Gerle, chartreux, constituant. (Voir plus bas, p. 59.)

Gide (Étienne), quai des Morfondus, n° 65. — Négociant.

Gide (Pierre-Xavier), même demeure.

Gilbert, hôtel des Invalides.

Gilli, rue d'Angevilliers, hôtel Conti.

Gillon, rue Lévesque, n° 1. — Avocat, constituant.

Ginaud, rue Saint-Florentin, n° 2.

Gineste, passage du Saumon, n° 22.

Ginistry, rue Dauphine, n° 110.

Girardin (Amable), rue de Chabanais, n° 50.

Girerd, rue Saint-Martin, n° 207.

Giraud, rue des Prouvaires, n° 32. — Membre de la Commune de Paris en 1793.

Girod (de Chevry), rue de Choiseul, n° 15. — Constituant.

Girot, rue Saint-Florentin, n° 2. — Jean-Baptiste Girot-Pouzol, avocat, constituant, président du tribunal d'Issoire, conventionnel, membre du Conseil des Anciens et des Cinq-Cents, membre du Corps législatif.

Giroult, rue Platrière, hôtel de Bouillon.

Giroult (cadet), rue des Bourdonnais, n° 4.

Gobert, rue des Rats, n° 12.

Godard, rue Notre-Dame-des-Victoires, n° 20. — Jacques Godard, avocat, électeur du district des Blancs-Manteaux en 1789, président de l'assemblée des représentants de la Commune, député de Paris à la Législative.

Godefroy, rue des Filles-Saint-Thomas.

Godel, rue du Bac, n° 282.

Goetz, rue de la Sourdière, n° 35.

Gondouin, rue de Beauvais, place du Vieux-Louvre. — Architecte.

Gorani, hôtel d'Angleterre, rue Montmartre. — C'est le comte Joseph Gorani, de Milan, littérateur, naturalisé Français en 1792.

Gorguereau, rue Bar-du-Becq, n° 7. — François Gorguereau, juge à Paris en 1790, député de Paris à l'Assemblée législative.

Gorsas, rue Tiquetonne, n° 7. — C'est le journaliste, futur conventionnel.

Goudard, rue Saint-Honoré, n° 343. — Négociant à Lyon, constituant.

Goudrand, rue Saint-Honoré.

Gouge, paroisse Saint-Roch.

Gougenot, cul-de-sac Saint-Hyacinthe.

Gouget-Deslandres, hôtel des États-Généraux, rue de Richelieu. — Substitut du procureur général du parlement de Bourgogne. (Voir plus bas, p. 204.)

Gouillard, hôpital des Quinze-Vingts. — Il fut plus tard juré au tribunal révolutionnaire.

Goupilleau, rue de Grenelle-Saint-Honoré, hôtel de Nîmes. — Jean-François-Marie Goupilleau de Fontenay, notaire à Montaigu, constituant, conventionnel, membre du Conseil des Cinq-Cents, administrateur du Mont-de-piété de Paris.

Goupy, hôtel de Genève, rue Saint-Marc. — C'est peut-être Goupy de Morville, capitaine de cavalerie, auteur de *Vues générales d'un plan politique, concernant la nouvelle constitution de l'armée nationale française*, Paris, 1790, in-4°.

GOURDAN, hôtel de Lancastre, rue de Richelieu. — Lieutenant criminel au bailliage de Gray, constituant, conventionnel.

GOURNAI, rue des Poulies, n° 8.

GOUVION, aux Tuileries, hôtel des Princes. — Jean-Baptiste Gouvion, major général de la garde nationale parisienne, maréchal de camp, député de Paris à la Législative.

GRANDMAISON, hôtel de Genève, rue Saint-Thomas-du-Louvre.

GRANDMAISON, rue Saint-Honoré, bâtiment des Feuillants. — Il est probable que l'un de ces deux Grandmaison est Loyseau-Grandmaison, membre de la Commune du 10 août, commissaire du Conseil exécutif en 1792, et que l'autre est Aubin Millin-Grandmaison, rédacteur de la *Chronique de Paris*, auteur des *Antiquités nationales*. (Voir plus haut, p. XII.)

GRANDPRÉ, rue du Mail, n° 29 bis.

GRANGER, rue Sainte-Anne, n° 100.

GRAVE, rue Saint-Dominique, à Saint-Joseph. — Il est possible que ce soit le chevalier de Graves, depuis ministre de la guerre.

GRÉGOIRE, rue du Colombier, n° 16. — L'abbé Henri Grégoire, constituant, évêque de Loir-et-Cher, conventionnel, comte de l'Empire.

GRENOT, rue de la Michodière, n° 4. — Antoine Grenot, avocat, constituant, juge du canton de Gendrey, conventionnel.

GRISSON, à Bordeaux.

GRIVET, rue Saint-Jacques, n° 25.

GROS, rue Saint-Honoré, près le Lycée. — Il fut élu secrétaire des Jacobins le 18 prairial an II.

GROUT, rue du Cherche-Midi, n° 117.

GROUVELLE, rue Croix-des-Petits-Champs, vis-à-vis celle de Gaillon. — Littérateur et diplomate. (Voir plus bas, p. 226.)

GUÉRIN, quai des Augustins, n° 44.

GUÉRAULT, rue du Four-Saint-Germain, n° 40.

GUÉROULT (l'aîné), rue de la Harpe, n° 118. — Pierre-Claude-Bernard Guéroult, ex-professeur d'éloquence au collège d'Harcourt, proviseur du lycée Charlemagne sous l'Empire.

GUÉROULT (le jeune), rue des Amandiers. — Antoine-Guillaume Guéroult, ex-professeur au collège de Lisieux, professeur à Paris sous l'Empire.

GUESNON, rue Boucher, n° 17.

GUIBOURG, rue Saint-Gervais, n° 6.

Guidou, hôtel de Penthièvre, place des Victoires.
Guihard (Jean), rue Galande, place Maubert, n° 79.
* Guillaume, rue Saint-Denis.
Guillaume, rue du Battoir-Saint-André-des-Arts, n° 10. — Avocat aux Conseils, constituant.
Guinot, rue du Four-Saint-Germain, hôtel de la Pomme d'Orange. — Henri Guinot, épicier.
Guiraudet, rue de Tournon, n° 2. — Charles-Philippe-Toussaint Guiraudet, littérateur, député de la ville d'Alais près les États généraux, préfet de la Côte-d'Or.
Guittard, hôtel d'Antin, rue Gaillon. — Jean-Baptiste Guittard, capitaine de gendarmerie, chevalier de Saint-Louis, constituant, conventionnel, membre du Conseil des Cinq-Cents.
Gumband (de Nantes), rue des Petites-Écuries.

H

Halem, hôtel Choiseul, rue Neuve-Saint-Marc.
Hanker, hôtel du Perron, Palais-Royal.
Haquins, café de la Régence, place du Palais-Royal.
Hautier, rue Saint-Honoré, n° 372.
Hébrard, rue Basse-du-Rempart, n° 14. — Avocat à Aurillac, constituant.
Heluis père, rue Traversière-Saint-Honoré, n° 65. — Charles-Joseph-Marie Heluis, avocat.
Hermille, cour Saint-Guillaume, rue de Richelieu.
Hernoux, rue Saint-Honoré, n° 315. — Négociant à Saint-Jean-de-Losne, constituant, membre du Conseil des Anciens.
Hesse, rue Feydeau, n° 29. — C'est peut-être Charles-Constantin, prince de Hesse-Rhinfels-Rothenbourg, général au service de la France. Le fait qu'en octobre 1793 (*Mon.*, XVIII, 170) il sollicita vainement son admission aux Jacobins ne prouve pas qu'il n'ait pas fait partie des Amis de la constitution au début.
Hiard, rue Saint-Jacques-de-la-Boucherie.
Hillerin, cour des Suisses, aux Tuileries. — De Hillerin, avocat en parlement, commis du département de la guerre, associé correspondant du Musée de Paris.
Hocquet, rue de l'Hirondelle, n° 30.
Hom, rue de Savoie, n° 12. — G. Hom inséra dans le *Moniteur* du 29 août 1791 des *Réflexions d'un ami de la Constitution*.

Hombron, rue du Petit-Pont, n° 22.
Hombron fils, rue du Petit-Pont, maison du commissaire.
Honoré, rue Grenéta, n° 37.
Housez, rue Saint-Victor, n° 9.
Houssemaine, rue des Mauvaises-Paroles, n° 5.
Hovelt, hôtel du Parlement d'Angleterre, rue Coq-Héron.
Hoversenié, rue Grenéta, au Roi David, n° 20.
Hubert, boulevard du Montparnasse. — Commissaire du Conseil exécutif à Lyon en 1793.
Hugnier, rue de la Feuillade, n° 2.
Humbert, rue de Saintonge, n° 8.
Hunoult, rue Saint-Victor, n° 9.
Hunoult cadet, rue des Boulangers, n° 29.
Huot-Goncourt, hôtel de Boulogne, rue du Bac. — Huot de Goncourt, avocat, constituant.
Hurel, rue Sainte-Avoye, n° 20.
Hyon, rue Saint-Honoré, n° 238.

I

Isambert, rue du Faubourg-Saint-Martin, n° 58.
Isnard, hôtel de Versailles, rue de Valois. — C'est probablement Henri-Maximin Isnard, député à la Législative et à la Convention, membre du Conseil des Cinq-Cents, baron de l'Empire.
*Issaubat, Palais-Royal, n° 148.

J

Jacob, rue Saint-Dominique, au Gros-Caillou, à l'Hôpital militaire.
*Jacot (Henri), place Dauphine, n° 2.
Janme, rue Traversière, n° 21.
Janvier-Cantède, rue Poissonnière, n° 151. — C'est peut-être Antide Janvier, horloger-mécanicien.
Jarry, rue des Grands, n° 22.
Jary, petit hôtel de Vendôme, rue Saint-Honoré. — Agriculteur, constituant, conventionnel, membre du Conseil des Cinq-Cents.
Jaucourt, rue de Varennes, n° 81. — François de Jaucourt, colonel

du régiment de Condé, député à la Législative, sénateur, comte de l'Empire.

JEANNET, rue Sainte-Croix-de-la-Bretonnerie, n° 49. — C'est peut-être le même qui fut nommé commissaire aux Îles-du-Vent le 22 novembre 1792. (*Moniteur*, XIV, 551.)

JEANSON, cour abbatiale de Saint-Germain-des-Prés. — Musicien, auteur d'une messe en l'honneur de Mirabeau. (*Moniteur*, X, 567.)

JEANSON, rue Neuve-Saint-Eustache, n° 59.

JEMET, rue Saint-Honoré, au coin de la rue de l'Échelle.

JENNESON, rue de Bondy, n° 45.

JENSOUL, rue Ferrant, n° 10.

JOLLY, rue de l'Observance, n° 6. — Avocat.

JOLY, place Dauphine, n° 11.

JOURDAN, rue de Richelieu, hôtel de la Chine. — C'est peut-être Aymé Jourdan, littérateur et l'un des rédacteurs du *Moniteur*.

JOUSSELIN, rue du Four, faubourg Saint-Germain, n° 12.

JUBLIN, rue du Coq-Saint-Jean.

JULIEN, rue Simon-le-Franc.

JULIEN DE LILLE, rue de la Michodière, n° 7. — Payeur principal de la dette publique.

JUMELIN, rue Guénégaud, n° 22.

K

KAUFFMANN, chez M. Thuet, rue de Duras-Saint-Honoré. — Prévôt de Matzenheim, constituant, membre du Conseil des Anciens.

KEITH, à Passy, rue Basse, n° 12.

KERSAINT, boulevard des Italiens, n° 17. — C'est le futur conventionnel.

KERVELEGAN. — Constituant, conventionnel, membre du Conseil des Anciens et des Cinq-Cents, membre du Corps législatif.

KLISPICH, rue Saint-Louis-au-Palais, n° 68.

KLOT, rue de Richelieu, n° 92.

KNAPEN fils, rue Saint-André-des-Arts. — Libraire.

L

LABARTHE, rue Sainte-Marguerite, n° 57, foire Saint-Germain.

LABÈNE, rue Grenéta, n° 12.

LABENNE, hôtel du Parlement d'Angleterre, rue Coq-Héron.

LABORDE (de Laurenscen), rue Traversière, n° 24.

LABORDE, de Méreville, rue d'Artois. — Garde du trésor royal, constituant.

LABOREIX, rue Saint-Antoine, n° 93.

LABORNE, rue des Petits-Augustins, n° 21.

LABOTTE, rue de Richelieu, n° 81.

LABOULOY, rue des Tournelles, n° 47.

LABOUR (Laurent), rue Saint-Honoré, près l'Oratoire.

LABOUR cadet, rue Saint-Honoré, près l'Oratoire.

LACÉPÈDE, jardin du Roi. — Bernard-Étienne-Germain La Ville-sur-Illon de Lacépède, célèbre naturaliste, grand chancelier de la Légion d'honneur, sénateur, membre de l'Institut, comte de l'Empire.

LACHARMIE, rue de Seine, maison de M. Lancher.

LACHASSE, rue Montmartre, n° 272.

LACOSTE, rue Saint-Honoré, n° 501.

* LACOSTE le jeune, rue Neuve-du-Luxembourg, n° 4.

LACOUR, rue Coquillière. — De Lacour d'Ambésieux, avocat, constituant.

LADAINTE, rue Saint-Martin, vis-à-vis Saint-Nicolas.

LADMIRAL, rue Bellefond, faubourg Montmartre, maison de M. Cordier.

LADMIRAL, rue de la Sourdière, n° 9.

LAFARGUE, rue de l'Échelle, n° 11. — C'est peut-être l'écrivain de ce nom, auteur du poème *Le Beau Jour des Français, ou la France régénérée*, Paris, 1791, in-8°.

LAFERRIÈRE, rue de Richelieu.

LAFISSE, rue Traversière-Saint-Honoré, n° 24.

LAFITTE, hôtel d'Angleterre, rue des Filles-Saint-Thomas. — Avocat, auteur d'une oraison funèbre de Franklin. (*Moniteur*, IV, 632.)

LAFOIS, boulevard de la Madeleine.

LAFOSSE, rue Saint-Merri, hôtel Jabac.

LA FORGUE, rue de l'Ancienne-Comédie. — Inséra dans le *Moniteur* du 19 décembre 1789 une réclamation en faveur du district des Cordeliers.

LAGARDE, rue du Chevalier-du-Guet.

LAGUETTE, rue de la Vieille-Draperie, n° 7.

LA HARPE, rue Guénégaud, n° 20. — Est-ce le célèbre écrivain ? Il demeurait, en 1790, rue Saint-Honoré, vis-à-vis la rue Saint-Florentin.

LAHAYE, passage du Bois-de-Boulogne, porte Saint-Denis.
LAIGNELOT, au Louvre, chez M. David. — C'est le futur conventionnel.
LAJARRIETTE, rue Montmartre, n° 151.
LALANNE, rue Vivienne, n° 26.
LALLEMAND, rue de Bourbon-Saint-Germain, n° 90.
LAMARQUE, rue Traversière, hôtel d'Angleterre.
LAMBERT, rue du Cherche-Midi.
LAMENDE, rue de Richelieu, n° 91.
LAMETH (Alexandre de), cul-de-sac Notre-Dame-des-Champs. — Constituant.
LAMETH (Charles de), cul-de-sac Notre-Dame-des-Champs. — Constituant.
LAMETH (Théodore de), cul-de-sac Notre-Dame-des-Champs. — Membre de la Législative.
LA MÉTHERIE (aîné). — De La Métherie, avocat, constituant, rue Saint-Nicaise, n° 10.
LAMOTTE, rue du Petit-Bourbon, faubourg Saint-Germain, n° 15.
LANEUVILLE, rue Croix-des-Petits-Champs, n° 47.
LANJUINAIS, rue Saint-Nicaise, n° 39. — Jean-Denis Lanjuinais, avocat, constituant, conventionnel, sénateur, comte de l'Empire.
LAPLANCHE, rue du Roule, n° 17.
LAPLANCHE, rue de la Jussienne, n° 22.
LAPOINTE, rue Traversière, hôtel d'Autriche, n° 23.
LAPORTE, rue de l'Anglade.
LAPOYPE, rue du Théâtre-Français, n° 1. — Jean-François, marquis de Lapoype, maréchal de camp.
LAQMANTE, passage des Petits-Pères, n° 5.
LA REVELLIÈRE, hôtel de Picardie, rue des Orties. — Louis-Marie de la Revellière-Lépeaux, constituant, conventionnel, membre du Directoire exécutif.
LARIVE, rue Saint-Dominique, au Gros-Caillou. — C'est Jean-Mauduit de Larive, l'acteur du Théâtre-Français.
LARUE, rue de Provence, au coin de la Chaussée-d'Antin.
LARUE, rue Thévenot, n° 37.
LASNIER DE VAUSSAY, hôtel du Roi, rue du Carrousel. — Négociant à Laval, constituant.
LATOUCHIÈRE, hôtel de Bretagne, rue du Bouloi.
LATOUCHE, Palais-Royal. — C'est probablement Latouche-Levassor, chancelier du duc d'Orléans.
LATYL, au bureau des voitures de la Cour, rue de Bourbon. — L'abbé Latyl, oratorien, supérieur du collège de Nantes, constituant.

Launai-Allin, à Carhaix, département du Finistère.
Launoy, rue du Colombier, n° 33.
Laurent, rue des Fossoyeurs, n° 30.
Laurent, rue du Fouarre, n° 7.
Lauzin, rue Croix-des-Petits-Champs, n° 39.
Lavalette, place Vendôme.
Lavalette, rue Montmartre. — Un de ces deux est probablement le futur directeur général des postes, comte de l'Empire.
Laverne.
*Lavie, hôtel de la Marine, rue Gaillon. — Le président de Lavie, constituant, membre du Conseil des Anciens.
Lavigne (des Champs), rue Saint-Nicaise, n° 8. — Henri-Anne de La Vigne des Champs, électeur de la section des Tuileries en 1790.
Leblanc, rue du Coq-Saint-Honoré. — C'est probablement le même qui fut un des administrateurs provisoires du département de Paris en septembre 1792.
Leboucher, rue de la Calandre, n° 1.
Lebouteux du Monceau, rue Saint-Omer, n° 11. — Lebouteux, dit Dumonceau, homme de loi, électeur de la section des Gravilliers en 1790.
Le Breton, rue Neuve-des-Capucines, hôtel du Lys. — Prieur des Bénédictins de Redon, constituant.
Lebrun, Palais-Royal.
Legarlier, rue Saint-Honoré, n° 339. — Maire de Lyon, constituant, ministre de la police générale en 1798, membre du Conseil des Anciens.
Leclerc, hôtel de Picardie, rue des Orties.
Lecointre, quai des Célestins.
Lecointre, rue Saint-Martin, n° 170.
Lecoq, aux Archives de l'Assemblée nationale.
Lecours de Villière, rue d'Antin, n° 9.
Lecouturier, rue des Deux-Boules-Sainte-Opportune, n° 4.
Le Déan, rue Gaillon, hôtel de la Marine. — François-Gérôme Le Déan, ancien subrécargue de la Compagnie des Indes, constituant, membre du collège électoral du Finistère, baron de l'Empire.
Ledoyen, rue Feydeau, hôtel du Danemark.
Lefèbre (Charles), aux Capucins.
Le Febvre, rue Saint-Honoré. — Julien Le Febvre de Chailly, propriétaire à Gamaches, constituant, conventionnel, membre du Conseil des Cinq-Cents.
Lefeure, hôtel d'Artois, rue du Coq.

LEFÈVRE (d'Arles), rue de Bourbon, faubourg Saint-Germain.
LEFÈVRE, rue Saint-Marc, n° 35.
LEGENDRE, rue du Faubourg-Saint-Honoré, n° 39.
LEGENDRE, rue de la Monnaie, n° 22.
LEGENDRE, rue des Boucheries, faubourg Saint-Germain. — Boucher, conventionnel, membre du Conseil des Anciens.
LEGER, rue de Grenelle-Saint-Honoré, hôtel des Fermes.
LEGOVIE, rue Montmartre, n° 108.
LEGRAND, quai de la Mégisserie, n° 45.
LEGRAND (DE LALEU), rue Hyacinthe, n° 19. — Avocat, membre de la Commune de Paris en 1789, garde des archives de la Commune en 1792.
LEGRAS, rue du Temple, n° 22.
LEGROS, rue de Bourgogne, faubourg Saint-Germain, n° 8.
LEGROS, rue de l'Oratoire, n° 5.
LE GUEN, petite rue Saint-Louis-Saint-Honoré, n° 7. — Le Guen de Kerangal, négociant à Landivisiau, constituant.
LE HODEY, rue de la Vieille-Monnaie. — Le Hodey de Saultchevreuil, rédacteur du *Journal logographique*, commissaire du Conseil exécutif en 1792 et en 1793.
LELEGARD, rue des Champs-Élysées, n° 3.
LELEU, rue Saint-Denis, n° 500.
LELEU (DE LA VILLE-AUX-BOIS), rue Saint-Honoré, 329. — Subdélégué à Laon, constituant.
LEMAIRE, rue Saint-André-des-Arts, n° 44.
LEMAIRE, rue Traversière-Saint-Honoré.
LEMAIRE, rue Guénégaud, n° 20. — Un de ces Lemaire est probablement le révolutionnaire, orateur de la Section des Sans-Culottes, ex-professeur au collège du Cardinal-Lemoine.
LEMARÉCHAL, hôtel de Bouillon. — Négociant à Rugles, constituant, conventionnel.
LEMONNIER, rue Neuve-Saint-Eustache, n° 12.
LEMONNIER, rue du Bac, n° 244.
LEMORT (le jeune), rue de la Chaussée-d'Antin, n° 90.
LEMOYNE, rue du Faubourg-Saint-Denis.
LENORMAN, rue Saint-Honoré, au coin de celle des Frondeurs.
LEPAGE aîné, rue Favart, n° 5.
LEPAGE jeune, rue Favart, n° 5.
LEPICIER, rue Saint-Roch, n° 7.
LEPIDOR père, rue Saint-Dominique, au Gros-Caillou, n° 24. — Michel-Julien-Mathieu Lepidor, bourgeois, électeur de la section des Invalides en 1790.

LEPIDOR fils, rue de l'Observance, n° 2.
LE POUTRE, rue des Moineaux, n° 7. — Cultivateur, constituant.
LEPREUX, rue du Perche, n° 11.
* LEPRINCE, rue Poissonnière, n° 18.
LEROLLE, rue Saint-Honoré, n° 44.
LEROY, rue Bertin-Poirée, n° 19.
LESEURE, hôtel d'Artois, rue du Coq.
LESFILLES, rue de la Poterie, n° 16.
LESPINE, rue d'Argenteuil, n° 95.
LESSERRES, rue du Coq-Héron, n° 58.
LESTERPT (Benoît), rue des Saints-Pères, n° 12. — Lesterpt-Beauvais, avocat, constituant, conventionnel.
LESTERPT (l'aîné), rue de la Limace, n° 21. — Avocat, juge-sénéchal du Dorat, constituant.
LESUIRE, hôtel d'Espagne, rue Dauphine.
LEVACHER, rue Mauconseil, n° 67. — C'est peut-être Levacher de la Térivière, électeur du district de Saint-Étienne-du-Mont en 1789.
LEVACHER (Duplessis), rue du Temple, n° 128.
LEVESQUE, rue Mercière, halle Neuve, n° 49.
LHÉRITIER, rue Montpensier, n° 59.
LHÉRITIER, rue du Roule. — L'un de ces deux doit être Lhéritier, ex-conseiller à la cour des Aides, élu juge à Paris en novembre 1790.
LHERMINAT, rue des Petites-Écuries-du-Roi, n° 16.
* LIÉBAULT, cour de Rouen, près Saint-André-des-Arts.
LIMBOURG, rue Villedo, n° 13.
LIVRÉ, rue Saint-Honoré, n° 324. — Échevin de la ville du Mans, constituant.
LOEN, hôtel des Princes, rue de Richelieu.
LOFFICIAL, rue Dauphine, hôtel d'Anjou. — Lieutenant général au bailliage de Vouvant, constituant, juge au tribunal de Parthenay, conventionnel.
LOHIER, rue Saint-André-des-Arts. — Un des jurés du tribunal du 17 août 1792.
* LOQUE (Charles), rue de Richelieu, n° 110.
LOURMAND, rue du Coq-Saint-Jean.
LOYER, rue des Deux-Portes-Saint-Sauveur.
LOYSEAU, rue du Mail, n° 39. — Jurisconsulte. (Voir plus bas, p. 42.)
LUCAS DE BOURGEREL, rue du Chantre, hôtel Varwick. — Avocat, constituant.
LULIER, rue Saint-Martin. — Louis-Marie Lulier, homme de loi,

président de la Commune du 10 août, procureur général syndic du département de Paris.

LULLIER, rue du Petit-Lion-Saint-Sauveur.

LUNEL, rue Saint-Honoré.

M

MACHAT, rue Mazarine, n° 26.

MAGOL, rue Feydeau, n° 18. — Jean-Claude Magol, chef des correspondances aux Fermes, électeur de la section de la Bibliothèque.

MAGON, hôtel de Malte, rue Traversière. — C'est peut-être Magon de la Balue, négociant.

MAISON, rue Saint-Germain-l'Auxerrois, n° 107.

MALBOISSIÈRE, rue de Chabanais, n° 44.

MALLARDEAU, hôtel de Cherbourg, rue du Four-Saint-Honoré.

MANUEL, actuellement à Montargis. — C'est le futur procureur de la Commune et conventionnel.

MARAINVILLE, rue Jacob, n° 14.

MARÉCHAL, rue Chantereine, n° 13. — C'est peut-être Sylvain Maréchal, le littérateur.

MARÉCHAL fils, rue Chantereine, n° 13.

MARIGNIER, place Vendôme, n° 3.

MARNEVILLE, rue des Fossés-Montmartre, n° 42.

MARQUIS, rue de Touraine, n° 9. — C'est sans doute le constituant Marquis, avocat, futur conventionnel, bien que l'*Almanach royal* de 1791 lui donne pour domicile la rue de Richelieu, cour Saint-Guillaume, n° 13.

MARSILLY, Chaussée-d'Antin, n° 54.

MARTIN. — C'est peut-être Martin, avocat, député du bailliage de Besançon aux États généraux, rue Traversière-Saint-Honoré, n° 23, ou Martin, curé de Saint-Aphrodise, député de la sénéchaussée de Béziers aux États généraux, aux Capucins-Saint-Honoré, n° 425.

MARTINET, rue Froidmanteau, n° 5. — Membre de la Commission d'épurement des Jacobins, le 6 frimaire an II.

MARTINI, rue de la Harpe, n° 132. — C'est peut-être le compositeur Martini, inspecteur du Conservatoire de musique en 1798.

MASSIEU, cul-de-sac Notre-Dame-des-Champs. — Curé de Cergy, constituant, évêque constitutionnel de l'Oise.

MATHIEU (J.-B.-Charles), rue de la Harpe, n° 54. — Mathieu de Mirampal, un des juges du tribunal du 17 août 1792, député de l'Oise à la Convention.

MAUPASSANT, rue Traversière. — Agriculteur à Nort, constituant.

MAURIET, rue du Chantre, hôtel du Saint-Esprit. — Mauriet de Flory, avocat, sénéchaussée de Mont-de-Marsan, constituant.

MAURIZE, rue Bertin-Poirée, n° 8.

MAZAURAC, rue Saint-Dominique-d'Enfer.

MÉCHIN, rue des Vieux-Augustins, hôtel de Beauvais. — Alexandre-Edme Méchin, préfet sous Napoléon et sous Louis-Philippe, baron de l'Empire. (Voir plus bas, p. 247.)

MELAN, rue du Marais, au Wauxhall d'été.

MELCOT, cloître Saint-Louis-du-Louvre.

MÉNARD, rue Sainte-Anne, n° 1. — Ménard de la Groye, conseiller au présidial du Mans, constituant, membre du Conseil des Cinq-Cents, premier président de la Cour d'appel d'Angers, baron de l'Empire.

MÉNAGER, rue Saint-Claude, au Marais, n° 21. — Constituant.

MENDOSA, rue d'Angiviliers.

MENDOUZE, rue Galande, n° 79.

MENGIN, rue du Faubourg-Saint-Denis, en face des Petites-Écuries.

MENOU (Jacques), rue des Filles-Saint-Thomas, n° 19. — C'est le baron de Menou, constituant, général de division.

MENRIZET, rue Greneta, n° 37.

MERCIER, rue Saint-Germain-l'Auxerrois, maison de M. Devert. — C'est l'auteur du *Tableau de Paris*, futur conventionnel, membre du Conseil des Cinq-Cents, membre de l'Institut.

MERLIN, rue Saint-Honoré, n° 510. — C'est Merlin de Douai, le jurisconsulte, constituant, futur conventionnel.

MERLINS, rue des Filles-Saint-Thomas.

MERMILLIOD, rue Saint-Louis-au-Palais, n° 83. — Claude-François Mermilliod, négociant, électeur de la section des Gravilliers.

MERNELLIOD, rue Phélippeaux, n° 15.

MESEMAKER, Palais-Royal, hôtel de la Reine. — Réfugié belge. (*Moniteur*, XV, 374.)

METMAN, rue de Seine, faubourg Saint-Germain, n° 142.

MEURINE, rue Saint-Honoré, n° 443. — Cultivateur, constituant.

MEUSNIER, place Saint-Sulpice, maison de l'ancien curé.

MEYNIER, rue des Jeûneurs, n° 6.

MICHAUX, rue Dauphine, n° 84.

MICHAUX, rue Saint-Honoré, n° 108.

MIDI, rue des Cordeliers.

MILES, rue du Faubourg-Saint-Honoré, n° 113.

MILLANOIS, hôtel de Charost, rue Saint-Honoré, n° 343. — Constituant.

MILLET, rue de la Monnaie, au coin de la rue Boucher.

MILLY, rue de la Michodière, n° 4. — Louis Lezin-Milly, avocat, électeur de la section de la Bibliothèque, membre du bureau central du canton de Paris, en avril 1798.

MINÉE, à Saint-Denis. — Julien Minée, curé de Saint-Denis, évêque constitutionnel de la Loire-Inférieure.

MIRABEAU (l'aîné), Chaussée-d'Antin, n° 69. — C'est le célèbre constituant.

MIRE, rue de l'Arbre-Sec, n° 33.

MIRYS, au Palais-Royal.

MITTIÉ père, rue de l'Arbre-Sec, n° 11.

MITTIÉ (fils), rue des Jeûneurs, n° 14. — Commissaire du Conseil exécutif à Marseille en 1793.

MOIGNON, place Royale, n° 24.

MOIGNON, rue des Saints-Pères, n° 5.

MOIRTIER, rue des Moineaux.

MOITTE, rue de Four-Saint-Denis, maison des Annonciades. — Sculpteur, un des commissaires chargés en 1798 d'aller en Italie recueillir les monuments des arts.

MONESTIER, rue Simon-le-Franc. — Nous ne savons si c'est un des deux Monestier qui firent partie de la Convention.

MONGE, rue des Petits-Augustins, n° 28. — C'est le célèbre savant.

MONTLOUIS, rue des Tournelles, n° 45.

MOREAU (de Saint-Mery), rue Caumartin, n° 31. — Un des électeurs de Paris en 1789, député de la Martinique à la Constituante.

MOREL, rue Neuve-Saint-Denis, n° 17.

MOREL, rue du Bar-du-Bec, n° 9. — L'un de ces deux Morel fut membre de la Commune en 1793.

MORELLET, rue Vivienne, n° 26.

MORETON, rue du Cherche-Midi, n° 59. — Moreton-Chabrillant, colonel au régiment de la Fère sous l'ancien régime, membre de la Commune de Paris en 1789.

MOSNERON (Alexis), rue Sainte-Anne, hôtel de Gênes. — Député du commerce de Nantes, membre de la Législative.

MOTTET, rue Mêlée, n° 82.

MOULIN, rue Saint-Honoré, n° 463.

MOULNIER, rue du Hasard, n° 6.

MOURET, rue des Vieux-Augustins, n° 56.

MOUTRONT, rue du Faubourg-Montmartre, n° 3.

MUGUET, rue Saint-Honoré, vis-à-vis les Jacobins. — Muguet de Nanthou, lieutenant général du bailliage de Gray, constituant.

MUGUET (de Mouron), rue Bergère, n° 16.

MUSSON, rue Saint-Nicaise.

N

NAIGEON, rue de Verneuil, n° 100. — Jean-Baptiste Naigeon, peintre d'histoire.

NAUDEVILLE, quai de la Mégisserie, vis-à-vis le Pont-Neuf.

NAURY, rue Sainte-Croix-de-la-Bretonnerie, n° 40.

NAVARRE, rue Saint-Honoré, près l'hôtel d'Aligre.

NOAILLES, rue de l'Université, faubourg Saint-Germain. — Louis, vicomte de Noailles, colonel des chasseurs d'Alsace, constituant.

NOËL, rue Saint-Jacques, près du collège Louis-le-Grand. — François-Joseph Noël, littérateur, professeur au collège Louis-le-Grand, agent secret à Londres en 1792, chargé d'affaires en Hollande, préfet du Haut-Rhin en 1801, inspecteur général de l'Université, auteur de dictionnaires et de livres classiques.

NOLF. — Curé de Saint-Pierre de Lille, constituant.

NOLLAND, rue Thibautodé.

O

OBRY (fils), rue de l'Échiquier, n° 24.

ODIOT, rue Saint-Honoré, n° 231.

OELSNER, hôtel de Choiseul, rue Neuve-Saint-Marc.

OLLIVAULT, rue Mazarine, n° 92.

ORILLARD, rue Saint-Denis, n° 247. — Jean Orillard, mercier, électeur de la section des Lombards.

OUDARD, rue de la Cordonnerie.

OUDART (Nicolas), rue des Ballets-Saint-Antoine. — Avocat, électeur de 1789, membre du Comité des recherches de la Commune.

OUDOT, rue de Verneuil, faubourg Saint-Germain, n° 95. — Curé de Savigny-en-Revermont, constituant.

P

PAGNIER, rue de la Chaussée-d'Antin, n° 92.

PAMPELONE, rue Saint-Thomas-du-Louvre, écuries d'Orléans. — De Pampelone, archidiacre de la cathédrale de Viviers, constituant, en mission à Constantinople sous le Directoire, membre du Corps législatif, chef de bureau au ministère de la guerre sous l'Empire.

PANIS, rue Saint-Paul, n° 41. — Avocat, membre de la Commune de Paris, conventionnel.

PAPIN, rue Neuve-des-Petits-Champs, n° 26. — Curé de Marly-la-Ville, constituant.

PAPION, rue des Fossés-Saint-Germain-des-Prés.

PAPION, rue de l'Ancienne-Comédie-Française, n° 42.

PARÉ, rue des Cordeliers, passage du Commerce. — Jules-François Paré, premier clerc de Danton, ministre de l'intérieur en l'an II.

PARIS, rue de Richelieu, n° 155.

PARIS, à l'hôpital Sainte-Anne, à côté de la Glacière.

PARIS, rue de la Harpe, n° 156. — L'un de ces trois Paris doit être le futur greffier du tribunal révolutionnaire, *Fabricius* Paris.

PARISOT, rue Saint-Honoré, n° 590. — Avocat aux Riceys, bailliage de Bar-sur-Seine, constituant.

PARNARD, rue de Richelieu, n° 62.

PASCAL, rue des Deux-Écus, hôtel de Cumberland.

PASQUIER, galeries du Louvre. — Pierre Pasquier, peintre en émail, membre de l'Académie de peinture.

PATRIS, place de l'Estrapade. — Charles-Frobert Patris, instituteur, électeur de 1789.

PAULTRE, rue Saint-Martin, n° 129. — Paultre des Épinettes, bourgeois à Saint-Sauveur, bailliage d'Auxerre, constituant.

PAUPETIN, rue Saint-Honoré, n° 544.

PAYEN (Jean-Baptiste), cloître Saint-Méry. — Secrétaire du roi.

PAYEN (l'aîné), cloître Saint-Méry.

PÉAN DE SAINT-GILLES, rue de Bussy, n° 33.

PÉCHEVIN, passage des Petits-Pères, n° 4.

PÉCOUL, cul-de-sac du Doyenné, n° 7. — Charles-Louis Pécoul, entrepreneur des bâtiments du roi, électeur de la section des Tuileries. Il était beau-frère du peintre David.

PELLERIN DE LA BUXIÈRE, rue du Bouloi. — Propriétaire, bailliage d'Orléans, constituant.

Pelletier, rue Jacob, n° 43. — Pelletier de Feumusson, chanoine régulier et curé de Domfront, constituant.

Pémartin, rue Saint-Honoré, n° 325. — Avocat à Oloron, constituant, conventionnel, membre du Conseil des Cinq-Cents.

Peniet, cour des Fontaines, au Palais-Royal.

Perdrix, cour des Jacobins-Saint-Honoré.

*Pérez, petit hôtel de Vauban, rue de Richelieu. — Avocat à Mirande, constituant, conventionnel, membre du Conseil des Cinq-Cents, conseiller de préfecture à Auch.

Périsse du Luc, rue Neuve-Saint-Marc, hôtel d'Orléans. — Imprimeur-libraire à Lyon, constituant.

Perret, hôtel des Prouvaires.

*Perrier, chaussée d'Antin, n° 72.

Perrier, rue Neuve-des-Capucins, n° 70.

Perrond, rue de l'Arbre-Sec, n° 16.

Perruquet, rue Vivienne, hôtel de l'Empire, n° 19.

Pervinquière, rue de Grenelle-Saint-Honoré, hôtel de Nimes. — Mathieu-Joseph-Séverin Pervinquière, avocat à Fontenay-le-Comte, constituant, baron de l'Empire.

Peschelocge, rue Neuve-des-Petits-Champs, n° 127.

Pestéturenne-Laval, rue Hautefeuille, collège des Prémontrés.

Pétion, rue du Faubourg-Saint-Honoré, n° 6. — Avocat à Chartres, constituant, conventionnel.

Pétiot, rue du Colombier, vis-à-vis le n° 36. — C'est peut-être le littérateur Pétiot, auteur d'un *Traité sur l'opinion publique*, qui participa aux secours accordés aux gens de lettres et aux artistes, le 14 nivôse an III.

Petit, rue de la Grande-Truanderie.

Petitmangin, rue Feydeau. — Procureur du roi à Saint-Dié, constituant.

Peyrard, place de la Croix-Rouge, n° 102.

Peyre, hôtel de Picardie, rue de Seine, faubourg Saint-Germain.

Pflieger, rue des Bons-Enfants, n° 44. — Cultivateur à Altkirch, constituant, conventionnel.

Philippe, passage du Saumon, n° 48.

Pichon, rue du Four-Saint-Honoré, n° 82.

Pieyre, au Palais-Royal.

Pilastre, hôtel de Picardie, rue des Orties. — Pilastre de la Brardière, propriétaire à Angers, constituant, maire d'Angers, conventionnel, membre du Corps législatif.

Pillard, rue de l'Arbre-Sec, paroisse Saint-Germain-l'Auxerrois.

PINCEMAILLE, rue Saint-Florentin, n° 2.

PINCEPRÉ DE BUIRE, rue de la Madeleine, n° 7. — Propriétaire, bailliage de Péronne, constituant.

PINCHINAT, rue Traversière, n° 32.

PINON, rue de Cléry, n° 64.

PIO, rue de Condé, au-dessus du café du *Rendez-vous*. — Le chevalier Pio, ex-chargé d'affaires du roi des Deux-Siciles en France.

PLUVINET, rue des Lombards.

PLUVINET, rue Sainte-Croix-de-la-Bretonnerie, n° 41. — Médecin.

POISSENET, rue de la Ferronnerie, n° 13.

POISSON, rue Neuve-Saint-Marc, n° 10.

POISSONNIER, rue Neuve-Saint-Roch, n° 14. — Jean-Baptiste Poissonnier, ci-devant de Longerais, ancien commissaire général de la marine, membre du Conseil général de la Commune de Paris, électeur de la section du Palais-Royal.

POLVEREL, rue de Vaugirard, n° 81. — Syndic des états de Navarre, accusateur public du 1ᵉʳ arrondissement de Paris, commissaire civil à Saint-Domingue.

POLVEREL (fils), rue de Vaugirard, n° 81.

POMARET (fils), rue de Richelieu, n° 31. — Un certain Pomaret inséra, dans *le Moniteur* du 17 septembre 1790, des réflexions contre les quittances de finances.

PONCET, rue Thévenot, n° 37.

POPULUS, bâtiments des Feuillants, rue Saint-Honoré, n° 488. — Avocat en Bourg-en-Bresse, constituant.

PORCHER, rue Croix-des-Petits-Champs, n° 15.

PORCHER, rue Saint-Denis, vis-à-vis le Sépulcre.

POREL, rue de l'Échelle, n° 18.

PORTE (DE LA) rue des Martyrs, faubourg Montmartre.

POULAIN DE BEAUCHÊNE, rue Saint-Honoré, n° 275. — Ancien lieutenant de la grande louveterie de France, bailliage de Caen, constituant.

POULAIN DE BOUTANCOURT, rue Charlot, n° 37. — Maître de forges, bailliage de Vitry-le-François, constituant, conventionnel, membre du Conseil des Cinq-Cents et du Corps législatif.

POULAIN DE CORBION, rue du Chantre, hôtel de Warwick. — Maire de Saint-Brieuc, constituant, commissaire du Directoire exécutif.

*POURRAT, place Vendôme.

PRÉVOST, rue du Faubourg-Saint-Martin, n° 232.

PRÉVOST DE SAINT-LUCIEN, rue Sainte-Apolline, n° 34. — Avocat au Parlement de Paris, auteur des *Formules pour parvenir au divorce* (1792, in-8) et d'une *Grammaire française*.

Prévot, place Vendôme, n° 8. — Avocat du roi à Roye, constituant, membre du Conseil des Cinq-Cents.

Prieur, rue Notre-Dame-des-Victoires, n° 20. — Prieur (de la Marne), avocat à Châlons-sur-Marne, constituant, conventionnel, membre du Comité de salut public.

Procter, rue Basse-du-Rempart, n° 15.

Provart, rue Baillif, n° 8.

Prudhommée, rue de Grammont, n° 25.

Puget, vis-à-vis la grille Saint-Martin.

Pujo, rue Neuve-des-Petits-Champs, n° 44.

Pujo, rue des Moulins, n° 8. — Médecin.

Pulcherberg.

Q

Quanvilliers, rue des Arcis, n° 61.

Quertin, rue des Bourdonnais, n° 41.

R.

* Rabaut Saint-Étienne, rue Saint-Honoré, n° 377. — Constituant, conventionnel.

Rack, rue Saint-Nicaise, n° 8.

Raffard, rue de la Ferronnerie.

Ragon, rue Mâcon-Saint-André-des-Arts.

Raillon, rue Caumartin, n° 48.

Raimond (Jean-Baptiste), rue de Ménilmontant, n° 7.

Raimond, rue Mêlée, n° 33.

Raisson, rue Bourbon-Saint-Germain, n° 52. — François-Étienne-Jacques Raisson, limonadier, électeur de la section de la Fontaine de Grenelle, secrétaire général de la commission administrative du département de Paris en septembre 1792, envoyé en mission à Turin en 1799.

Rapeau, rue de l'Ancienne-Comédie-Française, n° 36.

Ravaut, rue Sainte-Avoye, n° 75. — Jean-Louis-Nicolas Ravaut, avocat, électeur de la section de la rue Beaubourg, membre de la Commune de Paris en 1789.

RÉAL, rue des Bons-Enfants, n° 32. — Pierre-François Réal, substitut du procureur de la Commune de Paris en 1792, conseiller d'État à vie, comte de l'Empire.

REBOUT, rue de Chabanais, n° 42.

REGLEY, rue Oblin.

RÉGNARD, rue Neuve-des-Petits-Champs, n° 113.

RÉGNIER, rue des Filles-Saint-Thomas, n° 15.

RÉGNIER, rue Saint-Martin, n° 254.

* REGNIER, rue Feydeau, hôtel des États de Béarn. — Claude-Ambroise Regnier, constituant, membre du Conseil des Anciens, grand juge, ministre de la justice, comte de l'Empire, duc de Massa.

RENARD, rue des Chargeurs, près l'ancienne poste.

RENAUD, rue Saint-Honoré, n° 454. — Avocat, sénéchaussée d'Agen, constituant.

RENAUDIN, rue Saint-Honoré, au coin de celle de Jean-Saint-Denis. — Juré au Tribunal révolutionnaire en 1793.

RENAUT, de Saint-Domingue, rue Mêlée, n° 30.

RENOUARD (fils), rue Sainte-Apolline, n° 25. — Son père, Jacques-Augustin, était fabricant d'étoffe.

RESTOUT, galeries du Louvre. — Jean-Bernard Restout, membre de l'Académie de peinture.

RETS, rue Saint-Honoré, n° 238.

REUBELL, rue des Bons-Enfants, n° 44. — Constituant, conventionnel, membre du Directoire exécutif.

REUFFLET DU HAMEAU, rue Neuve-Saint-Augustin, au coin de celle de Choiseul.

REYNIER, rue Saint-Benoît, n° 28.

REYNIER, hôtel de Louis-le-Grand, rue de la Jussienne. — L'un des deux est le littérateur Reynier, auteur du *Journal d'Agriculture*, Paris, 1790, in-8.

RIBEROLLES, rue Saint-Florentin, n° 2. — Négociant, sénéchaussée de Riom, constituant.

RICARD, rue de Richelieu, hôtel de Valois. — Ricard de Séalt, avocat à Toulon, constituant, préfet de l'Isère en 1800.

RICCÉ (comte de), rue d'Aguesseau, n° 21.

RIOT, rue de Bondy, n° 23.

RIQUEUR, hôtel des Messageries.

ROBERT, rue de Grammont, n° 17.

ROBESPIERRE, rue de Saintonge, n° 8. — Constituant, conventionnel.

ROBESPIERRE, rue Jacques. — C'est Robespierre jeune, futur conventionnel.

Robil (le jeune), place des Trois-Maries.
Robin (Léonard), rue Beaubourg, hôtel de Fer. — Avocat, député de Paris à la Législative, membre du Tribunat.
Rochambeau, rue du Cherche-Midi. — C'est probablement le comte de Rochambeau, maréchal de France en 1791.
Roche, rue Sainte-Avoye, n° 71.
Rochejean.
Roger, rue de l'Arbre-Sec, n° 57.
Roger, rue du Petit-Bourbon, hôtel de Monsieur. — Juge royal à Simorre, constituant, sous-préfet de Saint-Gaudens.
Romery, rue et faubourg Saint-Martin, n° 228.
Ropiquet, rue Montmartre, n° 189.
Rosey, rue de Grenelle-Saint-Honoré, n° 60.
Rousse, rue de la Limace, au coin de celle des Déchargeurs.
Rousseau, rue de Bourbon-Saint-Germain, au coin de la rue des Saints-Pères. — Jean Rousseau, député de Paris à la Convention, membre du Conseil des Anciens, sénateur.
Routtand, rue de Bourbon.
Rouval.
Rouziers, cloître Saint-Méry.
Ruault, rue des Poitevins, hôtel de Boutilliers. — C'est probablement H. Ruault, auteur d'un *Projet de constitution de la République française*, Paris, 1793, in-8.
Ruelle, rue de la Chaussée-d'Antin, n° 81.
Ruzilly (de), rue du Faubourg-Montmartre, n° 16.

S

Sabatier (père), hôtel des Invalides. — Raphaël-Bienvenu Sabatier, membre de l'Académie des sciences, chirurgien en chef de l'hôtel des Invalides, membre de l'Institut en 1795.
Sabatier (fils), hôtel des Invalides.
Sahuguet, rue d'Anjou-Saint-Honoré, maison d'Espagnac, n° 14. — Voir plus haut Espagnac (abbé d'). L'abbé d'Espagnac s'appelait en effet Marc-René Sahuguet d'Espagnac.
Saint-Aubin, rue du Mail, n° 17. — Receveur des finances, jurisconsulte, rédacteur du *Journal de Paris*, membre du Tribunat.
Saint-Martin, rue Mauconseil, n° 21.
Saint-Martin, rue de l'Université, n° 10. — François-Gérôme Rif-

fard Saint-Martin, avocat, sénéchaussée d'Annonay, constituant, conventionnel, membre du Conseil des Cinq-Cents, puis du Corps législatif.

SAINT-REMI, rue de Grenelle-Saint-Honoré.

SAINT-VICTOR, rue de Ménars, n° 9.

SAINTE-PHANAPOLY, rue des Deux-Portes-Saint-Sauveur.

SAISSERT, arcades du Palais-Royal, n° 156.

*SALICETI, hôtel de Strasbourg, rue Neuve-Saint-Eustache. — Avocat au Conseil supérieur de Corse, constituant, conventionnel.

SALLERON (fils), rue Lovannerie, n° 18. — Joseph Salleron, corroyeur, rue de la Vannerie, électeur de la section des Arcis.

SALMON, rue Dauphine, n° 26. — C'est peut-être lui qui, en septembre 1792, fut nommé membre de la Commission administrative provisoire du département de Paris.

SAMNAR, rue Thérèse, n° 1.

SANDELIN, rue Neuve-des-Bons-Enfants, hôtel de la Reine.

SARRASIN, rue Mêlée, n° 31.

SARY, rue Richelieu.

SATINS, rue du Renard-Saint-Sauveur, n° 11.

SAURIN, rue Phélippeaux, n° 36.

SAURINE, rue Saint-Étienne-des-Grés, n° 5. — L'abbé Jean-Pierre Saurine, constituant, évêque constitutionnel des Landes, conventionnel.

SAUTEREAU, rue Sainte-Croix-de-la-Bretonnerie, n° 28.

SAUTHONAY, rue des Deux-Écus.

SAUZAY, hôtel de Bullion, rue Plâtrière.

SAVARD, rue Gaillon, n° 2.

SCHLABRENDORF, hôtel des Deux-Siciles, rue de Richelieu.

SCHLUTER, Palais-Royal, cour des Fontaines.

SCHNUTZ, quai d'Orléans, n° 6.

SCHSVATV, rue Neuve-Grange-Batelière.

SECONDS, rue Caumartin, n° 31.

SEDAINE. — C'est sans doute Michel-Jean Sedaine, l'auteur du *Philosophe sans le savoir*, membre de l'Académie française. Il demeurait cour du Louvre.

SEDILLOT, rue Bertin-Poirée. — Membre du Collège et de l'Académie royale de chirurgie de Paris.

SEGNY, rue d'Artois, n° 3. — Médecin.

SEGNY, hôtel de Gênes, rue Sainte-Anne.

SEMEZIES, rue Feydeau, n° 2.

SERGENT, rue Mauconseil, n° 62. — Graveur en taille-douce, conventionnel.

Sériziat, rue des Rosiers, n° 15. — Avocat aux conseils du roi.
Serres, rue Saint-Germain-l'Auxerrois, n° 110.
Sicard, place Victoire, n° 17.
Signi, rue des Vieux-Augustins, n° 38.
Sillery, rue des Mathurins, n° 53. — C'est le marquis de Sillery, constituant, futur conventionnel.
Simon, rue Richelieu, hôtel Louis XVI.
Simon, rue Traversière, n° 68.
Simonnot, marché des Enfants-Rouges.
Simonet, rue Salanconète, n° 14.
Sivinian, à Brest.
Six, rue d'Anjou-Dauphine, n° 6.
Soreau, rue des Barres-Saint-Gervais, n° 10. — Jean-Baptiste-Étienne-Benoît Soreau, avocat, membre du Conseil général de la Commune de Paris en 1790.
Soulès, rue de l'Oseille, n° 3. — Électeur de Paris en 1789, membre de la Commune et commissaire du Conseil exécutif en 1792.
Soustelle, rue du Bac, n° 8. — Avocat, sénéchaussée de Nîmes, constituant.
Souville, rue du Battoir, n° 8.
Stourm, rue Neuve-Saint-Étienne, hôtel Saint-Étienne. — Homme de lettres, collaborateur du *Moniteur*. Voir plus bas, à la date du 28 novembre 1790.
Sutières, rue Plâtrière, n° 37.

T

Tachoires, aux Jacobins-Saint-Honoré.
Tallien, rue de la Perle, n° 17. — Membre de la Commune du 10 août, conventionnel, membre du Conseil des Cinq-Cents.
Talma, rue Chantereine. — C'est l'acteur célèbre.
Tandon, rue de Seine, n° 112.
Tariot, rue Saint-Thomas-du-Louvre, vis-à-vis la Trésorerie de M. d'Orléans.
Taveau, rue Quincampoix.
Tavernier, rue de Richelieu.
Tessier, rue de Grenelle, n° 217.
Thermes, rue Croix-des-Petits-Champs, n° 12.
Theurel, rue des Deux-Écus.

Thévenard, rue des Fossés-Montmartre, n° 37.

Thévenin, rue l'Évêque, butte Saint-Roch, n° 1. — Dessinateur et graveur.

Thévenin (fils), rue l'Évêque, butte Saint-Roch, n° 1.

Thibault, rue de la Michodière, n° 7. — Curé de Souppes, constituant, évêque constitutionnel du Cantal, conventionnel, membre du Conseil des Cinq-Cents, membre du Tribunat.

Thierri, rue Saint-Honoré.

Thierry de Bussy, rue Saint-Dominique, faubourg Saint-Germain, n° 27. — Médecin.

Thierry (de Franqueville), rue Saint-Honoré, au coin de celle de l'Échelle.

Thierry, hôtel d'Y, boulevard Italien.

Thion (de la Chaume), rue Sainte-Avoye, n° 41. — Pierre-Basile Thion de la Chaume, contrôleur des rentes, administrateur du département de Paris en 1790.

Thirion, chez M. Honoré, rue Grenéta.

Thirot (Claude), maison du curé de Saint-Eustache.

Thillaye, à Lisieux.

Thomas, rue Saint-Denis, n° 204. — C'est Jean-Jacques Thomas, futur député de Paris à la Convention. Voir plus bas, p. 347.

Thomassin, rue Saint-Honoré, n° 165.

Thomassin, rue de Béthisy.

Thombret (Athanase), rue de Seine, hôtel Duguesclin.

Thouin (l'aîné), Jardin du Roi. — André Thouin, botaniste, membre de l'Académie des sciences, jardinier en chef du Jardin du Roi, administrateur du département de Paris.

Tièce, hôtel des Princes, rue de Richelieu.

Tilly, rue des Bons-Enfants, n° 29.

Tourmelière, rue Feydeau, n° 21.

Tournon, rue Guénégaud, n° 22. — C'est l'homme de lettres A. Tournon, Lyonnais, un des auteurs du journal les *Révolutions de Paris*, guillotiné le 22 messidor an II.

Tréhot, rue Neuve-du-Luxembourg, n° 225. — Tréhot de Clermont, sénéchal de Pont-Croix, constituant.

Trémouilles, rue de Valois, faubourg Saint-Honoré. — Jacques-Ézéchier de Trémouilles, président en la Cour des Monnaies.

Trévilliers, rue des Bourdonnais, n° 22.

Tribert, à Poitiers.

Trouillou, rue Comtesse-d'Artois, n° 48. — Jean-Baptiste Trouillion, négociant, électeur de la section de Mauconseil en 1790.

TROUTOT-CHERBERT, rue de la Sourdière, n° 55.
TRUFFES, collège d'Harcourt.
TURLIN, rue Basse-Porte-Saint-Denis, n° 44.
TURIN, chez M. Hopey, place du Palais-Royal.
TURREL, rue de Poitou, n° 21.

V

VADIER. — Conseiller au présidial de Pamiers, constituant, conventionnel.
VAILLANT, rue de Seine, n° 27.
VALIN, rue d'Angevilliers, hôtel de Conti.
VALZ-DUVALZ, rue de la Saunerie.
VAN DEN YVER (fils), rue Vivienne. — C'est le fils du banquier hollandais de ce nom.
VANDERMONDE, rue de Charonne, n° 22. — Mathématicien, membre de l'Académie des sciences.
VANGLEEN, rue Neuve-des-Petits-Champs, n° 26.
VANHOENAKER, rue du Bout-du-Monde.
VAN PRAET, bibliothèque du Roi. — Érudit belge, naturalisé Français en 1817, membre de l'Académie des inscriptions en 1830.
VANZON, rue de la Sourdière, hôtel National.
VARIN, rue Montorgueil. — Avocat, constituant.
VAUCHER, rue Neuve-Saint-Marc, hôtel Royal.
VAUTIER, rue Saint-Martin, n° 32.
VELLY, rue d'Enfer, en la Cité, n° 1.
VÉNARD, rue des Deux-Portes-Saint-Sauveur, n° 6.
VERCHÈRE, hôtel d'Abbeville, rue Neuve-Saint-Méry. — Verchère de Reffye, avocat, constituant.
VERDINA, rue Notre-Dame-des-Victoires, n° 8.
VERGES, rue Croix-des-Petits-Champs, n° 65.
VERMINAC, rue des Blancs-Manteaux, n° 13.
VERGES (Jean), rue Croix-des-Petits-Champs.
VERNET, au Louvre. — C'est Carle Vernet, le peintre célèbre.
VERNIER, rue Traversière.
VERTEUIL, rue Saint-Pierre-Montmartre, n° 15. — C'est un certain abbé de Verteuil.
VESSET fils, quai de la Mégisserie.
VEYRIER, rue de Richelieu, cour Saint-Guillaume.

VIALLARD, rue et porte Saint-Honoré, n° 394. — Envoyé en mission par la Commune de Paris près de celle de Bordeaux, en octobre 1792.

VIAND, rue Hautefeuille, n° 22.

VIGOGNE, rue des Petites-Écuries-du-Roi, faubourg Saint-Denis, n° 47.

VIELLARD, de Coutances, hôtel de l'Empire. — Avocat, bailliage de Coutances, constituant.

VIELLART, rue des Saints-Pères, n° 124. — René-Marie-Louis Viellart, docteur et professeur en droit, bailliage de Reims, constituant, président de la Cour de cassation, chevalier de l'Empire.

VILLARS, rue Neuve-des-Petits-Pères. — De Villars, ministre de France à Mayence en avril 1792.

VILLEMINOT. — Un certain M. de Villeminot demeurait rue Vivienne, n° 44. Voir l'*Almanach parisien* pour l'année 1784.

VILLERS, porte et rue Montmartre.

VILLETTE, quai des Théatins, n° 14. — Charles, marquis de Villette, littérateur, conventionnel. Il avait épousé la nièce de Voltaire.

VIMAL-FLOUVAT, rue de l'Échelle, hôtel d'Arras. — Négociant, sénéchaussée de Riom, constituant.

VINCENT, au Louvre. — François-André Vincent, peintre, graveur, membre de l'Institut.

VITRY, rue Neuve-des-Petits-Champs, n° 24.

VOULLAND, rue Guénégaud, n° 6. — Avocat, sénéchaussée de Nimes, constituant, conventionnel.

VOIDEL, rue du Colombier. — Avocat à Morhange, constituant.

VOZELLE, rue du Bouloi, n° 36.

W

WALNE, rue Saint-Pierre-Pont-aux-Choux, n° 13.

WALWEIN, rue Saint-Louis, au Marais, hôtel d'Ecqvilly.

WEISS, rue Neuve-Saint-Marc, hôtel de Choiseul.

WUESTIENNE, rue des Filles-Saint-Thomas.

Cette liste comprend 1,102 noms [1].

---

1. Le lecteur remarquera que, si la liste telle que nous la donnons contient moins de noms que dans le texte original, c'est que nous avons autant que possible supprimé les répétitions erronées qui abondent dans ce texte.

Le nombre des Jacobins s'accrut considérablement dans les premiers mois de 1791, comme on le voit par ce passage de Carra, dans les *Annales patriotiques et littéraires* du 19 mars 1791 :

Les divers et nombreux écrits que les monarchiens, le Comité autrichien des Tuileries et les faux patriotes font publier et colporter chaque jour en masses énormes, depuis un mois surtout, contre la Société des amis de la constitution, séants aux Jacobins, ont produit un effet tellement contraire aux intentions des calomniateurs, que jamais on n'a vu autant de candidats se présenter pour être admis dans cette Société. Le Comité de présentation, qui se tient tous les jeudis, composé de trente personnes, et dont j'ai l'honneur d'être secrétaire, ne peut plus suffire à la vérification des titres de ceux qui se présentent. Déjà la Société est forcée de chercher un local qui puisse contenir au moins 3,000 personnes habituellement ; et, si nos calomniateurs continuent, il faudra tenir nos séances dans une des plus grandes églises de Paris.

Le 15 novembre 1791, lors de l'affaire Gerdret, les Jacobins étaient au nombre de 1,211.

On sait que le personnel des Jacobins se transforma presque complètement par la suite : on trouvera ces changements à la date où ils se manifestèrent lors des diverses épurations.

§ 3. LISTE DES COMITÉS

Le Club décida la formation de trois Comités à une date que nous n'avons pu retrouver. Le 1ᵉʳ mai 1791 il fit imprimer le tableau suivant de ces Comités :

LISTE DES COMITÉS
DE LA SOCIÉTÉ DES AMIS DE LA CONSTITUTION [1]

COMITÉ DE CORRESPONDANCE

M. Villars, *président*, rue Neuve-des-Petits-Pères, n° 1.
M. Rochambeau, *secrétaire*, rue du Cherche-Midi.

MESSIEURS,

Menou, rue des Filles-Saint-Thomas, n° 19.
Ilem, rue de Savoie, n° 12.
D'Aiguillon, rue de l'Université.
Moreton, rue du Cherche-Midi, n° 58.
Bonnecarrère, rue Neuve-des-Petits-Pères, n° 1.

---

1. *A Paris, de l'Imprimerie nationale*, 1791, in-8. Bibl. nat., Lb 40/2228.

Barnave, cul-de-sac Notre-Dame-des-Champs.
Laclos, cour des Fontaines, au Palais-Royal.
Théodore de Lameth, cul-de-sac Notre-Dame-des-Champs.
Charles de Lameth, cul-de-sac Notre-Dame-des-Champs.
Le Déan, rue Gaillon, hôtel de la Marine.
Mirabeau l'aîné, Chaussée-d'Antin, n° 69.
Brevet de Beaujour, rue de Richelieu, hôtel d'Espagne.
Creuzé de la Touche, rue Dauphine, hôtel des Armes de l'Empire.
La Metherie, rue Saint-Nicaise, n° 10.
Massieu, curé de Sergy, cul-de-sac Notre-Dame-des-Champs.
Alexandre Beauharnais, rue des Petits-Augustins, n° 33.
Barère de Vieuzac, rue des Filles-Saint-Thomas, n° 13.
L'abbé Duvernet, rue du Four-Saint-Honoré, maison du notaire.
Biauzat, rue de l'Université, n° 26.
Rousseau, rue de Bourbon-Saint-Germain, au coin de celle des Saints-Pères.
Broglie, rue de Varennes.
Pieyre, au Palais-Royal.
Verchère, Hôtel d'Abbeville, rue Neuve-Saint-Méry.
Collot d'Herbois, rue du Mail, n° 38.
Brostaret, rue Saint-Thomas-du-Louvre, hôtel de la Réunion.
Dumas, rue Croix-des-Petits-Champs, n° 26.
Riccé, rue d'Aguesseau, n° 12.

Le Comité se tient les mardi, jeudi et samedi de chaque semaine, à six heures du soir.

Thainville, chef de bureau du Comité, rue Neuve-des-Petits-Champs, n° 90.

COMITÉ DE PRÉSENTATION ET VÉRIFICATION

M. Menou, *président*, rue des Filles-Saint-Thomas, n° 19.
M. Villars, *vice-président*, rue Neuve-des-Petits-Pères, n° 1.
M. Carra, *secrétaire*, rue de la Michodière, n° 7.
M. Retz, *secrétaire*, rue Saint-Honoré, n° 238.

MESSIEURS,

Philippe Chartres (*sic*), au Palais-Royal.
Bonnecarrère, rue Neuve-des-Petits-Pères, n° 1.
Desfieux, rue Notre-Dame des Victoires, n° 20.
Fevelat, rue des Fossés-Montmartre, n° 7.
Roussille, rue du Hasard, n° 12.
Bourgain, rue de Seine, n° 97.
Constantine, cour du Dragon-Saint-Germain.
Collot d'Herbois, rue du Mail, n° 38.
Legrand de Laleu, rue Hyacinthe, n° 19.
Mérard, rue Sainte-Anne, n° 14.
Paradis, rue de Richelieu, n° 62.
Fargier, rue Favart, n° 2.
Delarbre, rue Montholon.

LISTE DES COMITÉS

Dufourny, rue des Mathurins.
Sillery, rue Neuve-des-Mathurins, n° 53.
Brostaret, rue Saint-Thomas-du-Louvre.
Mendouze, rue Galande, n° 79.
Polverel fils, rue de Vaugirard, n° 81.
Semezies, rue Feydeau, n° 2.
Lauzier, rue Croix-des-Petits-Champs, n° 39.
Cineste, rue de Grammont, n° 9.
Chépy fils, rue Boucher, n° 26.
Grivel, rue Saint-Jacques, n° 25.
Despréou, rue du Sentier, n° 20.
Gautherot, rue de la Vrillière, n° 11.
Lefèvre, aux Capucins Saint-Honoré.

Le Comité se tient tous les jeudis de chaque semaine, à quatre heures très précises du soir.

COMITÉ D'ADMINISTRATION

MESSIEURS,

Bonnecarrère, rue Neuve-des-Petits-Pères, n° 1.
Mendouze, rue Galande, n° 79.
Gautherot, rue de la Vrillière, n° 11.
Févelat, rue des Fossés-Montmartre, n° 7.
Milet, rue de Grenelle-Saint-Germain, n° 17.
Bertaud, rue de Bourgogne, n° 5.
Roussille, rue du Hasard, n° 12.
Hyon, rue Saint-Honoré, n° 238.
Saint-Victor, rue de Ménars, n° 9.
Lefèvre, graveur, aux Capucins Saint-Honoré.
Gerdret, trésorier, rue des Bourdonnais.
Desfieux, trésorier suppléant, rue Notre-Dame-des-Victoires, n° 20.

§ 4. LISTE DES PRÉSIDENTS ET SECRÉTAIRES JUSQU'AU 1ᵉʳ JUIN 1791

On a vu dans le règlement (art. 8 et 9) que le président et les secrétaires étaient changés tous les mois. A partir du 1ᵉʳ juin 1791, on trouvera, pour établir la liste des présidents et des secrétaires, des éléments dans le *Journal des Jacobins*. Pour la période antérieure, il faut relever les noms des membres du bureau au bas des pièces imprimées par ordre de la Société. Voici ces noms avec les dates des imprimés :

8 FÉVRIER 1790.

Président : Le duc d'Aiguillon.
Secrétaires : Lapoule, Thibault, curé de Souppes.

3 juin 1790.

Président : Barnave.
Secrétaires : J.-H. Moreton-Chabrillant, Rœderer, Grandmaison, l'abbé d'Espagnac.

23 juillet 1790.

Président : de Noailles.
Secrétaires : Adrien du Port, J.-H. Moreton-Chabrillant.

22 septembre 1790.

Président : Dubois-Crancé.

10 octobre 1790.

Président : Du Port.
Secrétaires : Polverel, Loyseau, Brostaret, Reubell.

28 octobre 1790.

Président : Du Port.
Secrétaires : Saint-Rémi, Broglie, Villars, J. de Menou, Loyseau.

15 novembre 1790.

Président : Chabroud.
Secrétaires : Feydel, Villars, Brostaret, H.-Fr. Verchère.

30 novembre 1790.

Président : Mirabeau l'aîné.

3 décembre 1790.

Président : Mirabeau l'aîné.
Secrétaires : Feydel, Villars, H.-F. Verchère, Alexandre Beauharnais.

19 décembre 1790.

Même bureau.

9 janvier 1791.

Président : Victor de Broglie.
Secrétaires : Villars, Alexandre Beauharnais, G. Bonnecarrère, Voidel.

31 janvier 1791.

Même bureau.

4 février 1791.

Président : Reubell.
Secrétaires : Villars, G. Bonnecarrère, Voidel, Lavie.

2 mars 1791.

Président : Biauzat.

LISTE DES PRÉSIDENTS ET SECRÉTAIRES

Secrétaires : G. Bonnecarrère, Lavie, Massieu, évêque de l'Oise, Collot d'Herbois.

30 mars 1791.

Même bureau.

13 avril 1791.

Président : Alexandre Beauharnais.
Secrétaires : Collot d'Herbois, Bonnecarrère, Massieu, évêque de Beauvais, Prieur.

29 avril 1791.

Même bureau.

18 mai 1791.

Président : Goupil de Préfeln.
Secrétaires : Chépy fils, Jean Lépidor, Danjou.

§ 5. SOCIÉTÉS AFFILIÉES

C'est très peu de temps après sa fondation que la Société des amis de la constitution commença à s'affilier d'autres Sociétés analogues. Le 16 août 1790, il y avait 152 Sociétés affiliées [1].

Ces affiliations se multiplièrent surtout au printemps de l'année 1791, comme réponse aux tentatives de contre-révolution.

La Société fit alors publier, par un des secrétaires de son Comité de correspondance, l'avis suivant qui parut dans les *Annales patriotiques* du 9 avril 1791, n° DLIV, p. 1272 :

Avis.

Nous prévenons les Sociétés d'amis de la constitution qui désirent s'affilier à la Société métropole d'accompagner leur demande de la liste de tous les membres qui composent chacune de ces Sociétés, et d'indiquer un ou deux membres de l'Assemblée, du côté gauche, de qui ces Sociétés puissent être connues. Cet avis est surtout pour les Sociétés d'amis de la constitution établies à Verdun, à Château-Thierry et à Moyaux, près Lisieux, qui n'ont éprouvé le retard à leur affiliation que par rapport à ces circonstances. — C.

En 1791, trois listes des Sociétés affiliées furent publiées, l'une dans le *Moniteur* du 7 mars 1791, l'autre par les soins de la Société le 1ᵉʳ mai 1791 [2], la troisième dans le *Moniteur* du 19 juin 1791 [3]. La com-

---

1. Voir plus bas, p. 290, l'oraison funèbre de Loustallot par Camille Desmoulins.
2. Cette liste est signée VILLARS, président du Comité de correspondance, et ROCHAMBEAU, secrétaire.
3. Nous trouvons aux Archives nationales (D XLII, 5) une liste de Sociétés ré-

INTRODUCTION

paraison de ces trois listes donne une idée des progrès accomplis par la Société au printemps de cette année 1792.

1° LISTE DU 7 MARS 1791

A

Abbeville (Somme).
Agde (Hérault).
Agen (Lot-et-Garonne).
Aigueperse (Puy-de-Dôme).
Aire (Pas-de-Calais).
Aix (Bouches-du-Rhône).
Ajaccio (Corse).
Alais (Gard).
Albi (Tarn).
Ambérieux (Rhône-et-Loire).
Ambert (Puy-de-Dôme).
Amiens (Somme).
Angers (Maine-et-Loire).
Angoulême (Charente).
Arnay-le-Duc (Côte-d'Or).
Arras (Pas-de-Calais).
Artonne (Puy-de-Dôme).
Auch (Gers).
Aurillac (Cantal).
Autun (Saône-et-Loire).
Avesnes (Nord).
Avignon (Comtat Venaissin).

B

Bar-le-Duc (Meuse).
Barjac (Gard).
Bayonne (Basses-Pyrénées).
Beaune (Côte-d'Or).
Beauvais (Oise).
Bédarieux (Hérault).
Bergerac (Dordogne).
Bergues-Saint-Vinox (Nord).

Besançon (Doubs).
Béthune (Nord).
Béziers (Hérault).
Blois (Loir-et-Cher).
Bolbec (Seine-Inférieure).
Bordeaux (Gironde).
Bourbonne (Haute-Marne).
Boulogne (Pas-de-Calais).
Bourg (Ain).
Bourges (Cher).
Brest (Finistère).
Brignoles (Var).
Brioude (Haute-Loire).
Brives (Corrèze).
Buxy (Saône-et-Loire).

C

Caen (Calvados).
Cahors (Lot).
Calais (Pas-de-Calais).
Cambrai (Nord).
Carcassonne (Aude).
Carhaix (Finistère).
Cassel (Nord).
Casteljaloux (Lot-et-Garonne).
Castelnaudary (Aude).
Cette (Hérault).
Châlons-sur-Marne (Marne).
Chalon-sur-Saône (Saône-et-Loire).
Charolles (id.).
Chartres (Eure-et-Loir).
Châteaudun (id.).
Château-Renard (Loiret).
Château-Renault (Indre-et-Loire).
Châtillon-sur-Seine (Côte-d'Or).
Cherbourg (Manche).

publicaines (liste non datée, mais il y est fait mention du département des Alpes-Maritimes; elle fut donc dressée au plus tôt en 1792). Mais, en y regardant de près, on s'aperçoit que cette liste n'est qu'une énumération des chefs-lieux de districts, probablement un cadre à remplir. — Il n'y a donc pas à en tenir compte.

SOCIÉTÉS AFFILIÉES

Chinon (Indre-et-Loire).
Clérey (Aube).
Clermont-Ferrand (Puy-de-Dôme).
Colmar (Haut-Rhin).
Commercy (Meuse).
Condom (Gers).
Confolens (Charente).
Corbeil (Seine-et-Oise).
Coutances (Manche).
Crest (Drôme).
Cuiseaux (Saône-et-Loire).

D

Dax (Landes).
Dieppe (Seine-Inférieure).
Dijon (Côte-d'Or).
Domfront (Orne).
Dôle (Jura).
Douai (Nord).
Draguignan (Var).
Dunkerque (Nord).

E

Étrœungt (Nord).

F

Figeac (Lot).
Fleurance (Gers).
Foix (Ariège).
Fougères (Ille-et-Vilaine).

G

Gimont (Gers).
Givet (Ardennes).
Grenoble (Isère).
Grasse (Var).
Guingamp (Côtes-du-Nord).

H

Hesdin (Pas-de-Calais).

I

Issoudun (Indre).
Issoire.
Is-sur-Tille (Côte-d'Or).

J

Joigny (Yonne).
Juilly (Seine-et-Marne).

L

Laigle (Orne).
La Mothe-Chalençon (Drôme).
La Mothe-Saint-Héraye (Deux-Sèvres).
Landrecies (Nord).
Langon (Gironde).
Langres (Haute-Marne).
La Rochelle (Charente-Inférieure).
Lauzun (Lot-et-Garonne).
Le Havre (Seine-Inférieure).
Le Mans (Sarthe).
Le Puy (Haute-Loire).
Libourne (Gironde).
Liège.
Lille (Nord).
Limoges (Haute-Vienne).
Limoux (Aude).
Lisieux (Calvados).
Loches (Indre-et-Loire).
Lons-le-Saunier (Jura).
Lorient (Morbihan).
Loriol (Drôme).
Louhans (Saône-et-Loire).

1. S'agit-il de la petite commune du Liège (Indre-et-Loire)? Ou bien s'était-il formé une Société populaire dans la ville de Liège dès l'année 1791? C'est ce que nous n'avons pu élucider.

Luçon (Vendée).
Luxeuil (Haute-Saône).
Lyon (Rhône-et-Loire).

M

Mâcon (Saône-et-Loire).
Marseille (Bouches-du-Rhône).
Mauriac (Cantal).
Meaux (Seine-et-Marne).
Melun (id.).
Mer (Loir-et-Cher).
Metz (Moselle).
Montargis (Loiret).
Montauban (Lot).
Montbrison (Rhône-et-Loire).
Mont-de-Marsan (Landes).
Montech (Haute-Garonne).
Montfaucon (Haute-Loire).
Montfort (Gers).
Montivilliers (Seine-Inférieure).
Montpellier (Hérault).
Montréal (Gers).
Morlaix (Finistère).
Muret (Haute-Garonne).
Mussidan (Dordogne).

N

Nancy (Meurthe).
Nanterre (Paris).
Nantes (Loire-Inférieure).
Narbonne (Aude).
Nîmes (Gard).
Niort (Deux-Sèvres).

O

Ollioules (Bouches-du-Rhône).
Orange (Bouches-du-Rhône).
Orléans (Loiret).

P

Passy (Paris).

Pau (Basses-Pyrénées).
Périgueux (Dordogne).
Perpignan (Pyrénées-Orientales).
Pézenas (Hérault).
Poitiers (Vienne).
Pontarlier (Doubs).
Pont-de-Vaux (Ain).
Pontivy (Morbihan).
Pontoise (Seine-et-Oise).
Provins (Seine-et-Marne).

Q

Quimper (Finistère).

R

Rennes (Ille-et-Vilaine).
Reims (Marne).
Rhodez (Aveyron).
Riom (Puy-de-Dôme).
Rochefort (Charente-Inférieure).
Romans (Drôme).
Rouen (Seine-Inférieure).
Ruffec (Charente).

S

Saint-Amand (Nord).
Saint-Brieuc (Côtes-du-Nord).
Saint-Calais (Sarthe).
Saint-Dié (Vosges).
Saint-Étienne (Rhône-et-Loire).
Saint-Fargeau (Yonne).
Saint-Flour (Cantal).
Saint-Geniez (Aveyron).
Saint-Germain (Seine-et-Oise).
Saint-Jean-d'Angély (Charente-Inférieure).
Saint-Lô (Manche).
Saint-Maixent (Deux-Sèvres).
Saint-Malo (Ille-et-Vilaine).
Saint-Marcellin (Isère).
Saint-Nazaire-le-Désert (Drôme).
Saint-Omer (Pas-de-Calais).
Saint-Sever (Landes).

SOCIÉTÉS AFFILIÉES

Saint-Tropez (Var).
Saint-Valery (Somme).
Sainte-Foix (Gironde).
Salins (Jura).
Semur (Côte-d'Or).
Sens (Yonne).
Seurre (Côte-d'Or).
Sèvres (Seine-et-Oise).
Sézanne (Marne).
Souillac (Lot).
Strasbourg (Bas-Rhin).

T

Tarascon (Bouches-du-Rhône).
Tarbes (Hautes-Pyrénées).
Toul (Meurthe).
Toulon (Var).
Toulouse (Haute-Garonne).
Tours (Indre-et-Loire).
Tréguier (Côtes-du-Nord).
Tulle (Corrèze).

U

Uzès (Gard).

V

Valence (Drôme).
Valenciennes (Nord).
Valognes (Manche).
Vélaux (Bouches-du-Rhône).
Verdun (Meuse).
Verneuil (Eure).
Versailles (Seine-et-Oise).
Vesoul (Haute-Saône).
Vézelise (Meurthe).
Vienne (Isère).
Villefranche (Aveyron).
Villefranche (Rhône-et-Loire).
Villeneuve-l'Archevêque (Yonne).
*Villeneuve-le-Roi (id.).
Villeneuve (Lot-et-Garonne).
Vire (Calvados).

Y

Yssingeaux (Haute-Loire)[1].

Total : 227.

2ᵉ LISTE DU 1ᵉʳ MAI 1791

Cette liste contient tous les noms précédents, sauf ceux en italiques. Elle contient en plus les noms suivants :

Auxerre (Yonne).
Avranches (Manche).

A

Altkirch (Bas-Rhin).
Amboise (Indre-et-Loire).
Annonay (Ardèche).
Apt (Bouches-du-Rhône).
Arcis-sur-Aube (Aube).
Argenteuil (Seine-et-Oise).
Argentan (Orne).
Auray (Morbihan).

B

Bapaume (Pas-de-Calais).
Beaugency (Loiret).
Beausset (Var).
Belfort (Haut-Rhin).
Belvès (Dordogne).
Billom (Puy-de-Dôme).

---

1. Les noms en italiques manquent dans la liste du 1ᵉʳ mai 1791.

Bischwiller (Bas-Rhin).
Blaye (Gironde).
Bléré (Indre-et-Loire).
Bois-d'Oingt (Rhône-et-Loire).
Bourbon-Lancy (Saône-et-Loire).
Bourbourg (Nord).
Bourmont (Haute-Marne).
Breteuil (Oise).
Brillac (Haute-Vienne).

C

Castres (Tarn).
Château-Thierry (Aisne).
Châtillon-lez-Dombes (Ain).
Cologne (Gers).
Condé (Calvados).
Condrieux (Rhône-et-Loire).
Craon (Mayenne).
Craponne (Haute-Loire).
Crémieux (Isère).

D

Duravel (Lot).

E

Ecully-lez-Lyon (Rhône-et-Loire).
Epinal (Vosges).
Évaux (Creuse).

G

Gannat (Allier).
Guérande (Loire-Inférieure).
Guéret (Creuse).

H

Hennebon (Morbihan).

Huningue (Haut-Rhin).

L

La Barthe (Hautes-Pyrénées).
La Bassée (Nord).
Landau (Bas-Rhin).
Landerneau (Finistère).
Laon (Aisne).
Le Donjon (Allier).
Le Cateau-Cambrésis (Nord).
Lectoure (Gers).
Lesparre (Gironde).
L'Ile-de-Ré (Charente-Inférieure).
Lombez (Gers).
L'Oie, municipalité de Sainte-Florence, près Châtenay (Vendée).

M

Mane (Basses-Alpes).
Marennes (Charente-Inférieure).
Marmande (Lot-et-Garonne).
Martel (Lot).
Maubeuge (Nord).
Maringues (Puy-de-Dôme).
Meyssac (Corrèze).
Milhau (Aveyron).
Mirande (Gers).
Moissac (Lot).
Montflanquin (Lot-et-Garonne).
Montélimart (Drôme).
Montoulieu.
Moulins (Allier).
Maugras (Landes).
Murat (Cantal).

N

Nérac (Lot-et-Garonne).
Nevers (Nièvre).
Nogaro (Gers).
Nontron (Dordogne).

1. Il y a trois communes de ce nom : l'une dans l'Ariège, l'autre dans la Haute-Garonne, et la troisième dans l'Hérault.

SOCIÉTÉS AFFILIÉES

O

Orival (Seine-Inférieure).
Ornans (Doubs).

P

Paimbœuf (Loire-Inférieure).
Pamiers (Ariège).
Pont-Audemer (Eure).
Pont-du-Château (Puy-de-Dôme).
Portlouis (Morbihan).

Q

Quimperlé (Finistère).

R

Romorantin (Loir-et-Cher).
Rostrenen (Côtes-du-Nord).

S

Salies (Basses-Pyrénées).
Saint-Aignan (Loir-et-Cher).
Saint-Clar-de-Lomagne (Gers).
Saint-Céré (Lot).
Saint-Chamond (Rhône-et-Loire).
Saint-Denis (Paris).
Saint-Girons (Ariège).
Saint-Pol (Pas-de-Calais).
Saint-Servan (Ille-et-Vilaine).

Saint-Thibault (Haute-Marne).
Saint-Trivier (Ain).
Sarlat (Dordogne).
Sedan (Ardennes).
Sennecey (Saône-et-Loire).
Soissons (Aisne).
Steenvoorde (Nord).

T

Tain (Drôme).
Tartas (Landes).
Teste-de-Buch (Gironde).
Thiers (Puy-de-Dôme).
Tonneins (Lot-et-Garonne).
Tournecoupe (Gers).
Tournon (Ardèche).
Tournus (Saône-et-Loire).
Troyes (Aube).

V

Valence (Lot-et-Garonne).
Vannes (Morbihan).
Varennes (Meuse).
Vendôme (Loir-et-Cher).
Vic-Fezensac (Gers).
Vierzon (Cher).
Vitry-le-François (Marne).

W

Wissembourg (Bas-Rhin).

Total : 118.

3° LISTE COMPLÉMENTAIRE DU 19 JUIN 1791

Elle contient une partie des noms qui précèdent plus les suivants :

A

Aigues-Vives (Gers).

Alençon (Orne).
Antibes (Var).
Argenton (Indre).
Arles (Bouches-du-Rhône).
Aubenas (Ardèche).

Aubusson (Creuse).

B

Baignes (Charente).
Bagnols (Gard).
Bayeux (Calvados).
Beaucaire (Gard).
Belley (Ain).

C

Castelsarrasin (Haute-Garonne).
Charlemont (Ardennes).
Compiègne (Oise).

D

Damvillers (Meuse).
Digne (Basses-Alpes).
Dol (Ille-et-Vilaine).
Le Dorat (Haute-Vienne).
Dormans (Marne).
Dourdan (Seine-et-Oise).

E

Étampes (Seine-et-Oise).
Évreux (Eure).

G

Gourdon (Lot).

J

Jarnac (Charente).

L

La Ciotat (Bouches-du-Rhône).

Lamballe (Côtes-du-Nord).
Lambesc (Bouches-du-Rhône).
Le Quesnoy (Nord).
Ligny (Meuse).
L'Ile Jourdain (Vienne).
Loin [1] (Vendée).
Loudun (Vienne).

M

Malicorne (Sarthe).
Mézin (Lot-et-Garonne).
Milhaud (Gard).
Moncontour (Vienne).
Montdidier (Somme).
Montfrin (Gard) [2].
Montluçon (Allier).
Montrichard (Loir-et-Cher).

N

Neuf-Brisach (Haut-Rhin).
Noyon (Oise).

P

Péronne (Somme).
Ploërmel (Morbihan).
Pont-Saint-Esprit (Gard).

R

Rabastens (Hautes-Pyrénées).
Rosny (Seine-et-Oise).

S

Saintes (Charente-Inférieure).
Saint-Claude (Jura).
Saint-Jean-de-Losne (Côte-d'Or).
Sainte-Marie-aux-Mines (H.-Rhin).
Saint-Paul (Haute-Vienne).

1. Nous ne trouvons aucun lieu de ce nom.
2. Il y a textuellement Montfamin. Il n'existe pas de commune de ce nom.

Salviac (Lot).
Saulieu (Côte-d'Or).
Séez (Orne).

T

Turenne (Corrèze).

V

Vatan (Indre).

Verdun-sur-le-Doubs (S.-et-Loire).
Vervins (Aisne).
Viviers (Ardèche).

Total : 61.

Total général : 406[1]

À ces listes il faut joindre celle des Sociétés simplement admises à la correspondance au 1er mai 1791 :

1° DÉPARTEMENT ET ÉTRANGER.

Société de la Révolution de Londres.
Société populaire de Lyon.
Société de Clermont-Ferrand, aux Carmes.

Société du club du Café national à Bordeaux.
Société du bourg Saint-Esprit-lez-Bayonne (Landes).

2° PARIS

Société de la section de la Bibliothèque, rue de la Michodière, n° 5.
De la section des Thermes de Julien.
Des Indigents, rue Jacob.
Des Droits de l'homme et du citoyen, dit le Club des Cordeliers.
De la section de Sainte-Geneviève, rue Galande, n° 72.

De l'Égalité, section Notre-Dame, rue de la Licorne.
Fraternelle du Palais-Cardinal, rue Mézières, n° 2.
Des Nomophiles, rue Saint-Antoine.
Fraternelle de l'un et de l'autre sexe, aux Jacobins, rue Saint-Honoré.

Il serait intéressant d'avoir la liste des Sociétés affiliées en messidor an II, au moment de la plus grande influence jacobine. Malheureusement nous n'avons rencontré aucun document de ce genre. Nous ne croyons pas exagérer en évaluant à plus d'un millier le nombre des Sociétés populaires dans toute la France à cette époque. Nous fondons cette hypothèse sur le chiffre des Sociétés populaires de quelques départements dont les Archives départementales nous ont fourni des

---

1. Il existe en outre deux tableaux-affiches des Sociétés affiliées, sans date, mais antérieures à la révolution du 10 août (Bibl. nat., Lb 40/2227, in-fol.). Nous n'y relevons qu'un nom qui ne se trouve pas dans les listes précédentes. C'est Louviers (Eure).

éléments assez précis. Une semblable enquête pourrait assez facilement et devrait être faite dans tous les départements, au moins dans ceux de l'ancienne France. Seule elle pourrait résoudre la question de savoir combien, en l'an II, il y avait de Sociétés jacobines.

VI

LÉGISLATION DES CLUBS PENDANT LA RÉVOLUTION

Il est bon de dire dans quelles conditions légales s'exerça l'activité du Club des Jacobins et des Sociétés populaires en général.

Les Clubs politiques semblèrent d'abord s'autoriser de l'article 2 de la Déclaration des Droits, voté le 20 août 1789 :

Le but de toute association politique est la conservation des droits naturels et imprescriptibles de l'homme. Ces droits sont la liberté, la propriété, la sûreté, la résistance à l'oppression.

Mais, le 1er décembre 1789, dans le débat sur l'organisation des municipalités, le Comité de constitution proposa un article ainsi conçu :

Les citoyens actifs, après les élections faites, ne pourront ni rester assemblés, ni s'assembler de nouveau en corps de commune, sans une convocation expresse ordonnée par le conseil général de la commune et autorisée par l'administration du département. Pourront néanmoins les citoyens se former paisiblement, jusqu'au nombre de trente, en assemblées particulières, pour rédiger et faire parvenir des adresses et pétitions, soit au corps municipal, soit aux administrations de département ou de district, soit au corps législatif, soit au roi.

Défendre les assemblées de plus de trente citoyens, c'était supprimer le Club des Jacobins, et, en général, les Sociétés populaires.

Les patriotes protestèrent. Mirabeau dit :

Les hommes non armés ont le droit de se réunir en tel nombre qu'ils veulent pour communiquer leurs lumières, leurs vœux, leurs titres ; et les en empêcher, c'est attaquer les droits de l'homme. Tout ce que peut la loi, c'est de restreindre le nombre de ceux qui seront chargés de porter la pétition.

Du Port soutint que cette prohibition allait contre le droit de réunion implicitement reconnu par la loi martiale elle-même [1] :

1. 21 octobre 1789, article 5. « Il sera demandé par un des officiers munici-

L'article, dit-il, est non seulement contraire à la liberté, mais encore à vos décrets. Vous avez, par la loi martiale même, reconnu aux citoyens le droit de s'assembler.

Il demanda et obtint la disjonction et l'ajournement des deux paragraphes qui composaient l'article.

Le lendemain, le Comité proposa et fit voter l'article suivant qui devint l'article 62 de la loi municipale du 14 décembre 1789 :

Les citoyens actifs ont le droit de se réunir paisiblement et sans armes en assemblées particulières, pour rédiger des adresses et pétitions, soit au corps municipal, soit aux administrations de département et de district, soit au corps législatif, soit au roi, sous la condition de donner avis aux officiers municipaux du temps et du lieu de ces assemblées et de ne pouvoir députer que dix citoyens pour apporter et présenter ces pétitions et adresses.

Ces conditions, assez étroites, limitaient les Sociétés populaires aux seuls citoyens actifs et restreignaient le champ de leurs délibérations. Mais la formule était assez élastique pour qu'on pût l'étendre sans la briser.

Les mots de *société* ou *club* ne figurèrent dans les textes de lois que longtemps après, dans le décret relatif à l'organisation d'une police municipale et correctionnelle (19-22 juillet 1791), titre Ier, article 14.

Ceux qui voudront former des Sociétés ou Clubs seront tenus, à peine de 200 livres d'amende, de faire préalablement au greffe de la municipalité la déclaration des lieux et jours de leur réunion; et, en cas de récidive, ils seront condamnés à 500 livres d'amende. L'amende sera poursuivie contre les présidents, secrétaires ou commissaires de ces Clubs ou Sociétés.

Le législateur n'eut d'abord qu'à s'applaudir d'avoir autorisé ces Sociétés populaires qui accréditèrent l'ordre nouveau. Sur les services qu'elles rendirent au début de la Révolution, on lira avec intérêt un article de Peuchet dans le *Moniteur* du 28 août 1790. Il cite l'exemple donné par la Société de Mont-de-Marsan dont les membres

paux aux personnes attroupées quelle est la cause de leur réunion et le grief dont elles demandent le redressement. Elles seront autorisées à nommer six d'entre elles pour exposer leurs réclamations et présenter leurs pétitions, et tenues de se séparer sur-le-champ et de se retirer paisiblement. »

1. Nous avons les registres d'un certain nombre de Sociétés populaires de province. Elles débutent en général par remplir cette formalité. Mais les municipalités n'avaient pas le droit de fermer les Clubs. Celle de Dax l'ayant fait vit son arrêté cassé par l'Assemblée nationale. Cf. Camille Desmoulins, *Révolutions de France et de Brabant*, V, 49, et le décret des 13-19 novembre 1790.

venaient d'arrêter qu'ils acquitteraient sans délai les impositions de 1790 et qu'il serait établi une caisse pour la conversion en argent des assignats au-dessous de mille livres. En même temps, ils engageaient par une adresse leurs concitoyens à suivre leur exemple.

Si patriotique était l'esprit des Sociétés populaires, que le décret du 29 avril 1790 autorisa les officiers et soldats à assister sans armes à leurs séances [1].

Mais bientôt viennent les dispositions restrictives.

Le 1ᵉʳ mai 1790, il fut interdit aux Sociétés populaires de s'immiscer dans les affaires qui intéressent la police intérieure des corps, la discipline militaire et l'ordre du service.

Le 10 mai, il fut interdit aux membres de ces Sociétés de faire des pétitions en leur nom collectif.

Les Clubs ne furent permis ni dans l'armée ni dans la marine. L'article 2 du décret du 6 août 1790 sur la discipline militaire est ainsi conçu :

Excepté le Conseil d'administration, toutes autres associations délibérantes établies dans les régiments, sous quelque forme et dénomination que ce soit, cesseront immédiatement après la publication du présent décret.

La même mesure fut prise pour la marine le 17 août 1790.

Le 19 septembre 1790, M. de Noailles, au nom du Comité militaire, vint annoncer à l'Assemblée qu'un particulier, se disant envoyé d'une Société patriotique, avait essayé d'entrer en pourparlers secrets avec les gardes-suisses en garnison à Rueil et à Courbevoie. En conséquence il fit voter un décret dont l'article 2 était ainsi conçu :

Il est défendu à l'avenir à toute association ou corporation d'entretenir, sous aucun prétexte, des correspondances avec les régiments français, suisses et étrangers qui composent l'armée. Il est également défendu auxdits corps d'ouvrir ou de continuer de pareilles correspondances, à peine, pour les premiers, d'être poursuivis par les magistrats chargés du maintien des lois,

1. Ce décret fut un instant remis en question, en avril 1791, à propos de la présence de soldats à la Société des amis de la constitution de Wissembourg. Leurs officiers les avaient punis pour ce fait. Voir le long et curieux débat qui s'engagea dans la Constituante à cette occasion, le 29 avril 1791, entre Beauharnais, d'André, Noailles, Toulongeon, d'Estourmel et Le Chapelier, dans le *Journal logographique* de Le Hodey, XXV, 32-41. Ce débat se termina par le vote du décret suivant : « L'Assemblée nationale déclare que les officiers, sous-officiers et soldats de toutes les armes, hors le temps de leur service militaire, des appels, des exercices et de toutes les fonctions de leur état, peuvent, jusqu'à l'heure de la retraite, assister, comme tous les autres citoyens, aux séances des Sociétés qui s'assemblent paisiblement et sans armes dans les lieux où ils sont en garnison ou en quartier. »

comme perturbateurs du repos public, et, pour les seconds, d'être poursuivis suivant la rigueur des ordonnances.

Dès la fin de l'année 1790, il se manifesta dans l'Assemblée constituante une sorte de réaction contre les Clubs.

Les Jacobins de province s'inquiétèrent, et, le 9 novembre 1790, on lut à l'Assemblée nationale une adresse de la Société des amis de la constitution établie à Dunkerque, qui sollicitait un décret qui mît sous la protection et sauvegarde de la loi des citoyens réunis en société.

Le 28 février 1791, Foucault de Lardimadie [1], député de la noblesse de Périgord, demanda nettement la suppression des Sociétés populaires.

On passa à l'ordre du jour.

Le chevalier de Murinais, député de la noblesse de Dauphiné, s'écria : « Puisqu'on passe à l'ordre du jour, n'espérons pas avoir la tranquillité dans le royaume tant que vous aurez le Club des Jacobins [2]. »

Les Clubs n'avaient pas tenu compte du décret du 10 mai 1790 qui leur interdisait les pétitions et l'Assemblée avait fermé les yeux.

C'est contre cette tolérance que Le Chapelier mit l'Assemblée en garde, par son rapport du 9 mai 1791, à propos de la pétition du département de Paris (26 avril 1791) contre les écrits, pétitions et affiches incendiaires. Le Chapelier demanda qu'on ôtât formellement aux Clubs le droit de pétition et le droit d'affiche [3].

Malgré Petion, Robespierre, Grégoire et Dubois-Crancé, l'Assemblée vota ceci :

Le droit de pétition appartient à tout individu et ne peut être délégué. En conséquence, il ne pourra être exercé en nom collectif par les corps électoraux, judiciaires, administratifs, ni municipaux, par les sections de commune ni les sociétés de citoyens, etc. [4].

Le 21 août 1791, le garde des sceaux Duport-Dutertre vint lire un long réquisitoire contre les Clubs de province. Il allégua : 1° l'attitude du Club d'Orléans vis-à-vis de la Haute-Cour ; 2° une procédure du

---

1. C'est lui qui, le 16 février 1791, à propos d'incendies de châteaux, raillait ceux qui croyaient que bientôt le peuple saurait lire, « ce qui d'ailleurs, ajoutait-il, serait un grand malheur ».
2. *Journal logographique*, par Le Hodey, XXII, 124.
3. *Ibid.*, XXV, 318, 331.
4. C'est l'article 1er du décret des 10 et 18-22 mai 1791 sur le droit de pétition.

tribunal d'Abbeville enlevée à main armée par les Jacobins du lieu ; 3° même enlèvement de la procédure commencée à Caen contre les destructeurs de la statue de Louis XIV ; 4° le conflit de la municipalité de Marseille et de la Société patriotique de cette ville. Le ministre de l'intérieur Delessart lui succéda à la tribune et allégua à son tour : 1° le conflit de la municipalité de Pau et des Jacobins de cette ville ; 2° l'adresse des Jacobins de Dijon au peuple de Lausanne pour le remercier de la joie qu'il avait manifestée lors de l'arrestation de Louis XVI à Varennes. Enfin Viellart fit un rapport sur une pétition de la municipalité de Bayeux contre l'évêque du Calvados Fauchet et son vicaire, le sieur d'Étanges. On accusait Fauchet de prêcher la république dans les Clubs, qu'il présidait tour à tour avec d'Étanges, et de s'être réjoui du renversement de la statue de Louis XIV. « La doctrine anarchique, disait-on, électrise hommes, femmes, enfants. » Le député Joubert, évêque d'Angoulême, demanda l'arrestation de « ces monstres ».

L'Assemblée mit fin à ce débat en décrétant que le ministre de la justice lui rendrait compte de la procédure qui s'instruisait contre Fauchet.

À la veille de la séparation de la Constituante, le 29 septembre 1791, Le Chapelier fit, au nom du Comité de constitution, un rapport sur les Sociétés populaires et proposa un projet d'instruction en forme de décret. Après un débat où Robespierre exprima l'opinion des patriotes ardents et d'André celle des modérés[1] ; les propositions de Le Chapelier furent votées. C'est le décret des 29 et 30 septembre 1791, sanctionné le 9 octobre suivant :

L'Assemblée nationale, considérant que nulle Société, Club, Association de citoyens ne peuvent avoir, sous aucune forme, une existence politique, ni exercer aucune action sur les actes des pouvoirs constitués et des autorités légales ; que, sous aucun prétexte, ils ne peuvent paraître sous un nom collectif, soit pour former des pétitions ou des députations pour assister à des cérémonies publiques, soit pour tout autre objet, décrète ce qui suit :

Art. 1ᵉʳ. — S'il arrivait qu'une Société, Club ou Association se permît de mander quelques fonctionnaires publics ou de simples citoyens, ou d'apporter obstacle à l'exécution d'un acte de quelque autorité légale, ceux qui auront présidé aux délibérations, ou fait quelque acte tendant à leur exécution, seront, sur la dénonciation du procureur général syndic du département, et sur la poursuite du commissaire du roi, condamnés par les tribunaux à être rayés pendant deux ans du tableau civique, et déclarés inhabiles à exercer pendant ce temps aucune fonction publique.

---

1. Voir leurs discours dans le *Journal logographique* de Le Hodey, XXXV, 49-54.

2. — En cas que lesdites Sociétés, Clubs ou Associations fissent quelques pétitions en nom collectif, quelques députations au nom de la Société, et généralement tous actes où elles paraîtraient sous les formes de l'existence politique, ceux qui auront présidé aux délibérations, porté les pétitions, composé ces députations, ou pris une part active à l'exécution de ces actes, seront condamnés par la même voie à être rayés pendant six mois du tableau civique, suspendus de toutes fonctions publiques, et déclarés inhabiles à être élus à aucune place pendant le même temps.

3. — A l'égard des membres qui, n'étant point inscrits sur le tableau des citoyens actifs, commettraient les délits mentionnés aux articles précédents, ils seront condamnés par corps à une amende de 12 livres s'ils sont Français, et 3,000 livres s'ils sont étrangers.

4. — L'Assemblée nationale décrète que le rapport de son ancien Comité de constitution sera imprimé avec la présente loi [1].

RAPPORT SUR LES SOCIÉTÉS POPULAIRES

FAIT AU NOM DU COMITÉ DE CONSTITUTION

MESSIEURS,

Il reste à votre ancien Comité de constitution un devoir à remplir; il lui est imposé et par vous, et par son amour pour la chose publique, et par son désir d'assurer et de propager tous les principes conservateurs de la constitution qu'après deux ans et demi de travaux et d'alarmes la France vient de recevoir.

Nous allons vous entretenir de ces Sociétés que l'enthousiasme pour la liberté a formées, auxquelles elle doit son prompt établissement, et qui, dans des temps d'orage, ont produit l'heureux effet de rallier les esprits, de former des centres communs d'opinion, et de faire connaître à la minorité opposante l'énorme majorité qui voulait et la destruction des abus, et le renversement des préjugés, et le rétablissement d'une constitution libre.

Mais, comme toutes les institutions spontanées que les motifs les plus purs concourent à former et qui bientôt sont écartées de leur but, et par un grand changement dans les circonstances, et par d'autres causes diverses, ces Sociétés populaires ont pris une espèce d'existence politique qu'elles ne doivent pas avoir.

Tandis que la Révolution a duré, cet ordre de choses a presque toujours été plus utile que nuisible. Quand une nation change la forme de son gouvernement, chaque citoyen est magistrat : tous délibèrent et doivent délibérer sur la chose publique; et tout ce qui presse, tout ce qui assure, tout ce qui accélère une révolution, doit être mis en usage; c'est une fermentation momentanée qu'il faut soutenir et même accroître pour que, la révolution ne laissant plus aucun doute à ceux qui s'y opposent, elle éprouve moins d'obstacles et parvienne plus promptement à sa fin.

Mais lorsque la révolution est terminée, lorsque la constitution de l'empire

---

1. Il est indispensable de reproduire ici ce rapport, œuvre de Le Chapelier et qui est un document capital pour l'histoire de l'influence des Jacobins en 1791.

est fixée, lorsqu'elle a délégué tous les pouvoirs publics, appelé toutes les autorités, alors il faut, pour le salut de cette constitution, que tout rentre dans l'ordre le plus parfait ; que rien n'entrave l'action des pouvoirs constitués ; que la délibération et la puissance ne soient plus que là où la constitution les a placées ; et que chacun respecte assez et ses droits de citoyen et les fonctions déléguées pour ne pas excéder les uns et n'attenter jamais aux autres.

Trop de services ont été rendus à la chose publique par les Sociétés des amis de la constitution, trop de patriotisme les anime, pour qu'il soit, en général, nécessaire de faire autre chose envers elles que d'avertir les citoyens qui les composent des dangers qu'elles peuvent faire courir à la chose publique et des contraventions auxquelles elles sont entraînées par des hommes qui ne les cultivent que pour les agiter, qui ne s'y font recevoir que pour acquérir une sorte d'existence, qui n'y parlent que pour préparer leurs intrigues et pour usurper une célébrité scandaleuse qui favorise leurs projets.

C'est à nous à nous charger de cette instruction si utile ; à nous qui allons confier le fruit de nos travaux à la fidélité du premier corps législatif et qui devons écarter de lui toute influence étrangère, ne fût-elle de nature qu'à inquiéter un seul de ses membres ; à nous fondateurs de ces Sociétés, qui, près de terminer l'ouvrage qu'elles ont si puissamment aidé, devons leur témoigner la reconnaissance de la nation en leur disant ce qu'elles doivent être et en leur désignant les limites que leur assignent les lois constitutionnelles.

C'est à votre Comité de constitution qui, sans jamais s'inquiéter de la popularité d'un jour, a fronde tous les partis, bravé toutes les clameurs, méprisé toutes les injures, pour essayer de se rendre utile ; c'est à lui qu'appartient l'honneur de fixer vos derniers regards et d'appeler l'attention des citoyens sur une partie importante de l'ordre public ; et il regardera comme des titres à la bienveillance future de la nation les calomnies mêmes qu'il pourra recevoir en cette occasion.

Il est permis à tous les citoyens de s'assembler paisiblement. Dans un pays libre, lorsqu'une constitution fondée sur les droits de l'homme a créé une patrie, un sentiment cher et profond attache à la chose publique tous les habitants de l'empire ; c'est un besoin de s'en occuper et d'en parler ; loin d'éteindre ou de comprimer ce feu sacré, il faut que toutes les institutions sociales contribuent à l'entretenir.

Mais à côté de cet intérêt général, de cette vive affection que font naître l'existence d'une patrie et la libre jouissance des droits de citoyen, se placent les maximes de l'ordre public et les principes du gouvernement représentatif.

Il n'y a de pouvoirs que ceux constitués par la volonté du peuple exprimée par ses représentants ; il n'y a d'autorité que celle déléguée par lui ; il ne peut y avoir d'action que celle déléguée par lui ; il ne peut y avoir d'action que celle de ses mandataires revêtus de fonctions publiques.

C'est pour conserver ce principe dans toute sa pureté que, d'un bout de l'empire à l'autre, la constitution a fait disparaître toutes les corporations et qu'elle n'a plus reconnu que le corps social et des individus.

C'est comme conséquence nécessaire de ce principe qu'elle a interdit toute pétition, toute affiche sous un nom collectif : décret bien calomnié par ceux qui voulaient renforcer leur factieuse voix de l'autorité d'une Société ; mais décret dont la sagesse a été reconnue par tous les hommes qui ont voulu méditer un peu sur la nature du gouvernement que nous avons adopté.

Les Sociétés, les réunions paisibles de citoyens, les clubs, sont inaperçus dans l'État. Sortent-ils de la situation privée où les place la constitution? ils s'élèvent contre elle, ils la détruisent au lieu de la défendre, et ce mot précieux de ralliement : *Amis de la constitution* ne paraît plus qu'un cri d'agitation destiné à troubler l'exercice des autorités légitimes.

Ces Sociétés, composées en grande partie d'estimables citoyens, de véritables amis de la patrie, de défenseurs zélés de la constitution, nous entendront aisément quand nous leur dirons que, si la Révolution les a quelquefois conduites à des actes extérieurs, la constitution établie les réprouve;

Que, sans s'assimiler aux corporations détruites, sans en former une bien plus dangereuse que les anciennes, parce qu'elle étendrait ses rameaux dans tout l'empire, elles ne peuvent pas avoir des affiliations à une espèce de métropole; que cette réunion, cette correspondance politique, mènent nécessairement à deux résultats également funestes : à prendre une existence publique et à entretenir ces divisions que tout bon citoyen doit chercher à éteindre et qui renaissent à chaque instant, quand, à l'aide de bizarres et corporatives affiliations, il s'établit une espèce de privilège exclusif de patriotisme, qui produit des accusations contre les individus non sectaires et des haines contre les Sociétés non affiliées;

Que des députations, des adresses sous un nom collectif, l'assistance à des cérémonies publiques, des recommandations, des certificats donnés à quelques favoris, la louange et le blâme distribués à des citoyens, sont autant d'infractions à la loi constitutionnelle, ou des moyens de persécution dont les méchants s'emparent;

Que des journaux de leurs débats, la publication de leurs arrêtés, des tribunes placées dans l'intérieur de leurs salles pour y recevoir des spectateurs, sont des actes contraires à la constitution;

Qu'elles commettent un délit très grave lorsqu'elles cherchent à prendre quelque influence sur les actes administratifs et judiciaires;

Que la Révolution même n'a pas pu excuser ces mandats donnés à des fonctionnaires publics, pour venir rendre compte de leur conduite; ces voies de fait commises pour détruire des procédures commencées contre de prétendus patriotes; cette audace qui a forcé un tribunal à désigner, dans son auditoire, des places à des députés de club, pour inspecter des instructions criminelles et des jugements; ces envois de commissaires dans divers lieux, chargés de missions qui ne pouvaient être confiées que par des autorités constituées et n'appartenir qu'à des hommes publics.

Sur tous ces faits il faut jeter un voile; il faut même que nous répétions qu'ils ont souvent eu pour motifs et pour but de préserver nos efforts et notre ouvrage des atteintes de la malveillance, et qu'en déconcertant les manœuvres de celle-ci, ils hâtaient l'établissement de la liberté.

Mais, à présent, ce ne serait plus qu'une forfaiture coupable, une attaque criminelle aux autorités établies par la constitution; et ses amis, ceux qui ont juré sur leurs armes de la maintenir, ont contracté l'obligation de ne se faire connaître que par le respect le plus profond pour les pouvoirs constitués et l'éloignement le plus absolu de toute idée d'une existence politique proscrite par la constitution.

Les Sociétés qui se sont formées pour en apprendre, pour en soutenir les maximes, ne sont que des réunions, que des clubs d'amis qui ne sont pas plus que tous les citoyens les sentinelles de la constitution. Ils peuvent s'instruire, disserter, se communiquer leurs lumières; mais leurs conférences, mais leurs actes intérieurs ne doivent jamais franchir l'enceinte de leurs assemblées; aucun caractère public, aucune démarche collective, ne doivent les signaler.

Ces principes constitutionnels ne peuvent être contestés par personne. Cependant nous les voyons encore violés. Des pétitions sous un nom collectif sont interdites, et on en adresse au corps constituant lui-même, et on en placarde dans les rues, et on fatigue les corps administratifs et les officiers municipaux. D'où viennent ces contraventions qui ont pour auteurs les amis les plus fidèles de la constitution? Ne les imputons pas aux Sociétés, dont les intentions sont pures, mais à quelques hommes qui les égarent.

Il faut donc armer tous les citoyens honnêtes de ces vérités dont l'autorité peut devenir plus imposante encore, quand elles sont publiées par le corps constituant; la constitution est confiée à la sollicitude et au courage de tous les Français : ceux qui marchent sous son honorable bannière ne souffriront pas l'idée de pouvoir être accusés de la méconnaître et de la détruire.

Tout le monde a juré la constitution, tout le monde appelle l'ordre et la paix publique, tout le monde veut que la Révolution soit terminée : voilà désormais les signes non équivoques du patriotisme. Le temps des destructions est passé; il ne reste plus d'abus à renverser, de préjugés à combattre; il faut désormais embellir cet édifice dont la liberté et l'égalité sont les pierres angulaires; il faut faire chérir l'ordre nouveau à ceux mêmes qui s'en sont montrés les ennemis; et regarder comme les plus redoutables adversaires les hommes qui chercheraient à calomnier ou à dégrader les autorités établies, à s'emparer de quelques Sociétés pour leur faire prendre un rôle actif dans l'administration publique, pour les rendre censeurs arbitraires et turbulents détracteurs, et peut-être les subjugants despotes des fonctionnaires publics.

Nous avons annoncé, Messieurs, que nous désirions plutôt publier une instruction que provoquer des lois répressives. Nous savons que des lois faites avec trop de détails sur cette matière pourraient donner quelques moyens de toucher à la liberté, qui doit être sacrée pour le législateur, et dont ses actes doivent assurer et non gêner l'exercice; nous considérons d'ailleurs que notre ancien caractère, déjà sensiblement amélioré par les nouvelles lois, a fait des Sociétés populaires une espèce de mode dans laquelle chacun a voulu renchérir les uns sur les autres, et nous pensons qu'il faut laisser à la raison le soin de réformer une partie des abus; nous croyons, enfin, qu'une des grandes causes de la consistance dans ces Sociétés a été d'avoir pour fondateurs et pour membres la majorité des représentants du peuple. Nous faisions une révolution, nous combattions une minorité ardente, nous attaquions des préjugés bien vieux, des habitudes bien puissantes, des abus bien lucratifs, et par conséquent bien protégés; nous avions besoin de nous réunir, de préparer nos armes, de nous environner de tous les citoyens qui chérissaient les droits du peuple que nous étions chargés d'arracher des mains de l'usurpateur.

Ceux qui, revêtus après nous de la confiance publique, viennent exercer les pouvoirs que nous avons établis au nom de la nation française, n'ont qu'à conserver, à entourer d'une législation sage une constitution libre; ils croiront sans doute qu'ils ne doivent discuter les grands intérêts de l'empire que comme législateurs, et non comme simples citoyens, et que, pour accomplir dignement leur mission, plus paisible que la nôtre, ils doivent se garantir de toute influence extérieure.

La nation attend d'eux la paix et l'affermissement de l'ordre public; leur honorable tâche est de faire jouir la France de la constitution qu'elle a reçue et jurée; ils n'ont point besoin que l'opinion publique se manifeste par des mouvements, elle est connue : tous les Français veulent avoir promptement tous les avantages de la liberté et de l'égalité; ils veulent, à l'abri de ces immortels droits de l'homme, rendre au commerce sa splendeur, à l'agriculture son activité, à l'industrie toutes ses ressources; ils veulent que nos ennemis ne puissent bientôt apercevoir les traces de la Révolution que dans la prospérité de l'empire.

Après avoir parlé des maximes constitutionnelles et des actes qui les offensent, avons-nous besoin de dire que l'existence publique des Sociétés, leurs affiliations, leurs journaux, leurs pétitions en nom collectif, leur influence illégale, sont propres à alarmer tous les citoyens paisibles et à éloigner tous ceux qui veulent vivre tranquillement sous la protection des lois?

Il est dans la nature des choses que les Sociétés délibérantes cherchent à acquérir quelque influence extérieure, que des hommes pervers ou ambitieux tentent de s'en emparer et d'en faire des instruments utiles à leur ambition ou à leur vengeance. Si les actes de ces Sociétés deviennent publics, si des affiliations les transmettent, si des journaux les font connaître, on peut rapidement avilir et discréditer une autorité constituée, diffamer un citoyen, et il n'y a pas d'homme qui puisse résister à cette calomnie. Il a été accusé, c'est par son ennemi; on a donné, chose trop facile, on a donné à l'accusation un air de civisme; elle a été applaudie dans la Société, quelquefois accueillie. Toutes les Sociétés affiliées en sont instruites, et l'homme le plus honnête, le fonctionnaire public le plus intègre peut être la victime de la manœuvre habile d'un méchant, sous l'aspect de la morale et des mœurs, comme sous celui de la constitution. Il ne faut donc ni affiliations de Sociétés, ni journaux de leurs débats.

Croyez que c'est beaucoup à cela que tiennent l'ordre public, la confiance et la sécurité d'une foule de citoyens. Nul ne veut avoir d'autre maître que la loi : si les Sociétés pouvaient avoir quelque empire, si elles pouvaient disposer de la réputation d'un homme, si, corporativement formées, elles avaient d'un bout à l'autre de la France des ramifications et des agents, de leur puissance, les Sociétés seraient les seuls hommes libres, ou plutôt la licence de quelques affiliés détruirait la liberté publique. Il ne faut donc ni affiliations de Sociétés, ni journaux de leurs débats.

Nous ne vous proposons que trois articles de loi; ils ne portent que sur ces actes qui usurperaient une partie de la puissance publique ou qui arrêteraient son action; tout le reste est abandonné à l'influence de la raison et à la sollicitude du patriotisme.

Sous la Législative, les clubs se développèrent librement. Ce n'est que le 1er juillet 1792 qu'ils furent dénoncés à la tribune. Jaucourt s'écria : « Oui, ces clubs méritent la destruction; ils sont d'accord avec Coblentz! » Et Daverhoult demanda que le ministre de la justice rendit compte de l'exécution de la loi répressive des 29 et 30 septembre 1791. Ce compte fut rendu, dans la séance du 4 juillet, par Duranthon; il se borna à dire que l'exécution de la loi en question ne le regardait pas, tant que les procureurs généraux syndics n'avaient déféré personne aux tribunaux.

Sous la Convention, et particulièrement en l'an II, les Sociétés populaires devinrent de véritables corps de l'État et jouèrent un rôle officiel. Plus d'une fois, les représentants en mission prirent soin de procéder eux-mêmes à leur épuration, ou leur demandèrent de contrôler, d'épurer ou de désigner des fonctionnaires. Dans certaines circonstances critiques, ils réunirent provisoirement, en vue d'une action combinée, le département, le district, la commune et la Société populaire. La correspondance des représentants en mission, que nous publions en ce moment sous les auspices du ministère de l'instruction publique, fournira de nombreux détails sur ce développement extra-légal, mais officiel, des Sociétés populaires.

Voici maintenant les principales dispositions légales dont les Sociétés populaires furent l'objet sous la Convention.

Lors du mouvement fédéraliste, en juin 1793, les autorités constituées de Toulouse arrêtèrent plusieurs membres de la Société populaire de cette ville. La Convention décréta (13 juin) la mise en liberté de ces membres, et ajouta cet article à son décret :

Il est fait défense aux autorités constituées de troubler les citoyens dans le droit qu'ils ont de se réunir en Société populaire.

Le 25 juillet 1793, nouveau décret sur le même objet :

Toute autorité, tout individu qui se permettrait, sous quelque prétexte que ce soit, de porter obstacle à la réunion ou d'employer quelques moyens pour dissoudre les Sociétés populaires, seront poursuivis comme coupables d'attentat contre la liberté et punis comme tels.

Suivaient des peines très sévères : dix années de fer contre les fonctionnaires publics; cinq années contre les particuliers qui se seraient rendus coupables de ces délits.

Le 9 brumaire an II, les clubs de femmes furent interdits par un décret dont l'article 2 ordonnait que toutes les séances des Sociétés populaires fussent publiques [1].

---

[1]. Ajoutons, pour être complet, que le 9 nivôse an II la Convention décrète « que la question de savoir s'il est convenable d'accorder un local dans les bâtiments nationaux aux Sociétés populaires ainsi qu'aux Sociétés libres des arts,

C'est sur les Jacobins de Paris que tombèrent les premiers coups de la réaction thermidorienne ; les Comités de gouvernement les fermèrent le 21 brumaire an III, et la Convention approuva cette clôture dans sa séance du lendemain. Voici l'extrait du procès-verbal :

La Convention nationale, après avoir entendu le rapport qui lui a été fait au nom de ses Comités de salut public, de sûreté générale, militaire et de législation sur la Société des Jacobins de Paris, décide qu'elle approuve les mesures prises par ces quatre Comités réunis, et contenues dans l'arrêt suivant

Du 21 brumaire, l'an III de la République française une et indivisible.

Les Comités de sûreté générale, de salut public, de législation et militaire réunis arrêtent :

1° Les séances de la Société des Jacobins de Paris sont suspendues.

2° En conséquence, la salle des séances de cette Société sera à l'instant fermée, et les clefs en seront déposées au secrétariat du Comité de sûreté générale.

3° La commission de police administrative est chargée de l'exécution du présent arrêté.

4° Il sera demain rendu compte du présent arrêté à la Convention nationale.

L'article 361 de la Constitution de l'an III porta qu'aucune assemblée de citoyens ne pourrait se qualifier de Société populaire.

Le 6 fructidor an III, sur le rapport de ses Comités de salut public, de sûreté générale et de législation, la Convention décréta :

Toute assemblée connue sous le nom de *Club* ou de *Société populaire* est dissoute. En conséquence, les salles où lesdites assemblées tiennent leurs séances seront fermées sur-le-champ et les clefs en seront déposées, ainsi que les registres et papiers, dans le secrétariat des maisons communes.

Mais l'article 362 de la Constitution de l'an III autorisait implicitement des « Sociétés particulières s'occupant de la question publique », à condition que leurs séances ne fussent pas publiques, et qu'elles n'eussent ni correspondance ni affiliation avec d'autres Sociétés, etc.

Les Jacobins essayèrent de se reconstituer au Panthéon, sous le nom de *Société du Panthéon*; il se forma aussi à Paris des Sociétés analogues, des *Patriotes de 89*, du *Cercle de fer*, également jacobines.

Le 9 vendémiaire an IV, un message du Directoire exécutif invita les Conseils « à statuer d'une manière positive sur la nature des Sociétés ou réunions politiques des citoyens ». Le Conseil des Cinq-Cents

qui a été successivement renvoyée à l'examen du Comité d'instruction publique et du Comité des finances, sera examinée, sous le double rapport politique et financier, par les deux Comités réunis ». Ces deux Comités firent-ils leur rapport ? Nous n'avons rien trouvé à ce sujet dans le procès-verbal.

nomma le lendemain une commission de cinq membres pour étudier la question.

Le 9 ventôse an IV, le Directoire prit le parti de fermer tous les clubs par simple arrêté. Les Conseils laissèrent faire.

La Commission des Cinq fit son rapport, par l'organe de Mailhe, le 8 germinal an IV; les Cinq-Cents en ordonnèrent l'impression[1] et l'ajournement au 23, puis au 27 germinal.

Le 27 germinal, troisième ajournement jusqu'à la décision à intervenir sur la manière de réprimer les délits résultant de l'abus de la liberté de la presse.

Le 7 messidor an V, deux membres furent adjoints à la Commission des Cinq; on ordonna la réimpression du rapport de Mailhe et du message du Directoire, et on fixa l'ouverture du débat au 30 messidor suivant; mais, à cette date, il fut encore ajourné.

La loi du 7 thermidor an V édicta :

Toute Société particulière, s'occupant de questions politiques, est provisoirement défendue.

Mais le coup d'État du 18 fructidor rétablit en partie l'influence jacobine, et les clubs furent de nouveau permis par les articles 36 et 37 de la loi du 19 fructidor an V, qui sont ainsi conçus :

La loi du 7 thermidor dernier, relative aux Sociétés particulières s'occupant de question politique, est rapportée.

Toute Société particulière s'occupant de questions politiques, dans laquelle il serait professé des principes contraires à la constitution de l'an III, acceptée par le peuple français, sera fermée...

Le 18 messidor an VII, d'anciens Jacobins, d'anciens membres du Club du Panthéon formèrent, dans la salle du Manège, une Société s'occupant de questions politiques[2].

Les Anciens, qui siégeaient dans le même édifice, enjoignirent à la Société de changer de local (8 thermidor an VII). Celle-ci obtint de l'administration municipale du X° arrondissement la permission de se réunir dans le Temple de la Paix, ci-devant couvent des Jacobins, rue du Bac. A ce moment, les Jacobins semblaient entièrement reconstitués de nom et de fait; ils avaient même un journal officiel[3].

---

1. Ce document important est dans le *Moniteur*, XXVIII, 88 et sqq.
2. *Moniteur*, XXIX, 129. En même temps des Sociétés jacobines se fondent et prospèrent à Bordeaux, Lille, Lorient, Rouen, Amiens. Voir le *Moniteur* du 26 thermidor an VII.
3. C'était le *Journal des hommes libres*. Officiellement ils s'intitulaient *Réunion*

Le 13 thermidor, les Conseils avaient demandé au gouvernement de réprimer les Sociétés politiques. Le 17, ils reçurent en réponse un message du Directoire et un rapport du ministre de la police, Fouché, sur ces Sociétés, contre lesquelles le gouvernement, se disant désarmé, demandait des dispositions constitutionnelles.

Le 26 thermidor an VII, le Directoire ordonna la clôture de la Société de la rue du Bac.

Cette Société annonça dans son moniteur, le *Journal des hommes libres*, qu'elle allait se réunir le lendemain même dans un autre local. On parla de l'hôtel de Salm (*Moniteur* du 28 thermidor an VII). Nous ne savons s'il fut donné suite à ce dessein [1].

En annonçant aux Conseils la clôture des Jacobins de la rue du Bac, le Directoire leur demandait instamment (26 thermidor) de faire enfin une loi sur les Sociétés politiques.

Une nouvelle commission spéciale avait été nommée le 1er thermidor an VII; elle provoqua plusieurs discussions qui n'aboutirent pas. Un projet de loi, présenté le 16 thermidor, ne put être voté. Trois autres projets se produisirent; ils furent tous renvoyés à la commission (26 fructidor an VII), et la question n'était pas encore résolue quand eut lieu le coup d'État du 18 brumaire an VIII, qui ne laissa subsister ou revivre aucune Société politique.

VII

BIBLIOGRAPHIE

§ 1. HISTOIRE DES JACOBINS

Voici la liste des principaux ouvrages relatifs à l'histoire générale du club des Jacobins :

---

d'*amis de l'égalité et de la liberté*. — Le *Journal des hommes libres* donne des comptes rendus détaillés des séances de la Société de la rue du Bac depuis le 2 thermidor jusqu'au 25 du même mois (dernière séance). Avant de rendre compte de la séance du 2 thermidor, dans le numéro du 4, il annonce pour le lendemain un « résumé général des séances de la *Réunion patriotique* » que nous n'avons pu trouver.

1. « Aujourd'hui (26 thermidor) à quatre heures, de forts piquets de cavalerie se sont portés aux lieux où se rassemble la Réunion des amis de l'égalité et de la liberté, et de ce moment on n'a plus laissé pénétrer personne. Les scellés ont été mis sur les portes pendant quelques minutes... Les républicains de Paris doivent se réunir demain dans un autre local ». *Journal des hommes libres*, n° du 27 thermidor an VII. — Voir aussi le n° du 30 thermidor, p. 247.

I. — *Die pariser Jacobiner in ihren Sitzungen, ein Auszug aus ihrem Tagebuch, veranstaltet und mit Anmerkungen versehen*, von J.-W. v. Archenholtz. Hamburg, 1793, in-8 de xii-460 pages. (Bibl. nat., Lb 40/536.)

Ce volume [1] n'est qu'une analyse du *Journal des Jacobins* de janvier à juin 1792. Mais il est précédé d'une curieuse préface, dont voici la traduction.

Ce livre est une contribution pour servir à l'histoire moderne de la France. Il offrira d'autant plus d'intérêt aux amis des recherches historiques, et même aux simples amateurs, que l'édition originale du *Journal des Jacobins* de l'année 1792 est complètement épuisée. Ce journal n'a pas commencé à paraître dès la formation de cette Société, qui est, comme on le sait, aussi ancienne que la Révolution française, mais en juin 1791. Néanmoins, nos extraits ne remontent pas à cette année-là. En effet, les Jacobins n'acquirent réellement d'importance à Paris qu'à la fin de 1791, par suite de l'affiliation de tant de membres de la nouvelle Assemblée nationale, et c'est alors qu'ils commencèrent en quelque sorte leur seconde époque. D'autre part, j'ai voulu arriver plus près du moment actuel, par la publication des délibérations les plus récentes, et afin aussi ne pas donner trop d'extension à l'ouvrage, le public allemand ayant d'abord à décider si ce volume lui suffit, ou s'il veut lire aussi l'histoire des séances républicaines suivantes, et si, par conséquent, l'ouvrage peut être continué.

Le présent extrait est l'histoire des séances depuis le commencement de janvier 1792 jusqu'à la date mémorable du 20 juin de la même année, où le peuple de Paris, excité par les Jacobins, essaya, pour la première fois, ses forces contre l'autorité royale, et préluda, pour ainsi dire, aux scènes du mois d'août. Le *Journal des Jacobins* paraît chaque jour en une demi-feuille, imprimée par ordre de la Société, et forme par an plusieurs in-quarto.

De cette masse de papier imprimé, j'ai fait un extrait fidèle, ou plutôt je ne l'ai pas fait moi-même, mon temps, qui est pris par d'autres travaux, ne me le permettant pas, mais je l'ai fait faire, avec le plus grand soin, sous ma direction. Cet extrait a été rédigé, d'après mes indications, par un savant connaissant la langue française et les affaires du pays, et accompagné par moi de notes explicatives. On y fera plus intime connaissance avec les législateurs supérieurs et inférieurs de la République, d'après leurs paroles et leurs actes, ainsi qu'avec l'esprit du jacobinisme et de plusieurs Jacobins. On y apprendra à connaître aussi l'état du patriotisme français, le degré de la tranquillité ou de l'anarchie, de même que les dispositions plus ou moins passionnées de la province, l'audace et l'originalité s'accroissant peu à peu dans des discours, des lettres, des adresses, des propositions; on verra les intrigues des chefs de la Société, la marche de leurs affaires, les moyens qu'ils ont employés pour arriver à l'exécution de leurs plans, qui ont tant d'influence sur leurs concitoyens

---

1. Archenholtz avait déjà publié, sur les Jacobins, une étude que nous n'avons pu trouver et dont voici le titre : *Die Jacobiner, eine historische Skizze*, Hamburg, 1792, in-8. C'est probablement un tirage à part de l'article du recueil périodique *la Minerve*, dont il est question à la page suivante, en note.

et même sur toute l'Europe. On y trouvera beaucoup de renseignements sur les événements les plus importants et les intrigues qui les ont préparés, sur les comédies politiques, la méchanceté humaine et la faiblesse des caractères ; en même temps, très peu de traits de patriotisme ; mais, par contre, des traits d'autant plus fréquents de fureur populaire.

Pour ne pas interrompre le récit des débats, on a toujours relaté d'abord ce qu'il y avait de plus curieux dans la correspondance, et, quant aux rapports envoyés, on n'a rapporté que ce qui a eu de l'influence sur les délibérations de la Société. Ces données mettent le lecteur au fait de l'esprit des progrès du jacobinisme dans les départements et lui apprennent des faits qui ne sont pas généralement connus, ainsi que certaines machinations des deux partis, aussi bien du parti aristocratique que du parti démocratique.

Quand on n'a pas indiqué, pour ces certaines propositions, qui les a faites, si elles ont été acceptées ou non, la faute en est, pour le premier point, au *Journal des Jacobins*, et, pour le second, à la façon de procéder de la Société, qui, ayant bien conscience qu'elle n'était pas une puissance constituée, ne passait que rarement aux voix sur les propositions qui avaient trait au gouvernement. Ces propositions n'avaient pour objet que d'examiner de plus près certaines choses, d'entendre les avis différents qui pouvaient s'élever à leur sujet, et de préparer les membres de la Société au rôle qu'ils devaient jouer à l'Assemblée nationale.

Les Jacobins de Paris ont joué et jouent encore un rôle trop important et trop étrange à notre époque pour qu'on ne soit pas curieux de connaître plus intimement cette Société qui, à l'origine, ne méritait aucun blâme, mais qui aujourd'hui a au plus haut point dégénéré [1], cette Société dont, depuis le commencement de l'année 1792, l'honneur, la sagesse, la politique, toutes les vertus ont été bannies, et qui n'en garde presque plus trace. Ces vertus ont fait place aux plus misérables intrigues pour la propagation de l'anarchie, aux persécutions infernales contre de nobles citoyens, aux projets de meurtre. Tous ces plans, les monstres qui les avaient conçus les mirent réellement à exécution, et leur but fut en grande partie atteint.

Il n'est cependant question ici que des Jacobins de Paris, qui étaient l'âme de la Société.

Dans les Sociétés de province, qui étaient affiliées, il y avait peut-être plus de vertu ; mais là aussi la vertu était rare. Les Jacobins des grandes villes du royaume s'inquiétaient fort peu de sauver l'honneur de la Société aux yeux de leurs concitoyens qui ne leur étaient pas affiliés, pas plus qu'à ceux des nations étrangères. L'odieux système qui régnait à Paris fut adopté aussi à Marseille, à Bordeaux, à Lyon, et dans d'autres localités importantes. La province rivalisait avec la capitale, et émettait des motions encore plus violentes. Les Jacobins de Marseille envoyèrent des bandes d'assassins à Paris. Ceux de Bordeaux avaient nommé représentants à la Convention nationale leurs avocats les plus retors, qui votèrent tous la mort du roi, et ils soutenaient aveuglément leurs entreprises. A Lyon, l'anarchie était presque aussi grande qu'à Paris, et, à Strasbourg, l'aventurier Laveaux triompha, avec sa bande de Jacobins, du vertueux maire Dietrich et des vrais patriotes qui tenaient pour celui-ci.

Ces considérations et d'autres encore ont donné naissance au présent tra-

---

1. Voir l'*Essai sur les Jacobins* dans la *Minerve*, août 1792. (*Note de Archenholtz.*)

vail, et m'ont déterminé à écrire un jour une histoire formelle des Jacobins, pour laquelle je suis en train d'amasser des matériaux.
Écrit à Hambourg, le 30 mars 1793.

V. ARCHENHOLZ.

II. — *Histoire des Jacobins en France, ou Examen des principes anarchiques et désorganisateurs de la Révolution française*, suivi d'une Notice historique sur Louis XVI, Marie-Antoinette et Madame Élisabeth, par un député aux États généraux de 1789. Hambourg, Hoffmann, 1795, 2 vol. in-12. (Bibl. nat., La 32/41.)

Quérard, dans ses *Supercheries littéraires*, attribue cet ouvrage à Leriche, rédacteur de *la Quotidienne*.

C'est un pamphlet contre la Révolution française, qui n'apporte aucune contribution à l'histoire du Club des Jacobins.

III. — *Mémoires pour servir à l'histoire du jacobinisme*, par M. l'abbé Barruel. Hambourg, Fauche, 1798-1799, 5 vol. in-8°.

C'est un long réquisitoire, au nom de la religion, contre la Révolution. Tome V, pages 100-101, l'auteur donne quelques détails, insignifiants ou erronés, sur le Club breton et sur l'origine du Club des Jacobins.

IV. — *The history of Jacobinism, its crimes, cruelties and perfidies, from the commencement of the french revolution to the death of Robespierre*... by William Playfair, author of the commercial and political atlas, etc. London, 1798, 2 vol. in-8°.

C'est une histoire générale de la Révolution. Ce qu'on y trouve sur les Jacobins est peu sérieux. Ainsi il y est question de la « tactique des Jacobins » (I, 165) et de la « secte jacobine » (I, 168) à l'occasion de la prise de la Bastille, alors que le Club des Jacobins n'existait pas encore.

V. — *Notice sur les Jacobins, ou Lettre à M*** sur cette question :* « Quels sont les écrits les plus propres à faire connaître l'histoire des Jacobins? » Paris, 1807, in-8° de 16 pages.

Cette notice anonyme est pleine de contradictions, d'obscurités, mais probablement volontaires : l'auteur écrit sous Napoléon I⁰ʳ et sa plume n'est pas libre. A y regarder de près, on devine un ex-Jacobin très bien renseigné. Cet opuscule nous a été fort utile pour la bibliographie du *Journal des Jacobins*.

VI. — *Histoire des Jacobins depuis 1789 jusqu'à ce jour, ou État de l'Europe en novembre 1820*, par l'auteur de l'*Histoire des sociétés secrètes*. Paris, Gide, 1820, in-8°.

Cet ouvrage, attribué par Barbier à Lombard de Langres, a deux chapitres qui se rapportent à notre sujet : le chapitre VII : « Société de la constitution ou Club breton. Caverne de l'avenue de Saint-Cloud. Conciliabules de Passy »; le chapitre XIII : « Club des Cordeliers. » Ce sont purs romans inspirés par la passion politique, et qui ne méritent ni qu'on les cite ni qu'on les réfute.

VII. — *Histoire des Jacobins*, par Georges Dairnwaell, ex-rédacteur en chef du *Corsaire du Midi*, dédiée à M. Ledru-Rollin, député de la Sarthe, tome Ier. Paris, Dépée, 1846, in-8°.

Ce premier volume (le seul, semble-t-il, qui ait paru) n'est qu'un précis de la Révolution fait de seconde main, jusqu'à la fuite à Varennes.

VIII. — En octobre et en novembre 1847, on lut cette annonce dans le journal *la Réforme* : « LE CLUB DES JACOBINS, par MM. L. Gallois et A. Luchet, tiré de l'*Histoire des Jacobins* de M. L. Gallois, ouvrage inédit, paraîtra incessamment en feuilleton dans *la Réforme*. »

L'ouvrage parut, d'abord sous la signature *L. G.*, puis sous celle de *Ch. Ribeyrolles*, dans *la Réforme* du 1er au 31 octobre, 20 au 31 décembre 1848, 3 au 24 janvier, et 9, 10, 11, 12, 13, 14, 15, 20, 21 et 23 février 1849. Le numéro du 23 février annonce *une suite prochainement* : elle manque.

Cette histoire des Jacobins s'arrête au mois d'avril 1791.

Elle est fort inégalement composée. La partie relative au Club breton, à l'origine des Jacobins, est fantaisiste. Le reste est une sorte d'histoire populaire des Jacobins, où souvent on cite quelques discours imprimés à part et une ou deux fois des registres inédits des sections. C'est, à notre avis, un fatras, avec quelques parties bien faites. Certaines pages sont absolument romanesques, celles où les auteurs de cette histoire donnent des comptes rendus dramatiques du Club, à une époque antérieure à l'apparition du second journal des Jacobins. (Voir par exemple, dans le dernier numéro, le compte rendu de la séance qui suivit la mort de Mirabeau.)

IX. — J.-W. Zinkeisen, *Der Jacobiner-Klub. Ein Beitrag zur Geschichte der Parteien und der politischen Sitten im Revolutions-Zeitalter*. Berlin 1852-1853, 2 vol. in-8°.

C'est plutôt une histoire de la Révolution pendant la durée du Club. Mais l'auteur a réuni beaucoup de renseignements précis sur les débuts des Jacobins et sur leur rayonnement au dehors. Leur influence sur la politique générale et surtout leur lutte avec les autres clubs sont assez heureusement décrites. Cet ouvrage est de beaucoup le meilleur qui ait été écrit à propos des Jacobins. Si l'auteur eût pu consulter toutes les sources et s'il eût appris à les critiquer les unes par les autres, il aurait probablement fait un livre complet et exact.

X. — *Histoire des Jacobins*, par Eugène Moret et Jules Rouquette, ouvrage inédit et illustré, publié par les auteurs. Paris, *Au siège de l'administration*, 47, rue Bonaparte, s. d. [1865], in-8° à deux colonnes.

C'est une histoire populaire de la Révolution, écrite de seconde main et inachevée.

§ 2. JOURNAUX.

Avant le 1ᵉʳ juin 1791, le seul journal qui annonce et promette des comptes rendus réguliers des Jacobins est le *Journal des Clubs ou Sociétés patriotiques, dédié aux Amis de la constitution membres des différents Clubs français*, par MM. J.-J. Le Roux et Jos. Charon¹, officiers municipaux, et D.-M. Revol, ci-devant professeur de l'Oratoire, Paris, 1790-1791, 3 vol. in-8°. (Bib. nat. Lc 2/482.)

Le nom de Jos. Charon disparaît à la fin de l'année 1790.

Ce journal paraissait le samedi.

Le premier numéro est du samedi 20 novembre 1790; le dernier, dans l'exemplaire de la Bibliothèque nationale, est du 3 septembre 1791.

Dans ce dernier numéro, le *Journal des Clubs* annonce qu'il va devenir quotidien. D'après Hatin, il se fondit alors dans le *Journal général de l'Europe*.

On y trouve des comptes rendus du Club des Jacobins, des Clubs de 89, monarchique, des Amis des noirs, de la Société fraternelle, etc. Mais ils ne se suivent pas, et le journal tient mal la promesse de son titre.

Pour les Jacobins, il ne rend compte, avant le 1ᵉʳ juin 1791, que des séances des 12, 17, 19, 22, 24 décembre 1790 ; 28, 29 janvier, 3 février, 15 mai 1791, et de la correspondance du 24 février au 6 mars.

---

1. Tome I, p. 203 : « J.-J. Le Roux (ci-devant des Tillets), médecin et officier municipal ; Jos. Charon, président du Pacte fédératif, officier municipal. »

Ces comptes rendus sont assez maigres ; mais nous les reproduisons parce qu'ils sont uniques.

M. Hatin, dans sa *Bibliographie de la presse*, mentionne un *Bulletin des Jacobins ou séances de la Société des amis de la constitution*, 28 avril 1790, in-8°. Mais je n'ai pu en trouver aucun exemplaire ni même m'assurer que cette feuille a réellement existé, bien que M. Hatin dise l'avoir vue chez M. Pochet-Deroche [1].

Beaucoup de feuilles périodiques donnent des renseignements plus ou moins précis sur le Club des Jacobins, renseignements que nous reproduirons à leur date quand ils auront un air de compte rendu. Les principales de ces feuilles sont, si on les classe selon l'importance des contributions qu'elles apportent à notre sujet : 1° *La Chronique de Paris*; 2° *L'Orateur du peuple*; 3° *La Gazette nationale ou Moniteur universel*; 4° *Les Annales patriotiques*; 5° *Le Patriote français*. Nous renvoyons aux livres de M. Hatin, pour la bibliographie de ces cinq journaux, qui sont bien connus.

Il en est un autre, véritable pamphlet antijacobin, dont il faudra tenir un certain compte, *Les sabbats jacobites*, par Marchant, 1791-1792, 3 vol. in-8°, de chacun 25 numéros et 1 gravure.

Marchant y parodie, avec plus ou moins d'esprit, certaines séances du Club [2] qui, pour les premiers mois de 1791, ne nous sont connues que par ces caricatures [3]. Évidemment l'histoire ne peut prendre au sérieux les fantaisies de Marchant : elle y trouvera du moins l'objet de certains débats auxquels les autres journaux ne font même pas allusion.

Arrivons au *Journal des Jacobins* proprement dit.

Ce nom de *Journal des Jacobins* [4] a été donné vulgairement à deux feuilles périodiques fort différentes : 1° *Le Journal des Amis de la constitution*, par Choderlos de Laclos (21 novembre 1790-6 novembre 1791); 2° *Le Journal des débats de la Société des amis de la constitution séante aux Jacobins à Paris* (1ᵉʳ juin 1791-23 frimaire an II) [5].

Voici le prospectus de la première de ces feuilles :

---

1. Elle n'est pas mentionnée dans le *Catalogue de la Bibliothèque de feu M. Pochet-Deroche*, Paris, Ghossonnery, 1882, in-8 en deux parties.

2. Plusieurs de ces comptes rendus sont signés J. D....oy.

3. Marchant dit ironiquement (tome I, p. 33) : « Il est bien flatteur pour moi d'avoir été choisi par le Club des Jacobins pour transmettre à la postérité ses opérations patriotiques. C'est en ma qualité d'historiographe de cette illustre Société que je vais parler d'un nouveau complot, etc. ».

4. En 1855, l'imprimeur Ch. Lahure déposa les titres de 4 vol. in-4° intitulés *Journal des Jacobins*, du 1ᵉʳ juin 1790 au 1ᵉʳ décembre 1792 (Bibl. nat., Lc 2/600). Il voulait sans doute réimprimer les deux gazettes que nous allons décrire. Mais cette réimpression ne s'est pas faite.

5. Bibl. nat., Lc 2/479, 3 vol. in-8.

SOCIÉTÉ DES AMIS DE LA CONSTITUTION. — VIVRE LIBRE OU MOURIR.

Journal des Amis de la Constitution, par P. Choderlos, ci-devant de Laclos.

Arrêté de la Société, 31 octobre, l'an deuxième de la liberté.

La Société a arrêté qu'un de ses membres sera autorisé à publier périodiquement la correspondance des Amis de la constitution, sans autre approbation que celle de l'authenticité de la correspondance, et le présent arrêté sera imprimé à la tête de chaque numéro.

La Société a décidé que ce membre sera M. DE LACLOS.

Signé : DU PORT, CHABROUD, *présidents* ; FEYDEL, *secrétaire*.

PROSPECTUS

C'est à l'arrêté ci-dessus que le *Journal des Amis de la constitution* doit sa naissance ; mais l'objet qui y est indiqué n'est pas le seul que l'auteur se propose de remplir.

D'abord, il y insérera exactement, soit en totalité, soit par extrait, suivant l'importance de la matière, les avis ou renseignements que les différentes Sociétés, affiliées à celles de Paris, jugeront à propos de lui adresser.

On y trouvera, de plus, un tableau historique et raisonné des travaux de l'Assemblée nationale, depuis le jour de l'ouverture des États-généraux jusqu'à l'entier achèvement de la constitution. Ces objets seront traités par ordre de matières. On y joindra les motifs qui auront déterminé les décrets. On rappellera les principales objections qui auront été faites, et comment elles ont été résolues. Enfin, on y ajoutera toujours la comparaison de l'état des choses sous l'ancien régime avec celui qui doit exister sous l'empire des nouvelles lois.

Ce journal, composé de trois feuilles d'impression, paraîtra tous les mardis de chaque semaine.

Ce journal fut un puissant instrument de propagande, mais il ne contient ni les débats ni les procès-verbaux, et la correspondance des Sociétés affiliées y est assez maigre.

Je n'y trouve à relever, pour notre sujet, que les passages suivants :

Tome I, p. 94 : Discours de Mirabeau président, 30 novembre 1790 ;

I, 157 : Adresse à la Société de Marseille, 18 décembre 1790 ;

I, 171 : Discours de La Harpe (mais il fut imprimé à part, Bibl. nat., Lb 40/565, in-8°).

I, 206, 298, 380 : Diverses adresses de la Société mère aux Jacobins de province.

I, 449 : Discours prononcé par la Société de Sèvres et réponse du président.

II, 240 : Extrait de la séance du 25 mars 1791.

II, 288 : Arrêté à propos de la mort de Mirabeau.
III, 25, 482, 527 : Désaffiliations diverses.
III, 55 : Lettre de David du 27 mai 1791.
III, 368 : Arrêté du 17 juillet 1791.
III, 528 : Adresse aux Sociétés de province.

Quant au second journal des Jacobins qui commença à paraître le 1ᵉʳ juin 1791 et qui rendait compte des séances, son titre fut d'abord *Journal des débats de la Société des amis de la constitution séante aux Jacobins à Paris.* A partir du 1ᵉʳ janvier 1792, ce titre fut ainsi modifié : *Journal des débats* ET DE LA CORRESPONDANCE *de la Société*, etc. A partir du 23 septembre 1792 : *Journal des débats et de la correspondance de la Société des Jacobins, amis de la liberté et de l'égalité, séante aux Jacobins à Paris*. Le dernier numéro est du 29 frimaire an II. Total : 556 numéros, d'après l'exemplaire de la Bibliothèque nationale. Mais rien n'indique que ce 556ᵉ numéro soit réellement le dernier numéro paru.

La *Correspondance* forme un journal à part, officiel jusqu'à l'expulsion du rédacteur Deflers (dont nous allons parler). Chaque numéro a 4 pages. La *Correspondance* modifie son titre comme le *Journal*, à partir du numéro 108, 24 septembre 1792. — Elle a un numéro de plus que le *Journal*, n° 320, 24 frimaire an II [1].

Le *Journal* fut annoncé par des prospectus ou *Avis aux vrais amis de la constitution*, dont voici des extraits :

On s'y plaint que la Société des Jacobins soit calomniée. La meilleure façon de faire cesser ces calomnies serait de rendre ses séances publiques. « Des considérations locales » la privent, « au moins pour un temps, de ce moyen loyal et vraiment français... »

Si elle ne peut admettre le public à ses séances, doit-elle pour cela s'interdire tout autre moyen de communiquer avec lui ?... Non, sans doute, et c'est pour atteindre à ce but que des gens de lettres, membres de la Société des amis de la constitution, se sont réunis pour publier, le lendemain de chacune de ses séances, le résumé de ce qui s'y sera passé la veille. Cette feuille, intitulée *Journal des débats de la Société des amis de la constitution de Paris séante aux Jacobins*, offrira l'analyse des discussions et l'extrait des discours que leur étendue ne permettra pas d'insérer en entier.

La vérité sera le seul ornement de ce tableau...

Ce journal, d'une demi-feuille d'impression in-4° petit romain, paraîtra les lundi, mardi, jeudi et samedi de chaque semaine. Lorsque l'abondance des matières l'exigera, il sera donné un supplément dans lequel on sera admis à

---

1. Deschiens mentionne un *Journal des Jacobins*, 1792, in-8. Je ne le connais pas.

faire insérer les discours qui n'auraient pas été lus dans la Société, ainsi que les avis et annonces qu'on voudrait faire parvenir sûrement aux Amis de la constitution. On prendra au bureau les arrangements les plus honnêtes à cet égard, toute idée de lucre étant loin de l'esprit des auteurs de cette feuille. »

Le prix est pour Paris de 12 livres par an, 6 livres pour six mois, et 3 livres pour le trimestre; et, pour les départements, 17 livres 4 sous pour l'année, 7 livres 16 sous pour six mois, et 4 livres 8 sous pour le trimestre.

On souscrit à Paris, au bureau du journal, n° 41, vis-à-vis de la rue Boucher, rue de la Monnaie, au château de Vincennes, où toutes les lettres, avis et annonces relatives à ce journal devront être adressées franches de port, soit au rédacteur, soit à M. Martine Beaubourg, chargé de la direction.

A partir du 26 janvier 1792, l'abonnement fut fixé pour Paris à 30 livres par an, et pour les départements à 37 livres 10 sols.

A partir du 26 mai 1793, l'abonnement fut fixé pour Paris à 36 livres : il resta le même pour les départements.

Le journal s'imprima constamment à l'imprimerie Égalité, ci-devant Henri IV, rue de Bussy, n° 1504.

Le 25 juillet 1791, la Société charge officiellement Deflers de rédiger son journal.

En tête du numéro du 17 janvier 1792 paraît pour la première fois cette note qui fut répétée jusqu'au numéro du 9 mai suivant inclus :

« La Société, en confirmant son arrêté du 25 juillet 1791, arrête de nouveau qu'un de ses membres sera chargé de publier sa correspondance, et que ce membre sera M. Deflers, à la charge par lui d'insérer gratuitement les lettres et avis circulaires que la Société voudra faire passer à ses affiliées.

La Société déclare ne garantir l'authenticité que de sa correspondance et de ses lettres circulaires. Cette condition sera imprimée, dans le journal, en tête de chaque numéro. »

Dans la séance des Jacobins du 19 décembre 1792, Desfieux fit des reproches au rédacteur du journal. Celui-ci voulut se justifier; mais, après quelques moments de discussion, la Société passa à l'ordre du jour.

A la séance suivante, 21 décembre 1792, Saint-Just président, Desfieux revient à la charge avec succès. Citons le compte rendu du journal :

« Un citoyen, le même qui, dans la précédente séance, avait dénoncé le *Journal des débats de la Société*, recommence ses dénonciations, et, pour les appuyer, il donne lecture du numéro de la séance de dimanche. Pour vous faire sentir, dit-il, combien ce journal est perfide, il me suffira de vous dire que Gorsas, pour décrier la Société, a pris l'extrait littéral de la séance de dimanche [1].

1. Voir le *Courrier des départements*, par A.-J. Gorsas, tome III, p. 308, n° du 20 décembre 1792.

Le dénonciateur n'accuse pas le rédacteur d'avoir déguisé la vérité, mais d'avoir rédigé le journal avec perfidie. Deux articles relatifs à Marat sont le principal objet de la dénonciation. Il trouve qu'il y a de la perfidie à parler des applaudissements universels que reçoit l'ami du peuple lorsqu'il entre aux Jacobins[1]. Il trouve une égale perfidie, dans le rédacteur, d'avoir appris au public que Marat avait eu la parole de préférence à un autre citoyen qui l'avait avant lui[2]. L'opinant conclut en demandant que le rédacteur du *Journal des débats* soit chassé sur-le-champ de la Société. Cette proposition est vivement applaudie.

Ce rédacteur, dit un grand nombre, est évidemment vendu à la faction; il est à la solde de Brissot et de Roland : il faut le chasser. Chabot ne pense pas qu'il suffise de chasser ce perfide journaliste, mais il opine pour chasser de compagnie tous les journalistes qui se trouvent dans la Société. Il excepte de cette proscription générale le Créole et Audouin qui ont su, dit-il, se conserver purs au milieu de la corruption universelle. Mais, à l'exception de ces deux journalistes, dont la pureté est restée immaculée, Chabot veut que l'on expulse, sans en excepter Marat, tous ces empoisonneurs publics qui corrompent l'opinion et qui sont à la solde de Roland. Cette proposition est applaudie.

Le rédacteur réclame la justice qui veut que tout accusé soit entendu avant sa condamnation. Enfin, appuyé par Bentabole, il obtient la parole.

Si quelques membres de cette Société, dit-il, veulent faire taire un moment l'esprit de prévention et les passions qui empêchent de se faire entendre, il me sera facile de me justifier des imputations calomnieuses qui sont dirigées contre moi. Quels sont les reproches qui me sont adressés? On ne m'accuse pas d'avoir calomnié la Société, on ne m'accuse pas d'avoir propagé le mensonge, mais, qui le croirait? on m'accuse d'avoir été trop vrai; tout mon crime est d'avoir dit la vérité. Si, moins ami de la vérité, à laquelle j'ai consacré ma plume, je l'avais prostituée à de basses flatteries, j'aurais menti à mon cœur, mais je n'eusse point trouvé d'accusateur dans cette Société. Mais je n'ai jamais connu la flatterie; je déteste autant les flatteurs du peuple que les adulateurs des rois : voilà mon crime. Marat entre dimanche dans cette enceinte. Les applaudissements les plus vifs célèbrent son arrivée. Cette réception exclusive qu'éprouve l'ami du peuple a dû être consignée dans un journal qui fait profession de dire la vérité, toute la vérité, rien que la vérité. Si c'est faire une bonne action que d'applaudir Marat, peut-on commettre un crime en apprenant l'accueil honorable que vous lui faites? Si c'est un crime de parler des applaudissements que reçoit l'ami du peuple, c'est aussi un crime de l'applaudir : la conséquence est naturelle. Quelle est donc ma perfidie? D'avoir présenté un tableau exact de vos séances. Dans cette même séance, Marat obtient la parole avant un citoyen qui l'avait depuis longtemps. Cette

---

1. On lit dans le n° 221 du journal : « Marat entre, il est vivement applaudi, les applaudissements accompagnent l'ami du peuple jusqu'à sa place, et, lorsqu'il est assis, les applaudissements recommencent. »

2. *Ibid.* : « Un membre qui avait la parole veut se présenter à la tribune. Marat prend la parole. Le citoyen se plaint de la préférence que veut avoir Marat. Le président le rappelle à l'ordre. En vain le citoyen se plaint du despotisme qu'il dit régner dans la Société : Marat parle au milieu des applaudissements. »

préférence de la Société, qui peut être fondée sur le mérite qu'elle trouve dans Marat, excite des débats assez longs. Quel était le devoir d'un écrivain qui dit la vérité et rien de plus? De présenter aux lecteurs l'image fidèle de cette séance. C'est ce que j'ai fait. Et si, pour dire la vérité, on est un perfide, je suis de tous les hommes le plus complètement perfide. Mon journal est un miroir fidèle où chacun peut se voir tel qu'il est. Malheur à celui qui a des taches sur la figure! S'il trouve étrange d'avoir des difformités au visage, ce n'est pas la faute du miroir ni la mienne. Je finis par demander que le citoyen Deflers, dont on demande de toutes parts la radiation, soit entendu (*sic*).

Cette proposition est repoussée avec murmures, et l'on arrête la radiation du citoyen Deflers à l'unanimité. — Il est arrêté à l'unanimité que l'on chassera sur-le-champ tous les journalistes de la Société.

Le rédacteur du *Journal des débats* prend promptement la fuite, emporté par le vent des huées universelles.

Dans son numéro 325 (25 décembre 1792), ce rédacteur du *Journal des débats* fut obligé d'avouer qu'il n'avait pas prononcé le discours rapporté plus haut :

Boissel, dit-il, nous accuse d'avoir inséré dans notre journal une réponse que nous n'avons pas prononcée à la tribune. Il est vrai que cette réponse n'est pas la même. Mais est-ce ma faute si des murmures violents, si des huées ridicules ont étouffé ma voix? Comment aurais-je pu être entendu dans une société où les sages avis de Pétion ont été perdus au milieu des murmures et des clameurs de la prévention, je dirai même au milieu des invectives de la calomnie? Au reste, ma réponse est celle que j'aurais faite, si je n'avais pas vu l'agitation des esprits et la difficulté d'obtenir la parole. Le résultat de la dénonciation de Boissel a été un arrêté par lequel on doit apprendre aux Sociétés affiliées les impostures monstrueuses que propage le rédacteur du *Journal des débats de la Société*...

Ce journal n'en continue pas moins à rendre compte des débats de la Société, et cela donne lieu, dans le Club même, à une scène intéressante et qu'il faut reproduire en entier [1] :

DU VENDREDI 4 JANVIER 1793, L'AN DEUXIÈME DE LA RÉPUBLIQUE

PRÉSIDENCE DE MONESTIER

..., Il s'élève une très longue et très chaude discussion sur les journalistes.

C... : Qui de vous n'est pas surpris de l'audace du rédacteur du *Journal des débats* que nous avons chassé du temple de la liberté? Quoi! ce perfide rédacteur, malgré notre défense formelle, malgré sa publique expulsion, continue toujours son infâme journal! Est-il possible de concevoir un homme plus audacieux? Comment ce folliculaire peut-il connaître nos discussions et donner quelquefois nos discours tels que nous les avons prononcés? Ceci est invrai-

---

1. *Journal des débats et de la correspondance*, etc., n° 338.

semblable. Cependant, ne serait-il pas vraisemblable que ce libelliste aurait ici, parmi nous, des membres gangrenés et vendus qui lui rapporteraient tout ce que nous disons? Si cela est vrai, pourquoi tarde-t-on si longtemps à procéder au scrutin épuratoire qui doit exclure de notre sein l'alliage impur des Brissotins, des Rolandistes et surtout les partisans de la faction de la Gironde qui est enfin démasquée? Mais ne serait-il pas plus croyable que parmi le peu de journalistes auxquels nous permettons de publier nos séances, il s'en trouve quelques-uns qui se soient parés du masque du patriotisme pour nous séduire, et qui trahissent ensuite la cause des Jacobins, pour révéler aux journalistes chassés tout ce qui se passe ici? S'il en était ainsi, Jacobins, soyez inflexibles, et chassez du sanctuaire de la liberté ce reste impur d'écrivains soudoyés par Roland et Brissot. (*Applaudi.*)

Je suis d'autant plus fondé à croire que les journalistes que nous admettons encore ici, quoiqu'en petit nombre, révèlent dès le soir ce que nous disons et ce que nous faisons, que nous voyons Gorsas et la *Chronique de Paris* amuser le public dès le lendemain matin avec la séance de la veille. Or pour cela il faut que Gorsas et Millin aient des intelligences avec des Brissotins de la Société. Donc je conclus que pour plus de sûreté nous devons chasser sur-le-champ les journalistes qui se trouvent ici; leur présence ne peut qu'être funeste à la Société et nous devons éviter tout ce qui peut compromettre nos principes. (*Applaudissements très vifs.*)

A la porte, à la porte! s'écrie-t-on dans les tribunes, il faut chasser tous les journalistes, ce sont des Brissotins.

La même scène qui a eu lieu à notre égard allait se renouveler, et tous nos confrères allaient être obligés de s'exiler du temple de la liberté, lorsqu'un membre s'est efforcé de modérer le bouillant patriotisme des ennemis des journalistes, en disant : Citoyens, nous pouvons être prudents sans être injustes, il ne faut pas qu'une Société d'hommes sages déclare la guerre à quelques écrivains paisibles, qui viennent ici recueillir vos sages discussions (*Murmures*). Lorsque vous avez cru devoir fermer l'entrée de votre salle au rédacteur du *Journal des débats*, vous ne crûtes pas devoir faire partager sa disgrâce à tous les autres journalistes. Qui a pu vous faire changer d'opinion? Que vous ont fait ces écrivains que l'on calomnie? (*Murmures.*) A-t-on quelques reproches à leur faire? Il faut les leur adresser, la Société en jugera; mais, s'ils n'ont point prévariqué, je crois qu'il serait injuste de les proscrire. (*Murmures.* Qu'on les chasse, point de grâces, *s'écrie-t-on.*)

Moëne : J'aperçois un grand nombre de personnes qui prennent des notes cela me paraît suspect. Il faut savoir pour qui sont ces notes.

(*Ici les censeurs interrogent les journalistes, qui délivrent le nom de leur journal.*)

Le nombre des journalistes est trop grand; qu'avons-nous besoin que le public apprenne ce qui se passe ici? Un seul journal suffit, c'est le journal de Milscent-Créole, c'est là un journal excellent, admirable, c'est le seul que puissent avoir les Jacobins; il est bien malheureux que ce journal ne soit pas répandu dans la république; si le peuple était curieux de connaître la vérité, il ne lirait que le journal de Milscent; tous les autres sont pitoyables, Milscent seul est à la hauteur des Jacobins. Je demande en conséquence que l'on chasse d'ici tous les écrivains qui n'ont pas assez d'esprit pour s'élever à la hauteur de la Société, et que Milscent seul soit conservé. (*Applaudi.*)

C... : J'appuie la motion du préopinant avec d'autant plus de fondement que tous les journalistes sont vendus à la liste civile de Roland. On avait lieu de croire que l'expulsion du rédacteur de nos débats rendrait à la raison et à la justice cette foule de folliculaires qui se nourrissent de la substance du peuple. Mais nous nous sommes cruellement trompés, les journaux n'ont pas changé, ils sont toujours infestés du virus brissotique, et je crois que tous ces libellistes mourront tous dans l'impénitence finale. Il n'en est aucun qui ne se moque de nous, qui ne tourne Marat en ridicule et les meilleurs appuis de la Société. Ils ne valent pas mieux que le rédacteur du *Journal des débats*. En conséquence, je demande qu'on les chasse tous, en exceptant cependant le patriote Milscent qui, encore bien qu'il ne soit pas très connu, n'en est pas moins le meilleur de tous les journalistes.

Desfieux : Je crois qu'il est un tempérament que l'on peut adopter, et qui peut concilier toutes les opinions. Il faut établir un bureau de censeurs pour examiner les productions des journalistes.

C... : Comment peut-on proposer de recréer les censeurs royaux dans un pays libre ? (*Murmures violents.*)

Desfieux : On parle de censeurs royaux, il ne s'agit pas de cela, il s'agit de censeurs créés par la Société, cela est bien différent. (*Applaudi.*) Ces censeurs seraient chargés de l'examen et de la critique de tous les journaux. Chaque journaliste serait obligé de remettre son journal à la censure du corps des censeurs, qui examineraient bien scrupuleusement s'il ne s'y trouve rien qui annonce le Brissotisme, le Rolandisme, le Buzotisme, ou le Girondinisme. Dans le cas où le journal serait infesté de quelques erreurs, ou serait défavorable aux Jacobins, on interdirait au journaliste la faculté de faire le journal des Jacobins, et on le chasserait ignominieusement. Si, au contraire, le journal était à la louange des Jacobins, les censeurs donneraient leur approbation, et le journaliste aurait le privilège de continuer ; on lui donnerait même une carte qui constaterait le titre qui lui serait donné d'excellent journaliste et d'écrivain patriote. Voilà, citoyens, le seul moyen d'éviter l'influence de Roland, de Brissot et de sa faction. Au moins de cette manière nous serons sûrs aussi d'avoir nos écrivains. Ne croyez pas que les écrivains amis de la liberté des opinions soient effarouchés à l'aspect de nos censeurs. Non, les censeurs n'effrayeront que les Brissotins ; mais la censure n'a rien d'effrayant pour un vrai Jacobin. (*Applaudi.*)

Il est fâcheux que le rédacteur du *Journal des débats* ait trouvé le secret de savoir tout ce que nous disons sans venir ici ; cet infâme échappera à la censure, mais au moins les autres n'y échapperont pas. Je demande que les comités réunis remplissent les fonctions de censeurs des journalistes. (*Applaudissements très vifs.*)

La Société arrête qu'à l'avenir aucun journaliste n'aura le droit de publier ses séances, si préalablement il ne soumet son journal à l'examen des censeurs qu'elle nomme à cet effet.

Les censeurs seront spécialement chargés de censurer toute espèce de proposition brissotine, rolandiste, girondiste ou buzotiste. Et, après quelques corrections fraternelles, ils chasseront tous les écrivains qui ne seront pas à la hauteur des Jacobins. (*Applaudi.*)

En somme, il faut retenir que le *Journal des Jacobins* n'eut plus aucun caractère officiel à partir du 21 décembre 1792. Deflers en quitta bientôt la rédaction. Un certain Leroi le remplaça. « Son esprit vif et caustique, dit un contemporain¹, l'avait fait choisir par M¹¹ᵉ Colomb, propriétaire et imprimeur de ce journal, comme l'homme le plus capable de continuer à peindre cette galerie sur le ton que M. Deflers avait imprimé au commencement de l'ouvrage. M. Leroi rendit sa rédaction insupportable à ceux qu'il peignait : on força l'entrepreneur à le remercier. Il cessa le 15 février 1793. Il a été guillotiné comme fédéraliste et comme collaborateur de Carra. Il disait, en plaisantant, quelques minutes avant son supplice, *que la rédaction du Journal des Jacobins, véritable cause de sa mort, le vengerait un jour de la fureur qui n'avait pu la lui pardonner*². »

A Leroi succédèrent, d'après le même auteur, deux de ses collaborateurs, Pépin et Lugan la Roserie (23 frimaire an II-13 décembre 1793).

Rien de plus insuffisant que ce compte rendu. Au début Deflers ne reproduit que le résumé de quelques discours, négligeant trop souvent les interruptions, les dialogues, les détails les plus intéressants du débat. Ce n'est qu'à partir du mois d'avril 1792 que peu à peu il se met à indiquer la physionomie de la séance, mais avec une sécheresse obscure et rebutante. Même les discours qu'il s'applique à reproduire sont défigurés par ses propres négligences ou par celles de l'imprimeur.

Dans les premiers jours de l'année 1792, un Jacobin, F.-E. Guiraut, entreprit un *Journal logotachygraphique de la Société des Jacobins* où il essayait de sténographier, ou, ainsi qu'on disait alors, de *logographier* les débats des Jacobins, comme il tentera de le faire en 1793 pour la Convention, et comme Le Hodey de Saultchevreuil, auteur du *Logographe*, l'avait fait pour une partie des débats de la Constituante et de la Législative³. Guiraut avait inventé une machine à sténographier qu'il appelait *Logoscope*⁴. Je ne connais qu'un numéro de son

1. *Notice sur les Jacobins*, etc. — Voir plus haut, p. cvi.
2. Je n'ai rien trouvé sur ce procès, même dans la plus récente et la plus complète histoire du tribunal révolutionnaire, celle de M. Wallon.
3. On trouvera des détails sur ces essais de sténographie appliquée à la reproduction des débats parlementaires dans nos livres, *les Orateurs de la Constituante*, p. 22, et *les Orateurs de la Législative et de la Convention*, p. 21-23.
4. On lit dans le *Journal des Jacobins*, n° 166, séance du 25 mars 1792 : « M. Guiraut présente un modèle de machine qu'il appelle *Logoscope*, qu'il doit présenter demain à l'Assemblée nationale. Il prie les membres de la Société de lui obtenir l'entrée à la barre et de préserver sa machine du malheur de pourrir dans les comités ou les archives, d'où il assure qu'on ne peut rien retirer pour l'utilité publique. »

journal, celui du 29 février 1792 (Bib. nat., Lc. 2/073, in-4° à deux colonnes) et je le reproduis à sa date. Cette feuille est mentionnée avec considération par Barbaroux (*Mémoires*, éd. Dauban, p. 410). Il apprend, le 9 mars 1792, « qu'elle est suspendue jusqu'au 1ᵉʳ avril, le nombre des abonnés n'étant pas complet ». Elle n'eut aucun caractère officiel.

Guiraut, adjudicataire du local où le Club tenait ses séances, y avait une tribune. Le 31 décembre 1792, il fut question de la lui ôter pour l'affecter au public. « L'avis unanime paraissait d'abord pour l'affirmative. Un membre a observé que l'on devait faire d'autant moins de difficulté de s'emparer de cette tribune que le citoyen Guiraut, qui en était propriétaire, avait eu l'audace d'y introduire Mᵐᵉ Roland. (*Mouvement.*) Ce délit de Guiraut allait déterminer la Société, lorsqu'un autre membre a fait observer que, si Mᵐᵉ Roland avait été dans cette tribune, Mᵐᵉ Pache et mademoiselle sa fille aussi y avaient été. » Guiraut se justifia d'abord de l'accusation d'avoir introduit Mᵐᵉ Roland, puis il passa à la question de savoir si la Société s'emparerait de sa tribune :

Je pourrais d'abord vous dire, citoyens, que l'on ne peut dépouiller un individu de sa propriété sans son consentement. (*Murmures.*) Or la tribune dont il est question m'appartient, car vous savez que je suis l'adjudicataire du local des Jacobins. Je demande en conséquence que ma tribune me soit conservée. (*Murmures violents des tribunes.*) Au reste, citoyens, si la Société se déterminait à s'en emparer, ce que je ne puis croire, je lui apprends qu'il existe dans ma tribune un monument précieux, respecté par le temps : c'est le tombeau d'un père jacobin, qui a été élevé par les Jacobins qui nous ont précédés. Ce monument antique et respectable demande à être conservé. Je demande en conséquence, si la Société se décide à s'emparer de ma tribune, qu'il soit dressé procès-verbal de l'état du tombeau du jacobin dont je vous parle, afin que ce monument puisse se conserver intact et dans toute sa beauté. Mais, citoyens, je ne pense pas que vous vous empariez de ma tribune. (*Murmures.*) Car il est indispensable qu'elle me soit conservée. (*Les tribunes s'agitent et murmurent.*) Vous savez, citoyens, que j'ai entrepris un journal logotachygraphique. J'avais lieu de croire que la Société m'aiderait dans cette grande entreprise. Cependant, quoiqu'elle ne m'ait donné aucun secours, j'ai résolu de continuer mon journal logotachygraphique¹, j'ai même résolu de faire entrer dans ce journal des nouvelles étrangères, et j'ai l'envie de consacrer une colonne aux débats de la Société. Or, pour faire ce journal logotachygraphique, une tribune m'est absolu-

---

1. Il n'est pas bien sûr, néanmoins, qu'à ce moment-là le journal de Guiraut ne fût pas interrompu depuis longtemps, et peut-être dit-il *continuer* pour *reprendre*. Ou plutôt il veut parler de son second journal logotachygraphique, affecté aux séances de la Convention, et dans lequel, dit-il, il veut consacrer une colonne aux débats de la Société.

ment nécessaire. Je demande donc que la Société me conserve celle que j'ai. (*Murmures violents des tribunes.* Point de privilèges ! *s'écrient-elles.*)

L'orateur est interrompu par des clameurs. Il est obligé de descendre de la tribune sans finir son opinion ; et la Société, pour faire cesser le bruit, passe à l'ordre du jour [1].

La Société n'avait pas renoncé, après l'expulsion de Deflers et de son collaborateur, à avoir un journal officiel. La feuille de Deflers elle-même nous apprend que, dans la séance du 23 décembre 1792, la Société arrêta « que le *Créole patriote* serait chargé de publier sa correspondance, en l'invitant pourtant à donner plus de latitude aux discussions de la Société ».

Le rédacteur du *Créole patriote* était un certain C.-M.-L. Milscent, créole de Saint-Domingue, qui signait *Milscent-Créole* et s'intitulait « défenseur officieux des hommes de couleur [2] ». Ex-collaborateur du journal de Fauchet, il sera, sur la dénonciation de Robespierre, exclu de la Société comme brissotin, le 8 nivôse an II. (*Mon.*, XIX, 103.) Témoin dans le procès des nommés Cézeron, Mathieu, Porta et Sabatery, condamnés à mort par le tribunal révolutionnaire le 29 floréal an II, comme complices de la rébellion marseillaise, Milscent, prévenu d'avoir fait une fausse déposition dans cette affaire, fut arrêté aussitôt, condamné à mort et exécuté le 7 prairial suivant (26 mai 1794).

Son journal était intitulé *la Revue du patriote, bulletin de Milscent-Créole*. Il commença à paraître le 2 juin 1792 ; il était quotidien, in-4°, à deux colonnes en petit texte.

A partir du numéro du 27 juin, il devint *le Créole patriote, bulletin de Milscent-Créole*, journal du soir, même format, mêmes caractères.

La Bibliothèque nationale (Lc 2/690-691) possède les numéros des 26 juin, 26 juillet, 17 et 24 août, 2, 3, 18, 19, 20 septembre, 10, 11, 12, 25 et 29 octobre, 16 novembre, 28 décembre 1792, 1 et 17 janvier,

---

1. *Journal des Jacobins*, n° 334.
2. Voir la séance de la Commune de Paris du 8 juin 1793, dans le *Moniteur* du 12 juin. Claude-Michel-Louis Milscent de Mussé, né à Saint-Domingue vers 1740, d'une famille angevine, fut amené jeune à Angers, « où il se trouvait en 1776, et y fit maints et longs séjours, alternés avec sa résidence à Saint-Domingue, où, pendant dix-sept ans, il commanda un corps de chasseurs à la recherche des nègres marrons ». (Célestin Port, *Dictionnaire historique de Maine-et-Loire*.) De 1790 à 1791, il collabore aux *Affiches* d'Angers. Le 16 juin 1791, il déclare qu'il renonce à son nom de *Mussé* et il signe désormais *Milscent-Créole*. Le 28 juin, il fonde à Angers le journal patriote *le Creuset*, qui dura jusqu'au 24 septembre suivant. (*Ibid.*) Il alla se fixer à Paris à la fin de la même année.

10, 13 et 19 février; 8 et 10 avril, 3 mai, 1er, 2, 23 août 1793, 2 frimaire, 26, 27 et 28 pluviôse an II.

Les comptes rendus de Milscent sont extrêmement sommaires, et aussi insignifiants que possible. Son journal est à tous égards presque nul et semble avoir échoué complétement.

L'insuccès du journal de Milscent amena la Société à jeter les yeux sur J.-Ch. Laveaux, ancien rédacteur du *Courrier de Strasbourg*, qui rédigeait avec habileté une feuille intitulée : *Premier Journal de la Convention nationale, ou le Point du jour*. (Bib. nat., Lc 2/781, in-4°. — La Bibliothèque n'en possède qu'une partie, à savoir les numéros 50-68, 10 à 28 novembre 1792, 1 à 36, 1er janvier à 5 février 1793, 43-92, 12 février à 30 mai 1793.) Depuis le 4 mars 1793, Laveaux avait ajouté à son titre ces mots : *Contenant les débats et la correspondance de la Société des Jacobins séante à Paris.*

À partir du 1er juin 1793, ce journal devint le *Journal de la Montagne*, officiel pour les Jacobins.

Cette transformation sera suffisamment expliquée par cet extrait du prospectus du *Journal de la Montagne* :

La Société des amis de la liberté et de l'égalité séante aux Jacobins de Paris, persuadée qu'un bon journal rédigé dans les vrais principes, inaccessible à la corruption, image fidèle des faits et des opinions, est le moyen le plus sûr d'éclairer le peuple et de ramener les citoyens de bonne foi que l'on induit en erreur, a pris tous les moyens qui sont en son pouvoir pour en faire rédiger un de cette nature, sous le titre de *Journal de la Montagne*.

Après avoir rendu compte des séances de la Convention, on donnera le tableau fidèle des séances de la Société des amis de la liberté et de l'égalité, tableau qui détruira sans doute les calomnies répandues à dessein contre ses membres et présentera dans leur vrai sens les travaux et l'opinion dominante de cette Société, fondatrice de la liberté.

La Société des amis de la liberté et de l'égalité, désirant donner à ce journal toute la perfection dont il est susceptible, n'a rien négligé pour y parvenir. Déjà des hommes distingués par leur patriotisme et leurs lumières se sont empressés d'offrir des matériaux ; des membres de la Convention nationale, de la Commune de Paris et du tribunal révolutionnaire, ont promis de fournir des notes intéressantes ; et, dans les départements, les patriotes les plus éclairés témoignent le désir de concourir à cet ouvrage périodique...

Le citoyen J.-Ch. Laveaux, ci-devant rédacteur du *Courrier de Strasbourg*, a été choisi par la Société pour en être le principal rédacteur.

Le *Journal de la Montagne* paraîtra tous les matins. Chaque numéro sera d'une feuille in-4°, même caractère[1] et même papier que ce prospectus.

Le prix de la souscription est de 50 livres pour une année, pris à Paris, et de 56 livres, franc de port, pour les départements. On ne peut pas souscrire pour moins de trois mois.

1. C'est un caractère assez fin, mais suffisamment net.

On souscrit à Paris, au bureau d'administration du *Journal de la Montagne*, grand dortoir des Jacobins, rue Saint-Honoré, premier étage, n° 9; chez le citoyen Fabre, au secrétariat de la Société, et dans les départements, au secrétariat de toutes les Sociétés affiliées.

De plus, le Comité de correspondance envoya la circulaire suivante :

Paris, le 30 mai 1793, l'an deuxième de la République française.

Vous savez, citoyen, que la Société des Jacobins va publier, sous le titre de *Journal de la Montagne*, un journal rédigé selon les principes que vous avez établis et que vous défendez. Comme cette entreprise, désirée depuis si longtemps et qui tend à former l'esprit public, exige des avances considérables, la Société, convaincue de votre patriotisme, ne doute point que vous ne consentiez, ainsi que tous vos collègues les Jacobins, à souscrire pour la première année. En conséquence, elle vous envoie une quittance de cinquante livres, qui est le prix de cette souscription.

Les membres du Comité de correspondance :

LAFAYE, AUVREST, BOISSEL, PAULET, SAMBAT, DUCOS, GAILHARD, PERDRIC, LASSIS, DUPLAY fils, NICOLAS.

Le contemporain que nous avons déjà cité[1] nous montre Laveaux « soumis au joug, traçant un sillon et obéissant à l'aiguillon qui le pousse ». Il ajoute que la fidélité de ses comptes rendus serait presque incroyable, s'il n'affirmait qu'elle tient au doute où les rédacteurs étaient sur le parti en faveur duquel se déclarerait la victoire et à la précaution que chaque orateur prenait de se faire imprimer littéralement.

Ce sont là des assertions fantaisistes. Les comptes rendus de Laveaux ont leur valeur et nous en donnerons plus d'un[2]. Mais les débats n'y sont guère que résumés ou analysés, sauf les discours de Robespierre, que Laveaux reproduit avec une infatigable complaisance.

C'est même probablement cette complaisance qui lui valut, de la part d'Hébert, une attaque à la suite de laquelle il se retira du journal.

En effet, le 18 brumaire an II, l'auteur du *Père Duchesne* prononça aux Jacobins un discours où, entre autres questions, il abordait celle de la rédaction du *Journal de la Montagne*, par Laveaux. Nous

---

1. *Notice sur les Jacobins*; etc.
2. Ces comptes rendus étaient évidemment communiqués, en épreuves ou en copie manuscrite, à d'autres journaux : il arrive souvent, en 1793 et en 1794, que le même récit de la séance des Jacobins paraît simultanément, tout à fait identique, dans le *Journal de la Montagne*, dans le *Républicain français* et dans le *Moniteur*.

extrayons du *Moniteur* du 12 novembre 1793 la partie de son discours qui se rapporte à ce sujet.

Hébert. — Quand vous avez fait un journal, vous avez pris l'obligation d'en surveiller les principes; vous avez voulu sans doute que ceux qu'on y énonçait fussent les vôtres; il est bien étonnant que depuis quelques jours on voie dans le *Journal de la Montagne* s'élever une dispute polémique de religion, de longs articles sur Dieu, sur l'Être suprême et sur la religion. Quand les prêtres, les évêques eux-mêmes, s'empressent d'anéantir les titres scandaleux de leurs erreurs, il est bien étonnant que le journal de votre Société vienne réveiller ces vieilles sottises, et chercher à nous replonger encore dans les guerres d'opinion qui nous ont si longtemps désolés : il n'y a d'autre religion que celle de la liberté, de la patrie.

Je ferai au rédacteur de ce journal un reproche plus grave, celui d'avoir une correspondance très fausse : qu'on se rappelle, dans les derniers numéros de ce journal, l'article de la Suisse, où l'on cherche à élever des nuages sur la bonne foi de cette nation, et où l'on cite à l'appui de cette assertion quelques anecdotes des barons, ou quelques propos des aristocrates de ce pays; comme si quelques barons allemands faisaient l'opinion politique de toute la Suisse et qu'il fallût calomnier tout un peuple parce qu'il se trouve dans son sein quelques fous ou quelques fripons.

Ces articles sont évidemment faux et démentis par toutes les probabilités, ou même le témoignage de tous ceux qui connaissent ce peuple et ont quelques notions sur ses véritables intentions à notre égard.

Dans tous les cas, il est bien dangereux d'établir entre deux nations le germe de division qui ne subsiste pas, et que toutes deux ont un égal intérêt d'éviter.

Je demande qu'on prie le journaliste qui parle au nom de la Société de ne point mettre ainsi sur son compte ce qui n'est que son opinion individuelle, et qu'une commission soit nommée pour examiner les principes qui seront manifestés dans le *Journal de la Montagne* et les dénoncer à la Société.

Qu'on ne croie point que je veuille établir ici la censure; cet ouvrage est votre propriété : l'on ne doit pas dire des sottises en votre nom et vous avez le droit de le trouver mauvais et de le réprimer comme bon vous semble. J'ai reproché à Laveaux d'avoir ouvert sur Dieu, un être inconnu, abstrait, des disputes qui ne convenaient qu'à un capucin en théologie; mais le fait le plus grave, c'est d'avoir imprimé des articles calomnieux contre la nation suisse. Je demande qu'il soit fait une rétractation dans le *Journal de la Montagne* des faits qui ont été annoncés, et une adresse aux Suisses, au nom de la Société, pour promettre amitié et fraternité. Je demande que Fabre d'Églantine la rédige, et que la Société en ordonne l'insertion dans le journal. Je demande encore que l'on nomme d'autres rédacteurs au *Journal de la Montagne*.

Laveaux. — La seule chose qui m'ait affecté dans ce qu'a dit contre moi Hébert, c'est qu'il ait pu soupçonner mes intentions.

Étant à Strasbourg dans le voisinage de la Suisse, je voyais le général Deprez-Crassier, aujourd'hui reconnu pour un traître, nous vanter les bonnes dispositions des Suisses, et vouloir en faire rappeler nos agents; d'un autre côté, les patriotes des frontières et de la Suisse même nous écrivaient de nous tenir sur nos gardes; c'est d'après ces faits que j'ai dû former mon opinion.

A Paris, j'ai dû pendant quelque temps la former de même ; je n'ai point de correspondance directe en Suisse ; j'ai écrit d'après les extraits donnés par des agents du gouvernement.

Quant à la dispute sur l'athéisme, je ne l'ai point commencée. On a insinué dans un journal que l'athéisme convenait aux républiques : j'ai cru cette opinion dangereuse, je l'ai réfutée ; c'est mon opinion, et je m'en fais gloire. Lorsque je suis monté à la tribune, c'était pour faire ce que vient de demander Hébert. Je sens qu'il est impossible de faire un journal qui plaise à toute une Société, et je renonce dès ce moment à rédiger le *Journal de la Montagne*.

Hébert. — Je persiste à penser que les intentions du rédacteur sont perfides, parce qu'au lieu de publier sa correspondance il aurait dû l'envoyer au Comité de salut public.

Les comptes rendus des Jacobins, dans le *Journal de la Montagne*, furent ensuite rédigés par Aristide Valcour[1], du 8 floréal an II au 16 prairial suivant, puis, et jusqu'à la fin, par Thomas Rousseau, archiviste des Jacobins.

Disons, pour préciser davantage, que le premier numéro de ce journal avait paru le dimanche 1er juin 1793, sous ce titre : *Journal de la Montagne, rédigé par J.-Ch. Laveaux*, et avec cette épigraphe : *La force de la raison et la force du peuple, c'est la même chose*.

Le nom de Laveaux disparaît, sans être remplacé, à partir du numéro 161, daté 20e jour du second mois de l'an II.

A partir du 8 floréal an II, les comptes rendus des séances des Jacobins sont signés Aristide Valcour.

Dans le numéro du 16 prairial an II, Thomas Rousseau, archiviste des Jacobins, annonce qu'il prend la rédaction en chef du *Journal de la Montagne* et que désormais, sur 16 colonnes dont se compose cette feuille, 4 seront consacrées aux séances et débats des Jacobins.

Le compte rendu de la séance des Jacobins du 16 prairial, dans le numéro du 18, est signé T. Rousseau et il en est ainsi jusqu'à la fin.

Le dernier numéro de l'exemplaire de la Bibliothèque nationale, un des plus complets que l'on connaisse, est daté du 21 vendémiaire an III. Il se termine par l'avis ordinaire aux souscripteurs, qui indique un ferme dessein de vivre, et rien ne prouve que ce numéro soit en effet le dernier.

La première séance des Jacobins dont le *Journal de la Montagne* rend compte est celle du 1er juin 1793 ; la dernière, celle du 19 vendémiaire an III (10 octobre 1794).

---

1. Employé dans les bureaux du Comité de salut public, Valcour fut chargé, le 26 messidor an II, de rédiger un journal officieux créé par Carnot, *la Soirée du camp*. Cf. dans le journal *la Justice* du 9 août 1886 l'article intitulé : *Une gazette militaire en l'an II*. — Aristide Plancher de Valcour avait composé et fait jouer plusieurs pièces patriotiques.

VIII

DU PLAN ET DE LA MÉTHODE
SUIVIS DANS CE RECUEIL

Nous l'avons dit en commençant : notre but est de rapprocher en les annotant des documents jusqu'ici épars et dont la dispersion a empêché les historiens de tracer un tableau d'ensemble de l'histoire du Club des Jacobins.

Ce recueil est divisé en trois parties :

1° De 1789 au 1ᵉʳ juin 1791, moment où commence à paraître le journal qui rend compte, d'une manière suivie, des séances des Jacobins.

2° Du 1ᵉʳ juin 1791 à la fin de décembre 1793, moment où ce journal des Jacobins cesse sa publication.

3° De la fin de décembre 1793 au 21 brumaire an III (11 novembre 1794), moment où le Club des Jacobins est fermé définitivement.

Enfin nous donnons, dans un appendice beaucoup plus court, quelques textes sur les diverses sociétés politiques (Club du Manège, Club du Panthéon, etc.), où l'on voit revivre en partie l'ancien Club des Jacobins, sous le régime du Directoire.

Nous ne songeons pas à produire tous les textes qui se rapportent, directement ou indirectement, à toute l'histoire des Jacobins : ils formeraient un grand nombre de volumes. Nous ne pouvons même pas réimprimer le journal des Jacobins, comme nous l'avions espéré d'abord : cette réimpression, fort utile, doublerait au moins l'étendue de notre publication. Il nous faudra nous borner à une analyse succincte de cette feuille, qui se trouve d'ailleurs dans les grandes bibliothèques.

Nous voulons surtout essayer de suppléer pour les deux premières années du Club des Jacobins, ainsi que pour sa dernière année, à l'absence d'un journal de ses opérations; et, pour la période même où parut ce journal, nous voulons combler quelques lacunes qui s'y rencontrent.

Pour la première partie de cet ouvrage, nous avons recherché les imprimés de toute nature qui donnent une idée de l'activité intérieure et extérieure de la Société des amis de la constitution avant l'apparition de son journal, dans cette période si importante où s'élabore le système de la France nouvelle.

Ces imprimés sont :

1º Des discours publiés par ordre de la Société ou par l'initiative et aux frais d'un de ses orateurs;

2º Des extraits de son procès-verbal publiés par elle dans certaines circonstances notables;

3º Des parties de sa correspondance active, imprimées à part ou dans des journaux;

4º Des renseignements sur ses séances épars dans les journaux, surtout dans ceux que j'ai cités plus haut, p. cix (ces renseignements sont, au gré de notre curiosité, bien rares et bien pauvres);

5º Des pamphlets, presque tous contre-révolutionnaires.

Nous n'avons pas l'espérance d'avoir retrouvé, dans ces quatre ordres de textes, tout ce qui a paru; mais nous avons compulsé tout ce que nous avons pu trouver dans les grandes bibliothèques et aux Archives nationales.

Nous n'avons pas tout donné, même pour cette période de 1789 à 1791, sur laquelle on a et on sait relativement peu de chose.

Nous avons éliminé d'abord les pamphlets ou opuscules divers dont le titre nomme les Jacobins, mais dont le texte ne se rapporte qu'indirectement à la célèbre Société, et où le mot de *Jacobin* est d'ordinaire synonyme de *patriote*, de *révolutionnaire*. Nous n'avons reproduit parmi ces écrits que ceux qui renseignent sur le Club ou sur l'idée que l'on se faisait du Club. La même tendance se retrouvera dans le choix que nous avons fait des articles de journaux. Quant aux discours et aux extraits du procès-verbal, nous avons tâché de ne rien omettre d'essentiel, pour cette première période. Pour ce qui est de la correspondance des Jacobins, nous ne donnons, d'une façon suivie, que leur correspondance *active*, et nous n'extrayons de leur correspondance *passive* que ce qui peut contribuer à faire connaître le club de Paris, objet unique de notre travail [1].

Quant à la seconde et à la troisième partie de ce recueil, où l'abondance des documents nécessite d'autres principes dans le choix, des introductions particulières à cette seconde et à cette troisième partie renseigneront le lecteur.

Disons, en terminant, comment nous comptons reproduire et annoter les textes.

D'abord nous les établissons dans l'ordre purement chronologique,

---

1. Cette correspondance *passive*, ce sont les lettres reçues par les Jacobins de toutes les parties de la France. La publication en serait fort intéressante; mais elle sortirait de notre cadre et formerait à elle seule plusieurs volumes.

le seul qui soit sans inconvénient pour l'histoire. Il en est beaucoup qui ne portent point de date : nous avons tâché de les dater, et, quand nous ne sommes arrivé qu'à une date vraisemblable, nous en informons le lecteur.

Il est bien entendu que nous citons textuellement et intégralement. Les points suspensifs qu'on remarquera se trouvaient déjà dans l'original, où, s'ils indiquent une abréviation faite par nous, une note en informe le lecteur.

Nos commentaires et notes sont aussi courts que possible. Nous avons voulu, non pas faire œuvre d'historien, mais rendre possible la lecture des documents cités.

Dans le corps du texte, en caractères moindres et entre crochets, nous avons placé, le cas échéant, des explications un peu trop développées pour être formulées en notes au bas des pages.

Chaque orateur des Jacobins est l'objet, quand c'est possible, d'une brève notice biographique : il en est malheureusement quelques-uns sur lesquels nous n'avons rien trouvé.

Nous nous sommes bien gardé de reproduire les fantaisies graphiques d'une époque où il n'y avait d'orthographe fixe ni pour les écrivains, ni pour les typographes, et où, dans la même page, la figure du même mot varie sans autre motif que la négligence. Nous avons suivi l'orthographe en usage aujourd'hui.

Quant aux noms propres si étrangement altérés dans tous les textes imprimés ou manuscrits de la fin du XVIIIe siècle, nous avons fait tout le possible pour les rétablir selon les signatures autographes; mais, malgré les obligeants conseils de M. Étienne Charavay, nous n'avons pas toujours pu retrouver la vraie figure des noms des Jacobins.

Paris, 27 août 1888.

F.-A. AULARD.

SOCIÉTÉ DES JACOBINS

RECUEIL DE DOCUMENTS
POUR L'HISTOIRE DU CLUB DES JACOBINS
DE PARIS

SOCIÉTÉ DES JACOBINS

RECUEIL DE DOCUMENTS POUR L'HISTOIRE DU CLUB DES JACOBINS DE PARIS

I

Février 1790

PAMPHLET

LES CHEFS DES JACOBITES AUX FRANÇAIS
DU 16 FÉVRIER 1789 [1], AU PETIT CLUB, RUE BASSE-DU-REMPART [2]
(S. l. n. d., in-8 de 18 pages)

D'heureux succès couronnant de criminels complots, l'Assemblée nationale marche à grands pas à la dissolution de la monarchie et à la banqueroute. De toutes parts on renvoie, par la poste, les lettres d'adhésion et de remerciements fabriquées aux Jacobins, envoyées par eux aux provinces, et renvoyées par les dociles provinces à l'auguste Assemblée. Mais, au milieu de ses triomphes, le cri des victimes vient importuner sa constante sérénité. Elle veut bien, dans sa clémence, tolérer ces cris de douleur, quoique le respect qui lui est dû exigeât, de la part de ceux qu'elle égorge, une mort silencieuse, quoique convaincue qu'elle doit régénérer l'empire dans un bain de

1. C'est une faute d'impression évidente; il faut lire : 1790.
2. Le bruit courait que les chefs des Jacobins se réunissaient secrètement dans une maison de cette rue. Voir plus bas, p. 7.

sang. Elle veut bien ne pas dénoncer à son Comité des recherches ces clameurs insolentes, et permettre à chaque Français de rendre à son gré le dernier soupir.

Sylla, étant au Sénat, faisait égorger six mille Romains; leurs gémissements furent entendus de l'auguste Assemblée, elle s'en émut; Sylla toujours clément les tranquillise : « Rassurez-vous, pères conscrits, leur dit-il, ce sont des Romains qu'on régénère. » Nous imiterons Sylla ; mais, craignant enfin que ces douleurs expansives ne puissent émouvoir vos âmes, nous allons vous apprendre le bien que nous vous avons fait, et celui que nous voulons encore vous faire.

Faibles et timides Français, dans vos assemblées bailliagères, vos tremblantes mains, guidées encore par ce gothique amour pour vos rois et ce superstitieux respect pour la religion de vos pères, avaient allié la liberté publique avec l'existence du trône, et affermi la pureté du culte en supprimant les abus. Vos cahiers contenaient, non une constitution nouvelle, mais une constitution presque semblable à celle des Anglais, à celle de ce peuple esclave qui se déshonore par sa lâcheté, qui s'avilit par son indigence, et dont l'énergie s'est flétrie au pied du trône de ses rois. Dans votre imbécile simplicité, vous osiez commander à vos délégués une servile obéissance à vos mandats, qui vous eussent rendus heureux, mais ce bonheur n'eût pas assuré le nôtre. Dans cette position cruelle, liés à vos mandats par leurs serments, mais élevés par leur rapprochement à de plus hautes pensées, associés à des complots d'une telle profondeur qu'il vous est encore impossible de voir et le but et le terme de nos décrets, vos députés froissés entre les intérêts des complots, dont ils étaient les complices, et vos ordres dont ils étaient les porteurs, se trouvaient réduits à l'impuissance. Un apôtre s'élève au milieu de l'Assemblée, qui, dès son enfance, dégagé de ces préjugés d'honneur, de vertu, de conscience, développe à vos députés les principes régénérateurs d'une doctrine nouvelle. Il nous apprend que, pour se régénérer, il faut quitter l'antique rouille des vieux principes et que la religion du serment n'est que la croyance stupide de la timide innocence; que c'est en brisant ce frein ridicule qui enchaîne l'homme à sa foi et appelle en témoignage de sa fidélité l'être immortel, qu'on s'élève tout d'un coup au-dessus des êtres vulgaires, et qu'on en impose aux hommes, en leur annonçant que ceux qui se dégagent ainsi de tout honneur, qui abjurent toute religion, qui honorent le parjure et encensent la perfidie, ne peuvent plus être guidés par les opinions communes.

« A cet éloquent discours, prononcé par M. l'évêque d'Autun, vos mandats sont anéantis avec nos serments, et, dégagés de vos importunes volontés, nous abordons la constitution, fortifiés par notre audace et rassurés par nos complots. Mais quelles effrayantes difficultés s'offrent à nous, dès le premier pas! Elles venaient toutes de vous.

Vous aimiez votre roi, vous respectiez ses vertus, vous unissiez au désir d'être libres le désir si lâche de le devenir sans crimes ; vous vouliez une monarchie, et vous vouliez en détruire les abus.

Mais si vous eussiez détruit les abus du gouvernement, en laissant exister la royauté, quelles eussent été les récompenses de cette foule de courtisans qui, déserteurs du vieux despotisme, quand le despotisme penchait vers sa ruine, n'étaient devenus les agitateurs de la liberté que pour se mettre à sa solde ? Vous vouliez donc l'impossible ; car vous exigiez l'oubli de nos intérêts personnels et le souvenir des vôtres.

Dans cette position pénible, si on vous eût laissés à vous-mêmes, tout était perdu. Il fallait allumer vos imaginations, égarer votre entendement, et vous jeter dans le délire, pour vous rendre fanatiques et cruels ; votre fanatisme était nécessaire à nos projets, votre cruauté à notre existence ; car il fallait effrayer nos adversaires, pour les rendre aussi vils, aussi lâches que nous.

Pour opérer de tels prodiges, il ne suffisait pas de les désirer : il fallait les payer. Il était aisé de les payer, mais il fallait payer celui qui allait stipendier tous les crimes. Cet enchaînement de nécessités et d'obligations nous conduisit au pied du trône, pour le renverser et y placer notre chef. Son élévation arrangeait tous les intérêts, ses coopérateurs partageaient avec lui les dépouilles des vaincus, et vous étiez assurés de la liberté de les immoler et de les asservir sous le sceptre de votre nouveau maître.

Ce plan conçu et arrêté, il fallut ébranler vos têtes, et nous prononçâmes la Déclaration des Droits. Elle flattait toutes les vanités ; elle servait tous les complots. Son obscurité salutaire était notre première victoire, et, sans la rage de nos ennemis, cette Déclaration eût été un vrai chef-d'œuvre ; chaque verset de ce psaume eût été un oracle, que vous auriez reçu dans un sens, mais qu'un jour nous vous aurions expliqué dans un autre sens.

Les agitations, les discussions sur la Déclaration des Droits avaient déjà produit d'heureux effets ; mais la hardiesse de nos adversaires nous força à déployer notre puissance. Déjà il n'était pas un seul brigand, dans le royaume, qui ne fût dans nos principes, comme dans nos intérêts. Déjà nous avions déployé toute l'énergie de nos conceptions, en armant, en un même jour, toutes les villes du royaume; mais toutes les villes armées eussent langui sous leurs drapeaux; il était nécessaire de les occuper, et nous les employâmes à ravager les propriétés de nos ennemis.

Ainsi qu'il faut nourrir avec du sang les dogues que l'on prépare à dévorer les taureaux, de même nous plongeâmes dans le crime les bras de nos satellites, pour affermir leurs âmes en les trempant dans le sang humain.

Aussitôt, les nouvelles des meurtres, des incendies s'accumulent autour de l'Assemblée. Nos adversaires désolés jettent des cris d'horreur; nous les écoutons avec le sourire de la puissance, et chaque crime nouveau rassérène nos cœurs. L'effroi était à son comble, et le châtiment n'était pas encore porté.

Un châtiment, quand il atteint le coupable, ne frappe plus son imagination. Ce n'était pas ce qu'il nous fallait. Il nous fallait armer nos mains de la terreur d'un châtiment toujours en notre puissance, qu'on pût étendre ou resserrer au gré de notre colère ou de notre clémence. En cet état de cause, nos ennemis eurent l'audace de nommer un président qui nous déplaisait. Ils eurent la honte de voir une minorité armée dompter la majorité, qui n'avait pour elle que la loi, et Le Chapelier remplaça Thouret [1]. Il était inconnu alors, ce Le Chapelier; mais maintenant est-il un Français qui ne le connaisse? Ce souverain de l'Assemblée nationale, semblable au Vieux de la Montagne, gouverne l'empire par ses ministres, et ses ministres sont des assassins. Sous cette présidence fut portée à la propriété une atteinte si terrible qu'elle prouva à nos ennemis que nous traitions les propriétés comme nos serments [2]. Sûrs de vous plaire, parce que nous vous livrions les propriétés au pillage, nous ne voulûmes pas prononcer même sur les débris que nous conserverions, afin que la terreur de les perdre asservît la confiance de nos ennemis.

Ce grand œuvre opéré, nous marchâmes à la constitution; nous repoussâmes toute division du corps législatif, parce qu'enfin, puisqu'il faut vous le dire, il vous faut des maîtres et non des représentants.

Nous renversâmes tout ce qui existait au milieu de vous, et nous

---

1. Après la réunion des ordres, les privilégiés, pour compromettre ou gagner Thouret, contribuèrent à le nommer président contre Siéyès (3 août 1789). Thouret refusa aussitôt, et, le soir même, Le Chapelier fut nommé à sa place.

2. Le Chapelier fut président du 3 au 17 août 1789; l'auteur du pamphlet fait allusion ici à la nuit du 4 août.

nous attachâmes surtout à miner le crédit public, toujours en promettant aux créanciers la garantie de notre loyauté et de nos serments.

Quels étaient nos projets? Ils n'étaient autres que de faire de la banqueroute ce que nous en ferons encore, le fléau du trône et de nos ennemis.

La banqueroute armera, le jour où elle sera prononcée, un million de bras désespérés. Il ne faut que les diriger... Entendez-vous, peuple stupide? Il ne faut que les diriger. Au milieu de ce grand ouvrage, le trône, attaqué de toutes parts, restait immobile. Votre stupide attachement l'élevait encore au-dessus de nos décrets. Nous prévîmes l'impossibilité de le renverser dans votre opinion, s'il ne l'était physiquement. Cette cruelle découverte exigeait que nous courussions de grands hasards; mais, malgré la miraculeuse poltronnerie de notre chef, il fallut hasarder les journées des 5 et 6 octobre. Ah! quel jour! Quelle énergie déployèrent Mirabeau, Barnave, Le Chapelier, du Port, l'évêque d'Autun et vous aussi, illustre Chassebœuf de Volney [1], et tant d'autres! Qui n'eût cru au succès d'une si savante manœuvre? Croyez-en vos vrais amis. Tout nous servait en ce jour, nous ne trouvâmes d'obstacles nulle part que dans la volonté de ce dieu que nous haïssons et qui se joua de nos complots. Dès les huit heures du matin, le 6 octobre, nous prévîmes que le trône porterait encore son vrai maître. Leur main se glaça, il s'échappa de leurs bras étonnés... Que faire alors? Désespérés, mais non pas abattus, il fallut changer, en un moment, nos projets et nos plans; et, forcés de le laisser vivre, il fallut lui préparer une mort politique, lente, ignominieuse; il fallut qu'il survécût à la royauté, puisque le ciel ordonnait que, quelque événement qui arrivât, la royauté survécût au roi.

Dès lors, se prépara l'ignominieuse translation du roi à Paris; pré-

---

1. Quel citoyen que M. Chassebœuf de Volney! Il incendie l'Anjou, porte la torche en Bretagne, conspire dans l'Assemblée. Jamais Richelieu, quand il renversa l'Autriche et asservit la France, n'eut l'air plus capable, plus profond, plus important. A quoi ont abouti tant de hauts faits! *O tempus, o mores!* Chassebœuf de Volney, de tribun du peuple, est devenu intendant en Corse avec 12,000 livres d'appointements, 6,000 livres de gratifications et 4,000 livres pour frais de voyage. Encore a-t-il fallu, après avoir vendu sa réputation, car il ne pouvait pas vendre son honneur, perdre toutes ses places; il a fallu se démettre, rester dans l'Assemblée couvert de honte, de boue et de mépris, et y être déchiré par ses regrets, lors même qu'il était parvenu à ne plus éprouver de remords. (*Note de l'auteur du pamphlet.*) — Volney avait été nommé directeur du commerce et de l'agriculture en Corse. Mais l'Assemblée constituante, dont il était membre, l'invita, le 26 janvier 1790, à ne pas accepter ces fonctions qu'elle jugeait incompatibles avec celles de député.

cédé de la tête de ses défenseurs et entouré de ses bourreaux, il fut traîné dans sa capitale.

Il était essentiel de l'y fixer, pour y accomplir l'œuvre de son avilissement en présence de son peuple ; il y fut fixé, dépouillé de ses gardes, gardé par ses geôliers, forcé de les respecter, de les honorer pour assurer son existence, celle de sa femme et celle de son fils. C'en était assez pour notre vengeance, c'en fut trop peu pour nos projets. Dès lors, la division se glissa parmi nos chefs, et le duc d'Orléans prit la fuite [1].

Alors, il fallut renoncer à la gloire de vous donner un maître, il fallut renoncer aux récompenses promises, se contenter de celles déjà reçues et travailler sur de nouveaux plans.

Ce fut un grand malheur pour nos intérêts que la ruine de ce premier plan, si simple et à la fois si vaste, qui plaçait le crime où il devait être, et, en le couronnant, faisait de l'honneur de le servir la récompense de ses complices et assurait leur bien-être, sans qu'il fût à charge à l'État. Forcé de renoncer à cet espoir, chacun de vos amis fut contraint de songer d'abord à sa propre fortune, et, au lieu de se nourrir d'ambition, de penser à sa sûreté.

Votre aveuglement, jusqu'ici a fait notre gloire et notre sécurité. *Nous périssons, si tout ne périt.* Telle est notre maxime, et, d'après cela, il fallut agir.

L'éloquent évêque d'Autun avait déjà prouvé que le prêt à usure fait à l'État était un prêt légitime.

Il prouva encore que tout capitaliste était sacré et que l'impôt ne pouvait ni ne devait l'atteindre ; que c'était à vous seuls, propriétaires stupides, à le supporter.

Ces premières bases posées, il s'agissait de les mettre en œuvre et de débarrasser vos amis d'une foule d'effets royaux discrédités et prêts à s'évanouir.

Dès lors † Jud... Isc..., évêque d'Autun, dénonça le clergé et le dévoua à la cupidité de vos serviteurs.

Vous savez quel a été le succès de cette attaque. Les propriétés du clergé furent envahies [2], et nos effets royaux, changés en assignats, nous procureront les biens destinés aux pauvres et aux autels.

Une vue plus profonde encore que celle de l'intérêt nous guide.

1. Il partit pour Londres avec une prétendue commission du roi (14 octobre 1789) ; c'était un exil déguisé.
2. Le 2 novembre 1789, les biens du clergé furent mis à la disposition de la nation.

C'est l'anéantissement du culte; il n'en faut point. De même que vos volontés sont libres, de même nous affranchirons vos âmes. Il faut, pour avilir le culte, multiplier les cultes et appauvrir les ministres des cultes; et bientôt, le roi déclaré chef de toutes les religions, toutes les religions étant tolérées, chacun payera son culte comme il paye son cordonnier; qui voudra une messe fera venir un prêtre; qui aimera un prêche fera venir un ministre; qui ne voudra plus de prépuce enverra chercher un rabbin. Tels sont les biens à venir que vous procurera l'avilissement du clergé.

Menacés au milieu de nos succès par les murmures de nos provinces, nous vîmes notre ruine dans leur réunion. Il n'y avait pas un moment à perdre. Il fallut étonner votre lâcheté : nous vous défendîmes de vous assembler[1]. Surpris de voir vos députés devenus vos maîtres, vous obéîtes et nous apprîmes à vous connaître.

L'autorité d'un parti s'évapore, si elle n'est concentrée; une majorité incohérente et lâche nous gênait; nous résolûmes de l'abattre, en réunissant nos forces, et aussitôt nous formâmes le fameux congrès des Jacobins. Là fut emparquée la troupe moutonnière de nos séïdes et de nos prolétaires. Là fut désireux d'être admis tout ce qui voulut être distingué. Un club secret, formé rue Basse-du-Rempart et où les chefs seuls de ces conjurés imbéciles se réunissent, imprime sa volonté à ce congrès. L'effet en fut prodigieux, et dès ce moment le sceptre du pouvoir a passé dans nos mains.

Sortis de notre coalition, un nouveau danger vient nous menacer. Le torrent des écrits vient nous atteindre, et nos crimes dévoilés pouvaient vous dessiller les yeux. La captivité du roi, sa constante obéissance, sa machinale sanction, tout cela était représenté avec une telle vérité que nous vîmes renaître un nouveau danger de cette même liberté de la presse qui nous avait si bien servis.

Dès lors, il fut résolu que le roi viendrait dans l'Assemblée y démentir à la face de l'univers la vérité des faits, qui nous pressait de toutes parts. Il résista à ce nouvel outrage; mais il ne put nous fléchir. Seulement il rendit sanglante une démarche, que nous eussions tolérée qui fût faite sans violence.

Voyant sa répugnance, nous rallumâmes nos flambeaux. La Bretagne, le Quercy, le Rouergue, le Périgord, le bas Limousin furent couverts de nos crimes.

---

1. Il s'agit sans doute de la suppression des États provinciaux et Assemblées provinciales. (Décret du 22 décembre 1789, section III, art. 8.)

A ces premiers massacres nous joignîmes des menaces directes, et le roi vint au milieu de nous[1].

Cette démarche remplit toutes nos vues; si elle vous persuade qu'il est libre, vous aurez la foi à nos décrets.

S'il est captif, elle l'avilit, et nous prépare la possibilité de vous en priver un jour sans danger et sans regret.

Alors fut décrétée cette adresse du 11 février[2].

L'évêque d'Autun la rédigea; lisez et vous verrez avec quel talent Chamfort la composa; l'évêque la publia, et nous vous l'adressâmes: par le mérite des ouvriers jugez l'excellence de l'œuvre.

L'abbé de Périgord, agent du clergé, trahit le clergé, et fit de sa place un bureau d'agiotage; bas valet de Calonne, il lui livra les secrets du clergé et devint son stipendiaire.

Devenu évêque, vous avez vu sa conduite; jugez par là de son caractère.

Chamfort, ignoré jusqu'à ce que M. de Vaudreuil le protégeât, se voua à la servitude, quand les grands nourrissaient leurs esclaves.

Logé chez Vaudreuil, payé par Calonne, payé par les Polignac, il sortit prudemment de chez son maître, quand ses créanciers l'en chassèrent.

Dès lors devenu populaire, il prétend que son séjour chez Vaudreuil était le séjour de Platon à la cour de Denis, et, toujours attaché à l'évêque d'Autun, calculant comme lui, écrivant mieux que lui, il a suivi le parti qui paye, et cherche à avilir celui qui ne peut plus le payer.

Voilà, je crois, des hommes d'État.

Enfin, nous demanderez-vous, Français, où nous voulons vous conduire? L'adresse de Chamfort l'apprendra aux sots; mais vous qui doutez, sachez que c'est à la banqueroute que nous vous menons et à la République.

La banqueroute, opérée par nous et bien dirigée dans ses effets, opérera l'anéantissement de nos imbéciles adversaires qui en seront écrasés. Au milieu de cette bagarre, le roi disparaîtra; alors une longue minorité offre de longues espérances... On peut revenir de Londres[3]... On peut morceler un État... On peut se partager l'empire d'Alexandre... On peut au moins s'enfuir au milieu des tumultes et

---

1. Le 4 février 1790, Louis XVI vint dans l'Assemblée pour jurer attachement à la constitution nouvelle.
2. C'est une adresse au peuple français, apologie et programme des travaux de la Constituante. — On y annonce la formation d'un « clergé citoyen ».
3. Le duc d'Orléans revint en effet de Londres en juillet 1790.

vous laisser dans le sang en emportant vos trésors. Ainsi, renverser le trône, détruire l'autel, et vous détruire par vous-mêmes, voilà où nous tendons, et où vous arriverez.

Cet oracle est plus sûr que celui de Calchas.

II

DISCOURS

SUR LES COLONIES ET LA TRAITE DES NOIRS

PRONONCÉ, LE 26 FÉVRIER 1790, PAR M. MOSNERON DE L'AUNAY [1]

DÉPUTÉ DU COMMERCE DE NANTES PRÈS L'ASSEMBLÉE NATIONALE

À LA SOCIÉTÉ DES AMIS DE LA CONSTITUTION

(S. l. n. d., in-8 de 14 pages)

MESSIEURS,

Quatre objets ont été présentés hier, à l'Assemblée nationale, par les députés des manufactures et du commerce de France et par les députés des citoyens de Bordeaux, réunis à eux [2].

Le premier est la suppression du privilège exclusif de l'Inde;

Le second, la suppression du privilège exclusif du Sénégal;

Le troisième est la conservation du régime prohibitif dans nos colonies, sauf les modifications nécessaires;

Le quatrième est la continuation de la traite des noirs.

Je ne ferai qu'une mention passagère des deux premiers objets. La question du monopole de l'Inde est épuisée ; elle était au moment d'être décidée en faveur du commerce libre, lorsque la Révolution a commencé. Il n'est pas permis de penser que le commerce de France ne recevra pas de la sagesse de l'Assemblée nationale ce qu'il était sur le point d'arracher par la force de la raison au despotisme de l'ancien gouvernement. Le Comité d'agriculture et de commerce de l'Assemblée nationale doit incessamment faire son rapport. Il développera, sans doute, des motifs qu'on doit dire superflus sous le régime de la liberté [3].

---

1. Jean-Baptiste Mosneron de l'Aunay (1738-1830), armateur nantais, devint député de la Loire-Inférieure à l'Assemblée législative, puis membre du Corps législatif de 1799 à 1803. Louis XVIII le créa baron.
2. Nous ne trouvons rien sur cet objet dans le procès-verbal imprimé de la Constituante ni dans les journaux.
3. Ce rapport fut fait dans la séance du 18 mars 1790 au soir ; il concluait à

Les directeurs de la Compagnie du Sénégal n'ont pas encore répondu à l'adresse des députés du commerce, concernant la suppression de leur privilège exclusif[1]. Ils retardent cette réponse, parce qu'ils n'ignorent pas que leur défaite ne saurait être éloignée, mais ils gagnent du temps, et, comme il n'y a qu'une époque fixée pour faire les armements du Sénégal, ils jouissent, par l'effet de leurs retards, d'un privilège devenu odieux. Je sais qu'ils demanderont des dédommagements. Mais ont-ils dédommagé les citoyens qu'ils ont chassés par le monopole et l'intrigue ?

Les pertes et la ruine de ces honnêtes citoyens ont été ignorées : ils n'ont pas osé s'élever contre les puissants, contre les nombreux monopoleurs qui ont obtenu le privilège du Sénégal. Toutes ces différences disparaissent aujourd'hui devant la raison et la liberté, et l'oppresseur ne demandera plus le dédommagement de la restitution qu'il sera forcé de faire du patrimoine public qu'il avait usurpé, sans que le public ne se présente, à son tour, pour lui demander le dédommagement de l'usurpation de sa propriété.

Je sais encore, Messieurs, qu'on vous dira que la Compagnie du Sénégal s'est chargée des dépenses locales de cette colonie, et que ces dépenses montent à 252,000 livres. Mais qui avait donné le droit à l'ancien gouvernement de vendre ainsi les différentes parties du commerce de la nation à une association de particuliers ? Le commerce d'une nation n'appartient point au gouvernement, il n'appartient à personne en particulier. C'est le bien de tout le monde, et la seule fonction du gouvernement est de veiller à la conservation du bien commun. La dépense doit être faite par le gouvernement, parce que, lorsque les peuples payent les impôts, c'est à la condition qu'on les défendra, qu'on les protégera, et que la portion de leur fortune qu'ils sacrifient servira à la sûreté et à l'augmentation de ce qui leur reste.

---

révoquer le privilège de la Compagnie des Indes, mais laisser à ses vaisseaux le temps du retour et celui de faire à Lorient la vente de leurs marchandises; la Compagnie continuerait à être exempte du droit d'indult jusqu'au 1ᵉʳ janvier 1792. L'Assemblée ajourna la discussion. Le décret du 14 août-13 octobre 1790 supprima l'administration de la Compagnie des Indes et réunit ses bureaux à ceux de l'intendance du trésor public. Mais ce ne fut pas une affaire terminée : le mode de liquidation de l'actif et du passif de la Compagnie occupa les Assemblées de la Révolution jusqu'en messidor an III. Même la suppression et la liquidation de la Compagnie ne furent définitivement décrétées que les 17 vendémiaire et 26 germinal an II (8 octobre 1793 et 15 avril 1794). Sur cette affaire fort embrouillée, voir, dans le *Procès des Dantonistes*, Paris, 1879, in-8°, par le Dr Robinet, ce qui concerne Fabre d'Églantine.

1. Ce privilège fut supprimé par le décret du 18-27 janvier 1791 : « Art. 1ᵉʳ. — Le commerce du Sénégal est libre pour tous les Français... »

Je ne crains donc pas, Messieurs, que les adversaires de la nation fassent valoir ce moyen d'économie; car j'oserais dire à l'Assemblée nationale que la propriété publique ne lui est confiée que pour le bonheur public et qu'elle s'écarte de tous les principes, quand, sous un misérable prétexte d'économie de 252,000 livres, elle livre la propriété publique à des particuliers.

J'entre maintenant, Messieurs, dans la discussion des deux autres objets, par quelques réflexions sur ce qu'un des préopinants vous a dit dans votre séance d'avant-hier. Il vous a peint le commerce comme un brigandage, et le commerçant comme un homme odieux, faisant de la tromperie un art qui lui est propre, et s'enrichissant à proportion des progrès qu'il a faits dans cette funeste science. Si l'honorable membre a cru que le trafic de l'usure et de l'agiotage était ce commerce, si c'est dans l'Avare de Molière qu'il a pris le modèle du commerçant, certes il a eu raison; mais l'honorable membre ignore que l'usure et l'agiotage sont incompatibles avec le commerce; qu'ils en sont le fléau et en horreur aux commerçants; qu'ils ne se pratiquent dans aucune de nos villes maritimes et manufacturières. S'il avait vu les Bourses de ces villes, s'il avait été témoin de la promptitude avec laquelle se traitent les plus grandes affaires, sans intervention, sans écritures, et même sans se donner de parole, s'il savait que ces négociations sont sacrées, et qu'un négociant qui les violerait serait méprisé; s'il avait consulté les commerçants étrangers et le respect religieux qu'ils ont pour les commerçants français; s'il avait réfléchi enfin que, sans cette bonne foi inaltérable, toute relation commerciale cesserait, je ne doute point qu'il n'eût rendu plus de justice aux commerçants.

Le commerçant, Messieurs, est le lien indispensable de tous les peuples et de toutes les classes de la société. Sans lui, il n'y aurait point de société; les individus resteraient épars sans aucune agrégation. Il encourage le cultivateur en lui assurant la vente des produits de son sol; il crée de nouvelles valeurs en façonnant les matières premières; il augmente la richesse publique en les exportant chez les nations étrangères, et en leur imposant un véritable tribut. Il bâtit les villes, il les embellit en y appelant les arts; il appelle toutes les connaissances humaines en amenant l'abondance; enfin, Messieurs, il appelle la liberté qui est son élément, et qui est le fruit des connaissances humaines.

Le commerçant, Messieurs, est le meilleur ami du peuple; il est le dépositaire et le distributeur de son travail; il l'enrichit par ses inventions et son industrie, et il le console dans ses malheurs; il le ramène au travail et à la paix dans le besoin de vivre ; il verse ainsi un baume salutaire sur les déchirements politiques.

Il n'y a aucun désastre que le commerçant ne puisse réparer, aucun vide qu'il ne puisse combler; mais, lorsqu'il n'est pas efficacement protégé, le vide se creuse en un abîme sans fond et les désastres sont à leur comble. L'aliment du peuple est perdu, la source de la finance se dessèche, et la dissolution devient prochaine et immédiate.

Je viens, Messieurs, au troisième motif concernant l'administration des colonies et leur régime intérieur. Les commerçants ne s'opposeront jamais à ce que les planteurs disposent de leur régime intérieur pour leur plus grande félicité. Il faut que tous les Français soient libres et heureux.

Quant au régime extérieur, si improprement appelé prohibitif, et qui n'est qu'une convention nationale, voici, à mon sens, à quoi se réduisent toutes les disputes qui se sont élevées à ce sujet.

La nation a, par l'action des commerçants, contracté une société avec les planteurs. Ceux-ci sortant de son sein avec leurs bras et leur courage, mais sans facultés pécuniaires, se sont adressés à leurs frères qui possédaient des capitaux. Ils sont convenus, l'un de fournir les avances d'argent, d'ustensiles, de secours, sous la sanction et la protection immédiate de la nation; l'autre de s'expatrier et de travailler avec constance : le résultat de cette transaction a été en faveur des deux partis qui se sont enrichis mutuellement, et simultanément en faveur de la nation en la rendant supérieure dans son commerce avec l'étranger et en donnant la vie à un peuple nouveau, à une foule prodigieuse de consommateurs qui supportent l'impôt et font la plus grande source de la finance. Il convient donc, Messieurs, que la nation fournisse exclusivement les colonies de tout ce qu'elle peut fournir, et que les revenus de ces colonies lui appartiennent.

Quelques-unes de ces fournitures sont plus chères, à la vérité, que les fournitures étrangères; cette cherté, Messieurs, tient à bien des causes qu'il est impossible de vous développer ici. Notre infériorité dans l'Inde, le défaut de protection sur les côtes d'Afrique, la douceur et la richesse de notre climat, la gêne dont nos manufactures et notre commerce sont encore entourés, sont les principales. Il a été adressé à mon père [1], mon collègue ici, et à moi, un ouvrage manuscrit sur la tyrannie des fermiers et sur les cent mille et une manières dont ils ont tourmenté les commerçants et les manufacturiers. Cet

---

1. Il n'y a pas de *Mosneron* dans la liste de 1790.

ouvrage, d'une érudition prodigieuse en ce genre et d'ailleurs bien écrit, donne le fil de ce labyrinthe inextricable. L'Assemblée nationale, en en ordonnant l'impression, porterait un jour lumineux sur cette partie de notre commerce et sur les moyens de le protéger.

Si la diminution de nos pêcheries, nos pertes dans le continent américain, la cession impolitique et volontaire de la Louisiane doivent apporter des modifications à la convention nationale, ces modifications doivent être réglées dans des conférences froides, longues, méthodiques, tenues entre des hommes sages et éclairés choisis dans les deux partis, et ayant leur confiance. Les planteurs n'oublieront pas dans ces conférences qu'ils ne supportent aucun impôt et que leur propriété est franche; ils n'oublieront pas qu'une acquisition territoriale dans nos colonies est un moyen prompt et sûr de s'enrichir, et que ce moyen est tout au plus en France un moyen de conserver.

On ne se reprochera pas la fortune mutuelle des deux partis, car si le commerçant s'est enrichi, le colon a eu les mêmes succès. Les colonies valent trois milliards, elles doivent environ quatre cents millions; le planteur a donc gagné dans cette société deux milliards six cents millions. En dernière analyse, ce sont les nations étrangères qui ont supporté les frais de ces établissements par les denrées que nous avons exportées chez elles. Quelques individus ont péri dans ce grand mouvement; des planteurs ont trouvé la misère et la mort dans ces terres brûlantes; des commerçants se sont ruinés : ce sont les frottements indispensables d'une machine vaste et compliquée dont les produits sont immenses. Ceci répond d'un mot à ceux qui disent que la traite des noirs détruit les matelots. Je ne ferai pas le calcul des accidents attachés à toutes les opérations de la société : il effraye l'imagination; mais je ferai une réflexion qui me semble juste et consolante : c'est que les sociétés qui ont le plus multiplié ces accidents, en multipliant leurs opérations, ont obtenu la plus grande population et la plus grande richesse.

Quand la Hollande, qui expire sous le despotisme de la Prusse et de l'Angleterre qui se la partagent, ne sera plus, elle sera proposée alors comme un sujet d'étonnement en ce genre. A Batavia, à Ceylan, aux Moluques, en Afrique, à Surinam, elle a lutté contre les dangers du climat le plus destructeur, et sa population est prodigieuse.

Je viens, Messieurs, à la traite des noirs. Je n'en parlerai sous aucun de ses rapports. Lorsque toutes les opinions me paraissent réunies, il me semble convenable et juste de respecter l'assentiment que les amis des noirs donnent à ce commerce, parce qu'ils sentent enfin que les empires se gouvernent et obéissent à des lois impérieuses que la morale n'approuve pas toujours. Je leur dirai seulement qu'ils ont été trompés quand ils ont cru que la traite française se faisait d'une manière dure et cruelle! Le Français porte partout sa douceur naturelle et caractéristique; aucune traite n'est faite avec plus de ménagement que la traite française. Les nègres sont logés dans nos navires comme les matelots dans les vaisseaux de guerre, quelquefois moins mal et presque toujours mieux que le prisonnier que le sort d'un combat a soumis au vainqueur. Ils sont nourris sainement et abondamment. Je leur dirai que les esclaves de nos colonies sont soignés avec douceur et humanité, et que toute l'attention des maîtres se porte à la conservation des instruments de leur culture. Mais on a isolé les faits, et de ces faits on en fait des règles; on a découvert des tigres en horreur dans nos îles, et on a dit que ces monstres étaient les modèles de l'administration des esclaves. Je n'irai pas plus loin sur cette matière, à moins que vous ne le désiriez, et alors ce serait le sujet de quelques autres réflexions que j'aurais l'honneur de vous offrir dans une autre séance.

Je ne m'occuperai dans ce moment que des troubles qui agitent nos colonies.

Messieurs,

Le passage de l'esclavage à la liberté est une fièvre ardente qui donne des transports et quelquefois un délire furieux. Le travail de tous les intérêts, de toutes les passions, dans le corps politique est comparable au travail des humeurs viciées et en fermentation dans

1. Je demandais, il y a quelques semaines, à un ministre qui a été longtemps l'admiration de l'Europe, et dont je respecte encore les vertus, protection pour la traite des noirs. Il me dit que la morale exigeait que toutes les puissances de l'Europe s'entendissent pour supprimer ce trafic. Je lui répondis qu'il y avait deux morales, celle des particuliers et celle de l'État; que la première ne souffrait aucune exception et que ce ne pouvait être que pour obéir à ses lois que la convention européenne serait signée; mais qu'alors les Anglais devraient cesser d'opprimer les Indiens, et leur rendre le domaine qu'ils ont envahi; qu'ils devraient cesser de corrompre et d'enivrer les sauvages de la Californie et des îles Sandwich; que ces vertueux États-Unis, qu'on nous vante tant, devraient cesser d'acculer les sauvages aux glaces du pôle, et de s'emparer de leur terrain, qu'on met en vente au Palais-Royal. Il y aurait un gros livre à faire sur cette morale de l'Europe, que le trop vertueux ministre voudrait circonscrire dans les limites étroites de la morale d'un citoyen. Ce qui est bon et juste dans la conscience d'un père de famille ne convient pas toujours quand on gouverne un grand empire; et, comme l'a dit énergiquement un des plus célèbres membres de l'Assemblée nationale, la morale d'un homme d'État doit être en chiffres. (*Note de Mosneron.*)

le corps humain. Mais la dépuration se fait peu à peu dans l'un comme dans l'autre, l'équilibre se rétablit, et la circulation parcourt des vaisseaux qu'une longue et grave maladie avait obstrués. Cette agitation terrible en apparence, dont l'issue doit être heureuse, ne doit point nous alarmer, en France.

Elle s'exerce dans l'enclave de l'Empire, *intra fines imperii*, et aucune force étrangère ou ennemie ne peut troubler sa marche et l'empêcher d'accomplir sa période. Mais, Messieurs, il n'en est pas ainsi dans nos îles à sucre; elles sont à deux mille lieues de distance. L'Angleterre, qui a une grande injure à venger et qui n'aperçoit de bonheur que dans nos humiliations et dans nos pertes, épie avec une jalouse attention les dissensions de nos colonies; elle les excite sourdement, nous n'en pouvons douter; elle multiplie les mécontentements et les mécontents; elle profite de la question de la liberté des noirs pour alarmer les planteurs sur leur propriété, et les déterminer à recourir à leur protection. Il est impossible de ne pas croire, Messieurs, que c'est la question de l'affranchissement des noirs et de l'abolition de la traite qui a été une des plus graves causes ou du moins un des plus grands prétextes des troubles. On visite avec une farouche curiosité nos vaisseaux qui y abordent; on exerce une inquisition qui serait criminelle dans toute autre circonstance sur les passagers et sur les équipages; enfin on viole le secret des lettres, croyant y trouver le germe de la révolte des esclaves. Les discours les plus innocents sont interprétés dans un sens funeste à ceux qui les ont tenus, et plusieurs ont déjà payé de leur vie leur imprudence. La cassation de la juridiction de Port-au-Prince, dans la partie du Cap, n'a pas d'autre motif connu. Peut-être les planteurs auraient dû attendre paisiblement que l'Assemblée nationale les eût délivrés du régime dur et arbitraire qui les opprime, si on ne les avait pas inquiétés par des suggestions insidieuses ou coupables sur leur vie et leur fortune. Il convient, Messieurs, de ne pas perdre un moment pour rassurer les planteurs et pour les ramener aux sentiments d'amour et d'attachement qu'ils doivent à la mère patrie. Il faut ôter tout prétexte aux ennemis étrangers et intérieurs; il faut donc que l'Assemblée décrète que la traite des noirs sera continuée comme par le passé.

Ici j'aperçois la Déclaration des Droits de l'homme qui repousse ce décret; cette Déclaration, Messieurs, est un fanal lumineux qui éclairera toutes les décisions de l'Assemblée nationale qui auront la France pour objet; mais j'aurai le courage de vous dire que c'est un écueil placé dans toutes nos relations extérieures et maritimes. Il est nécessaire de tourner ce danger contre lequel nos navires et la fortune publique se briseront. En renvoyant à la prochaine législature, en ajournant indéfiniment, en disant qu'il n'y a eu à délibérer, en usant de ces palliatifs, on ne calmerait pas les inquiétudes des ports de mer, on donnerait de nouvelles armes dans les colonies aux ennemis de l'État qui interpréteraient défavorablement ce décret. Il faut donc décréter que *l'Assemblée nationale n'entend faire aucune application de ses décrets aux colonies, et que leur commerce ainsi que toutes les branches qui en dépendent seront exploités comme par le passé, sauf à s'expliquer sur leur régime intérieur et extérieur, quand elles auront manifesté leur vœu.*

Ce n'est pas tout, Messieurs : les décrets de l'Assemblée nationale peuvent arriver dans nos colonies au moment où la fermentation sera telle que les bons esprits ne pourront plus la dominer, au moment où les Anglais auront tout disposé pour l'insurrection. Je crois donc nécessaire de pourvoir à ce danger et d'envoyer une escadre capable, non d'arrêter l'organisation intérieure de la colonie, mais d'empêcher que nos ennemis ne la dérangent et ne s'emparent de nos possessions, en augmentant le désordre à dessein.

C'est, Messieurs, au nom des finances que la perte de vos colonies ruinerait dans ses ressources, au nom de six millions d'hommes qui en vivent et que le désespoir porterait à tous les excès, au nom de la mendicité que vous voulez détruire et que vous ne pouvez combattre efficacement que par le travail des ports de mer et des manufactures ; c'est au nom même de votre marine militaire nécessaire à la dignité de l'Empire et à sa conservation dans l'étendue de trois cents lieues de côte, c'est enfin au nom de la Révolution à laquelle vous devez attacher tous les citoyens par les plus puissants intérêts, que je vous conjure de prendre dans la plus prompte et la plus sérieuse considération les divers objets que les députés du commerce, réunis aux citoyens de la Guyane, ont soumis à l'Assemblée nationale.

Je me résume, Messieurs, et j'aurai l'honneur de vous proposer de faire décréter par l'Assemblée nationale :

1° *La suppression du privilège de la Compagnie des Indes;*

2° *La suppression du privilège de la Compagnie du Sénégal;*

3° *Que l'Assemblée nationale n'entend faire aucune application de ses décrets aux colonies, et que leur commerce ainsi que toutes les branches qui en dépendent, seront exploités comme par le passé, sauf à s'expliquer sur leur régime intérieur et extérieur, quand elles auront manifesté leur vœu* [1] ;

1. Le décret du 8-10 mars 1790 autorisa les colonies à faire connaître leur vœu

1° Que le roi sera supplié de pourvoir efficacement à la sûreté des colonies¹.

III

Mars 1790

DISCOURS

PRONONCÉ A L'ASSEMBLÉE DE LA SOCIÉTÉ DES AMIS DE LA CONSTITUTION PAR M. PEYSSONNEL, LE MERCREDI 10 MARS 1790

(Paris, 1790, in-8 de 24 pages.)²

Des nuages épais s'élèvent de toutes parts, et couvrent depuis quelque temps l'horizon de l'Europe. La guerre entre les trois

---

sur la constitution, la législation et l'administration qui leur convenaient. Les articles 5 et 6 semblent être une réponse au débat ouvert aux Jacobins sur les affaires coloniales : « Art. 5. Les décrets de l'Assemblée nationale sur l'organisation des municipalités et des assemblées administratives seront envoyés auxdites assemblées coloniales, avec pouvoir de mettre à exécution la partie desdits décrets qui peut s'adapter aux convenances locales, sauf la décision définitive de l'Assemblée nationale et du roi sur les modifications qui auraient pu y être apportées et la sanction provisoire du gouverneur, pour l'exécution des arrêtés qui seront pris par les assemblées administratives. — Art. 6. Les mêmes assemblées coloniales énonceront leur vœu sur les modifications qui pourraient être apportées au régime prohibitif du commerce entre les colonies et la métropole, pour être, sur leurs pétitions et après avoir entendu les représentations du commerce français, statué par l'Assemblée nationale, ainsi qu'il appartiendra. Au surplus, l'Assemblée nationale déclare qu'elle n'a entendu rien innover dans aucune des branches du commerce, soit direct, soit indirect, de la France avec ses colonies... »

1. A l'occasion de ce discours de Mosneron de l'Aunay, il y eut aux Jacobins un débat où Mirabeau parla contre la traite des noirs. Mais nous ne connaissons ce débat que par les allusions qui y sont faites dans le post-scriptum du pamphlet royaliste intitulé : Motion du père Gérard. Voir plus bas, page 74. — Lucas-Montigny, dans les Mémoires de Mirabeau, t. VII, p. 112 et suiv., a raconté comment Mirabeau avait préparé, en vue de l'Assemblée constituante, un discours contre la traite qui ne fut pas prononcé et dont il donne presque tout le texte. Ce texte est si étendu qu'on peut le considérer bien moins comme un discours de tribune que comme un traité complet sur la matière. Cependant il est évident que Mirabeau puisa là la plupart des arguments qu'il dut apporter à la tribune des Jacobins.

2. Charles de Peyssonnel, né à Marseille en 1727, mourut à Paris le 12 mai 1790. Son père, archéologue distingué, membre de l'Académie des inscriptions, avait été nommé consul général de France à Smyrne en 1748 et était mort dans cette ville en 1757. M. Dejonville le remplaça dans ce poste, auquel Charles de Peyssonnel fut

Tome I. 2

Empires, les succès des Autrichiens et des Russes, dans leur seconde campagne contre les Turcs, l'insurrection du Brabant et surtout l'état languissant de l'empereur Joseph II les ont accumulés ; la mort de ce monarque va faire sortir de leur sein des tempêtes et des orages dans lesquels plusieurs puissances de l'Europe pourront se trouver enveloppées ; la sûreté et le repos de la France peuvent être compromis. Mon zèle a déjà, depuis un an, donné l'éveil à la nation par la publication de mon dernier ouvrage. Il est temps que je renouvelle mes efforts pour fixer son attention sur un objet pour lequel il serait infiniment dangereux qu'elle marquât une plus longue insouciance.

Il est temps que je développe à ses yeux la perspective des dangers qui la menacent, et que j'indique les moyens de les écarter. Pendant le dépérissement gradué de la santé de Joseph II, les grandes puissances de l'Europe étaient en attente ; spectatrices immobiles d'une grande scène, elles voyaient sans impatience approcher le dénouement, et couvaient en silence des projets que la mort de ce prince va faire éclore.

Les revers que l'Empire ottoman avait éprouvés à la fin de la dernière campagne, la perte d'une bataille, celle des trois importantes places d'Oczakov, de Belgrade et de Bender, de toute la Moldavie, de la Valachie entière, et d'une grande portion de la Croatie et de la Serbie, l'inexpérience des généraux qui commandaient ses troupes,

---

appelé en 1766. Il l'occupa jusqu'en 1778. Il devint correspondant de l'Académie des Inscriptions. Parmi ses ouvrages, il faut signaler : *Situation politique de la France et ses rapports actuels avec toutes les puissances de l'Europe, ouvrage dont l'objet est de démontrer, par les faits historiques et les principes de la saine politique, tous les maux qu'a causés à la France l'alliance autrichienne et toutes les fautes que le ministère français a commises depuis l'époque des traités de Versailles de 1756, 57 et 58 jusqu'à nos jours*. Neuchâtel et Paris, 1789, 2 vol. in-8°. Il en parut en 1790 une seconde édition « augmentée d'un chapitre sur Malte, d'un autre sur Genève et de plusieurs autres additions ». Cet ouvrage, sérieusement fait, eut du succès. On lit dans la *Chronique de Paris* du 14 mai 1790 : « Ces grandes vérités excitèrent contre lui tous les partisans de l'alliance autrichienne, et surtout le comité diplomatique et ministériel dont nous avons plus d'une fois parlé; mais rien ne put arrêter son zèle, et M. de Peyssonnel répandit plusieurs petits écrits qui ajoutaient de nouvelles preuves à ses opinions. — M. le garde des sceaux avait vainement tenté, la semaine dernière, d'ébranler la constance de ce courageux citoyen, qui lui assura qu'il ne cesserait de répandre des idées qu'il croyait utiles au bonheur de sa patrie. — Une fluxion de poitrine a délivré les partisans de l'alliance autrichienne d'un antagonisme redoutable et enlevé, en un moment, ce patriote aussi courageux qu'éclairé. Il est mort dans la nuit du mardi au mercredi. M. de Peyssonnel était d'un commerce doux et facile, vertueux sans ostentation et religieux sans fanatisme; il emporte l'estime de ses amis et la reconnaissance de ses concitoyens. »

la terreur qui avait frappé ses armées, la consternation répandue dans sa capitale, tout présentait aux amis de cette puissance le tableau le plus effrayant, et leur aurait fait présager sa chute prochaine, si le Divan, encouragé par l'Angleterre et par la Prusse, n'avait eu assez de courage et de fermeté pour rejeter la proposition d'une paix qui, dans de pareilles circonstances, n'aurait pu être que ruineuse et déshonorante; s'il n'avait mieux aimé courir les hasards d'une troisième campagne pour laquelle il a déjà fait les plus formidables préparatifs; s'il n'avait eu enfin assez de jugement pour se convaincre que le sort de l'Empire turc ne dépendait pas entièrement de son fait, mais qu'il était pleinement subordonné à la situation de ses ennemis et aux dispositions de ses alliés.

En effet, la Russie, épuisée par ses succès, n'avait plus ni hommes, ni argent, ni crédit; malgré le pompeux étalage qu'elle ne cessait de faire dans les gazettes de son immense population, de ses forces, de ses richesses, des traits de magnificence de sa souveraine envers les généraux, les officiers et les soldats, elle ne pouvait faire ses recrues qu'avec la plus grande difficulté; son numéraire était infiniment rare; son papier perdait quarante pour cent dans ses États, et soixante-dix pour cent au dehors, et toutes les caisses étrangères étaient fermées à ses emprunts. Joseph II marchait à grands pas vers sa tombe, et ne pouvait tarder de terminer sa turbulente carrière; il était à présumer que le successeur de ses États héréditaires aurait besoin de réunir toutes ses forces et tous ses moyens pour faire tomber sur lui le choix des électeurs, et ne pas laisser sortir de sa maison la couronne impériale. On devait croire qu'il s'estimerait trop heureux d'acheter par de grands sacrifices la paix avec les Ottomans et que, si la vie de l'empereur se prolongeait même jusqu'au printemps, ce monarque ne pourrait soutenir, ni peut-être même ouvrir une troisième campagne. La défection des Pays-Bas, que l'on devait regarder comme à jamais perdus pour lui, diminuait ses revenus de quarante millions, et ses forces militaires de trente mille hommes; menacé d'une insurrection en Hongrie, en Bohême et dans le Milanais, il pouvait à peine recruter l'armée de quatre-vingt-dix mille hommes qu'il avait annoncée dans les papiers publics pour la campagne prochaine; ses finances étaient si délabrées, qu'il méditait de mettre en vente ses mines de Kremnitz, pour se procurer cette dernière ressource; il avait tout à craindre de ses ennemis, et rien à espérer de ses alliés.

Dans une position aussi affligeante, quelle était en effet la puissance qui aurait pu venir à son secours?

Le roi de Prusse avait le plus grand intérêt à détacher les Pays-bas de la domination autrichienne pour affaiblir d'autant l'empereur, son ennemi naturel, et pouvoir plus facilement faire une diversion en faveur des Ottomans, qu'il ne lui convient en aucune manière de laisser entièrement anéantir. Ses préparatifs devaient faire soupçonner le projet formé d'entrer en Bohême et en Silésie, et de mettre aux prises avec les Russes la république de Pologne, qui avait déjà une armée de soixante-six mille hommes, et se proposait encore de l'augmenter. Il était d'ailleurs assez connu que l'insurrection du Brabant, suscitée par la stathoudérine, sœur du roi de Prusse, était favorisée par ce prince qui, pour remplir le vœu de sa sœur, avait assez manifesté le désir de se réunir à l'Angleterre pour rendre son beau-frère despote des Provinces-Unies, lui faire obtenir le titre royal et joindre, peut-être les Pays-Bas autrichiens à cette nouvelle monarchie pour lui former un plus honnête arrondissement. L'Angleterre cimentait sourdement une triple alliance avec le roi de Prusse et le Stadhouder, pour soutenir la considération des provinces belgiques; elle était, d'un autre côté, entièrement vouée aux Ottomans, desquels elle espérait obtenir quelque possession dans l'Archipel, qui la rendît dominatrice dans la Méditerranée et maîtresse absolue du commerce du Levant, et si elle s'était réunie à la Prusse pour négocier une paix entre les trois empires, ce n'aurait pu être que dans la vue d'imposer aux Autrichiens et aux Russes, par une médiation aussi puissante, des conditions entièrement favorables aux Ottomans. Ses dispositions envers la France étaient, comme elles le sont encore, problématiques. Le retour du prince de Galles vers le roi, son père, devait naturellement abattre le crédit de Pitt et relever celui de Fox; ces événements annonçaient un prochain changement de système; quelques armements faits par les Anglais sous divers prétextes pouvaient faire soupçonner des intentions hostiles, desquelles on n'avait cependant aucune certitude.

La Russie, en guerre au nord avec les Suédois, au midi avec les Turcs, menacée à l'occident par les Polonais, aurait bien pu prolonger son alliance offensive avec l'Autriche, continuer de concert avec elle la guerre contre les Turcs; mais elle ne lui aurait certainement pas fourni les secours d'hommes et d'argent qui lui manquaient à elle-même pour une troisième campagne, dont les Turcs étaient très décidés à risquer les événements.

La France avait certainement l'intérêt le plus grand à empêcher les Pays-Bas de rentrer sous la domination autrichienne; à soutenir leur indépendance et leur considération; à contracter une alliance étroite avec une république qui garderait ses frontières; à empêcher enfin qu'aucune puissance ne s'emparât de son domaine, parce que le souverain quelconque qui se serait rendu maître du Brabant, dont l'empereur avait démantelé toutes les places, aurait voulu en bâtir ou en conquérir de nouvelles, pour se former des barrières, et que nous n'aurions pas été sans crainte pour nos places de première ligne dans la Flandre française et dans le Hainaut. Si l'empereur avait formé, comme on l'a cru un moment, la prétention de faire regarder l'insurrection des Pays-Bas comme une agression, et qu'il eût voulu réclamer de la France le *casus fœderis* et le secours de vingt-quatre mille hommes ou de subside pécuniaire, stipulé par les traités de Versailles de 1756, 57 et 58, la France aurait été en droit de répondre qu'une insurrection intestine, quand même les provinces révoltées se donneraient à une autre puissance, ne saurait être envisagée comme une agression du genre de celles qui pouvaient autoriser l'empereur à se prévaloir des conditions du traité; parce que c'était à lui à contenir ses propres sujets dans les termes de la fidélité et de l'obéissance. D'ailleurs, quand même le ministre aurait voulu, dans la position momentanée de la France, persister dans le système pervers qu'il suit avec une inconcevable opiniâtreté depuis trente ans, peut-on se persuader que l'Assemblée nationale eût jamais consenti à engager une guerre générale pour soutenir une alliance désastreuse qui a causé tous les malheurs de la monarchie, à faire le développement de forces suffisant pour étançonner le colosse impérial chancelant, pour restaurer l'édifice de la puissance autrichienne prêt à s'écrouler, et à lui fournir des secours qui auraient été autant d'armes contre nous dans un changement de système devenu prochain et inévitable? Si le ministre, dis-je, avait voulu s'obstiner encore à épuiser la France pour maintenir une alliance qui lui a déjà coûté si cher, il aurait peut-être fini, le dirai-je? par provoquer un décret du pouvoir législatif, qui aurait ôté au pouvoir exécutif le droit de la guerre, de la paix et des alliances.

D'ailleurs, la conduite du roi de Prusse semblait devoir nous affranchir de la prestation de secours que l'empereur, sous prétexte d'une agression, aurait pu réclamer.

Le roi de Prusse, en protégeant l'insurrection des Liégeois, était en contravention manifeste au décret de la Chambre de Wetzlar, qui lui avait ordonné de faire marcher des troupes pour rétablir l'évêque prince de Liège dans tous ses droits. Ce monarque pouvait, en vertu de l'article VI de la Bulle d'or, se faire mettre au ban de l'Empire sur la réclamation suscitée du plus petit prince d'Allemagne, et engager ensuite la ligne germanique, sur laquelle il a la plus grande influence, à faire rendre par la Chambre de Wetzlar un autre décret qui ordonnât à l'empereur d'employer les forces nécessaires pour le ramener, lui roi de Prusse, à la soumission due par un membre du corps germanique aux lois et aux décrets de l'Empire. Si l'empereur avait résisté à ce décret, il aurait été déchu de la couronne impériale, et les électeurs auraient été en droit de s'assembler et de procéder à l'élection d'un nouvel empereur; s'il avait obéi, il serait devenu l'agresseur forcé du roi de Prusse, et n'aurait plus été autorisé à nous demander la prestation de secours stipulés par les traités. Cette intention du roi de Prusse n'était pas certaine; mais sa marche l'indiquait, et ses mouvements étaient assez prononcés pour en donner la plus forte présomption.

Le désir qu'avait l'électeur palatin de servir l'empereur était manifeste; mais son secours n'était pas suffisant pour l'aider seul à reconquérir les Pays-Bas.

Le landgrave de Hesse-Cassel offrait au contraire aux patriotes brabançons 12,000 hommes; ce secours, accepté d'abord avec empressement et reconnaissance, avait été ensuite refusé par la crainte que ce prince ne voulût faire entrer ses troupes dans les provinces belgiques, pour faire revivre les droits de Reygnier de Hainaut, auteur de la maison de Hesse, et des anciens ducs de Brabant, qui possédaient ce duché dans le Xe siècle.

Le duc de Brunswick, retiré dans ses États, affectait l'abandon des affaires, faisait quitter l'uniforme à ses fils, paraissait s'occuper du soin de rendre sa cour brillante et agréable, d'y appeler le luxe et les plaisirs; peut-être voulait-il, par cette comédie, cacher ses vues particulières sur le Brabant, ou les grands projets dont on pensait que le roi de Prusse allait lui confier l'exécution.

Tel était, Messieurs, l'état de l'Europe au dernier soupir de Joseph II. Ce monarque vient enfin d'achever de mourir. Je laisse à la plume impartiale de l'histoire le soin de l'inscrire dans la trop courte liste des héros, ou dans le catalogue trop nombreux des tyrans; je m'interdis également l'éloge et le blâme; je ne veux ni donner à son ombre l'encens de la louange, ni répandre sur sa cendre le fiel et l'amertume du reproche; il n'est plus; je vais jeter un coup d'œil rapide sur les changements que sa mort peut occasionner. Cet événement est encore trop récent pour avoir pu causer de grandes variations dans le tableau que je viens de tracer. Rien ne se développe encore; rien ne perce; les projets des cours sont encore ensevelis dans le silence des cabinets; les trois Empires, la Prusse, la Pologne, la Suède, la Hollande, la Savoie, sont en armes; l'Angleterre vient d'obtenir de son Parlement de nouveaux subsides pour les armements extraordinaires que les circonstances pourraient exiger; elle a déjà fait filer par Ostende des troupes dans les Pays-Bas. Tout est en état de guerre, et la France tranquille paraît envisager d'un œil indifférent ces formidables préparatifs; et tout annonce que nos ministres, dans un péril aussi imminent, n'ont encore imaginé d'autre moyen que de resserrer les liens de l'alliance autrichienne. Oui, Messieurs, je le répète, tout annonce qu'ils ont déjà pris dans le conseil des Tuileries cette dangereuse résolution; et pour vous en convaincre vous n'avez qu'à suivre de près leurs démarches.

L'explosion générale, les grands mouvements, dépendent des arrangements que le roi de Bohême va prendre avec la Prusse et l'Angleterre, et de la force du *veto* que les autres puissances pourront mettre à leurs pactes et à leurs conventions. Plusieurs problèmes dans ce moment-ci exercent la sagacité et les calculs des spéculateurs politiques les plus éclairés. Les grandes puissances de l'Empire et de l'Europe voudront-elles qu'il soit procédé à l'élection d'un empereur, ou abolir la couronne impériale et une dignité qui depuis trop longtemps pèsent désagréablement sur le corps germanique? Si elles se décident à les conserver, le choix tombera-t-il sur le roi électeur de Bohême, sur celui de Saxe, ou sur l'électeur Palatin? Et si le nombre des électeurs qui se trouve dans ce moment-ci produit dans le collège électoral égalité de voix, quelle sera celle qui fixera l'élection et fera pencher la balance? Si les grandes puissances se déterminent au contraire à renverser à jamais le trône impérial, laisseront-elles subsister la république fédérative d'Allemagne, sans chef, ou voudront-elles anéantir la féodalité germanique, se diviser entre elles la vaste surface de cette immense partie du continent, et, dans cette hypothèse, comment s'exécutera le partage?

La France pourrait-elle, Messieurs, demeurer étrangère à aucune de ces résolutions? Ne doit-elle pas prendre les mesures les plus promptes et les plus certaines pour qu'aucune ne puisse s'effectuer sans son influence, son concours et sa sanction?

On soupçonne que le roi de Bohême s'est déjà jeté dans les bras de celui de Prusse et lui a offert les plus grands sacrifices, tels que la renonciation à l'alliance de la Russie et la cession de quelques États qui peuvent exciter sa cupidité, pour qu'il veuille bien lui négocier une paix particulière et avantageuse avec les Ottomans, engager la Porte à lui abandonner la rive gauche du Danube, conserver la couronne impériale à sa maison et lui faire recouvrer les provinces belgiques. On assure, et il est à peu près certain, que ce prince a en même temps négocié avec l'Angleterre pour obtenir d'elle qu'elle interpose, de concert avec le roi de Prusse, sa médiation pour lui procurer, dans son traité de paix avec les Turcs, les avantages qu'il ambitionne, et qu'elle lui accorde son secours pour l'aider à reconquérir les Pays-Bas; il lui fait pour la tenter l'offre, si séduisante pour une puissance commerçante, de permettre la libre entrée de toutes ses marchandises dans tous les États de sa domination.

La France ne doit-elle pas se prémunir contre ces événements, tous possibles, et tous pour elle également contrariants. Il ne lui convient en aucune manière, ni que les Turcs soient sacrifiés dans la négociation du traité de paix, ni que la couronne impériale se perpétue dans la maison d'Autriche, ni que les Pays-Bas rentrent jamais sous sa domination.

Mais l'intérêt le plus instant pour la France, Messieurs, est l'état actuel du Brabant, dont le sort est encore très incertain. Cet objet est pressant, urgent, inajournable; tout exige qu'on s'en occupe sans le moindre délai, et que l'on y apporte la plus sérieuse attention. La Confédération belgique est aujourd'hui désunie et divisée en trois parties : le clergé vote pour la conservation des États; la noblesse voudrait avoir pour souverain un prince de la maison d'Autriche, et le peuple demande à grands cris une Assemblée nationale, et l'organisation française, que la ville de Malines et son territoire ont déjà adoptée et mise en exécution. Les États se sont arrogé la souveraineté, mais le peuple, devenu le plus fort, la revendique. MM. Van der Noot et Van Eupen, pressés par le pouvoir prédominant du parti populaire, se sont vus contraints, pour calmer le peuple, de faire afficher partout un placard dans lequel ils déclarent en substance que la souveraineté n'a été exercée par les États provisoirement qu'au nom du peuple; qu'ils reconnaissent que c'est en lui seul qu'elle réside, et qu'on lui donnera une satisfaction complète sur tous les points de son manifeste, et sur toutes ses prétentions. Mais dans le même temps les États ont expédié en France un gentilhomme nommé M. le comte de Thiennes, avec la mission probable, et même connue, de solliciter, de prier l'Assemblée nationale de reconnaître, non l'indépendance des provinces belgiques, mais la souveraineté des États [1]. L'Assemblée ne doit certainement pas balancer d'ouvrir les paquets dont cet émissaire est porteur, parce que les représentants assemblés d'une nation sou-

---

1. Sur ces négociations des États belges avec la France, voir Borgnet, *Histoire des Belges à la fin du XVIIIe siècle*, 2e éd., Bruxelles et Paris, 1861, 2 vol. in-8; tome I, page 199.

veraine ne doivent douter de rien, ni se laisser arrêter par aucune considération. Mais elle doit se tenir parfaitement en garde contre une proposition captieuse, contre un vœu criminel, auxquels, sans s'exposer au plus grand danger, elle ne saurait condescendre.

La grande scène de l'insurrection des Pays-Bas, Messieurs, est susceptible de divers dénouements.

Il peut arriver que l'Angleterre fasse acheter à la Confédération belgique la reconnaissance de son indépendance et ses bons offices envers la Hollande et la Prusse, par la cession du port d'Ostende, pour laquelle elle a déjà fait des ouvertures, et même de pressantes sollicitations. On peut aisément imaginer à quel point seraient nuisibles au commerce et à la navigation de la France la propriété et la jouissance du port d'Ostende données aux Anglais; elles feraient tomber entièrement notre port de Dunkerque et la plupart de ceux de nos côtes septentrionales sur l'Océan.

Il pourrait se faire également que les patriotes hollandais, encouragés par l'exemple des Brabançons, reprissent leur courage et leur antique énergie, proposassent aux Pays-Bas de se joindre à eux pour le renversement du stathoudérat, invitassent à une coalition les provinces belgiques dépendantes de la France, et formassent par leur réunion, sur nos frontières, et à notre porte, un État puissant dont l'existence pourrait devenir très gênante pour nous.

Le roi de Prusse paraît avoir formé depuis longtemps le projet de soustraire à jamais les Pays-Bas à la domination autrichienne, pour diminuer la puissance de son ennemi naturel. Les démarches antérieures de ce prince, son entrée en Hollande, les violences exercées contre le parti patriote, ont assez manifesté le désir qu'il nourrit de rendre le stathouder, son beau-frère, despote des Provinces-Unies. En vain espérerait-on que l'Angleterre ait étouffé le ressentiment de la perte de ses colonies, dont la France a favorisé la défection. En vain se flatterait-on qu'elle soit assez généreuse pour ne pas saisir les occasions de diminuer les forces de sa rivale. Les indices les plus frappants doivent faire présumer, de sa part, le ferme projet de profiter des dispositions du roi de Prusse, et de seconder l'intention que l'on peut supposer à ce monarque de soumettre à son beau-frère les Provinces-Unies, de faire subir à la Confédération belgique le joug du stathouder, et de conquérir encore pour lui la portion des provinces belgiques qui sont sous la domination de la France. Les indices les plus frappants, je le répète, doivent nous faire soupçonner que l'Angleterre se prêtera toujours au vœu que peut avoir formé le roi de Prusse de créer, par la réunion de toutes les provinces belges et bataves, sous les lois d'un même souverain, une monarchie formidable, qui pourrait balancer les forces de terre de la France, et lui laisser à elle, Angleterre, la faculté d'attaquer au besoin cette puissance avec toute la supériorité de ses forces maritimes.

Si le roi de Prusse, au contraire, séduit par les offres éblouissantes du roi de Bohême, se décidait à renoncer à ses vues pour l'agrandissement du stathouder et à remettre le chef de la maison d'Autriche en possession des Pays-Bas, il viendrait porter la guerre sur nos frontières, ramener dans notre voisinage un ennemi naturel, que nous sommes trop heureux que le hasard en ait écarté, et qui pourrait garantir que les forces de Prusse et d'Autriche, réunies sur nos confins, n'attaqueraient pas la Flandre française, le Hainaut, le Cambrésis, nos places de première et seconde lignes, et ne feraient pas peut-être quelques tentatives sur l'Alsace et sur la Lorraine ?

Pour garantir la France de ces diverses catastrophes qui lui seraient toutes également funestes, l'Assemblée nationale doit, sans le moindre délai, reconnaître l'indépendance des provinces belgiques, se porter seule protectrice de leur liberté, déclarer dans les termes les plus précis, les plus fortement prononcés et les moins équivoques, que ce n'est point la souveraineté usurpée des États, qu'elle veut et entend protéger, mais la souveraineté légitime du peuple, la seule qu'elle peut reconnaître et avouer, et qu'elle couvre dès cet instant de sa puissante égide. Elle doit cimenter une alliance perpétuelle, indissoluble, exclusive, avec cette nouvelle république qui deviendra la gardienne naturelle et nécessaire de ses frontières, annoncer à toute l'Europe qu'elle lui accordera le plus ferme et le plus constant appui contre toutes les puissances qui voudraient tenter de lui donner des fers ; l'Assemblée nationale, dis-je, doit briser, par cette démarche, les liens de l'alliance autrichienne, qui est l'unique source de nos maux et des troubles qui agitent aujourd'hui l'empire français. Elle doit s'unir plus intimement que jamais avec l'Espagne, tâcher de recouvrer la confiance et l'amitié de la Porte ottomane, renouer, s'il le faut, les anciennes alliances dans le Nord et notamment celle de Prusse, et braver les événements.

Mais, me dira-t-on peut-être, de simples présomptions, quelque degré de probabilité qu'on leur accorde, doivent-elles alarmer assez les représentants de la nation, pour leur faire prendre un parti si sévère et de si rigoureuses résolutions ?

Eh quoi ! faudra-t-il donc attendre, pour nous mettre en état de défense, que l'empire soit attaqué dans ses possessions, que l'ennemi soit sur nos foyers, qu'il nous ait enlevé nos places de première ligne, qu'il ait formé une nouvelle monarchie sur nos frontières, et qu'il en ait étendu les limites jusqu'à une distance de quarante lieues de notre capitale? Le seul avis d'un grand péril ne suffit-il pas pour qu'on doive se tenir en garde? Oui, Messieurs, ma qualité de citoyen m'impose le devoir sacré de faire apercevoir à l'Assemblée nationale les dangers qui menacent l'empire et que la multiplicité des objets importants qui l'occupent dérobe peut-être à sa pénétration. Oui, Messieurs, il est temps qu'elle donne la plus sérieuse attention aux rapports externes prêts à peser sur nous d'une manière accablante et à aggraver infiniment notre situation. La France doit, sans perdre un instant, profiter de ce respect profond, de ce religieux frémissement que la majesté de sa Constitution a imprimés à toute l'Europe, pour faire un développement formidable de ses forces, pour se mettre dans une contenance imposante, menaçante, capable de faire évanouir les projets hostiles des puissances malintentionnées ; de lui faciliter, dans le cas du partage de l'Allemagne, les moyens d'étendre, sans coup férir, ses limites jusqu'au Rhin, qui est sa frontière indiquée par la nature, et d'empêcher le feu de la guerre d'embraser tout le continent.

Je conclus donc, Messieurs, que l'Assemblée nationale doit être suppliée :

Premièrement, de former dans son sein un Comité politique de douze de ses membres, les plus éclairés sur cette importante matière ; ce Comité sera chargé de se faire rendre, par le ministre des affaires étrangères, un compte exact de nos intérêts actuels avec toutes les puissances de l'Europe et de diriger les opérations du ministère, qui parait suivre opiniâtrement sa marche antique et perverse, et ne vouloir pas revenir de ses anciens égarements[1] ;

Secondement, de requérir le pouvoir exécutif de ne confier la très importante défense des frontières qu'à des généraux vraiment patriotes, avoués de tous les citoyens, qui ne soient point marqués du sceau de la réprobation publique, et qui puissent se flatter d'obtenir la confiance de la nation et d'une armée qui a fait éclater les sentiments du patriotisme le plus ardent et le plus épuré ;

Troisièmement, de supplier le roi de vouloir bien rappeler des

---

1. Le 29 juillet 1790, l'Assemblée constituante décréta « qu'il serait nommé un Comité de dix membres chargé de prendre connaissance des traités existants entre la France et les puissances étrangères et des engagements respectifs qui en résultent, pour en rendre compte à l'Assemblée au moment qu'elle le demandera ». Ce fut le *Comité diplomatique*, composé de MM. Fréteau, *président*, Mirabeau, du Châtelet, de Menou, Barnave, d'André.

cours étrangères tous ceux de ses ministres qui sont infectés du poison de l'ancien régime et de renouveler, s'il est nécessaire, tout son corps diplomatique; parce que, lorsque l'on coupe dans le vif pour guérir une profonde plaie, il faut tâcher de n'y pas laisser le plus petit point de gangrène.

IV

MOTION

LUE PAR M. LE COMTE DE SAINTE-ALDEGONDE-NOIRCARMES [1], AU CLUB DES JACOBINS, LE 17 MARS 1790, APRÈS LA LETTRE QUI PRÉCÈDE[2].

(S. l. n. d. in-8 de 14 p.).

Par ce que je viens d'avoir l'honneur de vous lire, Messieurs, vous voyez quel est notre embarras. Le décret du 2 novembre 1789 met tous les biens des abbayes et maisons religieuses dans la disposition de la nation. La propriété n'est donc plus qu'une jouissance; et elles n'ont pas droit de jouir d'une manière qui puisse préjudicier à la nation. Or, c'est préjudicier à la nation que de vendre illégalement, abattre et emporter des bois qui ne sont pas mûrs ; jamais en aucun temps elles n'ont eu la liberté de le faire; et il serait peu croyable qu'on leur permît dans le régime nouveau ce qu'on leur défendait sous le régime ancien. Toutefois elles se sont livrées aux dilapidations les plus criantes, et il ne tiendra point à elles que la Flandre ne soit entièrement dépeuplée de bois. Il était donc du devoir des gardes nationales d'empêcher un pareil désordre, puisque le décret du 11 décembre 1789 nous commet expressément pour cet article. C'est ce que nous avons fait. Nous avons, entre les mains, des électeurs, saisi

---

1. Nous ne trouvons rien sur ce personnage.
2. Par l'organe de M. de La Poule (a), secrétaire du club des Jacobins, qui a bien voulu lire pour moi la lettre qui précède; en sorte que nous avons lu tous deux, lui la lettre, et moi cette motion. Dans l'exactitude judaïque, je devais donc m'exprimer ainsi : 'Après ce qu'on vient d'avoir l'honneur de vous lire, etc. Mais cette correction, très juste aux yeux de la grammaire, eût été fort infidèle aux yeux du sentiment. Je dois ici m'identifier, me personnifier avec M. de La Poule; je ne veux faire qu'un avec ce digne patriote, qui a plaidé notre cause avec toute l'énergie de sa belle âme, et je saisis avec joie l'occasion de lui marquer ma reconnaissance à jamais. (Note de M. de Sainte-Aldegonde-Noircarmes.) Cette lettre manque dans l'exemplaire de la Bibliothèque nationale, le seul que nous ayons vu et dont on a arraché les huit premières pages. (Lb 40/538.)

(a) J.-L. La Poule, avocat, député du Tiers-État du bailliage de Besançon aux États généraux.

des bois non mûrs qu'avaient abattus illégalement les abbayes de Flines et de Marchiennes, et nous avons posé des gardes à ceux que l'abbaye avait abattus, à cause de leur quantité, de leur importance, et de la multiplicité des issues qui en pouvaient rendre l'enlèvement plus facile [1]. Nous avons constaté ces deux saisies par procès-verbaux, déposés avec d'autres pièces du même genre au Comité des rapports. Depuis ce temps-là, nous ne cessons de solliciter un décret qui nous autorise à faire vendre ces bois saisis, au profit de la caisse nationale; mais nous n'avons pas encore sur ce point obtenu de réponse, depuis si longtemps que nous sommes à Paris; et nous n'avons pu malgré tous nos efforts nous faire entendre des augustes représentants de la nation. Toutefois, nous ne pouvons pas vendre, puisque l'Assemblée nationale ne l'a pas décrété. Nous ne pouvons pas non plus garder éternellement et de toutes parts, notre garde nationale étant trop peu nombreuse, et n'étant secourus, appuyés d'aucune manière ni par les gardes nationales voisines, ni par les Comités voisins; mais, au contraire, vus de mauvais œil, et traités comme des brigands, parce que nous sommes seuls dans un pays tout aristocratique, où la robe est encore puissante, où l'on tremble au regard d'un commandant de place, où le peuple sent à peine sa force, où le désir secret de la contre-révolution est gravé dans tous les cœurs. J'en excepte la garde nationale de Douai, dont la majeure partie nous est favorable. Aussi deux capitaines de cette garde, nommés de Foix et Martin, qui nous ont prêté secours dans nos opérations patriotiques, en ont-ils reçu la récompense par mille déboires et mille outrages, comme les fauteurs de la cause du peuple et les premiers complices de notre zèle. Et cependant les abbayes et maisons religieuses de Flandre, toutes supprimées qu'elles sont par le décret du 13 février 1790 [2], continuent toujours d'abattre; on dirait même qu'elles

---

1. On lit dans le *Journal universel* du 6 février 1790 : « Malgré la défense faite au clergé de vendre ou disposer de leurs biens (sic), Madame l'abbesse de Flines, près de Douai, vient de vendre pour quatre-vingt-dix mille écus de bois, et s'est servie de cinquante bûcherons pour l'abattre promptement. Heureusement la garde nationale s'est portée sur les lieux et a fait cesser la coupe. » Le 12 mars 1790, la Constituante décréta que « les coupes extraordinaires des bois ecclésiastiques, autorisées et adjugées dans les formes légales antérieurement à la publication du décret du 2 novembre 1789 ne pourraient être arrêtées ni troublées par aucun corps ni individu, sous prétexte des décrets postérieurement rendus ».

2. Voici l'art. 1er de ce décret : « L'Assemblée nationale décrète, comme article constitutionnel, que la loi ne reconnaîtra plus de vœux monastiques solennels de l'un et l'autre sexe; déclare, en conséquence, que les Ordres et Congrégations réguliers, dans lesquels on fait de pareils vœux, sont et demeurent supprimés en France, sans qu'il puisse en être établi de semblables à l'avenir. »

abattent plus encore, sachant à merveille que nous n'avons point obtenu qu'on vendît les bois, que nous n'avons point de force pour enchaîner leur malice, et que nous sommes enfermés entre l'Assemblée nationale qui ne répond pas, et la Flandre qui nous proscrit. Il faut donc, Messieurs, que nous revenions chez nous sans décret, sans armes, pour y être en butte aux reproches de nos commettants qui ne pourront nous croire, et aux affronts de nos ennemis qui se moqueront de nous ? Il faut que nous restions tranquilles spectateurs des dilapidations qu'il est de notre devoir d'empêcher, et que nous ne pourrons toutefois empêcher, parce qu'on nous refuse les moyens de le faire ? Est-il une situation plus cruelle, plus désolante pour des citoyens qui aiment véritablement leur patrie, et qui donneraient leur sang pour la Révolution ? N'est-il pas à craindre que ce mépris auquel notre impuissance d'agir nous expose ne rejaillisse et ne s'étende sur toutes les gardes nationales du royaume? Et si l'on veut réellement la Révolution, n'est-ce pas décourager le peuple qui n'a d'appui que ces mêmes gardes nationales ? N'est-ce pas rompre cette heureuse coalition qui s'établissait entre tous les bons citoyens, et qui est à la fois le nerf de la force publique et le gage de la liberté ?

Dans une conjoncture si triste, Messieurs, nous nous jetons entre les bras des amis de cette même Révolution, de cette Société qui nous daigne admettre parmi ses membres; nous y déposons nos douleurs et nos alarmes; nous vous prions de nous éclairer, de nous conduire. Mes propres affaires, que j'ai laissées pour cet objet, me rappellent impérieusement, me forcent de partir avant mon collègue. Demain, je pars, il le faut; je vais sans boussole retrouver les orages, sans secours au milieu des ennemis du peuple et des miens. Jetez un regard fraternel sur la situation critique où je me trouve. Je ne vous demande point de décret, je sais qu'on ne délibère pas dans cette Assemblée; je ne vous demande que des conseils. Au nom de la patrie, au nom du beau feu qui nous anime tous, au nom de l'intérêt commun qui nous doit réunir, dites-moi ce qu'il faut faire. Que je ne paraisse pas chez moi sans une réponse consolante, sans un titre légal qui nous y serve d'égide, fasse voir qu'au moins les amis de la

---

1. Je ne suis parti que le surlendemain et j'ai eu raison de différer : le décret du 18 mars en fait foi. (*Note de M. de Sainte-Aldegonde.*) — Ce décret du 18-26 mars 1790 concerne les mesures à prendre pour prévenir et arrêter les abus relatifs aux bois et forêts domaniaux et dépendants d'établissements ecclésiastiques. L'article 8 fait sans doute allusion aux faits dénoncés par M. de Sainte-Aldegonde : il y est dit que les mesures décrétées « seront exécutées dans les provinces belgiques comme dans toutes les autres parties du royaume ».

Révolution nous approuvent, rende la vie aux bons patriotes, et apprenne aux provinces belgiques à respecter vos décrets.

V

LETTRE DE VILLETTE AUX AUTEURS DE LA *Chronique de Paris*[1]

MESSIEURS,

J'ai dénoncé hier[2], aux Amis de la constitution, plusieurs prélats qui se dépêchent d'ordonner des prêtres, comme si l'on manquait de ces bons apôtres. A la bonne heure, pour ceux qui sont diacres ou sous-diacres; mais pourquoi faire des recrues ecclésiastiques? Pourquoi lever une nouvelle milice contre la constitution? La réforme des moines va nous donner une surabondance de prêtres réguliers, qu'il faudrait auparavant placer dans les paroisses. Il en résulterait un double avantage, celui de soulager d'autant le trésor public, et d'arracher à l'oisiveté, à la corruption, des hommes qui vont se trouver comme étrangers, dans un nouvel ordre de choses, au milieu du tourbillon du monde; de cette manière, ils ne seraient point éloignés de leur ancien régime.

Comme c'était sur la fin de la séance, je n'ai pu donner à cette motion tout le développement nécessaire. J'aurais désigné deux évêques, qui viennent de quitter l'Assemblée nationale, tout exprès pour faire des diacres et des sous-diacres.

J'aurais dit que lorsque le roi est supplié de ne plus nommer aux abbayes et bénéfices dont la nation a recouvré les biens[3], on devrait défendre aux ci-devant seigneurs, aux prélats et au pape de nommer aux canonicats des diverses cathédrales. On peut assurer qu'il y a journellement des promotions semblables.

En un mot, il ne suffit pas d'avoir prononcé un décret général sur les biens du clergé: toute la France en attend un particulier sur ceux des métropoles. Après avoir mis les moines et les curés à la pension, il est temps d'y mettre les évêques. Si cet amendement ne

---

1. *Chronique de Paris* du 17 mars 1790.
2. Probablement dans la séance du 15 mars 1790.
3. Décret du 9-27 novembre 1789 : « L'Assemblée nationale a décrété que le roi sera supplié de surseoir à toute nomination de bénéfices, excepté toutefois les cures; qu'il serait pareillement sursis à toute nomination et disposition, de quelque nature qu'elle puisse être, de tous titres à collation ou patronage ecclésiastique qui ne sont pas à charge d'âmes. »

dérange pas la puissance temporelle de ceux qui sont pourvus, au moins il ferait successivement tomber leurs richesses au trésor public après dettes, et la fortune de l'Église gallicane serait une tontine au profit de la nation.

VILLETTE.

VI

MOTION D'UN MEMBRE DU CLUB DES JACOBINS

SOCIÉTÉ DES AMIS DE LA CONSTITUTION, PAR M. ANACHARSIS CLOOTS

(S. l. n. d., Paris, 18 mars 1790, in-8)

Avis au lecteur

Du choc des opinions naît la vérité. Suis-je dans l'erreur? Réfutez-moi. Ai-je raison? Appuyez-moi, et, en tout cas, reconnaissez un homme qui s'intéresse vivement au bonheur des hommes.

LETTRE AUX AUTEURS DE LA *Chronique de Paris*[1]

Votre extrait, Messieurs, d'une brochure intitulée : *De la religion, à l'Assemblée nationale*[2], me rappelle un nombre de réflexions con-

---

1. Cette *Chronique* était une des meilleures feuilles que la liberté conquise fasse éclore; je lui adresse, de préférence, des idées qui me paraissent utiles à la chose publique. On jugera si la matière que je traite dans mon épître ne mérite pas les honneurs d'une réimpression. (*Note de Cloots*.) — La *Chronique de Paris* parut du 24 août 1789 au 25 août 1793, 8 vol. in-4°. Elle fut fondée par A.-L. Millin et J.-F. Noël. Condorcet n'y écrivit qu'à partir du 17 novembre 1791. — M. Avenel, dans son livre *Anacharsis Cloots, l'orateur du genre humain*, t. I, p. 171, semble faire allusion à l'écrit que nous réimprimons quand il dit, en termes un peu obscurs : « Ayant donc publié, Jean-Baptiste vint prier la *Chronique* d'annoncer la brochure. Mais qu'est-ce à dire? On lui refuse net. Il veut s'expliquer, on l'évince. Le soir, il court aux Jacobins, demande la parole, monte à la tribune, commence à lire; mais, loin de rendre justice à son opinion très motivée, on proteste, on l'accable. » Ce qui est certain, c'est que la lettre de Cloots parut dans la *Chronique de Paris* du 29 mars 1790.

2. Cette brochure anonyme était intitulée : « *De la religion, à l'Assemblée nationale*, discours philosophique et politique, où l'on établit les principaux caractères qu'il importe d'assigner au système religieux, pour le réunir au système politique dans une même constitution, et où l'on examine si ces caractères peuvent également convenir à la religion catholique. » *Paris*, 1790, in-8° de 150 pages. L'auteur demandait à mots couverts que la Constituante régénérât le catholicisme dont il semblait vouloir faire une religion d'État. Le rédacteur de la *Chronique* disait : « Nous n'examinerons pas ici la question de la tolérance des cultes (et il s'était indirectement déclaré pour cette tolérance) : c'est aux poli-

signées dans mon livre de *la Certitude des Preuves du mahométisme* [1], et dans ma *Dissertation sur les Juifs* [2], et dans mon *Bréviaire philosophique* [3], et dans mes *Vœux d'un gallophile* [4], vœux que je publiai en 1785 et qui s'accomplissent en 1790. Je crois avoir démontré que si une religion est nécessaire au peuple, ce ne peut être que la religion naturelle : religion simple et à portée de tout le monde, grands et petits, riches et pauvres, savants et ignorants. Au lieu que le choix, parmi les différents systèmes révélés, exige une érudition qui se dérobe à la capacité du vulgaire. L'ascendant du clergé, l'accumulation de ses richesses, sont les fruits nécessaires d'un culte qui n'a d'autre base que l'autorité d'autrui : croire sur parole.

N'en serait-il pas, Messieurs, de cette belle et antique harmonie du système politique avec le système religieux, comme de la prétendue nécessité du Veto absolu, du sénat Mounier, du marc d'argent, de la coalition des corps, et de tant d'autres rêveries aristocratiques? Il est digne de remarque que les ennemis les plus acharnés de la constitution française insistent chaudement sur le maintien du catholicisme; et ces ennemis n'étaient rien moins que religieux avant la Révolution. Gare le piège! hommes libres, on voudrait fixer vos yeux vers le ciel, pour vous jouer quelque mauvais tour sur la terre. Cette filouterie réussit également à la foire et à l'église. Les prêtres seraient moins riches, les princes moins despotes, les peuples moins esclaves, si les intérêts politiques n'avaient pas été mêlés avec les intérêts théologiques. Encore, si la morale y gagnait; mais, hélas! voyez l'Italie, la Sicile, l'Espagne et le Portugal. Chaque pas que je faisais dans ces contrées malheureuses confirmait des principes diamétralement opposés à ceux dont vous donnez, Messieurs, l'extrait dans votre n° 74.

La question comment une religion dominante peut s'adapter aux principes de la Déclaration des Droits offre des difficultés insolubles. Partout où il y a ce qu'on appelle un culte dominant, on ne saurait

---

tiques à la discuter. Qu'un athlète descende dans l'arène et vienne disputer la victoire à celui qui a commencé le combat. » (*Chronique de Paris* du 15 mars 1790.)

1. *La Certitude des preuves du mahométisme, ou Réfutation de l'examen critique des apologistes de la religion mahométane.* Londres, 1880, in-12. C'est une parodie de la *Certitude des preuves du christianisme*, par Bergier.

2. *Lettre sur les juifs à un ecclésiastique de mes amis*, lue dans la séance publique du Musée de Paris, le 21 novembre 1782, par M. le baron de C. V. D. G., Berlin, 1783, in-12.

3. Nous ne trouvons aucun écrit de ce titre dans l'œuvre de Cloots.

4. *Vœux d'un gallophile.* S. l., 1786, in-12.

que tolérer les autres cultes. Mais la tolérance religieuse est une oppression naturellement illégale, d'autant plus qu'on ne saurait en assigner les limites; car si votre tolérance ne souffre point de cloches, pourquoi souffrirait-elle des hérétiques dans les charges civiles et militaires? Les pourquoi se multiplieraient ici à l'infini. Il n'appartient pas à des citoyens de tolérer des citoyens; on tolère des lieux de débauches et non pas des lieux de prières; ce serait mettre les temples au rang des b[...]s. Je me suis étendu sur ce chapitre lors de l'insignifiant édit en faveur des non-catholiques, et j'en conclus d'imiter les Américains unis, qui ont le bon sens de reconnaître qu'un corps politique, que le souverain n'a point de religion, quoique les membres du souverain puissent en avoir une individuellement. La religion est une relation entre Dieu et ma conscience; mais non pas entre Dieu et des consciences prises collectivement. Informez-vous de la morale des citoyens, et laissez là leurs dogmes. Une congrégation nuisible à la société ne doit pas même être tolérée.

L'auguste Assemblée dissipera toutes les difficultés, en concentrant l'exercice de tous les cultes dans l'enceinte des oratoires. Cette loi de police, ne faisant exception de personne, n'offensera personne.

Paris, ce 18 mars 1790.

MOTION D'UN MEMBRE DU CLUB DES JACOBINS

SOCIÉTÉ DES AMIS DE LA CONSTITUTION

Il a donc fallu, Messieurs, trois victoires signalées pour renverser l'aristocratie! La victoire de juin, la victoire de juillet et la victoire d'octobre couvrent les Parisiens de lauriers immortels. Énergie, sagesse, bravoure, prudence, activité, toutes les vertus de la guerre et de la paix ont concouru au succès prodigieux du patriotisme de la capitale. Le peu de sang répandu en trois mois a épargné quinze années de guerres civiles, et vraisemblablement la dissolution totale du plus bel empire de l'univers. Le dernier complot de la cabale est un coup décisif manqué; c'est le hoquet du renard agonisant. L'arrivée du roi à Metz eût été le signal des convulsions intestines. Un exemple très moderne donnait aux conspirateurs les plus belles espérances; car jamais le stathoudérat ne se fût relevé en Hollande, sans le départ du prince d'Orange pour Nimègue. Le refus des officiers généraux à Metz de prêter le serment national m'inspira de violents soupçons et de vives inquiétudes. Je m'élevai contre la sécurité générale. L'oiseau vous échappera, disais-je, et, s'il s'échappe, vous êtes perdus. En effet, la constitution n'étant ni faite ni consolidée, le chef de la nation vous plonge dans une anarchie complète, en abandonnant l'Assemblée, dont les lenteurs concertées excitaient déjà du murmure. Joignez à cela une disette concertée et des insinuations répandues malicieusement parmi le peuple crédule ; des manifestes spécieux émanés de la cour de Metz auraient achevé la division des esprits ; tous les mécontents nobles ou non nobles seraient accourus dans les Trois-Évêchés. Les princes voisins d'Allemagne, ligués pour soutenir leurs droits féodaux et ecclésiastiques en Alsace, s'épuiseraient en hommes et en argent pour faire une algarade à la prussienne. L'armée royale, grossie de troupes auxiliaires de Darmstadt, de Deux-Ponts, de Baden-Baden, de Spire, de Trèves, de Mayence, de Cologne, de Bamberg, de Wurtzbourg, de Wittenberg, etc.; cette armée serait campée devant Metz, dont la garnison donne la main, par une chaîne non interrompue, à toutes les garnisons de la Flandre, de la Picardie, de la Champagne, de la Lorraine, de l'Alsace et de la Franche-Comté, depuis Calais et Dunkerque jusqu'à Huningue et Besançon. Voilà par conséquent toutes les provinces au nord et à l'est de Paris, à la dévotion du cabinet de Metz. Il n'est pas douteux que ce torrent n'entraînât subitement la capitale dans sa course impétueuse, d'autant plus que la désertion des grands propriétaires aurait mis le comble à la misère et au mécontentement des Parisiens. Les bourgeois, divisés et assaillis par la multitude, auraient remercié le ciel de retourner sous le despotisme ministériel; car de deux maux il faut choisir le moindre, et ici le choix n'aurait pas même lieu.

La présence du roi et du corps législatif à Paris produit un double avantage, et par le retour de la splendeur passée, et parce que cela déjoue les anti-patriotes. Il y aura moins d'émeutes, et les émeutes seront plus faciles à réprimer. Il faudrait un miracle pour enlever le roi de Paris, et il était si aisé d'amener le monarque de Versailles à Metz, qu'il a fallu un miracle pour prévenir cette catastrophe. On avait eu la coupable précaution de former un cordon de cavalerie et d'infanterie, de dragons et de hussards, depuis Château-Thierry jusqu'à l'extrême frontière, de sorte qu'il ne s'agissait que de crever quelques chevaux dans une matinée de chasse, pour franchir la Brie. La chance était encore plus belle l'été dernier. La famille royale, environnée de trente ou quarante régiments, aurait pu s'éloigner avec ceux de Versailles ; mais la prise de la Bastille avait tellement étourdi les aristocrates, qu'ils cherchèrent maladroitement leur salut dans une fuite précipitée, pendant qu'une retraite imposante aurait fait triompher leurs pernicieuses maximes.

Comme il est essentiel de calculer toutes les combinaisons politiques, présentes et futures, je prévois un moyen infaillible de ressusciter le despotisme en France. Un temps viendra où l'Europe sera calme. Le roi s'entendrait avec l'empereur pour allumer une guerre simulée, et les prétextes ne manquent pas entre voisins. Les deux potentats s'avancent vers les frontières, chacun à la tête de cent cinquante mille hommes. Le cousin d'Espagne, en fidèle allié, demande passage par le Languedoc et la Provence pour attaquer l'ennemi commun dans la Lombardie. On ne se refuse pas à des offres pareilles, et voilà quatre-vingt mille Espagnols dans nos provinces méridionales. Le roi de Sardaigne se montrerait non loin du Rhône ; tous ces préparatifs, pour repousser les Impériaux, rempliraient le cœur des Français d'un noble enthousiasme, et leur roi toujours à cheval, toujours en uniforme, toujours manœuvrant et haranguant ses troupes, paraîtrait à la nation entière comme un dieu descendu de l'empyrée. Dans cette ivresse universelle, on s'attend chaque jour à une bataille. L'ennemi s'avance ; l'armée française fait des mouvements rétrogrades pour prendre une position plus avantageuse ; mais, hélas ! les deux armées n'en font bientôt qu'une seule, et trois cent mille stipendiaires disciplinés tombent à l'improviste sur Paris, et glacent d'effroi toutes les provinces du nord, pendant que les légions espagnoles et sardes tiennent en respect tout le midi du royaume. On casse les assemblées départementales, et la liberté expire sous le glaive de la tyrannie.

Ce dénouement est aussi inévitable qu'épouvantable, si vous refusez le préservatif que je vais indiquer, et nous serions peut-être un jour témoins de cette révolution politique, à moins qu'une révolution physique ne détachât la France du continent à l'instar de l'Angleterre. J'ai montré le poison ; indiquons l'antidote. C'est d'insérer dans la constitution un article qui interdise au roi la faculté de commander les troupes en personne, ni durant la guerre, ni pendant la paix ; et, puisque ce magistrat suprême n'a pas la faculté de juger les coupables, il ne paraîtra pas étrange de lui ôter l'uniforme, tout comme on lui ôte la simarre. L'article que je propose ne serait au reste qu'un corollaire de votre décret, Messieurs, du 6 octobre, par lequel le roi est inséparable de l'Assemblée nationale.

On s'est moqué des sénats vénitiens et génois, qui gardent le doge prisonnier dans le palais ducal [1].

---

1. Une question très intéressante, et qui n'a jamais été proposée par aucune Académie, serait celle-ci : Quels sont les motifs des Génois et des Vénitiens en-

Admirons aujourd'hui la profonde sagesse de ces sénateurs expérimentés ; imitons leur exemple ; car, si les Français ne retiennent pas le roi sous la sauvegarde d'une immense capitale, au milieu d'une armée de citoyens, d'une nombreuse garde nationale, je ne donne pas trente ans de durée à l'édifice que vous construisez avec tant de peine et de gloire [1].

retenant leur doge prisonnier ? Ceux qui disent que personne ne voudrait être roi de France à pareille condition, ignorent les brigues, les cabales, les dépenses des nobles pour se faire élire doge à Gênes et à Venise. (*Note de Cloots.*)

1. Je vais retracer ici les propres expressions dont je me servis l'été dernier : « Qu'est-ce qui empêche le roi maintenant d'habiter sa capitale? Louis XIV a eu de bonnes raisons pour abandonner le Louvre, après en avoir été chassé dans sa jeunesse. Je me trompe : ni Louis XIV ni Henri III n'en furent chassés ? ils prirent la fuite, ayant poussé à bout la patience d'un peuple nombreux. Nous avons vu, à la Saint-Jean dernière, ce que peut la multitude, puisqu'une distance de quatre lieues et une armée de gardes n'ont pas garanti le monarque de recevoir la loi du Parisien désarmé. Une vaste et populeuse capitale est la terreur des despotes, et, comme je l'écrivais à M. le marquis de Montesquiou, la liberté anglaise est fondée sur la grandeur de Londres, et la liberté française sur l'immensité de Paris. Sans la sauvegarde de ces deux cités, le pouvoir législatif, en Angleterre, et surtout en France, qui n'est pas une île, succomberait bientôt sous le fer et l'astuce du pouvoir exécutif. Et comment cimenter l'union de tant de provinces étendues, s'il n'y avait pas une grosse clef à la voûte de l'édifice? Demandez aux ennemis de Necker pourquoi ils voulaient transférer l'Assemblée nationale à Noyon ou à Soissons. Ils vous diront que Paris les faisait pâlir, et l'événement a justifié leurs craintes. La prise de la Bastille fit tomber entre nos mains toutes les forteresses du royaume. Et pourquoi la prise de Château-Trompette ou de Pierre-Encize ou de toute autre place forte n'aurait-elle pas produit le même effet ? C'est que Bordeaux ou Lyon ou toute autre ville de province ne forment pas une masse imposante et centrale. Les fauteurs du despotisme vont travailler sourdement à diminuer la population de Paris : ils répéteront des sophismes usés ; mais ne prenez pas le change, braves Français : achevez la construction du Louvre ; invitez, pressez la famille royale de quitter Versailles qui tombe en ruines, et la capitale ne se ressentira nullement des réformes économiques et judiciaires. Demandez au prince d'Orange ce qu'il craint le plus, ce qu'il déteste le plus en Hollande : il vous répondra que c'est Amsterdam. Un conseiller du stathouder disait qu'il mourrait tranquille s'il voyait l'herbe croître dans la bourse de cette grande ville. J.-J. Rousseau vient à l'appui de mes assertions. « Plus le même nombre d'habitants occupe une grande surface, dit-il, plus les révoltes deviennent difficiles, parce qu'on ne peut se concerter ni promptement ni secrètement, et qu'il est toujours facile au gouvernement d'éventer les projets, et de couper les communications. Mais plus un peuple nombreux se rapproche, moins le gouvernement peut usurper sur le souverain. Les chefs délibèrent aussi sûrement dans leurs chambres que le prince dans son conseil, et la foule s'assemble aussitôt dans les places que les troupes dans leurs quartiers. » (*Contrat social*, liv. III, chap. VIII.) Si le parti stathoudérien a pris le dessus à l'aide des trahisons intestines et de troupes étrangères, vous verrez à la première occasion la liberté hollandaise reprendre son empire, et c'est d'Amsterdam, où elle couve sous la cendre, que sortiront les manifestes patriotiques. Voyez dans le moyen âge comment les villes hanséatiques en imposèrent aux petits despotes de la féodalité. Les bonnes villes écartèrent loin de leur territoire ces barons

Au nom de la France, Messieurs, examinez mûrement ma question relativement aux voyages du roi. N'épargnons aucune réflexion, aucune démarche, pour la publicité et l'éclaircissement d'une thèse de la plus grande importance. Admirez la combinaison des circonstances. Comme si l'exemple du prince d'Orange n'était pas assez récent, voici le prince de Liége qui vous donne une nouvelle leçon. Voyez dans quel embarras sont les États du pays par son absence; voyez comme l'anarchie a précédé la dangereuse influence des puissances étrangères. L'astucieux évêque travaille nuit et jour du fond de sa retraite pour fomenter les divisions, et pour rentrer avec mainforte, à l'aide d'un autre général Monck, dans sa patrie désolée. Ah! si les Liégeois l'avaient retenu dans leur capitale, le jour de son entrée solennelle, la paix et la concorde, le bonheur et la liberté, régneraient maintenant chez eux. L'histoire de Suède, depuis cent ans, fournit une foule de réflexions applicables à ma motion, qui deviendrait trop volumineuse en les rapportant ici.

Quand j'appris le coup de vigueur des Parisiens à la Saint-Jean dernière, je m'écriai : Le roi est entre leurs mains, et ils ne l'amènent pas au Louvre! On fit la même faute le 17 juillet, etc.; sans le miracle du 6 octobre, nous verserions aujourd'hui des larmes amères; un crêpe funèbre se déploierait du sommet des Pyrénées au sommet des Alpes, et du bord de l'Océan au bord de la Méditerranée. Le ministère a fait circuler dans les provinces une proclamation du roi, qui annonce à ses fidèles sujets qu'après la législature actuelle S. M. fera une visite paternelle dans toute l'étendue du royaume. Français, ne prenez pas le change. Ceux qui n'ont pu se rendre à Metz en ligne droite voudraient y arriver par une ligne courbe. *Latet anguis in herba.* Soyez convaincus que, si ce voyage a lieu, l'oiseau s'échappera, et la douce colombe ne retournerait sur les rives de la Seine qu'après

voraces, comme nos colonies policées font reculer les hordes sauvages de l'Amérique. Or, pour en imposer à un roi batave, à un roi breton, à un roi des Gaules, il ne faut rien moins qu'un Amsterdam, un Londres, un Paris. Constantinople fait trembler le Grand Seigneur, qui ne se maintient que par l'ignorance publique et par la zizanie de différents peuples superstitieux, dont le gouvernement nourrit les haines dans le sein de Byzance; et, si la métropole des Russes ne renverse pas le trône des czars, c'est que Pétersbourg est une ville médiocre. Serait-ce seulement pour les avantages du commerce que Pierre Ier se rapprocha de la mer et coupa sa capitale en deux? Serait-ce seulement pour la sécurité du bourgeois que Louis XIV établit cette fameuse police dont le mécanisme est plus ingénieux que la machine de Marly? J'ai deviné le secret motif de ces ordonnances si répétées et si inutiles contre l'extension des limites. » Lettre à M. l'abbé Brizard, en date de Tours, le 31 août 1789, pages 24-28. (*Note de Cloots.*)

s'être métamorphosée en horrible vautour. Ce serait une bonhomie bien bonne, de se reposer sur le nouveau serment des troupes. Il n'est pas nécessaire d'aller dans les fortes garnisons pour entendre les interprétations jésuitiques des mécontents. Et je dirai, en passant, que l'on se dépêche de faire monter les sergents et les caporaux au grade d'officiers, si l'on veut éviter beaucoup d'inconvénients dans les guerres prochaines. Gardons les enfants de France en otage, observez-vous, et les voyages du roi ne seront pas inquiétants. Ne vous y fiez pas. Cet expédient serait bon si le roi agissait par lui-même, mais sa faiblesse le rendrait l'instrument servile des ambitieux, leur volonté deviendrait nécessairement la sienne : il n'aurait fait que changer de prison, de prison, dis-je, pour me servir d'un terme familier aux aristocrates [1], et une armée formidable tomberait sur Paris de par le roi. Vous aurez beau menacer de juguler la famille royale, hélas! ces menaces ne parviendront pas aux oreilles du monarque. Les démophages fabriqueront des lettres ; ils feront parvenir à Metz de prétendus courriers de Paris pour entretenir leur simulacre dans sa fatale sécurité. Qu'importe à ces conspirateurs que le sang des Bourbons coule, pourvu que le chef de la nation devienne entre leurs mains la baguette des illusions et l'étendard de l'oppression ? O Français! ô peuple de mon cœur! point d'option ici. Le régime des Génois et des Vénitiens à l'égard de leur doge est le seul qui vous convienne, à moins de vous embarquer tous pour l'île de la Nouvelle-Hollande. Le voyage est un peu long, et vingt-cinq millions de navigateurs sont un peu nombreux. Un tremblement de terre a détaché la Sicile de l'Italie, et l'Afrique de l'Europe. Peut-être qu'un jour, quelque heureuse secousse détachera la France du continent; mais, en attendant, veillons, imaginons ; et, au défaut des dieux, invoquez votre génie.

Comme il s'agit de créer des lois pour tous les siècles et toutes les générations, notre constitution sera aussi fragile que vicieuse, si nous avons à redouter les vertus de nos rois. En effet, un monarque bienfaisant, actif, populaire, préparerait un trône absolu à lui-même ou à

---

[1]. On nous objecte que le roi n'est pas libre; mais nous répondrons qu'aucun homme attaché aux fonctions publiques ne saurait être absolument libre, sans en excepter les membres de notre auguste Assemblée. A plus forte raison le premier magistrat doit-il subir cette loi immuable, puisque sa liberté compromettrait essentiellement la liberté nationale. Le pouvoir exécutif ne doit pas s'éloigner du pouvoir législatif. Je doute même qu'il soit jamais permis à un roi des Gaulois d'abdiquer sa couronne. Il aura cela de commun avec l'Être suprême. Lettre à mon oncle, l'auteur des *Recherches philosophiques sur les Américains, les Égyptiens, les Chinois et les Grecs*, en date de Paris, le 26 de l'an 1790, page 11. (*Note de Cloots.*)

son héritier, si ce roi joint les vertus guerrières aux vertus civiles. Comment une nation légère, une multitude irréfléchie tiendrait-elle contre les prestiges charmants d'un monarque jeune, beau, éloquent, martial, généreux et victorieux? Un roi capitaine, toujours gracieux, galant, aimable, jamais inaccessible, jamais dur ni capricieux : c'est le dieu des armées, dirait le soldat; c'est le dieu de la France, ajouterait la nation entière. Ce nouveau soleil éclipserait le pouvoir législatif, dont les membres clairvoyants et incorruptibles élèveraient vainement une voix républicaine dans cet enivrement universel, et le ridicule ne serait pas le moindre fléau qui saperait les fondements de la liberté. Non seulement est-il dangereux que le pouvoir exécutif puisse se transporter d'une ville à l'autre, d'une place frontière à l'autre, inspecter, passer en revue les troupes; mais il serait absurde qu'un monarque abandonnât ses fonctions royales pour ne s'attacher qu'au métier de la guerre. Il faudrait donc qu'il fût en même temps amiral, chancelier, maréchal de France. Et si la nature n'en a pas fait un Catinat, un d'Aguesseau, un Duquesne, nos affaires seront en bonnes mains. Et si le roi est fait prisonnier de guerre? La captivité de saint Louis en Égypte et sa mort devant Tunis, la prison du roi Jean en Angleterre, et celle de François Ier en Espagne, mirent la France à deux doigts de sa perte. Une rançon onéreuse est le moindre des maux qui accablent un royaume dont le chef est à la merci des nations étrangères. C'est confondre le pouvoir exécutif avec ses agents que de vouloir qu'un roi des Français soit soldat et jurisconsulte et marin. C'est obscurcir toutes les notions; c'est ignorer la nature d'une royauté constitutionnelle, que de permettre à votre monarque de commander vos armées en Bohême et en Italie, et d'aller combattre sur vos flottes dans les deux Indes. Nos sages législateurs mesureront toute la profondeur de la motion que je soumets à leur prudence.

Votre roi n'est pas un chef d'escadre, ni un général d'armée, ni un président de tribunal, ni un lieutenant de police; mais il est le chef de la nation. Or le chef ou la tête ne saurait quitter sa place sans rompre l'harmonie du corps, sans détruire l'équilibre qui entretient la vie. En lisant le projet du voyage de Sa Majesté dans les provinces, il me semblait entendre la tête du corps humain annoncer qu'elle descendrait de dessus nos épaules pour visiter chacun de nos membres. Quel danger, quel bouleversement, quel fardeau pour nos mains et nos pieds, quelle désorganisation ne résulterait-il pas d'un voyage aussi insensé au moral qu'au physique! Je me servirai ici d'une figure dont la justesse désarmera le bon goût et les convenances.

Saint Denis, dis-je, n'alla pas fort loin avec sa tête dans ses mains. A peine fut-il au bas de Montmartre qu'il tomba dans la plaine qui porte son nom. Français, soyez prudents, craignez que l'apologue de l'apôtre de la France ne se réalise un jour, et que votre tête en tombant à Metz ou à Strasbourg, ou à Lille, ou à Briançon, ou à Perpignan, ou à Bayonne, ne renverse toute la constitution.

Et la dépense de ces voyages du roi? Sa Majesté se montrera avec quelque éclat. Les quatre-vingt-trois départements lui donneront des fêtes. Il faudra créer une cohorte dispendieuse et périlleuse de gardes du corps. Les bourgeois de Paris ne se ruineront pas en courses lointaines pour se relayer à l'entour du roi, dont le service personnel épuiserait, en quinze jours, toute autre ville du royaume que la populeuse capitale. Voilà des prétextes pour s'entourer de régiments de ligne, voilà des raisons pour s'arrêter de préférence dans les villes de guerre; voilà de justes alarmes répandues dans Paris et ses faubourgs; voilà des insurrections populaires, d'autant plus terribles que la cause en serait fondée sur l'amour de la patrie. Et ne doutons pas que, le lendemain du départ du roi, il ne circule mille bruits fabuleux qui mettront en danger l'hôtel de ville, la mairie et tous les chefs que les gens malintentionnés ou mal informés voudront désigner à la fureur du peuple. Les aristocrates feront l'impossible pour fomenter ces convulsions, ne serait-ce qu'afin d'effrayer le roi, qui craindrait de retourner dans une capitale orageuse. Les torches des dissensions civiles, préparées de longue main par la haine, la jalousie, la vengeance, l'avarice, l'ambition, l'espérance et le désespoir, ces torches funèbres s'allumeraient d'elles-mêmes dans toute l'étendue de la monarchie démocratique. Quelle imprudence de votre part, Messieurs, si vous n'abordiez pas la question que je vous présente, si vous ne la circonveniez pas de vos lumières, si vous l'abandonniez au cours rapide et bizarre des événements! La tardive expérience vous rendrait responsables et victimes des entreprises du chef de l'ordre social nouvellement établi. Je me résume, et ce résumé sera court; le voici: Français! gardez votre tête sur vos épaules.

Signé : Cloots du Val-de-Grace,
Baron en Allemagne, citoyen en France.

VII

PROPOSITION DU DISTRICT DES MATHURINS
A LA SOCIÉTÉ DES AMIS DE LA CONSTITUTION

Le district des Mathurins a proposé à la Société des amis de la constitution, réunis aux Jacobins, de placer des factionnaires aux portes de la salle de l'Assemblée, le jour qu'elle tiendrait ses séances. Cette preuve de zèle et d'attachement pour ceux qui soutiennent les bons principes a été reçue avec reconnaissance [1].

VIII

RÉFLEXIONS
SUR LE PLAN DE CONSTITUTION JUDICIAIRE DE M. DU PORT [2]
DÉPUTÉ A L'ASSEMBLÉE NATIONALE
LU A LA SOCIÉTÉ DES AMIS DE LA CONSTITUTION
AUX JACOBINS, LE 24 MARS 1790, PAR M. LOYSEAU [3]
AUTEUR DU « JOURNAL DE CONSTITUTION ET DE LÉGISLATION [4] »

(Imp. de Momoro, s. d., in-8 de 31 p. avec un post-scriptum de 4 p.)

Le pouvoir judiciaire est l'une des parties essentielles et intégrantes

---

1. *Chronique de Paris*, 20 mars 1790.
2. Le plan en question fut lu à l'Assemblée nationale le 29 mars 1790 et imprimé par son ordre sous le titre de *Principes et plan sur l'établissement de l'ordre judiciaire*, par M. du Port, député de Paris. Paris, 1790, in-8°. (Bibl. nat., Le 29/585.)
3. D'après la *France littéraire* de Quérard, Jean-Simon Loyseau, né à Frasne, en Franche-Comté, en 1776, fut avocat au parlement de Paris, député d'Eure-et-Loir à la Convention, docteur en droit, avocat à la Cour de cassation et au conseil des prises, membre de l'Athénée de la langue française, mort à Paris le 16 décembre 1822. Quérard se trompe en ce que le conventionnel Loiseau (et non Loyseau) était un juge de paix de Châteauneuf, et ne pouvait pas être né en 1776 (il n'aurait eu que *seize* ans lors de son élection à la Convention!). Mais notre jacobin est bien le légiste Jean-Simon Loyseau qui publia, sous l'Empire et sous la Restauration, plusieurs ouvrages de jurisprudence. — Quant aux *Réflexions*, bien que d'après la disposition typographique du titre les mots : *Aux Jacobins, le 24 mars 1790*, se rapportent plutôt aux *Réflexions* de Loyseau qu'au *Plan* de du Port, il n'est pas sûr qu'elles aient été lues textuellement à la tribune des Jacobins, d'autant plus qu'il y est question (p. 57) de la séance du 31 mars. Nous les donnons néanmoins parce qu'elles émanent d'un des orateurs du club, parce qu'elles lui ont probablement fourni les éléments d'un discours, parce qu'enfin, dans cette pénurie de textes à cette date, il n'est pas sans intérêt d'avoir un écho des débats que soulevèrent, dans la Société, les projets de réorganisation judiciaire.
4. Il s'agit sans doute du *Journal historique et politique de constitution, de lé-

de la constitution politique du royaume ; il est attendu avec la plus grande impatience, pour faire cesser le despotisme des tribunaux. Les vexations qu'ils ont accumulées sur nos têtes étaient le fardeau le plus accablant que nous eussions à supporter.

Une instruction dévorante et interminable, une instruction qui obscurcissait les faits et environnait les points de droit de nuages impénétrables, laissait aux juges la faculté de disposer arbitrairement de tout ce qui compose essentiellement notre existence.

Nous étions les esclaves de nos mandataires, ils exerçaient sur nous toutes les passions, les leurs et celles de ceux qu'ils voulaient favoriser. Gagnants ou perdants, nous ne nous retirions de la lutte à laquelle nous étions forcés de nous livrer en leur présence, qu'en y laissant notre plus pure substance, l'honneur, la fortune ou la vie.

Des lois barbares, susceptibles des plus inconcevables interprétations, se prêtaient à tout, sauf à la justice qu'elles rendaient impossible ; une armée de satellites, de suppôts et d'officiers instrumentaires, prêts à nous dévorer, était le cortège effrayant de ces arbitres absolus de nos malheureuses destinées.

Le hasard de la fortune remettait dans leurs mains le bouclier de la loi afin de nous en couvrir contre l'injustice, et ils le transformaient en une arme offensive, destinée à nous porter les plus dangereuses atteintes.

Ces lois que l'on se dispensait d'observer, que l'on forçait de se plier à toutes les fantaisies, à tous les caprices et aux passions les plus contraires à l'intérêt public, n'étaient que des appuis de féodalité, de ce système oppresseur qui nous a retenus dans un abîme de maux, environnés de toutes les ténèbres de l'ignorance, et assaillis des plus absurdes préjugés pendant plus de huit siècles. Non seulement elles étaient toutes, pour ainsi dire, hors de la nature des choses et des personnes ; mais même elles leur étaient diamétralement opposées.

Elles étaient l'ouvrage des grands propriétaires de fiefs ou de leurs représentants et du clergé lié à eux par la plus horrible confédération contre le peuple, dont elles absorbaient toutes les ressources.

Il lui appartenait de les faire d'une manière conforme à tous ses intérêts ; lui seul en avait le droit, le pouvoir et les moyens ; et c'est

---

gislation, d'administration, des tribunaux et de la police, avec des observations sur l'agriculture, le commerce et l'industrie, par un jurisconsulte citoyen, dont nous ne connaissons que le prospectus. (Bibl. nat., Lc 2/312, in-8°.) Ce journal y est présenté comme devant paraître le 2 janvier 1790.

contre lui seul que se dirigeaient toutes leurs dispositions et que se formaient des usages qui ajoutaient à leur tyrannie.

Des juges délégués par ces infâmes législateurs, des juges dans leur dépendance absolue, des juges qui avaient tout à en craindre, qui ne pouvaient rien obtenir que par eux, étaient les gardiens de ces lois atroces; ils en étaient les arbitres, pourvu qu'ils en étendissent la sévérité et qu'ils parvinssent par elles à grossir les revenus de leur fisc; et de là l'usage de ne permettre aucune transaction sur aucune contestation engagée, à moins d'une exception spécialement accordée, afin de ne rien faire perdre aux seigneurs de leurs droits sur les instructions judiciaires.

Ainsi la justice, que les hommes avaient d'abord instituée pour eux, donnait le moyen le plus assuré de les retenir sous le joug de la servitude féodale. Cette justice pure, sainte et sacrée, devint une sous-inféodation que la vassalité des juges fit valoir à discrétion contre les justiciables, au profit des seigneurs et au leur, et cette double avidité n'eut de bornes que les moyens des contribuables pour satisfaire à tant de vacations.

Lorsque l'autorité du roi prévalut sur la tyrannie des seigneurs et de leurs juges, les choses ne changèrent que de forme et, au fond, elles furent aussi accablantes et également arbitraires. La perpétuité des juges, la vénalité de leurs offices, l'hérédité, les droits, les taxes, la multiplicité des formes et des officiers, les prétextes sans nombre pour ne se retirer de dessus les malheureux plaideurs que lorsque la vermine quitte un cadavre, remplacèrent avec d'autant plus d'équivalents les horreurs féodales que les lois de la féodalité, qui ne changèrent pas, furent rendues plus aggravantes par les règlements de la fiscalité.

Les juges, dans le premier ordre de choses, n'avaient à pourvoir qu'à la cupidité et aux autres passions des seigneurs; dans celui que l'autorité royale leur substitua, ils eurent à satisfaire à l'âpreté dévorante de tout ce qui pouvait avoir de l'influence sur eux au gouvernement, de tous les favoris, de tous les courtisans, de tous les hommes à grandes places et à crédit déterminant. La justice n'était, pour ainsi dire, qu'un ressort forcé dans les mains de ses organes nécessaires. Aussi était-il rare de voir les procès se terminer sans la ruine également entière et absolue de toutes les parties, ou, tout au moins, sans l'épuisement total de l'objet des contestations, dans les mains de ceux qui avaient le bonheur d'obtenir les jugements en leur faveur.

Avec de telles institutions, les hommes pouvaient-ils se flatter de revenir à la liberté? Aussi notre esclavage a-t-il eu la plus inconcevable durée; nous ne devons son entier recouvrement qu'à l'excès de nos maux et à l'excès encore plus grand de nos oppresseurs, qui, heureusement pour nous, ont eu l'aveuglement de vouloir se conduire comme au XVe siècle, dans des temps de lumières qui ont mis à découvert tous les prestiges de l'ignorance et des préjugés. Grâces leur soient rendues de leur ineptie, de leurs fausses et ridicules prétentions, de l'entêtement qu'ils ont mis à ne vouloir se prêter à rien; car ce sont eux qui nous ont forcés à entreprendre la plus grande et la plus heureuse révolution dont il soit possible d'avoir l'idée. Par elle nous allons être des hommes en possession de tous nos droits primitifs et sacrés, de ceux que la nature nous a donnés, et que rien de ce qui existe n'a pu nous ravir. Nous serons heureux, sages, justes et bienfaisants; la loi sera notre ouvrage, et, par cela même, la seule puissance à laquelle nous devions nous soumettre. Nous aurons des égards, du respect et de la reconnaissance pour ceux que nous aurons chargés de la faire exécuter, et des mesures bien prises pour empêcher que, sous prétexte de cette exécution, ils ne sortent des bornes où elle doit naturellement les renfermer. Nous détruirions tous les effets de cette Révolution mémorable et de la liberté qui en est le premier fruit, si nous laissions subsister aucune de ces institutions judiciaires qui ont pris leur source dans le régime féodal; car, en laissant subsister ses appuis, ses créatures et ses organes, nous n'en aurions détruit que le mot, et la chose ne tarderait pas à se reproduire sous des formes différentes.

Les lois et les tribunaux qui nous viennent de cette source empoisonnée doivent donc être anéantis sans retour; et d'autres lois saisies dans l'essence et la nature des choses, et des formes d'exécution qui leur seront analogues remplaceront cette chaîne d'oppression qui pèserait continuellement sur nous, quelles que fussent les idées de réformes auxquelles on prétendit s'arrêter, d'une manière excessivement accablante et inconciliable avec la liberté dont nous avons recouvré l'usage.

Le plan de constitution judiciaire lu par M. du Port, et dont la Société des amis de la constitution a voté l'impression, me paraît remplir toutes les conditions de notre liberté, tous les droits de la nature et ceux de l'humanité.

Les lois sont les conventions du corps social avec obligation de chacun de ses membres de s'y conformer. Les jugements ont pour objet d'y contraindre ceux qui voudraient s'en écarter.

L'opposition à la loi donne lieu à une contestation.

Cette opposition est un fait qu'il s'agit, avant tout, de constater; car, s'il n'y a pas de fait, il n'y a point d'opposition, et s'il n'y a pas d'opposition, il n'y a point de contestation, et dès lors nul prétexte de lui appliquer la loi.

L'esprit ne peut pas être consulté par les applicateurs du droit, sans de très grands risques de commettre des injustices, dont M. du Port prouve la réalité, jusqu'au degré de la plus complète démonstration. Il en tire la conséquence nécessaire d'avoir des juges du fait; de là l'établissement des jurés, aussi utiles en matière civile qu'en matière criminelle et dont l'intervention est également facile dans l'une et dans l'autre.

De la liste des jurés formée par les électeurs des citoyens les plus analogues au fait et aux parties, celles-ci pourront en rejeter un certain nombre; parmi ceux qui resteront, on tirera au sort les juges du fait.

Le fait étant fixé, on établira la question; l'instruction suivra, et les juges appliqueront la loi à la question née du fait constaté. Ils feront l'application de la loi en la prenant dans son sens littéral, sans se permettre d'y en chercher aucun autre, sous prétexte de pénétrer son esprit ou l'intention du législateur; car, en fait de législation, ce que le législateur n'a pas exprimé ne doit pas passer pour avoir été l'objet de sa détermination.

L'application, dans ce cas, de la loi à la question conforme au fait préalablement déterminé est plutôt la déclaration d'un autre fait que le jugement d'un point de droit; car tout y est de l'obligation la plus étroite, la plus servile, la plus rigoureuse et la moins équivoque. C'est un fait de la loi, si l'on peut s'exprimer ainsi, dont le juge n'est que l'organe, sans pouvoir y appliquer de ses facultés intellectuelles que l'attention qui compare en s'abstenant de rien décider de lui-même.

Dans ce point de vue, l'homme est rendu à sa propre nature, dès que c'est à la loi qu'il a faite qu'il est obligé de se conformer; et, sur le fait, il ne dépend que de ses égaux qu'aucune affection d'amitié, qu'aucune impression de haine, qu'aucun motif d'intérêt ne peuvent détourner de ce sens droit et naturel qui suffit à les mettre à même de déclarer si ce qu'on leur présente est un fait ou n'en est pas.

On ne dépend pas davantage sur l'état de la question; car le fait conduit si naturellement à l'établir, qu'il faudrait, pour ainsi dire, en avoir la volonté pour s'y tromper. Il en sera de même de l'application de la loi à la question, conforme au fait constaté par les jurés.

En se résumant en un seul mot, la loi est la condition du pacte social, et quiconque contrevient à cette condition viole le pacte; il faut l'y ramener; le moyen existe dans le pouvoir judiciaire.

La violation du pacte social consiste dans un fait; pour que ce n'en soit pas un autre, il faut le définir et en fixer la réalité. Souvent il n'est point une violation, et alors il n'y a point de procès; s'il en est une, il présente une question dont il faut déterminer l'état; lorsqu'on y est parvenu on l'instruit dans les formes prescrites par la loi : celui qui prétend qu'on lui a fait préjudice cherche à établir l'affirmative de la question en sa faveur; celui qui prétend prouver qu'il n'a point nui, ou qu'il n'agit point pour nuire, cherche à convaincre de la négative.

Le cercle de l'instruction contradictoire étant parcouru avec impossibilité d'en sortir jamais, car il est d'une nécessité absolue que les instructions aient un terme, les juges prennent connaissance de l'instruction sur l'état de la question, et déclarent laquelle des deux parties, ou d'un plus grand nombre, est dans le cas de l'affirmative, et quelle est celle qui doit supporter la négative; c'est l'opinion la plus simple que l'on puisse énoncer, car elle se réduit à dire oui ou non. L'intermédiaire entre l'un et l'autre doit exclure toute espèce de jugement.

Il résulte de cette manière d'envisager une contestation l'impossibilité de tomber dans aucune erreur, à moins qu'elle ne soit l'effet d'une négligence impardonnable, ou d'une intention manifeste de s'éloigner des moyens de rendre la justice, ce qui est une prévarication dont celui auquel on peut la reprocher doit être responsable.

Si cette forme de jugement exclut toute espèce d'erreur, si ce n'est l'erreur volontaire, soit par négligence inexcusable, soit par une perversité d'intention qui l'est encore beaucoup plus, les juges doivent en répondre. Il n'y a plus dès lors d'intérêt pour les parties à ce qu'il y ait plusieurs degrés de juridiction : c'est déjà un grand bien, car la nécessité de l'appel était une occasion de dépenses sous tous les rapports inimaginables : dépense de temps, dépense de voyages, et dépense de frais et de faux frais, dont la mesure était souvent impossible à déterminer; et puis, l'affreuse et longue incertitude de son sort, qui était la plus rude épreuve des parties, à quoi il faut ajouter qu'en cumulant le fait, l'état de la question et le droit pour être statué sur le tout par les mêmes juges, l'on était ordinairement dans le cas d'avoir un procès à suivre sur l'appel, tout différent de celui qu'on avait instruit devant les premiers juges.

C'est donc un grand point de tranquillité et de liberté de n'avoir à craindre qu'un seul procès, de n'avoir à supporter qu'une seule instruction, et de ne pouvoir redouter aucune erreur préjudiciable à ses intérêts sans être fondé à épuiser dans une proportion convenable toute la fortune des juges, pour ses dommages et intérêts, ce qui est une garantie tellement rassurante, qu'il n'est pas croyable qu'aucun juge qui pourra, lorsqu'il le voudra fermement, ne se tromper jamais, ait la volonté de s'y exposer. Ceci n'est applicable qu'à de nouvelles lois, simples, claires, uniformes partout et réduites au plus petit nombre de cas généraux possible à déterminer.

Sommes-nous dans cette position? Un homme riche de 100,000 écus peut, quand il le voudra, écraser un homme qui a une fortune de 100,000 livres; celui-ci, un autre qui n'a que 30,000 livres, et toujours en suivant la proportion des deux tiers, au-dessus de ce que possède la victime que l'on veut immoler. Les frais directs, dans l'état actuel des choses, sont à ceux dont on n'obtient pas le remboursement dans les tribunaux comme trois est à un. Ainsi l'homme riche paye un tiers de ce que dépense celui qu'il veut opprimer; et, par surcroît de malheur, on exige plus de celui qui a moins, parce qu'on n'en espère rien et qu'on se flatte de tirer parti de celui qui a davantage, par ses relations, ses places et l'influence de son crédit. Cette différence peut être évaluée au tiers; ainsi l'homme qui a 100,000 écus ne dépense que 2,000 livres, lorsque celui qui n'a que 100,000 livres dépense 3,000 livres : trois degrés de juridiction (souvent on est dans ce cas) lui coûtent la dixième partie de sa fortune, lorsque son adversaire n'en dépense que la cinquantième partie.

Qu'une cassation survienne, ce qui n'est pas fort difficile, et moins à un riche qu'à celui qui ne l'est pas, l'affaire recommence : une cour souveraine juge, et l'on casse encore; une seconde cour souveraine prononce, et une troisième cassation annule ce jugement, et ainsi de suite jusqu'à ce qu'on ait fait le tour de toutes les cours souveraines du royaume, sauf à recommencer, ce qui n'est pas impossible. Ainsi un homme riche a, par le fait de nos institutions judiciaires, la faculté de dominer jusqu'au degré de la plus excessive tyrannie tout ce qui est au-dessous de sa fortune. Nos lois ajoutent à cette tyrannie; elles sont féodales, fiscales, obscures, et variées partout au degré le plus inconcevable; elles mettent dès lors tous ceux qui s'y adressent au pouvoir des juges qui ne devraient être que leurs organes; ils en sont les arbitres de la manière la plus scandaleuse; ainsi des lois tyranniques, des lois féodales, des lois fiscales, des lois qui se plient à tout, dont on fait absolument ce que l'on veut, qui écrasent le malheureux, qui favorisent le puissant au préjudice de l'homme faible et sans crédit, qui admettent des formes ruineuses, vexatoires et compliquées, sont-elles favorables à la liberté? N'ont-elles pas au contraire tout ce qu'il faut pour la détruire en peu de temps, quels que soient d'ailleurs la solidité de ses bases et l'inébranlable appui de ses entours pour la mettre au-dessus de toute atteinte?

C'est donc restituer doublement tous les droits de la liberté que de la débarrasser des obstacles destructeurs de ses véritables principes, et de leur substituer un ordre de choses tellement analogue à tous ces avantages, qu'il doive les fortifier et les étendre à mesure qu'il acquerra tous les degrés de développement dont il est susceptible. La suppression de nos tribunaux actuels est donc indispensable, si l'on veut que la justice soit ce qu'elle doit être, un bienfait secourable, une dette sacrée que chacun ait le droit d'exiger avec une égale facilité.

Les tribunaux que nous avons eus depuis l'invasion féodale jusqu'à présent sont la plus redoutable de toutes les aristocraties, celle qui gravite directement et d'une manière excessivement accablante sur tous les points de notre existence morale, naturelle, civile et politique. La représentation qu'ils avaient usurpée, sous prétexte de stipuler les intérêts politiques de la nation, leur fournissait toutes les occasions dont ils pouvaient avoir besoin pour étendre et perpétuer les abus qui leur étaient utiles. Ils tenaient tout asservi sous leur main de fer.

Il serait impossible de les réformer; ils mineraient sourdement toutes les barrières; des efforts de chaque jour les conduiraient bientôt à recouvrer leurs anciennes habitudes, et, produisant à la longue l'effet de torrent, ils entraîneraient tout ce qui leur serait opposé.

Ils veulent être les maîtres avec l'arme de la loi, ils la modifieraient à leur gré, quelles que fussent les précautions employées à la garantir.

Leur permanence dans la forme d'un corps, dont la hiérarchie fait que toutes les parties se correspondent et se prêtent une force mutuelle, les met au-dessus de toutes les règles, et leur soumet tout ce qui a des rapports avec eux, ou qui pourrait en avoir, ce qui comprend tout et n'excepte rien.

Les hommes sont capables de tout pour recouvrer un grand pouvoir et s'y maintenir; ils ont tant de moyens de se faire illusion qu'ils parviennent à se justifier, sur ce point, au tribunal de leur propre conscience. C'est afin de faire plus de bien, disent-ils, qu'ils tendent à tout embrasser.

Il faut donc anéantir, sans en rien réserver absolument, cette institution barbare qui ne peut produire que des effets de despotisme, d'autorité arbitraire, et la dévastation universelle de tout ce qui est placé sous sa malheureuse influence.

Le moyen de remplacement, avec autant d'avantages que nous avions d'abus à supporter, se trouve dans le plan de constitution judiciaire proposé par M. du Port.

Les mesures qu'il prend pour fixer le fait, pour établir l'état de la question et juger, sont ce qu'il y a de plus conforme à la nature des choses. Nous l'avions avant l'oppression féodale; les Anglais tiennent de nous la méthode des jurés qu'ils ont perfectionnée et à laquelle nous ajouterons de nouveaux degrés d'utilité publique.

Nous avons remarqué plus haut que la conséquence que M. du Port en tire, et qui consiste dans l'inutilité des juges d'appel, est exempte d'inconvénients. Il n'y a, en effet, que des lenteurs à supporter, à faire juger une seconde fois ce sur quoi l'on n'a pu se tromper lors du premier jugement, à moins qu'on ne l'ait voulu, et alors le juge est responsable, ce qui désintéresse celle des parties qui aurait à se plaindre de son jugement.

L'on sait à quoi s'en tenir sur le temps et sur l'argent que l'on gagne à n'être plus soumis à l'appel; on y en gagne encore beaucoup par les formes abrégées et économiques, admises dans la seule instruction judiciaire à laquelle on est forcé de se réduire.

L'impartialité des jugements exige, s'il est possible, que les juges ne soient en aucune de ces relations qui influent sur les personnes au préjudice de la nature des choses; c'est pour cela que M. du Port propose, comme cela se pratique en Angleterre, que des juges aillent un peu loin du lieu de leur séjour rendre la justice, et que d'autres juges, à peu près à la même distance, viennent l'administrer dans le lieu dont les premiers se sont éloignés.

Ces juges, dans leurs stations, trouveront les affaires instruites, et, sans connaître les personnes qu'elles intéressent, ils feront aux différentes questions, fondées sur des faits arrêtés et jugés, l'application de la loi, sans avoir d'autre objet que celui de la faire exécuter à la lettre.

M. du Port propose deux juges dans chaque district.

La moitié de ces juges restera pour l'instruction et l'autre moitié ambulera; celle-ci restera l'année suivante, et l'autre ira juger. Les juges n'iront jamais dans les mêmes cantons qu'ils n'aient parcouru tous ceux du département. L'administration de la justice coûtera sur ce pied 8 à 10 millions.

Reste un autre ordre de choses à déterminer : celui de la cassation des jugements qui auront été rendus en contravention aux lois établies.

Cette partie du pouvoir judiciaire doit être confiée à de grands juges. M. du Port les borne à 48, qu'il divise en 10 sections de 4 chacune. Elles ambuleront, en alternant, pour aller casser, partout, les jugements qui en seront susceptibles. On leur fixera un sort proportionné à leur dépense et à leurs fonctions. Ces grands juges seront choisis parmi les juges des districts.

Tout sera réglé, dans ce nouvel ordre, d'une manière conforme à la nature des choses, et personne ne jouira d'aucune préférence et ne supportera une plus forte partie des inconvénients indispensables de la chose établie.

Les préjugés de l'ancien ordre judiciaire et l'intérêt de ceux qui en étaient chargés multiplient les objections contre un plan aussi simple. C'est une brillante chimère dans la spéculation ; mais, ajoute-t-on tout de suite, il est impossible à exécuter.

Impossible à exécuter? Où trouvez-vous les bases de cette assertion? Une contestation commence par un fait, il en naît une question qui amène la nécessité de la juger. Le fait, l'état de la question et le jugement étaient soumis à vos anciens juges; c'est pour cela qu'ils exerçaient sur vous un pouvoir tellement redoutable que vous étiez dans leur dépendance absolue. En distinguant le fait de la question et celle-ci du point de droit, vous recouvrez votre liberté et vous vous mettez à l'abri de toute espèce d'erreur dans ces jugements : n'est-ce pas ce qui convient à des hommes libres?

Vous aviez des juges qui tiraient toute leur existence de la féodalité, qui étaient imprégnés d'habitudes féodales et dont tous les intérêts tenaient à la maintenue de toutes ces idées.

Pouviez-vous leur conserver cette manière d'être, sous quelque rapport que ce soit, sans vous exposer à perdre une partie de votre liberté? Avec des juges permanents, arbitres du fait et du droit, vous aurez des maîtres; quoique vous les fassiez élire, et que cette élection ne doive leur donner que pour un temps les fonctions de la justice, ils tiendront à se perpétuer et à ne faire de la loi des élections qu'un usage illusoire, comme celui qui semblait avoir lieu pour la nomination des anciens prévôts des marchands de la capitale. Quand on est occupé d'une grande régénération, il est indispensable de ne conserver de prétexte à aucun abus; l'on doit encore beaucoup moins entrer en composition sur les bases constitutives de la liberté. On ne travaille qu'une fois, en plusieurs siècles, à fixer le sort des empires, et nous donnons ici au monde entier, et même à M. Pitt, qui prétend avec une légèreté digne de nos anciennes mœurs que nous traversons la liberté, le premier exemple d'une constitution véritable, composée de toutes ses parties intégrantes. Que l'on juge, d'après cela, s'il nous est possible de laisser une partie aussi principale que le pouvoir judiciaire, destiné à servir de ressort par sa nature à tous les autres points de l'ordre public, en discordance avec eux, et de leur faire manquer, par cette incohérence, l'aplomb que l'appui mutuel de tout ce qui le constitue lui procure.

L'ordre judiciaire, proposé par M. du Port est ce à quoi la nature nous a destinés; il nous en assure tous les droits; chaque homme est immuablement fixé sur ce qui lui appartient, et rien de ce qui est à lui, ou de ce qui tient à ses facultés, ne peut lui être, ni ravi, ni même endommagé par aucun autre; cette impossibilité est poussée jusqu'au degré de la plus complète évidence.

Le plan proposé par le Comité de constitution laisse beaucoup de pierres d'attente pour y raccorder la plupart de nos anciens abus.

L'impossibilité de l'exécution du plan de M. du Port n'est qu'un prétexte pour l'éloigner; rien, au contraire, n'est aussi facile et n'est exempt d'inconvénients à ce point.

Exempt d'inconvénients, facile à exécuter, et au-dessus des erreurs, des méprises ou des prévarications qui nous molestaient autrefois, qui nous ruinaient, et nous forçaient à passer presque toute la vie dans les plus mortelles angoisses; comment a-t-on le délire d'hésiter sur de si grands avantages et sur une certitude de bonheur et de tranquillité aussi complète?

Prétend-on encore nous gouverner avec des mots? Impossible, une chose aisée! Impossible, ce qui va devenir d'une si grande simplicité, qu'il sera à la portée de la plus commune intelligence! Les Français, dit-on, auront de la peine à contracter cette habitude : c'est comme si l'on soutenait qu'un enfant garrotté dans son berceau aura de la peine à recouvrer l'usage de ses mouvements. Ne pas dépendre est le plus grand bien que l'homme puisse atteindre; ici, il ne vivra dans aucune dépendance, ni des formes, ni des personnes, ni même des choses, si ce n'est qu'il ne s'agisse de leur nature absolue, indispensable.

Un homme qui n'aura reçu d'autre éducation que celle de la nature sera, s'il est né avec un sens droit, un bon juge du fait; il contribuerait aussi beaucoup, avec le secours des lumières du juge, à fixer l'état de la question, et le juge, dirigé par le fait et par l'état de la question, serait dans le cas de commettre beaucoup moins d'erreurs avec nos mauvaises lois, et aucune absolument, lorsque nous aurons des lois conformes à la nature des choses et aux véritables principes des sociétés politiques. Ainsi, même dès à présent, la forme des jurés, en matière civile, serait applicable à nos mauvaises lois; elle en diminuerait considérablement les imperfections.

Les tribunaux que M. du Port propose de conserver pour juger pendant quelques années les affaires commencées seraient inutiles, et, quand il faudrait s'en servir, comment s'est-on persuadé qu'un pont provisoire pendant la construction d'un pont neuf et plus solide soit la preuve de l'inutilité de celui-ci? Il sert tout au plus à prouver la nécessité d'une transition d'un ordre ancien à un ordre nouveau. Pourquoi penser d'ailleurs que les Français, qui ont eu l'esprit public à volonté, qui l'ont eu en un clin d'œil, qui en un an ont fait le travail de dix siècles, ou qui au moins ont détruit tous les maux qu'ils avaient accumulés, ne puissent pas contracter l'habitude des jurés? Ils y seront accoutumés dès le premier instant qu'il faudra en faire usage. Ou l'on fera un code civil dans cette première législature, ce qui est fort possible et ce qui est encore plus désirable; ou on le renverra à la prochaine législature; dans le premier cas, tout sera prêt, la loi et la forme d'instruire et de juger, pour être mis en activité avant que la législature actuelle se sépare; dans le second cas, on établira toujours la forme de l'instruction des jugements; elle diminuera les inconvénients de nos anciennes et mauvaises lois, par conséquent elle ne sera pas incompatible avec elles. L'on ne voit de mal au changement que la destruction de quelques réputations de palais; elles sont tellement évanouies au grand jour de l'esprit public, qu'il n'y a pas lieu d'y compter dans quelque forme que l'on établisse le pouvoir judiciaire. Dorénavant il n'y aura plus rien de beau que ce qui sera simple, vrai, et surtout utile. Tous les hommes consacrés à l'activité des anciens tribunaux perdront à l'établissement de la nouvelle forme; mais, en y regardant de près, ce qu'ils acquerront aura bientôt réparé leurs pertes pour eux-mêmes, et deviendra incalculable pour leurs enfants.

On facilitera à ceux d'entre ceux que ce changement laissera sans ressource les moyens de parvenir à d'autres états. Si les circonstances de ce genre empêchaient une révolution, on resterait irrévocablement lié aux préjugés de l'ignorance. Ceux qui perdent pour s'être attachés à des abus ont pu prévoir qu'un jour on les détruirait. On ne doit pas pour cela moins prendre d'intérêt à leur position, mais seulement jusqu'au point d'adoucir leur sort; car, s'il fallait rester dans les liens de l'esclavage et être soumis à tous les maux qui sont la suite des abus, ce serait faire un sacrifice qui tiendrait de la plus excessive stupidité et de la barbarie la moins excusable. Le bien public, l'ordre public, et la liberté politique et individuelle, sont au-dessus de toutes les considérations.

Tous les modes, toutes les anciennes habitudes doivent céder à de si puissants intérêts.

C'est ici que tous les partis sont réunis dans un seul et unique point de vue et que tout ce qui les touche le plus essentiellement se confond. Ainsi, les ennemis comme les partisans de la constitution tiennent au même degré à ce que la justice soit prompte, simple, rapprochée du justiciable et essentiellement impartiale. C'est ce qui consolera les adversaires de la constitution de leurs pertes, dès qu'ils sont assez aveugles pour ne voir que des maux dans un ordre de choses qui doit amener tout le bien auquel l'espèce humaine puisse prétendre. Dans ce point, ils seront au moins d'accord avec nous; puisque ce qu'il s'agit d'établir est destiné à les préserver de toute vexation, et que la plus légère connexité du nouvel ordre judiciaire avec l'ancien les y laisserait exposés.

Les juges de paix ont un nouveau moyen de garantir les hommes de tout trouble inutilement fait à la tranquillité, par des essais de conciliation, surtout dans les campagnes; mais il importe beaucoup que ces juges de paix n'aient aucune juridiction et qu'ils soient choisis par les communes des différentes municipalités, comme les représentants de ces mêmes communes pour former les municipalités.

Quand ils ne pourront pas réussir à la conciliation, ce qui deviendra plus rare à mesure que les avantages en seront mieux sentis, ils donneront leur avis, que les parties seront tenues de représenter aux juges qui devront connaître de leurs contestations et aux jurés. Il est vraisemblable que ces juges de paix éviteront les neuf dixièmes des contestations; mais, encore une fois, il est nécessaire, pour cela, qu'ils n'aient aucune juridiction; car ils seraient plus disposés à faire acte de juges que fonctions de conciliateurs.

Les juges ambulants doivent avoir leur domicile dans la ville la plus peuplée du district, sans que pour cela on soit forcé de les y choisir, jusqu'à ce que celle qu'on aura préférée pour le district, à cause de la nécessité de se conformer au point central, ait acquis une population au moins égale à celle qui se trouve renfermer, dans l'état présent des choses, une plus nombreuse population.

Le plan de constitution du pouvoir judiciaire proposé par M. du Port, réunit donc au plus haut degré tous les moyens de satisfaire aux besoins des hommes en société, et de maintenir au milieu d'eux la liberté, la paix, l'ordre et la tranquillité sans aucun prétexte de les y troubler. Il peut avoir, comme on l'a déjà remarqué, l'inconvénient de rendre inutiles quelques hommes appliqués à l'ordre judiciaire actuel; mais, en cédant à de pareilles considérations, il faudrait renoncer à la constitution.

La plupart de ces hommes, les plus éclairés comme les plus estimables, trouveront des dédommagements dans les différents modes du nouvel ordre de choses; et tous seront remboursés, ou acquerront des droits certains au plus prochain remboursement; jusque-là on leur payera les intérêts de leurs capitaux, avec la plus grande exactitude, à raison de cinq pour cent. S'il doit en résulter une augmentation de dépense annuelle, l'heureux changement qui s'opérera en faveur de la nation la soulagera de plus de deux cents millions qu'elle dépense, chaque année, à suivre les tribunaux actuels, indépendamment de la perte d'un temps infini à marcher dans les routes tortueuses qui embarrassent toutes les avenues, indépendamment aussi de l'absurde contrariété des jugements qui s'y rendent et qui compromettent la liberté, l'honneur, la vie et la fortune des citoyens.

L'on n'aura rien fait pour la constitution, si l'on manque cette grande et unique occasion de la consolider par l'importante régénération d'un pouvoir qui a de si nombreux points de contact et de si fortes adhérences à toutes ses parties essentielles.

C'est ici l'intérêt de tous, indépendamment de la diversité des opinions, et il est encore bien plus éminemment un abri rassurant pour ceux qui n'auront pas eu le bonheur de sentir les avantages d'une Révolution dorénavant impossible à traverser, contre les haines dont ils pourraient redouter les suites, et dont néanmoins les bons citoyens sont incapables; car la bonté, la plus saine morale, l'amour de la justice, et toutes les vertus d'ordre et de bienfaisance, sont inséparables du véritable patriotisme.

Le bureau de législation proposé par M. Chabroud[1] est utile, et doit, comme il l'indique, se communiquer ses travaux de législature en législature; mais il ne faut pas s'y borner. Il convient aussi d'avoir des secours étrangers dans les méditations des écrivains connus sur cette matière et sur toutes celles de l'ordre public. Pour cela, il est nécessaire d'en former une liste avouée de l'Assemblée nationale. Elle prendra 1,200 exemplaires de toutes leurs productions, au prix qu'en

---

[1]. Il s'agit du discours de Chabroud prononcé dans la séance de la Constituante du 30 mars 1790 et publié sous ce titre : *Opinion de* CHARLES CHABROUD, *membre de l'Assemblée nationale, sur quelques questions relatives à l'ordre judiciaire, prononcée le 30 mars 1790. Imprimée par ordre de l'Assemblée nationale*. Paris, imp. nationale, 1790, in-8. (Bibl. nat., Lc 29/541.)

donnent les libraires, afin de les indemniser de leurs frais; en effet, il est notoire que l'on ne peut plus faire imprimer les meilleurs ouvrages sans perdre la presque totalité du prix de l'impression.

Les écrivains avantageusement connus ne peuvent rien faire de dangereux ou d'inutile, et c'est d'eux, après tout, que l'on doit attendre les plus saines lumières.

On les admettrait à conférer avec le Comité de législation quand ils le demanderaient, ou lorsqu'on les y inviterait.

On pourrait même leur demander des travaux pour les livrer à la discussion de l'opinion publique. Ce serait, peut-être, une bonne institution que de les engager à tenir entre eux des assemblées particulières, et de leur assurer chaque année deux pensions aussi honorifiques qu'utiles, de 3,000 livres chacune. Nul ne pourrait en avoir plus de deux dans sa vie, avec le titre de bon citoyen, décerné par l'Assemblée nationale.

Cette institution ne coûterait pas à la nation plus de 200,000 livres, et des académies de littérateurs et de savants, que l'on n'entend pas priver des encouragements qui leur sont nécessaires, coûtent au delà du double de cette somme.

On pourrait en diminuer les proportions, car il faut convenir que certains littérateurs, qui ont 12, 15 et jusqu'à 18,000 livres de traitement sur la chose publique, sont récompensés au delà de l'utilité des services qu'ils lui rendent.

L'argent que l'on propose à l'Assemblée de consacrer à ce genre de dépense sera d'autant mieux employé, outre les avantages des principes et des vues qui sont inappréciables, que les auteurs en donneront l'équivalent en ouvrages qui auront nécessairement une valeur, et qui deviendront pour les membres de l'Assemblée nationale, qui n'ont pas le temps de faire des travaux suivis, des sujets de méditation qui les conduiront à de grands résultats d'utilité publique. Les plus légères erreurs de l'ancien régime coûtaient un nombre prodigieux de millions, et l'on n'y regardait pas. Il n'avait de parcimonie que pour les dépenses utiles, auxquelles il se refusait même le plus ordinairement.

Post-scriptum.

Le plan de M. Chabroud parle de l'institution des juges élus à temps; il prétend, avec raison, que pour les dégager de toute espèce d'entraves, et leur laisser la liberté de n'être occupés que de leurs fonctions, il convient que le procès-verbal de leur élection soit en même temps le seul titre de leur institution. L'éligibilité des juges, faisant partie de la loi constitutionnelle du pouvoir judiciaire, n'est soumise qu'à la formalité de l'acceptation du roi, sans avoir besoin d'aucune institution particulière du pouvoir exécutif; elle exposerait les juges choisis à des retardements, à des frais quelconques et à des tracasseries incidentes, qui amèneraient jusqu'à un certain point la nécessité de ne présenter, pour cette institution que des individus agréables au ministère et capables par cela même d'entrer dans ses vues particulières : elles ne sont pas souvent, comme l'expérience ne l'a que trop prouvé, celles du bien public et de la liberté.

Mais si ces motifs ont paru déterminants à M. Chabroud en faveur des juges, pourquoi les a-t-il abandonnés lorsqu'il s'est agi du citoyen destiné à remplir les fonctions du ministère public? Cet officier est encore plus dévoué que les juges, s'il est permis de le dire, par ses fonctions tribunitiennes et censoriales, à tous les intérêts de la chose publique dans l'exercice du pouvoir judiciaire.

Si on lui conserve la dénomination de procureur du roi, ce n'est pas que l'on puisse le considérer comme le mandataire de la personne individuelle de Sa Majesté, mais seulement celui de sa personne collective, qui est prise ici pour l'emblème du public ; dans ce sens, il est encore bien plus essentiel qu'il ne tienne sa mission que du choix libre des communes qui sont ses commettants, et dont il est plus spécialement le mandataire que les juges ; ainsi, il doit être élu à temps comme les juges, et son élection doit être le seul titre de son institution. S'il ne dépendait que du roi, il serait bientôt aux ordres de ses ministres, et ne ferait que des réquisitoires qui se concilieraient avec leurs vues particulières, dont la tendance perpétuelle est l'affaiblissement du corps social.

M. du Port, répondant, mercredi dernier 24 mars, à un opinant dans la Société des amis de la constitution, lequel prétendait que nous devions consulter les Anglais pour régler le mode de nos jurés sur le leur, dont ils ont une longue expérience, observa que les Anglais avaient le défaut, dans lequel nous tomberons peut-être, d'être tellement attachés aux imperfections de leur ordre judiciaire, qu'ils ne veulent entendre parler d'aucun changement, quoiqu'ils eussent d'importantes réformes à faire ; il est possible que l'habitude produise le même effet chez nous, attachons-nous donc à n'admettre dans notre constitution que ce qui sera le plus conforme à la nature des choses, afin qu'elle ait moins d'inconvénients. N'imitons personne, et saisissons tout ce que nous avons à faire dans ce qui convient à la nature de l'homme. Combinons le mode de nos jurés dans la vue d'en retirer tous les avantages que nous nous sommes proposés.

N'imitons pas davantage les Anglais dans leur Compagnie des Indes. Outre que cette exception à la liberté générale que nous avons établie nuirait à nos intérêts, ainsi que tous les temps antérieurs nous le démontrent si puissamment, il s'en faut bien qu'une compagnie chez nous ait les mêmes motifs que ceux qui ont déterminé les Anglais à former la leur. »

IX

SÉANCE DU 29 MARS 1790 [1]

Le 29 mars, les députés extraordinaires de la Bretagne et de l'Anjou se sont présentés à la Société des amis de la constitution. M. Delaunay l'aîné [2], l'un d'eux, portant la parole, ils ont dit :

« MESSIEURS,

« Quand des Français de la Bretagne et de l'Anjou se sont assemblés à Pontivy, pour jurer d'être à jamais unis par les liens d'une sainte fraternité, de soutenir la nouvelle constitution, de maintenir les lois et d'être inviolablement attachés à leur souverain ; lorsqu'ils nous ont chargés de porter à l'Assemblée nationale nos vœux et leurs serments, ils nous ont dit :

« Dans tous les lieux où vous trouverez des citoyens et des amis de la liberté, allez en notre nom leur présenter notre pacte comme un signe d'alliance et d'amitié, et comme le gage le plus précieux de notre estime et de notre dévouement. Dites aux Français de tous les âges et de tous les pays que nous les conjurons de se coaliser avec leurs frères de la Bretagne et de l'Anjou ; dites-leur qu'une fédération générale est le seul moyen d'affermir la Révolution, d'établir une surveillance active dans toutes les parties du royaume et de dissiper les projets audacieux des mécontents et des rebelles.

« C'est, Messieurs, pour remplir le vœu de nos commettants, que nous venons vous offrir, aux *Amis de la constitution*, le pacte qui exprime notre serment *de la défendre jusqu'au dernier soupir*. Nous avons cru que cet hommage était digne des citoyens qui ont préparé les bases de cette constitution de bonheur et de liberté, sans laquelle

---

1. *Chronique de Paris* du 2 avril 1790.
2. Joseph Delaunay l'aîné, dit *Delaunay d'Angers*, devint plus tard député de Maine-et-Loire à la Législative et à la Convention. Il fut guillotiné avec les Dantonistes le 16 germinal an II, 5 avril 1794.

il nous est impossible de vivre, puisque le cri de ralliement de nos phalanges citoyennes est et sera toujours : *La liberté ou la mort!*

« Mais, Messieurs, si les Français de la Bretagne et de l'Anjou ont juré de vivre libres ou de mourir¹, ils ont juré aussi de venir au secours de l'État par tous les moyens qui sont en leur puissance.

« L'Assemblée nationale a décrété la vente de 400 millions de biens ecclésiastiques. La ville d'Angers souscrit pour dix millions. Sa municipalité et son conseil général nous ont adressé l'acte délibératif qui renferme sa soumission et ses offres. Nous sommes chargés officiellement d'en faire la déclaration. La ville de Nantes souscrit aussi pour douze millions. Nous serons trop heureux, Messieurs, si, par de grands sacrifices, nous pouvons sauver l'État et avec lui la liberté que votre courage et votre génie nous ont conquise. »

X

Avril 1790

SÉANCE DU 12 AVRIL 1790
D'APRÈS CAMILLE DESMOULINS²

Les patriotes, de leur côté, étaient assemblés aux Jacobins, où la commotion excitée par la demande de dom Gerle ne se faisait pas moins sentir. Dom Gerle s'y désolait de sa motion inconsidérée ; il promettait de la retirer le lendemain ; mais il avait servi notre cause mieux qu'il ne pensait, et cette secousse devait réveiller le patriotisme des Parisiens, qui semblait sommeiller depuis quelque temps.

[Dom Gerle, né à Riom en 1736, prieur de la Chartreuse du Port-Sainte-Marie, près Pontgibaud en Auvergne, avait été nommé député suppléant aux États par le clergé de la sénéchaussée d'Auvergne (Riom). Il ne fut admis à

---

1. En janvier 1790, la jeunesse armée de Bretagne et d'Anjou, inquiète des bruits de contre-révolution qui lui venaient de Paris, avait envoyé 300 députés à Pontivy pour y faire une fédération. Cette assemblée prêta, le 19 janvier, le serment suivant : « Jurons sur l'honneur et sur l'autel de la patrie, en présence du Dieu des armées, de rester à jamais unis par les liens de la plus étroite fraternité, de combattre les ennemis de la Révolution, de maintenir les Droits de l'homme, de soutenir la nouvelle constitution du royaume ; et, au premier signal de guerre, le cri de ralliement de nos phalanges armées sera : *Vivre libre ou mourir!* » (Voir le *Moniteur* du 31 janvier 1790.)

2. RÉVOLUTIONS DE FRANCE ET DE BRABANT, n° 21, t. II, p. 349.

siéger que le 11 décembre 1789¹, à la place de l'abbé de la Bastide, démissionnaire. Il s'affilia aux Jacobins dès son arrivée à la Constituante. Membre du Comité ecclésiastique, il proposa à l'Assemblée, le 12 avril 1790, comme l'y invitait le cahier de son ordre, à décréter « que la religion catholique, apostolique et romaine est et demeurera toujours la religion de la nation, et que son culte sera le seul autorisé ». Le 13, il retira sa motion et l'Assemblée rendit le décret suivant :]

L'Assemblée nationale, considérant qu'elle n'a et ne peut avoir aucun pouvoir à exercer sur les consciences et sur les opinions religieuses; que la majesté de la religion et le respect profond qui lui est dû ne permettent point qu'elle devienne le sujet d'une délibération; considérant que l'attachement de l'Assemblée nationale au culte catholique, apostolique et romain ne saurait être mis en doute au moment même où ce culte va être mis par elle à la première place dans les dépenses publiques et où, par un mouvement unanime de respect, elle a exprimé ses sentiments de la seule manière qui puisse convenir à la dignité de la religion et au caractère de l'Assemblée nationale,

Arrête qu'elle ne peut ni ne doit délibérer sur la motion proposée, et qu'elle va reprendre l'ordre du jour concernant les biens ecclésiastiques.

[Sous la Terreur, dom Gerle se fit délivrer par Robespierre une attestation ainsi conçue :

« Je certifie que dom Gerle, mon collègue à l'Assemblée constituante, a marché dans les vrais principes de la Révolution et m'a toujours paru bon patriote. — *Signé* : ROBESPIERRE. »

Pour la biographie de dom Gerle, voir Fr. Mège, *Mémoires de l'Académie de Clermont*, année 1865, p. 438.]

XI

PAMPHLET

GRANDS ARRÊTÉS DU CLUB DES JACOBINS
QUI SERONT CONVERTIS EN DÉCRETS DE L'ASSEMBLÉE NATIONALE,
COMME DE COUTUME, DANS LE COURANT DE CETTE SEMAINE
(S. l. n. d., in-8° de 8 pages)

Paris, le 25 avril 1790.

1° Le roi sera supplié de faire sortir du royaume toutes les troupes

1. David a donc tort de le faire figurer dans son tableau du Jeu de Paume où

étrangères, et notamment les Suisses. La nation se suffit à elle-même.

Les esprits viennent d'être préparés par une petite scène excitée entre les chasseurs nationaux et les gardes-suisses; il faut profiter du moment.

2° Le Châtelet étant devenu aristocrate et poursuivant avec trop de chaleur les prétendus attentats de la nuit du 5 au 6 octobre, il faut le casser. On fera demander par la majorité des districts un autre tribunal de lèse-nation ; et ils auront soin d'insinuer que le vœu du peuple est que le tribunal qui succédera au premier soit composé de membres de l'Assemblée nationale nommés par la majorité. Il le sera par le club des Jacobins : la procédure sera à sa disposition. Il jugera, il blanchira, il punira.

On observe que les incendiaires, les moteurs des insurrections, les assassins, les payeurs, les soldés et les conspirateurs seront jugés par leurs pairs, ce qui amène tout naturellement la procédure par jurés.

La réforme de tous les tribunaux subalternes suivra celle du Châtelet ; toutes les procédures seront apportées à la nouvelle cour ; et si, par un malheur qu'on ne peut prévoir, la nomination de ce tribunal de nouvelle création ne répondait pas à nos espérances, il faudrait avoir recours à une insurrection d'autant plus facile que les coopérateurs de ces émeutes populaires sont les gens chargés dans la procédure du Châtelet, tribunal dont il faut enlever les minutes par tous moyens.

Les Jacobites ont permis au Châtelet l'usage du glaive de la loi pour assassiner Favras; mais ont-ils pu penser qu'ils permettraient à ces assassins timides de poursuivre et de punir des assassins féroces ?

Si la peur a fait leur force pour le mal, la peur doit les détruire et les anéantir.

3° L'armée doit être cassée ; l'ancien ordre de choses l'avait soumise au commandement d'officiers nobles, ou ayant des prétentions à l'être; nous avons bien pu nous servir de leur enthousiasme, flatter leurs espérances pour les séduire, leur présenter l'espoir de l'amélioration de leur sort, de leur promotion prochaine aux emplois supérieurs, mais nous ne pouvons nous dissimuler qu'il est impossible de tenir ce que nous avons promis et que la composition des officiers des troupes nationales contrasterait trop avec celle de l'armée pour

plutôt on a tort de l'y voir. — Le 27 février 1790, dom Gerle saisit une occasion de regretter à la tribune son absence et de prêter le serment après coup.

qu'il ne subsistât pas une division dangereuse à nos projets; l'armée reviendrait d'ailleurs tôt ou tard aux vrais principes de fidélité à son roi, qui ont toujours fait sa force; il reste même quelques régiments intacts qui ne s'en sont jamais écartés, et ce noyau devient fort dangereux. Les soldats nous ont trop bien servis par la défection d'une partie d'entre eux, pour ne pas les ménager; il faut les incorporer dans les milices nationales, comme les ci-devant gardes-françaises l'ont été dans la milice parisienne; plus libres, mieux payés, environnés de soldats citoyens commandés par leurs officiers, ils en prendront l'esprit, et ils deviendront les ennemis les plus déclarés de leurs anciens officiers, conséquemment des anciens privilégiés de la classe desquels ils avaient presque été tous tirés, et maintiendront la constitution aux dépens même du peuple qu'on les laissera vexer et mettre à contribution s'il le faut, et surtout si cela devient nécessaire au perfectionnement de nos glorieux travaux.

4° Saisir les biens des émigrants, ou du moins leurs revenus, jusqu'au moment où ils auront envoyé aux municipalités dans l'arrondissement desquels seront situés lesdits biens un certificat de celle où ils se trouveront. Il faut que cette adresse vienne de Rennes. Le Chapelier nous l'a promise; elle sera accueillie des galeries, et nous ferons passer ce décret dans une des séances du soir. Nous aurons soin d'avertir nos collègues. Le quartier des noirs sera désert.

Robespierre s'écriera que les aristocrates emportent le numéraire; qu'ils travaillent à une contre-révolution dans les cours étrangères; *que le vaisseau de la chose publique n'est pas encore rendu au port, qu'il est même retardé dans sa course;* que ce décret est demandé par le peuple, que les ennemis du bien public peuvent seuls s'y opposer, que la patrie est en danger, que ce que le despotisme et le fanatisme réunis ont fait sous Louis XIV pour la religion contre les non-conformistes, l'esprit de liberté lié à l'intérêt de la nation peuvent bien l'entreprendre aujourd'hui contre les ennemis de la Révolution et de la régénération nationale.

Et le décret passera d'emblée!

5° Suspendre tous les pouvoirs jusqu'au moment où la constitution sera achevée, acceptée et publiée; en investir dès cet instant l'Assemblée nationale. Cette motion est la clef de la voûte constitutionnelle, elle réunira toutes les sortes d'avantages; le décret accoutumera le peuple à se passer de roi, et c'est bien quelque chose, car il faudra toujours en venir là. On conviendra sans doute avec nous que c'est un hors-d'œuvre à la constitution; or, ce hors-d'œuvre est un peu cher, quand il coûte 25 millions.

Ce décret nous mettra à même de changer tous les ambassadeurs [1], tous les commandants de province, ceux des places qui ne sont pas en notre disposition. Cela tirerait de Metz un Bouillé et bien d'autres qu'il serait dangereux de laisser à la tête des troupes, au moment de leur licenciement; et il est aisé de prévoir où tout cela peut et doit nous mener; nos amis nous entendront; la nation ne nous devinera pas, les ennemis de la Révolution nous redouteront, etc....

On garantit l'authenticité de ce qui est relaté dans ce procès-verbal. L'événement le prouvera. *Cetera desunt.*

Aux Jacobins, le 25 avril 1790.

XII

PAMPHLET

MOTION DU PÈRE GÉRARD

DÉPUTÉ DE BRETAGNE, DÉPOSÉE SUR LE BUREAU A L'ASSEMBLÉE DES JACOBINS, LE 27 AVRIL 1790

(De l'imprimerie des Jacobins, s. d., in-8 de 28 p., réimprimé la même année)

MESSIEURS,

Je n'ai encore parlé que deux ou trois fois [2], et vous avez dit que j'avais raison [3]; il s'agissait, si je m'en souviens bien, de ne pas nous faire payer le rogomme plus cher qu'aux riches de la Bretagne, puis de n'être pas toujours obligés d'aller cuire à leur four.

Tout cela a été bientôt dit. On nous reproche à présent de ne pas gagner nos 18 livres [4]; on dit que plusieurs d'entre nous ne disent rien quoiqu'ils soient bien payés : dame! ça me fâche, moi, parce que personne dans ma famille n'a passé pour être riche d'un argent

---

1. Il en est quelques-uns qu'on pourra laisser dans leur poste, tels que les Choiseul de Turin, de Constantinople, et autres de leur trempe. (*Note de l'auteur du pamphlet.*) M. de Choiseul était ambassadeur du roi près le roi de Sardaigne; M. de Choiseul-Gouffier était ambassadeur à la Porte.

2. Michel Gérard, cultivateur, député de Rennes, à qui les Jacobins devaient emprunter plus tard sa veste et ses cheveux plats. On se plaisait à personnifier en lui la sagesse populaire.

3. Le 12 décembre 1789, le père Gérard avait demandé la suppression des droits de détail, et, le 1ᵉʳ mars 1790, celle de toutes les banalités.

4. Le 12 août 1789, l'Assemblée nationale avait arrêté dans ses bureaux que chacun de ses membres aurait une indemnité de 18 livres par jour.

qu'il n'a pas gagné; je voulais donc parler pour nos 18 francs, et faire taire les médisants; mais, comme j'ai bien des choses à dire, j'ai pensé que vous ne voudriez pas m'écouter pendant longtemps, que cela pourrait vous ennuyer, et j'ai pris le parti de faire imprimer ma motion, comme font Messieurs *du côté des noirs*, quand on n'a pas voulu les entendre. Vous serez les maîtres de la lire ou de la laisser là ; je n'en serai pas moins quitte envers vous et envers le public, et, lorsque vous m'aurez lu, vous direz peut-être : *Le père Gérard a raison quand il écrit comme quand il parle*.

Je voulais vous dire, Messieurs, qu'il me paraît que nous n'avons fait rien qui vaille jusqu'à présent, si ce n'est le décret sur les droits des eaux-de-vie, les fours banaux, et peut-être encore quelques drôleries que nous avons décrétées par-ci par-là.

Lorsque je me suis vu avec vous tous, pour la première fois, en entendant de si beaux discours, je me serais cru dans le paradis, si je n'avais vu là tant d'avocats et de procureurs; et puis on parla de faire une constitution; ça ne me parut déjà pas trop bien pensé; car j'ai entendu dire à mon grand-père qu'il en est venu une de son temps en France, qui a pensé faire venir tout le monde fou à force de disputer [1].

J'en ai dit mon avis à mon pays Glezen [2] « N'ayez pas peur, brave homme, ce me fit-il, la constitution que nous allons faire ne ressemble en rien à celle qui nous vint autrefois de Rome : ce n'est plus la même chose. Écoutez-moi bien :

« Depuis que la France est France, elle se gouverne tantôt bien, tantôt mal, selon le bon ou le mauvais esprit des rois et des ministres qui conduisent la barque, et nous, nous voulons que ça aille toujours bien. Pour cela nous allons dire quelles seront les règles qu'ils seront obligés de suivre pour commander, et le peuple pour obéir. Cela sera si clair et si court que l'on mettra ces quinze ou seize maximes (car il n'en faut pas davantage) à la fin de tous les catéchismes, de manière que nos enfants à sept ans sauront tout ce qu'il faut pour gouverner la France ; et c'est là ce que l'on appelle *une constitution*. — Hé bien! ai-je dit, c'est l'affaire de huit ou dix jours ; je vais retenir ma place au coche pour le commencement du mois. — Attendez donc, père Gérard, lorsque nous aurons fait cela, il nous faudra bien régler les finances, c'est-à-dire la dépense et la recette du royaume, régler aussi les impositions et faire quelques

---

[1]. Allusion à la constitution *Unigenitus*.
[2]. Collègue du père Gérard dans la députation du Tiers état de Rennes.

lois sur la justice. — Tout ça me remit un peu de cœur au ventre ; j'ai écrit à notre ménagère que je ne reviendrais pas sitôt, mais que nous allions faire des finances, de la constitution et de la justice.

Au lieu de tout ça, nous nous sommes enfournés dans un galimatias des Droits de l'homme où je ne comprends pas grand'chose, mais je sais bien que cela ne vaut rien. Depuis ce temps-là, on dit toujours qu'on va faire la constitution, et je ne la connais pas encore.

Tout ce tintamarre-là nous a brouillés avec les seigneurs et les prêtres. Du train dont on y va, il ne peut rien nous en arriver de bon, c'est moi qui vous le dis ; je me vois tout culbuté, les marchands sont devenus des soldats ; on en rencontre à chaque pas dans les rues, ils n'ont pas l'air trop contents, surtout à la fin des mois, parce qu'ils disent qu'ils ne voient plus d'argent, qu'il y a depuis un certain temps tout plein d'aristocrates qui le mangent.

La tête pleine de tout ça, j'allai voir l'autre jour Jacques Marteau, le portier de M. le baron de la Fortelle ; c'est un de mes bons amis ; il est le neveu de la première femme de mon oncle. Je le priai de me faire voir un aristocrate ; car, quand je vais dans un pays, moi, je veux connaître tous les animaux. Comme il sert son maître à table depuis deux mois parce qu'il n'a plus le moyen d'avoir tant de laquais, il l'entend souvent raisonner avec ses amis, et il en rattrape par-ci par-là quelques mots.

Un aristocrate, me dit-il, n'est pas une bête, c'est un homme qui n'est pas content de tout ce que vous avez fait à l'Assemblée nationale. Tenez, Monsieur en est un ; il m'a expliqué tout cela l'autre jour, que nous n'étions que nous deux..... Jacques, me dit-il, tu vois que j'ai été obligé de renvoyer mon cocher, de vendre mes chevaux ; ce pauvre la Jeunesse, il a fallu aussi lui donner son compte. Tu es le seul qui me reste avec le petit Picard ; prends bien soin de ma maison ; si on ne vole pas ce qui me reste, je ferai quelque chose pour toi. — Quoi ! Monsieur, est-ce qu'ils vous ont volé, vos gens ? — Hé ! je ne les en accuse pas, les honnêtes garçons ! Mais tu vois bien ce qui se passe depuis plus de huit mois. — Moi, ma foi, je prends le temps comme il vient ; depuis six semaines que nous sommes à Paris je vous ai toujours vu aussi triste qu'à votre château ; j'ai cru que vous aviez perdu votre argent au jeu, ou qu'il vous était mort un oncle qui vous avait déshérité, que c'était là ce qui vous rendait si près regardant à la dépense : chacun n'a-t-il pas ses peines dans ce monde ?... — Non, mon cher enfant, ce n'est pas tout cela qui me fâche ; mais c'est de voir la France, mon pays, à la veille d'être culbutée, perdue sans ressources… — Bon, n'est-ce que cela qui vous afflige? Eh bien, Monsieur, si vous voulez prendre ma place, seulement pendant huit jours, je resterai au logis et vous à la porterie. Je vous réponds que vous serez bientôt consolé, car il passe tous les jours vingt crieurs de papiers en un quart d'heure, qui disent tous que ça va à merveille, que la France va devenir un pays de Cocagne, que nous serons tous heureux, libres comme l'air, qu'il n'y aura plus de seigneurs ni de maîtres, que nous serons tous égaux : voilà pourquoi je vous dis d'être portier à votre tour, pour vous y accoutumer. Ils disent aussi que nous allons nous partager les biens des moines et des gens d'église; qu'il ne faut plus de prêtres, que chacun servira Dieu comme il l'entendra; cependant je voudrais qu'il en restât toujours quelqu'un, car je n'ai jamais manqué à faire mes pâques. Ils disent encore que nous n'avons plus de commis ni de fermiers généraux, ni de parlements, qu'on nous jugera pour rien; et que ce sera un honneur pour nos parents si nous sommes pendus. Ma foi, je ne veux faire cet honneur à personne, voyez-vous. Tant y a que je ne me soucie pas de tout ce que ces papiers-là chantent. Mais les voisins qui les achètent paraissent fort contents, excepté pourtant quelques-uns que je vois, comme vous, hausser les épaules; mais on les appelle *des aristocrates*, et cela les fait vite rentrer chez eux.

— Eh bien! Jacques, crois-tu que cela soit comme on te l'a dit?…
— Ma foi, je ne l'ai pas bien examiné; mais il me paraît pourtant qu'il y a là quelque chose qui cloche, et, d'un autre côté, je me dis : l'Assemblée nationale, qui a tant d'esprit qu'on se bat pour y entrer, ne peut pas nous faire de mauvaise besogne. Mille personnes ne s'accordent pas pour faire du mal, surtout quand on les paye bien; car on dit qu'ils gagnent plus en un jour que moi en trois mois, sans compter le tour du bâton; car on dit que, pour les encourager à bien faire, les Anglais, les juifs et d'autres encore ont mis de temps en temps de l'huile à la lampe. Expliquez-moi donc tout cela, Monsieur, afin que je sache à quoi m'en tenir.

— Volontiers, Jacques. Tu sais bien qu'il y a longtemps que tout va mal, qu'il y a trop de mangeries, que le pauvre monde et les laboureurs sont accablés de tailles, de capitation, d'industrie, pendant que les nobles, les grands seigneurs, les gens d'église ne payaient presque rien; que les fermiers généraux ruinaient le roi en le volant, et en lui prêtant ensuite à gros intérêts, l'argent qu'ils lui avaient volé; qu'ils tourmentaient tout le monde avec leurs commis, qui venaient fourrager dans toutes les maisons de la cave au grenier, tantôt pour de la boisson, pour du sel, du tabac, du cuir, des cartes, etc.; qu'ils faisaient des procès sur la pointe d'une aiguille... — Oh! oui, je sais tout cela. — Tu sais encore qu'il y avait des curés qui n'avaient pas plus de 1,000 francs pour vivre, et qui avaient tout le mal d'une paroisse à conduire, des pauvres à assister, etc., tandis que des moines avaient dans leur couvent quelquefois jusqu'à 10,000 francs chacun à dépenser, pour ne pas faire grand'chose; que des abbés avaient des 100,000 francs pour en faire moins encore; et qu'il y avait aussi des évêques fort riches qui se seraient crus déshonorés s'ils avaient eu un curé ou un vicaire à leur table... — Oui, j'en ai vu aussi qui étaient de bien braves personnes... — Cela est vrai. Tu sais encore que les gens qui étaient obligés de plaider, pour défendre leur bien, étaient souvent ruinés en frais de chicane; que les avocats, les procureurs embrouillaient tout; qu'il fallait payer les secrétaires et les domestiques d'un conseiller, pour avoir la permission de lui expliquer une affaire que les chicaniers avaient entortillée... — Oh! oui, je sais bien qu'il y avait là bien de la manigance; car une place de portier, chez ces Messieurs, était une bonne place, quand on savait un peu la faire valoir...

— Eh bien! Jacques, il en était de même partout; les intendants, certains seigneurs avec leur gibier, tout semblait se réunir pour ruiner les pauvres gens, qui n'avaient que leurs bras pour se procurer du pain, tandis que dix ou douze familles de gros seigneurs étaient continuellement à bourdonner aux oreilles du roi, pour lui escroquer de l'argent ou des pensions dont ils n'avaient pas besoin; ils trompaient le roi par des mensonges, et souvent ils s'entendaient avec ses ministres pour avoir l'argent qu'on tirait de la sueur des malheureux de toutes les provinces... — Ah! les fripons!... — En un mot, il y avait des abus partout; le roi ne pouvait plus trouver d'argent pour payer les dettes, les soldats, les officiers, et pour soutenir son rang. Comme il est la bonté même, et qu'il aimerait mieux être le seul malheureux de son royaume, pourvu que tout le monde soit content, il prit le parti d'écrire dans toutes les villes et villages de la France pour inviter chacun qui avait des plaintes à faire, ou des avis à donner pour mettre la chose en bon train, de le mettre par écrit, et d'envoyer auprès de lui des gens sages et bien intentionnés, au nombre de douze cents de tous les pays, pour aviser avec lui au bien de la chose... — Ah! le bon roi! le bon roi! Eh bien! Monsieur, on a donc raison de dire que tout va se raccommoder? Douze cents honnêtes gens avec le roi qui est aussi un honnête homme, cela doit faire une bonne fricassée... — Je ne t'ai pas dit qu'on avait envoyé des gens tels que le roi les avait demandés, il s'en faut bien. Comme on regardait comme un grand honneur d'être choisi pour venir auprès du roi, des intrigants, des hypocrites, des gens d'esprit, mais qui ont le cœur corrompu, ont donné de l'argent, ont fait mille bassesses pour se faire nommer, et ont surpris les honnêtes gens par de belles promesses; de sorte que l'on a été fort étonné de voir arriver des avocats et des procureurs fripons, mourant de faim, perdus de dettes; des gens sans religion, sans conduite; des nobles sans honneur, repris de justice, ingrats, banqueroutiers; un évêque débauché, voleur et parjure; quelques curés pauvres, jaloux, faibles ou ignorants; quelques mauvais moines... — Bon Dieu! Monsieur, que me dites-vous là? C'est une abomination... — Je ne veux pas te dire que tous les évêques, curés, nobles et avocats, qu'on a envoyés, soient de cette trempe; mais il y en a beaucoup, et tu sais que le plus grand nombre a toujours raison contre le plus petit; il y a même des gens timides, sans caractère, qui, sans avoir le cœur mauvais, se laissent entraîner ou séduire par des caresses, et n'osent supposer qu'il y ait des hommes si méchants.

Lorsque tous ces gens-là furent assemblés, ils commencèrent à se réunir entre eux; ils se mirent dans la tête qu'il n'y avait rien de bien, qu'il fallait tout détruire. Comme la plupart d'entre eux, et surtout ceux qui étaient les plus écoutés, n'avaient ni biens ni honneur, ils n'en voulurent plus voir chez personne; ils ont commencé par voler les gens d'église et la noblesse, en prenant leurs biens pour payer des usuriers qui avaient prêté au roi à des intérêts affreux; ils ont mis dans leur parti quelques nobles mécontents de n'avoir pu rien obtenir du roi, ou de ceux qui, ayant été comblés de ses bienfaits, rougissaient d'être obligés à la reconnaissance...

— Mais, Monsieur, le roi les a-t-il laissés faire? Comment le peuple n'a-t-il pas compris que de ruiner la noblesse et les gens d'église, c'était lui couper la gorge à lui-même? — Tu as raison; mais, pour tromper le roi et le peuple tout à la fois, ils ont imaginé des noirceurs si abominables, que tous les gens de bien y ont été pris; ils ont fait croire au roi qu'il avait auprès de lui des traîtres de leur complot, que les habitants de Paris étaient à craindre et avaient de mauvais desseins; ils lui firent conseiller de mettre beaucoup de troupes auprès de Paris, pour effrayer le peuple et les bons citoyens par un grand appareil; d'un autre côté, ils disaient aux Parisiens que ces troupes étaient envoyées pour ruiner la ville, que le roi voulait faire égorger tous les habitants; ils firent courir les mêmes bruits dans les provinces, par des gazettes que plusieurs d'entre eux font encore tous les jours, pour empêcher qu'on ne connaisse la vérité; par ce moyen, ils ont fait croire au peuple et aux pauvres gens qu'ils travaillent pour eux; ils ont écrit de tous côtés pour exciter le peuple à se révolter contre les nobles, les prêtres et le roi, dont ils disent beaucoup de mal. Ils ont fait plus; ils ont affamé plusieurs fois la ville de Paris, en disant que c'était la noblesse, le clergé et les riches, qu'ils ont appelés *aristocrates*, qui lui faisaient tout le mal, tandis que c'étaient eux-mêmes. Ils ont engagé, par argent, les soldats à désobéir au roi et à se déclarer pour eux, promettant toujours beaucoup de choses pour le pauvre peuple, et ne faisant rien. Les malheureux qu'ils avaient aveuglés par de belles promesses se portèrent à des actions infâmes; ils ont assassiné plusieurs personnes sans forme de procès; ils ont brûlé beaucoup de châteaux avec les titres et papiers des familles; ravagé des bois et des terres, pour forcer les nobles à consentir à être dépouillés; ils ont rendu les prêtres et la religion odieux, tandis qu'ils accordaient aux juifs, aux baladins, aux bourreaux les honneurs de citoyens qu'ils refusent à d'honnêtes domestiques.

Quand ils se sont trouvés bien sûrs du peuple, qu'ils avaient aveuglé, des soldats, qu'ils ont corrompus et séduits, ils se sont mis à la place du roi, ont excité des pauvres femmes de Paris, qui croyaient tout ce qu'on leur disait, à aller à Versailles avec des scélérats qui étaient payés. Là, ils ont fait égorger les gardes jusque sur le seuil de la porte de la reine; cette princesse aurait été assassinée dans son lit, si elle ne se fût sauvée en chemise auprès du roi. Tu sais le reste.

On a fait semblant d'apaiser le peuple, quand le mal a été fait. Tous les Parisiens sous les armes, traînant des canons après eux, ont emmené le roi et la famille captifs dans Paris, sous prétexte qu'il voulait s'enfuir, et c'étaient eux qui lui avaient fait, sous main, donner le conseil pour le faire tomber dans le piège. Depuis ce temps, le meilleur des rois est prisonnier, au milieu d'un peuple qu'il aime encore, parce qu'il sait qu'il n'a été méchant que parce qu'il a été trompé.

Cette Assemblée de pervers ne laisse au roi que la vie; il est gardé à vue comme un criminel; ils ont eu la cruauté de le forcer à venir leur dire qu'il est libre.

Ils lui font approuver des règlements extravagants, qu'il sera impossible d'exécuter; ils lui font signer des décrets qui le dépouillent de tous les droits et de l'autorité dont il a besoin pour gouverner son peuple et pour maintenir la sûreté au dehors et au dedans du royaume.

Si ce prince donne sa confiance à quelqu'un, tout de suite il est persécuté. Tout ce qu'il dit, tout ce qu'il fait renferme de mauvaises intentions. Pour entretenir la chaleur du peuple qu'ils ont séduit, ils font courir tous les jours de nouveaux bruits de conspiration. Tous les jours on arrête d'honnêtes citoyens sur des soupçons. Une cour de justice s'est déshonorée par sa faiblesse à servir leur haine; et on a vu périr l'innocent, tandis que les crimes les plus atroces restent impunis. Tout en disant que l'on est libre, on n'a ni liberté de parler ni même de se plaindre du mal que l'on souffre. Ils ont des espions à leur gage, on paye des accusateurs, qui servent en même temps de témoins. Dix ou douze membres de cette Assemblée font imprimer des journaux et des gazettes qui les enrichissent en trompant le peuple. Trois ou quatre fois la semaine, ils s'assemblent pour délibérer entre eux sur les moyens de tout renverser; ils y admettent des étrangers, mais avec la plus sévère précaution, pour être assurés qu'ils sont de leur parti. Il faut pour cela plusieurs répondants et être inscrits sur le registre. Ces brigandages se passent au milieu de Paris, et Paris les approuve. Mais (malheureusement trop tard!) les Parisiens ouvriront les yeux.

— Ha! Monsieur, vous me faites une peur effroyable; qu'allons-nous donc devenir?... — C'est ce qui m'afflige, mon pauvre Jacques. Déjà le mal devient insupportable; le commerce est perdu; il n'y a plus de confiance; on ne voit que du papier au lieu d'argent, on n'entend parler que de banqueroute; tout le monde devait être heureux et tout le monde est dans la détresse? On ne voit que des pauvres dans les rues, personne pour les assister; on a dépouillé tous les riches qui restent en France; on a fait fuir les autres; ils sont allés enrichir nos voisins, peut-être même nos ennemis. Tous ceux qui étaient en état de faire du bien sont mécontents, le peuple continue à les persécuter; on ne voit que des marchands oisifs dans leur boutique, sous un habit de soldat; des domestiques sans maîtres, des ouvriers sans occupation, des artistes qui meurent de faim auprès de leurs beaux ouvrages; il n'y a plus personne en état de les achever...

— Mais, selon ce que vous me dites, Monsieur le Baron, ce sont les Parisiens trop crédules qui ont fait tout le mal, et ce sont eux aussi qui en souffriront le plus, car je commence à voir clair; me voilà devenu aristocrate aussi, moi, sans avoir su ce que c'était, et je n'approuve pas tout cela au moins. Je vois bien que, les couvents supprimés, les parlements anéantis, la noblesse insultée, les prêtres bafoués, adieu le commerce de Paris; adieu les fiacres, les hôtels garnis, les bijoutiers, metteurs en œuvre, etc., etc. On m'a dit encore que la ville, les districts et l'Assemblée coûtaient gros; tout cela n'est pas pour remettre nos affaires : il est vrai qu'on pourra encore se soutenir un peu avec l'argent des biens du clergé (car on dit qu'on va les vendre)... — Pauvre garçon, que tu es simple! Les biens du clergé à Paris, ce sont des maisons ou des emplacements pour en bâtir, et qui les occupera ces maisons? Pour vendre, il faut des acheteurs, et il y a tant de biens à vendre en France! La noblesse ruinée, combien de châteaux, de maisons de campagne vont porter des écriteaux? Pour vendre les biens du clergé, il faudra donc donner pour trois mille livres ce qui en vaut six? Ne valait-il pas beaucoup mieux accepter les quatre cents millions que le clergé voulait donner? Il aurait trouvé à vendre ou à emprunter, et l'État était sauvé. Crois-tu que les gens des provinces, des campagnes surtout, seront assez sots pour souffrir qu'on vende à des juifs ou à des usuriers de l'État des maisons religieuses qui les assistaient ou les faisaient travailler, et qu'ils consentiraient ensuite à être imposés pour payer leurs prêtres? Car on a encore de la religion dans les provinces. Pour acheter, écoute bien ceci, il faut être assuré de sa propriété; et qui la garantira? On a toujours droit de réclamer contre un vol, et, quoique l'Assemblée ait décidé que les biens du clergé étaient à la disposition de la nation, il n'est pas dit qu'elle ait le droit de les vendre ou de les donner à des Juifs, mais d'en consacrer l'usage en faveur des pauvres ou de la religion. L'Assemblée va, dit-on, se décider à faire rendre aux protestants les biens de leurs parents qui ont été injustement confisqués, il y a environ cent ans; cela est juste, mais crois-tu que cela soit bien propre à inspirer la confiance à ceux qui achèteront des biens de l'Église? »

Voilà, Messieurs, tout ce que m'a raconté mon ami Jacques de l'entretien qu'il a eu avec son maître; car j'ai encore bonne mémoire. Tout cela n'a pas laissé que de me turlupiner aux oreilles depuis ce temps-là; et je me suis dit: J'en parlerai à nos Messieurs dans notre Assemblée des Jacobins; là, nous serons en famille, on peut s'expliquer librement, et, pour décharger ma conscience, j'ai fait imprimer ma motion, pour vous dire que toutes ces raisons-là m'ont paru assez raisonnables; car, entre nous soit dit, il y a dans cela bien du vrai. Il est vrai, par exemple, que le roi est prisonnier et sans aucun pouvoir; il est vrai qu'il a été forcé de venir dire le contraire à la salle, parce qu'on lui a dit que sans cela on ne lui répondait pas des Parisiens. Il est encore vrai que nous avons mutiné le peuple, débauché l'armée, fait éclairer quelques châteaux, pendre des riches ou des nobles, déclaré la guerre aux calotins, de manière que j'ai toujours été étonné que le peuple n'ait pas assommé M. l'abbé Maury.

C'est encore une vérité que nous sommes les plus forts et que, lorsque nous avons eu le temps de nous rassembler ici, pour prendre le mot d'ordre, nous faisons passer tout ce que nous voulons. D'ailleurs, nous ne manquons guère notre coup pour faire un président et des secrétaires à notre goût, et c'est fort avantageux : car, si un des nôtres fait une motion que nous voulons faire passer, un des deux autres vient l'appuyer en faisant semblant d'y ajouter un amendement. Un du quartier des noirs veut-il le combattre ? Il a beau demander la parole, le président n'entend pas de cette oreille-là ; on fait cependant bien du bruit, on crie *aux voix*, le président entend ce que cela veut dire ; il demande si l'Assemblée veut fermer la discussion. Crac, nous voilà tous levés et notre homme en a pour sa courte honte : tout de suite on va aux voix pour la motion et voilà un décret escamoté. Nous avons après cela nos gens des galeries, qui battent des mains quand nous donnons le signal ; ça étouffe les murmures des mécontents, ça me fait rire. Ma foi, il faut dire aussi que nous avons des gens merveilleux pour cette manœuvre. Nous devrions donner tous les mois le cadeau à Le Chapelier (ce n'est pas à cause qu'il est de mon pays, au moins), nous avons encore, si nous voulons, d'autres braves présidents, messieurs Camus, Fréteau, Rabaut de Saint-Étienne, et son confrère l'évêque d'Autun. Voilà des gens comme il nous en faut.

Cependant, Messieurs, il m'est venu un petit scrupule ; j'ai eu comme mon ami Jacques la fantaisie de faire mes pâques ; un capucin du Marais que j'ai choisi pour mon confesseur m'a fait là-dessus des questions ; j'ai vu qu'il en savait une bonne partie ; ma foi, quand on va à confesse, il faut dire la vérité, ou ne pas s'en mêler ; j'ai tout avoué. Il m'a assuré que cela n'était pas chrétien et que mon ami Jacques avait raison ; il a ajouté que l'on commençait à se douter de nos tours dans Paris, qu'un Anglais, bien savant, disait que nous étions des fous et des enragés[1]. C'est à peu près là les noms que nous nous sommes donnés, et, si Paris va croire que nous sommes des enragés, il pourrait bien nous faire quelque tragédie, qui ne sera pas pour rire.

Au reste, il serait peut-être utile que cette calomnie soit une vérité, parce qu'il pourrait arriver qu'un jour les enragés mordissent les personnes qui les approchent, et que, leur rage se communiquant, il en résulterait très promptement le plus grand bien, car nous serions obligés de nous en retourner chacun à notre charrue, et ce serait bien fait ; car, tenez, j'aime une certaine comparaison que j'ai lue, il n'y a

---

1. Allusion à Burke, qui venait de faire paraître ses *Réflexions sur la Révolution*.

pas longtemps; c'est une fable qui n'est pas par tant fable à cause de la cause. Elle est intitulée : *Les Chats et le Fromage*. La voici :

>Au beau pays d'Eldorado,
>Était un énorme fromage,
>Qu'ont vu Candide et Cocambo,
>Lorsqu'ils y firent un voyage.
>Depuis mille ans il existait ;
>Par quel moyen, pour quel usage,
>Je n'en sais rien, je dis le fait :
>Du salut de l'État c'était sans doute un gage,
>Semblable au feu sacré qu'à Rome on conservait.
>De plus d'un rat pourtant il sentit la morsure ;
>Mais petite était la blessure,
>Et le fromage subsistait.
>Des frondeurs à la fin, tels qu'en toute contrée,
>Il en est qui s'en vont, les abus grossissant
>Et le remède proposant,
>Se mirent à crier d'une voix stentorée,
>Que la chose publique était désespérée :
>On les croit, on assemble aussitôt les États,
>Et l'on conclut, après de longs débats,
>Que, pour arrêter le dommage,
>Il faut mander au moins douze cents chats :
>Aussitôt arrivés, ils miaulent avec rage,
>Finissent par chasser les rats...
>Puis ils mangèrent le fromage.

On murmure déjà tout bas, je vois que tous les esprits se bougrinent depuis quelques semaines. Je soumets tout cela à votre jugement, Messieurs, et pour ma part je conclus à ce que l'Assemblée décrète :

1° Qu'il faut laisser notre bon roi absolument libre ;

2° Lui rendre toute l'autorité due à sa place ;

3° Garder la religion de nos pères ; elle en vaut bien une autre ;

4° Accepter les 400 millions que le clergé a offerts à l'État, pour empêcher la banqueroute qui se fera si nous ne prenons ce moyen ;

5° Restituer à la noblesse ses droits utiles et honorifiques, à l'exception de la servitude personnelle et des privilèges aux impositions ;

6° Statuer sur tout ce que nous a proposé le roi le 23 juin dernier ; ça m'a paru assez raisonnable ;

Et enfin nous en aller chacun chez nous planter des fèves plutôt que de manger le fromage.

Je dépose ma motion sur le bureau.

(*Note essentielle à l'ouvrage* [1] :)

On a répandu dans le public des pamphlets contre cette Assemblée; ceux qui s'en formalisent n'ignorent cependant pas que, depuis six mois que nous nous sommes transférés dans la capitale, la majorité des députés s'assemblent journellement au couvent des RR. PP. Jacobins, où j'ai ouï dire qu'ils discutent d'avance les différentes affaires qui doivent se traiter dans l'Assemblée. Je tiens de MM. les députés de la milice nationale de Bordeaux, qu'on avait envoyés en députation à l'Assemblée pour obtenir la continuation de la traite des noirs, qu'ils avaient été admis dans cette assemblée particulière avant que de paraître à l'autre, qu'ils y avaient formé leur demande et déclaré leur mission; que leurs affaires y avaient été discutées en leur présence, et qu'ils avaient même été admis à répondre à M. le comte de Mirabeau qui avait fait un discours très beau en faveur de la liberté des nègres [2]; aussi ne fus-je point étonné, quand cette affaire fut portée à l'Assemblée, de voir qu'elle fut décidée sans avoir été préalablement discutée et que M. le comte de Mirabeau ne put jamais obtenir de répéter ce qu'il avait dit aux Jacobins; il pouvait paraître inutile de perdre un temps précieux puisque la majorité des députés étaient déjà fixés sur cette question qu'ils avaient pu approfondir dans leurs conférences particulières. Mais comment est-il possible que le peuple ne se formalise pas des assemblées continuelles que font les uns, lorsqu'il est si mécontent de voir que les autres aient cherché à s'assembler quatre fois?

XIII

PAMPHLET

LE PORTIER DU CLUB DES JACOBINS AUX ARISTOCRATES

[Paris, avril 1790, in-8] [3]

F....., puisque tout le monde s'en mêle, je peux bien f..... mon avis tout comme un autre.

Ces paroles sont tirées de M. l'abbé Siéyès, *Sur l'organisation de l'ordre judiciaire*, dans lequel il envoie les Parlements se faire f.....

---

1. Cette note ne se trouve que dans la 2ᵉ édition.
2. Sur ce discours, voir plus haut, p. 17.
3. L'abbé Siéyès fit imprimer, à la fin de mars 1790, un *Aperçu d'une nouvelle*

et je les y envoie aussi, moi, de bon cœur; mais il ne s'agit pas de ça; les b...... ne sont plus, n'en parlons plus. Parlons des assignats; je ne sais pas trop bien ce que c'est; mais c'est égal, il y a tant d'autres b......, sans compter ce petit b...... de marquis de Villette, qui parlent de ce qu'ils ne savent pas, qui se f...... tout du long dans la *Chronique de Paris*, que je peux bien parler des assignats, aussi, moi. J'ai entendu dire que ces assignats rendraient les billets de la caisse d'escompte meilleurs; il faut que ça ne soit que de la drogue, et je ne dis que ça. Ils m'ont dit encore qu'on voulait forcer tout le monde à prendre des assignats au lieu d'argent, et je dis que ça ne vaut rien. Il y a dix ans que le comte de Mirabeau me doit douze francs, pour avoir payé son remise un jour qu'il était venu chez mon maître et qu'il n'avait point d'argent pour payer son carrosse. Je crois que l'Assemblée nationale ne s'entend pas trop en affaires de finances, parce qu'elle s'entend trop bien en constitution. Par exemple, quant à ce qui est de la constitution, nous savons tous ce que c'est; il faut convenir que celle qu'ils nous ont donnée est superbe. Mais ça n'est pas étonnant; ils sont là un tas d'avocats, qui savent tout, et qui disent tout ce qu'ils veulent. — Ça sera encore bien plus beau par la suite : car on dit qu'il n'y aura que des avocats à la prochaine Assemblée, et, comme ils n'auront rien à faire après ce temps-ci, il faudra bien qu'ils s'amusent à nous faire une constitution tous les ans; mais patience, f....., nous avons là des gaillards qui ne se mouchent pas du pied, et qui nous donneront une constitution ou qui y périront. Ils aimeront mieux nous donner une constitution, ça leur coûtera bien moins. Il y a là un M. d'Aiguillon, qui vaut à lui seul les deux Lameth; il y en a quelques autres encore qui ne disent rien, mais qui n'en pensent guère moins; je fais comme eux, je m'endors, et je vous conterai le reste demain matin.

F....., mes amis, j'ai rêvé cette nuit qu'il y avait bien d'honnêtes gens à cette Assemblée nationale; ce sont de fiers hommes que ce petit Barnave et ce petit du Port; ils ne veulent que notre bien; ceux-là : on devrait les faire ministres; ils sont bien plus en état que M. de Saint-Florentin et M. Amelot. Nous ne serons heureux que quand nous aurons des ministres de cet âge et de cette vertu-là. Quant à Mirabeau, je ne souffrirai pas qu'il soit ministre, à moins qu'il ne m'ait payé mes douze francs. On dit pourtant qu'on le veut faire ministre de la guerre, afin que nous ayons toujours la paix. Qu'est-ce

---

organisation de la justice et de la police en France. (Voir le *Moniteur* du 2 avril 1790.) Le 8 avril suivant, il développa ce plan à la tribune de la Constituante.

qui sera bien content? C'est un tailleur de ma connaissance, qui demeure actuellement à Lamballe, en Bretagne, et à qui le futur ministre Mirabeau doit trente louis pour deux montres qu'il s'était chargé de lui vendre à Marseille, et dont il a oublié de lui remettre l'argent. Il lui f..... quelques assignats pour ses trente louis, et payera qui pourra. Le b..... a pourtant encore un carrosse de remise au mois; il a acheté des meubles pour 18,000 francs; qui est-ce qui lui fournit cet argent-là? Il y a aussi un M. Camus, qui est un rude b....., avec son nez fait en canule, et ses grandes oreilles, qui paraissent malgré sa perruque; est-ce que cet échappé de la basoche ne veut pas en savoir aussi long que M. Necker en finances? Le pauvre diable est colère comme un dindon, toutes les fois qu'il monte à la tribune; à peine a-t-il dit quatre phrases qu'il devient rouge comme une écrevisse, qu'il sue comme un porc. On croit toujours qu'il va étrangler; mais le f.... bavard en réchappe toujours, et il parle toujours comme si on l'écoutait. — C'est le pendant du marquis de Gouy d'Arsy, les deux font la paire.

Je me suis endormi hier, en vous parlant de MM. Camus et de Gouy d'Arsy; c'est l'effet naturel qu'ils font sur tout le monde. J'ai été réveillé ce matin, par le bruit du tambour; tous les trictracs étaient sur pied dès sept heures du matin; tous les canons braqués; la garde du roi a été doublée, toute la cavalerie était à la place Vendôme et au Carrousel, et je m'en vais vous dire pourquoi tout ce remue-ménage-là. — Les enragés de l'Assemblée ont passé la nuit aux Jacobins; c'était le petit Robespierre, avec sa figure de carême-prenant, qui les présidait. — Voilà que ce gros pourceau de Saint-Huruge est venu conter à ces messieurs qu'un aristocrate lui avait donné des coups de bâton au Palais-Royal. Le b....., n'a eu que ce qu'il méritait; car c'est un jeanf..... qui en reçoit autant qu'on veut bien lui en donner. — Après ça est venu un abbé d'Espagnac, qui est un des trois cents b..... qui ont pillé, agioté, usuré l'État sous Calonne; le b..... s'est trouvé pris à la fin, il n'a pas pu payer, et il a fait banqueroute. Il est venu dire, aux Jacobins, qu'il fallait créer des assignats, qu'il fallait prendre le bien du clergé. Le f.... gueux avait son intérêt à ça. Il prétend qu'il lui est dû douze ou treize millions, pour des opérations qu'il a faites avec son ami Calonne. Il voudrait avoir des assignats, afin de payer une partie de ses créanciers et f...., le camp avec l'argent des dupes qui auraient la bêtise de prendre ses assignats. En conséquence, il a dit qu'il fallait soulever le peuple; et voilà que les Lameth, M. d'Aiguillon, du Port, Barnave, Saint-Huruge, Camille Desmoulins, se chargent d'exciter la révolte. Heureusement que notre général a été averti à temps et qu'il a mis ses troupes sur pied, sans cela nous aurions de belles choses. Ces b...... d'enragés avaient fait distribuer le matin un écrit, dans lequel ils disaient des horreurs du vicomte de Mirabeau, de Cazalès, l'abbé Maury, etc., etc. Ils finissaient, dans cet écrit, par dire qu'il ne fallait pas les tuer, qui est une manière adroite de dire de les tuer. Aussi, après l'assemblée, leurs émissaires ont insulté le vicomte de Mirabeau, l'abbé Maury, Cazalès et autres. Le vicomte de Mirabeau, quoique aristocrate, est aussi brave que son frère est poltron; il a mis l'épée à la main contre tous les jeanf...... qui l'insultaient. La garde est venue, l'a débarrassé de ces gueux-là; l'abbé Maury a aussi été insulté. Tout cela est fait exprès; on voudrait empêcher le Châtelet de juger l'affaire du 5 et du 6 octobre. Il y a deux cents témoins qui ont déposé; on dit qu'il y a quinze ou vingt membres de l'Assemblée qui pourraient bien la danser, et l'histoire des biens du clergé n'est qu'un prétexte.

Quand le peuple sera bien en mouvement, on l'excitera contre le Châtelet, et l'on fera forcer les greffes et enlever les preuves : mes amis, ne soyons donc pas assez bêtes pour nous prêter à ce que ces coquins veulent faire de nous. Ils cherchent à nous échauffer contre le clergé, afin de pouvoir écrire dans les provinces que ce sont les prêtres qui s'opposent au bien, et que le peuple est très mécontent. Mais la vérité est que ces messieurs ne savent où donner de la tête; qu'ils sentent qu'ils vont être obligés de faire banqueroute, et qu'ils ont une peur de tous les diables. Aussi Mirabeau, Le Chapelier, cherchent-ils à emprunter de l'argent à toute main; je n'en donnerai sûrement pas à ces b......-là, car ils ne le rendraient pas. Il se trouvera des jeanf...... assez bêtes pour leur en prêter, et ils f...... le camp avec. Il n'y aurait pas de mal qu'ils fussent à Londres trouver le duc d'Orléans; car tous ces b......-là se valent bien. Est-ce qu'on n'avait pas voulu nous faire croire que ce beau prince était allé en Angleterre pour une mission importante? Et nous avons eu la bêtise de le croire pendant quelque temps. Mais tout le monde sait à présent qu'il est parti parce que notre brave général lui a dit qu'il lui f...... un soufflet s'il ne partait pas. Aussi en Angleterre personne ne veut le voir, et il ne vit qu'avec les marchands de chevaux qu'il escroque tant qu'il peut, mais le jeanf...... ne paraîtra pas ici tant que notre général sera commandant de la milice nationale. — Aussi a-t-on fait bien des intrigues pour faire nommer maire Mirabeau, Fréteau, le duc de la Rochefoucauld, un tas de b...... en au; on voulait faire commandants de la garde le duc d'Aiguillon, le duc de Liancourt qui sont deux jeanf...... bien avérés. Ils n'auraient pas été plus tôt commandants qu'on aurait vu revenir ce bourgeonné de duc d'Orléans et tout le train qu'il a excité l'année dernière [1].

Je ne suis sacredieu pas en train de rire. Depuis qu'il est question de créer des assignats, on dit que les effets sont remontés à la Bourse; il y a encore quelques manigances là-dessous. Ces f..... agioteurs auront l'air de prendre beaucoup d'assignats, afin de les mettre en vogue, comme avait fait le f.... abbé d'Espagnac, sur la Compagnie des Indes. Ils trouveront encore moyen de f..... les honnêtes gens dedans. J'ai idée que tout ça finira mal, et que ce sera nous qui payerons les pots cassés; je ne sais pas, mais je crois que l'on aurait mieux fait de prendre les 600 millions que le clergé voulait donner; ça aurait d'abord fait 600 millions qui auraient servi au plus pressé, au lieu que si les biens ne se vendent point, et si on ne veut point de ces f.... assignats, que je déteste, qu'est-ce que nous deviendrons? — Car il est bien sûr qu'il n'y a pas un sol au Trésor royal, M. Necker l'a dit. — Il a demandé 20 millions tout de suite, et sûrement on ne les trouvera pas tout de suite sur les assignats. — La f..... Caisse d'escompte n'osera plus donner de ses billets, à présent que voilà M. Necker brouillé avec l'Assemblée... Aussi, nous allons nous trouver sans le sol, à nous regarder dans les districts, à la parade et au Palais-Royal. Mais tout ça ne remplit pas le ventre, et je sens que mon appétit est augmenté depuis la nouvelle constitution. Je commence à croire qu'ils ne nous l'ont donnée aussi bonne que pour nous faire digérer la banqueroute. Si elle arrive, je suis décidé à me faire aristocrate. Cela me coûterait infiniment, parce que je ne pourrais plus aller à mon district, et qu'après le vin, les districts sont les plus doux présents faits à l'humanité. Ceci est tiré d'un sermon de l'abbé Grégoire, prêché sur la vendange, dans une synagogue des juifs, en présence de l'évêque d'Autun, qui cloche comme une comparaison. Ce que j'en dis n'est que pour en parler; car ce n'est pas sa faute, à ce cher homme, s'il est boiteux; c'est sa nature qui est comme ça. S'il n'avait tenu qu'à lui, elle serait autrement; d'ailleurs, cela ne l'a pas empêché de faire un joli chemin.

Je vous en dirais bien d'autres si je voulais; mais en voilà assez pour une fois; comme je suis concierge du club des Jacobins, j'aurai

---

[1]. Suit un passage où l'auteur royaliste de ce pamphlet se montre si ordurier que nous préférons renvoyer le lecteur au texte original. (Carnavalet, 15, 521.)

soin de vous raconter tout ce qui se passera d'intéressant — Le club est brouillé avec notre brave général; ils ont bonne envie de lui jouer quelques tours; mais sacredieu, autant que j'en apprendrai, autant j'en publierai; car j'aimerais mieux voir tous les Jacobins au diable que de laisser faire la moindre égratignure à ce brave et honnête général. — Ainsi, mes amis, soyez tranquilles; mais, f......, ne prenez pas d'assignats, si vous ne voulez pas mourir de faim; car cela ressemble comme deux gouttes d'eau aux billets de banque, c'est-à-dire à la banqueroute.

XIV

Mai 1790

DISCOURS
SUR L'ALLIANCE DE LA FRANCE AVEC LA SUISSE ET LES GRISONS
PRONONCÉ À L'ASSEMBLÉE DES AMIS DE LA CONSTITUTION
PAR M. DE PEYSSONNEL, LE 3 MAI 1790

(Paris, 1790, in-8 de 18 pages)

Messieurs,

Les événements sinistres qui se succèdent avec rapidité, les trames sourdes, les complots obscurs qui nous environnent, la nécessité impérieuse qui appelle à grands cris vos décrets sur l'ordre militaire et l'organisation de l'armée, dont les troupes helvétiques sont une importante portion; l'adresse que les patriotes grisons viennent de présenter à l'Assemblée nationale [1], l'accueil qu'ils y ont reçu, l'attachement qu'ils

---

1. Dans la séance du 2 avril 1790. « L'adresse de la république des Grisons, dit le *Procès-verbal*, a attiré toute son attention; ils y expriment les sentiments d'admiration dont ils sont animés pour la constitution qu'elle a donnée à l'Empire français; ils pensent que tous les hommes reconnaîtront la fin pour laquelle ils sont nés, dans quelles conditions ils doivent couvrir la terre, et sous quel pacte ils peuvent se réunir en société; qu'ils y verront à jamais que la voix du peuple est la source des lois. Ils témoignent le désir que le nouveau mode d'avancement qui sera projeté par l'Assemblée nationale soit, par un décret formel, rendu commun à leurs troupes; ils ont conçu l'espoir qu'il ferait renaître les temps célèbres de l'armée française et ceux de leurs anciennes milices. — A cette adresse était jointe la délibération des cinq tribus de la ville de Coire, au pays des Grisons, ainsi qu'une autre, contenant les suffrages de cette ville, et souscrite à l'adresse des patriotes. » L'Assemblée chargea son président d'aller

professent envers la nation; leurs réclamations, leurs vœux, leurs espérances, sont les motifs qui me déterminent à mettre sous vos yeux plusieurs observations relatives à notre alliance avec le Corps helvétique et les Ligues grises qui, les premières, ont porté à l'Assemblée l'hommage de leur admiration et de leur respect, et se sont montrées jalouses de resserrer les liens de cette confraternité sainte, par laquelle tous les peuples libres doivent être unis.

Au commencement du XIVe siècle, Messieurs, dans ces temps d'ignorance et de barbarie où l'Europe entière gémissait sous la verge de fer du despotisme et le régime odieux de la féodalité, la nation helvétique, opprimée par la maison d'Autriche qui venait de naître et qui, dès son berceau, s'était déjà montrée féconde en tyrans, la nation helvétique a su donner à l'Europe enchaînée le premier exemple de l'indépendance, a su la première enseigner à l'Europe l'art de punir l'insolence des despotes, de briser les fers de la domination arbitraire, a su enfin se conserver jusqu'à nos jours libre et heureuse au milieu de tant de peuples esclaves et infortunés dont elle était environnée. La liberté, cette fille aimable de la tyrannie, la plus exécrable de toutes les mères, la liberté élevait jusqu'au sommet des Alpes son front serein et radieux, fécondait, par son souffle pur et bienfaisant, les rocs arides et escarpés de la Suisse, tandis que le despotisme, par son hideux aspect, effrayait tout le reste de l'Europe et desséchait par son souffle infect et empoisonné les plaines riantes et fertiles du continent.

Les Suisses, ces peuples guerriers et magnanimes, ont été quelquefois nos ennemis; ils ont toujours, en combattant contre nous, conservé également leur gloire dans leurs victoires et dans leurs défaites; ils ont fini par devenir nos plus intimes et nos plus fidèles alliés. Accablés par le nombre supérieur des Français commandés par Louis XI, alors dauphin, à la journée de Saint-Jacques, et presque tous tués sur le champ de bataille; conquérants, malgré les efforts de Louis XII, de la Valteline, des comtés de Chiavenne et de Bormio, que la Ligue grise possède encore, et de plusieurs autres bailliages; vainqueurs des Français à Novare, vaincus par François Ier à Marignan, après lui avoir disputé la victoire avec la plus grande opiniâtreté; on voit que, s'ils n'ont pas toujours triomphé, ils ont au moins toujours vendu cher à leurs ennemis les lauriers qu'ils n'ont pu cueillir eux-mêmes.

demander au roi de prendre en considération la requête des Grisons. Elle le chargea aussi d'écrire à la république des Grisons « pour lui marquer sa sensibilité aux témoignages de fraternité qu'ils ont manifestés ».

Charles VII, forcé d'accorder son estime à la valeur que les Suisses avaient montrée à la bataille de Saint-Jacques, fut le premier de nos rois qui conclut, en 1453, un traité d'alliance avec les cantons alors confédérés. Ce traité fut confirmé par son fils Louis XI. Après la défaite et la mort de Charles le Téméraire, duc de Bourgogne, contre lequel il avait suscité ces redoutables ennemis, François Iᵉʳ signa enfin avec eux, en 1516, une paix perpétuelle, qui n'a plus été rompue depuis cette époque. Par le traité de 1521, ce prince cimenta même encore avec les Cantons des liaisons plus étroites. Le traité d'alliance de François Iᵉʳ fut successivement renouvelé par les rois Charles IX, Henri III et Henri IV; et lorsque la Ligue voulut exclure ce prince du trône de France, les troupes des Cantons protestants et celles des Cantons catholiques, divisées entre les deux partis qui agitaient alors le royaume, se rallièrent toutes sous ses drapeaux, et ce fut à leur réunion qu'il fut principalement redevable de la victoire. Louis XIV fit, en 1663, un nouveau traité d'alliance avec les Suisses, dans lequel il comprit tous les treize Cantons et les associés de la Ligue helvétique. Louis XVI l'a renouvelé en 1777.

Le principal objet de nos traités avec le Corps helvétique a toujours été d'obtenir de lui des secours de troupes et des passages, et d'empêcher qu'ils ne fussent accordés à nos ennemis. Ces services furent souvent achetés très cher et par de grands sacrifices. Dès les temps de Louis XI, de Charles VIII et de Louis XII, les Suisses mettaient déjà un très haut prix à leurs faveurs; ils savaient se prévaloir de la facilité qu'ils avaient à entrer dans la Lombardie, de décider du sort du Milanais et de mettre obstacle à nos conquêtes. Nos rois étaient forcés de se concilier leur bienveillance par des dons, des pensions, des capitulations avantageuses pour les troupes qu'ils tenaient à leur solde, des privilèges de commerce et une foule de conventions particulières, qui sont autant de traités et d'instruments du droit public entre les deux nations et qui se trouvent rappelés dans les traités d'alliance. Notre gouvernement, de son côté, fit aussi plus d'une fois aux Suisses des promesses illusoires qu'il n'avait nulle envie de réaliser; la finesse, les petites ruses ministérielles employées pour se soustraire à leur exécution, donnaient de l'humeur à des peuples dont la franchise et la simplicité sont le principal caractère. Il fallut plus d'une fois dépenser infiniment plus pour étouffer leurs murmures, apaiser leurs plaintes, calmer leur ressentiment, qu'on n'aurait dépensé pour les satisfaire. Plus d'une fois enfin on a dû reconnaître, en traitant avec eux, que la ruse coûte souvent bien plus cher que la bonne foi.

Les intérêts de la France avec la Confédération helvétique, Messieurs, doivent être envisagés sous le triple rapport politique, militaire et commercial.

La saine politique exige que les deux États soient fidèles à la paix perpétuelle qu'ils ont jurée en 1516 et dont le serment a été tant de fois renouvelé, qu'ils maintiennent sans cesse entre eux la plus étroite liaison et la plus parfaite intelligence, et qu'ils évitent soigneusement de part et d'autre tout ce qui pourrait faire naître la méfiance et le refroidissement.

La Suisse, fortifiée par la chaîne des Alpes qui la sépare de la France, n'a rien à craindre de cet empire, surtout dans le nouvel ordre de choses. Les bases pures, les principes sacrés sur lesquels porte aujourd'hui la constitution française, sont pour la Confédération helvétique des barrières plus inexpugnables que les rochers inaccessibles que la nature a donnés pour remparts à ses possessions. Elle doit regarder la France comme une puissante et fidèle alliée, dont tout l'engage à cultiver la bienveillance et de laquelle elle doit attendre une protection constante et inaltérable de son indépendance et de sa souveraineté que cette puissance a forcé toute l'Europe de reconnaître par le traité de Westphalie.

La France, de son côté, doit voir dans la Suisse une voisine paisible dont elle n'a rien à redouter, une fidèle alliée de laquelle elle tire des secours de troupes qui épargnent les milices nationales, dont l'alliance défensive garantit de toute attaque ses frontières depuis l'Alsace jusqu'au Dauphiné, et qui pourrait au besoin lever une armée pour défendre les passages par lesquels les ennemis de cet empire voudraient tenter d'entamer ses possessions. L'évidence des intérêts du Corps helvétique offre à la France la garantie la plus sûre de sa fidélité ; aucune alliance ne peut lui être plus utile que la sienne : l'Espagne et la Hollande sont trop éloignées de lui pour qu'il puisse en espérer des secours, et il n'a avec ces deux puissances d'autre rapport que celui du soudoiement de ses troupes, qui est la branche la plus importante de son commerce. Quoiqu'il ait un grand nombre de régiments à la solde du roi de Sardaigne, il n'est pas bien rassuré sur ses dispositions. Les vues de ce prince sur l'état de Genève, à la conquête duquel la maison de Savoie ne renoncera jamais, ne sont pas de nature à lui inspirer une parfaite sécurité. Ses rapports avec la cour de Naples et quelques autres petits États d'Italie ne sont pas assez intéressants pour donner à la France le soupçon d'une concurrence et d'une rivalité que ses ambassadeurs en Suisse ont toujours affecté de craindre, dans la vue de rendre leur mission plus importante et de pouvoir remplir leurs dépêches des détails auxquels ils donnent l'apparence et la couleur d'un grand intérêt. La France doit bien moins appréhender encore que la Suisse s'allie jamais avec l'Autriche; cette puissance pourrait-elle imaginer qu'une nation dont le domaine confine à l'Orient et au Midi avec les États autrichiens desquels elle a tout à craindre, qu'une nation qui a conquis sur l'Autriche sa liberté, qui a combattu contre elle pendant deux cents ans pour la défendre, veuille risquer de retomber dans les fers qu'elle a eu le courage de briser? Pourrait-elle imaginer qu'à la haine que l'excès de la tyrannie doit inspirer à l'opprimé contre l'oppresseur, puissent jamais succéder ce penchant, cette confiance, qui doivent être les bases d'une sincère union et d'une solide alliance? Pourrait-elle imaginer enfin qu'un État qui a été la patrie de Guillaume Tell puisse jamais devenir l'allié d'un empire sur lequel règnent les descendants d'Albert d'Autriche? Non, Messieurs, tout concourt à convaincre la France de l'attachement confiant et imperturbable du Corps helvétique qui, tant qu'elle sera fidèle à ses engagements, ne recherchera jamais d'autre alliance, et lui livrerait même au besoin toutes les troupes qu'il tient à la solde des autres puissances, s'il lui convenait de s'en charger. J'ai des certitudes, et il serait facile de prouver, que les princes d'Allemagne viennent de faire tous leurs efforts pour engager les Cantons à accéder à la Ligue germanique, et que ceux-ci ont constamment repoussé leurs instances. Le Canton de Zurich est le seul que l'incertitude des dispositions de l'Assemblée nationale a tenu un instant dans l'indécision.

Si quelque chose pouvait altérer la bonne harmonie qui s'est maintenue si longtemps entre les deux nations; si quelque chose était capable de refroidir, d'aliéner peut-être entièrement les Suisses, ce serait le système immoral et pervers que les ambassadeurs de France, résidant à Soleure, ont adopté depuis longtemps, et duquel ils ne se sont jamais écartés, de semer la mésintelligence entre les Cantons, la discorde dans les familles, de distribuer des dons, des pensions, des emplois aux gens de marque, de répandre de l'argent dans le peuple, pour corrompre tous les principes républicains, pour anéantir l'égalité des familles dans les Cantons aristocratiques et dans les Cantons démocratiques l'égalité des individus, pour s'assurer de l'appui des chefs des régences, et des suffrages du peuple, dans la vue de faire agréer des propositions contraires aux intérêts de la République; pour acquérir enfin, par la voie odieuse de la corruption, une influence prépondérante sur la Confédération helvétique.

Cette manière indécente de captiver la bienveillance et l'attachement d'un peuple libre, coûte annuellement à la France environ un million, qui pourrait certainement être plus utilement employé. L'article qui comprend toutes les dépendances qui y sont relatives est passé dans les comptes sous la dénomination vague des *Ligues suisses*. Les détails de ces comptes, surtout celui des pensions secrètes, dont le nom seul annonce de blâmables machinations, méritent toute l'animadversion de l'Assemblée nationale. La République, et principalement le Canton de Berne, qui est le plus puissant, ont fait d'inutiles efforts pour prévenir les troubles et les désordres que cette pratique blâmable à tous égards répand sans cesse dans les Cantons. Il a été défendu, sous les peines les plus rigoureuses, à tous les sujets sans distinction, de recevoir des pensions, ni des dons quelconques, pas même les pensions militaires données à titre de retraite. Mais les personnes qui acceptent ces bienfaits secrets savent se dérober à la vigilance et aux perquisitions des magistrats; et ces jouissances obscures, souvent même criminelles, demeurent ensevelies dans les ombres du mystère. Mais les Suisses n'auront plus à redouter de la France libre et régénérée, les viles et basses intrigues qui semaient la discorde dans leurs États; ces petits moyens, ces pratiques ténébreuses adoptées avec avidité par le despotisme seront rejetées avec indignation par la liberté. L'obscurité est le manteau dans lequel la lâcheté et la fourberie de l'un s'enveloppent sans cesse; le courage et la franchise de l'autre sont toujours à découvert; Médée cache ses poisons; Hercule montre sa massue.

D'après l'exposé que je viens d'avoir l'honneur de vous présenter, Messieurs, il est évident que l'ambassade de Soleure, si utile, si lucrative pour les gens en faveur qui en sont pourvus, si inutile aux intérêts de l'État, et dont les fonctions pourraient être parfaitement remplies par un résident, un chargé d'affaires; il est évident, dis-je, que cette ambassade est une manière de fléau pour le Corps helvétique. Je suis convaincu que tous les Cantons témoigneraient unanimement à notre Cour le désir qu'ils ont d'en être affranchis, s'ils n'espéraient que, dirigés dorénavant par les principes de justice, de noblesse et de dignité de l'Assemblée nationale, les ambassadeurs à Soleure, qui n'ont été jusqu'aujourd'hui que des agents de désunion et de discorde, deviendront bientôt des ministres de concorde et de paix; s'ils n'étaient rassurés sur l'avenir par la conduite noble, sage, mesurée de l'ambassadeur actuel, qui a déjà tenu, en plus d'une occasion, une marche différente de celle de ses prédécesseurs; s'ils n'espéraient, enfin, que le Sénat auguste qui donne à présent des lois à la France fera comprendre désormais au pouvoir exécutif que cet empire peut tirer de bien plus grands avantages de la Suisse réunie que de la Suisse divisée, des Suisses vertueux que des Suisses corrompus;

Que l'harmonie et l'intelligence entre les Cantons peuvent seules former cette masse imposante de forces, qui peut lui devenir utile au besoin ;

Que la pureté des principes de sa nouvelle constitution lui attachera bien plus étroitement les Suisses que l'or qu'elle répand chez eux, et qui ne sert qu'à corrompre la leur ;

Que deux nations infiniment nécessaires l'une à l'autre n'ont pas besoin d'acheter respectivement ce qui leur est impérieusement commandé par leur existence réciproque ;

Qu'il est indécent à deux peuples libres de vouloir, à prix d'argent, l'un chez l'autre, maîtriser l'opinion, usurper le crédit, enchaîner l'autorité ;

Qu'enfin les hommes dignes d'être libres ne se vendent point, et que l'on n'achète que les esclaves.

Louis XVI a renouvelé, en 1777, un traité d'alliance avec la Confédération helvétique pour le terme de cinquante ans. Un traité de subsides en temps de guerre qui, dans le cas où la France aurait été attaquée ou menacée, leur aurait donné les moyens de lever et de placer sur les frontières de cet empire une armée pour les garantir de toute attaque, un traité qui les aurait maintenus dans la neutralité parfaite aurait peut-être été préférable à ce traité d'alliance, qui, quoique purement défensif, peut les compromettre avec d'autres puissances de l'Europe. En effet, l'Empereur Joseph II, ayant passé en Suisse pendant les négociations dont cette alliance a été le résultat, en témoigna en termes très clairs et non équivoques son mécontentement. On lui répondit que *ce traité n'était absolument que défensif : il répliqua avec assez de vivacité que le nom ne faisait rien à la chose.*

Notre ministre presse aujourd'hui le Corps helvétique de renouveler également la dernière capitulation militaire. Il voudrait tâcher de gagner de vitesse l'Assemblée nationale, afin de pouvoir en rédiger les articles suivant les principes de l'ancien régime, et donner à la faveur tous les emplois vacants, avant qu'elle puisse en prendre connaissance. Mais la République, qui a vraisemblablement pénétré l'intention des ministres, ne se hâte pas de conclure et paraît ne vouloir se décider que lorsqu'elle saura si l'Assemblée nationale se réserve ou abandonne au pouvoir exécutif le droit de la guerre, de la paix et des alliances.

Le Corps helvétique, Messieurs, a aujourd'hui à la solde de la France une armée fixe et permanente, complétée régulièrement par de nouvelles recrues, et qui sert à des conditions stipulées dans une capitulation, qui n'est cependant pas uniforme pour tous les régiments. Chacun de ces corps a dans ses traités des clauses particulières; bigarrure absurde et importune, qui doit être fastidieuse aux deux nations.

On peut remarquer dans cette capitulation une foule d'autres vices également opposés aux vœux des deux puissances contractantes, et qui dans son renouvellement pourraient être corrigées. Je vais tâcher de vous en donner le recensement.

L'empressement que témoigne le ministre de renouveler cet important contrat entre les deux nations, pour remplir les vues que j'ai développées, est un motif qui doit engager l'Assemblée nationale à se hâter de statuer elle-même sur le sort des troupes helvétiques, et de se les attacher inviolablement en prononçant un décret favorable au plus grand nombre. Le vœu unanime des Cantons porte sur deux points principaux : le traitement avantageux de leurs soldats et de leurs officiers, et la conservation de huit compagnies de fusiliers par bataillon, à cause de la plus grande facilité qui en résulte pour les entretenir. Si ces deux points sont accordés, la légation française ne trouvera aucun obstacle à faire agréer à la République la nouvelle composition et le nouveau régime que l'Assemblée nationale aura décrétés. On ne saurait se dissimuler qu'il existe, dans les Cantons aristocratiques de la Suisse, un parti qui ne croit point à la durée ni à la stabilité du nouvel ordre de choses, qui regrette l'étendue illimitée de l'autorité royale, qui espère même encore une autre révolution. Les Cantons démocratiques attendent, au contraire, la résolution de l'Assemblée relativement à la politique extérieure. Si elle l'abandonne au pouvoir exécutif, les uns et les autres, pour plaire au monarque, accepteront, sans balancer, des formes favorables au pouvoir arbitraire. Si elle se réserve, au contraire, la connaissance et la direction des rapports externes; si elle se détermine à consolider par un traitement avantageux l'existence des régiments suisses dans l'armée française, les uns et les autres suivront le cours des événements, leur politique sera invariablement fixée par ses décisions, et ses décrets feront taire la voix de l'aristocratie au delà comme en deçà des Alpes.

Le renouvellement de la capitulation avec les Suisses pour vingt-cinq ans serait contradictoire avec l'article du décret de l'Assemblée nationale qui attribue à chaque législature le droit de statuer annuellement sur la force de l'armée et l'admission des troupes étrangères. Il faut donc que la clause de la nouvelle capitulation, relative à ce point important, laisse à la législature la faculté de licencier les Suisses, quand elle le jugera nécessaire, et aux Cantons celle de rappeler leurs troupes quand ils le voudront : de sorte que les vingt-cinq ans stipulés ne soient point regardés comme l'espace de temps déterminé pendant lequel les troupes suisses ne pourront être ni congédiées ni rappelées, mais comme l'époque fixe jusques à laquelle rien ne pourra être changé aux conditions de leur service.

Le vœu unanime de tous les Cantons est que les régiments suisses soient soumis au régime général de l'armée. Le mode d'avancement par l'ancienneté et le mérite est leur principal désir. Ce mode existe déjà dans quelques régiments qui ont des capitulations particulières, et il n'y a rien de si aisé que de l'établir chez les autres. Il convient aux Cantons démocratiques, où l'on veut l'égalité des individus. Il est également de la convenance des Cantons aristocratiques, où l'on veut l'égalité des familles patriciennes. L'ancien mode présente deux énormes inconvénients : le premier, de donner au colonel des gardes suisses qui a l'exercice de colonel général la facilité de distribuer les emplois supérieurs des autres régiments aux protégés qu'il a dans le sien, et de laisser dans celui-ci, par conséquent, le même nombre de places de faveur à remplir; double abus affligeant, désespérant pour les autres régiments surtout, où les places de colonel sont à vie, et où les autres emplois supérieurs sont la seule perspective des capitaines, après trente ou quarante ans de service. Le second inconvénient de l'ancien régime est de démembrer, pour ainsi dire, le département de la guerre par une prérogative qui n'offre que des abus. Le colonel général, ou plutôt celui qui fait sa place, travaille avec le roi, lutte sans cesse contre l'autorité du ministre pour rendre la sienne indépendante, extorque souvent au roi des signatures en opposition avec ses propres ordonnances, et des règlements particuliers qui n'ont que la valeur de la force qu'il leur donne. On a vu avec scandale le ministre annuler un travail fait par Sa Majesté, parce qu'il était évidemment dérogatoire à ses plus modernes ordonnances, et violer, dans ce même temps, en faveur d'un de ses protégés, des règlements particuliers au régiment des gardes suisses et désavantageux à tous ceux qui n'avaient pas le crédit de s'en faire excepter. C'est ainsi que l'autorité du roi, morcelée par tous ceux qui pouvaient parvenir à s'en attribuer une portion, en s'affaiblissant n'en devenait que plus oppressive.

Dès que l'Assemblée nationale aura englobé les troupes suisses dans son décret¹ et les aura soumises au régime général de l'armée, la

---

1. On lit seulement, dans le décret du 28 septembre-21 octobre 1792, sur la composition de l'armée : « Art. 6. — Les régiments suisses et grisons conserveront jusqu'au renouvellement de leurs capitulations les appointements et sol-

suppression de la charge de colonel général des Suisses et Grisons deviendra nécessaire. Cette charge inutile, dangereuse, qui présente des abus sans nombre et pas un seul avantage, soumet à un seul homme un corps de quinze mille hommes armés qui, l'année dernière, ont pensé être tous réunis dans un même point : outre les régiments suisses, rassemblés au Champ de Mars, plusieurs avaient reçu ordre de les joindre. Si cette réunion eût pu s'opérer sous un général qui leur eût été connu et qui eût mérité leur confiance, la Révolution aurait rencontré peut-être de plus grandes difficultés. On ne peut se dissimuler, je le répète, que la plupart des chefs actuels de l'armée helvétique à la solde de la France, presque tous membres des Régences aristocratiques, regrettent l'ancien régime autant que les nobles français; mais un prince qui s'était jusqu'à cet instant médiocrement occupé de l'armée étrangère qui était sous son commandement, ne pouvait pas acquérir tout à coup une influence personnelle. D'un autre côté, la Révolution, ayant renversé tous les pouvoirs, a laissé un libre jeu à tous les intérêts. Les officiers supérieurs ont pensé, les uns, à la conservation de leurs places, les autres à celle de leurs troupes, dont ils étaient les propriétaires; et il est résulté, de ces diverses considérations, une neutralité générale, également heureuse pour tous les intéressés et pour la chose publique. Mais ce qu'un prince n'a pas fait, un autre pourra le faire, et l'on n'aura peut-être pas toujours à y opposer l'énergie d'un grand peuple qui a nouvellement conquis sa liberté. Si l'Assemblée nationale daigne peser, dans sa sagesse, toutes ces réflexions, il n'y a pas lieu de douter qu'elle se décidera à abolir la charge de colonel général. Cette suppression, infiniment nécessaire à l'État dans le nouvel ordre de choses, pourra affliger quelques gens en faveur, mais opérera l'avantage et le bien général de la nation helvétique. En effet, si un Français est revêtu de cette importante charge, il n'est point responsable à la Diète des abus de son pouvoir ni des infractions aux capitulations; et cette indépendance expose évidemment les intérêts de la nation. Si elle est confiée à un Suisse, le titulaire devient un citoyen beaucoup trop grand pour de petites républiques, un colosse dont l'énorme poids s'appesantit sur leur liberté, et l'Assemblée nationale ne voudrait pas travailler, comme l'ancien gouvernement, à corrompre leurs principes. Cette charge, dans les mains d'un prince, a ce double inconvénient que le prince en a le titre et un Suisse en

des dont ils jouissent en vertu d'icelles. » Cet article avait été voté dans la séance du 18 août 1790, sur le rapport de M. de Noailles. Voir le *Procès-verbal de la Constituante*, n° 384, p. 9.

à l'exercice; et de là naît une foule d'intolérables abus. Il est donc d'une nécessité extrême de supprimer une charge aussi inutile que dangereuse, qu'on ne peut confier sans péril ni au national ni à l'étranger, et qui ne peut être suffisamment suppléée par la responsabilité de chaque colonel à la Diète générale, telle qu'elle était établie et mise en vigueur dans le siècle dernier.

L'Assemblée nationale doit être prévenue, au reste, que le ministère pourrait bien intriguer auprès des Cantons, et les porter à faire quelques démarches pour la conservation de cette charge, en considération du titulaire actuel. Ce doit être, pour l'Assemblée, une raison de plus d'insister sur sa suppression. Il n'est pas difficile d'obtenir une pareille recommandation des Cantons aristocratiques, mais la Diète générale n'y aura certainement aucun égard, et ne consultera d'autre intérêt que celui de la Confédération.

La suppression de la charge de colonel général doit naturellement entraîner celle du bureau et des commis qui en dépendent. Ce petit département ne sert qu'à augmenter les dépenses de celui de la guerre, à retarder l'exposition des demandes et l'expédition des réponses; et les régiments suisses ne peuvent que gagner à l'abolition d'un établissement inutile, abusif et dispendieux.

Il a déjà été élevé, à l'Assemblée nationale, une question sur l'article des franchises accordées aux Suisses. On ne saurait nier que, dans le nouveau régime, l'exercice de ce droit serait une monstruosité. On ne saurait fermer l'oreille aux réclamations des villes dont les octrois portaient sur les mêmes objets que ces franchises, et qui ont souvent demandé le déplacement des corps auxquels elles avaient été accordées. On pourrait faire, à cet égard, un arrangement juste et convenable, qui serait de convertir ce droit en une somme d'argent pour chaque régiment, mais qui y serait répartie de manière que le soldat pût y participer dans une proportion équitable. Un fait très connu doit engager l'Assemblée nationale à insister sur cette condition. Lorsque, dans le régiment des Gardes suisses, les dons annuels du roi, en sel et en tabac, furent convertis en argent, M. le duc de Choiseul, qui, en réunissant dans les mains du colonel toutes les masses, avait diminué considérablement le sort des capitaines, prit sur lui de leur attribuer en dédommagement le partage des sommes représentatives de ces dons, institués uniquement pour les soldats. Cette disposition despotique a été, pendant la Révolution, le motif d'une insurrection qui a pensé entraîner la ruine du corps et qu'on n'a pu apaiser qu'en remettant les choses sur l'ancien pied.

Après avoir parcouru ce qui a trait aux troupes helvétiques en général, il est nécessaire de parler plus particulièrement du régiment des Gardes suisses, qui fait partie de la maison militaire du roi. Mais, avant d'entamer cette matière, il convient d'examiner deux questions essentielles auxquelles tient son existence.

Conservera-t-on au roi une maison militaire ? ou bien toutes les troupes de ligne et les milices nationales garderont-elles le roi tour à tour ?

Rien au monde ne paraît si impolitique que d'avoir deux armées dans le même empire, celle de l'État et celle du prince; l'une réduite à une solde modique, à un vêtement simple, à un avancement lent et gradué, tenue sans cesse à une grande distance de sa rivale; l'autre magnifiquement payée, vêtue superbement, surchargée de décorations, accablée de grades honorifiques peu analogues à ses fonctions. Je sais que l'abolition des corps privilégiés a été déjà décrétée par l'Assemblée nationale; mais, si le roi ou ses ministres continuent de distribuer à volonté des commissions honorifiques, rien ne sera changé; et les chefs des corps qui subsistent conservent encore cette espérance.

Le roi des Français sera-t-il gardé par des troupes étrangères ? aura-t-il pour sa sûreté une garde prétorienne ?

Telle fut la précaution de Denys le Tyran et de ses semblables, telle fut celle des Césars; mais cette précaution est dangereuse, ou tout au moins inutile; elle prouve moins la confiance du prince dans la garde étrangère que sa méfiance envers la sienne; elle le rend odieux et suspect, en lui donnant l'apparence, l'air de vouloir se faire un parti hors de sa nation, et ne le sauve jamais lorsque sa perte est résolue. La garde étrangère ne put préserver Néron, quand ses cruautés eurent fatigué le monde; elle fut inutile à Antonin, qui n'eut jamais besoin que de l'amour du peuple dont il était entouré; elle ne put écarter la mort qui vint frapper au fond de son palais Henri III, couvert du mépris de la nation et chargé de la haine publique; elle laissa périr Henri IV, au milieu d'un peuple dont il était l'idole, et dont les descendants rendent encore de nos jours une espèce de culte à sa mémoire. Et Louis XVI, se fiant à ses vertus et à celles de sa nation, n'a pas craint, n'a pas hésité, dans les moments de la fermentation la plus effrayante, de venir dans Paris seul et sans gardes, au milieu de quatre cent mille citoyens armés, recevoir cette récompense si flatteuse et si chère à son cœur, l'expression de l'amour qu'a mérité de la France entière le restaurateur de sa liberté.

Un plan plus sage et plus constitutionnel pourrait détruire à jamais les abus qui se sont introduits dans la maison militaire du roi, que plusieurs personnes sont intéressées à maintenir, non par attachement à la personne de Sa Majesté, mais pour conserver une certaine étendue de pouvoir et la disposition de plusieurs emplois importants et lucratifs.

Ce plan serait que le roi soit gardé concurremment ou alternativement, ainsi qu'il l'ordonnerait, par les troupes de ligne et les milices nationales; savoir par les régiments qu'il plairait à Sa Majesté d'appeler auprès de sa personne, et les milices du lieu où elle ferait sa résidence. Le service ordinaire de cette garde serait de cinq cents hommes de toutes armes chaque jour; les troupes qui y seraient appelées et relevées à la volonté du roi n'auraient d'autres prérogatives que l'honneur de ce genre de service, et le pas sur le reste de l'armée, tant qu'elles seraient ainsi particulièrement attachées à la personne de Sa Majesté. Cependant, attendu la cherté des vivres et l'augmentation de toute espèce de dépense dans le lieu de la résidence du monarque, il serait attribué à ces mêmes troupes un supplément de traitement proportionné à leur solde ordinaire, payé par le roi sur sa liste civile, et réglé à raison de deux cinquièmes pour le soldat, de trois cinquièmes pour les bas officiers et de quatre cinquièmes pour les officiers.

Si cependant l'Assemblée nationale, déterminée par d'autres motifs, voulait conserver au roi une garde de sûreté, payée par lui, uniquement attachée à sa personne, entièrement séparée de l'armée de ligne et de la milice nationale, il serait difficile de ne pas continuer dans ce service le régiment des gardes suisses, qui s'est toujours parfaitement bien conduit et qui, au milieu des troubles civils par lesquels ont été désorganisés tous les corps de la maison du roi, a su se conserver intact sans choquer aucun pouvoir.

Quel que soit le décret qu'il plaira à l'Assemblée nationale de prononcer sur ce régiment, je crois nécessaire de donner une idée de sa constitution actuelle, et des vices qui y sont inhérents, afin que, s'il est conservé, ces vices ne soient point consacrés par la continuation du même règlement.

En 1763, M. le duc de Choiseul, qui réunissait aux deux départements de la guerre et des affaires étrangères la charge de colonel général des Suisses, fit, à l'expiration de la capitulation, un nouveau règlement constitutionnel pour le régiment des gardes suisses, par lequel il retint la disposition absolue de tous les emplois importants. Les Cantons auxquels ce règlement fut proposé, du ton le plus despotique et le plus impérieux, ne voulurent point en faire une capitulation particulière, et se contentèrent d'y donner purement et simplement leur adhésion. Le canton de Schwytz, dont toutes les délibérations se ressentent de l'énergie des premiers défenseurs de la liberté helvétique, outré de la morgue ministérielle qui éclatait dans ce nouveau règlement, refusa de l'agréer et rappela sur-le-champ ses troupes.

Le régiment des gardes suisses ne subsiste donc que par un règlement ministériel, et non par une capitulation qui fixe le terme de son existence; de sorte qu'il pourrait être licencié à la volonté du roi. Les principaux articles de ce règlement furent rédigés par des principes despotiques; les compagnies ne furent plus attachées à un canton déterminé, mais on décida qu'elles pourraient rouler entre tous, afin de donner plus d'étendue à une distribution arbitraire; les grades militaires devinrent des bénéfices, comme les pensions que l'on répandait en Suisse pour acheter les voix et dominer dans tous les sénats de la Confédération helvétique; il n'y eut enfin plus d'autre mode d'avancement que la corruption et la faveur. Le régiment des gardes suisses est le seul régiment d'infanterie en Europe où l'on n'arrive pas aux compagnies de fusiliers par ancienneté, et où l'on voie les lieutenants devenir officiers généraux avant que leurs capitaines soient majors. Il en résulte une subversion des grades ridicule et révoltante, puisque de très jeunes capitaines commandent d'anciens colonels à brevet et même des maréchaux de camp. Les compagnies de grenadiers sont distribuées de la même manière. Cette inégalité d'avancement n'a point sa source dans l'inégalité de naissance, mais dans la faveur et dans toutes les passions qui la déterminent.

L'article 30 du règlement porte *que les compagnies ne seront données qu'aux officiers qui les auront le mieux méritées*. Mais tout le monde sait que cet article est une pure dérision et ne sert qu'à donner aux protecteurs une latitude indéfinie. Tous les officiers des autres régiments suisses ont été rendus susceptibles d'être promus aux compagnies de celui des gardes et aux autres emplois dans les grenadiers et dans l'état-major. Sous cette dénomination d'officiers majors, on a institué un ordre d'officiers auxquels ont été accordées plusieurs prérogatives qui rabaissent d'autant les autres emplois. Les chefs ont fini par leur transporter toute l'autorité et le commandement, sans distinction de l'ancienneté de service; et ces officiers exercent aujourd'hui toutes les fonctions de commandant de bataillon; étrange abus, par lequel la subordination se trouve totalement intervertie! Enfin, le privilège accordé aux colonels de nommer un capitaine commandant à sa compagnie a reçu une extension contraire au règlement. Ces commandants sont toujours promus de préférence aux compagnies, pour rendre les commandements qu'ils quittent plus souvent vacants, et faciliter aux protecteurs une succession continuelle de nomination au même emploi. On voit donc que, dans le régiment des gardes suisses, un officier peut servir aisément pendant quarante ans toujours à la même place, et dévorer le dégoût d'essuyer tous les passe-droits et de voir avancer avant lui tous les protégés.

Après la démission de M. le duc de Choiseul, son autorité, tombée entre les mains des chefs du régiment, a rendu les préférences infiniment plus odieuses. Dès lors, la parenté et les alliances ont paru souvent les seuls titres d'avancement, et les compagnies sont devenues des titres héréditaires. Pour comble de monstruosité, et contre l'esprit de la Confédération helvétique, toutes les places d'état-major et d'officier supérieur ont été interdites aux protestants, quoique aucun article du règlement ne leur en donne l'exclusion. Les chefs nourrissent peut-être encore l'espoir secret de soutenir cette disposition inique, au mépris des décrets de l'Assemblée nationale, et sans autre motif que leur intérêt.

La partie des finances du régiment fut réglée, dans le plan de M. de Choiseul, d'une manière analogue à ses vues; c'est-à-dire que le chef en eut l'entière et absolue disposition. On établit pour l'administration des fonds un régime obscur et mystérieux, également favorable au gaspillage et à l'économie.

Le corps des gardes suisses, composé de quatre bataillons et fort de 2,400 hommes, coûte plus de 1,300,000 livres; la dépense de son état-major monte à 130,000 livres; la somme des masses s'élève environ à 400,000 livres; et le soldat, avec son prêt de 8 s. 6 d. par jour, mourait de faim, lorsqu'au commencement de la Révolution les officiers obtinrent pour eux, du colonel, un supplément fourni par la caisse.

Le tout est payé au complet chaque mois, et le commissaire est attaché au corps; deux abus qui concourent au même but. Les économies sur les masses, le non-complet, les retenues sur les travailleurs, les avances des emplois, souvent prolongées, les retenues faites aux officiers à leur entrée dans le corps et à toutes les mutations de grades, sont l'objet d'une manutention dont le chef ne rend compte qu'à la Cour. Tel est le régime des finances.

Quant à la formation de ce régiment, elle ne ressemble à aucune formation connue; elle n'a aucun rapport à l'ordonnance d'exercice;

de sorte qu'il faut rompre l'ordre de formation, toutes les fois que l'on prend l'ordre de bataille. Les bataillons sont de 3 compagnies; les compagnies, de 170 hommes; les grenadiers n'y sont que dans le rapport d'un dixième; mais, en revanche, l'état-major est composé de plus de 80 officiers.

D'après cet exposé, on concevra aisément que les officiers de ce corps ont dû être excédés d'un pareil régime. Instruits, vers le mois dernier, que les chefs, coalisés avec quelques personnes placées à la tête des Régences les plus aristocratiques de la Suisse, s'efforçaient, au milieu même de la Révolution actuelle, de faire renouveler à la hâte la capitulation sur l'ancien pied, ces officiers, qui préjugeaient déjà les nouveaux principes de l'Assemblée nationale sur la constitution militaire, envoyèrent à leurs souverains respectifs une adresse pour demander une meilleure capitulation et les supplier d'attendre un mémoire instructif à cet égard; ce qui a suspendu l'effet des négociations que le ministère avait déjà entamées. Les chefs ont voulu traiter cette démarche d'insurrection, et n'ont fait que la justifier par cet absurde reproche.

Je crois avoir suffisamment démontré que la constitution actuelle du régiment des gardes suisses est vicieuse à l'excès, qu'elle est diamétralement opposée aux principes de la constitution française, et que, si l'on s'obstinait à la conserver, elle formerait un contraste infiniment dangereux. Rien n'est si étrange que les raisonnements par lesquels les chefs de ce corps prétendent justifier sa constitution monstrueuse et légitimer la demande qu'ils osent faire de sa conservation; rien n'est si inconcevable que l'ignorance et la crédulité des ministres à cet égard.

Il serait difficile d'établir un plan de réforme détaillé, avant de savoir bien précisément sur quel pied ce régiment sera conservé. Il paraît cependant qu'en tout état de cause on pourrait déterminer un mode d'avancement plus régulier, en considérant toutes les compagnies comme *non avouées*; ce qui est déjà presque établi, puisqu'elles sont déclarées n'appartenir à aucun Canton; ou bien en les faisant *avouer* toutes, alors, l'avancement par Canton serait déterminé d'une manière invariable. Dans ces deux cas, les républiques suisses devraient également se réserver la nomination aux premiers emplois, afin que tous les avantages du service ne fussent pas, comme à présent, concentrés dans deux Cantons, et presque dans deux familles. On n'aime pas plus en Suisse qu'ailleurs les corps privilégiés; la jalousie des autres régiments suisses contre celui des gardes est extrême et connue; lui-même ne peut que gagner à un grand changement, qui déterminerait un mode d'avancement fixe et indépendant de la faveur, qui supprimerait les places d'officiers-majors et de commandants de compagnies, et qui donnerait surtout aux bas officiers l'espoir certain d'être portés à des grades plus élevés et placés dans la colonne des officiers, lorsqu'ils s'en seraient rendus dignes.

Le droit d'admettre les troupes suisses à la solde de l'État et d'en limiter le nombre est, sans contredit, une partie essentielle de la liberté que la nation vient de recouvrer. L'abandon de ce droit ne pouvait être fait au pouvoir exécutif, sans devenir un vice de la constitution. On peut aisément s'en convaincre, en considérant que les régiments suisses, sur le pied actuel, ont au moins un tiers d'étrangers dans leur composition et qu'un très grand nombre de leurs compagnies ne sont *avouées* par aucun des États qui forment le Corps helvétique. Ces troupes *non avouées* ont été levées autrefois, comme par entreprise, sans l'intervention des républiques suisses, et sont recrutées d'individus de toutes les nations de l'Europe. Le roi trouverait facilement à lever sur le même pied 20,000 hommes, qu'il baptiserait du nom de Suisses, avec la même facilité, et qui pourraient peut-être un jour dominer dans l'armée. L'Assemblée nationale a heureusement prévu ce danger par le décret sage qui suffit pour dissiper toutes les craintes de la nation à cet égard.

Tel est, Messieurs, l'état actuel des troupes helvétiques à la solde de la France. Cette discussion militaire est trop étrangère à la carrière que j'ai courue, pour que vous ayez pu vous méprendre et la regarder comme le fruit et le résultat de mes observations. Ces détails utiles, mais peu amusants, m'ont été fournis par des officiers suisses du mérite le plus distingué, qui les ont déjà depuis longtemps déposés dans les bureaux du ministère, et je n'en ai été que le rédacteur; je suis le geai paré des plumes du paon; c'est la voix de Jacob, à laquelle je n'ai fait que prêter la voix d'Ésaü, et cette main a peut-être trop longtemps promené votre attention sur un champ vaste, mais sec, sur lequel il m'a été impossible de faire naître quelques fleurs qui puissent vous en déguiser l'aridité.

Il me reste, Messieurs, qu'à jeter un coup d'œil rapide sur la république des Grisons. Cet État est composé de soixante-trois municipalités divisées en trois Ligues, connues sous les noms de Ligue grise, Ligue Cadée, ou de la Maison-Dieu, et Ligue des Dix Droitures. Cette république est alliée de la France; elle est comprise dans le traité d'alliance conclu par Louis XIV, en 1663, avec les treize Cantons suisses et leurs alliés, et renouvelé par Louis XVI en 1777; mais elle n'a point avec nous de capitulations particulières pour ses troupes, qui ne sont à notre solde que par une convenance réciproque.

L'adresse qu'un grand nombre de bons citoyens de cette république et deux chefs de Ligue ont fait parvenir à l'Assemblée nationale, du (sic) Comité militaire de l'Assemblée nationale, et la note qu'ils ont envoyée à l'ambassadeur de France à Soleure, prouvent qu'ils partagent les sentiments des Cantons helvétiques, qu'ils expriment le même vœu pour l'obtention d'un décret de l'Assemblée nationale qui soumette leurs troupes au régime général de l'armée française et au même mode d'avancement, et pour la suppression des pensions secrètes, dont le chargé d'affaires de France auprès de la République est le distributeur; qu'ils forment enfin les mêmes plaintes contre la politique perverse du ministère français, qui veut dominer leur petit État, en y semant la division et la discorde, en y distribuant des dons, des pensions, des emplois à ceux de ses protégés dont il veut favoriser l'élévation, et en employant tous les moyens de corruption dont l'effet est d'altérer les principes républicains, de détruire l'égalité des individus, d'influer sur la représentation nationale, de gêner les élections, et d'enchaîner la liberté de la République.

On a déjà voulu élever des doutes sur la légalité de l'adresse des patriotes grisons, parce qu'elle n'est signée que par les chefs des Ligues grises et des Dix Droitures, qui n'y ont pas même apposé leurs signatures à titre de chefs de Ligues, mais comme particuliers, et que celle du troisième chef de la Ligue Cadée ne s'y trouve pas. La note des patriotes à l'ambassadeur de France à Soleure donne une explication de ce *déficit* et nous apprend que ce chef est un membre d'une famille prépondérante, de laquelle il paraît que la République a infiniment à se plaindre. L'adresse envoyée à l'Assemblée nationale est revêtue d'un grand nombre de signatures, parmi lesquelles se trouvent, comme je l'ai dit, celles de deux chefs de Ligue; elle est accompagnée d'un décret de la ville de Coire, capitale de la Ligue Cadée, dans laquelle réside le chef de cette Ligue, qui a refusé sa signature, et cette ville paraît être dans les mêmes principes que les patriotes grisons. Au reste, rien ne prouve plus évidemment l'authenticité de cette adresse que l'alarme qu'elle a donnée à notre gouvernement. On a des indices que le ministère va se mettre en mouvement pour la faire désavouer par la République; mais quand même ce désaveu serait obtenu de quelques personnes vendues au parti contraire et placées dans ce moment-ci à la tête de la Régence, il serait bien loin d'exprimer le vœu général. Ce désaveu, dis-je, ne serait jamais celui des personnes qui ont signé l'Adresse, qui ont pour elles la majorité et représentent la partie du peuple la plus nombreuse.

Je ne m'étendrai pas, Messieurs, sur les rapports commerciaux de la France avec la Suisse; leur développement reculerait encore les bornes de ce discours, qui a peut-être déjà excédé celles de votre patience. Il est démontré par les états de commerce que la balance de celui que nous faisons en Suisse est entièrement à notre avantage; que nous devons par conséquent le conserver et lui donner, s'il est possible, encore plus d'étendue.

Je me bornerai à vous exposer deux points essentiels qui pourraient refroidir infiniment les républiques helvétiques envers la France, et altérer l'attachement et l'affection qu'elles lui ont voués depuis si longtemps.

Les Cantons souffrent impatiemment les éternels prétextes que notre gouvernement allègue pour retarder la livraison des sels de Franche-Comté et de Lorraine qu'il s'est engagé à leur fournir. Il est dû au seul Canton de Berne un arrérage de 130,000 quintaux qui, à raison de 2 sols 6 deniers la livre, font un objet de 1,625,000 livres. De pareils arrérages sont également réclamés par plusieurs autres Cantons. Quelques-uns, excédés de ce retardement, et n'en prévoyant pas le terme, ont, à notre grand détriment, renoncé à nos sels et se sont tournés vers ceux de Bavière et de Tyrol, dont la traite est pour eux moins chère, plus prompte et plus commode. Rien n'est plus impolitique, dans le moment de pénurie où nous sommes, que le retardement de la livraison de ce sel, dont la vente ferait entrer, en numéraire effectif, une somme importante dans le royaume.

Le droit énorme de 45 p. 100 que notre gouvernement a mis sur les toiles de Suisse cause pareillement à la Confédération helvétique le plus grand mécontentement. Ce droit vraiment exorbitant, qui ruine son pays en écrasant ses manufactures, fut imposé lors de l'établissement de la défunte Compagnie des Indes, par M. de Calonne, qui voulait empêcher l'entrée des toiles suisses dans le royaume, pour favoriser cette compagnie dont il était le fondateur et le protecteur. La République a lieu d'espérer que l'abolition de la cause fera cesser l'effet, et que le gouvernement de France se relâchera de la rigueur nécessaire dont il a usé à son égard.

Les lois de la politique n'imposent-elles pas à la France des ménagements réciproques avec une nation avec laquelle elle fait un commerce dont la balance est entièrement en sa faveur? Les traités entre les peuples ne doivent être que des équitations (sic), sans quoi ils ne peuvent être de longue durée.

Tels sont, Messieurs, les objets desquels j'ai cru qu'il était indispensable et pressant de vous entretenir. Leur importance, leur multiplicité, leur urgence, peuvent seules obtenir grâce de vous, pour la prolixité indiscrète de ce discours. Je me résume, et je conclus que l'Assemblée nationale doit être suppliée :

1° De requérir le pouvoir exécutif de suspendre le renouvellement de la capitulation avec les Cantons helvétiques, jusqu'à ce que l'ordre des matières dont elle s'occupe lui permette d'en prendre connaissance;

2° De rendre, en attendant le renouvellement de la capitulation, un décret provisoire qui soumette les troupes suisses et grisonnes qui sont à la solde de la France au régime général et au mode d'avancement qu'elle décrétera pour l'armée française;

3° De supprimer à jamais la charge de colonel général des Suisses et Grisons, et le département qui y est attaché;

4° De requérir le pouvoir exécutif de ne plus entretenir aucun agent auprès des Ligues grisonnes, et de réunir cette mission à celle de son ambassadeur, résident ou chargé d'affaires auprès des Cantons helvétiques.

6° De requérir le pouvoir exécutif de supprimer pour toujours les dons, les gratifications, les pensions qu'il faisait distribuer dans les États de la Confédération helvétique et de la République des Grisons; de déclarer qu'elle n'admettra point dans les comptes compris sous la dénomination vague des *Ligues suisses* les articles qui ne pourront pas être publiquement avoués; et de laisser au pouvoir exécutif et au département des Affaires étrangères les mêmes sommes pour être employées à assurer le succès de ses négociations d'une manière conforme aux principes et aux décrets de l'Assemblée ;

7° D'ordonner que les arrérages du sel de Lorraine et de Franche-Comté, dus aux Cantons suisses, leur soient incessamment livrés, pour faire entrer par cette vente dans le royaume une somme de numéraire effectif qui peut être considéré, dans le moment présent, comme un secours de quelque importance;

8° De prendre en considération le droit vraiment excessif de 45 p. 100 imposé sur l'entrée des toiles de Suisse dans le royaume, et d'examiner, dans sa sagesse, s'il ne conviendrait pas de le réduire. L'énormité impolitique de cette imposition est un aiguillon qui réveille sans cesse la cupidité des contrebandiers, excite leur émulation, redouble les efforts de leur industrie et, par l'appât éblouissant qu'elle offre à la contrebande, peut rendre illusoire la faveur apparente que nous présente la balance de notre commerce avec les Cantons.

XV

MOTION

LUE AU CLUB DES JACOBINS PAR CLOOTS [1]

L'existence future des cardinaux serait l'opprobre et le fléau de la constitution française. Les maux qu'ils ont faits au royaume, Messieurs, sont incalculables. « L'amour de la vérité, dit le maréchal de Richelieu, veut que je représente encore le cardinal de Rohan comme dissipateur de finances de l'État; car, pour réussir dans l'affaire du chapeau de Dubois, il fit de telles dépenses à Rome, qu'il envoya un mémoire de 1,500,000 livres qui lui furent remboursées au Trésor royal. » Tome IV, 2ᵉ part., page 166. D'après ces *Mémoires*, que j'appellerai le grand *Livre rouge*, les rois de France n'étaient, en dernière analyse, que les rois du *Livre rouge*. Comme Louis XVI doit être satisfait, comme son cœur doit être soulagé depuis qu'il est roi de la nation ! Les récits naïfs de Richelieu [2] sont des ingrédients souverains pour la recette anti-aristocratique. Si c'est un mal nécessaire d'avoir encore des évêques, au moins, Messieurs, devrait-on prévoir qu'avec le progrès des lumières, il serait très possible d'en être servi dans quelques années. On vous propose quatre-vingt-trois surveillants, ennemis nés de la philosophie, et par conséquent de la liberté. Ces plantes parasites très dispendieuses prendront tellement racine, en vertu de votre renommée et de votre toute-puissance, qu'il sera infiniment difficile de les arracher un jour, d'autant plus que, dans chaque département, l'intérêt du chef-lieu luttera contre la raison, lorsque l'époque de la régénération actuelle sera passée. Pour obvier à cela, je propose l'établissement d'évêques ambulants, à l'instar des juges ambulants en Angleterre, et à l'instar du petit nombre d'apôtres institués par notre Sauveur pour la conversion du monde entier. Quatre prélats à dix mille écus par tête, et c'est beaucoup, Messieurs, en comparaison des douze fondateurs du christianisme, qui se contentèrent de la sobre provision de leurs besaces, quatre prélats, dis-je, rempliraient en France les fonctions faciles de l'épiscopat. L'évêque

---

1. *Chronique de Paris* du 28 mai 1790.
2. Voir ce que dit Chamfort de ces mémoires. (*Œuvres de Chamfort*, édition de l'an III, tome 3.) Ils furent publiés en 1790 par Soulavie l'aîné. Le maréchal de Richelieu avait été étranger à la rédaction de ce recueil qui semble pourtant avoir été composé à l'aide de ses papiers.

du Nord, l'évêque du Midi, l'évêque de l'Orient, l'évêque de l'Occident, parcourraient chacun leurs quartiers, jusqu'au moment où le peuple ne croira plus nécessaire d'entretenir des apôtres aussi inutiles.

Signé : CLOOTS DU VAL DE GRACE.

XVI

DISCOURS

PRONONCÉ PAR M. L'ABBÉ BATBEDAT [1],

DANS LA SOCIÉTÉ DES AMIS DE LA CONSTITUTION DE PARIS

SUR LES DEUX RAPPORTS DU COMITÉ ECCLÉSIASTIQUE, CONCERNANT LE CLERGÉ

(Imp. Vezard et Le Normant, s. d., in-8 de 40 p.)

Le 28 mai 1790.

MESSIEURS,

Ce n'est pas pour défendre des droits anéantis, ni pour contrarier des décrets dont j'ai hautement proclamé la justice et la nécessité, que je vous entretiens aujourd'hui du traitement des ecclésiastiques du royaume, et que j'attaque respectueusement les deux rapports de MM. Martineau et Expilly [2].

Je ne dois pas, pour mériter votre attention, vous rappeler, Messieurs, les époques où j'ai hardiment donné des preuves de mon patriotisme et de mon respectueux attachement à la constitution. Vous n'ignorez pas que j'ai peu redouté l'animadversion de mes supérieurs et de mes égaux dans l'état que j'ai embrassé. L'Assemblée nationale a accueilli avec bonté les différentes adhésions à ses décrets que j'ai

---

1. Louis-Samson Batbedat, né à Saint-Geours, près de Mugron, le 21 octobre 1751, diacre à vingt-trois ans, prieur de Chalosse, en lutte avec son évêque, M. de Lanneville, dès avant la Révolution, créateur de la Société populaire de Dax ; membre du directoire du département des Landes, mort à Bordeaux le 16 février 1814. M. l'abbé Joseph Légé a raconté la vie et les luttes de cet homme remarquable dans son livre *les Diocèses d'Aire et de Dax, ou le Département des Landes sous la Révolution française, récits et documents.* Aire-sur-l'Adour, 1875, 2 vol. in-8. — Le 14 octobre 1789, Batbedat avait envoyé une pétition à l'Assemblée constituante « pour la supplier de casser la prétendue assemblée du clergé de Dax ». Le 14 novembre 1789, il avait envoyé son adhésion au décret sur les biens du clergé. (Table du *Procès-verbal* de la Constituante.)

2. Voir, sur ces rapports et sur les débats auxquels ils donnèrent lieu, le *Procès-verbal* de la Constituante du 20 mai au 21 juin 1790.

eu l'honneur de lui adresser. Elle a daigné consigner dans les registres de ses délibérations du 14 novembre dernier mon opposition aux protestations du clergé de mon diocèse, plutôt égaré que coupable. Elle a récompensé mon zèle pour la chose publique par une mention honorable. Voilà, Messieurs, le terme de mon ambition, et le but que je me proposais, quand j'ai ouvertement embrassé le parti populaire.

Je puis me flatter de n'avoir pas fourni à la malveillance le moindre prétexte pour calomnier mes intentions; et, s'il faut vous le dire, Messieurs, je me trouve dans une telle position, que la nouvelle constitution du clergé ne peut absolument détériorer ni améliorer mon sort, quel que soit le résultat de rapports que je combats.

Je vous prie de ne pas perdre de vue ces réflexions préliminaires dans les détails où je vais entrer, et de croire que l'intérêt du grand nombre des victimes que vous allez faire m'inspire seul et m'échauffe pour une cause que je crois juste et au-dessus de toute considération.

Je prévois que je déplairai à une infinité d'hommes qui ne descendent pas avec assez de sensibilité dans les besoins de la vie, dans les infirmités de l'âge, dans les habitudes même de l'humanité, pour proportionner les secours, soit à la nécessité, soit aux circonstances des temps, des lieux, des personnes et des usages actuels : mais vous daignerez observer que les opinions sont libres et que leur manifestation n'est pas répréhensible avant la loi qui les proscrit. Je vous supplie donc, Messieurs, de m'entendre avec bonté et avec indulgence.

Quoique le rapport fait à l'Assemblée nationale par M. Martineau n'embrasse que le traitement ou la dotation du clergé constitutionnel et en fonction, c'est-à-dire du clergé qui sera désormais envisagé comme le seul nécessaire dans le royaume, et quoiqu'il soit évident que l'Assemblée nationale peut porter ce traitement au taux qu'elle jugera suffisant dans sa sagesse, parce que les ecclésiastiques à venir, dès qu'ils auront préféré un état dont ils connaissaient la fortune et les espérances, seront par là même sans nul sujet de plainte légitime; néanmoins je dois vous observer que le rapport de M. Martineau peut induire en erreur l'Assemblée nationale, si elle en suit le projet et les vues.

Je m'arrête, Messieurs, à la seule classe des curés de campagne, qu'il est vraiment ridicule de réduire à un honoraire de 1,200 livres. Personne n'ignore en effet que, s'il doit y avoir une différence entre le traitement des curés des grandes villes et celui des curés de campagne, il ne doit en exister aucune entre ceux-ci et les pasteurs des villes de troisième et quatrième ordre.

Un curé de ville a mille ressources pour se dispenser de tenir un ménage. Il peut, à peu de frais, se procurer un service ponctuel et commode. S'il paye un loyer cher, au cas où on ne procurera pas aux curés des villes un presbytère convenable, ce qui est très facile sans être trop coûteux, il est dispensé de mille dépenses d'entretien d'écuries et de granges, qui sont indispensables pour les curés de campagne.

Il faut à ceux-ci plus de domestiques, des chevaux pour la desserte du bénéfice pendant la nuit et dans les mauvais temps. Ils doivent exercer l'hospitalité envers les passants et leurs paroissiens, leurs amis et leurs confrères, dans les occasions que l'honnêteté et la bienséance multiplient toujours. Éloignés des villes et souvent des lieux où ils doivent faire leurs provisions de première nécessité, ils sont forcés de tout acheter, jusqu'à la peine de leurs commissionnaires.

Au lieu que les curés des villes peuvent être sans nul souci pour leurs besoins journaliers et peuvent être très bien servis sans faire de gros frais.

Si par conséquent il fallait nécessairement admettre une différence dans les dotations des uns et des autres, il est évident qu'elle devrait être en faveur des curés de campagne, soit par les sujets de dépense étrangers aux curés des villes, que j'ai trop succinctement peut-être présentés et détaillés; soit pour compenser un peu le désagrément de passer toute sa vie dans une campagne, souvent triste et lugubre, qui ne fournit jamais à un curé le moindre objet de récréation : tandis que les pasteurs des villes rencontrent tous les jours mille occasions pour délasser l'esprit et le corps des fatigues du ministère.

Il ne peut pas être dans vos projets, Messieurs, de fixer le traitement des ministres nécessaires de la religion à un taux tellement modique, que sa seule idée éloigne absolument de la prêtrise les sujets à talents, les hommes précieux. Vous devez au contraire le régler de manière qu'il puisse fournir à tous les besoins, sans qu'il devienne jamais, ou rarement, l'objet de l'ambition et de la cupidité.

Mais croyez-vous qu'après la génération actuelle vous aurez beaucoup de prêtres, si vous ne fixez pas leur traitement au delà de 1,200 livres dans les campagnes? Croyez-vous, d'un autre côté, qu'une dotation de 15 et 1,800 livres même puisse, en aucun temps et dans le nouvel ordre de choses surtout, trop multiplier les aspirants à la prêtrise et aux cures? Ne le pensez pas. Un revenu de 15 ou 1,800 livres, pour instruire et desservir une paroisse de 2,000 âmes ou environ, ne multipliera pas les prêtres, lorsqu'il sera possible d'embrasser un autre état de la société qui procurera infailliblement de plus grands profits sans donner autant de peine, autant de soucis, ou qui du moins ne présentera pas à l'ambition ni au désir d'accroître son bien-être des bornes ultérieures. Or, ce désir naturel à l'homme ne saurait être blâmé. Il est même utile et nécessaire, puisqu'il produit l'émulation et les talents.

Donnez donc, Messieurs, dans vos décrets constitutionnels, une rétribution suffisante au clergé, indispensable à ces hommes essentiels et précieux, dont les fonctions augustes dans l'ordre moral, religieux et politique, peuvent si efficacement raffermir les bases de la nouvelle constitution. Placez-les au-dessus des besoins sans prodigalité; procurez-leur une honnête subsistance sans parcimonie. Faites en sorte que toutes les nations louent et admirent vos opérations dans toutes les parties de l'administration.

Faites-leur voir que, pénétrés de respect pour la religion sublime, de laquelle seule vous voulez payer le culte, vous avez généreusement doté ses ministres. Eh! Messieurs, augmentez le travail des curés de campagne, plutôt que trop borner leur traitement. Réunissez plusieurs paroisses en une seule, lorsque les localités le permettront, si la difficulté du service et la grande population ne s'y opposent pas. Il vaudrait mieux ne laisser que 30,000 curés avec une dotation de 2,000 livres pour chacun, que d'en faire végéter 50,000 avec un modique revenu de 1,200 livres.

Les biens-fonds du clergé sont évalués à trois milliards, d'après les déclarations envoyées au Comité ecclésiastique, c'est-à-dire à un revenu net de 150 millions : ainsi il restera au moins 80 millions de revenu pour la dette de l'État, si vous affectez 60 à 70 millions pour les honoraires de 30,000 curés, fixés à 2,000 livres pour chacun. Eh! que dis-je, Messieurs, quand je présente le résultat des déclarations faites au Comité ecclésiastique? N'est-il pas infaillible que, si ce résultat est de trois milliards de l'aveu des ecclésiastiques, il sera au moins de six milliards, lorsque des yeux exacts et désintéressés auront porté leurs sévères regards sur toutes les fermes, et sur toutes les branches des revenus de l'Église de France?

Je ne prétends pourtant pas, Messieurs, qu'il faille donner à tous les pasteurs le même traitement; parce que les villes du premier et du second ordre exigent une plus forte dotation pour leurs administrateurs spirituels; et parce que les paroisses des autres villes et des campagnes, où la population est plus grande, où les distances des habitations et des hameaux sont plus considérables, et où le service est plus pénible, doivent faire admettre des différences dans les fixations du salaire; mais il est très aisé de trouver dans 60 ou 70 millions le traitement des curés des villes du premier ordre, à 6,000 livres ; celui des curés des villes du second ordre à 4,000 livres ; celui des curés des villes du troisième ordre et du quatrième, ainsi que des paroisses vastes, peuplées et pénibles de campagne, à 3,000 livres et à 2,400 livres ; et enfin celui des paroisses moyennes à 2,000 livres et des moindres à 1,800 livres. Le grand nombre des paroisses de ces deux dernières classes de 2,000 et 1,800 livres d'honoraire remplira très facilement le déficit que la surtaxe des paroisses des autres classes, bien moins nombreuses, occasionnera dans les 60 millions.

Destinez ensuite 5 ou 6 millions aux vicaires indispensables pour tout le royaume, et vous en aurez 10,000 à 900 livres d'honoraires chacun. Ainsi, avec moins de 70 millions que les dîmes seules produisaient ci-devant, vous solderez honorablement tous les ministres nécessaires de la religion ; et il y aura toujours un revenu de 80 millions et même de 150, qui retomberont annuellement dans les caisses nationales, sans hypothèques et sans autre destination forcée que celle que leur donnera chaque législature.

En 1655, avant la réunion de plusieurs provinces au royaume de France, les revenus du clergé, solennellement déclarés dans une assemblée générale, sur la réquisition de Louis XIV, montaient à 412 millions. Tous les revenus territoriaux ont au moins doublé depuis cette époque. Ainsi, il ne serait peut-être pas absurde de supposer que les fonds ecclésiastiques-nationaux produisent en ce moment environ 800 millions de revenu. Or, en déduisant 150 ou 200 millions pour les objets qui sont supprimés, il reste au moins 500 millions de rente, libres et disponibles par la nation, pour les frais du culte public et pour les dettes de l'État.

Il est donc très facile d'assigner une dotation constitutionnelle au clergé nécessaire, qui soit suffisante et honorable, et qui ne démente pas, Messieurs, l'honneur et la loyauté du peuple français. C'est ce que je réclame pour les curés nommément, parce que je ne le suis point et que je ne puis pas l'être. Je garderais le silence, si j'avais l'honneur d'être agrégé aux sublimes fonctions des ministres de la religion. Mais, comme ecclésiastique et comme citoyen qui connaît la nécessité des pasteurs de l'Église, j'ai dû faire valoir, dans le temple de la liberté et du patriotisme, l'importance et la légitimité de leur cause, qui est, Messieurs, sous tous les rapports, la cause de la constitution, la cause nationale.

Quant au rapport de M. l'abbé Expilly, relativement au clergé actuel et à tant d'individus qui vont être destitués ou qui seront inutiles dans l'État, je ne puis m'empêcher, Messieurs, de vous faire apercevoir des erreurs meurtrières et incalculables dans les retraites accordées à ces ecclésiastiques dont les bénéfices et les places sont supprimés.

Je voudrais que M. Expilly eût distingué les bénéfices simples d'avec les bénéfices à résidence. Je voudrais surtout qu'il eût fixé le sort de tant de prêtres âgés et infirmes, même de tous ceux qui desservent les cathédrales et les collégiales, sous le titre de vicaires, de chapelains, de stipendiaires, de prébendés, d'aumôniers et d'habitués, même de ceux dont les places et les emplois ne sont pas envisagés comme des bénéfices, par les usurpations des chapitres, ou par l'abus de la puissance ecclésiastique, ce qu'il importe très peu d'examiner en ce moment.

1° Quant aux bénéficiers simples qui, pour la plupart, se sont prévalus de leur état et de leur fortune pour s'éloigner du sanctuaire, pour se dispenser du travail, et pour passer des jours tranquilles et heureux dans l'oisiveté, je ne vois pas d'injustice à les laisser réduits au revenu qu'ils ont maintenant, même quand il n'excéderait pas 1,000 livres, ou à celui qu'ils auront, d'après la suppression sans indemnité des droits qui formaient leur dotation, quand cette suppression porterait leur traitement au-dessous de 1,000 livres : parce qu'en général les bénéfices simples n'assujettissent point à un service utile à la société, et lui sont par conséquent très indifférents, même en quelque sorte très étrangers.

Cependant il y aurait peut-être de l'injustice à ne pas donner de quoi vivre et un traitement honnête à ces bénéficiers, même sans résidence et non attachés à quelque église, qui sont parvenus à un certain âge, qui ont rempli leur devoir dans leur jeunesse et qui ont obtenu des bénéfices simples par manière de récompense et de retraite. Si la suppression des dîmes et des autres droits abolis sans indemnité les réduisait à un revenu trop modique pour subsister honorablement, il faudrait leur donner la représentation de leur ancien revenu, en telle manière cependant qu'ils n'auraient jamais au delà de 3,000 livres pour des bénéfices simples, ci-devant évalués jusqu'à 12,000 livres, ni au-dessus de 6,000 livres pour les bénéfices de la même classe, évalués jusqu'à 30,000 livres ; ni au delà de 12,000 livres pour les abbayes, prieurés, dignités et autres titres ecclésiastiques, sans résidence, qui produisent maintenant un revenu de 50,000 livres et au-dessus.

C'est sur ces bases, je crois, que le Comité aurait dû présenter son rapport, pour le traitement des bénéficiers simples, qui sont avancés dans l'âge, qui sont sans ressource patrimoniale, ou dans l'impossibilité d'être employés aux fonctions actuelles du ministère religieux, et qui ont été utiles dans les différents emplois de l'Église.

Il est très possible en effet que la suppression des dîmes et des autres droits abolis sans indemnité réduise à moins de 3,000, et de 1,000 livres même, des bénéfices qui donnent maintenant 10, 20 et 30,000 livres de rente. Or, n'y aurait-il pas de l'inhumanité à laisser avec 1,000 livres ou moins de revenu tel homme qui a maintenant 6, 12 et 20,000 livres de rente? Diminuez le revenu excessif et presque scandaleux de certains bénéficiers, absolument inutiles à l'église, et qui l'ont souvent déshonorée au lieu de la servir; tout le monde applaudira à vos réformes. Mais il ne faut pas que le désir de proscrire des abus vous entraîne dans des réductions qui plongeraient un ecclésiastique âgé, ou hors de service, dans une misère profonde. Or, il y a une règle à observer pour ne pas encourir ce reproche; c'est de fixer froidement, d'après les circonstances des lieux, des temps et des personnes, ce qu'il faut à un tel homme pour vivre décemment. Et certes, Messieurs, un citoyen, un prêtre qui n'a maintenant qu'un revenu de 1,000 livres, jusqu'à 3,000 livres, ne peut pas être considéré comme opulent, ni surabondamment doté. Il faudrait donc donner aux bénéficiers qui jouissent actuellement d'une somme, depuis 1,000 livres, jusqu'à 3,000 livres, la représentation exacte de ce qu'ils possèdent, nonobstant toute considération sur les droits supprimés sans indemnité. Il faut être juste et humain.

Aussi, d'après cette règle, personne ne vous trouvera insensibles ni trop sévères, quand vous opéreriez des réductions rigoureuses, et quand vous ne donneriez qu'un traitement de 3,000 livres à tous les ecclésiastiques qui ont maintenant des bénéfices de 6, 12, 20, 30 et 40,000 livres, parce que dans le fait un prêtre peut vivre et se procurer le nécessaire avec un revenu de 3,000 livres. J'estime même qu'il ne mérite pas une congrue de 300 livres s'il osait se plaindre d'un pareil traitement, lorsqu'il n'a rien à faire.

2° Quant aux bénéfices à résidence, évêchés, cures, canonicats, et autres qui produisent 3,000 livres et au-dessus, j'adopterais le plan de M. Expilly, en prenant pour règle le *maximum* de 6,000 livres et de 30,000 livres. Je crois pourtant qu'un évêque accoutumé à un revenu de 2, 3, 4 et 500,000 livres ne doit pas raisonnablement être réduit à une retraite moindre de 50,000 livres, c'est-à-dire au maximum de 30,000 livres, comme celui qui n'avait ci-devant que 50 ou 60,000 livres de rente.

Qu'on fixe, Messieurs, pour l'avenir les honoraires des bénéficiers constitutionnels au taux qu'on voudra, personne ne pourra se plaindre d'avoir embrassé un état dont il connaissait la dotation et le terme ultérieur de toute ambition ou, si l'on veut mieux, de toute espèrance : mais ceux qui sont actuellement engagés et en possession méritent des égards. Il faut les traiter avec justice, même avec une certaine générosité, comme nous disait hier M. l'abbé d'Espagnac dont vous avez admiré le désintéressement et les offres, pour ce qui le concerne.

Il a proposé un acte de justice qui paraît tenir à l'honneur de l'Assemblée nationale, et qui lui attirera la vénération des hommes raisonnables, si elle l'exécute. C'est de calculer les places, les rangs, les conditions mêmes, quoique tout soit aboli, dans les traitements actuels des évêques et des ecclésiastiques qui ont servi l'État. Il a prouvé que les ci-devant biens du clergé suffiraient pour contenter tout le monde.

Je soutiens avec lui, Messieurs, qu'il ne faut pas qu'on puisse jamais dire avec fondement que les représentants d'une nation loyale et franche dans ses procédés n'ont eu que le but perpétuel de détruire et de dépouiller, sans mettre une égalité raisonnable, un équilibre bien combiné entre leurs actes de perprise [1] et leurs actions de bienfaisance.

Il est incontestable que la répartition des biens de l'Église était aussi ridicule qu'injuste. Il était de principe, ou plutôt d'abus intolérable, de récompenser le nom sans mérite, et de mépriser le mérite sans nom. Ainsi certains ecclésiastiques avaient trop, quand d'autres n'avaient pas assez, en avaient trop peu. Si encore l'abus avait été borné à donner trop à quelques-uns, en donnant assez à tous, nous ne devrions pas déplorer l'administration anti-chrétienne de ces évêques mondains qui ont évidemment forcé l'Assemblée nationale à faire rentrer dans ses mains un gouvernement qu'elle aurait infailliblement respecté s'il avait été plus régulier, plus uniforme et plus équitable. Mais parce que vous voulez corriger des abus, vous vous garderez bien, Messieurs, d'être injustes. Ainsi vous traiterez avec générosité et bienveillance un clergé mal habitué, si vous voulez, mais toujours digne de vos soins et de votre tendresse. Vous agirez même avec plus de noblesse et de magnificence envers lui, parce qu'il a paru vouloir vous disputer le droit de l'inspecter et de le réformer. La puissance suprême, attaquée et combattue par l'extrême faiblesse, ne peut se venger avec dignité qu'en lui tendant une main secourable qui l'empêche de se détruire elle-même et de s'abîmer dans le néant.

1. *Perprise* ou plutôt *perprinse*, action de *perprendre* ou de prendre de sa propre autorité des terres communes et franches, sans congé du seigneur, en payant quotité de la quête ou rente. *Occupare agros compascuos*. Coutume de Dax, titres 9, 11, 12, 18. (*Dictionnaire de Trévoux*, ed. de 1771.)

Alexandre n'eût peut-être pas remporté une victoire complète, s'il n'avait replacé Darius sur son trône. Ainsi l'Assemblée nationale pourrait bien n'être pas sans reproche aux yeux des nations, si elle ne traitait favorablement et avec la dignité qui lui convient ce clergé précisément qui semble lui contester ses droits et lui disputer la victoire.

D'ailleurs, Messieurs, les revenus ecclésiastiques nationaux excèdent de beaucoup toutes les pensions de retraite et tous les traitements du clergé constitutionnel. Pourquoi donc ne pas donner une subsistance honnête et *proportionnelle* aux évêques de diocèses qui seront supprimés, à tous les bénéficiers résidents, à tous les vieillards et, en un mot, à tous ces prêtres hors de service, sans emploi, sans état, sans ressource et sans espérance, qui n'ont pas démérité de la patrie et qui paraîtraient néanmoins sévèrement punis, s'ils n'obtenaient une retraite convenable?

Je ne vous dirai pas, Messieurs, d'être justes à leur égard, si cette expression doit vous déplaire, et si vous la regardez comme répréhensible, mais je vous prierai d'être compatissants et généreux, pour des hommes habitués à un genre de vie, à des commodités et à des usages qui, s'ils étaient trop substantiellement changés, les plongeraient dans le tombeau.

Cependant je ne vous exposerais pas même un pareil sentiment, si votre générosité pouvait avoir des suites désastreuses, soit pour la constitution, soit pour le salut de la patrie, devant laquelle sans nul doute tout intérêt particulier doit être muet et disparaître. Mais cette générosité dans les traitements peut se concilier aisément avec les besoins publics. Cette retraite des ecclésiastiques inutiles dans la nouvelle constitution ne sera que momentanée, s'il est vrai qu'elle absorbe tous les revenus actuels du ci-devant clergé. Et quand bien même, Messieurs, les biens ecclésiastiques nationaux ne produiraient en ce moment que des sommes suffisantes pour les retraites des gens d'église congédiés et sans emploi, et pour la dotation du clergé constitutionnel et nécessaire, ne faudrait-il pas l'y consommer en entier, plutôt que d'encourir le reproche d'injustice ou de parcimonie?

D'ailleurs, en partant de cette hypothèse de l'emploi total des revenus ecclésiastiques en traitements et en pensions, ce qui ne peut pas se supposer, même avec la suppression des dîmes, la nation ne gagnerait-elle pas assez, en disposant, comme elle le peut dès ce moment, des maisons, des emplacements et de mille autres objets qui peuvent produire des sommes immenses, en aliénant même, comme elle le peut encore à tout instant, tout ce qui est d'une vente facile et d'un produit énorme?

Mais vous n'avez pas besoin de toutes ces spéculations, ni de vous livrer à des calculs pénibles, pour ménager la chose publique et pour donner en même temps un traitement convenable à tous les ecclésiastiques, c'est-à-dire à tous ceux qui étaient employés au ministère d'une manière ou d'autre. Vous trouverez tout, même à présent, dans les biens du clergé. M. l'abbé d'Espagnac a fait des états qui paraissent exacts et très propres à vous satisfaire.

3° Quant aux cures, canonicats et autres bénéfices à résidence, qui produisent 3,000 livres et au-dessous, jusqu'à 1,000 livres, il paraît juste de donner aux titulaires la représentation parfaite et l'équivalent de ce qu'ils retiraient de leurs bénéfices. On ne prétendra pas sans doute que ces bénéficiers étaient les enfants chéris de l'Église, ou les enfants gâtés du bon Dieu, comme certains champions illustres ou fameux que vous connaissez. On ne prétendra pas qu'ils étaient des bénéficiers opulents, des prêtres favorisés par la fortune et scandaleusement riches, comme les séraphins aux huit cents fermes.

Ainsi, sous le bon plaisir de M. l'abbé Expilly, je corrigerais la somme de 1,000 livres, énoncée dans l'article 7 de son projet de décret, en y substituant celle de 3,000 livres, au moins pour les titulaires dont les bénéfices exigeaient la résidence et obligeaient à un service continuel et assidu : car, si son plan est proposable dans l'intérêt des bénéficiers qui n'avaient d'autre devoir à remplir que celui de recevoir des revenus gagnés sans nul travail, il ne peut pas l'être pour ceux qui étaient assujettis à la résidence et à un service. Les uns n'étaient d'aucune utilité dans l'Église, tandis que les autres s'acquittaient de leur devoir dans les emplois que la providence leur avait assignés. Il est évident qu'il doit y avoir une différence de traitement entre ces deux classes de bénéficiers qu'on peut désigner par les mots *honoraires* et *onéraires*. La justice le prescrit, et la raison l'indique. Cependant M. l'abbé Expilly les a récompensés également.

Par une conséquence nécessaire de mon principe et de ce que j'ai exposé plus haut, les bénéficiers *onéraires*, de quelque classe que ce soit, devraient tellement avoir la représentation du revenu qu'ils ont actuellement, s'il n'excède pas 3,000 livres, qu'aucune suppression du casuel et des droits abolis sans indemnité ne peut occasionner des réductions ou des diminutions dans leur pension de retraite, lorsque ces droits et le casuel formaient une partie notable du revenu, comme le quart ou le cinquième.

Je vous fais cette observation, Messieurs, parce que je connais plusieurs églises cathédrales et collégiales, où une partie essentielle des canonicats et des prébendes consiste dans ces droits et dans le casuel.

J'en connais même certains où ces objets forment la meilleure partie des bénéfices. J'aurais donc désiré que M. l'abbé Expilly eût inséré dans son projet de décret des dispositions relatives à l'état de certaines églises du royaume, et que le Comité ecclésiastique eût été bien instruit du genre des dotations et du revenu de toutes avant de publier son rapport. Il expose évidemment l'Assemblée nationale à priver certains bénéficiers des premiers moyens de subsistance, car il y en a beaucoup dont le revenu, presque en totalité, consiste dans des droits de lods et ventes, dans des mutations, etc.

4° M. l'abbé Expilly a singulièrement maltraité les bénéficiers à résidence, qui n'ont eu jusqu'ici qu'un revenu de 1,000 livres et au-dessous. J'ai l'honneur de vous assurer qu'il y a plusieurs églises dans le royaume où ces prêtres infortunés seraient réduits à moins de 3 et 400 livres, si son plan était décrété.

Il est incontestable que les bénéficiers des cathédrales et des collégiales qui n'ont pas aujourd'hui plus de 1,000 livres de revenu en ont une grande partie en casuel et en droits supprimés sans indemnité. Ainsi il est de toute justice de leur donner la représentation et le remplacement de ce qu'ils perdront par le nouvel état de choses, s'ils ont maintenant un revenu de 1,000 livres, et de leur donner même des retraites de 1,000 livres s'ils ont actuellement moins.

Oui, Messieurs, il faut leur faire au moins ce traitement; et votre équité ne peut se refuser à la légitimité de cette réclamation. Je m'explique clairement. Je dis qu'il faut donner des retraites de 1,000 livres même à ceux des différentes classes de bénéficiers à résidence, qui ont aujourd'hui un revenu moindre. Voulez-vous savoir pourquoi ? C'est parce qu'il faut accorder le nécessaire à celui qui ne l'a pas, et le lui accorder du superflu de celui qui a trop.

Si vous avez le droit, que je suis bien éloigné de contester à une nation dont j'aime et je respecte la toute-puissance, et qui ne peut abuser de son autorité parce qu'il est impossible qu'elle ne veuille pas son bien; si, dis-je, vous avez le droit de dépouiller les bénéficiers opulents, inutiles, et qui n'ont jamais rempli les devoirs de leur état, ce n'est pas, Messieurs, pour laisser dans l'indigence ces bénéficiers médiocrement dotés qui ont servi l'Église dans les emplois où les circonstances et la volonté des évêques les ont placés.

On laisserait une subsistance honorable, suivant M. Expilly, à tous ces abbés et autres ecclésiastiques qui seraient réduits à 6,000 livres de rente, pour ne rien faire, et pour n'avoir rien fait dans le ministère, et on ne laisserait rien ou presque rien à une foule de prêtres qui ont toujours rempli les fonctions de leur état !

On récompenserait donc, Messieurs, l'habileté, l'oisiveté et souvent les crimes de ceux qui ont obtenu de gros bénéfices, tandis qu'on punirait les vertus et l'utilité des autres! Loin de nous une pareille idée. Le contraste est trop saillant pour que l'Assemblée nationale s'expose à recevoir des plaintes aussi légitimes et infaillibles.

Elle réduira tous les ecclésiastiques à une honnête subsistance. Oui, elle fera des réductions; mais aussi elle verra que, s'il faut borner à 6,000 livres ceux qui ont maintenant 20, 30 et 40,000 livres de rente, parce qu'en effet un homme quelconque peut vivre avec ce revenu, elle ne se dissimulera pas qu'une retraite de 1,000 livres au moins est indispensable à ceux qui possèdent maintenant ce revenu, et à ceux qui en ont un moindre.

Elle considérera que toute voie pour d'autres bénéfices étant fermée, que toute espérance pour un meilleur sort étant anéantie, que toute ressource pour améliorer son état étant enlevée, elle doit compenser toutes ces pertes réelles sur la tête de ceux que le moment actuel saisit avec un revenu moindre de 1,000 livres. Je parle toujours de ceux qui possèdent des bénéfices à résidence, de ceux qui ont été utiles et qui ont rempli la tâche qui leur a été assignée. Je parle enfin de ces bénéficiers des cathédrales et collégiales, dont l'âge et les travaux doivent fixer l'attention de l'Assemblée nationale sur le triste sort qui les attend; si d'un côté elle ne leur remplace pas le revenu qu'ils ont jusqu'à 3,000 livres; si d'un autre côté elle ne leur donne pas la représentation du casuel et des droits supprimés sans indemnité, lorsque tous ces objets ne porteront leur retraite qu'à 1,000 ou 1,200 livres, et si enfin elle ne donne pas au moins 1,000 livres à ceux qui ne les ont pas actuellement, mais qui auraient peut-être eu davantage par la suite et dans l'ancien ordre des choses.

Eh! comment concevoir, Messieurs, que l'Assemblée nationale s'écarte de ces principes de justice, lorsqu'on se rappelle qu'elle a accordé des pensions honnêtes à tous les religieux; lorsqu'on se rappelle qu'elle a sagement distingué l'état et la situation de ceux qui étaient dotés, et des mendiants!

Eh bien! qu'on mette au moins dans la classe des religieux rentés ces bénéficiers des cathédrales et collégiales qui ont actuellement moins de 1,000 livres, qu'on suive pour eux les mêmes progressions de l'âge qu'on a observées pour ces religieux. Certainement la dotation du clergé séculier du royaume est assez considérable, et même plus forte, toute proportion gardée, que celle du clergé régulier, pour que ses membres puissent être aussi bien traités. Et il y a cette différence, entre eux tous, que les prêtres séculiers avaient l'espoir d'obtenir davantage et d'améliorer leur sort, tandis que les moines des plus riches congrégations n'avaient aucune jouissance personnelle et vivaient sans l'espérance d'être mieux à soixante ans qu'ils n'étaient à vingt-cinq.

Je crois, Messieurs, qu'il est inutile d'insister sur un projet dont la justice réclame l'observation, et dont tout le monde voit la convenance, quand bien même toutes les pensions de retraite absorberaient pour le moment tous les revenus ecclésiastiques-nationaux; ce qu'il est absurde de supposer, même en déduisant le produit des dîmes.

5° Je dois vous faire remarquer une autre erreur incalculable de M. l'abbé Expilly, et qui me paraît blesser tout à la fois la justice et l'humanité. Il y a, Messieurs, plusieurs ecclésiastiques, dans les cathédrales et les collégiales, qui méritent le titre de bons prêtres et d'utiles serviteurs de l'Église, mais qui n'ont d'autre qualité que celle d'habitués, de stipendiaires ou de gagistes.

Tous ces malheureux, suivant le Comité, n'auront aucun traitement, car il n'est question dans le rapport que des bénéficiers titulaires; tandis qu'un frère *coupe-choux* d'un monastère, ou frère lai, jouira d'une pension de 3, 4 et 500 livres progressivement à son âge. Cependant ces habitués, ces stipendiaires avaient l'espoir de parvenir à quelque bénéfice. Leur bonne conduite et leur exactitude dans cet état précaire leur en donnaient même la certitude. Et aujourd'hui, après un travail long, pénible et humiliant, ils seraient réduits à rien, à la mendicité ! Pourquoi le Comité ne les a-t-il pas placés au moins dans la classe des religieux mendiants, quoiqu'ils doivent être évidemment compris dans celle des moines rentés et non mendiants ?

Car enfin, Messieurs, ne perdez pas de vue cette grande considération qui vous ramène naturellement à un acte de justice; c'est-à-dire que tous ces prêtres, desservant les églises d'une manière ou d'autre, auraient été placés à leur tour, et suivant leurs talents, et avec quelque bénéfice suffisant; tandis qu'aujourd'hui ils mourront pour la plupart, avant d'être appelés à quelque fonction constitutionnelle.

D'ailleurs, si l'Assemblée nationale a jugé qu'elle devait accorder des pensions à tous les religieux qui avaient ou non des bénéfices dans leur ordre, qui avaient plus ou moins d'âge, plus ou moins de dotation, qui enfin n'avaient ni revenus ni expectatives d'aucun genre, ni certitude, ni espoir d'être placés, quelle raison a pu mouvoir le Comité pour empêcher l'Assemblée nationale de traiter aussi favorablement les prêtres séculiers, les prêtres non bénéficiers ?

Est-ce parce qu'ils vont devenir inutiles? Mais les prêtres religieux le seront aussi. Est-ce parce qu'il y en a de jeunes qui pourront être employés? Mais il y a aussi des jeunes religieux que les peuples pourront choisir pour les places constitutionnelles. Le mérite et les talents les y appelleront tous sans distinction. Est-ce enfin parce que les ordres religieux procurent à l'État des biens considérables? Mais les moines mendiants ne lui procurent rien, mais le clergé séculier laisse sans nul doute autant de fonds et de revenus que le clergé régulier, proportionnellement aux individus de l'un et l'autre, pour que le traitement soit au moins égal et uniforme.

Je le dis hardiment, Messieurs, le Comité ecclésiastique n'a pu avoir aucun motif raisonnable pour ne pas proposer à l'Assemblée nationale de pensionner graduellement et avec de justes proportions tous les ecclésiastiques du royaume, les bénéficiers et autres, qui sont engagés irrévocablement dans leur état. Elle a pensionné les religieux rentés ou mendiants, jeunes ou vieux, prêtres ou non; elle doit donc traiter aussi favorablement les ecclésiastiques, et elle le doit, j'ose le dire, parce que la justice l'exige, parce que toutes les circonstances le demandent, et parce qu'enfin rien au monde ne peut l'autoriser à laisser dans la misère un ecclésiastique qu'elle dépouille d'ailleurs de toute espérance, de toute expectative, de toute certitude d'un meilleur sort.

Voilà, Messieurs, le point de vue sous lequel le Comité aurait dû nous exposer la grande question que vous allez discuter. Si à vos yeux un homme en vaut un autre, si un prêtre séculier, dont l'état ne change pas en mieux comme celui d'un religieux, doit être aussi bien traité, avec des droits plus étendus; vous n'admettrez pas un plan qui détruit toute égalité, toute justice, — je pourrais ajouter : et toute bienséance. En deux mots, Messieurs, réduisez les bénéficiers énormément riches à l'honnête subsistance; retirez le superflu de ceux qui ont trop ; laissez le suffisant à ceux qui ont assez, mais donnez le nécessaire à ceux qui ont trop peu.

Et voulez-vous observer avec rigueur ce principe d'équité dont une nation ne peut s'écarter sans flétrir en quelque sorte ses glorieux travaux? Voici le plan qu'il faut suivre.

TRAITEMENT CONSTITUTIONNEL.

Donnez aux curés des villes du premier ordre . . . 6,000 livres
à ceux des villes du second ordre . . . . 4,000 —
à ceux des villes du troisième et du quatrième ordre, des paroisses vastes, peuplées et pénibles des campagnes . . . . 3,000 et 2,400 —
à ceux des paroisses moyennes . . . . 2,000 —

à ceux des paroisses médiocres............	1,800 livres.
à tous les vicaires des villes..............	1,200 —
à tous ceux des campagnes...............	1,000 —
à tous les évêques......................	20,000 —
et à celui de Paris.....................	100,000 —

PENSIONS OU RETRAITES

Donnez à tous les évêques non employés, qui ont à présent de 20 à 30,000 livres, une pension de............	20,000 livres.
à ceux qui ont de 50 à 100,000 une pension de.....	30,000 —
à ceux qui ont de 100 à 200,000 livres et au-dessus..	50,000 —
à tous les abbés, prieurs et autres bénéficiers qui ont un revenu de 50,000 livres et au-dessus, donnez une pension de.............................	15,000 —
à ceux qui ont depuis 50,000 livres jusqu'à 12,000, donnez une pension de.......................	6,000 —
à ceux de 3,000 livres jusqu'à 12, donnez une pension de	3,000 —

Laissez tout à ceux qui ont depuis 1,200 livres jusqu'à 3,000 livres ; à ceux qui ont 1,200 livres et au-dessous, donnez 1,200 livres, ou faites-leur un sort égal à celui des religieux rentés et non mendiants.

Et à tous les prêtres et ecclésiastiques engagés dans cet état, qui sont sans bénéfices, et qui deviendront inutiles dans le nouveau régime, mais qui avaient des places où ils pouvaient vivre avec l'espoir de parvenir à des bénéfices, donnez-leur le traitement des moins rentés et non mendiants, ou au moins la même pension progressive qu'aux religieux mendiants.

Enfin, ne laissez pas un ecclésiastique quelconque (prêtre ou dans les ordres) sans une pension qui puisse lui fournir l'absolu nécessaire, puisque les frères lais et *donnés* des communautés religieuses ont mérité notre justice et notre humanité. Vous ne souffrirez pas, sans doute, que le sacerdoce soit avili et réduit à l'état de mendicité, parce que vous ne pourrez pas désormais employer tous les prêtres qui existent. Donnez donc à celui qui n'a pas, aux dépens de celui qui a trop : c'est le seul moyen d'être juste, puisque le corps entier que vous supprimez est assez riche pour fournir le nécessaire à tous.

Telles sont, Messieurs, mes réflexions, que je vous soumets avec confiance, et que vous daignerez examiner avec impartialité et avec intérêt.

Je dois prévenir les bons patriotes que, si j'ai défendu la cause des ecclésiastiques, je suis bien éloigné d'approuver la conduite de ceux qui ont l'audace et la folie de se révolter contre les décrets de l'Assemblée nationale. Je sais que la plupart se servent des confessionnaux, des chaires et de tous les autres moyens que la religion a placés dans leurs mains pour exciter le peuple et le faire armer contre l'autorité légitime. Je sais que quelques chapitres et plusieurs évêques se permettent des discours et des démarches aussi insolentes que téméraires et irréfléchies. Je sais enfin qu'au lieu de retraites, de pensions et de bons traitements, quelques ecclésiastiques devraient être punis de l'exemple d'insurrection et de désobéissance qu'ils donnent, si scandaleusement aux fidèles confiés à leurs soins : je crois, en conséquence, que les farces religieuses qu'ils font, les pantomimes, les momeries, les neuvaines, les processions et tant d'autres bêtises qui offensent réellement l'Être suprême, devraient leur valoir de sévères réprimandes, et même les petites maisons.

Mais les ecclésiastiques vertueux, les curés surtout, qui, en général, se comportent selon l'esprit de leur état et d'après les principes de l'Évangile, ne doivent pas être punis des crimes des autres, ni enveloppés dans la masse de ces fous qui croient pouvoir résister et à la puissance d'une Assemblée nationale et à l'autorité d'un monarque qui manifeste tous les jours son attachement à la constitution et son amour pour l'ordre et la paix.

Je les regarde comme des fous; ainsi je ne dois rien rétracter de ce que j'ai dit en faveur de tous : je prierai seulement un certain évêque que je connais, qui s'exaspère et se tourmente pour éviter la réforme dont il a besoin, qui ne cesse de cabaler avec ses vénérables frères les chanoines, aussi dignes de compassion et de pitié que lui; qui se vante de demeurer évêque de Dax, malgré l'Assemblée nationale, qui ordonne à cet effet des processions publiques de Pénitents blancs, qui interdit les moines parce qu'ils croient à la transfiguration du clergé; qui fait gémir enfin les bons citoyens sur ses forfanteries et sur ses égarements; je le prierai, dis-je, de m'épargner la peine de le dénoncer à la nation, à la loi et au roi.

Au reste, je dois ajouter, à l'honneur du clergé de ce diocèse, que, s'il a été entraîné le 14 octobre dernier par ce chef imprudent à protester contre les décrets relatifs aux dîmes, il a manifesté sa douleur d'une pareille démarche, en refusant de protester de nouveau contre le décret du 13 avril. Je dois dire que, malgré le dangereux exemple que cet évêque donne par ses discours et ses actions, la plupart des curés du diocèse se comporte avec prudence, et se rend digne des éloges que je lui donne avec plaisir.

Je prie donc tous ces estimables curés d'instruire leurs paroissiens des véritables devoirs du chrétien, du vrai culte à rendre à Dieu, de la soumission aux lois, du respect envers l'autorité légitime, de la justice et de la paix qu'ils doivent faire régner entre eux. Je les conjure ensuite d'implorer la miséricorde divine en faveur de ces imprudents que les réformes nécessaires et l'esprit d'orgueil ou de cupidité conduisent à la folie.

XVII

OPINION DE M. LOYSEAU

MEMBRE DE LA SOCIÉTÉ DES AMIS DE LA CONSTITUTION

SUR LE MODE DE RESPONSABILITÉ DES MINISTRES ET DES AUTRES AGENTS

DU POUVOIR EXÉCUTIF, LUE LE 29 MAI 1790

(Imp. du *Patriote français*, s. l., in-8 de 32 p.)

Messieurs,

Le pouvoir exécutif réside éminemment dans la personne collective du roi : c'est en la considérant sous ce rapport qu'elle est inviolable et sacrée. On a dû s'y déterminer par des motifs de tranquillité publique. Si la personne individuelle du roi devenait coupable des crimes qui révoltent la nature humaine et qui transforment en monstre féroce celui qui a eu le malheur de s'y abandonner, l'inviolabilité de sa personne collective n'empêcherait pas que l'on prît des mesures pour arrêter les suites funestes de l'atrocité de son caractère. Pour servir de contre-force à l'inviolabilité du roi, il était nécessaire d'établir la responsabilité des dépositaires de sa confiance. Ils ne doivent obéissance au roi que dans les points de vue qui ne contrarient pas l'ordre constitutionnellement et légalement établi.

La première soumission de tout ce qui existe dans une société politique est due à la constitution et aux lois qui en sont le développement. Un ministre qui ne serait pas responsable des entreprises où il engagerait le roi contre la société en serait l'ennemi, et la mettrait chaque jour dans le danger le plus imminent de perdre ses principaux avantages ; il en viendrait au point de l'anéantir et d'en faire un peuple d'esclaves.

La constitution doit donc prendre des mesures pour se préserver des atteintes que pourraient lui porter les ennemis de l'ordre et de l'humanité.

Leurs ennemis les plus naturels sont les agents du pouvoir exécutif : il est donc indispensable qu'ils répondent de ce qu'ils font de contraire à l'ordre établi.

S'ils savent s'apprécier, ils aimeront mieux les rapports d'hommes et de citoyens qui les attachent à l'espèce humaine et à la société que ceux qui les mettent en relation avec le pouvoir exécutif; ils ne seront même dignes d'une véritable considération qu'autant qu'ils feront constamment servir le pouvoir exécutif à l'accomplissement de l'ordre établi.

La puissance exécutrice est un mandat du pouvoir législatif, qui la lie à l'obligation de s'y conformer de point en point.

Les têtes étroites répugnent à la responsabilité; les esprits vastes et les âmes pures trouvent, au contraire, une véritable satisfaction, qui est une jouissance sentie, à justifier de la confiance qu'on leur a donnée.

Faire les affaires d'une nation sans lui en rendre compte, ce n'est pas être le dépositaire de sa confiance, mais son dominateur le plus absolu, ce qui implique la plus évidente et la plus absurde contradiction.

Ceux qui disent que le roi perd considérablement de ses avantages à la révolution tombent dans une inconséquence qu'on a la plus grande peine à concevoir.

Le roi ne perd rien; il assure ses droits au contraire en les renfermant dans les bornes sacrées et inviolables de la nature des choses.

Les mendiants, la cour trouvent que le roi perd à ne pouvoir pas leur donner ce qui ne lui appartenait pas; qu'il perd à ne pouvoir pas maintenir les abus qui les rendaient heureux du malheur public; qu'il perd à ne pouvoir pas sortir, comme on lui en faisait autrefois la surprise à chaque instant, des bornes de la justice, en faveur des grands, des gens à crédit, des favoris et de ceux qui leur tiennent.

Oui, le roi perd la certitude d'être chargé de tous les forfaits de ces âmes basses, avides et corrompues; il perd tous les dangers attachés à l'autorité arbitraire; mais il gagne l'inappréciable satisfaction de n'avoir plus rien qui ne lui appartienne, et dont la nation ne lui ait fait le plus libre abandon, il gagne de ne pouvoir jamais être compromis, de ne pouvoir faire produire à son autorité que des actes d'utilité publique, de n'être dans aucune circonstance d'une manière équivoque dans l'opinion publique, et toujours en mesure, au contraire, des principales directions de toutes les vues de l'intérêt général; le roi enfin gagne à ce que les mauvais citoyens, qui voulaient qu'il fût dans les convulsions du malheur et de la détresse pour le compte de leurs passions, appellent le renversement de son autorité, l'avilissement de son trône et l'anéantissement de toutes les prérogatives de sa couronne, le bonheur et tous les moyens qui le constituent, le bonheur d'une âme satisfaite de tous les devoirs de la nature, de la raison, de la justice et de l'humanité, le bonheur de la plus imposante représentation, celle d'une nation libre et puissante, dont il montrera à tous les peuples de l'Europe l'indestructible prospérité.

Que peut-on faire de plus en faveur d'un seul homme? Et n'est-ce pas, en réservant à la nature des choses ce qui est de la plus indispensable nécessité, le débarrasser de soins immenses, impossibles à remplir, et qui le rendaient le premier esclave des dépositaires de son autorité absolue?

On a donc fait autant pour le roi que pour la nation, en le soustrayant à sa propre impuissance, en le mettant à l'abri des désordres qui en sont la suite et en assurant son bonheur, ses jouissances et sa véritable autorité sur des bases d'ordre public et de prospérité générale au-dessus de toute atteinte.

Pour en garantir la stabilité pendant la plus longue durée des siècles, il faut environner la constitution et les lois d'une responsabilité qui éloigne tous les agents du pouvoir exécutif de l'idée de faire des entreprises qui aient pour objet de les surmonter.

Premier objet de la responsabilité; peine à infliger.

Tout acte du pouvoir exécutif qui sera contraire à un point de la constitution politique du royaume sera puni de la plus grande peine prononcée par nos lois; elle ne sera vraisemblablement plus la peine de mort, car j'espère que l'un des fruits de la constitution sera de l'abolir dans tous les cas, attendu que la société n'a pas le droit de l'infliger.

Outre la plus grande peine prononcée par nos lois, que subira le coupable d'une infraction à la constitution, il sera condamné à des réparations pécuniaires, proportionnées, au profit des accusateurs plaignants et directement intéressés, et en faveur de la société, par exemple le sixième de la fortune du coupable convaincu à la partie civile, et à la moitié de la société.

Second objet de la responsabilité, et la peine.

Toute entreprise du pouvoir exécutif contre un acte de législation sera punie :

Par les dommages et intérêts des parties, qui seront le double de ce qu'ils auront été justement évalués, et par une indemnité du quadruple au profit de la société, par forme de réparation publique; le coupable de l'infraction à la loi sera en outre destitué de la place à lui confiée par le pouvoir exécutif, déclaré incapable d'en remplir aucune autre dans la société et privé, pendant sa vie, de l'exercice du droit de citoyen actif.

De la preuve du fait de responsabilité.

L'acte de contravention à la constitution ou à la législation sera constaté par l'exécution que se proposera d'en faire l'agent du pouvoir exécutif qu'on en aura chargé; lui et tous les intermédiaires entre le ministre du département seront responsables de leur participation à la violation de la constitution et de la loi, par la perte de leur place seulement, avec incapacité d'en remplir aucune autre dans la suite. Si l'ordre de la contravention ne vient pas du ministre, celui qui l'aura donné sera puni comme lui, mais le ministre sera civilement responsable des condamnations pécuniaires, en supposant que le donneur d'ordre n'eût pas dans sa fortune de quoi les acquitter.

Les ministres et autres dépositaires de la confiance du roi, travaillant directement avec le roi, seront obligés d'avoir des registres signés et paraphés par le roi, dans lesquels seront inscrits tous les mémoires pour obtenir des décisions ou autorisations. Les registres contiendront aussi les décisions ou autorisations.

Il y aura des doubles de ces registres dans le cabinet du roi où ils resteront. On y transcrira les mémoires et les décisions et le roi y mettra une nouvelle signature. Un garde de ces registres sous les ordres immédiats du roi et qui y aura fait faire les copies en donnera connaissance et des extraits aux parties intéressées.

Un ministre qui niera l'existence de l'ordre de contravention, et de l'avoir donné pour l'exécution, sera dégagé de toute poursuite, jusqu'à ce que celui auquel il aura dû s'adresser le fasse rentrer en jeu par la représentation d'un ordre écrit dont il sera toujours tenu de se munir.

La transmission de ces ordres s'opérera en les écrivant de l'un à l'autre, jusqu'à ce qu'ils soient parvenus à ceux qui les devront exécuter immédiatement. Ceux contre lesquels on voudra s'en prévaloir pourront s'y refuser, surtout aux ordres qui auront pour objet d'entreprendre sur leur liberté; mais avant tout on sera obligé de leur en remettre une copie. A l'aide de ce dernier anneau de la chaîne d'oppression, ils parviendront à connaître le premier agent du pouvoir exécutif qui aura fait la surprise de l'ordre au roi ; et dès lors ils pourront diriger contre lui leur action en responsabilité dans la forme qui va ci-après être détaillée. L'exécuteur immédiat sera tenu de nommer son répondant, celui-ci le sien, et successivement des uns aux autres, jusqu'à ce que l'on soit arrivé au premier auteur de la contravention. Aucun de ces intermédiaires ne pourra se refuser à donner un renseignement à ceux qui exhiberont la notification de l'ordre en vertu duquel l'exécuteur immédiat se proposait d'opérer.

Forme de procéder au jugement de la responsabilité.

La cour suprême, pour juger les crimes de lèse-nation, pour juger la responsabilité du ministre et des autres agents du pouvoir exécutif, et pour prononcer sur les cassations sera chaque législature. Après y avoir bien réfléchi, il n'y a rien de plus sûr, de plus analogue et de moins coûteux que cette forme de jugement.

La distinction des pouvoirs, qui est l'objet le plus essentiel de toute bonne constitution, n'est point intervertie. Le législateur doit faire la loi ; mais ce n'est pas une partie moins essentielle de veiller à ce que, sous prétexte de l'exécuter, il n'y soit pas contrevenu d'une manière qui en fasse cesser les effets ; ce n'est pas entreprendre sur l'exécution de la loi, c'est veiller à ce qu'on ne s'en écarte pas ; ce qui est du ressort immédiat et indispensable du législateur.

Une cour suprême pourrait s'écarter de l'esprit de la loi pour se former un pouvoir particulier ; il serait difficile de n'en nommer les membres que pour deux ans ; il faudrait qu'ils fussent au nombre de quatre-vingt-trois ; savoir d'un député pour chaque département. Cette cour coûterait au moins 1,500,000 livres.

Un comité, au contraire, de la législature pour faire l'instruction sur les réquisitions d'un solliciteur général, obligé de se combiner avec un comité des recherches, suffirait à remplir l'objet des crimes de lèse-nation, et celui surtout de la responsabilité des agents du pouvoir exécutif ; on nommerait un autre comité pour les cassations, et tous deux rendraient compte à l'Assemblée nationale qui jugerait souverainement.

Pour donner plus de publicité à l'instruction, pour y répandre aussi plus de lumières, il serait convenable d'envoyer à chacun des quatre-vingt-trois départements une copie des rapports de l'instruction des crimes de lèse-nation et de responsabilité, pour avoir leur avis dans l'espace d'un mois au plus tard; avis dont on ferait part à l'Assemblée nationale avant de juger. A l'égard des cassations, il y aurait trois commissaires de chaque département qui ambuleraient dans chaque département pour recevoir les requêtes en cassation, et en constater les moyens. Ils en dresseraient procès-verbal et l'enverraient à l'Assemblée nationale avec leur avis sur chaque demande en cassation. Il y aurait peu de ces demandes, attendu la responsabilité des juges en dernier ressort de leurs jugements.

Les lois actuelles sur la forme des jugements sont aussi claires qu'elles puissent l'être dans la suite. Observez bien, Messieurs, que je n'ai ici l'honneur que de vous parler de la forme des jugements.

Tout le monde sait qu'une contravention à une disposition textuelle des ordonnances que nos rois se sont permis de rendre à la faveur de l'invasion féodale, et à des points de coutumes clairement exprimés, sont des moyens de cassation et qu'il n'y en a point d'autres.

Néanmoins, pour rassurer la timidité des juges en dernier ressort, attendez que vous ayez fait la refonte des lois dans un code simple, court, à la portée de tout le monde, pour exécuter la responsabilité des juges de dernier ressort et les assujettir à faire juger à leurs frais le fond des cassations auxquelles leur ignorance inexcusable ou leur négligence auront donné lieu ; mais décrétez, Messieurs, le principe dès à présent.

C'est ce qu'il eut fallu faire pour les jurés en matière civile. Vous vous apercevez déjà que l'on se prévaut de l'oubli de ce principe constitutionnel pour vous proposer des tribunaux d'exception. Avec des juges les jurés consuls étaient inutiles à conserver. Quand ces juges de dernière instance auront à risquer les frais d'un nouveau jugement, ils y feront la plus sérieuse attention, et dès lors il n'y aura presque plus de caution.

Mais je reviens, pour en finir et ne pas abuser de vos moments, au mode de responsabilité des ministres et des autres agents du conseil exécutif. Si un ministre doit répondre à la nation de l'infraction de l'ordre constitutionnellement et légalement établi, il convient aussi, pour ne point avilir le pouvoir exécutif aux yeux des peuples, de prendre des mesures afin de ne pas multiplier ces actions sans y être évidemment fondé. Dans ce point de vue, il serait convenable d'envoyer aux quatre-vingt-trois départements un extrait du registre du comité des recherches, une copie de la plainte et des moyens de la preuve, afin d'avoir leur avis sur la poursuite projetée, et si la pluralité des départements n'était pas d'avis de s'en occuper, il faudrait abandonner la poursuite ; dès lors les ministres n'auraient aucune plainte à faire, d'animosité, d'injustice ou de partialité ; ils ont toujours tort de supposer que des motifs de haine excitent à les tourmenter. On aime les bons ministres, et en effet ils sont dignes des plus grands égards, et peuvent faire un très grand bien ; mais on nous offre rarement ce sujet de satisfaction, comme dans la personne de M. Turgot.

Voici le décret que je crois qu'il convient de rendre pour fixer le mode de la responsabilité des ministres et des autres agents du conseil exécutif [1].

Article premier.

Les ministres et autres agents du pouvoir exécutif étant responsables à la nation, ceux qui auront la première part à la confiance du roi, et auxquels on pourra reprocher une contravention directe et formelle à l'un des points de la constitution du royaume, seront mis en jugement et condamnés, s'ils sont convaincus, à la plus grande peine afflictive prononcée par les lois ; et, de plus, ils seront condamnés à des réparations pécuniaires proportionnées, au profit des accusateurs plaignants, et directement intéressés en faveur de la société. Les condamnations au profit des parties civiles seront d'une sixième partie de la fortune du ministre accusé, s'il est condamné, et elles seront de plus de la moitié de sa fortune en faveur de la société. Un ministre qui se mêlera directement ou indirectement de procurer des subsistances au peuple sera, pour raison de cette infraction à la libre circulation des denrées, soumis à la plus rigoureuse contravention qui puisse donner lieu à la responsabilité. Ces soins perfides sont la ruine des nations.

Art. II.

Tout ministre accusé et convaincu d'une entreprise contre un acte de législation sera puni : 1° par les dommages et intérêts des parties, doubles de ce qu'ils auront été justement évalués ; 2° par une indemnité du quadruple de ces dommages et intérêts au profit de la société, par forme de réparation publique ; 3° le ministre sera, en outre, destitué de son ministère, déclaré incapable de remplir aucune autre place dans la société, et privé pendant sa vie de l'exercice du droit de citoyen actif.

Art. III.

L'acte de contravention à la constitution ou à la législation sera constaté par

---

1. Sur ce sujet, on lit seulement dans la loi constitutionnelle du 3-14 septembre 1791, titre III, chap. II, sect. 4 : « Art. 5. Les ministres sont responsables de tous les délits par eux commis contre la sûreté nationale et la constitution ; de tout attentat à la propriété et à la liberté individuelles ; de toute dissipation des deniers destinés aux dépenses de leur département. — Art. 6. En aucun cas, l'ordre du roi, verbal ou par écrit, ne peut soustraire un ministre à la responsabilité. »

la remise de la copie de l'ordre qui autorise celui qu'on aura chargé de l'exécuter; et celui contre lequel cette exécution aura été dirigée pourra remonter d'ordre en ordre à celui qui en aura fait la première surprise au roi, sans qu'aucun intermédiaire entre l'auteur de la surprise et l'exécuteur immédiat puisse s'y refuser.

Art. IV.

Si le premier auteur de l'ordre n'est pas le ministre, il sera, quel qu'il soit, poursuivi pour la peine et aussi à fin de dommages et intérêts; mais, s'il n'a pas dans sa fortune de quoi acquitter les dommages et intérêts, le ministre en sera civilement responsable, attendu l'influence qu'il a sur le choix des agents du pouvoir exécutif au-dessous de lui; et si cet agent secondaire est du choix d'un ministre mort ou retiré, le ministre retiré ou le successeur du ministre mort pourra, concurremment avec le ministre en place, être condamné à la responsabilité des condamnations pécuniaires ci-dessus énoncées; que si le premier auteur de l'ordre de contravention était une personne hors de la dépendance du ministre, ou même supérieure à lui, alors il ne sera pas responsable des condamnations pécuniaires.

Art. V.

Il y aura deux registres qui seront copie l'un de l'autre, tous deux paraphés par le roi; l'un restera dans le cabinet du roi, et l'autre sera au pouvoir du ministre de chaque département. Les demandes du ministre au roi seront écrites sur l'un et l'autre registre, avec les bons ou autorisations de Sa Majesté. On recourra à l'un ou l'autre, et même à tous les deux, pour constater les ordres; mais, soit qu'ils existent sur ces registres, ou qu'on ne puisse pas les y trouver, les ministres n'en resteront pas moins responsables, quant à ceux où ils seront contrevenus à la constitution ou à la législation.

Art. VI.

La législature sera juge de la responsabilité des ministres; on ne pourra

1. L'on peut, au premier coup d'œil, trouver de l'injustice dans cette disposition; cependant, en réfléchissant davantage, l'on reconnaît la nécessité d'un remora qui éloigne de cette malheureuse facilité à admettre des sujets incapables dans des places importantes, vers laquelle on se laissait entraîner par le crédit. Il est juste que la négligence d'un ministre sur un point aussi essentiel soit punie par la perte d'une partie de sa fortune. Au reste, l'article 4 ne décide pas formellement que le ministre sera retiré, sera condamné, ou sa succession, s'il est mort; mais que l'on pourra s'en prendre à lui, s'il existe, ou à sa succession, suivant l'exigence du cas et la nature des circonstances; ainsi, en supposant que le ministre n'ait aucun reproche à se faire pour un mauvais choix, il ne sera pas condamné; mais, s'il est coupable d'une trop grande faiblesse, d'une négligence poussée trop loin, s'il est évident qu'il a voulu plus obliger les gens en faveur que pourvoir à la place, il sera condamné; et cette condamnation sera fondée sur tous les motifs de justice qui doivent déterminer à mettre l'ordre public sous la sauvegarde des jugements qui s'y rapportent. (*Note de Loyseau.*)

les y soumettre que sur l'avis de la pluralité des départements ; ils seront consultés par l'adresse qui leur sera faite du fait de la plainte et des moyens de la preuve, sans aucune mesure préalable qui puisse instruire les ministres, afin d'éviter les effets de leur influence sur les départements ; et ceux-ci seront obligés de fournir leur avis au plus tard dans le mois, à compter de l'adresse qui leur aura été faite des pièces ci-dessus énoncées.

PREMIER DÉVELOPPEMENT DE LA QUESTION
DU 30 MAI 1790
SUR LA RESPONSABILITÉ DES MINISTRES ET DES AUTRES AGENTS DU POUVOIR EXÉCUTIF

M. Polverel ayant lu un travail sur le mode de responsabilité des ministres [1], dans lequel il soutient, comme point constitutionnel, que le législateur ne peut pas prononcer en qualité de juge sur les cas de responsabilité, M. Loyseau, qui regarde cette assertion comme une erreur très contraire aux vues les plus essentielles de l'ordre public, a cru devoir s'élever contre ce point de l'opinion de M. Polverel. Il a pensé qu'il y était d'autant plus obligé que la Société ayant consenti à l'impression de l'opinion de M. Polverel sur la demande de l'un de ses membres, elle devait acquérir plus de publicité.

MESSIEURS,

De quelque poids que soient près de vous, et dans l'opinion publique, les talents, l'instruction et les vertus morales et civiques de M. Polverel, il m'est impossible de ne pas m'élever contre ses principes sur le mode de constitution du tribunal destiné à juger les crimes de lèse-nation et la responsabilité des agents du pouvoir exécutif. Comme je fais en même temps de ce tribunal le grand juge des demandes en cassation, j'en examinerai les bases, les principes et la composition sous ces trois points de vue si différents à quelques égards, mais analogues par une multitude de côtés. Cette analogie les fait tendre au même but et produire les mêmes résultats.

L'on vous a dit, Messieurs, que rien n'était plus inconstitutionnel que la confusion des pouvoirs, et que c'était y tomber que de proposer de remettre les fonctions judiciaires à la législature.

---

1. Voir ce document, plus loin, p. 129. — La chronologie voudrait que nous l'intercalassions ici même; mais nous n'avons pas voulu séparer les deux parties de l'opuscule de Loyseau, qu'il présente au public, dans son imprimé, comme un tout complet.

Ceci exige des réflexions générales afin de disposer les esprits à recevoir l'impression des véritables principes de l'ordre public.

Quelque soin que mette une société politique à se constituer, si sa constitution n'est pas environnée de précautions qui aient pour objet de la maintenir, et qu'il soit possible de l'attaquer par quelques côtés, toutes les ressources du pouvoir exécutif s'y porteront afin de faire chaque jour des progrès qui, ajoutant à son influence, le mettent au point de lutter avec avantage contre le pouvoir législatif général. Quand les représentants constituent, comme cette première législature, lorsque les législatures feront des lois, comme elles y seront restreintes dans la suite, avec néanmoins des missions spéciales données à mesure du besoin, par les assemblées primaires, afin de réparer ou d'ajouter à quelques points de la constitution; ces résultats de souveraineté ou de législation seront abandonnés aux passions du pouvoir exécutif qui mord plus ou moins sur ces pures substances, par l'amalgame des abus que son souffle destructeur et corrosif sait y faire passer; alors la constitution, attaquée sans interruption et minée sourdement, s'acheminerait vers une dissolution inévitable.

La séparation des pouvoirs est, sans doute, l'un des meilleurs principes constitutifs des sociétés politiques; mais cette séparation n'est pas une renonciation de la souveraineté à surveiller ces pouvoirs, afin de les ramener sans cesse à leur véritable destination. Sans cette surveillance salutaire, le pouvoir législatif et le pouvoir judiciaire se concerteraient pour ramener le pouvoir arbitraire sur les ruines de la souveraineté. Il est donc nécessaire qu'elle soit appuyée d'une force répulsive inhérente qui la mette à l'abri de ces limes sourdes qui agissent toujours et dénaturent la plus forte et la plus saine constitution, dans beaucoup moins que la durée d'un siècle.

Une constitution qui s'adjoint des moyens efficaces de conservation, qui ne fait que lutter contre des pouvoirs qu'elle a institués et séparés, pour son propre avantage, et dans l'intention de se ménager sur eux la prépondérance qui lui appartient, ne perd rien; car, tout ce qui existe appartenant à la souveraineté, ce qu'elle donne doit être marqué à un caractère de dépendance qui manifeste à tous les yeux l'infériorité de l'effet en relation avec sa cause.

Dans le tribunal que je propose de confondre avec la législature, je ne vois que cette réserve nécessaire et indispensable de supériorité de la cause sur son effet, qui peut-être s'efforcerait de se mettre progressivement au-dessus d'elle, et tendrait à la subjuguer.

La responsabilité des agents du pouvoir exécutif, la cassation des jugements rendus en contravention de la loi, et la punition des crimes de lèse-nation sont, dans la main du pouvoir législatif, une armure destinée à remplir les fonctions d'une légitime défense, et la contre-force naturelle des efforts du pouvoir exécutif et du pouvoir judiciaire pour s'affranchir des entraves salutaires où la constitution et la loi les forcent de rester attachés.

Le pouvoir législatif ne juge le procès de personne, et dès lors il ne fait aucune fonction judiciaire; il monte sa grande garde, si l'on peut s'exprimer ainsi, et il fait rentrer dans le devoir ceux de ses délégués qui ont prétendu s'y soustraire. Il juge ceux qu'il a armés de sa puissance; et, plaçant le trait qui les aligne respectivement, il voit si quelqu'un d'eux l'a dépassé; il le force, alors qu'il en est temps, à rentrer dans les bornes qu'il lui avait prescrites.

Il inflige, à la vérité, des peines; il casse les jugements du dernier ressort, rendus en contravention aux lois; il punit celui qui en a dispensé, ou qui s'est mis au-dessus d'elles dans l'exercice de pouvoir exécutif; et dans le coupable il venge la société : elle l'a institué son principal organe.

Il ne juge dans aucun cas, mais il décide souverainement. C'est le corps constituant qui institue les juges, qui crée les tribunaux; et c'est le pouvoir souverain, je veux dire la nation, qui délègue au pouvoir législatif le droit d'exercer la partie de souveraineté que nous reconnaissons dans la faculté de juger la justice et les chefs du pouvoir exécutif. L'un est certainement assez loin de l'autre pour qu'on ne puisse pas les confondre.

Le souverain décide si l'on s'est écarté de la loi, si on y est contrevenu, si l'on a conspiré contre elle; et il punit d'après les règles qu'il s'est imposées à lui-même par le pouvoir constituant ou la puissance législative. Il ne prend rien, dès lors, sur le pouvoir judiciaire qui émane de lui, et qu'il a pu constituer sous cette réserve.

Le pouvoir judiciaire doit avoir un supérieur; le pouvoir exécutif doit aussi en avoir un; le supérieur de l'un et de l'autre est le souverain ou son délégué immédiat et spécial : ce délégué est la législature; il lui appartient donc et de prononcer sur les cassations, et sur les crimes de lèse-nation, et sur la responsabilité des agents du pouvoir exécutif.

En donnant ce pouvoir de décider à des juges séparés de la législature, ce serait élever un ordre judiciaire au-dessus d'un autre, et établir un nouveau degré de supériorité; ce ne serait dès lors que donner plus de force au pouvoir judiciaire, combiné avec le pouvoir exécutif, contre le corps législatif, ce qu'il est fort important d'éviter.

Une société politique est un argument, si j'ose parler ainsi : le principe est la majeure, l'application la mineure et la conséquence la certitude du bonheur public. Le principe ou la majeure est le bien-être, la toute-puissance et la prospérité du corps social; la mineure est le moyen de les procurer, et la conséquence, la plus complète démonstration de leur existence sous tous les rapports possibles à considérer.

Le principe d'une société est de tellement combiner toutes les parties qui la constituent, qu'elle soit tout, au-dessus de tout; qu'elle communique le mouvement à toutes ses parties organiques, et qu'elle puisse l'arrêter, le ralentir ou le modifier dans des rapports convenables à tous ses intérêts.

Le principe d'une société est que rien ne nuise à la production de la masse générale de ses richesses et que tout soit au contraire disposé de manière à les encourager. De là vient que la féodalité, la distinction des ordres, l'inégalité civique des citoyens entre eux, la suppression de toutes les entraves fiscales et féodales, la monstrueuse et oppressive institution de l'ordre judiciaire, les abus sans nombre du clergé, toutes les innovations scandaleuses, le dédale de la chicane, les coupe-gorge de la fiscalité, toutes ces horreurs, toutes ces vexations tyranniques devaient être anéanties.

Tout cela aussi n'existe-t-il plus, à peu de chose près. C'est à vous, Messieurs, c'est à l'esprit public, à l'opinion générale, fondée sur les meilleures bases, que nous devons un aussi rare bienfait. Il est le premier, il est le plus étendu, il est le plus complet dans ce genre, de tous ceux qui pourraient avantager l'espèce humaine.

La société une fois ramenée à ses premiers principes, débarrassée de ses obstacles, guérie de sa rouille féodale, épurée de tout ce qui nuisait au plus beau et au plus simple développement de la nature des choses, a dû s'attacher à se maintenir dans cette heureuse position.

Il lui fallait pour cela un pouvoir exécutif qui vît assez bien ses véritables intérêts pour s'y réduire, et qui y prît d'autant plus de confiance qu'ils ne peuvent être différents des nôtres.

Dans le pouvoir exécutif sont tous les ressorts combinés de l'administration, c'est-à-dire l'application des ressources de l'impôt, déterminé par la nation, aux dépenses de l'ordre public; dans le pouvoir exécutif se trouve la force militaire pour la maintenue de la défense du royaume dans un état respectable et proportionné à la constitution militaire décrétée par l'Assemblée nationale; dans le pouvoir exécutif se trouve tout ce qu'y a ajouté le dernier décret susceptible de beaucoup d'extension, sur la guerre, la paix et les traités; dans le pouvoir exécutif enfin est compris le pouvoir judiciaire, quant à l'obligation de faire observer les jugements. Tous ces pouvoirs combinés et qui se coaliseraient au besoin, si on laissait un libre essor à leurs premières entreprises, seraient redoutables au corps législatif, si on ne l'armait d'une force suffisante pour s'en mettre à l'abri.

Qu'il soit permis de comparer la législature dont on paraît craindre les progrès, comme si elle pouvait atteindre à un but qui dût nuire aux intérêts de la nation, avec le tribunal qui lui serait étranger.

Les législatures subséquentes seront constamment composées de citoyens choisis avec la plus grande impartialité. Ils seront la plus pure élite des assemblées primaires. Ils y seront pour deux ans. Il est impossible qu'ils aient mieux à faire que le bien. Le pouvoir exécutif n'aura plus les moyens de les corrompre, ni par argent, ni par autorité; ils seront tellement investis de l'opinion publique qu'ils n'oseront ni refuser d'en suivre l'impulsion, ni se permettre une seule démarche dont elle ne pût éclairer l'équivoque sinuosité; ils n'auront donc d'autre intérêt que celui de l'observation la plus complète de l'ordre général et des avantages attachés à l'estime publique; enfin, ils ne seront à la législature que pour deux ans, ce qui empêche de contracter des habitudes qui aplanissent tous les obstacles de la corruption.

Un tribunal étranger à la législature, au contraire, écumera les coqs de la robinocratie des provinces, et nous fera arriver ici autant de têtes farcies des plus absurdes préjugés, pour peu qu'elles soient riches et apparentées. Nous savons qu'il y en a quelques-unes qui en sont affranchies; nous en connaissons même qui ont eu le bon esprit de suivre tous les mouvements de la Révolution, d'en reconnaître les principes et de leur applaudir; mais il faudrait aussi ne pas connaître la province pour douter que, si l'éligibilité des membres d'une cour suprême y était introduite, nous la verrions composée des hommes les plus disposés à se prêter à toutes les vues de l'aristocratie. On ne se bornerait pas d'ailleurs à les élire pour moins de six ans; peut-être même prétendrait-on leur faire de cette magistrature une retraite où il pussent honorablement terminer leur carrière; et alors il se formerait une habitude routinière et anticonstitutionnelle, que l'on appellerait des résultats de maturité, de sagesse, de longue expérience.

Combien de fois, Messieurs, n'avez-vous pas entendu des sots en perruque, sur la physionomie desquels le rire d'une franche gaieté ne s'est jamais manifesté, passer pour des têtes profondes, qui n'étaient que creuses, comme disait Duclos, et fécondes en ressources extraordinaires! On leur abandonnait les grands intérêts de l'État; mais, fidèles à un mot du guet ministériel, elles se gardaient bien de s'en écarter dans leurs décisions. C'est, Messieurs, de ces hommes-là que vous verrez composer votre Cour suprême, si vous la constituez.

Non seulement les principes veulent qu'il en soit autrement, mais même vous seriez dans une véritable impossibilité de faire une composition qui valût les membres des législatures, du côté des talents, de l'impartialité, du désintéressement et de la fermeté. Joignez à cela qu'un service de deux ans seulement est une garantie de raison et d'esprit publics, que vous ne trouverez dans aucune autre combinaison.

Ceux qui ne connaissent pas la Société des amis de la constitution doivent s'étonner qu'on leur parle comme s'ils étaient l'Assemblée nationale : un mot suffira à cette explication. Les premiers membres de cette Société étaient des députés à l'Assemblée nationale qui se réunissaient pour se préparer aux matières que l'on devait y traiter; ils ont ensuite admis des étrangers, afin de se fortifier des lumières de l'opinion publique. Malgré cette admission, on a conservé l'habitude de ne parler qu'aux membres de l'Assemblée nationale.

XVIII

OPINION DE M. DE POLVEREL [1]

MEMBRE DE LA SOCIÉTÉ DES AMIS DE LA CONSTITUTION

SUR LE MODE DE RESPONSABILITÉ DES AGENTS DU POUVOIR EXÉCUTIF

(Paris, Baudoin, s. d., in-8 de 12 p.)

MESSIEURS,

Je crois qu'il est inutile de faire l'énumération de tous les cas auxquels doit s'appliquer la responsabilité des agents du pouvoir exécutif. Je crois même qu'une loi constitutionnelle qui spécifierait ces

---

1. Polverel, syndic député des États de Navarre, avait transmis, en 1789, le vœu des Navarrois pour leur réunion à la France. Accusateur public du premier arrondissement de Paris, il fut révoqué de ces fonctions en juillet 1791. Le Conseil exécutif provisoire l'envoya, en 1792, à Saint-Domingue, en qualité de commissaire.

2. D'après le discours de Loyseau qui précède, l'opinion de Polverel fut prononcée le 30 mai 1790 ou, au plus tôt, le 29.

cas ne serait pas sans inconvénients. Le législateur ne saurait les prévoir tous; et les agents du pouvoir exécutif se prévaudraient du silence de la loi pour se soustraire à la responsabilité dans les cas qui n'auraient pas été prévus.

Il faut donc, non une loi de détails, mais une loi générale qui embrasse tous les cas possibles. Il me semble qu'on pourrait la réduire à ce peu de mots : « Les agents du pouvoir exécutif seront responsables de tout ce qu'ils feront contre la loi et de tout ce qu'ils omettront de faire pour en assurer l'exécution. »

Il faudra quelques développements de plus, soit pour déterminer le mode ou la manière d'exercer cette responsabilité, soit pour graduer les peines des fautes et des délits des ministres, et de leurs sous-ordres. Ces fautes et ces délits attaquent ou le corps de la nation ou les individus. S'ils attaquent le corps de la nation, c'est aux représentants de la nation, au corps législatif, que doit appartenir exclusivement le droit d'en poursuivre la vengeance ; mais, comme tout citoyen est intéressé à veiller au salut de la patrie, chacun doit avoir le droit de dénoncer au corps législatif les fautes et les délits des agents du pouvoir exécutif.

Si ces fautes et ces délits n'attaquent directement que les droits d'un ou de plusieurs individus, c'est aux individus lésés à poursuivre la réparation du tort qui leur aura été fait. Mais, comme il y a beaucoup de citoyens qui n'auraient pas des moyens suffisants pour soutenir une lutte si inégale, comme la nation doit une protection égale aux droits de tous les individus qui la composent, chaque citoyen doit avoir le droit de dénoncer la faute ou le délit au corps législatif, qui poursuivra, aux dépens du trésor public, la réparation due à l'individu lésé et la vengeance due à la société.

Ces fautes et ces délits seront plus ou moins graves, selon qu'ils attaqueront plus ou moins directement le corps social. Je mets à leur tête les actes et les omissions qui compromettent la sûreté, la liberté et les propriétés de la nation, ceux qui empêchent ou qui retardent l'exécution des actes du pouvoir législatif et de ceux du pouvoir judiciaire. Je mets au second rang les actes et les omissions qui compromettent la vie, la sûreté, la liberté et les propriétés des individus. Voilà les bases de proportion entre les divers genres de peines que la loi doit établir contre les agents du pouvoir exécutif.

Je n'aime pas en général la sévérité des peines, parce que je ne la crois bonne à rien, surtout dans un pays où l'honneur et l'opinion publique sont comptés pour quelque chose. Je voudrais seulement une application sévère des lois modérées ; et c'est peut-être ce que nous aurons de plus de peine à obtenir. Nous ne manquons pas de belles théories ; c'est par l'exécution que nous manquons toujours.

Tout ennemi que je suis de la sévérité des peines, je crois cependant que la loi doit infliger des peines plus fortes aux crimes commis par les agents du pouvoir exécutif qu'à ceux de même espèce qui seraient commis par des hommes privés :

En premier lieu, parce que, toutes choses d'ailleurs égales, il y a toujours un crime de plus dans les crimes des agents du pouvoir exécutif, c'est l'abus de confiance ;

En second lieu, parce qu'ayant dans leurs mains la force publique, leurs attentats peuvent avoir des suites plus funestes que ceux des particuliers.

Avant de graduer les peines contre les agents du pouvoir exécutif, je crois, Messieurs, que vous avez à décider une question bien importante, et dont la solution doit servir de base à notre Code pénal ; c'est de savoir si une société quelconque a le droit de vie et de mort sur les individus qui la composent.

Je sais, Messieurs, que plusieurs philosophes, plusieurs publicistes ont traité cette question ; mais aucun d'eux, non pas même le marquis de Beccaria, ne l'a envisagée sous toutes ses faces.

Je ne me propose pas de la traiter aujourd'hui ; la digression serait beaucoup trop longue. Je vous dirai seulement, en vous invitant à discuter promptement cette grande question, quel est le résultat auquel d'assez longues méditations m'ont conduit sur ce point.

Une société ne peut avoir le droit de punir de mort un de ses membres qu'autant que la vie de cet individu mettrait la société dans un péril imminent.

Mais où cet individu est au pouvoir de la société ou il n'y est pas.

Si la société le tient en son pouvoir, elle peut, sans le faire périr, le mettre dans l'impuissance de lui nuire ; elle cesse donc alors d'avoir le droit de le punir de mort.

Si elle ne le tient pas en son pouvoir, elle prononcerait inutilement la peine de mort contre lui, puisqu'elle est dans l'impossibilité de faire exécuter le jugement de mort.

J'applique ce résultat aux agents du pouvoir exécutif, et principalement aux ministres et aux généraux d'armée.

Ou le coupable est en votre pouvoir, et alors vous n'avez plus le droit de lui donner la mort, parce que vous avez d'autres moyens de le mettre dans l'impuissance de vous nuire ;

Ou il n'est pas en votre pouvoir, et alors le seul moyen que vous ayez de faire exécuter le jugement de mort, c'est de mettre à prix la vie du coupable, c'est-à-dire d'inviter à la perfidie et à l'assassinat, de récompenser la perfidie et l'assassinat.

C'est ainsi que le Parlement de Paris proscrivait autrefois la tête du cardinal Mazarin ; mais j'espère qu'une maxime aussi immorale ne souillera pas le code que nous préparent les défenseurs de la liberté et de l'humanité.

Si vous voulez, Messieurs, que la responsabilité des ministres ne soit pas illusoire, vous avez encore à décider deux autres questions non moins importantes.

La constitution donnera-t-elle au roi le droit de faire grâce ?

Lui donnera-t-elle le droit de faire grâce aux agents du pouvoir exécutif ?

La première question me paraît se réduire à des éléments bien simples.

Celui qui est chargé de faire exécuter la loi et les actes du pouvoir judiciaire, ne peut pas avoir le droit de dispenser de leur exécution. Donc le pouvoir exécutif ne peut pas avoir le droit de pardonner un acte qui a été jugé contraire à la loi.

Si jusqu'à présent l'on a tant prôné le droit de faire grâce, c'est, d'un côté, parce que nous avions de mauvaises lois criminelles, parce que ces lois mettaient dans la classe des crimes des actes légitimes et des actes involontaires, parce qu'elles punissaient comme meurtrier celui qui avait donné la mort dans la nécessité d'une légitime défense de sa vie, parce qu'il fallait des lettres de rémission pour ces sortes d'homicides ; c'est, d'un autre côté, parce que le droit de faire grâce assurait l'impunité à tous les scélérats décorés, privilégiés ou protégés.

Ayez de bonnes lois, qui ne punissent que ce qui est véritablement criminel, qui ne fassent aucune acception de personnes, et ne donnez à aucune puissance le droit d'absoudre ou de faire grâce lorsque la loi a prononcé la punition.

Que si, après avoir détruit tant d'abus, vous n'osiez pas attaquer celui-ci de front, si vous laissiez au roi son antique prérogative de faire grâce, vous devez au moins excepter de cette prérogative les crimes des agents du pouvoir exécutif. Donner au pouvoir exécutif le droit de faire grâce à ces sortes de crimes, ce serait donner à ses agents le droit de s'absoudre ou de se pardonner eux-mêmes ; et alors que deviendrait leur responsabilité ?

L'Angleterre, dont on vous oppose l'exemple toutes les fois que vous voulez franchir les bornes d'une demi-liberté ; l'Angleterre, qui a fait la faute, lors de la Révolution de 1688, de conserver à ses rois l'ancienne prérogative de pardonner les crimes, ne lui a pas du moins laissé la faculté de pardonner ceux des agents du pouvoir exécutif. Une de ses lois constitutionnelles dit « qu'aucun pardon, quoique passé sous le grand sceau, ne pourra être allégué contre une accusation intentée par la Chambre des communes ».

Quel sera le tribunal chargé d'instruire et de juger les demandes et les accusations dirigées contre les agents du pouvoir exécutif? Quoique je sache qu'il y a dans la Société des amis de la constitution, et même dans l'Assemblée nationale, plusieurs honorables membres qui pensent que le corps législatif peut et doit être le seul tribunal des crimes de lèse-nation, j'oserai dire que cela est constitutionnellement impossible :

Premièrement, parce que le corps législatif est l'accusateur nécessaire de ces sortes de crimes, et qu'il ne peut pas être tout à la fois accusateur et juge;

Secondement, parce que l'accumulation du pouvoir législatif et du pouvoir judiciaire serait le plus terrible fléau de la liberté politique et civile;

Troisièmement, parce qu'un des points constitutionnels déjà acquis à la nation, par un décret de l'Assemblée nationale que le roi a accepté, est que le corps législatif ne pourra dans aucun cas exercer le pouvoir judiciaire.

Ce tribunal sera donc nécessairement unique, et ne pourra pas être divisé en sections.

Puisque ce tribunal est destiné à instruire et juger les fautes et les délits des agents du pouvoir exécutif, il est bien évident que le pouvoir exécutif ne doit pas en nommer les membres ni même ceux qui doivent y exercer le ministère public.

Puisque c'est le corps législatif qui doit intenter et poursuivre l'accusation, c'est à lui à choisir dans son sein les commissaires qui seront chargés des fonctions du ministère public, d'accusateurs publics.

Mais, par la même raison aussi, il ne doit pas avoir le droit de nommer les juges qui composeront le tribunal. S'il avait le choix des juges, il aurait trop d'influence sur les jugements.

Ces juges ne peuvent, ce me semble, être choisis que par les assemblées primaires.

Non seulement la nation peut exercer facilement ce droit par elle-même, mais, de plus, je viens de prouver qu'elle ne pouvait le déléguer ni au pouvoir exécutif ni au pouvoir législatif.

Pour n'être pas exposé à de mauvais choix, voici l'ordre que je proposerais.

Ce tribunal serait renouvelé en entier tous les deux ans.

A la fin de chaque législature, les électeurs de chaque département, en procédant à la nomination de leurs députés pour la législature suivante, nommeraient aussi un membre de la haute cour nationale, lequel y exercerait ses fonctions seulement pendant la durée de cette même législature suivante; mais ce membre ne pourrait être élu que parmi les députés membres de la législature actuelle.

A ce moyen, vous auriez du moins la très grande probabilité que ce tribunal, sur lequel reposeront presqu'en entier la sûreté et la liberté publiques, sera toujours composé de ceux qui auront donné, dans le corps législatif, le plus de preuves de capacité, d'intégrité, de lumières et de patriotisme. Mais, pour éviter le danger d'une alternative trop rapprochée de pouvoirs et d'autorité sur les mêmes têtes, je désirerais qu'aucun membre du tribunal ne pût être réélu comme député au corps législatif que deux ans après la cessation de ses fonctions judiciaires.

Et, pour éviter encore toute crainte de corruptibilité, je voudrais que, pendant le même intervalle de deux ans après la cessation de leurs fonctions judiciaires, ils ne pussent accepter du pouvoir exécutif aucune grâce, emploi, ni commission.

Je ne vois aucune observation particulière à faire sur la forme des procédures et des jugements relatifs aux agents du pouvoir exécutif. Ils doivent subir à cet égard la loi commune à laquelle vous soumettrez le reste des citoyens.

Mais je crois qu'il est nécessaire de vous présenter encore quelques réflexions sur la manière de distribuer la responsabilité entre les divers agents du pouvoir exécutif.

Il faut, Messieurs, que cette responsabilité soit pour eux une meilleure chose que nous ne l'avions cru; car tous les sous-ordres voudraient être personnellement et indéfiniment responsables pour toutes les choses qui sont de leur département. D'où leur vient donc cet appétit immodéré de responsabilité? Le voici, Messieurs.

L'application de la loi de responsabilité les effraye peu, parce qu'ils ne la voient que dans le lointain, et comme des accidents rares auxquels ils espèrent échapper par des formes obliques et mystérieuses dont ils ont su de tout temps couvrir leurs opérations. Cette responsabilité personnelle et indéfinie les rendrait indépendants des ordonnateurs en chef, leur donnerait le droit de résister aux ordres et aux défenses de ces ordonnateurs; car il est bien évident que nul n'aurait le droit de leur commander un acte dont ils seraient personnellement responsables.

Prenez garde, Messieurs, que, si vous adoptez ce système, vous anéantissez le pouvoir exécutif, vous exposez votre liberté et votre sûreté, vous anéantissez la responsabilité même.

La liberté et la sûreté ne peuvent se maintenir que par la force du pouvoir exécutif. Toute la force du pouvoir exécutif consiste dans l'unité d'action. Si chaque sous-ordre a le droit de ne pas agir lorsqu'on lui ordonne d'agir, le droit d'agir lorsqu'on le lui défend, le droit d'agir dans un sens différent de celui qu'on lui prescrit, dès lors le pouvoir exécutif est nul, et la société est dissoute : la responsabilité même, à force d'être subdivisée, sera impalpable; vous ne saurez plus sur quelle tête la fixer.

Voici, Messieurs, comment je conçois que la responsabilité doit être exercée pour produire tous les bons effets que vous en avez espérés.

Je vois un acte contraire à la loi, à la liberté, à la sûreté, à la propriété. L'auteur immédiat de cet acte est le premier coupable qui se présente. C'est à lui d'abord que je m'adresse; s'il a agi sans ordre, il est seul coupable.

Mais, s'il me présente un ordre écrit auquel il n'ait fait que se conformer, comme je sais qu'il a dû obéir, cet homme n'est plus coupable à mes yeux; c'est le supérieur qui a donné l'ordre, qui devient responsable. Je parcours ainsi, en remontant d'ordre en ordre, de degré en degré, toute la hiérarchie du pouvoir exécutif, et je m'arrête au ministre ou à l'ordonnateur qui a signé le premier ordre; c'est sur celui-là que je fais tomber tout le poids de la responsabilité.

J'excepterais cependant de cette règle les cas où l'action commandée est si évidemment criminelle, qu'il est impossible que ceux qui ont exécuté l'ordre n'aient pas été avertis par leur conscience. Dans ce cas, je soumettrais également à la responsabilité et à la rigueur des lois celui qui a signé le premier ordre, ceux qui l'ont transmis, et ceux qui l'ont exécuté.

Juin 1790

XIX

SOCIÉTÉ DES AMIS DE LA CONSTITUTION

EXTRAIT DU PROCÈS-VERBAL DE LA SOCIÉTÉ DES AMIS DE LA CONSTITUTION ASSEMBLÉE AUX JACOBINS, LE 3 JUIN 1790 [1].

(Paris, imprimerie nationale, s. d., in-4° de 4 pages.)

M. de Noailles [2], ayant demandé et obtenu la parole, a dit :
« Vos soins et vos sollicitudes fraternelles portent continuellement vos regards sur toutes les parties de l'empire. C'est pour les éclairer et les fixer d'une manière utile que vous entretenez une correspondance avec les principales villes de France. Vous devez à ces rapports d'intérêts et de confiance la connaissance des maux intolérables qu'un despotisme destructeur entraîne, et le développement de plusieurs moyens régénérateurs qu'offre le régime de la liberté.

« Il nous revient, de toutes parts, que notre commerce demeure sans activité, que nos manufactures languissent, qu'une multitude de bras

---

1. Ce document se trouve imprimé à la suite de l'extrait suivant des registres de la Société des amis de la constitution et de la paix à Rouen, du 15 juin 1790 (Bibl. nat., Lb 40/562, in-8) :
— « Les *Amis de la constitution et de la paix*, à Rouen, pénétrés de l'évidence des principes développés avec autant d'énergie que d'intérêt dans la délibération ci-après, et persuadés que c'est remplir une partie des obligations que leur civisme leur a imposées que de prévenir, autant qu'il est en eux, la chute entière d'une branche d'industrie à laquelle sont attachés et une des causes de la prospérité de cette ville et le sort de tant de malheureux contenus dans son sein ;
« Ont arrêté, d'une voix unanime, d'adopter en tout son contenu la délibération des *Amis de la constitution*, à Paris, adressée par cette Société, et à faire imprimer 3,000 exemplaires de ladite délibération, afin d'engager, par la publicité et par l'exemple, tous les citoyens à prendre et à exécuter une résolution digne de l'esprit de patriotisme qui régénère la France.

« NICOLAS L. BOUANISIEN, président. »
« PERRIN, secrétaire. »

2. Louis-Marie, vicomte de Noailles (1756-1804), beau-frère de La Fayette, avec lequel il avait fait campagne en Amérique, député de la noblesse du bailliage de Nemours aux États généraux, membre influent du comité militaire de la Constituante, maréchal de camp le 28 novembre 1791, émigré en 1792, envoyé à Saint-Domingue en 1803 avec le grade de général de brigade, blessé mortellement en face de la Havane.

restent oisifs, que les plus malheureux attendent des secours, et que les étrangers s'enrichissent de nos propres dépouilles.

« Je n'entrerai point dans l'examen des causes qui ont rendu ainsi la France tributaire des nations qu'elle imposa par son industrie; je me bornerai seulement à présenter à votre patriotisme des moyens simples d'arrêter cette dégradation, de féconder des sources qui semblent taries. C'est à vous, Messieurs, qu'il appartient de donner l'exemple des vertus civiques, et d'en faire la plus juste application. Un peuple léger pouvait préférer des jouissances frivoles; mais une nation qui se régénère, et dont l'énergie étonne tous les peuples, comptera pour peu tous les sacrifices que nous avons à faire; elle ne se trouvera ni moins satisfaite ni moins heureuse en renonçant volontairement à l'usage des différents objets manufacturés en Europe; elle ne privera point ses concitoyens, ses frères, du nécessaire pour favoriser le luxe des autres nations. Nous adopterons des convenances plus naturelles; nous prendrons en cela pour modèle le peuple anglais. Dans ce temps où la patrie est tout, on sait se refuser ce qui est importé d'agréable et même d'utile, pour faire valoir les marchandises du pays, et l'on prohibe, par des conventions particulières, ce que la loi permet et même ce qu'elle protège. C'est cette méthode, si digne d'admiration, que je vous invite de suivre. C'est aux amis de la constitution que je m'adresse pour prendre une détermination qui la fera chérir à un grand nombre de Français, et particulièrement à cette classe infortunée qui semble n'avoir rien à attendre que d'elle et de ses défenseurs. Venons à son secours, tâchons que le vœu que nous allons former soit adopté dans tout le royaume, invitons les sociétés patriotiques qui nous sont affiliées à l'admettre comme un article de leur règlement, et qu'elles assurent son succès en faisant connaître son utilité. Espérons de cette heureuse influence, que des hommes dévoués à la chose publique obtiendront toujours de ceux qui n'aiment la liberté que pour elle. Nous aurons, quoi qu'il résulte de notre entreprise, la certitude consolante d'avoir fait des efforts pour soulager l'humanité souffrante, et peut-être l'avantage de voir la France prospérer, par nos soins, sous le nouveau régime qui doit à jamais assurer le bonheur de tous les Français. »

Cette motion ayant été appuyée par plusieurs membres, après une mûre délibération, la discussion ayant été fermée, la Société a pris l'arrêté conçu dans les termes suivants :

Les citoyens formant la Société des amis de la constitution établie à Paris, désirant que l'époque de la plus heureuse Révolution devienne aussi celle de l'accroissement et de l'affermissement de la prospérité publique dans toutes ses parties, persuadés que chez les peuples qui savent aimer leur patrie et la liberté, les frivoles jouissances du luxe doivent toujours céder aux considérations de l'intérêt général;

Considérant que c'est à l'influence de l'opinion, excitée par le zèle et par l'exemple des bons citoyens, à prescrire ces privations et ces habitudes morales, qu'il n'est pas toujours au pouvoir de l'autorité publique de commander, ont arrêté :

Qu'ils n'useront, dès à présent, que des marchandises manufacturées dans les pays qui font partie de l'empire français, que le même engagement sera désormais une des conditions de l'admission des personnes qui voudront être agrégées à la Société, et qu'il sera envoyé des expéditions de la présente délibération à toutes les sociétés qui correspondent avec celle des Amis de la constitution.

BARNAVE, *président*,
J.-H. MORETON-CHABRILLAN, ROEDERER, GRANDMAISON,
l'abbé D'ESPAGNAC, *secrétaires*.

Certifié conforme à l'original :
J.-H. MORETON-CHABRILLAN, *secrétaire*.

[A la date du 9 juin 1790, le *Patriote français* blâma « nos frères les Jacobins » d'avoir adopté cette motion de M. de Noailles « pour la proscription des étoffes de manufacture étrangère ».]

XX

SÉANCE DU 4 JUIN 1790

Il fut question vendredi (4 juin 1790), dans ce club, de la nomination d'un nouveau président de l'Assemblée nationale. On paraissait décidé à placer dans le premier fauteuil de la nation M. l'abbé Sieyès; mais, le scrutin dépouillé, il se trouva que la plupart des suffrages s'étaient réunis sur M. de Saint-Fargeau[2], président à mortier, qui n'est pas membre du club des Jacobins. La consternation fut grande, et, pour la faire partager au peuple, des émissaires se répandirent aussitôt dans les rues, et distribuèrent *gratis* à tous les passants un écrit de trois pages[3] dont le but était d'élever des soupçons sur le patriotisme de ceux qui avaient contribué à l'élection de M. de Saint-Fargeau...

1. *Ami du roi* du 7 juin 1790.
2. Il s'agit du futur conventionnel Lepelletier Saint-Fargeau, alors député de la noblesse de la ville de Paris aux États généraux.
3. C'est la pièce suivante.

XXI

PAMPHLET

BULLETIN DE LA GRANDE ASSEMBLÉE

TENUE AUX JACOBINS, LE VENDREDI 4 JUIN 1790, 7 HEURES DU SOIR

(S. l. n. d., in-8 de 3 pages.)

On vient d'élire aux Jacobins le futur président de l'Assemblée nationale.

Ce club des Jacobins, appelé aujourd'hui *Société des amis de la constitution* et ci-devant *Club des amis de la Révolution*, a toujours eu pour principe de ne porter à la présidence que quelqu'un de ses membres, et de préférer les plus distingués par leur popularité et leurs talents.

L'abbé Sieyès, l'immortel auteur du livre : *Qu'est-ce que le tiers?* le fondateur de l'*Assemblée nationale*, le plus ancien, le plus éclairé, le plus constant des apôtres de la liberté, le plus puissant coopérateur de la Révolution, membre du club des Jacobins, était porté au fauteuil du président par un grand nombre de ses collègues; ceux-ci voulaient que l'anniversaire du 17 juin, de ce grand jour où les représentants de la nation se constituèrent en *Assemblée nationale*, à la voix de l'abbé Sieyès, éclairât un hommage solennel rendu à son patriotisme et à son génie.

Le scrutin est dépouillé et au lieu de l'abbé Sieyès on proclame... une personne étrangère au club des Jacobins, un membre du feu parlement de Paris, un des ci-devant nobles qui ont résisté le plus longtemps à l'union des ordres, le seul de la députation de la noblesse qui, avec le fameux d'Éprémesnil, soit resté dans la Chambre de la noblesse pendant que la minorité de cet ordre payait déjà dans l'Assemblée nationale sa dette envers la liberté et la nation, en un mot, M. le président Saint-Fargeau.

Quels sont donc les votants qui ont fait ce choix étrange?

Ce sont MM. Cottin, Barnave, Muguet, Lameth, etc., qui ont voté pour M. de Saint-Fargeau. L'abbé Sieyès n'a eu les suffrages que des députés bretons, de La Rochefoucauld, de l'évêque d'Autun, etc. [1].

---

[1]. Sieyès n'en fut pas moins élu président le 8 juin 1790, mais seulement au 3e tour de scrutin. Lepelletier Saint-Fargeau lui succéda au fauteuil le 21 juin suivant.

Citoyens, réfléchissez sur cette nomination. Comparez les candidats et jugez de quel côté les électeurs sont les plus véritables amis de la Révolution.

XXII

RÉPONSE A UN ÉCRIT INTITULÉ

BULLETIN DE LA GRANDE ASSEMBLÉE DU CLUB DES JACOBINS

(Paris, de l'imprimerie nationale, s. d., in-8 de 4 p.)

Il est fâcheux de parler de soi ; cependant lorsque l'on est cité au tribunal du public, lui rendre compte de sa conduite, c'est montrer combien on est jaloux de son estime, c'est le besoin et le devoir d'un bon citoyen.

Ce matin, un petit écrit, anonyme, sous le titre de *Bulletin de la grande assemblée du club des Jacobins*, a été répandu dans Paris. Cet écrit m'a appris ce que, sur ma foi, j'ignorais absolument, qu'aujourd'hui même je devais être mis sur les rangs pour la place de président de l'Assemblée nationale, en concurrence avec l'abbé Sieyès.

J'applaudis à tout ce que l'auteur reporte d'avantages et de supériorité, dans le parallèle des deux candidats, du côté de M. l'abbé Sieyès ; j'ai toujours fait profession d'honorer son patriotisme et d'admirer son génie. Lors du scrutin, je me suis trouvé d'accord avec l'anonyme, j'ai donné ma voix à M. l'abbé Sieyès ; j'aurais voulu lui porter plus d'un suffrage, mais je ne dispose que du mien ; je n'ai point et je n'ai jamais désiré avoir de parti.

Mais je réclame contre plusieurs reproches qui me sont faits dans cet écrit. Un de ces reproches est d'être resté dans la Chambre de la noblesse, tandis que la minorité se réunissait à l'Assemblée nationale, et d'avoir résisté à l'union des ordres. Cette résistance est faussement supposée. Si je n'ai pas été de la minorité de la noblesse, j'ai été encore plus éloigné d'être de ce qu'on appelait le parti de la majorité. J'ai presque toujours combattu ce parti dans mes opinions. Éloigné par caractère et par principes des idées extrêmes, mon système était celui de la conciliation, que je ne croyais pas impossible. J'ai constamment fui les comités particuliers et clubs de la majorité, qui, alors aussi, étaient le chemin des places distinguées dans la Chambre de la noblesse, et où se préparaient les délibérations. Si, avec la minorité, je ne me suis pas réuni à l'Assemblée nationale, j'ai partagé ce prétendu reproche avec plusieurs membres du ci-devant ordre de la noblesse, dont il suffirait de citer les noms pour rappeler les idées de révolution, de liberté, et pour désigner leurs plus zélés défenseurs.

L'Assemblée nationale n'avait pas encore rendu son décret sur les cahiers impératifs [1]; une délicatesse, qu'on ne peut blâmer, suspendait les démarches de plusieurs bons citoyens; et le cahier de la noblesse de Paris avait cela de particulier qu'il prêtait à deux interprétations. Cela a opéré une scission apparente entre les membres de cette députation [2]. Mais nous avons mutuellement honoré et respecté nos motifs, et nous en avons rendu compte à nos commettants, dans une lettre commune que nous leur avons adressée aussitôt après notre réunion.

Tels sont les faits que le public ignore, parce que la Chambre de la noblesse délibérait à huis clos.

Je ne lui parlerai point de mes opinions depuis la réunion des ordres; j'ai été sous les yeux de mes concitoyens, et j'espère qu'ils ont daigné me juger.

Quant au reproche que m'adresse le même écrit de n'être pas membre du club qui s'assemble aux Jacobins, le fait est vrai : je ne me suis point présenté, et je ne me présenterai point à ce club; mon devoir est d'exprimer mon opinion à l'Assemblée nationale; et, relativement à cette association volontaire, je pense qu'elle a le droit spécial de compter parmi ses membres les premiers fondateurs de la Révolution. Pour moi, je le répète modestement, je n'ai point l'honneur d'avoir fait la Révolution...; mais, je le dis aussi avec vérité, je l'ai suivie fidèlement sans le moindre écart, je l'ai embrassée avec ardeur, je l'ai admirée, je l'ai aimée, et je la défendrai constamment.

Ce 5 juin au soir.

Signé : DE SAINT-FARGEAU.

1. Un grand nombre de députés de la noblesse aux États généraux avaient reçu de leurs électeurs mandat impératif de ne point consentir au vote par tête. Ce mandat gêna un certain nombre de députés libéraux, comme La Fayette. Quand, sur l'ordre du roi, ils se réunirent au Tiers, le 27 juin 1789, ils crurent devoir déclarer qu'ils s'abstiendraient, tout en siégeant, de prendre part aux délibérations jusqu'à ce que leurs électeurs les eussent déliés de leurs mandats. Le 8 juillet, l'Assemblée constituante discuta cette question des mandats impératifs et le *Procès-verbal* rapporte en ces termes à quel parti elle s'arrêta : « On a fait l'appel des différents bailliages et le résultat a été *qu'il n'y a lieu à délibérer,* l'Assemblée nationale regardant ses principes comme fixés à cet égard et considérant que son activité ne peut être suspendue ni la force de ses décrets affaiblie par des protestations ou par l'absence de quelques représentants des bailliages. »

2. J'observe que M. d'Éprémesnil ne fait pas partie de la députation de la ville de Paris, ainsi qu'on le suppose dans cet écrit. (*Note de Lepelletier Saint-Fargeau.*)

J'ai cru qu'il était convenable d'attendre que le troisième et dernier scrutin soit terminé pour rendre publique cette réponse.

XXIII

OPINION

D'UN MEMBRE DE LA SOCIÉTÉ DES AMIS DE LA CONSTITUTION
SUR LA NÉCESSITÉ DE DÉCRÉTER LA RESPONSABILITÉ DES CHEFS DES BUREAUX
ET SUR LE MODE DE RESPONSABILITÉ DES MINISTRES
LUE A L'ASSEMBLÉE DU 6 JUIN 1790 [1]

(Paris, imprimerie L. Potier, 1790, in-8 de 18 p.)

Messieurs,

J'ai pensé qu'il était prématuré de statuer sur le mode de la responsabilité des ministres, et en voici les raisons.

Avant de décider comment les ministres seront responsables, il faut savoir de quoi ils sont responsables.

Dans l'ancien régime, les provinces de l'empire, partagées entre les ministres, étaient autant de théâtres particuliers de leur despotisme et de toutes les entreprises arbitraires qui en sont les suites. Aujourd'hui la scène se rétrécit pour eux, aujourd'hui leur autorité, continuellement bornée et surveillée par les assemblées de départements et de districts, devient à peu de chose près nulle comme leur responsabilité à cet égard.

L'Assemblée nationale a bien déterminé certaines fonctions des corps administratifs; mais, suivant l'instruction qu'elle a publiée [2] pour

---

1. Avant de donner à ce mémoire la publicité que je désirais qu'il eût, je l'ai communiqué à M. Loyseau et à M. Polverel, tous deux avocats, tous deux membres de la Société. Si j'avais eu la prétention exclusive de produire les meilleures idées, je ne pouvais pas m'adresser plus mal; mais je ne cherchais pas à avoir raison, je cherchais la raison, et je ne pouvais manquer de la trouver auprès d'eux. Ce sont eux qui m'ont déterminé à lire mon mémoire à la Société; et l'attention ainsi que l'accueil favorable dont elle l'a honoré, en secondant l'intérêt que je prends plus immédiatement à l'une de ces questions, m'ont déterminé à le faire imprimer, afin qu'on pût suivre et juger plus attentivement des idées qui n'ont peut-être pas été saisies, ou dont les relations, les principes et les conséquences ont pu échapper à une lecture publique et rapide. Je rapporterai, dans des notes, les objections que MM. Loyseau et Polverel m'ont faites. (Note de l'auteur du mémoire.)

2. Il s'agit de l'*Instruction sur la formation des assemblées représentatives et*

l'application des principes et pour l'exécution des règles établies par son décret, *l'énumération* qu'elle a faite de ces fonctions administratives n'est ni *exclusive*, ni *limitative*; elle ne présente que *les fonctions principales, qui entrent plus spécialement dans l'institution des administrations de départements et de districts.*

Dans cette incertitude, on risque donc, en statuant sur le mode de la responsabilité des ministres, de n'y statuer que d'une manière vague, que par des règles générales qui ne recevraient d'application dans aucune circonstance, ou qui ne seraient appliquées que partiellement, et ce n'est pas ainsi qu'une loi doit parler, surtout quand ses dispositions intéressent la fortune, l'honneur et la vie même d'un citoyen.

J'ai encore pensé, Messieurs, qu'avant de statuer sur le mode de responsabilité des ministres, il était également indispensable de décréter la responsabilité des chefs de leurs bureaux, et en voici les raisons.

En supposant les ministres aussi instruits sur le fait de l'administration que dans la vérité ils le sont peu, il est et physiquement et moralement impossible qu'aucun d'eux puisse s'occuper, immédiatement et sans exception, de toutes les affaires générales, et encore moins de l'immensité des détails qu'entraîne l'administration d'un département. Ils sont donc forcés par la masse même de leurs devoirs, plus encore que par leur insuffisance, de se donner des coopérateurs, et le choix qu'ils en font est plus souvent déterminé par l'opinion publique que par leur opinion particulière. Quand il le serait même par des affections privées, on ne peut supposer gratuitement dans qui que ce soit le dessein prémédité de mal placer sa confiance, et il faut convenir que leur choix manque rarement d'être confirmé par l'opinion publique.

Je demande si quelqu'un a réfléchi profondément sur cette position d'un ministre qui, ne pouvant tout voir et encore moins tout faire, est forcé, pour s'acquitter des fonctions de son emploi, de confier une partie de son travail à des mains étrangères. Je demande encore si, par le résultat de ces réflexions, on n'est pas contraint d'avouer que ce serait une monstruosité, chez un peuple libre, qu'il n'appartient qu'à une constitution digne du despotisme asiatique de punir un administrateur pour n'avoir pas en lui seul les facultés partagées entre-

---

des corps administratifs (8 janvier 1790). On en trouvera le texte à la suite du décret du 22 déc. 1789 sur le même objet, dans la *Collection complète des lois* par Duvergier.

plusieurs individus, pour avoir appelé auprès de lui des coopérateurs dans la seule vue de mieux mériter de la chose publique. Je demande enfin si, sous une constitution qui donne au citoyen la plus grande liberté sociale, la mesure de cette liberté n'est pas, en même temps, la mesure de la responsabilité. Or, la liberté d'un administrateur finit et celle de ses agents commence au moment où ceux-ci sont appelés à examiner et à proposer tout ce qui échappe aux efforts redoublés de l'administrateur le plus actif; et il y aurait, ce me semble, une plus souveraine injustice encore à décharger les agents de toute responsabilité qu'à rendre les ministres responsables de leurs agents.

Les chefs de bureaux n'ont pas seulement une consistance résultant du choix du ministre; ils en ont une personnelle. Ils ne sont pas seulement les agents des ministres, ils sont les agents, les véritables agents auprès des ministres. C'est une tradition certaine que Louis XIV travaillait quelquefois directement avec les chefs des bureaux de ses ministres. Louis XV les appelait aussi, et il les connaissait si bien qu'il disait, avec cette bonté naïve qui lui était propre : *Je change de ministres, mais les bureaux restent*. J'ajouterai ici que le roi régnant a travaillé lui-même avec des chefs de bureaux, dans cet instant de l'année dernière où, tous les ministres de Sa Majesté ayant donné leur démission, elle attendit, pendant quelques jours, que l'opinion publique et les suffrages de l'Assemblée déterminassent son choix. Les chefs des bureaux influent donc sur les ministres par la confiance que ceux-ci leur accordent autant que par leur considération personnelle ou relative; et lorsque cette influence est si évidente, il ne devrait pas y avoir d'indécision sur la nécessité de les rendre responsables.

M. Polverel pense que cette responsabilité des chefs de bureaux tend à ralentir l'activité du service dans les départements, à détruire l'unité de pouvoirs qui caractérise une bonne et sage constitution, et à diminuer la responsabilité du ministre.

Sur la première objection, je réponds que la forme du travail ne sera pas changée par ce nouvel ordre de choses, et conséquemment que l'activité du service n'en éprouvera aucun obstacle extraor-

---

1. Opinion de M. Lamy, député du bailliage de Caen à l'Assemblée nationale. (*Note de l'auteur.*) Le titre exact de cet écrit est : *Opinion de M. Lamy, député du bailliage de Caen, sur l'importance de décréter la responsabilité des chefs de bureaux de l'administration, comme suite nécessaire de celle des ministres.* Paris, Baudouin, 1790, in-8. Il y a aussi : *Observations à joindre à l'opinion de M. Lamy...* du 24 janvier 1790. Paris, Baudouin, s. d., in-8. — Bibl. nat., Lc 29/437, 438.

dinaire. Pour s'en convaincre, il suffit de connaître cette forme, et la voici. Le chef de bureau rapporte par écrit toutes les affaires de son détail, et la feuille de chacun de ces rapports présente les observations et les instructions qui doivent éclairer le ministre et diriger sa décision ou celle du roi. Que faut-il faire de plus pour établir la responsabilité du chef? Lui imposer simplement l'obligation de signer son rapport, qui sera la décharge et la condamnation respective du ministre et du chef, selon que la décision sera conforme ou contraire au rapport. La responsabilité n'autorisera pas le chef de bureau à dire au ministre : *Je ne ferai point cela;* mais elle l'obligera à constater par sa signature qu'il a ou qu'il n'a pas provoqué sa décision, et cette formalité n'exige point de temps. Quand elle en exigerait, je pense qu'aux yeux d'un peuple libre le choix ne sera jamais douteux, et qu'on préférera toujours de perdre du temps plutôt que de perdre un citoyen.

Sur la seconde objection, je réponds que, dans un État monarchique, je ne connais qu'unité de puissance et diversité de pouvoirs. L'unité de puissance est dans la nation; les émanations de cette puissance unique sont les différents pouvoirs qui constituent les différents genres d'administration. Plus vous multiplierez les pouvoirs, plus vous les restreindrez; et ils seront d'autant plus faciles à surveiller et à contenir qu'ils seront moins étendus.

Si l'on insiste sur ce que l'unité de pouvoir doit résider dans le ministre de chaque département, je répondrai que, si la puissance unique est forcée de constituer pour son exercice différents pouvoirs, il s'ensuit que chacun de ces différents pouvoirs se subdivise en un certain nombre de rayons, proportionnés au cercle dans lequel il agit. Chacun de ces rayons subdivisé est dirigé par la même action, par le même mouvement qui dirigent le pouvoir dont ils sont une portion; et chacun de ces rayons doit être retenu et comprimé par la même force qui retient et comprime le pouvoir dont ils émanent, et qui est lui-même une émanation de la puissance unique.

Les chefs de bureaux représentent ces rayons, dans lesquels se divise le pouvoir de chaque ministre; et la force qui doit les retenir et les comprimer, comme le pouvoir dont ils tirent leur origine, c'est la responsabilité.

Cette responsabilité des chefs ne détruit donc pas l'unité du pouvoir ministériel; elle ne diminue pas non plus la responsabilité du ministre, comme le pense M. Polverel, suivant sa troisième objection; elle le réduit seulement aux principes de la justice distributive, qui veulent que chacun ne soit tenu que de ses faits. Il en résulte au contraire qu'une bonne et sage constitution doit se ménager une garantie pour sa conservation : c'est de présenter à la puissance unique plusieurs cautions de l'exercice du pouvoir ministériel; et cette considération me paraît décisive.

Ainsi, pour ne pas commettre l'injustice la plus révoltante envers les ministres (et j'oserai le dire, sans craindre que ma pensée soit mal interprétée : quelle que soit l'opinion publique à leur égard, elle ne peut, dans le cas même le plus défavorable, autoriser une injustice); pour ne pas commettre, dis-je, la plus inique de toutes les injustices envers les ministres, mon avis, fondé sur douze années d'expérience et d'observations, est que les chefs de bureaux doivent partager la responsabilité des ministres. Autrement, le décret préparatoire de l'Assemblée nationale et son décret définitif manifesteront le désir, qui est certainement au-dessous de sa magnanimité, de trouver des coupables, plutôt que celui qui est si naturel aux législateurs, qui doit être même le but sacré de toute législation, d'empêcher qu'il y ait des coupables [1].

---

1. M. Polverel objecte qu'en décrétant la responsabilité des chefs, il faudrait aussi décréter celle des commis de confiance chargés de détails, qui font, m'a-t-il dit, auprès des chefs le rôle que les chefs font auprès des ministres. « Nous savons cela », a-t-il ajouté. Quand on serait réduit, lui ai-je répondu, à diviser la responsabilité sur une échelle de plusieurs degrés, où serait le mal, dès que cette division a pour objet de rendre à César ce qui est à César? Si vous cherchez à régaler la nation du plaisir de voir punir injustement un ministre, vous ferez bien de ne point diviser la responsabilité; mais si vous voulez, ce qui est plus conforme à vos principes et à votre cœur, empêcher qu'un ministre soit injustement puni, il faut que vous la divisiez sur autant de personnes que la sûreté de la chose publique, plus encore que la sûreté du ministre, l'exigera. L'unité du pouvoir n'est que relativement dans l'individu ministre; elle est essentiellement dans le département. Il est donc juste que tous ceux qui y exercent une influence, dans quelque emploi que ce soit, répondent de l'usage qu'ils en feront. C'est aussi ce que pense M. Lamy, dont j'ai cité l'opinion sur cette question. M. Loyseau ne voudrait rendre les chefs de bureau responsables que subsidiairement et dans certaines occasions, comme lorsqu'ils travaillent directement avec le roi, ou lorsque leur infidélité serait prouvée par le ministre, qui en partagerait néanmoins la punition, parce qu'en sa qualité de ministre il a eu tort de faire un mauvais choix. Mais cette responsabilité occasionnelle serait, ce me semble, et nulle et injuste. D'abord, le ministre n'a pas, comme un particulier, assez de temps à sa disposition pour prendre sur ses agents des informations telles que l'événement ne puisse être imputé qu'à lui. Mille ressorts, qui sont hors de lui, et dont il ne peut éviter le choc, et la nécessité de remplir la place, déterminent son choix. Il ne peut donc, à la rigueur, en être garant, puisque cette garantie est le résultat d'une connaissance parfaite qu'il n'a pas dépendu de lui d'acquérir, mais ce choix tombe sur un sujet qui a joui précédemment comme subordonné dans la même carrière, ou dans une carrière différente, d'une considération qu'il court risque de perdre par les nouvelles épreuves auxquelles il est exposé. Il est si séduisant de voir les autres persuadés que nous influons sur

Voilà, Messieurs, les considérations que je désirais vous soumettre, et que, dans cette intention, j'ai eu l'honneur d'adresser le 30 mai dernier à M. Barnave dans une autre forme, parce que j'écrivais à quatre lieues d'ici, parce que je n'écoutais alors que l'importance de ces objets plutôt que mon amour-propre.

Apparemment vous n'en avez pas été instruits ainsi en détail, ou vous ne les avez pas jugées dignes de votre attention, puisque vous avez ouvert la discussion sur le mode de la responsabilité des ministres; et voici mon opinion à cet égard.

Je regarde comme superflu et comme essentiellement inutile d'entrer dans le détail des différents délits ministériels. Ces délits, n'étant qu'une suite du jeu des passions humaines, sont mobiles comme elles; on ne peut les saisir que comme l'occasion, par un seul point, qui échappe fréquemment aux regards comme aux esprits les plus exercés.

Je considère donc la question à ce seul point de vue : par qui le ministre sera-t-il poursuivi, jugé et puni, pour raison de délits dont il sera convaincu? Les délits que la responsabilité des ministres tend à prévenir et à punir se divisent naturellement en deux classes : les unes attaquent les personnes, les autres blessent la nation.

Les délits ministériels personnels sont du ressort du pouvoir judiciaire ordinaire, et il suffit maintenant que la responsabilité soit décrétée d'une manière générale pour que les ministres soient tra-

---

leur satisfaction ou sur leurs regrets, qu'il faut bien de la vertu pour résister aux mouvements de vanité qu'excitent leurs instances, et pour se défendre des inconséquences qui en sont les suites. Or, le ministre ne fait pas un chef de bureau pour protéger, mais pour l'éclairer sur ceux qui méritent protection; et il serait injuste de le punir des suites d'une passion que son orgueil personnel le portait à étouffer, et qui n'agit qu'à son insu. Enfin, cette responsabilité occasionnelle serait nulle quand il s'agirait du travail avec le roi, parce que les occasions sont rares; parce qu'elles sont d'une si haute importance, qu'il n'y a pas à craindre que les chefs de bureau s'y compromettent, par quelque motif puissant que ce soit. Elle serait encore plus nulle, si cela se peut, lorsqu'il s'agirait d'une infidélité prouvée par le ministre; car comment la prouvera-t-il, s'il n'a pas un titre contre le chef? et quel autre titre peut-il avoir contre le chef que sa propre signature? Or, s'il ne la demandait que dans certains cas, ce ne serait pas dans ceux-là qu'il y aurait une infidélité; et il pourrait y en avoir dans tous les cas où il ne la demanderait pas. Il resterait donc toujours responsable des fautes d'autrui, ce que je regarde comme une iniquité. Il me semble que mon opinion à cet égard suffit à tout, et qu'en établissant la responsabilité générale des chefs dans la forme que je propose, on écarte tous ces inconvénients. On peut calculer, dans la responsabilité occasionnelle, le profit et les risques d'une infidélité; mais, dans la responsabilité générale, il faudrait un plan réfléchi et combiné d'infidélités, et cette supposition serait absurde (*Note de l'auteur.*)

duits à l'avenir devant tous les tribunaux par les citoyens qui auront à poursuivre contre eux la réparation d'une injure quelconque.

Les délits ministériels qui blessent la nation, collectivement, sont au delà des bornes du pouvoir judiciaire ordinaire, qui ne circonscrivent que les délits personnels, et ils ne peuvent être jugés que par un tribunal extraordinaire. Mais quel sera ce tribunal vengeur des délits ministériels nationaux?

L'article 15 de la Déclaration des droits de l'homme et du citoyen dit que la *société* a droit de demander compte à tout agent public de son administration. Le dix-huitième des articles constitutionnels dit que *les ministres et les autres agents du pouvoir exécutif seront responsables*, etc. Si ce sont les ministres et les autres agents du pouvoir exécutif qui sont responsables, et si c'est à la société qu'ils le sont, c'est donc la société qui sera ce tribunal.

Mais la *société* ne peut juger elle-même les délits qui la blessent, et elle doit déléguer ce jugement, comme elle délègue les autres pouvoirs qu'elle ne peut exercer elle-même. Or les délégués naturels de la *société*, dans cette circonstance, ce sont ses représentants. Ainsi l'exercice du droit suprême de demander compte aux ministres et aux autres agents du pouvoir exécutif, de juger de leur administration, de poursuivre leurs délits, appartient incontestablement aux représentants de la nation, constitutionnellement élus.

Mais les représentants de la nation, agissant en conséquence, n'échapperaient pas encore au reproche fondé d'exercer, par confusion, deux pouvoirs bien distincts; et ce serait, en effet, une immoralité politique. Ils doivent donc aussi déléguer les pouvoirs nécessaires pour l'exercice du droit suprême de la responsabilité; et j'aurai l'honneur de vous proposer, dans un instant, ceux à qui je pense que les représentants de la nation doivent déléguer ces pouvoirs extraordinaires.

L'exercice du droit de responsabilité appartenant incontestablement à la nation, c'est à elle, en la personne de ses représentants, constitutionnellement élus et rassemblés, que dénonciation du délit ministériel national doit être faite; elle doit être soutenue et appuyée de preuves authentiques. Les représentants de la nation ne peuvent recevoir de dénonciation vague, et qui ne serait autorisée que par des bruits ou des discours populaires.

La dénonciation du délit ministériel national peut être faite par un corps, par un particulier, pourvu que le corps et le particulier représentent les preuves authentiques de délit. Elle peut être faite aussi par un des représentants de la nation, aux mêmes conditions sans doute, et particulièrement à celle que ses fonctions, en qualité de député, seront suspendues, du moment même de la dénonciation jusqu'après le jugement de l'accusé. Mais, dans tous les cas, le dénonciateur, corps ou particulier, doit se faire connaître pour garantir à l'accusé la restauration de son honneur, si la dénonciation est mal fondée; car, s'il importe à la nation de connaître les prévarications des agents du pouvoir exécutif, il importe encore davantage à sa justice et à sa bonne politique qu'aucun citoyen ne soit tourmenté injustement parce qu'il occupe une place éminente.

C'est aux représentants de la nation qu'il faut dénoncer les délits; mais ce n'est pas à eux de les juger, et me voici au moment que je viens de vous annoncer. Il me semble que ce jugement ne peut être remis qu'à un tribunal institué exprès, composé de juges tirés de l'Assemblée nationale même; mais ces juges, à compter du moment de leur nomination, jusqu'à la fin de la session de l'Assemblée, perdront l'exercice de toutes leurs fonctions, en qualité de députés, quand le jugement de l'accusé serait rendu avant la fin de la session [1].

Ces juges seront choisis et nommés par l'accusé lui-même, au nombre qui sera déterminé sur le tableau des députés actifs ou suppléants, envoyés à la session [2].

1. M. Polverel a une idée bien supérieure à la mienne sur la formation de ce tribunal. Il le compose de quatre-vingt-trois juges pris, à raison d'un par département, parmi les députés nommés à la précédente session. Il a donc tous les avantages qui m'en ont paru inséparables, sans les inconvénients qui semblent attachés à la composition de celui que je propose. Mais c'est mon opinion que j'ai manifestée, et non la sienne; et, quand je rends à celle-ci la justice qu'elle mérite et qu'elle doit obtenir, je dois encore publier la mienne, puisqu'elle est fondée sur les mêmes principes, et qu'elle ne diffère que par les conséquences. (Note de l'auteur.)

2. M. Polverel et M. Loyseau se réunissent pour refuser à l'accusé ce privilège, dont le résultat, suivant eux, serait infailliblement sa décharge. Ils ont raison, sans doute, contre mon esprit et contre mon jugement, mais ma sensibilité les condamne. Elle me dit qu'on ne peut trop multiplier, autour d'un accusé, les moyens de repousser le préjugé défavorable qui le presse, qu'on ne peut trop voiler à ses yeux l'aspect imposant de ses juges, ni trop adoucir à ses oreilles le cri terrible de la loi qui réclame contre la violation dont il est prévenu. Pourquoi les préceptes de la philosophie paraissent-ils si étrangers, si contraires même à la plupart des gouvernements? C'est qu'il est possible, en effet, que les vertus humaines, auxquelles je crois, ne soient qu'une illusion; mais cette illusion importe tellement à mon bonheur que, quand je pense aux établissements nécessaires pour le maintien de l'ordre public dans les grandes sociétés, je ne vois les hommes que comme je désire qu'ils soient. J'ai donc dû accorder ce privilège à l'infortuné qui est sous la loi, dans la persuasion que ceux qu'il choisirait seraient assez vertueux pour concilier l'intérêt de la chose publique avec ceux de l'humanité. Puisqu'on trouve du danger à laisser à l'accusé le choix de tous ses juges, on ne peut se dispenser au moins de lui en laisser choisir une partie

Par ces dispositions, Messieurs, la nation exercera tous les droits, sans exercer deux pouvoirs; et vous composerez un tribunal devant lequel l'accusé se présentera avec la confiance que la loi doit inspirer à tous ceux que la rigueur des circonstances amène devant elle, car, d'une part, ce ne sont plus des représentants de la nation qui vont juger, et, de l'autre, ce sont les juges que l'accusé lui-même aura désignés, c'est-à-dire ceux qu'il croit généralement plus disposés à lui fournir les moyens de manifester son innocence. Jusqu'à présent les accusés n'ont vu dans leurs juges que des gens empressés à trouver des coupables et à infliger des châtiments; il est temps qu'ils n'y voient plus, surtout dans la circonstance dont il s'agit, que des protecteurs désirant leur innocence plus que leur punition.

C'est une vérité triviale que les actes de rigueur n'ont jamais produit l'attachement aux devoirs, ni un seul sentiment louable ni une seule disposition méritante; et je me plais à croire qu'une bonne constitution devrait moins chercher à punir les délits qu'à les écarter par l'attrait des récompenses décernées à la vertu, et qu'une bonne administration ne peut s'établir et se conserver que par la confiance la plus entière dans l'impartialité et dans le désintéressement de ceux à qui on en doit compte.

Le tribunal ainsi composé se conformera, pour l'examen et le jugement du délit, aux formes et aux dispositions des lois décrétées et sanctionnées, pour les procédures civiles et criminelles; et le dénonciateur y exercera les fonctions de la partie publique ou des gens du roi dans les tribunaux ordinaires.

Le rapport et le jugement seront communiqués à l'Assemblée nationale, qui aura le droit d'infirmer, en faveur de l'accusé seulement, et qui renverra, pour l'exécution de son décret ou pour l'exécution

---

assez considérable, pour qu'il y ait entre eux égalité de suffrages, et d'y ajouter, en sa faveur, que le président du tribunal soit nommé parmi ceux des juges que l'accusé aura la liberté de choisir.

La liberté de récuser une partie des juges qu'il n'a pas nommés n'est qu'un avantage négatif, car elle n'a qu'un terme au bout duquel l'accusé ne verra encore dans ses juges que des juges devant lesquels sa confiance resserrée ne laissera plus à ses facultés le développement dont elles ont besoin pour établir son innocence.

Le grand but d'une législation criminelle, et il faut l'avoir perpétuellement à l'esprit, c'est d'écarter de l'accusé toute idée préalable de châtiment; c'est de lui laisser, jusqu'au dernier instant, l'espoir consolant d'un traitement paternel. L'accusé doit se présenter devant ses juges avec la confiance qui conduit un pécheur aux pieds des ministres de la religion pour y faire l'aveu de ses fautes, et y recevoir, avec les consolations morales dont il a besoin, la correction qu'il reconnaît avoir méritée. (*Note de l'auteur.*)

du jugement, au pouvoir exécutif. On conçoit bien que, dans le cas d'infirmation, l'accusé aura le droit de poursuivre son dénonciateur; et voilà pourquoi le décret de l'Assemblée doit être remis au pouvoir exécutif, puisque cette action secondaire rentre dans le ressort du pouvoir judiciaire ordinaire, qui en prendra connaissance sur-le-champ.

Aussitôt après le jugement, soit qu'il ait son exécution, soit qu'il soit infirmé, le tribunal sera dissous. Il ne doit exister que comme ces dictatures de l'ancienne Rome qui finissaient avec le danger dont la chose publique était menacée; et il sera supérieur aux dictatures qui faisaient taire les lois, tandis que ses fonctions auront pour objet leur conservation. Un tribunal de cette nature, qui serait permanent, annoncerait, dans les ministres, une improbité habituelle qui ferait honte à la nation, où les bons administrateurs, où les administrateurs intègres seraient si rares, qu'il faudrait toujours contenir et épouvanter par l'aspect de leurs juges ceux qui auraient l'imprudence de se charger de quelque partie d'administration [1].

Ce tribunal ne ressemble d'ailleurs en rien aux commissions extraordinaires de l'ancien régime, qui étaient redoutables, parce qu'elles étaient arbitraires; parce qu'elles descendaient, pour agir, dans l'obscurité des prisons, au lieu de faire monter les accusés au grand jour; parce qu'enfin leur mission était moins d'établir l'innocence des accusés que de les déclarer coupables.

Il résulte, Messieurs, de ce que je viens d'avoir l'honneur de vous exposer sur le mode de la responsabilité des ministres, que l'exercice du droit de la responsabilité appartient aux représentants de la nation; que, ne pouvant l'exercer eux-mêmes sans confusion, ils doivent déléguer les pouvoirs nécessaires pour qu'il soit exercé; qu'ils doivent déléguer ces pouvoirs à un certain nombre d'entre eux; que c'est à l'accusé à faire ce choix; que ceux sur qui il tombera doivent être privés, par le fait, de l'exercice des fonctions de députés et du droit de siéger même passivement parmi eux, pendant et après le jugement du délit; et enfin que ce tribunal ne doit exister qu'au moment

---

1. M. Polverel est d'une opinion contraire à la mienne, et il fait son tribunal permanent, puisqu'il doit être renouvelé et composé à chaque législature. Je ne puis être de son avis sur ce point, et je regarde effectivement cette permanence comme honteuse pour la nation. Ce tribunal extraordinaire doit frapper comme la foudre et disparaître comme elle. Les crimes de lèse-nation, qu'il est appelé à juger, ne peuvent être commis que par les agents du pouvoir exécutif, et sa seule organisation et la possibilité de l'établir selon le besoin suffiront pour dégoûter les ministres de ce jeu de despote, où ils ne pourraient jamais être que dupes, quelles qu'en fussent les chances. (*Note de l'auteur.*)

où il sera nécessaire, et doit être dissous après le complément de ses fonctions.

Je n'ai point parlé des peines qui seront infligées aux coupables, d'abord parce qu'elles répugnent à mon cœur. Je suis plus persuadé de la faiblesse des hommes que de leur malignité; et mon imagination, effrayée par le spectacle des appareils de mort et par les cris douloureux des victimes, repousse ce calcul politique d'un moment d'erreur payé par le sacrifice absolu de la vie. Je suis, malgré moi, frappé de tristesse, à l'idée seule de toute peine afflictive; et, malgré l'opinion générale des nations sur la rigoureuse nécessité des supplices, j'appelle par mes vœux les plus ardents l'instant où nous serons assez vertueux, assez attachés à la patrie, pour que la plus grande, comme la plus terrible des punitions, soit d'être rejeté de son sein, à terme ou à perpétuité.

Ensuite, parce que les délits ministériels nationaux devant être jugés, suivant mon opinion, par un tribunal suprême extraordinaire, ils paraissent provoquer des punitions extraordinaires, dont il me semble digne d'une nation généreuse autant que douce d'abandonner la détermination à l'humanité du tribunal dictateur qu'elle aura institué[1].

Et je suis effectivement d'avis, à cet égard, que le tribunal juge suprême des délits nationaux ministériels, prononce lui-même les punitions et les châtiments qu'il croira devoir infliger aux accusés reconnus coupables, suivant la gravité des circonstances[2].

---

1. Pour comprendre cette phrase un peu obscure, il faut la rattacher à la première du paragraphe précédent.
2. M. Loyseau est d'un avis contraire. Il juge les hommes comme ils sont probablement, et il regarde les lois pénales comme indispensables. Je ne conviendrai point qu'il ait raison, car les lois pénales m'ont paru toujours contredire ce précepte philosophique et religieux, qui devrait être leur base, qu'il vaut mieux mille fois épargner un coupable que de frapper un innocent. Mais l'expérience et l'observation me forcent d'avouer que les hommes en masse ne se conduisent pas par le sentiment.

Audax omnia perpeti
Gens humana ruit per vetitum nefas.
.... *Neque*
Per nostrum patimur scelus
Iracunda Jovem ponere fulmina.

Horace, *Odes*, I, m. (*Note de l'auteur.*)

XXIV

SÉANCE DU 7 JUIN 1790 [1]

Le dimanche 7 juin, sur la motion de M. Barnave, la Société des amis de la constitution a chargé son président d'inviter tous les membres de la Société qui sont députés à l'Assemblée nationale à se réunir le lendemain dans une séance extraordinaire pour aviser au moyen d'achever, d'ici au 14 juillet, les décrets constitutionnels, de manière que la constitution entière puisse être jugée solennellement par la Fédération générale indiquée à Paris pour cette époque.

XXV

SÉANCE DU 17 JUIN 1790 [2]

Le 17 de ce mois, un membre de cette Société fit la motion suivante, bien remarquable dans la circonstance présente :

« Messieurs, me serait-il permis de faire une motion? Ce serait qu'au jour solennel du 14 juillet, lorsque les députés des troupes de ligne, des gardes nationales de toutes les régions de la France, viendront jurer le pacte fédératif à la face des représentants de la nation et sous les yeux du monarque, au lieu de ces cris de : *Vive le roi!* qui ont si longtemps fatigué nos oreilles, sans entrer dans nos cœurs, on criât d'une voix unanime : *Louis, empereur!* Ce titre nouveau conviendrait parfaitement au nouvel ordre de choses. Prononcé par le président de l'Assemblée nationale, il serait sanctionné par cinq cent mille âmes qui le répéteraient à la fois. L'empereur de la Chine a, dit-on, un million de soldats : Louis XVI en a le double. Charlemagne fut proclamé *empereur des Français* et convoquait la nation dans le Champ-de-Mars. Après mille ans, elle a repris sa gloire et ses droits : Louis XVI doit donc reprendre un titre d'honneur que les rois fainéants ont laissé passer chez nos voisins. Effaçons les noms de *roi*, de *royaume*, de *sujets*, qui ne s'unirent jamais bien avec le mot de *liberté*. Les Français, qui ont la souveraineté et qui l'exercent, sont soumis à la loi et ne sont sujets de personne. Le prince est leur chef,

---

1. *Chronique de Paris* du 8 juin 1790.
2. *L'Ami du roi*, tome I, p. 86, n° du 21 juin 1790.

non leur maître : *Imperat, non regit*. Qu'il revienne donc du Champ-de-Mars, la couronne impériale sur la tête; et que son auguste épouse soit, comme sa nièce, saluée du nom d'*Impératrice*¹. »

XXVI

PAMPHLET

GRAND BULLETIN

DE LA SÉANCE TENUE AUX JACOBINS, LE 18 JUIN 1790, À 7 HEURES DU SOIR

(S. l. n. d., in-8 de 3 pages.)

Les Jacobins se sont assemblés aujourd'hui pour donner leurs voix sur l'élection d'un président².

Ceux qui précédemment ont voulu faire préférer M. de Saint-Fargeau à l'abbé Sieyès l'ont encore remis sur les rangs³.

Ceux qui comptent pour beaucoup les intentions pures, des services nombreux rendus à l'Assemblée, une constante uniformité dans les principes, ont voté pour M. Treilhard.

Quelques personnes ont pensé que M. de Mirabeau devait être élevé à la présidence, que l'Assemblée lui devait cette haute et honorable distinction pour tout ce qu'il a fait de bon et d'utile à la Révolution. Il aurait réuni plus de voix, sans doute, si de très ardents amis de la liberté n'avaient cru que ses talents sont plus utiles à la chose publique à la tribune qu'au fauteuil.

Jusque-là on ne voit rien qui doive étonner, rien à quoi l'on ne pût s'attendre; mais ce sur quoi l'on ne comptait pas, sans doute, c'est que M. Muguet de Nanthou propose de faire le garde des sceaux⁴ président, que cette proposition a été accueillie, que le garde des sceaux a réuni les voix des amis de M. Muguet de Nanthou, c'est-à-dire des deux Lameth, Laborde, etc. Mais tous ces messieurs, réunis, sont au nombre de *huit*.

1. Il ne faudrait pas croire que cette proposition soit une invention fantaisiste du journal contre-révolutionnaire auquel nous l'empruntons : le *Patriote français* du 20 juin 1790 confirme le fait et blâme la motion.

2. Il s'agissait de décider quel serait le candidat du club à la présidence de l'Assemblée nationale.

3. Voir plus haut, p. 138.

4. C'était Champion de Cicé, archevêque de Bordeaux, qui avait succédé le 3 août 1789 à Barentin et qui fut remplacé le 22 novembre 1790 par Duport-Dutertre.

L'Assemblée va juger et l'on saura apprécier ce joli travail de nos faiseurs.

XXVII

SÉANCE DU 24 JUIN 1790[1]

Hier, MM. les députés d'Avignon ont été admis au club des Amis de la constitution, au milieu des applaudissements de l'assemblée. M. Tissot, procureur de la commune d'Avignon, prenant la parole, a dit : « Messieurs, depuis notre arrivée dans cette capitale, nous n'avons cessé d'ambitionner l'honneur d'être admis dans cette assemblée célèbre, où les talents les plus distingués se trouvent réunis au plus pur patriotisme. L'assemblée connaît déjà l'objet de notre mission[2]. Nous la supplions d'accorder sa bienveillance à un peuple généreux qui a versé son sang pour la défense de la patrie et pour la liberté. » Ce discours fut fort applaudi. M. le président, en y répondant, rappela les menées sourdes, les atroces complots de l'aristocratie. Il félicita le peuple avignonnais sur sa bravoure, son intrépidité et son patriotisme, promit la protection de l'assemblée et combla les députés de marques d'estime et de bienveillance. Il leur annonça que l'entrée de l'assemblée leur était accordée, et les invita à y prendre séance toutes les fois qu'ils le jugeraient à propos.

XXVIII

OPINION DE M. DE POLVEREL

SUR L'ALIÉNATION ET L'EMPLOI DES BIENS NATIONAUX

ET SUR L'EXTINCTION DE LA DETTE PUBLIQUE, LUE A L'ASSEMBLÉE

DE LA SOCIÉTÉ DES AMIS DE LA CONSTITUTION, LE VENDREDI 25 JUIN 1790

(Paris, Baudouin, s. d., in-8 de 62 p.)

Messieurs,

Parmi les plans qui ont été présentés à l'Assemblée nationale pour

---

1. *Patriote français* du 25 juin 1790.
2. Ils avaient été envoyés pour obtenir la réunion de leur pays à la France. Ils portèrent ce vœu à la barre de la Constituante le surlendemain 26 juin 1790. Un comité fut formé, le 17 juillet suivant, pour s'occuper spécialement de cette

l'emploi des biens nationaux, j'en distingue principalement trois : celui du Comité chargé de l'aliénation [1], celui de M. l'évêque d'Autun [2] et celui de M. de Cernon [3].

Le Comité propose :

1° De mettre promptement en vente la totalité des biens nationaux;
2° D'appliquer aux acquisitions directes des particuliers les mêmes conditions qui ont été décrétées pour celles où les municipalités doivent servir d'intermédiaires;
3° De ne pas augmenter le nombre des assignats-monnaie, mais d'admettre en concurrence avec l'argent et avec les assignats, pour l'acquisition des biens nationaux, certains effets dont on se réserve de déterminer la forme et le taux de l'intérêt, de manière qu'ils ne puissent prêter à l'agiotage, mais auxquels on propose d'attacher la faculté de pouvoir être convertis en propriétés foncières;
4° D'employer ces nouveaux effets au remboursement de la partie exigible de la dette publique;
5° D'admettre les titulaires des bénéfices supprimés et ceux des bénéfices conservés, auxquels on attribuera un traitement viager excédant celui qui sera attaché à leurs bénéfices, à convertir leurs traitements viagers en capitaux disponibles, en payement desquels on leur donnera de nouveaux effets, dont la création est proposée, convertibles en propriétés foncières.

M. l'évêque d'Autun, en adoptant le plan du Comité, a proposé d'y comprendre aussi les créanciers de rentes sur l'État, soit perpétuelles, soit viagères.

Seulement, il n'admet pas les effets intermédiaires que le Comité propose de donner en remboursement aux créanciers de l'État. Il veut que le prix des acquisitions et bénéfices nationaux soit payé,

---

affaire. Après plusieurs ajournements, la réunion fut décidée le 14 septembre 1791.

1. Ce rapport fut présenté dans la séance du 9 mai 1790 par P. de Delay d'Agier, maire de Montélimar, député du Tiers état du Dauphiné : *Rapport fait au nom du comité pour l'aliénation des biens domaniaux et ecclésiastiques*, par M. de Delay d'Agier, député du Dauphiné. Imprimé par ordre de l'Assemblée nationale. Paris, s. d., in-8. (Bibl. nat., Le 29/636.)
2. Discours de Talleyrand dans la séance de la Constituante du 13 juin 1790. L'Assemblée le fit imprimer. (Bibl. nat., Le 29/710, in-8.)
3. *Plan de libération générale des finances*, proposé par M. de Cernon au comité des finances (9 avril 1790). Paris, 1790, in-8. Bibl. nat., Le 29/563. Le baron de Cernon Pinteville avait été député aux États généraux par la noblesse du bailliage de Châlons-sur-Marne.

sans signe intermédiaire, en quittances de rentes ou de créances sur l'État.

Avant eux tous, M. de Cernon avait proposé :

1° De fixer par des estimations la véritable valeur des biens dont la nation peut disposer;

2° De liquider la dette nationale;

3° De créer une somme d'assignats, *sans intérêt*, égale, sans plus, à la valeur des biens nationaux que l'on jugera à propos de mettre dans le commerce, dans le cas où cette valeur serait inférieure à la somme des dettes publiques; mais, dans le cas où la valeur de ces biens égalerait ou surpasserait la dette publique, il veut qu'on ne crée des assignats que jusqu'à concurrence du montant de la dette publique;

4° Il donne à ces assignats un cours forcé;

5° Il leur attribue la faculté exclusive d'être reçus en payement des biens nationaux, sans que le numéraire métallique puisse entrer en concurrence avec eux;

6° Il veut que les seuls porteurs d'assignats aient le droit de forcer la vente des biens nationaux;

7° Il propose qu'avant de déterminer la masse des biens nationaux, destinée à servir de contre-valeur aux assignats, on commence par distraire une portion destinée au soulagement des pauvres dans chaque département ou district;

8° Si la somme des valeurs réelles ne suffit pas pour payer toute la dette, voici l'ordre de payement qu'il propose :

Il place au premier rang la dette exigible;

Au second, le capital des rentes viagères;

Au troisième, les finances des charges, maîtrises, cautionnements, fonds d'avances et autres de cette nature;

Au quatrième, les capitaux des rentes perpétuelles;

Au cinquième et dernier, les capitaux des emprunts négociés directement avec l'étranger.

Rien de plus important, Messieurs, que le résultat de ces trois plans, pris séparément ou bien ensemble :

Extinction totale de la dette publique;

Suppression de plus de 250 millions de rentes perpétuelles ou viagères et d'intérêts de créances actuellement exigibles ou remboursables à époques fixes;

Extinction rapide de cette masse effrayante de traitements viagers à des bénéficiers inutiles;

Réduction de l'impôt aux seules dépenses nécessaires;

Multiplication des produits de l'agriculture et accroissement de la population, résultant de la subdivision des terres en petites propriétés;

Destruction de la mendicité et peut-être même de l'indigence;

Réconciliation des titulaires des bénéfices supprimés et de leurs familles avec la Révolution, qu'ils ont jusqu'à présent anathématisée ou censurée avec tant d'acharnement.

Mais avant de se livrer à l'enthousiasme que doivent produire de si beaux résultats, il faut examiner de près les bases, les obstacles, les moyens, les inconvénients et les remèdes.

Est-il de l'intérêt de la nation de vendre promptement l'universalité de ses biens?

Doit-elle en réserver une partie pour les pauvres?

Avant l'estimation des biens nationaux, l'Assemblée nationale peut-elle, sans imprudence, décréter, non seulement qu'elle acquittera par le prix de la vente de ces biens toute la dette exigible, mais encore qu'elle éteindra toutes les rentes perpétuelles et viagères, et même les traitements viagers des titulaires des bénéfices supprimés?

Si elle ne veut que faire des remboursements partiels et successifs, quel est l'ordre qu'elle doit se proposer?

Doit-elle décréter l'extinction des traitements viagers des bénéfices supprimés par le remboursement du capital?

Doit-elle créer de nouveaux assignats-monnaie, ou seulement des effets représentatifs des créances originaires, dont le cours ne soit pas forcé, ou seulement admettre à la concurrence, pour l'acquisition des biens nationaux, les titres primitifs des créances, sans leur substituer des effets représentatifs?

Si elle crée de nouveaux assignats-monnaie, quelle en sera la somme?

Doit-on leur faire produire des intérêts?

Doit-on leur donner le privilège exclusif d'être seuls reçus en payement du prix des biens nationaux?

Voilà bien des questions que je propose, Messieurs; exigeassent-elles une longue discussion, j'oserais compter sur votre indulgence et sur votre attention, vu l'importance du sujet; mais, pour ne pas vous fatiguer, je serai sobre sur les développements et je tâcherai de ne rien dire de superflu.

Est-il de l'intérêt de la nation de vendre promptement l'universalité de ses biens?

Oui, sans doute, il faut les vendre tous le plus promptement possible, parce qu'ils ne peuvent être que mal administrés par les municipalités, les districts et les départements. N'y eût-il que l'absence de l'œil du maître, ces biens seront presque partout gaspillés, dégradés, dévastés, mal entretenus et jamais réparés. Mais je vois encore un plus grand mal attaché aux administrations municipales des biens nationaux : c'est que la facilité de détourner les produits et de s'enrichir des pertes de la nation peut tenter et corrompre un grand nombre d'administrateurs.

M. de Cernon a cru remédier à cet inconvénient en créant un grand intérêt pour les municipalités à la bonne administration de ces biens, en attendant la vente. Il propose, dans cet objet, de donner aux municipalités le quart de ce que les ventes pourront produire au delà du prix d'estimation.

Mais cet intérêt des municipalités ne sera pas l'intérêt des officiers municipaux. Or toutes les fois que l'intérêt individuel des administrateurs sera en opposition avec l'intérêt commun, il est presque infaillible que l'intérêt commun sera sacrifié.

Voulez-vous vous convaincre des dangers et des inconvénients de l'administration des propriétés foncières par les municipalités ? Jetez les yeux sur les biens des communautés : voyez à quel état d'inculture et de non-valeur ils sont réduits. Voilà les fruits des administrations municipales.

Le plan de M. de Cernon n'a peut-être d'autre inconvénient que d'offrir trop d'avantages à la fois. Il éteint dans l'instant toute la dette publique, par l'émission des assignats ; et cependant il conserve pour longtemps encore à la nation la jouissance des revenus des biens qui sont destinés à réaliser la valeur des assignats.

L'auteur du plan n'a pas vu que plusieurs années d'administration municipale dégraderaient nécessairement les biens nationaux ; que ces biens vaudraient, au bout de dix ans, beaucoup moins qu'ils n'auraient été estimés aujourd'hui, et que cette diminution infaillible du gage sur lequel repose la valeur des assignats les décrierait dans l'opinion publique dès l'instant même de leur émission.

Je pense donc, comme le Comité et comme M. l'évêque d'Autun, qu'on ne saurait trop se hâter de vendre les biens nationaux.

On a paru craindre les méventes qui pourraient résulter d'une trop grande quantité de biens exposés tout à la fois en vente.

Le Comité a répondu à cette objection que, la vente devant être précédée d'une estimation et les enchères ne pouvant s'ouvrir que sur une soumission au moins égale au prix de l'estimation, la nation était assurée d'obtenir toujours la véritable valeur des biens mis en vente.

J'ajoute à cette observation du Comité qu'il y a peut-être un moyen d'atténuer la masse des ventes simultanées et de multiplier les concurrents aux achats. J'indiquerai ce moyen après avoir examiné les questions que j'ai proposées sur l'ordre que l'Assemblée nationale doit adopter pour les ventes et pour les modes et conditions des ventes.

La nation doit-elle réserver une partie de ses biens aux pauvres?

M. de Cernon pense que cela doit être ainsi, et il propose de confier aux municipalités l'administration de cette portion réservée.

M. de Liancourt propose de réserver pour la classe indigente les portions de biens nationaux qui ne produisent aucun revenu actuel, tels que les landes et les marais.

Un honorable membre de la Société vient de vous proposer de distraire de la vente pour 1,296 millions de biens nationaux, et de les distribuer en petits bénéfices, qui seront cultivés par des familles pauvres et dont les fruits serviront à leur subsistance.

Après ce que j'ai dit des administrations municipales, vous pensez bien, Messieurs, qu'en supposant qu'il fallût réserver pour les pauvres une portion des biens nationaux, je ne serais pas d'avis d'en confier l'administration aux municipalités.

Si donc il fallait réserver pour les pauvres une portion quelconque, soit de landes et de marais, soit de terres déjà en valeur, ce serait aux pauvres mêmes que je voudrais en donner l'administration et la jouissance. La distribution en petits bénéfices, qui vous a été proposée, serait alors la seule praticable.

Mais est-ce par des distributions de terres que la nation doit venir au secours de l'indigence? Doit-elle, peut-elle en distribuer? N'a-t-elle pas des moyens plus efficaces pour secourir les pauvres?

Toute nation doit pourvoir à la subsistance de ses pauvres. Il y a deux classes de pauvres : les valides et les invalides. Les premiers doivent vivre de leur travail; les seconds ne peuvent subsister que par les secours publics. Mais il ne faut permettre la mendicité ni aux uns ni aux autres.

La mendicité est inutile aux pauvres valides, puisque leur travail peut suffire à leur subsistance. Elle est infructueuse ou insuffisante aux pauvres invalides, parce que plusieurs d'entre eux sont hors d'état de pouvoir mendier et parce que, les aumônes étant volontaires, leur produit est nécessairement incertain, tandis que le besoin ne l'est pas.

Enfin, la mendicité doit être proscrite dans toute société bien ordonnée, parce qu'elle entretient et propage l'oisiveté, et que l'oisiveté est la mère de tous les vices.

A quoi se réduit donc le devoir des nations à l'égard des pauvres? A donner du travail à tous ceux qui peuvent et qui veulent travailler;

à forcer au travail tous ceux qui peuvent et ne veulent pas travailler; à établir et à maintenir une proportion exacte entre le salaire du travail et la subsistance, de manière cependant que le travail forcé soit toujours moins payé que le travail volontaire; à assurer des secours à tous ceux qui sont hors d'état de travailler.

Quand vous distribueriez aux pauvres tout ce qui vous restera de libre sur vos biens nationaux, après avoir payé vos dettes, vous ne parviendriez pas à détruire l'indigence. On compte dans le royaume au moins huit millions d'individus qui n'ont rien. Supposez 400 millions de revenu, une distribution absolument égale de la totalité de ces biens ne donnerait que 50 livres de revenu à chaque individu; ce qui serait évidemment insuffisant pour la subsistance, car il n'aurait que 33 deniers pour tous ses besoins de chaque jour.

Plusieurs de nos calculateurs politiques doutent que la totalité de nos biens nationaux donne 400 millions de revenus, et il est très certain que vous ne pouvez pas les donner tant que vous aurez des dettes à payer; car c'est la seule ressource que vous ayez pour acquitter vos dettes. Vous ne pouvez même savoir si pouvez en donner une portion quelconque, après avoir éteint toute la dette publique. Vous pouvez bien moins savoir s'il vous restera 400 millions de revenu libre, après la dette payée.

S'il est évident que vous n'avez pas assez de terres à distribuer pour mettre tous vos pauvres à l'abri de l'indigence, gardez-vous bien de faire aucune distribution de terres, car vous vous mettriez dans la nécessité de faire des préférences injustes et des mécontents.

Quand vous auriez assez de terres à votre disposition pour en donner une quantité suffisante à tous les pauvres, quand vous soumettriez toutes les terres du royaume à un partage absolument égal, les subdivisions dans les familles, l'indolence, les malheurs, les infirmités ou l'inaptitude d'un chef de famille, vous auraient bientôt donné de nouvelles générations de pauvres, et alors qu'auriez-vous à leur distribuer?

Le grand remède contre l'indigence et contre la mendicité est donc, non la distribution gratuite de propriétés territoriales, mais la certitude des secours pour les pauvres invalides, la certitude du travail pour les valides, et la proportion du salaire avec les besoins, la subsistance.

Que chaque département, chaque district, chaque municipalité ait des établissements de bienfaisance pour les infirmes et des ateliers de travaux publics pour tous les sexes et pour tous les âges; que le salaire soit fixé, dans les ateliers publics, de manière à suffire, dans toutes les saisons de l'année, à la subsistance d'un père de famille et de son ménage. Que ces ateliers, toujours ouverts, forcent, par leur concurrence, tous les propriétaires de terres, tous les chefs d'atelier, à donner un salaire au moins égal.

Alors vous aurez le droit de forcer tous les mendiants et vagabonds à venir à vos ateliers. Alors vous n'aurez plus de mendiants valides. Vos hôpitaux mêmes seront presque déserts, parce que chaque famille soignera ses infirmes, surtout si vous déclarez incapable d'exercer les droits de citoyen actif celui dont le père, la mère, le fils, la fille, le frère ou la sœur seront obligés de recourir à la bienfaisance publique.

L'Assemblée nationale peut-elle, avant de connaître la valeur de tous les biens nationaux, décréter que le prix de la vente de ces biens sera employé à acquitter indistinctement toutes les parties de la dette publique?

M. de Cernon fait passer avant tout l'estimation des biens nationaux.

Le Comité borne le remboursement à décréter avant l'estimation, d'un côté aux dettes exigibles, de l'autre aux principaux des traitements viagers des titulaires des bénéfices supprimés.

M. l'évêque d'Autun propose de décréter, avant l'estimation, le payement de la dette exigible, l'extinction des rentes perpétuelles et viagères, et même celle des traitements viagers des titulaires des bénéfices supprimés.

La dette publique est de trois espèces : dette exigible, rentes perpétuelles, rentes viagères, dans lesquelles je comprendrai les traitements viagers des titulaires des bénéfices supprimés et ceux des titulaires des bénéfices conservés, excédant le revenu attaché à leurs bénéfices.

Pour abréger, je désignerai dorénavant ces deux espèces de traitements par la dénomination de traitements viagers ecclésiastiques.

La dette exigible, soit actuellement, soit à des époques prochaines, en y comprenant le remboursement des offices supprimés ou à supprimer, celui de fonds d'avance et des cautionnements des charges, emplois ou commission des finances, dont la suppression est aussi décrétée *in petto*, ou la conséquence nécessaire des décrets déjà acceptés ou sanctionnés, et celui de l'indemnité des dîmes inféodées, qui ont été abolies, montera certainement à près de 2 milliards.

Les principaux des rentes perpétuelles, en ne les évaluant que sur le pied du denier vingt de leur produit annuel, montent à près de 1.200 millions.

Les principaux des tontines et des rentes viagères montent encore au moins à 1 milliard.

Voilà donc environ 4,200,000,000 dont on vous propose de décréter le remboursement par la vente des biens nationaux, avant d'avoir des notions certaines sur la valeur de ces biens.

On vous propose, de plus, de décréter le remboursement des principaux traitements viagers ecclésiastiques : 137 archevêques et évêques; les titulaires d'environ 600 abbayes commendataires; les titulaires de plus de 12,000 prieurés, de 150,000 chapelles, chapellenies, prestimonies et autres bénéfices simples; les chanoinesses et coadjutrices de 24 chapitres nobles; les dignitaires, chanoines, prébendes ou semi-prébendes de 1,055 chapitres d'églises, cathédrales ou collégiales.

D'après les bases posées par l'Assemblée nationale pour les traitements viagers ecclésiastiques, on ne peut guère les évaluer, en somme, à moins de 120 millions. Le rachat des traitements viagers coûterait donc environ 1,200 millions.

Pour obtenir les résultats que M. l'évêque d'Autun nous annonce, il faut donc que les biens qui restent à la disposition de la nation, déduction faite des dîmes ecclésiastiques, qui sont abolies, et 400 millions des biens que les municipalités vont acquérir, vaillent environ 5,400,000,000.

Or, nous sommes encore bien loin d'avoir une certitude sur la valeur de ces biens, et nous ne pouvons l'avoir que par leur estimation.

M. Necker n'évaluait, il y a cinq ans, ce qu'on appelait alors les biens du clergé qu'à 130 millions, et dans cette évaluation étaient comprises les dîmes ecclésiastiques.

On évalue communément le produit des dîmes ecclésiastiques à 90 millions. Je le crois plus fort; mais je me conformerai à l'opinion générale, et, déduisant seulement 90 millions sur le revenu arbitré par M. Necker, je conclurai que, suivant lui, le revenu des biens ecclésiastiques ne serait que de 40 millions; ce qui ne donnerait guère plus de 1 milliard de capital. Déduisant sur ce milliard les 400 millions dont la vente a déjà été décrétée et le prix consommé presque en entier, il ne nous resterait que 600 millions de valeurs en biens ecclésiastiques.

Si l'on y joint, d'un côté, le produit des droits seigneuriaux et domaines fonciers de la couronne, que M. Necker ne portait qu'à 1,500,000 livres en 1784; d'un autre côté, le produit des forêts domaniales que l'on suppose d'environ 7 millions, nous n'aurions qu'un supplément de revenu de 8,500,000 livres; ce qui ne donnerait qu'un capital d'environ 200 millions.

D'après cette estimation, la valeur des biens qui restent à la disposition de la nation ne serait que de 800 millions. Il est bien évident qu'avec 800 millions, on ne peut pas payer 5,400,000,000. Donc, si l'évaluation de M. Necker est exacte, l'opération proposée par M. l'évêque d'Autun est impossible.

Heureusement, M. Necker nous a lui-même donné des bases d'après lesquelles il est facile de prouver que son évaluation est fausse.

Il convient que, dans plusieurs provinces, les revenus du clergé sont aux revenus des autres propriétaires comme un est à trois, et même comme un est à deux.

Il convient que, dans plusieurs autres provinces, les revenus du clergé sont aux revenus des autres propriétaires comme un est à cinq trois quarts.

Sa conséquence est fausse ; car la moyenne proportionnelle entre les divers rapports qu'il vient de nous indiquer donne un rapport commun d'un à quatre et demi.

Qu'on adopte l'un ou l'autre rapport, il en résulte toujours que les biens du clergé sont beaucoup plus considérables que le dit M. Necker. On reconnaît généralement que le produit net de toutes les terres du royaume est d'environ 2 milliards. Si donc le revenu des biens du clergé est au revenu des autres propriétés foncières comme un est à cinq trois quarts, il en résultera que les revenus du clergé sont de 347,826,084 livres.

Si le rapport est d'un à quatre et demi, il en résulte que les revenus du clergé sont de 444,444,444 livres.

En déduisant de ce revenu les 90 millions des dîmes ecclésiastiques, nous aurons en propriétés foncières, dans la première hypothèse, un revenu de 257,829,084 livres, ce qui répondrait à un capital d'environ 6 milliards.

Dans la seconde hypothèse, nous aurons un revenu de 354,444,444 livres, ce qui répondra à un capital d'environ 8 milliards.

Mais pourquoi recourir aux calculs hypothétiques de M. Necker, lorsque nous avons une déclaration positive de l'ancien clergé sur le revenu des biens dont il jouissait ?

D'après l'évaluation faite par l'Assemblée du clergé de l'année 1655, les revenus étaient alors de 312 millions, ce qui, d'après les rapports de la valeur qu'avait alors le marc d'argent avec sa valeur actuelle, donne, pour revenu actuel, 597,600,000 livres.

Déduisez de cette somme 90 millions, à quoi l'opinion générale évalue les dîmes ecclésiastiques, il vous restera plus de 500 millions de revenus, ce qui suppose 11 à 12 milliards de biens.

Joignez-y les biens ecclésiastiques de l'Alsace, de l'Artois, du Hainaut, de la Flandre, de la Franche-Comté, du Roussillon, de la Lorraine et de la Corse, qui ont été annexés au royaume en 1655[1].

Joignez-y les bâtiments des églises, des palais archiépiscopaux, épiscopaux, abbatiaux, lieux claustraux, et généralement ceux de tous les bénéfices et couvents que la suppression rendra actuellement vacants. Tous ces objets, qui étaient nuls pour le revenu, acquerront une valeur effective, et même une grande valeur.

Joignez-y encore la valeur des domaines seigneuriaux et corporels de la couronne.

Joignez-y enfin les domaines engagés que vous pouvez retirer en remboursant de modiques finances, et revendre à très haut prix.

Vous aurez alors environ 15 milliards de valeurs disponibles.

C'est beaucoup plus qu'il n'en faut, sans doute, pour payer toute la dette exigible, pour éteindre toutes les rentes perpétuelles et viagères et tous les traitements viagers ecclésiastiques.

Mais comme nous n'avons jusqu'à présent que des calculs de probabilité, comme les décrets de l'Assemblée nationale, surtout dans une matière aussi importante, doivent porter sur des bases certaines que personne ne puisse méconnaître, il serait imprudent, ce me semble, de décréter le remboursement actuel de la dette exigible et des principaux traitements viagers ecclésiastiques et des rentes perpétuelles et viagères, avant d'avoir acquis la certitude, par l'estimation des biens nationaux, que ces biens suffiront pour faire face à tout.

Je ne conclurai pas de là qu'il ne faut décréter aucune espèce de remboursement jusqu'après l'estimation des biens nationaux. J'en conclurai seulement que les remboursements actuels que l'on décrétera ne doivent pas excéder la valeur généralement reconnue des biens nationaux.

Si la nation ne peut faire que des remboursements partiels et successifs, quel est l'ordre qu'il faut suivre pour ces remboursements et pour les rentes par lesquelles ils doivent s'opérer?

La dette exigible est la première qui doive fixer les regards de l'Assemblée nationale, parce que le remboursement en est indispensable, parce qu'on ne peut pas appliquer un écu à d'autres destinations, jusqu'à ce que cette partie de la dette publique soit acquittée, ou jusqu'à ce qu'on ait la certitude que la vente des biens nationaux donnera de quoi faire face à tout.

L'Assemblée nationale peut donc et j'oserai dire qu'elle doit décré-

---

1. Nous n'avons pas besoin de faire remarquer combien cette date est erronée.

ter dès à présent : 1° que cette partie de la dette publique sera incessamment liquidée; 2° qu'elle sera remboursée sur les premières ventes des biens nationaux.

Mais en même temps je pense que son premier décret ne doit pas porter sur d'autres remboursements, et que, pour ne rien donner au hasard pour les remboursements ultérieurs, elle doit ordonner qu'il sera incessamment procédé à l'estimation de tous les biens nationaux.

Je dis qu'elle doit décréter dès à présent la liquidation et le remboursement de la dette exigible, par la seule raison qu'elle est exigible.

Je dis qu'elle le peut sans attendre l'estimation des biens nationaux, parce que personne ne doute que la valeur de ces biens ne soit supérieure au montant de la dette exigible.

J'ai évalué cette dette à près de deux milliards, mais j'y comprenais non seulement la dette échue, mais encore toute celle qui est payable à termes fixes, quoique non encore échus.

Or, comme ce qui n'est pas échu n'est pas dû, le remboursement à décréter actuellement doit se borner à la dette échue. Il faudra donc défalquer de la dette exigible toute celle qui est payable à termes fixes non encore échus.

Personne ne doute aujourd'hui que les biens qui restent à la disposition de la nation ne vaillent au moins deux milliards... Cette valeur d'opinion publique, fut-elle réduite à deux milliards, suffit pour que l'Assemblée nationale puisse assigner dès ce moment le remboursement de la dette échue sur la première vente des biens nationaux. Elle n'aura pas à craindre d'ébranler la confiance publique par cette opération, parce que personne n'a besoin de connaître le résultat des estimations pour être persuadé que la valeur des biens nationaux excède de beaucoup le montant de la dette échue.

Bien plus, comme l'estimation des biens nationaux se ferait dans chaque département et dans chaque district en même temps qu'un comité de l'Assemblée nationale ferait la liquidation de la dette échue, l'Assemblée nationale serait en état, avant de réaliser les remboursements et les ventes, d'offrir un bilan de la dette liquidée et des biens nationaux estimés; et le résultat de ce bilan réduira au silence tous les frondeurs qui prédisent la banqueroute pour dégoûter le peuple de la Révolution, et tous les agioteurs et accapareurs qui décrient perpétuellement les effets publics pour les acheter à vil prix.

Quand la dette échue sera une fois acquittée, quand l'estimation des biens nationaux vous aura fait connaître toute l'étendue de vos moyens, par delà le montant de la dette non encore échue, vous aurez à choisir, pour l'emploi des fonds qui vous resteront, entre l'extinction des rentes perpétuelles et l'extinction des rentes viagères.

Je dis que vous aurez la liberté du choix, parce que les rentiers, soit perpétuels, soit viagers, ne peuvent pas vous forcer au remboursement de leurs capitaux.

Mais, de votre côté, vous ne pouvez pas forcer les rentiers viagers à recevoir le rachat de leurs rentes. La rente perpétuelle est bien rachetable à jamais, mais la rente viagère ne l'est pas : il faut pour cela le consentement du propriétaire de la rente.

Aussi le projet de décret de M. l'évêque d'Autun suppose-t-il la nécessité de ce consentement. C'est ce que M. de Cernon paraît n'avoir pas vu, car il propose le remboursement des capitaux des rentes viagères, indépendamment du consentement des rentiers.

Si vous pouvez obtenir le consentement des rentiers viagers et si vous avez un moyen de délivrer la nation du poids énorme des rentes viagères même sans le consentement des rentiers, il n'y a pas à balancer sur le choix. C'est toujours la dette la plus onéreuse qu'il faut éteindre par préférence. Or, les rentes viagères sont évidemment plus onéreuses que les rentes perpétuelles, puisque, à égalité de capitaux, elles exigent un impôt double pour le payement de la rente annuelle.

Craindrez-vous qu'on vous reproche d'avoir sacrifié à votre bien-être celui des générations futures? N'est-ce donc pas assez que vous ayez supporté les abus d'un régime désastreux et que vous les ayez tous abolis? N'est-ce pas assez que vous ayez bravé tous les dangers, surmonté tous les obstacles, souffert toutes les calomnies inséparables d'une grande révolution? Vous étiez nés esclaves, et vous laissez vos enfants libres. Vous avez supprimé la partie la plus onéreuse des impôts indirects, et vous préparez leur destruction totale. Vous avez rétabli l'ordre et l'économie dans toutes les parties de l'administration. Les travaux et les sacrifices n'ont été que pour vous; vous ne laissez à vos descendants que des jouissances paisibles : ne sont-ce pas là d'assez grands bienfaits? Faudra-t-il encore qu'entre deux dettes, l'une perpétuelle qui coûte 50 livres par an, l'autre viagère qui coûte 100 livres, vous vous chargiez, par préférence, de celle qui coûte 100 livres, pour éteindre celle qui ne coûte que 50 livres et pour ne laisser rien à payer aux générations futures?

On a fait contre le rachat des rentes viagères une objection plus spécieuse. « Le rachat des rentes viagères, a-t-on dit, ne pouvant se faire que du consentement des rentiers, la nation n'obtiendrait ce consentement que des vieillards et des infirmes; elle serait donc nécessairement lésée dans le rachat. »

Le projet de décret de M. l'évêque d'Autun a prévu ces deux inconvénients.

Un des articles de ce projet de décret déclare le rachat nul, dans le cas où le rentier viendrait à décéder dans les six mois qui suivraient le rachat.

Il est dit, dans un autre article, qu'il sera fait un tarif pour déterminer le capital sur une ou plusieurs têtes, en raison de l'âge des rentiers. Les éléments de ce tarif sont connus, ils ont pour base les probabilités de la durée de la vie à tous les âges.

Il est donc impossible que la nation soit lésée dans le mode du rachat.

Mais j'ai cru voir un moyen plus simple et plus sûr d'anéantir pour la nation la charge des rentes viagères, sans rachat et sans extinction de ces rentes, par conséquent sans avoir besoin du consentement des rentiers et sans que la nation puisse rien souffrir de l'inégalité des chances.

Après avoir assuré par les premières ventes le payement de la dette exigible, on pourrait mettre à l'enchère une seconde portion de biens nationaux, équivalente au principal de toutes les rentes viagères, évalué par un tarif qui aurait pour base le calcul des probabilités de la durée de la vie pour les rentiers, de tout âge. Les acquéreurs ne devraient d'autre prix de leur acquisition que l'engagement de payer, jusqu'à extinction par la mort des rentiers, la partie de rente viagère correspondant au prix de leur adjudication.

Ce serait toujours la nation qui devrait aux rentiers, mais les adjudicataires seraient soumis à verser au Trésor public la partie de rente dont chacun d'eux serait tenu, un mois avant l'échéance du terme fixé en faveur du rentier, avec stipulation que la vente serait résolue à défaut de payement à chaque terme.

Avec cette précaution, vous pourriez sans inconvénient admettre à la concurrence tous les rentiers viagers qui voudraient enchérir pour profiter eux-mêmes du capital de leurs rentes.

Faudra-t-il décréter l'extinction des traitements viagers ecclésiastiques, soit en convertissant le capital des traitements en propriétés foncières pour les ecclésiastiques qui voudront y consentir, soit en chargeant les acquéreurs des biens nationaux du payement des traitements viagers?

Oui, sans doute, il le faut, si nos biens nationaux y suffisent. Les traitements ecclésiastiques sont, comme les rentes viagères, la partie la plus onéreuse de la dette publique. Il faut donc l'éliminer le plus promptement possible. Je ferais plus, car je voudrais débarrasser aussi la nation des traitements ecclésiastiques qu'on a assurés aux religieux et aux religieuses.

Je n'admettrais pas les religieux ni les religieuses à convertir leurs aliments en capital ni en propriété foncière disponible, parce qu'il ne faut pas les autoriser à se dépouiller des choses qui leur ont été données pour fournir à leur subsistance.

Mais je comprendrais ces traitements alimentaires parmi les rentes et traitements viagers dont je chargerais les adjudicataires des biens nationaux. Ceci pour répondre à une objection que j'ai entendu faire.

On a paru craindre la résurrection des Jésuites, qui continuent, dit-on, de recevoir des novices et des profès et qui pourront redevenir propriétaires si vous leur donnez des terres pour le capital de leurs traitements viagers.

Je ne sais, Messieurs, sur quelles preuves ou sur quelles conjectures on se persuade que le corps des Jésuites existe en France et qu'il y reçoit des novices et des profès.

Mais je crois que, si le corps des Jésuites existe en France, il a de l'argent; que, s'il a de l'argent, il peut acquérir des propriétés foncières, et que, si l'on suppose que ce corps inconnu peut, par des lois secrètes qu'il impose à ses membres, faire tourner à son profit les propriétés foncières que l'on donnerait à quelques individus en remplacement de leurs traitements viagers, il pourra de même, et par les mêmes voies, acquérir à prix d'argent d'autres propriétés foncières sous le nom des individus qui leur sont secrètement affiliés. Vous n'avez donc aucun moyen d'empêcher ce corps fantastique de devenir propriétaire foncier, quelque parti que vous preniez sur le rachat des traitements viagers ecclésiastiques.

Je crois, de plus, que le corps des ci-devant Jésuites, supposé qu'il existe encore en France, se gardera bien d'y acquérir jamais des propriétés foncières. Un corps déjà proscrit, qui n'existe que parce qu'il est ignoré, doit toujours prévoir qu'il sera tôt ou tard découvert et dissous. Un tel corps ne se charge pas de propriétés foncières, parce qu'il est impossible de les cacher longtemps et parce qu'il est infaillible que la nation s'en emparera dès qu'elles seront connues. Un tel corps ne peut désirer que des richesses mobilières, parce qu'elles sont faciles à cacher et à déplacer.

Mais, dans le plan que je propose, il est impossible que les Jésuites convertissent leurs traitements viagers en propriétés foncières. Leurs traitements viagers leur ont été donnés à titre d'aliments. La loi et l'humanité ne permettent pas de souffrir qu'ils s'exposent à mourir de faim, en échangeant leurs aliments annuels contre des propriétés mobilières ou foncières, qu'ils auraient ensuite la faculté de vendre ou de dissiper.

Quand la nation sera libérée de sa dette exigible et des rentes viagères et des traitements viagers ecclésiastiques, s'il lui reste encore des propriétés territoriales (et j'ose vous prédire, Messieurs, qu'il lui en restera beaucoup), il faudra ouvrir une troisième vente de biens nationaux, dont la valeur sera égale aux principaux de la rente constituée.

Les conditions et le mode de cette troisième vente doivent être différents des conditions et du mode des deux premières.

Dans la première, la nation avait à payer des dettes actuellement exigibles. Elle ne pouvait donc recevoir pour le prix de la vente que du numéraire ou des quittances de créances.

Dans la seconde, elle avait à éteindre des rentes viagères et des traitements viagers qui étaient à sa charge. Elle ne pouvait donc vendre qu'en rachetant la rente ou le traitement, ou en chargeant les acquéreurs de les payer pour elle.

Dans la troisième, elle n'aura que des arrérages de rente perpétuelle à payer chaque année, et les principaux de ses rentes à rembourser à sa volonté. Elle pourra donc donner aux acquéreurs toutes les facilités qu'elle voudra, dix, quinze ou vingt ans, si elle le juge à propos.

Les intérêts que les acquéreurs lui payeront chaque année serviront au payement des arrérages de rente. Les payements partiels qu'ils lui feront chaque année sur le prix de la rente serviront au remboursement du dixième, du quinzième ou du vingtième des principaux de rentes perpétuelles. Je sais que plusieurs bons citoyens seront mécontents du plan que je propose. Ils désireraient (et je le voudrais autant qu'eux) que l'on donnât pour l'acquisition de tous les biens nationaux indistinctement les mêmes facilités que je propose de ne donner que pour la troisième vente : « Sans cela, disent-ils, tous les biens nationaux passeront dans les mains des riches, des capitalistes ; ceux qui n'ont rien continueront de n'avoir rien. »

Cette idée a séduit le Comité : pour faire du bien aux pauvres, l'impossible lui a paru facile.

Il a proposé d'appeler tous les citoyens à la concurrence pour l'acquisition de tous les biens nationaux, de donner aux acquéreurs, tant pour la forme que pour les époques de payements, les mêmes facilités que l'Assemblée nationale a données pour les acquisitions où les municipalités doivent servir d'intermédiaires, et de faire une telle subdivision dans les objets des ventes que le pauvre même qui voudrait acquérir une petite propriété puisse y parvenir. Je conçois fort bien qu'aucun citoyen ne doit être exclu de la concurrence : voilà pourquoi j'adopte la subdivision des objets de vente en petites parties et pourquoi je ne voudrais pas que l'acquéreur qui présentera des assignats ou des effets publics en payement du prix de l'adjudication fût préféré au concurrent qui offrira de payer en argent.

Je conçois encore comment la nation, si elle ne devait rien, pourrait et devrait donner aux pauvres toutes les facilités possibles pour acquérir; voilà pourquoi je leur donne toutes ces facilités pour la troisième vente, lorsque la nation ne devra que des rentes perpétuelles, dont elle sera la maîtresse de ne pas rembourser le principal, ou de ne le rembourser que lorsqu'elle le voudra.

Mais je ne conçois pas comment une nation qui doit deux milliards, actuellement exigibles, et qui n'a d'autre moyen d'acquitter la dette que la vente de ses biens, pourrait donner aux acquéreurs quinze ans de terme pour payer le prix de vente.

Je ne conçois pas mieux comment une nation chargée de cent millions de rentes viagères et de cent vingt millions au moins de traitements viagers ecclésiastiques et qui n'a d'autres moyens de les payer que la vente de ses biens pourrait donner aux acquéreurs quinze ans de terme pour payer le prix de vente.

La nation ne peut donner de facilités aux pauvres pour l'acquisition de ses biens qu'après avoir acquitté la dette exigible, après avoir éteint les rentes et les traitements viagers, ou du moins après en avoir assuré le payement annuel.

Alors seulement, comme il ne lui restera que des rentes perpétuelles à éteindre, comme personne n'aura le droit de la forcer à les éteindre plutôt aujourd'hui que dans dix, quinze ou vingt ans, elle pourra donner aux pauvres citoyens toutes les facilités qu'elle jugera convenable pour acquérir des biens nationaux et pour en payer le prix.

Il serait mieux sans doute que les riches, que les capitalistes n'eussent aucune prépondérance pour aucune des trois ventes. Si donc l'on m'indique un moyen d'empêcher que l'inégalité des propriétés foncières ne soit la suite nécessaire de l'inégalité des richesses mobilières, je l'adopte sans hésiter.

Mais, jusqu'à ce que l'on me l'ait indiqué, je demanderai si l'apparence d'un mieux impossible doit nous faire repousser le bien qui est sous notre main. Je demanderai si ce n'est rien pour l'agriculture, pour la prospérité publique et même pour les mœurs que de transformer des caisses et des portefeuilles en propriétés foncières, de reverser dans la circulation des capitaux enfouis depuis longtemps, de ramener aux champs et d'attacher à la terre des hommes qui ne répandent leur superflu dans les villes qu'autant qu'ils sont corrompus ou qu'ils veulent corrompre.

La première vente sera pour les riches, mais non pas exclusivement, puisque la subdivision des objets de vente en petites parties appellera à la concurrence tous ceux qui auront de petits capitaux.

La seconde vente ne sera ni pour les capitalistes ni pour les pauvres. Elle sera pour tous ceux qui, n'ayant point de capitaux disponibles, mais seulement une possession lucrative et beaucoup d'économie, pourront joindre chaque année une partie de leur industrie au revenu des biens qu'ils acquerront pour payer chaque année les rentes viagères dont ils sont chargés.

La troisième offrira à tous les citoyens, même aux pauvres, pourvu qu'ils soient économes et laborieux, toutes les facilités qu'il est possible de leur accorder pour devenir propriétaires fonciers.

C'est de cette série de ventes successives et de la variété des modes et des conditions pour chaque espèce de vente que résultera l'avantage que j'ai déjà annoncé, d'atténuer la masse des objets qui seront mis à la fois en vente et de multiplier les concurrents pour chaque espèce de vente.

Pour acquitter la dette publique et pour faciliter la vente des biens nationaux, faut-il créer de nouveaux assignats-monnaie, ou seulement des effets représentatifs des créances originaires dont le cours ne soit pas forcé, ou seulement admettre à la concurrence pour l'acquisition des biens nationaux les titres primitifs des créances, sans leur substituer des effets représentatifs?

Si l'on crée de nouveaux assignats-monnaie, quelle en sera la somme? Doit-on leur faire produire des intérêts? Doit-on leur donner le privilège exclusif d'être seuls reçus en payement du prix des biens nationaux?

Observez, Messieurs, que dans le plan que j'ai l'honneur de vous proposer, toutes ces questions ne peuvent plus s'appliquer ni à la valeur totale des biens nationaux ni au montant de la totalité de la dette publique, mais seulement à la dette exigible. Les ventes qui auront pour objet l'extinction des rentes viagères, des traitements viagers ecclésiastiques et des rentes perpétuelles n'auront besoin d'aucune espèce de numéraire.

Dans le cas où l'on croira devoir créer de nouveaux assignats-monnaie, cette première observation en déterminera la somme et la durée.

Il est évident qu'il ne faut en créer que jusqu'à concurrence du montant de la dette exigible, et qu'ils doivent être anéantis au moment où la première vente aura acquitté cette partie de la dette publique.

Maintenant je demande si l'or, l'argent ou le cuivre ont reçu de la nature le privilège exclusif d'être le signe universel de tous les objets d'échange ou de commerce; si la valeur de l'or, de l'argent et du cuivre monnayés est fixée par la nature, ou si elle n'est pas arbitraire et de convention.

Des coquilles sont la seule monnaie de plusieurs peuples de l'Amérique et l'Angleterre a du papier-monnaie. Pourquoi nous serait-il défendu d'en avoir? Si cette monnaie leur est avantageuse, pourquoi nous serait-elle funeste? Si en Angleterre le seul crédit de la Banque suffit pour soutenir la valeur de ses billets au pair de l'argent, comment un papier-monnaie qui chez nous aurait pour gages des valeurs territoriales égales à la valeur numérique qu'on lui aurait assignée, comment un papier-monnaie destiné à être converti à des époques très prochaines, soit en argent, soit en propriétés foncières, auquel le corps législatif aurait, en attendant cette conversion, attribué toutes les fonctions du numéraire métallique; comment, dis-je, un tel papier-monnaie pourrait-il valoir moins que l'or, l'argent et le cuivre monnayés?

On paraît redouter la surabondance du numéraire; nous sommes malheureusement fort loin d'en avoir plus qu'il ne nous en faut. Le numéraire métallique a disparu, et la vente d'environ deux milliards de propriétés territoriales va augmenter dans la même proportion le besoin que nous en avons.

Les adeptes dans ce qu'on appelle la science de la circulation du crédit paraissent convenir qu'un peuple, qui est à la fois agricole et commerçant, peut sans inconvénient avoir en papier-monnaie le triple de la valeur de son numéraire métallique; deux milliards de papier-monnaie ne sont certainement pas le triple de l'or et l'argent qui nous restent.

On vous propose de recevoir en payement de l'acquisition des biens nationaux les titres primitifs ou les quittances des créances sur la nation. Mais tous les créanciers de la nation veulent-ils, pourront-ils acquérir des biens nationaux? Plusieurs d'entre eux n'ont-ils pas aussi des créanciers? Leurs titres de créance sur la nation ne sont pas de la monnaie. Pour payer leurs dettes, il faudra donc qu'ils trafiquent à perte leurs créances sur la nation. Ainsi, en voulant éteindre l'agiotage, vous lui donnerez de nouveaux aliments.

On vous propose de substituer aux titres primitifs des créances des effets intermédiaires qui les représenteront, qui porteront intérêt, qui seront convertibles en propriétés foncières, mais qui ne seront pas papier-monnaie.

S'ils ne sont pas papier-monnaie, les créanciers de la nation ne pourront pas contraindre leurs créanciers à les recevoir au pair en payement; dès lors, ils seront forcés de les céder à perte pour payer leurs dettes; et voilà toujours une large et vaste carrière ouverte à l'agiotage.

Vous ne pouvez être justes envers les créanciers de la nation qu'autant que vous leur donnerez en payement de leurs créances des effets qui puissent servir à payer leurs dettes, et remplir dans leurs mains toutes les fonctions de numéraire métallique. Ces effets sont évidemment et nécessairement des papiers-monnaie.

Ce papier-monnaie sera convertible en propriété foncière ou en numéraire métallique.

On l'admettra en concurrence avec l'or et l'argent, pour le payement du prix des acquisitions des biens nationaux. Celui qui n'aura pas été employé de cette manière sera échangé au Trésor public contre l'or et l'argent qu'une partie des acquéreurs des biens nationaux y aura versés.

Aussi l'époque très prochaine où l'on aura fini de vendre les biens nationaux destinés au payement de la dette exigible sera aussi l'époque où ce papier-monnaie aura cessé d'exister.

Je dis que ces papiers-monnaie devront être admis en concurrence avec le numéraire métallique pour le payement du prix des acquisitions des biens nationaux; car je ne saurais être sur ce point de l'avis de M. de Cernon, qui propose d'attribuer aux assignats-monnaie la faculté exclusive d'être reçus en payement des biens nationaux, sans que le numéraire métallique puisse entrer en concurrence avec eux, et de donner aux seuls porteurs de ces assignats le droit exclusif de forcer la vente des biens nationaux. Si vous donnez ce droit exclusif aux assignats-monnaie, vous les livrez à tous les brigandages des accapareurs et des agioteurs; vous concentrerez environ 2 milliards de propriétés foncières dans les mains d'un petit nombre de capitalistes; vous excluez de ces biens tous les habitants des campagnes qui auront quelques écus, et qui ne seront pas à portée de se procurer des assignats.

Mais je pense, comme M. de Cernon, que ces assignats-monnaie doivent être de 25, de 50 et de 100 livres, et qu'aucun d'eux ne doit excéder cette dernière valeur. Le seul moyen de les assimiler parfaitement au numéraire métallique et de les répandre jusque dans les campagnes les plus reculées, c'est de les approprier à tous les besoins de la circulation journalière. Je pense encore, comme M. de Cernon, que ces assignats ne doivent porter aucun intérêt.

Je suis loin de vouloir critiquer le passé; je déclare même que je crois que, lorsque l'Assemblée nationale a décrété pour 400 millions d'assignats, qui seraient tout à la fois papier-monnaie et contrat productif d'intérêts, les circonstances ne lui permettent pas de faire mieux.

Mais je dois dire ce que je pense sur une opération future, qui peut reporter dans un instant la France au plus haut degré de perfection, si elle est bien combinée, mais qui peut, si elle est mal combinée, nous replonger pour des siècles dans un abîme pire peut-être que celui d'où nous sortons.

Le papier-monnaie doit avoir le même caractère, la même destination, remplir les mêmes fonctions et produire les mêmes effets que le numéraire métallique; s'il ne lui ressemble pas dans tous ces points, il cesse d'être véritable monnaie.

Le numéraire métallique ne produit point d'intérêt à celui qui le garde dans sa caisse, le papier-monnaie ne doit donc pas en produire à celui qui le garde dans son portefeuille.

Le débiteur qui paye sa dette en écus ne doit plus d'intérêts à son créancier. Celui qui la paye en papier-monnaie ne peut donc pas en devoir. Un papier qui produit des intérêts à celui qui le tient dans son portefeuille n'est pas un papier-monnaie, c'est un papier crédit, un contrat.

Celui qui donne à son créancier un papier portant promesse d'intérêts annonce qu'il ne paye pas sa dette; car, s'il la payait, il ne devrait plus d'intérêts. Il annonce donc que le papier qu'il donne n'est pas de la monnaie; car, s'il avait donné de la monnaie, il aurait payé sa dette, il serait quitte, il ne devrait plus d'intérêts. Une nation qui crée un papier sous la dénomination de papier-monnaie, et qui attache à ce papier un intérêt additionnel qu'elle se charge de payer, dément par cela même la dénomination qu'elle a donnée à son papier. L'intérêt qu'elle paye mal à propos n'est pas le plus grand mal qu'elle se fait; elle se nuit bien davantage par le décri de son papier; elle annonce elle-même au public que son papier n'est pas de la monnaie, puisqu'elle en paye l'intérêt.

Je pense donc qu'en liquidant la dette exigible l'Assemblée nationale doit la payer en assignats-monnaie de 25, de 50 et de 100 livres, qui ne produiront aucun intérêt, qui seront reçus dans tous les marchés et transactions mercantiles, dans tous les contrats, dans tous les payements de débiteur à créancier, comme les monnaies d'or et d'argent; qui seront reçus, en concurrence avec de l'or et de l'argent, en payement du prix des biens nationaux; qui, s'ils n'ont pas été employés en acquisition de biens nationaux, seront échangés par le Trésor public contre de l'or ou de l'argent provenant du prix de la vente des biens nationaux, et qui seront brûlés et anéantis au moment de leur conversion soit en biens nationaux, soit en or ou argent du Trésor public.

Voilà, Messieurs, mes observations sur les divers plans qu'on vous a proposés pour l'emploi des biens nationaux. J'aurais désiré pouvoir vous en présenter le résumé, mais le temps m'a manqué.

Ce résumé aurait été un projet de décret fondé sur les bases que j'ai eu l'honneur de vous développer.

Pour peu que vous jugiez que j'ai apporté de la vérité et que ce projet de décret vous paraisse utile, je serai prêt à le rédiger, lorsque la Société daignera me l'ordonner.

NOTA. — La Société des amis de la constitution, en ordonnant l'impression de ce discours, a chargé l'auteur d'y joindre le résumé et le projet de décret par lui énoncés. Tandis qu'il s'en occupait, l'Assemblée nationale décrétait, sur la même matière, treize articles qui rendent inutiles plusieurs articles du projet de décret que l'on va lire, mais qui n'ont rien de contraire au plan général que l'auteur propose pour la création des assignats-monnaie, pour l'emploi des biens nationaux à l'extinction de la dette publique et pour l'ordre à suivre dans cette extinction.

N° 1

RÉSUMÉ DE L'OPINION CI-DESSUS
ET PROJETS DES DÉCRETS SOUMIS SUR LA VENTE DES BIENS NATIONAUX
ET SUR L'EXTINCTION DES DIVERSES PARTIES DE LA DETTE PUBLIQUE

Deux opérations peuvent et doivent être décrétées dans l'instant :

1. Il s'agit évidemment du décret sur l'aliénation de tous les domaines nationaux, rendu dans les séances des 25, 26, 29 juin et 9 juillet 1790, promulgué par lettres patentes du 25 juillet 1790. Ce décret comprend non pas treize, mais vingt-deux articles. Le texte en est trop étendu pour que nous le reproduisions; on le trouvera dans la *Collection complète des lois*, par Duvergier, t. I, p. 255 et suiv.

l'extinction des biens nationaux et la liquidation de la dette exigible. Celle-ci doit être divisée en deux classes : dette échue et dette remboursable à époques non échues.

On peut décréter en même temps qu'immédiatement après la liquidation de la dette échue et l'estimation d'une partie des biens nationaux équivalente au montant de la dette échue, il sera créé des assignats-monnaie jusqu'à concurrence du montant de cette partie de la dette publique, lesquels seront donnés en payement aux porteurs des titres de créances échues, et qu'au moment de l'échange des assignats-monnaie contre les titres de créances, les titres de créances seront lacérés.

Le décret donnera pour contre-valeur à ces assignats-monnaie la partie équivalente de biens nationaux dont la vente sera ordonnée. Il réglera la manière dont ces assignats-monnaie doivent être anéantis, par leur conversion soit en propriétés foncières, soit en or ou argent monnayé.

Il sera dit, par ce décret, qu'il sera pourvu de la même manière au payement des rentes remboursables à époques fixes, au fur et à mesure de leurs échéances.

Projet du premier décret.

L'Assemblée nationale a décrété et décrète ce qui suit :

ARTICLE PREMIER.

Dans le délai de deux mois, à compter de la publication du présent décret, tous les porteurs de créances exigibles sur l'État, soit actuellement échues, soit remboursables à époques non encore échues, seront tenus de rapporter à la Caisse de l'extraordinaire le titre de tout ce qui peut leur être dû.

II.

Parmi les créanciers de l'État sont compris ceux du clergé en général, ceux des diocèses et ceux des bénéfices et des corps et communautés ecclésiastiques réguliers et séculiers, dont les titres seront antérieurs au 2 novembre 1789.

III.

Seront aussi compris parmi les dettes actuellement exigibles les finances, fonds d'avance et cautionnements des offices, charges et emplois, qui ont été ou qui seront supprimés et les indemnités dues pour l'abolition des dîmes inféodées.

IV.

Tous les créanciers régnicoles qui n'auront pas remis leurs titres dans le délai prescrit seront déchus de leurs prétentions, à moins qu'ils ne justifient de leur absence hors du royaume, autorisée par un congé en bonne forme.

V.

Les créanciers non régnicoles auront un mois de plus pour rapporter leurs titres de créances.

VI.

Les créanciers non régnicoles, intéressés dans les emprunts négociés directement avec l'étranger, seront admis à rapporter leurs titres de créances dans le délai prescrit, s'ils le jugent à propos; mais ils n'encourront aucune déchéance, faute par eux de s'être présentés dans ledit délai.

VII.

Les délais fixés par les articles IV et V ne commenceront à courir contre ceux qui deviendront créanciers de l'État, pour indemnités de suppression ou de réformes à faire, qu'à compter du jour de la publication du décret qui aura donné lieu auxdites indemnités.

VIII.

Il sera procédé, sans délai, sous l'inspection des commissaires de l'Assemblée, nommés par elle, à la liquidation de toutes les dettes actuellement exigibles et de toutes celles remboursables à époques non encore échues. Il sera fait un état de chacune de ces espèces de dettes. Chacun des deux états contiendra les noms et les demeures des créanciers. Celui des dettes échues portera, hors ligne, sur deux colonnes séparées, les capitaux et les intérêts dus à chaque créancier et les totaux tant desdits capitaux que des intérêts aussi sur deux colonnes au bas de l'état. Celui des dettes non échues sera de plus distribué suivant l'ordre des époques de remboursement de chaque dette.

IX.

Aussitôt après la formation des districts, il sera procédé en même temps dans chaque municipalité à l'état détaillé de tous les biens nationaux quelconques, situés dans son arrondissement. On comprendra dans cet état les cens, les rentes et redevances foncières et droits casuels, appartenant à la nation et qui ont été ci-devant déclarés rachetables.

X.

Chaque héritage isolé formera un article à part. Il en sera de même de chaque cens, rente, redevance foncière et droit casuel dus sur les héritages isolés.

XI.

Les corps d'héritages contigus seront divisés, autant que les circonstances et les localités le permettront, en articles d'environ 10,000 livres, ou au-dessous.

XII.

Le plan de la circonscription de chaque article sera levé géométriquement et contradictoirement avec les propriétaires voisins, ou eux dûment appelés.

XIII.

Une copie de chaque plan sera déposée au bureau de la municipalité, une au district, une au département, et une à la Caisse de l'extraordinaire.

XIV.

Chaque article sera estimé à part et contradictoirement entre le district et les municipalités.

XV.

Les droits incorporels seront estimés d'après les bases établies par les décrets de l'Assemblée nationale sur le taux et le mode de rachat des droits ci-devant féodaux.

XVI.

Les états et estimations seront faits sans frais par les municipalités.

XVII.

L'arpentage et les copies des plans seront payés par le trésor public, à raison de 1 livre par arpent et 24 livres pour le déplacement de l'arpenteur planimètre lorsqu'il ne demeurera pas sur les lieux. Chaque municipalité fera l'avance de ces frais et en sera remboursée par prélèvement sur les impositions.

XVIII.

Ce qui a été ci-dessus ordonné par l'article XIII pour le dépôt des copies des plans sera observé pour le dépôt des copies des états estimatifs.

XIX.

Ces dépôts seront effectués dans le délai de trois mois à compter du jour de la publication du présent décret pour les lieux où les districts sont déjà formés et du jour de la formation du district pour les lieux où ils ne sont pas encore formés.

XX.

Les municipalités qui n'auraient pas remis les copies des plans et des achats estimatifs dans lesdits délais seront déchues de l'avantage qui leur est réservé par l'article XLIV ci-dessous, sauf la responsabilité des officiers municipaux et des membres du directoire du district, par le fait ou la négligence desquels l'opération aurait été retardée.

XXI.

Aussitôt après la nomination des commissaires chargés de la liquidation de la dette publique, lesdits commissaires s'assembleront avec le Comité des finances et celui chargé de l'aliénation des biens nationaux pour combiner ensemble et présenter incessamment à l'Assemblée nationale une forme d'assignats-monnaie qui en rende la contrefaçon impossible. Lesdits Comités réunis pourront consulter à cet effet les savants et les artistes.

XXII.

Immédiatement après le décret qui aura déterminé la forme desdits assignats-monnaie, le Comité de liquidation fera procéder sans délai à leur fabrication.

XXIII.

Les assignats seront de 25 livres, de 50 livres et de 100 livres seulement, c'est-à-dire que les deux cinquièmes de la somme qui sera mise dans la circulation en assignats-monnaie seront en assignats de 100 livres chacun, trois dixièmes en assignats de 50 livres et trois dixièmes en assignats de 25 livres.

XXIV.

Lesdits assignats ne produiront aucun intérêt.

XXV.

A compter du jour de leur émission ils seront reçus dans tous les marchés et transactions mercantiles, dans tous les contrats, dans tous les payements de débiteur à créancier, comme les monnaies d'or et d'argent; ils seront pareillement reçus en commerce avec l'or et l'argent, en payement du prix des biens nationaux, et feront généralement dans toutes les circonstances toutes les fonctions des autres monnaies du royaume.

XXVI.

Toute personne qui refusera un payement soit en monnaie d'or ou d'argent ayant cours, soit en assignats-monnaie lorsque l'appoint, s'il y a lieu, lui sera offert en même temps en monnaie courante, sera punie selon la rigueur des lois portées et à porter contre ceux qui refusent les monnaies non décriées.

XXVII.

Il est défendu à toute personne de stipuler ou de consentir, soit par acte public, soit par écriture privée, soit verbalement, qu'une somme quelconque sera payée exclusivement, soit en assignats, soit en monnaie d'or ou d'argent; et à tout juge d'ordonner une telle forme de payement, à peine de nullité desdits jugements ou conventions, et d'une amende égale à la somme offerte, payée ou demandée en conséquence; laquelle amende sera payée par parties égales par les juges et les notaires et par chacune des parties qui auront fait de semblables conventions.

XXVIII.

Dans le délai d'un mois après l'échéance fixée par l'article V, le Comité de liquidation et celui chargé de l'aliénation des biens nationaux se réuniront pour former une double liste contenant d'une part le total de la dette exigible actuellement, de l'autre l'état estimatif d'une portion des biens nationaux égale en valeur au total de la dette actuellement exigible; pour, sur le rapport desdits Comités, être par l'Assemblée nationale ordonnée l'émission des assignats-monnaie, dont la fabrication a été ordonnée ci-dessus, seulement jusqu'à concurrence du montant total de la dette actuellement exigible, et la mise en vente d'une partie des biens nationaux jusqu'à la même concurrence. La double liste sera annexée au décret, imprimée et publiée conjointement avec lui.

XXIX.

Lesdits assignats-monnaie seront hypothéqués spécialement et par privilège sur les biens nationaux qui seront compris dans l'état estimatif des biens mis en vente.

XXX.

Dès le jour où la Caisse de l'extraordinaire aura commencé à délivrer des assignats-monnaie, la vente des biens nationaux sera ouverte.

XXXI.

Toute personne, soit étrangère, soit régnicole, aura droit de forcer la vente de chacun des biens nationaux compris dans l'état estimatif énoncé en l'article XXVIII, en déposant dans la caisse du district où ledit bien sera situé, soit en monnaie d'or ou d'argent, soit en assignats-monnaie, une somme égale au montant de l'estimation de l'objet dont elle voudra forcer la vente. Mais nul ne pourra forcer la vente par des soumissions ou des dépôts de sommes inférieures au montant de l'estimation.

XXXII.

Celui qui aura fait le dépôt aura droit de faire procéder, après un mois révolu, aux trois adjudications à huit jours d'intervalle.

XXXIII.

Pendant ce temps, le département, le district et la municipalité feront les diligences nécessaires pour faire approcher les enchérisseurs.

XXXIV.

Les adjudications se feront en public par-devant le directoire du district. Il ne sera jamais permis de réunir plusieurs articles des biens nationaux dans un même procès-verbal, soit d'enchère, soit d'adjudication, mais il sera toujours fait autant de ventes séparées qu'on voudra faire vendre d'articles.

XXXV.

Nul ne sera reçu à enchérir sur un propriétaire grevé de cens, rente ou redevance foncière, ou de droits casuels, qui aura déposé pour le rachat desdits cens, rente, redevance ou droits casuels le prix auquel ils auront été portés dans l'état estimatif.

XXXVI.

Il ne sera payé par aucun adjudicataire des biens nationaux aucune somme par delà le prix de l'adjudication, ni pour frais de vente ni pour droits fiscaux; et les titres de propriétés seront délivrés *gratis* à tous adjudicataires par le directoire du district.

XXXVII.

Si le dépôt a été fait en assignats, que cette première offre soit couverte par une plus forte enchère, et que le dernier enchérisseur paye le prix de l'adjudication en or ou en argent monnayé, le propriétaire des assignats déposés aura la faculté de les retirer ou de recevoir en échange une valeur égale à ses assignats en or ou en argent monnayé.

XXXVIII.

Tous les assignats qui seront donnés en payement de l'adjudication des biens nationaux seront bâtonnés sur-le-champ par le directoire du district et envoyés dans la huitaine, au plus tard, au département qui en donnera décharge au directoire du district.

XXXIX.

Tous les mois, le directoire de chaque département enverra les assignats bâtonnés, avec la note des articles vendus, à la Caisse de l'extraordinaire qui lui enverra aussi sa décharge.

XL.

Toutes les sommes qui auront été payées en or ou en argent monnayé pour le prix de l'adjudication des biens nationaux seront versées, dans les délais portés par les articles XXXVIII et XXXIX, par les districts dans la caisse du département et par les départements dans la Caisse de l'extraordinaire.

XLI.

Le Comité de liquidation et le Comité chargé de l'aliénation des biens nationaux se réuniront tous les deux mois pour régler, par la voie du sort, la partie d'assignats-monnaie qui devront être échangés contre l'or ou l'argent monnayé versé dans la Caisse de l'extraordinaire. La liste des numéros échus au sort sera imprimée et affichée.

XLII.

La Caisse de l'extraordinaire payera, à bureau ouvert, en or ou en argent monnayé, tous les assignats compris dans la liste et bâtonnera lesdits assignats au moment du payement qu'il en fera.

XLIII.

Tous les trois mois le caissier de l'extraordinaire fera brûler publiquement, en présence des deux Comités, tous les assignats bâtonnés tant par lui que par les districts. Le procès-verbal de combustion contiendra la note des biens vendus, les numéros des assignats brûlés et la somme de ceux qui resteront en circulation. Ce procès-verbal sera imprimé et affiché.

XLIV.

Lorsque les objets mis en vente seront vendus au-dessus du prix de l'estimation, le quart de l'excédent appartiendra à la municipalité dans l'arrondissement de laquelle sera situé l'article vendu, sauf le cas porté par l'article XX.

XLV.

Il sera pourvu au payement des dettes remboursables à époques non échues, au fur et à mesure de leurs échéances dans l'ordre et la manière ci-dessus prescrits pour la dette échue.

N° 2

Quand la vente des biens nationaux destinés à l'extinction des assignats-monnaie sera près de sa fin, l'Assemblée nationale, ayant alors dans les états estimatifs la preuve qu'il y a plus de biens qu'il n'en faut pour acquitter toute la dette publique, s'occupera d'abord de l'extinction des rentes viagères et des traitements viagers ecclésiastiques.

A cet effet, elle ouvrira une seconde vente des biens nationaux, de valeur égale à la somme des capitaux des rentes viagères et traitements viagers qu'il faudra éteindre. On n'aura besoin, pour opérer cette seconde vente, ni d'or, ni n'argent, ni de papier-monnaie.

Second projet de décret.

L'Assemblée nationale a décrété et décrète ce qui suit :

ARTICLE PREMIER.

Dans le délai de deux mois, le Comité de liquidation présentera à l'Assemblée l'état de toutes les rentes viagères et tontines dues par la nation, de tous les traitements viagers accordés aux ecclésiastiques séculiers, aux religieux et religieuses de tous les ordres supprimés. Cet état contiendra les noms, âges et demeures des rentiers, le montant annuel de chaque rente, tontine ou traitement viager et le capital que ledit Comité aura déterminé pour la valeur de chacune desdites rentes, tontines, ou traitements viagers. L'évaluation du capital sera faite en raison de l'âge des rentiers et d'après les bases posées dans l'essai sur les probabilités de la vie humaine, par M. Deparcieux [1].

II.

Dans le même délai, le Comité chargé de l'aliénation des biens nationaux fera imprimer l'état estimatif de tous les biens nationaux, autres que ceux qui ont été ci-devant vendus ou mis en vente.

III.

La vente des biens compris dans l'état estimatif sera ouverte à compter de la publication du décret qui aura adopté l'état de liquidation mentionné au premier article.

IV.

Quoique tous les biens compris dans l'état estimatif soient mis en vente, il n'en sera néanmoins vendu, en exécution du présent décret, que jusqu'à concurrence du total des capitaux des rentes viagères, tontines et traitements viagers ecclésiastiques et religieux.

V.

Si les demandes d'acquisitions excèdent le total desdits capitaux, la préférence entre les demandeurs sera réglée par l'ordre des dates de la réception de leurs soumissions par le Comité chargé de l'aliénation, en sorte que les dernières venues seront rejetées.

VI.

Nulle soumission ne sera reçue si elle n'est au moins égale au prix porté dans l'état estimatif.

VII.

Les quittances de remboursement des tontines et rentes viagères seront re-

---

1. Allusion à l'*Essai sur les probabilités de la vie humaine*, par Antoine Deparcieux; Paris, 1746, in-4º.

cues en payement des adjudications, sur le pied de l'évaluation qui en aura été faite dans l'état de liquidation.

VIII.

Seront pareillement reçues les quittances de remboursement des traitements viagers ecclésiastiques, pourvu que lesdits traitements annuels soient de deux mille livres au moins.

IX.

Aucun religieux ni religieuse ne sera reçu à éteindre le traitement viager qui lui a été alloué par les précédents décrets.

X.

Ne seront pareillement reçus les ecclésiastiques séculiers, dont le traitement annuel est au-dessous de deux mille livres, à éteindre leursdits traitements viagers.

XI.

Aussitôt après la soumission reçue, les enchères seront ouvertes. Il y sera procédé dans les délais et dans les formes prescrits par les décrets du 14 mai et du 26 juin 1790.

XII.

Si l'adjudication est faite à un des rentiers ou ecclésiastiques mentionnés dans les articles VI et VII, il leur sera donné quittance, par le directoire du district dans l'arrondissement duquel les biens acquis seront situés, du prix de leur adjudication, moyennant la quittance qu'ils donneront d'un capital égal par l'extinction de leurs rentes ou traitements viagers jusqu'à due concurrence.

XIII.

Toutes personnes étrangères et régnicoles seront admises à acquérir lesdits biens nationaux, sans bourse délier, aux charges et conditions suivantes.

XIV.

Chaque adjudicataire sera tenu de payer, jusqu'à extinction par la mort des rentiers, la partie de rente viagère ou de traitement viager correspondante au prix de son adjudication, d'après les évaluations de l'état de liquidation.

XV.

A la fin de chaque mois les Comités de liquidation et d'aliénation réunis fixeront, par la voie du sort, par un tirage fait publiquement sous leur inspection, les portions de rentes, de tontines ou de traitements viagers qui devront échoir à chacun des adjudicataires du mois précédent.

La liste de chaque tirage sera imprimée et publiée. Il sera de plus envoyé à chaque adjudicataire par le caissier de l'extraordinaire un extrait de la liste signé de lui, contenant l'article qui est échu audit adjudicataire, le montant de la rente annuelle qu'il sera tenu de payer, le capital auquel cette rente correspond, le nom et l'âge du rentier par la mort duquel la rente sera éteinte et les termes de payement de ladite rente.

XVI.

Les rentiers ecclésiastiques ou viagers, dont le tirage aura fait échoir les rentes ou traitements viagers à la charge des adjudicataires, ne seront plus reçus à convertir les capitaux de leurs dites rentes ou traitements viagers en acquisition des biens nationaux.

XVII.

Les rentes ou traitements viagers qui seront échus à la charge des divers adjudicataires continueront d'être payés aux rentiers par le trésor public, jusqu'à extinction par la mort.

XVIII.

Les adjudicataires chargés d'acquitter la nation desdites rentes ou traitements viagers seront soumis, par le procès-verbal d'adjudication, à verser à la Caisse de l'extraordinaire les parties de rentes qui seront échues à leur charge, un mois avant l'échéance du terme fixé en faveur du rentier, et, à défaut de payement de chaque terme, la vente sera résolue.

N° 3

Quand la vente des biens nationaux destinés à l'extinction des rentes viagères sera près de la fin, l'Assemblée nationale pourra ouvrir une troisième vente de ce qui lui restera de biens nationaux pour l'extinction des rentes perpétuelles, mais seulement jusqu'à concurrence des principaux desdites rentes perpétuelles. Elle pourra donner alors aux adjudicataires toutes les facilités qu'elle jugera convenables pour le payement des prix d'adjudication, parce qu'elle sera la maîtresse de ne rembourser les principaux des rentes que quand elle voudra.

Projet du troisième décret.

L'Assemblée nationale a décrété et décrète ce qui suit :

Article premier.

Dans le délai de deux mois, le Comité de liquidation présentera à l'Assemblée nationale l'état de toutes les rentes perpétuelles dues par la nation. Cet état sera divisé en autant de chapitres qu'il y aura de divers taux desdites rentes. Il contiendra les noms des rentiers et, sur deux colonnes parallèles, le montant des arrérages annuels et celui des capitaux desdites rentes.

II.

Dans le même délai, le Comité chargé de l'aliénation des biens nationaux fera le dépouillement de l'état estimatif et en composera un nouveau, dans lequel ne seront compris que les biens qui resteront à vendre. Cet état sera imprimé et publié.

III.

La vente des biens compris dans cet état sera ouverte à compter de la publication du décret qui aura adopté l'état mentionné en l'article premier.

IV.

Néanmoins cette vente n'aura lieu que jusqu'à concurrence du total des capitaux des rentes perpétuelles.

V.

Au cas que les demandes d'acquisitions excèdent le total desdits capitaux, les premiers soumissionnaires seront préférés et les dernières soumissions seront rejetées.

VI.

Nulle soumission ne sera reçue si elle n'est pas au moins égale au prix porté dans l'état estimatif.

VII.

Toutes personnes soit étrangères soit régnicoles seront admises à acquérir lesdits biens nationaux.

VIII.

Aussitôt après la soumission reçue, les enchères seront ouvertes et il y sera procédé dans le délai et dans les formes prescrits par les décrets du 14 mai et du 26 juin 1790.

IX.

Les adjudicataires ne seront tenus de payer chaque année que le vingtième du prix de leur adjudication pendant vingt ans et l'intérêt à 5 p. 100; lequel intérêt décroîtra tous les ans par les payements partiels du capital.

X.

Les intérêts versés chaque année au trésor public par les adjudicataires seront employés chaque année, jusqu'à due concurrence, au payement des arrérages des rentes perpétuelles.

XI.

L'excédent de ces intérêts sur les arrérages de rentes sera joint chaque année aux portions des capitaux payés par les adjudicataires et employé, avec lesdits capitaux, à éteindre une portion égale des rentes perpétuelles.

XII.

Les premiers remboursements se feront sur les rentes constituées au denier le plus fort; et on ne pourra en rembourser aucune à un denier plus faible jusqu'à ce que celles d'un denier plus fort soient entièrement éteintes.

XIII.

Tous les porteurs des contrats de rentes qui ne sont pas au-dessous du denier vingt seront admis à acquérir lesdits biens nationaux et à échanger les quittances de remboursement du principal de leurs rentes contre les quittances du prix de leur adjudication.

XIV.

Les quittances de remboursement du principal des rentes dont le taux sera inférieur au denier vingt ne seront reçues en payement du prix d'adjudication que pour le capital de la rente qui leur est due, réduit sur le pied du denier vingt.

XV.

Néanmoins, lorsqu'il y aura lieu de procéder à l'estimation des rentes constituées au-dessous du denier vingt, les porteurs des contrats desdites rentes seront remboursés en entier du capital fixé par les derniers édits et déclarations.

XXIX

PAMPHLET

TRAHISON CONTRE L'ÉTAT OU LES JACOBINS DÉVOILÉS

RÉPONSE AUX NUMÉROS 137 ET 139 DE L' « AMI DU PEUPLE »[1]

Louis, sois ce que tu dois être;
Français! redevenez Français.

(Au Manège, de l'imprimerie des vrais patriotes, l'an de la suite des désordres et de l'anéantissement des perturbateurs. S. D. [1790], in-8 de 16 pages.)

TRAHISON CONTRE L'ÉTAT, OU LES JACOBINS DÉVOILÉS

Réveille-toi, Louis ! Il est temps, il est plus que temps de se montrer Bourbon. Tes amis sont prêts; ils t'attendent : un coup d'œil, un mot de ta Majesté, tes ennemis sont aux abois et nos maux sont finis. Parais ! tu rends le bonheur et le calme à tes sujets, à tes fidèles sujets, désolés par d'odieux perturbateurs, leurs ennemis et les tiens.

Les vrais traîtres à l'État sont découverts. Ton Châtelet, pour racheter la honte de la mort de l'infortuné Favras, ton Châtelet tient le fil de la conjuration. Ne te laisse pas enlever encore le fruit des travaux de ceux qui ont enfin osé braver tous les risques pour te sauver, pour sauver l'État des horreurs auxquelles il est depuis trop longtemps en proie.

Écoutez, Français, et frémissez !.... C'est un vrai patriote, ami de l'ordre et de la paix, qui veut, sans cocarde et sans livrée, vous faire entendre la vérité. Il le sait, sa hardiesse vous paraîtra neuve. Il

---

[1]. Ces numéros sont datés du 18 et du 20 juin 1790.

sait que votre oreille, depuis longtemps trompée par les plus absurdes mensonges, ne pourra reconnaître cette auguste déesse; mais il est temps de démasquer d'indignes scélérats qui, appuyés par mille baïonnettes portées par des hommes abusés, empêchent les accents du philosophe vertueux d'arriver jusqu'à vous.

Je ne me dissimule pas les dangers de l'entreprise à laquelle mon civisme me fait voler avec joie. Nouveau Décius, je mourrai satisfait, si ma mort peut être utile à la patrie et si je suis la dernière victime de la plus funeste, de la plus horrible et de la plus ruineuse des révolutions.

Connaissez, Parisiens, connaissez, Français, le club des Jacobins, le club dit des Amis de la Révolution, c'est-à-dire des ennemis de tout ordre, de toute tranquillité. Le club, enfin, bons citoyens, de vos plus mortels ennemis, c'est le club des Jacobins. Je vais vous le peindre en deux mots, vous dévoiler ses odieuses trames et vous mettre à même de le juger irrévocablement.

Caverne infâme, où l'on voit siéger avec audace l'orgueilleux Le Chapelier, Barnave le sanguinaire, l'inconséquent Lameth, jusqu'à l'ambitieux, infâme et avide Mirabeau, Thouret, l'évêque d'Autun, Target, l'abbé Sieyès, Démeunier et tant d'autres plus odieux encore, qui ne méritent pas l'honneur d'entendre prononcer leurs noms.

La bassesse et l'avarice sont les dignes portiers de ce club infernal. L'Ambition y préside, elle y distribue à ses sujets les poignards de la vengeance. A côté d'elle on voit l'Envie à l'œil couvert, entourée de serpents; la Jalousie au front chauve et sourcilleux éclaire l'assemblée de son pâle et lugubre flambeau; au pied de la présidente est assis l'Intérêt, qui partage avec elle en souverain les cœurs des principaux membres de cette assemblée dite de législateurs. Dans le milieu est l'Hypocrisie, tenant un coin du voile dont ces êtres vils cherchent à se couvrir, et que je vais déchirer.

Qui étaient, il y a deux jours, ces hommes aujourd'hui si bien couverts de l'enveloppe *patriotique*? Des cabaleurs, des régicides, de plats personnages vendus à d'Orléans. Ce sont de véritables geais qui, couverts des plumes du paon, croient ne plus être reconnus. Ils veulent faire oublier, par un éclat emprunté et devenu nécessaire, la honte dont ils s'étaient couverts.

En vain un auteur famélique, continuateur à gages de *l'Ami du peuple*, se targuant à tort du nom de Marat, cherche à excuser ces odieux conspirateurs. Il n'en est plus temps; la dent des *enragés* n'est plus meurtrière, et l'on peut enfin braver leur venin. C'est dans cette défense même, débitée sous les auspices *jacobites* et par l'ordre exprès du sénat destructeur de tout droit, les siens exceptés, que l'homme de bon sens, le vrai patriote, lira la condamnation de ses *héros*, nés d'un sot enthousiasme fomenté à grands frais aux dépens des dons patriotiques, etc., etc. Lisons cette défense, regardée par les sots et notamment par les inventeurs, les grands meneurs du club, comme un chef-d'œuvre d'adresse et d'éloquence. Nous y verrons que la cabale aux abois a fait, cette fois, comme le papillon qui vient se brûler les ailes à la chandelle.

Après avoir désigné un bel autodafé des plus braves gens du royaume, dans le nombre desquels se trouve la reine, le conquérant de la Grenade, d'Estaing, la terreur des Anglais, et autres; après avoir *patriotiquement* reproché au Châtelet de n'avoir pas réjoui la capitale du meurtre sanglant de la cour entière, ce gagiste impudent crie vengeance contre ce tribunal parce qu'il ose informer « contre les auteurs et les rédacteurs d'un plan du conseil de régence qu'il fallait établir »; il convient donc, ce partisan *jacobite*, et il n'en convient que parce qu'on en a la preuve la plus complète, qu'il y avait un plan de *conseil de régence*. Dans quels cahiers les députés aux États généraux pourront-ils nous prouver qu'ils étaient autorisés à détrôner le roi et à mettre le royaume en régence ?

Effectivement le crime du Châtelet est atroce, et les dignes et *respectables magistrats* à qui l'on a applaudi lorsqu'ils ont prononcé sans aucunes preuves la peine de mort contre un fidèle sujet du roi, méritent au moins de perdre leur état lorsqu'ils osent informer contre d'*honnêtes* et *fidèles* sujets qui, *par amour* pour la nation, veulent nommer un conseil de régence à un roi plein de santé et de sens que, peu de jours avant, ils avaient proclamé *restaurateur de la liberté française*.

Mais examinons de plus près et plus sérieusement. Ou l'Assemblée nationale est *infaillible*, comme elle le prétend, ou elle ne l'est pas, ainsi que le croient un grand nombre d'honnêtes gens. Si, comme elle le pense, elle est *infaillible*, elle n'a pu se tromper en confiant au Châtelet la connaissance des crimes de lèse-nation[1], et alors ce tribunal a le droit irrévocable d'en connaître partout où il pourra en retrouver les traces. Si, au contraire, elle n'est pas *infaillible*, elle ne peut encore interrompre les informations prises au Châtelet, parce que, n'étant point *infaillible*, elle ne peut se plaindre de ce qu'un

---

1. Par décret du 21 octobre 1789, sanctionné le 3 novembre suivant, le Châtelet de Paris avait été « autorisé à juger en dernier ressort les prévenus et accusés de crimes de lèse-nation. »

tribunal armé par la nation entière, dont elle est l'organe, redresse ses erreurs.

L'information, il est vrai, est insuffisante. Il n'y a, suivant le défenseur des Jacobins, encore que *près de cinq cents* témoins d'entendus. C'est bien peu contre des hommes *inviolables*; cependant, pour ensanglanter leurs triomphes d'une victime de plus, deux témoins suffisent; encore sont-ils payés de la modique somme de vingt-quatre mille livres.

Mais j'entends un patriote qui me dit quelles espèces de gens ont osé déposer contre nos vertueux législateurs : *des gueux, de la canaille, des gens subornés, des gens sans aveu*. C'est un La Chaise, un... vicomte de Mirabeau, ancien militaire décoré, colonel distingué au service du roi, un... Cazalès, avantageusement connu par son mérite, etc., etc., et c'est sur la foi de gens de cette sorte qu'on ose informer contre les *régénérateurs de la France* ? Encore si c'étaient des gens de marque comme M. Morel, M. Turcati !... Je commence réellement à croire que le Châtelet a grand tort dans cette affaire; j'en suis si convaincu que je vais leur prouver qu'il y succombera.

Commençons d'abord par l'époque de son érection en tribunal national pour les crimes capitaux.

Les grands meneurs, mécontents d'avoir, par la lâcheté de leurs chefs et la maladresse de leurs agents, manqué leur coup à Versailles le 5 et le 6 octobre, décidèrent, entre eux, pour continuer de tenir le haut bout, de jouer le patriotisme. « Quand le diable devint vieux, dit Barnave, il se fit ermite; quand une femme est sur le retour, elle se fait dévote. Il faut être quelque chose, et autant patriote que rien. » Tel fut le langage de cet honorable membre. Il faut convenir qu'avec de l'esprit ces messieurs ont dans leurs expressions, un choix, une noblesse qui répond parfaitement à celle avec laquelle ils agissent. Les voilà décidés à être patriotes ! « Mais nos exploits cabalistiques avec d'Orléans, continue le pacifique Barnave, ont été scellés du sang des Flesselles, de Launey, Bertier, Foulon, etc., etc. Notre patriotisme ne sera-t-il pas marqué par quelques coups d'éclat ? » Aussitôt Mirabeau, le *bourgeois de Provence*, se lève et dit : « Je crois que notre règne ne soit passé. Il est cependant encore une tentative pour essayer de le rétablir ; c'est de former un tribunal de lèse-nation qui nous soit entièrement dévoué; quelques victimes qu'on y sacrifiera à propos à notre gloire pourront, sinon perpétuer notre règne, au moins le prolonger. »

Le projet fut goûté. Aussitôt dix compagnies se présentent : l'une offre deux *victimes* au choix de l'Assemblée, d'autres en offrirent jusqu'à dix. Le Châtelet offrit le choix à la ville et à la cour, et sermenta que celle que désigneraient Nosseigneurs expirerait sous le glaive de la justice; il fit, de plus, des offres réelles à *deniers découverts*; il eut, d'après sa façon noble de se présenter, comme vous le pensez bien, la préférence.

Il s'est cru, en considération de la somme donnée, exempt de sacrifier plus d'une victime, voilà un de ses torts. Quelque âme honnête a réveillé ensuite dans cette compagnie l'amour de la justice. Messieurs se sont permis de raisonner sans le consentement de leurs créateurs. Ils se sont dit que, chargés de poursuivre les criminels de lèse-nation, ils devaient le faire sans avoir égard sur qui tomberaient leurs recherches : tort non moins essentiel. Nos législateurs du Manège [1] ont vu leurs traces découvertes; ils ont sur-le-champ formé des cabales pour anéantir ceux qui osaient les inquiéter.

Cette information est ridicule! Quoi! malgré notre inviolabilité nous serions assujettis à des lois !... Périssent plutôt tous les tribunaux !... Et aussitôt la perte du Châtelet a été jurée. Voici, à présent, les moyens dont on s'est servi pour y parvenir.

Le club des Jacobins n'étant d'abord composé que de députés, il a été décidé d'y admettre des habitants de Paris; bien entendu qu'ils seraient ou décidément *enragés*, ou assez bornés pour le devenir, ou aussi riches que bornés. Cette décision prise, l'Assemblée n'a pas manqué de prosélytes. On a fait tenir à honneur d'y être admis, et les sots, qui font le plus grand nombre d'une ville, y ont abondé.

Alors on a commencé à répandre de sourdes plaintes de l'indigne conduite du Châtelet et de son ingratitude. Ces plaintes se sont pullulées (*sic*) dans les sociétés particulières, et des sociétés dans les districts, où les plus hardis ont osé les faire entendre; de ce nombre a été M. Danton, crapuleux personnage, bouillant et emporté, et l'un des enragés à la solde des Jacobins. Ses clameurs ont fait bruit. Des moutons placés près de quelques-uns des principaux membres du Châtelet ont conseillé de sévir contre cet homme réellement dangereux. Le Châtelet a donné dans le piège : Danton a été décrété [2].

---

1. Lieu des séances de l'Assemblée nationale, à Paris, près du jardin des Tuileries.

2. Le 12 janvier 1790, Danton et le district des Cordeliers avaient réussi à empêcher l'arrestation de Marat, décrété de prise de corps et qui se déroba. Au mois de mars suivant, le Châtelet lança un mandat d'arrêt contre Danton lui-même. Le district des Cordeliers protesta par arrêté du 18 mars 1790. Danton ne fut pas arrêté. On trouvera des détails précis sur cette affaire assez compliquée

Il avait par avance la promesse de la protection du club souverain.

Les Jacobins, enchantés d'avoir trouvé l'occasion de se venger du Châtelet, leur ennemi, ont conseillé à Danton de faire retentir sa plainte dans tous les districts. Presque tous ont d'abord été sourds; alors le club se disant patriotique n'a pas rougi de prier ses adjoints, citoyens de Paris et membres des districts, d'engager, chacun de leur côté, le leur à se joindre au district des Cordeliers. Desmoulins, le faussaire qui prend le nom de Marat, Loustallot le teinturier de Prudhomme, ont reçu des gratifications considérables pour se plaindre du Châtelet et le déchirer hautement. On a fait donner des ordres pour que ces sortes d'écrits aient un cours aussi libre que les libelles contre le roi, la reine et tous les honnêtes gens qui osent dire qu'ils voient clair. La coalition contre le Châtelet est devenue considérable, et, s'il n'a de très grands moyens, je ne doute pas de sa chute prochaine.

Tel est votre aveuglement, citoyens mes amis, qui peut-être ne croirez pas encore ces vérités, que cependant je vous garantis aussi authentiques que celles que l'on vous disait il y a six mois sur le compte de Necker, que, malgré toutes les preuves du contraire, vous vouliez croire honnête homme. Les gens de bon sens disaient alors de vous ce qu'ils répéteraient aujourd'hui si votre incrédulité était toujours la même : *Oculos habent et non videbunt.*

En effet, n'est-ce pas être aveugle que de croire votre roi libre, le général qui l'a fait prisonnier vertueux et reconnaissant, et de se persuader que les Jacobins sont purs d'intention et s'occupent réellement du bien général ? Croyez que le soin de leur fortune est la plus chère occupation de ces hommes que machinalement vous vous êtes plu à trouver extraordinaires. Chacun d'eux, soyez-en sûrs, tâche d'être le plus secrètement possible [ce que] le maladroit de Bailly se montre publiquement, c'est-à-dire tout occupé de sa fortune.

N'est-ce pas être aveugle que de ne pas voir qu'un grand nombre d'avocats sans cause, députés des provinces à l'Assemblée nationale, ne veulent détruire la magistrature que pour occuper dans les nouveaux tribunaux des places dont leur ignorance, leur mauvaise réputation et leur peu de fortune les auraient exclus, l'ancien ordre subsistant, sans compter que le désordre donne lieu à des cabales et que les machines s'achètent fort cher, parce que, sans rien dire, elles

dans un article sur *Danton, Marat et le Châtelet*, publié par le journal *la Justice*, numéro du 10 mai 1886.

font pencher la balance ? Aussi vos députés comptent-ils prolonger cette législature le plus de temps possible. Ils ont raison. Dix-huit francs par jour, sans compter les *extra*... Il n'en est guère qui jouissent par jour, chez eux, de la moitié de ce revenu.

Réveille-toi, Louis, un mot de ta bouche royale ouvrira tous les yeux. On t'aime : viens à l'Assemblée, le peuple ne t'abandonnera pas. Demande à ces fiers démagogues si tu es roi ou prisonnier; s'ils te répondent que tu es roi, de ton autorité renvoie ces perturbateurs; s'ils osent te dire que tu es prisonnier, réclame le secours de tes fidèles sujets, et sur-le-champ des légions de César feront périr à tes pieds tes infâmes guichetiers.

J'ai dit. Puissent mes cheveux blancs voir le calme de retour dans ma patrie; puisse mon essai sexagénaire être utile à mes concitoyens; puisse enfin mon roi (et sa famille) jouir du bonheur et de la paix qu'il mérite et qu'il désire bien sincèrement à tous ses sujets, qu'il aime autant qu'il en est aimé; malgré les cabales et l'envie!

Finis coronat opus.

XXX

Juillet 1790

OPINION DE M. DE POLVEREL

SUR LA COUR DE CASSATION[1], LUE A LA SOCIÉTÉ DES AMIS DE LA CONSTITUTION, LE VENDREDI 16 JUILLET 1790, ET IMPRIMÉE PAR SON ORDRE

(S. l. n. d., in-8 de 11 pages.)

MESSIEURS,

La Cour de cassation peut-elle sans inconvénient être subordonnée au pouvoir exécutif? Peut-elle être identifiée ou confondue avec le

---

1. La question de l'établissement d'un tribunal de cassation fut posée à l'Assemblée constituante le 7 mai 1790. De longs débats eurent lieu sur l'organisation de ce tribunal, en mai et en août 1790. Le 25 octobre suivant, le Comité de constitution, par l'organe de Le Chapelier, présenta tout un plan, et le décret constitutif du tribunal de cassation fut voté le 27 novembre et sanctionné le 1er décembre 1790.

Il était établi un tribunal de cassation auprès du Corps législatif. Ses fonctions corps législatif? Voilà les questions que je me propose d'examiner aujourd'hui. La solution de l'une et de l'autre dépend des mêmes principes.

« Il n'y a point de liberté, dit Montesquieu, si la puissance de juger n'est pas séparée de la puissance législative et de l'exécutrice. Si elle était jointe à la puissance législative, le pouvoir sur la vie et la liberté des citoyens serait arbitraire, car le juge serait législateur. Si elle était jointe à la puissance exécutrice, le juge pourrait avoir la force d'un oppresseur. » C'est parce que l'Assemblée nationale était pénétrée de cette importante vérité, qu'elle a décrété « que le pouvoir judiciaire ne pourrait, en aucun cas, être exercé par le roi ni par le corps législatif ».

C'est par une conséquence nécessaire de ce principe qu'elle a décrété que les juges seraient nommés, non par le roi, non par le corps législatif, mais par le peuple; car, pour assurer la liberté publique, il ne suffit pas que les trois pouvoirs soient séparés; il faut encore qu'ils soient indépendants les uns des autres; qu'aucun des trois n'influe sur les deux autres.

Tout se réduit donc à savoir si les fonctions qu'on se propose d'attribuer à la Cour de cassation sont un exercice du pouvoir judiciaire.

Juger, c'est incontestablement exercer le pouvoir judiciaire, c'est appliquer un fait donné à une loi donnée; c'est déclarer qu'un tel fait est conforme ou contraire à une telle loi. Casser un jugement, c'est déclarer que le jugement est contraire à la loi. Refuser de casser, c'est déclarer que le jugement est conforme à la loi; donc, casser ou

étaient de prononcer sur toutes les demandes en cassation contre les jugements rendus en dernier ressort (sauf ceux rendus par les juges de paix); de juger les demandes de renvoi d'un tribunal à un autre pour cause de suspicion légitime, les conflits de juridiction et les règlements de juges, les demandes de prise à partie contre un tribunal entier; d'annuler toutes procédures dans lesquelles les formes auraient été violées et tout jugement qui contiendrait une contravention expresse au texte de la loi. Sous aucun prétexte, il ne devait connaître du fond des affaires. Après avoir cassé les procédures ou le jugement, il renvoyait le fond des affaires aux tribunaux qui devaient en connaître, ainsi qu'il était fixé par les articles 20 et 21 du décret.

Le tribunal était composé de quarante-deux membres, élus pour quatre ans par les assemblées électorales des départements, qui concourraient successivement pour moitié à cette élection. Pour la première élection, on tira au sort les quarante-deux départements qui devaient élire chacun un membre; les autres devaient exercer successivement, au bout de quatre ans, leur droit d'élire.

Pour être éligible, lors des trois premières élections, il fallait avoir trente ans accomplis, avoir été pendant dix ans homme de loi ou juge dans une cour supérieure ou présidial, sénéchaussée ou bailliage.

Il y avait, près du tribunal, un commissaire du roi nommé par le roi, et un greffier nommé par le tribunal.

refuser de casser un jugement, c'est juger, c'est exercer le pouvoir judiciaire.

Or, la fonction essentielle de la Cour de cassation sera de prononcer sur les demandes en cassation, de casser ou de refuser de casser les jugements. Elle jugera donc, elle exercera donc le pouvoir judiciaire.

Le Comité de constitution propose encore d'attribuer à cette Cour de cassation la connaissance des requêtes civiles contre les jugements en dernier ressort, les règlements de compétence entre les tribunaux d'appel, et la connaissance des récusations et des prises à partie dirigées contre les juges et contre les tribunaux. Toutes ces fonctions sont bien évidemment des attributs, des actes du pouvoir judiciaire.

La Cour de cassation ne peut donc pas être dans le corps législatif, puisque la constitution dit que le pouvoir judiciaire ne pourra, en aucun cas, être exercé par le corps législatif.

Elle ne peut donc pas être présidée par l'agent que le Comité appelle ministre de la justice, et que nous avons connu jusqu'à présent sous le nom de chancelier ou de garde des sceaux; car ce ministre de la justice ne sera évidemment autre chose qu'un agent du pouvoir exécutif, nommé et préposé par le roi, chef du pouvoir exécutif. Le roi exercerait donc le pouvoir judiciaire, sinon immédiatement par lui-même, du moins par le ministre de la justice, son agent. Or, la constitution veut que le pouvoir judiciaire ne puisse, en aucun cas, être exercé par le roi. Un agent du pouvoir exécutif serait donc à la tête du premier tribunal du royaume, de celui qui dominera sur tous les autres tribunaux; or, la saine politique ne vous permet pas de laisser au pouvoir exécutif aucune influence sur le pouvoir judiciaire. Le président du tribunal, qui doit dominer sur tous les autres, serait donc à la nomination du roi, du roi seul; or la constitution veut que tous les juges soient élus par les justiciables.

Ce n'est pas assez pour le Comité que le tribunal de cassation soit présidé par un agent du pouvoir exécutif. Il veut que la première formation soit à la nomination du roi. Sur trente sujets qui seront présentés par l'Assemblée nationale, le roi en nommera vingt, qui formeront la Cour de cassation. Ainsi, d'après le projet que le Comité vous présente, aucun des membres qui formeront ce tribunal ne sera élu par les justiciables, tandis qu'un décret constitutionnel veut que tous les juges soient élus par les justiciables.

Pour donner à la constitution des défenseurs dignes de la confiance du peuple, ou plutôt pour donner au président du tribunal de cassation des assesseurs dignes de lui, le Comité dirige d'avance les suffrages de l'Assemblée nationale sur les membres actuels du Conseil; il les met en première ligne dans la classe des sujets éligibles pour la première formation du tribunal de cassation. Il veut bien avoir l'air de rendre le droit d'élection au peuple, pour les nominations qui suivront cette première formation du tribunal de cassation. Mais, d'une part, comme il est évident que le roi est plus à portée d'apprécier les vertus et la capacité d'un homme de loi, qu'il n'a jamais vu, que les électeurs du département où cet homme de loi exerce sa profession, le Comité veut que le roi ait le droit de choisir sur la liste des sujets qui lui seront présentés.

D'une autre part, pour ne pas livrer à l'instabilité les bons principes que les membres actuels du Conseil apporteront dans la nouvelle Cour de cassation, le Comité a pris des mesures si profondément combinées, qu'en paraissant laisser au peuple la liberté de renouveler tous les deux ans les membres de ce tribunal, ce tribunal sera pourtant toujours composé des mêmes membres.

Il veut d'abord qu'avant de procéder au scrutin d'élection les électeurs décident, par un scrutin préalable, s'il y a lieu ou s'il n'y a pas lieu de désigner de nouveaux sujets. Or vous pensez bien, Messieurs, que si le pouvoir exécutif est content de la première formation du tribunal de cassation, il ne négligera aucun moyen pour faire décider par les électeurs des départements qu'il n'y a pas lieu à une nouvelle élection.

Et les départements qui décideront qu'il y a lieu à une nouvelle élection n'y gagneront encore rien, car voici, d'après le plan du Comité, quel sera le résultat des nouvelles élections. Les sujets nouvellement élus et ceux qui sont déjà en place seront mis sur la même liste, et le roi choisira sur cette liste, composée des anciens et des nouveaux, c'est-à-dire qu'il aura perpétuellement la faculté de continuer les anciens.

J'ai voulu connaître non les motifs qui avaient pu déterminer le Comité à adopter un plan si évidemment contraire aux principes constitutionnels, mais les raisons par lesquelles il espérait de justifier ce plan. Voici ce que m'a dit un des principaux faiseurs du Comité, celui qui a eu probablement le plus de part à la rédaction du projet sur l'ordre judiciaire.

« Nous convenons que pour maintenir la liberté il faut diviser les pouvoirs. Mais ce que vous appelez pouvoir judiciaire n'est pas un pouvoir; un jugement n'est autre chose qu'une opinion des juges : c'est le pouvoir exécutif qui lui donne l'autorité, la force coactive. Ce que vous appelez pouvoir judiciaire n'est donc qu'une branche du pouvoir exécutif. »

Si ce principe est vrai, Messieurs, je ne vois pas pourquoi l'Assemblée nationale a donné le nom de pouvoir judiciaire au droit de juger, ni pourquoi elle a décrété que le pouvoir judiciaire ne pourrait, en aucun cas, être exercé par le roi : car, puisque le pouvoir judiciaire est une branche du pouvoir exécutif, il est évident que le droit de juger doit appartenir au roi, chef suprême du pouvoir exécutif.

Je vois encore moins pourquoi l'Assemblée nationale a décrété que les juges seraient élus par les justiciables : car, si d'un côté le pouvoir judiciaire est une branche du pouvoir exécutif et que, d'un autre côté, le roi ne puisse pas l'exercer par lui-même, il est évident que c'est au roi seul qu'appartient le droit de nommer les juges, parce qu'ils ne sont, dans le système du Comité de constitution, que les agents du pouvoir exécutif. Si nous appliquons au pouvoir législatif le raisonnement du Comité de constitution, il en résultera avec la même évidence que le pouvoir législatif n'est pas un pouvoir; que ce n'est qu'une branche du pouvoir exécutif; car il est vrai que la loi n'est autre chose que l'opinion des membres du corps législatif, comme il est vrai qu'un jugement n'est autre chose que l'opinion des juges. Il est vrai de la loi, comme il est vrai d'un jugement, que c'est le pouvoir exécutif qui lui donne l'autorité et la force coactive.

Il faut donc, ou que le Comité de constitution convienne que ses principes sont faux, ou qu'il aille jusqu'à dire que le pouvoir législatif n'est qu'une branche du pouvoir exécutif, que le droit de faire les lois appartient au roi seul, chef suprême du pouvoir exécutif, et que, s'il ne peut ou ne veut pas faire lui-même les lois, c'est à lui seul qu'appartient le droit de nommer les membres du corps législatif. Ainsi, en avouant que, pour maintenir la liberté, il faut diviser les pouvoirs, le Comité de constitution vous amènerait à ne reconnaître qu'un seul pouvoir, qui réunirait tous les pouvoirs au roi exécuteur, législateur et juge.

J'ai trop bonne opinion de tous les membres du Comité de constitution pour croire qu'il y en ait aucun parmi eux qui ne s'empressât de désavouer les conséquences que je viens de vous présenter; cependant elles résultent nécessairement du système qu'on leur a fait adopter, et de l'assertion qui sert de base à ce système. Ils n'ont donné dans le piège que parce qu'ils n'ont pas assez réfléchi sur la nature et la distinction des pouvoirs politiques. Dans chaque société il n'y a, à vrai dire, qu'un seul pouvoir, celui de la souveraineté. Le pouvoir législatif, le pouvoir judiciaire et le pouvoir exécutif ne sont que des émanations du pouvoir souverain.

L'exercice de ce pouvoir consiste en deux opérations : la volonté et l'action. Quand la nation exerce par elle-même toutes les branches du pouvoir souverain, c'est la volonté générale qui forme la volonté du souverain, c'est la force publique, c'est-à-dire la réunion de toutes les forces individuelles, qui agit, qui exécute la volonté générale, et c'est encore la volonté générale qui détermine le mode d'exécution, l'emploi et la direction de la force publique.

Si la nation avait délégué à un seul individu, ou à une collection d'un petit nombre d'individus, le droit de vouloir et d'agir pour elle, ce serait la volonté d'un seul ou d'un petit nombre qui formerait la volonté souveraine; ce serait bien la force publique qui agirait, qui exécuterait, mais cette force publique serait mue par la volonté d'un seul ou d'un petit nombre.

Si la nation, en déléguant à un seul individu le droit d'agir ou d'exécuter, s'était réservé le droit de vouloir, ce serait la volonté générale qui ordonnerait tout : elle ferait les lois, elle jugerait; le dépositaire de la force publique serait obligé de l'employer à l'exécution de tous les actes de la volonté générale et ne pourrait l'employer à l'exécution d'aucun acte qui ne serait pas émané de la volonté générale.

Si, en déléguant à un seul individu le droit d'agir ou d'exécuter, la nation avait délégué à un certain nombre de représentants le droit de faire les lois et à d'autres représentants le droit d'appliquer la loi ou de juger, l'exercice du pouvoir souverain se trouverait alors divisé en trois branches : le pouvoir législatif, le pouvoir judiciaire et le pouvoir exécutif. Les deux premiers exerceraient, chacun dans la fonction qui lui aurait été assignée, toute la partie du pouvoir souverain qui consiste dans la volonté. Le troisième exercerait toute la partie du pouvoir souverain qui consiste dans l'action, dans l'exécution.

Celui-ci est bien certainement un pouvoir, puisqu'il dispose de toute la force physique de la nation.

Mais le pouvoir législatif est bien aussi évidemment un pouvoir, puisque le dépositaire de la force publique est obligé de l'employer à l'exécution de tout ce que le corps législatif a ordonné.

Mais le pouvoir judiciaire est bien aussi évidemment un pouvoir, puisque le dépositaire de la force publique est obligé de l'employer à l'exécution de tous les jugements.

Si donc le Comité de constitution convient que, pour maintenir la liberté, il faut diviser les pouvoirs, il s'ensuit que le pouvoir exécutif ne doit avoir aucune influence sur le pouvoir judiciaire; que, par conséquent, le tribunal de cassation, le premier de tous les tribunaux du royaume, ne peut être présidé par aucun agent du pouvoir exécutif, ni composé de membres choisis par le roi, chef suprême du pouvoir exécutif.

XXXI

EXTRAIT DU PROCÈS-VERBAL

DES SÉANCES DE LA SOCIÉTÉ DES AMIS DE LA CONSTITUTION TENUES A PARIS AUX JACOBINS, RUE SAINT-HONORÉ, LE MERCREDI 28 JUILLET 1790, ENTRE 7 ET 8 HEURES DU SOIR

(S. l. n. d., in-8 de 4 p.)

La Société des Amis de la Constitution étant assemblée, M. Bouvier [1], député de l'Assemblée nationale et membre de cette Société, a demandé la parole avant l'ordre du jour, pour l'entretenir d'une affaire relative à M. Pignols, sous-lieutenant de la marine à Toulon; il a observé que cet officier (lequel était présent) avait été dépouillé de son état sans jugement et sans aucun motif légitime; que, depuis, il avait fait les démarches les plus instantes et les plus vives auprès du ministre de la marine pour obtenir d'être payé, sans avoir pu y réussir; il a ajouté qu'on lui retenait six mois de ses appointements. Lorsqu'il a eu fini, M. Louis de Noailles, président de la Société, lui a observé que cette affaire, et même plusieurs autres du même genre, ne pouvaient être décidées que lorsque l'Assemblée nationale aurait décrété les principes et les formes des jugements militaires, qu'il était même de l'intérêt de M. Pignols d'attendre ce moment pour présenter sa demande. M. le président ajouta que l'affaire de sa destitution devait être portée au Comité de la marine, et que le Comité de liquidation s'occuperait, avec le premier, de lui faire payer ses appointements. Alors MM. Bouvier et Pignols se sont retirés de la tribune, et à l'instant des cris d'effroi se sont fait entendre du côté de la porte : comme on n'en savait pas l'objet, ils ont occasionné le plus grand trouble dans l'Assemblée. Quelqu'un a dit que l'officier qui venait de faire cette réclamation s'était percé avec son épée et était tombé sans vie; un moment après, l'Assemblée a été rassurée, en

---

1. Bouvier, procureur du roi et professeur en droit civil, était député du Tiers état de la principauté d'Orange. Membre du Conseil des Cinq-Cents, il essaya de s'opposer au coup d'État du 18 brumaire. Bonaparte le soumit à une sorte d'internement dans sa commune natale.

apprenant que l'épée de cet officier avait glissé sur une côte, et qu'il n'était que très légèrement blessé. Les membres de la Société qui s'étaient rendus près de lui pour le secourir, l'ayant trouvé dans une agitation qui faisait craindre quelque autre acte de désespoir de sa part, on l'a fait conduire chez M. Bouvier; mais la Société, ayant conçu quelque inquiétude sur la position embarrassante dans laquelle pouvait se trouver M. Pignols, a ordonné de lui remettre à titre de prêt la somme de six cents livres, et pour que le fait ci-dessus énoncé soit conservé tel qu'il s'est réellement passé, la Société a jugé à propos d'ordonner l'impression de cette partie du procès-verbal.

Signé : NOAILLES, *président*;
ADRIEN DU PORT, J.-H. MORETON, *secrétaires*.

XXXII

[On lit dans le *Patriote français* du 29 juillet 1790:]

Le club des Jacobins a nommé six commissaires pour examiner le compte de M. Necker [1]. L'un d'eux a très judicieusement observé que ce compte ne conduisait à rien, qu'il était nécessaire que M. Necker commençât son compte au moment où il était entré dans le ministère et le conduisît jusqu'au jour de la reddition du compte. Sans cette condition, le ministre a deux portes pour s'échapper et deux vides pour y placer les articles qui l'embarrasseront.

XXXIII

MOTION FAITE PAR RENÉ GIRARDIN [2]
A L'ASSEMBLÉE DES AMIS DE LA CONSTITUTION, IMPRIMÉE SUIVANT
LE VŒU DE CETTE SOCIÉTÉ A PARIS
(Imprimerie nationale. 1790, in-8 de 7 p.)

MESSIEURS,

La proposition de l'Espagne, qui devait être portée à l'Assemblée

---

1. Il s'agit du mémoire adressé à l'Assemblée constituante par Necker, le 21 juillet 1790, et réimprimé sous ce titre : *Compte général des recettes et dépenses de l'État depuis le 1er mai 1789 jusques et y compris le 30 avril 1790, imprimé par ordre de l'Assemblée nationale*. Paris, Impr. nationale, 1790, in-4°. (Bibl. nat., Le 29/107.)

2. René-Louis, marquis de Girardin (1735-1808), colonel de dragons, auteur du

nationale, a été différée¹; peut-être veut-on la faire précéder par l'intrigue ou la faire arriver à l'improviste. Les véritables amis de la constitution doivent donc examiner à l'avance quelle sera la réponse la plus convenable dans une question où il s'agit de la tranquillité du royaume, de l'honneur du nom français ou de la perte absolue de la France.

En vain, Messieurs, l'Assemblée nationale demanderait-elle des explications, de l'exactitude desquelles l'on ne saurait jamais être assuré; en vain voudrait-elle nommer un comité pour pénétrer dans le labyrinthe tortueux de la politique des cours : ce serait prêter le flanc à l'intrigue, ce serait s'engager soi-même dans un abîme de ténèbres dont il faut à jamais fermer toutes les issues; en un mot, ce serait tomber dans le piège le plus funeste, celui de se laisser aller à jouer au fin avec des ministres qui sont toujours les *maîtres ès arts* en ce genre d'escrime.

Un membre de cette Assemblée nous a présenté d'excellentes observations sur la nature des frontières de la France et de ses rapports de politique extérieure. Mais, quand il serait possible de se flatter que la cour voudrait adopter tout à l'heure les alliances les plus conformes à l'intérêt du royaume et le système le mieux combiné pour maintenir ce qu'on appelle l'équilibre de l'Europe, qui peut vous répondre que, d'un instant à l'autre, les trois grandes puissances de l'Allemagne ne conçoivent le projet de se la partager, comme elles ont déjà fait de la Pologne ? Et quelle confiance, quelle base certaine un peuple qui vient de donner le premier exemple d'un grand effort vers la restauration générale des droits de l'homme et de la liberté pourrait-il jamais établir sur la parole du despotisme et de ses ministres ?

Je passe aux raisons péremptoires de la vérité des faits et de notre situation.

Ce n'est qu'avec la plus sévère économie et par des moyens incal-

---

livre, souvent réimprimé, *De la composition des paysages sur le terrain* (Paris, 1777, in-8°), célèbre par ses jardins d'Ermenonville ornés selon son système et où il hébergea Jean-Jacques Rousseau en 1778, pendant les six derniers mois de sa vie. Il est le père de Stanislas de Girardin (1762-1827), membre de l'Assemblée législative, tribun, préfet de la Seine-Inférieure sous l'Empire, député libéral sous la Restauration.

1. Il s'agit de la lettre de l'ambassadeur d'Espagne, comte de Fernand Nunez, à notre ministre des affaires étrangères, M. de Montmorin, en date du 16 juin 1790, et qui ne fut communiquée à l'Assemblée nationale que le 2 août suivant. Il y avait alors un grave différend entre l'Espagne et l'Angleterre. L'Espagne réclamait l'assistance de la France, en vertu du Pacte de famille.

culables que l'on peut espérer de parvenir à relever la France d'une ruine effroyable dans laquelle les ministres n'ont cessé de la précipiter. Dans une telle situation, comment osent-ils encore proposer, soit *directement*, soit *indirectement*, de nous engager dans une guerre au dehors?

Certes, lorsqu'une chose est physiquement impossible, il n'y a lieu à délibérer; mais, en supposant même que cela fût encore possible, aux dépens de nos dernières ressources, l'Assemblée nationale ne devrait pas hésiter un moment sur le refus le plus positif de jamais prêter l'oreille à aucune proposition de ce genre ; car, autrement, ce serait agir elle-même contre ses propres décrets; ce serait consommer dans tous les sens la destruction de la France; ce serait se déshonorer aussitôt aux yeux de l'univers.

En effet, ne serait-ce pas manquer essentiellement à la raison, à la probité, que de concevoir seulement l'idée de biaiser ou même de temporiser sur ce que l'on ne peut ni ne doit faire? Qui pourrait, à cette conduite, reconnaître des hommes francs et libres?

Le temps est venu d'être vrais et conséquents, si l'on ne veut reconstruire l'édifice du despotisme, que l'on a détruit à si grands frais.

En ce jour de nos destinées, ce n'est pas à l'Espagne seule que la France doit répondre; c'est à tous les peuples, et, dans cet instant, c'est surtout au peuple anglais; il nous a prévenus d'une pleine assurance de paix, il nous observe, il attend notre réponse. Pour peu qu'elle soit équivoque, toute la ligue ministérielle la saisira sur-le-champ pour nous faire la guerre. Si, au contraire, notre réponse porte le grand caractère de franchise et de loyauté, tout prétexte manque. Le peuple anglais est convaincu qu'il doit nous estimer, nous regarder comme des confrères de la liberté et nous soutenir même contre ses propres ministres, parce que ce sont également partout les ennemis de toutes les libertés.

Sous tous les aspects, il n'est donc qu'une seule réponse salutaire, digne de l'estime et de la confiance universelle, conséquente aux principes que nous avons établis, et qui répond en même temps, et à jamais, à toutes les astuces diplomatiques.

Cette réponse, c'est le décret de l'Assemblée nationale du 22 mai [1].

Elle a déclaré que, suivant le droit naturel qui est celui de toutes

---

1. Il s'agit du décret du 22 mai 1790 (sanctionné le 27) sur le droit de faire la paix et la guerre. On y lit (article 4) « que la nation française renonce à entreprendre aucune guerre dans la vue de faire des conquêtes, et qu'elle n'emploiera jamais ses forces contre la liberté d'aucun peuple ».

les nations entre elles, l'on ne pouvait légitimement que se défendre, et que c'était un brigandage d'attaquer.

En conséquence, elle a décrété, comme article constitutionnel, que la nation française n'attaquera jamais aucun peuple, mais que si quelque puissance venait attaquer sur son territoire une nation qui a déclaré par sa constitution même qu'elle n'attaquera jamais celui des autres, alors tous les Français seraient soldats et combattraient pour la défense de la patrie avec toute l'énergie de la justice et de la liberté.

C'est ce décret, si juste, si sage, si magnanime, qu'il faut en cet instant, au nom du peuple français, faire proclamer *solennellement* et notifier authentiquement à tous les peuples. Cet acte éclatant de la parole d'honneur nationale suffit seul pour être le lien de confraternité civile entre tous les hommes, et en même temps il devient aussitôt l'égide sacrée de la constitution, de la liberté, de la paix et de la gloire de la France.

C'est ainsi que, sans aucune politique obscure, qui ne convient qu'à la faiblesse ou à la perfidie, sans se faire illusion sur des traités équivoques ou mensongers, qui servent sans cesse de prétexte à susciter des guerres injustes ou désastreuses au gré de tous les complots ministériels, ce n'est qu'ainsi, Messieurs, que nous pourrons être assurés de conserver la paix au dedans, la considération au dehors, et de fermer à jamais la porte à toutes intrigues perverses.

Que devint la multitude innombrable des esclaves de Xerxès devant un petit nombre d'hommes libres? L'Europe entière n'est pas en état d'attaquer dans ses foyers la France libre, ne faisant qu'un peuple de frères sous une royauté paternelle, et tendant une main amicale et pacifique à tous les hommes. Si quelques despotes, au mépris des lois sacrées de la justice éternelle, osaient, comme des brigands, venir nous attaquer chez nous, ils n'y gagneraient plus, dans ce moment de lumière, que de voir leurs esclaves s'affranchir et se réunir à la liberté.

XXXIV

UNE SÉANCE DE JUILLET 1790 [1]

A une séance du club des Jacobins, M. Tassin, curé de Castel, sur les frontières de la Lorraine allemande, a paru dans la tribune avec

1. *Orateur du peuple*, n° 50, tome I, p. 407. — Ce numéro doit être daté de la

l'habit de commandant de la garde nationale de son canton, et comme député en cette qualité à la fédération de Paris. « Les devoirs d'un ministre du culte divin, a-t-il dit, s'accordent nécessairement avec ceux du patriotisme. L'Église abhorre le sang, dit-on, mais elle ne peut empêcher personne de répandre le sien pour la cause de la liberté. Mes paroissiens, qui habitent les frontières, en prenant les armes ont voulu que je fusse à leur tête. J'enseigne la morale de la religion et les lois de la constitution dans la chaire de vérité avec le costume sacerdotal ; hors de là, j'endosse l'uniforme pour défendre et la religion et la constitution et la patrie. » Ce discours a reçu des applaudissements de tous côtés, et le vertueux curé a été affilié à la Société.

XXXV

Août 1790

SÉRIEUX ET DERNIER EXAMEN
SUR LE RACHAT DE LA CHOSE PUBLIQUE

DISCOURS

SUR LES FINANCES, LE CRÉDIT DES ASSIGNATS, LA CIRCULATION DE L'ARGENT ET LA BAISSE DE L'INTÉRÊT DE L'ARGENT

PRONONCÉ A LA SÉANCE DU 13 AOUT 1790 DE LA SOCIÉTÉ DES AMIS DE LA CONSTITUTION ET A LA SÉANCE DU 22 AOUT DE LA SOCIÉTÉ DU CLUB DE MIL SEPT CENT QUATRE-VINGT-NEUF

PAR M. GOUGET-DESLANDRES [1]

(A Paris, Imprimerie nationale, 1790, in-8 de 40 p.)

Avertissement.

Ce discours a pour objet de démontrer :

1° Que l'émission des assignats est l'opération la mieux combinée que l'Assemblée nationale ait pu décider en finances;

---

seconde moitié de juillet 1790, puisqu'il y est question, comme d'une chose récente, du décret du 17 juillet 1790, qui ordonne le rétablissement des barrières de l'octroi de Lyon.

1. Le *Moniteur* fit l'éloge de cet écrit dans son numéro du 10 septembre 1790. Maurice Gouget-Deslandres (on trouve aussi ce nom sous cette forme : *Gouget des Landres*, ou aussi et plus souvent : *Gouget des Landes*), né à Dijon, avait été

2° Qu'une nouvelle émission d'assignats qui aurait pour objet la liquidation de la dette exigible, est préférable, pour l'intérêt de l'État et pour celui des citoyens, à une émission de nouvelles quittances de finances;

3° Que cette disposition en finances doit opérer la circulation de l'argent;

4° Qu'elle doit pareillement opérer la baisse de l'intérêt de l'argent;

5° Enfin, que la baisse de l'intérêt de l'argent est essentiellement liée au système de l'imposition.

DISCOURS SUR LES FINANCES, *prononcé à la séance du 13 août 1790 de la Société des amis de la constitution, par M. Gouget-Deslandres, membre de la Société des amis de la constitution en sa qualité d'affilié, citoyen de la ville de Dijon, électeur et confédéré du département de la Côte-d'Or* [1]. *Imprimé par le vœu de la Société des amis de la constitution et présenté par l'auteur au Comité des finances.*

MESSIEURS,

Les observations que je vais avoir l'honneur de présenter à cette Société ont pour objet de démontrer d'une manière évidente : 1° que l'émission des assignats *papier hypothèque et monnaie* est une opération parfaitement combinée; 2° qu'une nouvelle émission d'assignats est préférable à une émission de quittances de finances; 3° que les assignats procureront la circulation de l'argent; 4° qu'ils promettent la baisse de l'intérêt de l'argent. Et en dernier ordre j'établirai que la

---

avocat au parlement de Dijon (1775), puis substitut du procureur général à Dijon (1778). Élu par le département de la Côte-d'Or juge suppléant au tribunal de cassation, il y siégea à la place de Navier du 9 décembre 1791 au 22 septembre 1792. Il fut ensuite un des commissaires nationaux envoyés par le Conseil exécutif provisoire dans la Belgique (1792-1793). Puis il siégea de nouveau au tribunal de cassation d'octobre 1793 à septembre 1797. Outre ses discours aux Jacobins, on a de lui : *Développement de nouveaux principes sur le système de l'imposition*, Paris, 1791, in-8; *Du crédit public en France*, Paris, 1793, in-8; *Nouvelle législation de l'impôt et du crédit public*, Paris, 1816, in-8; *Des incendies, des inondations, de la gelée, de la grêle*, Paris, 1821, in-8; *Fragments d'un mémoire sur le système électoral en France*, Paris, 1824, in-8. — Nous ignorons la date de sa naissance et celle de sa mort.

1. M. Gouget a rempli pendant treize ans les fonctions de substitut de M. le procureur général du Parlement de Bourgogne; il est encore titulaire de cet office, et n'a jamais travaillé dans le commerce ni dans la finance. S'il a commis quelques erreurs, il désire qu'on les fasse connaître. (*Note de Gouget.*)

baisse de l'intérêt de l'argent est essentiellement liée au système de l'imposition.

Avant d'arriver aux démonstrations que j'annonce, je prononcerai hardiment que la création des assignats est une des opérations dont l'effet sera le plus prompt et le plus général; qu'elle détournera les malheurs que pourrait occasionner la rareté du numéraire retiré de la circulation. La ressource dernière que les ennemis de la Révolution ont cru obtenir de la rareté du numéraire leur est enlevée par la prévoyance de l'Assemblée nationale; mais ils essayent encore aujourd'hui d'en rompre les mesures, de répandre de la méfiance sur ces effets, de les rendre inutiles et à la chose publique et aux intérêts particuliers.

Cependant, s'il est une grande et salutaire opération, c'est l'émission des assignats circulables et forcés portant un intérêt modéré, qui peut ramener au même prix celui que la Convention a déterminé parmi nous pour l'argent.

§ I

Je dois remonter aux sources de nos malheurs communs.

L'intérêt de l'argent ne s'est élevé, en France, à un prix extraordinaire que par l'effet des emprunts successifs du gouvernement. Il attirait continuellement à lui tous les capitaux; son crédit diminuait cependant en raison de ses besoins, mais l'intérêt de l'argent augmentait pour tous dans les mêmes proportions.

Les capitalistes, plus riches de leur crédit que de leurs fonds, plaçaient habilement leurs reconnaissances dans toutes les mains; ils épiaient les besoins de l'État; ils absorbaient tout l'argent des particuliers pour le lui prêter; et ils ne remettaient dans la circulation le surplus qu'après avoir réalisé leurs spéculations, c'est-à-dire lorsqu'ils avaient fait une usure énorme avec l'État.

Ainsi, Messieurs, s'accroissait la dette publique; ainsi l'argent acquérait sur la place un prix excessif, comparé à sa valeur réelle, qui ne devrait être déterminée qu'en raison des avantages que l'argent procure aux emprunteurs.

Toutes les fois que la hausse de l'intérêt a été occasionnée par une opération du gouvernement, c'est-à-dire lorsque l'intérêt était fixé, par un emprunt public, à un prix convenable aux capitalistes, ceux-ci, se prévalant de ce qu'on appelait le *taux du prince*, ne laissaient circuler les espèces dans le commerce qu'au même prix *tout au moins*. Ainsi, l'argent paraissait abondant, parce qu'il circulait rapidement dans toutes les mains. Je dis *rapidement*; en effet, lorsque l'argent est cher et que la confiance n'est point altérée au point de le faire disparaître *totalement*, il est certain que l'on se dépêche d'en faire l'emploi, puisque son repos dans nos mains nous devient trop onéreux. Mais dans ces moments où l'argent circulait et paraissait plus abondant, dans ces temps meurtriers pour la chose publique par les emprunts continuels que faisait l'État, il y avait peut-être moins d'argent qu'il y en a dans ce moment même en France.

Je reviens à ce qui doit m'occuper et je dis, Messieurs, que toutes les fois que le gouvernement voulait diminuer l'intérêt de l'argent, l'argent disparaissait, et que les prêteurs, qui dans tous les temps ont fait la loi, forçaient à revenir aux abus dont ils profitaient si habilement.

L'intérêt de l'argent n'a donc jamais pu recevoir de mesure dans les places de commerce par aucune loi, mais toujours par les circonstances du besoin.

Aussi, en France, cet intérêt s'est-il soutenu à une hausse bien plus considérable que chez nos voisins; et cette hausse, d'abord préjudiciable aux intérêts du Trésor public, est devenue la ruine des particuliers et surtout des propriétaires fonciers.

Cette hausse de l'argent a été bien plus extraordinaire depuis les grands changements décrétés par l'Assemblée nationale pour détruire les abus qui formaient le patrimoine d'une classe de citoyens nombreuse et trop opulente; peut-être l'*exportation*, mais assurément l'*accaparement* et la *stagnation* du numéraire ont été mis en usage pour arrêter le progrès de la régénération publique.

Il fallait donc que l'Assemblée nationale s'occupât de remplacer le numéraire *exporté*, et de faire reparaître le numéraire *accaparé* ou tenu en *stagnation*. Elle aura réussi, je pense, en plaçant dans la circulation un *papier-monnaie* assez abondant pour remplir ces deux objets; mais il y avait encore un autre intérêt qui occupait sa sollicitude.

Cet intérêt était de donner aux biens qu'elle fera vendre la valeur réelle qu'ils doivent avoir. Pour cela, il fallait augmenter l'espèce en raison des biens qui doivent être livrés au commerce. En effet, si vous présentez à la société une certaine quantité de marchandises, qui augmente la concurrence et la rivalité des marchands, la baisse de ces marchandises est nécessairement l'effet de cette concurrence.

Pour conserver à ces marchandises leur valeur réelle, pour empêcher que la concurrence des vendeurs ne leur fasse réciproquement un tort considérable, il n'y a qu'un moyen : celui d'augmenter le nombre des acheteurs. C'est le seul pour rétablir une balance qui pèse les intérêts des uns et les intérêts des autres.

Je m'explique :

L'Assemblée nationale présente à la société dans ce moment une masse considérable de biens qui sont à vendre; la société ne comptant pas sur cette masse de biens qui doit entrer dans le commerce, la société, dis-je, n'a pu être pourvue des fonds nécessaires pour les acheter; ainsi, l'Assemblée nationale a fait une opération correspondant à la première, en créant des assignats ou des papiers-monnaie, portant un intérêt modéré; elle a fait une opération parfaitement équipondérante en déclarant ces papiers *hypothéqués* et en les distribuant aux créanciers de l'État. Par là, elle a augmenté l'espèce, ou, ce qui est la même chose, elle a porté dans le commerce une représentation de l'espèce plus qu'équivalente à l'espèce *argent*, en rendant les papiers continuellement productifs et en déclarant qu'ils seraient reçus comme de l'argent comptant, lors des ventes des propriétés qu'elle offre à la société.

Ainsi, voilà l'argent augmenté *en raison des biens qui sont à vendre*. Voilà deux opérations tellement correspondantes qu'elles s'identifient et se complètent l'une par l'autre. Voilà, d'une part, la certitude de vendre à un prix convenable; voilà, d'autre part, une circulation plus considérable d'espèces ou d'un papier hypothéqué, tellement tranquillisant pour son propriétaire que je ne dirai rien pour en assurer le crédit.

Voilà une disposition qui n'est ni obscure ni embarrassante dans ses détails, et qui produit déjà cet effet (en attendant la vente) de rendre les opérations du commerce plus faciles et moins embarrassées.

Mais l'Assemblée nationale, en créant des assignats, aura obtenu pour la société un résultat avantageux, si, sans le prescrire, la baisse naturelle de l'intérêt de l'argent et son retour à la circulation deviennent les principaux résultats de cette opération.

Pour cela, il faut que l'Assemblée nationale agrandisse cette opération, qu'elle augmente les assignats, qu'elle en crée assez encore pour rembourser la dette liquide, les charges, les cautionnements, et enfin pour rembourser tout l'*arriéré*, tout l'*exigible*, afin que l'on ne soit plus à l'avenir continuellement empêché par des embarras qui se multiplient en se froissant, afin que l'on n'ait plus devant les yeux qu'une dette et des charges si simples qu'elles ne puissent point occuper, par année, l'Assemblée nationale plus de quinze jours.

§ II

On a cherché à inquiéter le public sur l'émission d'une somme d'assignats représentant *quatre cents millions*; il semble qu'il doive se tourmenter bien davantage, lorsque l'on parlera d'une nouvelle émission d'assignats qui peut s'élever à 1,500 ou 1,800 millions. Vous allez penser peut-être, Messieurs, qu'augmenter à ce point le numéraire fictif, c'est s'exposer à faire disparaître complètement le numéraire réel.

J'entreprendrai, dans un moment, de vous tranquilliser par des raisonnements simples et que je crois solides. Mais, avant de m'acquitter de cette tâche, je pose ma proposition et j'arrive à ce qu'il est nécessaire que l'Assemblée nationale se hâte de faire; je veux dire *payer en assignats tout l'exigible* que j'ai déjà détaillé et particulièrement s'occuper de faire circuler ce papier-monnaie dans toutes les classes, dans les mains de tout le peuple, de telle manière qu'il puisse servir à tous ses besoins. Pour cela, il faut créer des assignats depuis 1,000 livres jusqu'à 25 livres; surtout il ne faut pas, pour les assignats de la dernière classe, supprimer l'intérêt, quelque modique qu'il soit; alors l'opération serait incomplète et deviendrait impolitique; les capitalistes, accapareurs de l'argent, auraient bientôt tourné contre le peuple cette faute considérable que l'Assemblée nationale se gardera bien de commettre.

Il arriverait que ce papier chasserait de la circulation la masse de numéraire qu'il représenterait; il arriverait qu'il se vendrait, tout au moins contre de l'argent, comme se vendent aujourd'hui les billets de la Caisse; et cette perte qu'éprouveraient les assignats de la dernière classe frapperait injustement sur les citoyens les moins aisés. J'arrive à l'opération que doit faire l'Assemblée nationale.

L'Assemblée nationale veut payer la dette exigible; son Comité des finances s'occupe de cette opération majeure et va proposer un projet; mais ce Comité, assure-t-on, n'est pas d'accord sur les moyens à employer. Plusieurs des membres veulent des *assignats*, les autres des *quittances de finances* qui donneraient cinq pour cent d'intérêt.

J'ose attaquer ce dernier plan comme funeste aux citoyens, comme le plus onéreux au Trésor de la nation et comme le moins favorable au succès de la Révolution.

Je dis *funeste aux citoyens*; ce serait quadrupler la masse des effets de la même nature qui sont déjà à la Bourse, de ces effets *papier-marchandise* qui perdent 15, 20 et 25 p. 100.

D'une part, l'Assemblée nationale ferait éprouver par là aux créanciers de la dette liquide une diminution sur leurs créances, qui s'élèverait peut-être à un quart : une nation loyale et libre qui établit les lois de l'équité ne peut pas se permettre de donner en payement une propriété qui s'altère par le vice de son origine.

D'autre part, vous livrez à des citoyens pour payement des effets qui ne peuvent pas leur servir à payer eux-mêmes, qui peuvent déranger tous leurs calculs domestiques et troubler leur fortune entière.

En troisième lieu, cette émission immense de ce nouveau *papier-marchandise* porterait atteinte à la fortune de tous les citoyens propriétaires des effets anciens de même nature, puisque nous tenons en principe que la concurrence des vendeurs fait diminuer les marchandises, quand on n'a pas pourvu à augmenter la concurrence des acheteurs.

Ce serait donc léser à la fois les intérêts des créanciers modernes et des créanciers anciens; ce serait porter dans le commerce une quantité prodigieuse de valeurs mortes, mais le pis de tout, ce serait fournir à l'agiotage un nouvel et éternel aliment qui l'empêcherait de mourir, et ce ne serait donner ni à l'agriculture ni à l'industrie aucune force capable de les relever.

Je dis *onéreux au Trésor de la nation*. Cette proposition ne peut pas être contredite; les assignats ne coûteront que *trois pour cent en intérêts*; les quittances de finances coûteront *cinq pour cent*. Ainsi, jusqu'à l'extinction de ces quittances de finances, il faudra imposer sur la nation les intérêts de *dix-huit cents millions* qui, à 5 p. 100, s'élèveraient à *quatre-vingt-dix millions*. Ne payant plus les intérêts de cette même somme sur les assignats qu'à raison de *trois pour cent*, la nation sera imposée en moins de *trente-six millions*, qui sont les deux cinquièmes des quatre-vingt-dix qu'il faudrait imposer dans le plan que j'attaque. Cet intérêt est d'une haute importance, puisque, dans tous les temps, mais surtout dans un moment de crise, il faut tourner tous ses regards et tous ses mouvements à la diminution de l'impôt.

Le plan que j'attaque est le moins favorable au succès de la Révolution. Je prouverai cette proposition en établissant que les assignats sont, au contraire, un moyen certain d'arriver avec triomphe au but que l'on s'est marqué. C'est ici, Messieurs, que je dois m'exprimer sans réticence et que je dois présenter une grande vérité.

L'Assemblée nationale veut-elle achever rapidement tout ce qu'elle a entrepris? Veut-elle déconcerter tous les complots? Veut-elle opérer un bien général, même dans les fortunes de chaque citoyen? Elle n'a

1. Une grande révolution ne peut pas s'opérer, dans un grand royaume, sans

qu'un seul moyen, celui d'intéresser ceux mêmes qui ne s'y attendent pas et qui n'ont aucun motif actuel de s'y attendre; elle doit, dis-je, les intéresser tous au succès de la Révolution. J'explique cette proposition.

Les hommes sont trop corrompus pour ne pas oser dire d'eux que leurs opinions seront encore longtemps dirigées par leurs intérêts. Ainsi, lorsqu'un assignat public, tel que celui des biens nationaux, sera divisé dans toutes les mains par le moyen des assignats, signes de l'hypothèque spéciale accordée sur eux, lorsque les finances des charges, les cautionnements et l'exigible, lorsque tout l'arriéré que je réunis en une même masse, lorsque tous ces objets seront convertis en assignats circulables, qui seront des valeurs actives et vivantes, les moyens les plus efficaces pour hâter le succès de la Révolution seront distribués dans toutes les mains, et tous les citoyens, de ce jour-là, tendront au même but, se rallieront dans les mêmes principes, parce que les intérêts des uns seront correspondants avec les intérêts des autres et qu'ils s'identifieront réciproquement.

Tous les particuliers, créanciers ordinaires ou hypothécaires d'autres

---

de terribles secousses; l'on convient que beaucoup d'intérêts particuliers sont froissés par celle à laquelle la pénurie des finances, l'avilissement et la profonde misère du peuple nous ont enfin fait arriver.

Mais que des hommes qui aiment encore leur patrie et sa gloire réfléchissent sur les effets terribles, l'on ne dit pas d'une contre-révolution, mais seulement d'une retard, mais d'une multiplication d'embarras capables d'arrêter l'administration générale et toutes les administrations particulières. Bientôt, l'on verrait l'empire le plus riche en hommes et en territoire se dessécher et s'appauvrir; les arts, qui y sont arrivés à leur apogée, décliner par une chute rapide; l'agriculture, source première de toutes nos richesses, languir et s'éteindre; les vertus décroître et tous les principes s'altérer.

Français, qui aimez tous votre patrie, sa gloire et sa prospérité, qui n'êtes dignes de ce titre que par cet amour honorable, réfléchissez aussi sur les effets horribles d'une contre-révolution. L'on parle de *complots*, et je suis forcé de prononcer, d'imprimer ce mot terrible!... Ô ma patrie, je vous verrais déchirée par vos propres enfants; je verrais, dans ce siècle de philosophie et de lumières, des intérêts d'argent, de places, de noms, de titres porter des hommes, qui doivent professer la sagesse, à fomenter sur leurs propres foyers une guerre intestine et meurtrière, à appeler au secours de prétentions exagérées des puissances étrangères et à souhaiter de les refonder sur le prix du sang de leurs voisins, de leurs amis et de leurs frères!... Quel espoir!... Quel calcul!... Mais... peuvent-ils bien compter sur le sort des armes? Qui les assurera que leurs propriétés ne seraient pas sacrifiées et leurs personnes immolées les premières?... Il faut bien parler enfin des effets de la guerre, quand on est forcé de la craindre; il faut bien crayonner ce terrible, cet épouvantable tableau!... Mais je le rejette loin de ma pensée... J'estime trop mes compatriotes, et j'éprouve un sentiment précieux en me défendant de toute accusation qui serait leur honte et qui ternirait la gloire des Français; je regrette même infiniment que la discussion que j'ai entreprise m'ait conduit et m'ait forcé à prononcer le cruel mot de *complot*. (*Note de Gouget.*)

particuliers, attachés ou réfractaires à la Révolution (je ne veux pas appuyer sur cette différence) verront à leur porte des *assignats* qui viendront leur demander une quittance. Ainsi, avant même d'être *porteurs d'assignats*, ceux-là qui ne sont point créanciers de l'État, qui ne voudraient pas le devenir, qui n'ont aucun motif pour le craindre, et qui ont une opinion chancelante ou déterminément prononcée contre la Révolution, tous ceux-là deviendront les amis des assignats; et ils se garderont de discréditer une opération de finance qui peut les rendre le lendemain *créanciers hypothécaires* des biens nationaux qui doivent être mis dans le commerce.

De cette manière vous obtenez la coalition de toutes les opinions qui ne formeront plus qu'une seule chaîne. Cette chaîne, vous la rendez circulaire autour d'un seul point de ralliement, d'où vous faites partir ensuite toutes les étincelles qui doivent en frapper à la fois tous les points de réunion et lui donner les mêmes mouvements et les mêmes fluctuations.

Ainsi l'Assemblée nationale peut opérer très promptement ce mouvement salutaire dans les opinions de tous les citoyens; elle le peut, elle le doit; et peut-être est-il très instant de prendre cette dernière mesure.

Il serait peut-être funeste pour la société entière que la dette de l'État pût être payée en argent comptant qui sortirait tout à coup comme une mine d'or gemme. Voici, Messieurs, comment je l'explique. Pour lors la nation ne serait plus dans le cas de payer cette même dette avec des terres ou des fonds car c'est véritablement la payer en terre et en fonds que de l'acquitter en assignats qui représentent des terres et des fonds.

Ainsi la nation payant la dette ou moitié de la dette en *écus*, et n'étant plus tenue pour remplir cet objet de mettre des fonds dans le commerce, elle augmenterait prodigieusement et convulsivement le numéraire sans lui assigner d'emploi. Qu'en résulterait-il? Comme il faut un emploi à l'argent, que cet emploi est commandé par la force des équilibres, il en résulterait que les propriétés foncières prendraient une hausse extraordinaire; que la hausse des fonds produirait la hausse sur les productions de la terre et sur les objets que l'industrie offre à notre consommation habituelle ou à nos caprices; qu'en doublant en apparence[1] la richesse des hommes déjà puissants en fortune, cette liquidation effective de la nation appauvrirait cepen-

---

1. Celui qui vendrait pour payer ses dettes serait le seul qui gagnerait à cette augmentation; ceux qui aliéneraient pour acheter d'autres fonds à leur conve-

dant cette autre partie du peuple qui en est le centre et qui en fait la force. Il est donc plus avantageux pour le peuple de voir payer la dette en assignats et de voir mettre dans le commerce une quantité de biens équivalente à la valeur attachée à ces assignats. De cette manière la liquidation s'opère tout aussi bien qu'avec de l'argent et sans troubler les facultés de tout le monde, sans provoquer la hausse ni la diminution sur les fonds, sur leurs produits non plus que sur ceux de l'industrie. Tout conserve son équilibre, et l'acquittement de la dette ne produit pas une secousse dans toutes les fortunes.

De l'opération que je propose, qui prendrait beaucoup de latitude, il en résulterait un effet heureux et profond pour les fortunes de tous les citoyens; c'est que l'Assemblée nationale, en liquidant de cette manière sa dette exigible et arriérée, ferait liquider dans le royaume presque tous les citoyens les uns vis-à-vis des autres.

Si je suppose que l'émission des assignats s'élève à 1,800 millions, et que ces assignats doivent changer de main, les uns dix fois, les autres vingt fois (ce qui ne serait pas très extraordinaire), en prenant le terme moyen, je vois une liquidation respective entre tous les citoyens de l'Empire qui peut s'élever à quinze fois *dix-huit cents millions*, et nous devons croire que, de la part de ceux qui ne pourront point acheter, parce qu'ils préféreront de se libérer, les liquidations se multiplieront davantage; elles peuvent se multiplier de telle manière que les assignats arriveront à des extrémités qui ne tiendront plus à la libération particulière, mais qui tiendront à des acquisitions ou à des prêts qui seront faits à des gens qui voudront ou se libérer ou acquérir.

Cette opération, en guérissant une plaie profonde dans les fortunes de la majeure partie des citoyens, en relevant celles que des dettes

---

nance, ou même pour dissiper, n'éprouveraient aucun changement dans leur position, puisque les fonds et les objets de luxe augmenteraient nécessairement de prix en raison de l'augmentation du numéraire réel. Une opération en finances prend toujours beaucoup de latitude et il faut, en la disposant, compter les intérêts de tous les citoyens; autrement elle court risque d'être immorale. (*Note de Gouget.*)

1. Une augmentation convulsive qui ne se ferait sentir que chez nous, sur tous les objets que nous offre l'industrie, nous porterait à préférer les marchandises étrangères qui n'auraient pas éprouvé d'augmentation; par là notre numéraire nous échapperait et diminuerait promptement. Peut-être résulterait-il un autre effet plus funeste de l'abondance subitement accrue de l'argent; nous négligerions les moyens d'entretenir l'industrie qui fait une partie de l'occupation du peuple : en perdant nos trésors, nous perdrions aussi ceux qui entretiennent une grande nation dans sa morale, et nous sentirions, mais trop tard, qu'il n'est pas de mine d'or qui puisse valoir l'industrie.

passives finissent par épuiser totalement, cette disposition générale a cet avantage important de rétablir la confiance publique dans un moment où elle est entièrement perdue. La méfiance attaque continuellement l'industrie et les arts; une confiance réciproque et plus étendue leur restitue les avantages qu'ils ont pu perdre par l'effet de l'inquiétude générale, et tout doit tendre à rétablir cette foi publique qui donne la vie au commerce et qui assure la richesse de l'Empire.

Tels seraient, Messieurs, les effets heureux que produirait la majeure opération que je propose; mais je dois encore la considérer sous un rapport politique et moral d'une haute importance.

Lorsque vous donnez à tous les citoyens un moyen pour ne devoir qu'infiniment peu, vous portez dans tous les points de la société cette tranquillité qui lie essentiellement les hommes; vous évitez une multitude de contestations en justice *pour payements* qui multiplient les haines, les querelles des particuliers.

J'ajoute encore, et ceci tient à la pureté de la conduite des individus, j'ajoute que, lorsque les fortunes des particuliers seront plus liquides, moins embarrassées, l'on sera moins fatigué dans la société par cet esprit d'intrigue, de sollicitation, d'ambition d'argent ou de places demandées pour des hommes peu capables, souvent ineptes, souvent indignes.

Une classe d'hommes perdue de dettes embarrasse les administrations dans leurs dispositions et dans leurs développements. Cette intrigue funeste qui leur donne quelque espérance, de citoyens qui auraient vécu toute leur vie dans la médiocrité, mais aisée, mais paisible, en fait souvent des hommes qui, après avoir échoué dans leurs projets, après avoir dilapidé le reste de leur fortune, finissent par devenir, à la honte de la société, des chevaliers d'industrie, et vont malheureusement quelquefois au delà.

Ainsi je pourrais dire qu'un grand mouvement donné en finance trouble, ébranle ou rassure tous les intérêts particuliers en fortune comme en morale, selon que ce mouvement est bien ou mal dirigé.

§ III

Je me suis engagé, Messieurs, à démontrer par des raisonnements simples que l'on ne devait pas craindre qu'une émission considérable d'assignats pût faire fuir et disparaître le numéraire. Voici le résultat de mes méditations sur cette matière intéressante.

D'abord il ne sera pas fait une nouvelle émission d'assignats, sans mettre dans le commerce une masse de biens qui représentera ces assignats; et, par les mêmes raisons que j'ai déjà données, j'ai prouvé que l'une des opérations serait incomplète sur l'autre puisqu'elles sont réciproquement la mesure de leur équation et qu'en marchant parallèlement elles ne peuvent plus se froisser.

Mettre beaucoup de biens-fonds dans le commerce, sans donner à la société les moyens de les acquérir, ce serait faire dans un autre sens une détestable disposition, ruineuse pour la nation, faite pour avilir les biens qu'elle voudrait vendre; et en même temps elle porterait atteinte à la fortune de tous les autres propriétaires, puisque la baisse de leurs fonds serait l'un des effets de cette disposition. En second lieu, les assignats émis seront retirés de la circulation à des époques déterminées par la vente réelle des biens nationaux qui leur seront désignés pour gages. En troisième lieu, dire que le papier chasse l'argent, c'est avancer un fait, mais ce n'est pas le prouver. J'ai dit que je voulais prouver le contraire, et j'ose l'entreprendre; je poursuivrai même plusieurs objections que je me ferai dans les détails de cette proposition.

Je conviens que, si une grande quantité de papier à la même échéance vient tomber sur Paris, et que Paris ne puisse payer qu'avec de l'espèce sonnante, parce qu'à cette époque Paris devra à tout le royaume, et qu'il ne lui sera rien dû hors de ses murs; je conçois que l'argent est obligé de sortir de Paris pour payer sa dette; mais ce n'est pas là notre position: il est ici question d'un papier qui circule tranquillement et qui ne déplace point l'espèce. Le papier ordinaire qui alimente le commerce ne peut point être comparé aux assignats dans ses rapports avec l'argent. Le premier représente une action à exercer, qui déplace l'argent; l'autre porte un payement où il doit être fait sans déplacer l'argent. Là c'est un papier qui, à son échéance, ne présente que la même valeur qu'il avait lorsqu'il a été créé. Ici, c'est un papier qui acquiert de la valeur en vieillissant; l'un s'escompte passivement; l'autre s'escompte activement et en raison inverse. L'un ne vaut jamais son capital, que défalcation faite de l'escompte pour le temps qu'il a encore à courir; l'autre vaut dans tous les temps son capital, plus l'intérêt qu'il a déjà acquis. Le premier n'est pas de l'argent à tous les moments, ni pour tout le monde; le second le représente sur toutes les places, à toutes les époques; et, du moment qu'il court avec l'argent et qu'il a même un avantage sur l'argent, alors il en résultera que ce sera l'argent qui chassera le papier. Le mauvais papier chasse l'argent; mais le bon papier, tout le monde l'achète. Quand l'on aura vendu des biens nationaux et que l'on aura vu que ce papier vaut de l'argent pour les acheter, et qu'il vaut mieux que l'argent, en ce qu'il est productif en attendant les convenances, vous jugerez, Messieurs, *par des faits*, si ce papier chassera l'argent ou bien, au contraire, s'il l'appellera dans la circulation [1].

Je combats d'une autre manière encore cette proposition que *trop d'assignats chasseront l'argent*. Veut-on dire hors du royaume? Sans doute, cette objection n'est qu'un mot; l'argent ne va pas hors du royaume comme pour s'y promener; il faut des causes; ces causes ne peuvent être qu'une augmentation de nos besoins, des marchandises des autres; l'argent ne sort plus ou moins du royaume qu'en raison de l'emprunt que nous faisons de l'industrie de nos voisins. Quels seraient nos motifs actuels pour emprunter davantage que nous ne l'avons fait jusqu'à présent? L'industrie de nos rivaux? Je vois dans ce moment surtout que la nôtre nous suffit; et d'ailleurs je pense que, sous très peu de temps, dans des moments plus calmes, cet emprunt de l'industrie se fera en raison inverse; que ce sera nous qui communiquerons notre industrie et que nous nous passerons, à peu de chose près, de celle de nos voisins. Quand je n'alléguerais en faveur de cette assertion que la suppression de la gabelle qui a toujours gêné infiniment notre industrie sur les branches de commerce les plus importantes; quand je n'invoquerais que la suppression des ordres et des privilèges et de tous les moyens d'en acquérir par des charges ou des emplois; quand je ne me prévaudrais que de l'émulation qui nous presse et qui va développer en nous une activité dont nous ne nous sentons pas capables, je crois que j'en dirais assez pour établir la justesse de mon assertion.

[1]. Ici se présente naturellement la question de savoir si les assignats devraient porter un intérêt quelconque. Cette question, qui ne peut porter que sur les assignats qui sont à créer (puisque l'intérêt de ceux qui sont déjà créés est décrété), est difficile à résoudre. Cependant on pourrait la décider avec quelque exactitude, mais conditionnellement, en se rappelant constamment l'importance de déterminer le plus tôt possible la libre circulation du numéraire effectif.

Si l'on reçoit l'argent en payement des biens nationaux concurremment avec les assignats, nul doute qu'il ne faille attacher aux nouveaux assignats le même intérêt, afin de décider les capitalistes qui voudront acquérir des biens nationaux à se presser de faire leur provision d'assignats.

Si, donnant l'exclusion à l'argent, l'Assemblée nationale décrète que l'on ne pourra payer les biens nationaux qu'avec des assignats, alors ils acquièrent un tel avantage, une telle préférence sur l'argent, qu'il n'est plus nécessaire d'y attacher d'intérêt. Un assignat doit alors gagner sur la place en raison du besoin que l'on en aura.

L'on se déciderait volontiers pour ce dernier parti qui serait assurément le plus avantageux à la nation et au crédit des assignats; mais il faudrait alors que la vente des biens nationaux et l'émission des assignats fussent déterminées par une disposition prompte, rapide, générale, simultanée et instantanée. (*Note de Gouget.*)

L'on peut encore me faire plusieurs objections, mais entre autres celle-ci : *L'on portera notre argent chez l'étranger pour le lui prêter.* Je ne sais si l'étranger présentera dans la suite autant de solidité que la France; mais je me réserve de poursuivre cette objection dans un moment jusque dans ses derniers retranchements.

Mais, peut-on dire, vous donnez à la circulation une somme énorme d'assignats : le commerce, à supposer qu'il ait besoin de ce papier circulable, en sera gorgé, et il perdra nécessairement beaucoup dans les échanges.

D'abord il ne doit pas perdre puisqu'il est forcé, et il n'est forcé, il ne doit être forcé que par le motif qui fait que l'on force les écus. S'il y a trop d'assignats dans la circulation, ils en chasseront les papiers ordinaires. En se présentant pour les remplacer, ils rétabliront une confiance générale que le mauvais papier a si souvent troublée.

Tout le monde sait que les négociants qui veulent conserver leur crédit font rarement le commerce avec leur propre papier; ils font ordinairement circuler celui des autres auquel ils attachent à la vérité leur nom. Les assignats qui auront fait fuir le papier surabondant, qu'il soit bon ou équivoque (cela est indifférent), deviendront dans les mains de tous les négociants un papier d'une autre nature, qui ne sera plus incertain et qui sera convenable, comme je l'ai déjà dit, sur toutes les places.

Je sais très bien que les assignats feront baisser l'escompte d'un certain papier, que les assignats ruineront certaines banques qui ont usurpé ce titre qui ne leur appartient pas; car leur véritable nom est *l'agiotage*; mais qu'importe, pourvu que les assignats nourrissent et enrichissent le commerce? Certaines banques ne sont pas le commerce, elles en sont les vampires.

Le papier ordinaire a-t-il jamais chassé l'argent, lorsque la confiance était établie? Je soutiens qu'au contraire il le faisait sortir : la circulation des effets annonce la circulation de l'argent; la circulation des effets de commerce assure que le papier a été acheté avec de l'argent, et qu'il y a des vendeurs d'argent autant que de marchands de ce papier; à moins que l'on ne me parle de ces papiers de service qui ne représentent point une valeur en marchandises, et qui sont des mensonges dans la circulation. Mais alors je dis que ces papiers dangereux seront les premiers expulsés du commerce.

Je reviens aux assignats, et je continue de les comparer aux autres papiers de commerce. Peut-on craindre une émission considérable d'assignats lorsque l'on n'a jamais craint une quantité bien plus énorme de ce papier de commerce qui ne lui a jamais présenté, ainsi qu'au public, ni les mêmes convenances, ni les mêmes sûretés? Pourquoi ce refus que je viens de supposer tout exprès pour le combattre? C'est que l'on n'a jamais raisonné avec l'opération des assignats. Mais, quand on calcule avec elle, les opinions se redressent, et l'on reste convaincu qu'elle est tout en actif et rien en passif. Je veux dire qu'elle ne peut être attaquée d'aucun côté.

Si vous avez moins d'assignats, vous aurez davantage de ce papier ordinaire de commerce que vous connaissez déjà; si vous avez une plus grande quantité d'assignats, vous aurez moins de ce papier marchand. Lequel préférez-vous ?

Voici une autre vérité : c'est que, tant que vous verrez circuler encore le papier marchand, ce sera la preuve qu'il n'y aura pas une surabondance d'assignats. Le commerce donnera lui-même, activement ou passivement, à ce papier sa mesure de circulation. Je le prouve encore.

Aussitôt que les assignats commenceront à aller s'éteindre dans l'acquisition des biens nationaux, à mesure le commerce se rendra son papier pour multiplier son numéraire, il rétablira cette propriété dont il avait besoin avant les assignats. Quel inconvénient y a-t-il donc aujourd'hui de créer un papier qui n'aura d'autre effet que d'exiler pour un moment du commerce celui qu'il emploie depuis tant de siècles comme de l'argent? Quel inconvénient trouve-t-on de faire d'une manière plus habile pour l'intérêt du négoce ce qu'il n'a jamais pu se donner avec perfection, parce qu'il lui fallait pour cela l'intervention de la nation?

L'opération de l'Assemblée nationale n'a pas créé une banque purement nationale, mais elle a créé une banque qui appartient au public, à tous les particuliers, qui ne donne aucun embarras, qui n'exige ni directeurs ni comptoirs, enfin qui placera partout le même papier, unique moyen sans contredit pour détruire sans retour l'agiotage qui se fait *sur le papier* de Paris dans les provinces, et des provinces dans Paris.

---

1. La dette est inconnue en Angleterre; ce que l'on en sait, c'est qu'elle est immense, c'est qu'elle est effrayante si on la compare à la nôtre, en balançant en même temps les richesses de population et de territoire des deux nations. Le gouvernement anglais ne peut faire face qu'avec du papier. Ce royaume en est inondé. Sait-on en Angleterre à quelle époque s'éteindra ce papier? Y a-t-il, comme en France, des moyens certains pour le retirer du commerce et pour l'acquitter avec des fonds? Jusqu'à présent ces moyens ne sont pas obtenus; l'argent est-il sorti pour cela d'Angleterre? A-t-il été chassé par le papier? L'industrie ne s'y est-elle pas soutenue au contraire avec beaucoup d'avantages? (*Note de Gouget.*)

Enfin, d'autres citoyens s'alarment et redoutent la contrefaçon des assignats. Mais cette crainte est tout à fait mal fondée, puisque l'on exige les endossements qui conduiraient à découvrir tous les faussaires [1].

Si la fabrication d'*assignats faux* n'est pas impossible, il est au moins très démontré que le faussaire sera reconnu et puni; il ne peut pas se commettre dans la société de ces crimes réfléchis, quand les coupables sont assurés de ne pouvoir échapper à l'inflexibilité de la loi [2]. Ainsi, j'ai prouvé que la création des assignats est utile, nécessaire, indispensable, qu'elle opérera la circulation de l'argent; enfin, qu'elle est, moralement et physiquement, la moins inquiétante de toutes celles qui pourraient être ordonnées en finance.

§ IV

J'arrive aux considérations qui m'ont toujours fait penser que la circulation d'un papier hypothèque et monnaie, et portant un intérêt modéré, en rappelant la circulation du numéraire, devait opérer la baisse de l'intérêt de l'argent. Ici les conséquences s'identifient, se cumulent et se déduisent l'une par l'autre.

Je ne dis peut-être pas assez, lorsque je me sers de cette expression : *rappeler la circulation de l'argent*; il faut croire, par tout ce

---

1. L'endossement et l'impression des lignes derrière les assignats sont de l'imagination du sieur Gouget ; il interpelle en présence du public les administrateurs de la Caisse d'escompte d'en convenir. Cette idée est sa propriété, et ils doivent au moins déclarer que c'est lui qui a proposé ce moyen contre la contrefaçon. Il a été cet hiver en correspondance avec eux sur cet objet; ils lui ont écrit pour avoir de lui de plus grands détails sur ce qu'il avait proposé; il les a donnés, et ils lui devaient au moins une réponse.

Le sieur Gouget interpelle les administrateurs de la Caisse d'escompte de payer cette dette ; pour cela il leur donne ici son adresse; il loge à Paris, *Hôtel des États généraux, rue de Richelieu.*

Ceux qui ont imaginé d'attacher aux assignats le portrait d'un monarque-citoyen ont eu une idée heureuse; ils mettent sous les yeux de tous les Français l'image la plus chère, et multiplient sur tous les cœurs la réalité d'une gravure qui sera inaltérable. (*Note de Gouget.*)

2. La signature que l'on donnera à un assignat que l'on fait circuler, et qui a déjà circulé, ne garantit pas la solidité de l'effet; que serait-ce que la garantie d'un seul, comparée à la garantie de tout un peuple? Mais le seing que l'on sera tenu d'apposer garantit que la signature qui précède est réellement celle de la personne qu'elle nomme. Ainsi, dans un cas de falsification, l'on remontera toujours facilement à celui qui aurait contrefait des assignats.

Les lignes ont été proposées par le sieur Gouget pour empêcher les intercalations des signatures; l'accusation, dans le cas de la contrefaçon, aurait pu frapper un homme très innocent et épargner le coupable. (*Note de Gouget.*)

que j'ai dit et par les observations suivantes, que les assignats forceront *cette circulation,* et qu'ils feront baisser l'intérêt de l'argent. Voici, Messieurs, mes raisons, pour en porter la démonstration jusqu'à l'évidence.

Je regarde ces deux avantages comme ne pouvant plus être incertains, parce qu'ils ne sont plus les effets de la volonté des lois, qui n'ont jamais pu forcer la circulation de l'argent ni en régler l'intérêt, mais parce qu'ils seront les résultats d'une opération en finance, toujours souveraine dans cette matière.

Si le numéraire reste encore caché, il se trouve remplacé par un *papier-monnaie* qui, par sa circulation active, procure au peuple tous les mêmes moyens pour échanger, pour acquérir, et l'on a cet avantage que cette monnaie de portefeuille n'est pas restée oisive pour le porteur, puisqu'elle lui a procuré un intérêt, pour le moment qu'elle s'est reposée dans sa caisse, jusqu'au moment de son emploi.

Le propriétaire d'or et d'argent, qui les conserve par défiance, n'a pas les mêmes avantages; il garderait son trésor un siècle sans le moindre accroissement, ou plutôt, étant obligé de l'entamer par ses besoins, il le verra diminuer et s'éteindre tous les jours, ne pouvant en accuser que sa propre inquiétude.

Veut-il se déterminer enfin à prêter ses espèces? On lui refusera un intérêt qu'il voudrait élever beaucoup plus haut que celui qu'obtiennent les assignats dans les échanges.

En effet, comme il est indifférent à celui qui emprunte pour payer, même pour acquérir, de recevoir d'un prêteur ou de l'argent ou des assignats, il préférera de recevoir et d'emprunter des assignats, toutes les fois qu'on voudra lui faire estimer la différence de l'argent d'avec les assignats, parce qu'il ne peut plus y avoir de différence entre une monnaie garantie par la loyauté de la nation et par des propriétés foncières et une autre monnaie qui n'a pour elle que son poids et son essai. Si l'une doit l'emporter sur l'autre, ce doit être sans contredit celle qui ne sera jamais oisive; et les assignats auront l'avantage d'être continuellement productifs pour ceux qui les posséderont.

Si les assignats obtiennent la confiance des capitalistes, vous verrez circuler autant d'espèces que d'assignats, parce qu'alors les capitalistes se détermineront à en acheter avec de l'argent comptant, qui se divisera dans toutes les mains.

Si les capitalistes préfèrent le crédit des particuliers à celui des assignats, leur argent, comme je viens de le dire, ne se placera plus qu'au pair des assignats; et voilà la baisse de l'argent effectuée.

Si les capitalistes refusent d'accorder confiance et aux particuliers et aux assignats, si leur opinion sur la chose publique reste tellement corrompue qu'ils ne puissent prendre de confiance qu'en eux-mêmes, ils n'ont plus que deux moyens pour rendre leur argent productif : le premier, d'acheter des propriétés foncières; le second, de devenir industrieux, et, pour cela, il faut absolument que leurs capitaux sortent de leurs mains, et le nouveau capitaliste, pressé de jouir des sommes qu'il vient de recueillir sur eux, ne peut plus les rendre à la circulation qu'en consentant à la baisse de l'intérêt; sans cela, il verrait préférer les assignats à son argent.

Si les capitalistes, toujours défiants, n'osent acquérir des biens nationaux, la hausse des autres propriétés devient nécessairement l'effet de leur terreur et doit procurer encore plus d'espèces dans la circulation.

Enfin, s'ils préfèrent de placer chez l'étranger, voici la réponse que j'ai annoncée. Eh! qu'importe? Est-ce un si grand mal que l'argent de France soit prêté au dehors? Tous les vingt ans au moins, la France verrait doubler pour elle les capitaux qui auraient été prêtés aux nations voisines; tandis qu'en empruntant du dehors, au prix actuel où s'est élevé l'argent, la nation française a rendu en intérêts, en moins de quinze ans, les capitaux empruntés, et elle reste débitrice des mêmes sommes. Et certes il y a loin pour l'intérêt d'une nation de voir entrer chez elle des capitaux empruntés, ou de voir sortir une même somme de capitaux que l'on peut prêter au dehors, quand on peut le faire sans porter atteinte à l'industrie de son pays.

C'est parce que les Hollandais ont prêté continuellement à leurs voisins qu'ils sont riches en numéraire et que l'argent est payé rarement chez eux au delà de deux et demi pour cent.

C'est parce que la France a continuellement emprunté de la Hollande que l'argent y est plus rare et plus cher; et c'est aussi parce que la nation française n'empruntera plus désormais de l'étranger et qu'elle trouvera toutes les ressources chez elle-même, que vous verrez, Messieurs, conserver les capitaux immenses que la balance du commerce sera toujours contrainte de lui accorder.

Le commerce de la nation et sa richesse territoriale, qui s'accroissent continuellement, reproduiront pour la France les avantages que ce royaume a longtemps recueillis sur tous ses voisins, et lorsque le numéraire ne sortira plus chaque année pour acquitter les intérêts d'une partie de la dette qui reste due à ceux-ci, lorsque la nation sera certaine de conserver toutes les richesses qu'elle peut conquérir, elle est encore assurée de trouver un moyen continuel de modérer l'intérêt de l'argent.

§ V

La modération de l'intérêt de l'argent n'est point indifférente, je ne dirai pas seulement, Messieurs, pour le Trésor public, ni pour l'intérêt de tous les citoyens (personne ne combattra cette grande vérité), mais je dirai que cette modération tient au système de l'imposition, et je le prouve.

Les propriétaires de l'argent ont su soustraire à l'impôt leurs propriétés portatives; leur fortune s'est accrue aux dépens de la dette publique, tandis que les propriétaires fonciers, dont la fortune a pu frapper tous les regards, ont été presque les seuls qui aient supporté tous les impôts directs.

Vos administrateurs, Messieurs, éprouvent toujours de grands embarras lorsqu'il s'agit d'imposer les capitalistes; leurs fortunes sont ignorées, et pour répartir exactement sur eux tous les impôts, comme sur les propriétaires fonciers, il faudrait pour ainsi dire établir un bureau d'inquisition perpétuelle pour connaître l'actif et le passif des citoyens, il faudrait dévoiler les fortunes, et la trace du bien que de pareilles recherches pourraient sillonner serait effacée par une somme de maux incalculable.

Mais une modération considérable dans l'intérêt de l'argent a l'avantage de diviser les propriétés foncières dans toutes les mains [1]; la baisse de l'intérêt de l'argent qu'il est impossible de faire contribuer sera balancée avec les avantages que les propriétaires retireront de leurs fonds sujets à l'impôt, qui désormais rendront un intérêt plus avantageux que celui que pourront produire par la suite les capitaux [2].

Enfin, pour m'exprimer plus clairement, je dirai que la modération de l'intérêt de l'argent devient un moyen certain de faire supporter au capitaliste une partie de l'impôt auquel est assujettie la propriété sur laquelle son titre lui donne une action, et aux avantages de laquelle il participerait indûment en recevant l'intérêt de sa créance s'il ne participait pas à l'impôt. La baisse de l'intérêt de son argent est ici la retenue de l'impôt qu'il doit, et il est d'une grande équité que celui à qui la société garantit justice, sûreté, tranquillité, il est juste, dis-je, que celui-là contribue aux dépenses communes qui procurent ces avantages.

Ainsi, Messieurs, voilà de quelle importance il est pour la chose pu-

---

1. Diviser les propriétés foncières, c'est relever l'agriculture. (*Note de Gouget.*)
2. Ce sera l'époque où doit périr l'agiotage. (*Note de Gouget.*)

blique et pour toutes ses branches d'obtenir la modération du prix de l'argent. Cet avantage qui va embrasser tous les intérêts, les assignats doivent le procurer complètement.

Des quittances de finances, loin d'opérer tous les avantages que j'ai détaillés, enchaîneraient tous les moyens d'activité et ne nous en fourniraient pas un pour opérer ni la circulation de l'argent, ni la baisse de l'intérêt[1], ni, comme j'ai oublié de le dire, à tous les citoyens qui seront obligés de changer d'état, les facultés d'en trouver un nouveau dans le commerce.

Mais, peut-on opposer, ces assignats doivent s'éteindre à des époques déterminées par la délivrance d'une partie des biens de la nation, et, le papier-monnaie ayant une fois disparu, l'argent reprendra les avantages et la hausse actuels.

L'on peut répondre que cette hausse ne se déterminera point rapidement et comme par l'effet d'une convulsion; la vente d'une partie des biens de la nation va diviser les capitaux dans toutes les mains, et l'argent ne peut jamais prendre une hausse que lorsqu'on est parvenu à l'entasser.

Ce qui peut encore à cet égard calmer toutes les inquiétudes, c'est qu'il faut espérer, c'est qu'il faut croire que le gouvernement ne mettra plus lui-même la cherté à l'argent et qu'il ne nous ruinera plus en intérêts pour enrichir nos voisins. Si le gouvernement est contraint, dans des circonstances inopinées, d'emprunter, au moins il n'empruntera plus qu'à des Français. Il n'est pas indifférent pour l'intérêt public que l'emprunt du gouvernement soit ouvert ou fermé aux étrangers ; cela se conçoit sans explication.

D'autre part, Messieurs, n'aurez-vous pas toujours votre Assemblée nationale qui veillera au maintien de la modération de l'intérêt de l'argent, non qu'elle se permette d'en fixer le prix, mais elle sera toujours la maîtresse de le déterminer par le résultat d'une opération en finance; elle se souviendra des avantages que l'émission des assignats aura procurés au public pour l'intérêt des propriétés, pour l'accroissement de l'industrie, pour la circulation de l'espèce, pour l'amélioration de l'agriculture, pour le système de l'imposition; et vous verrez, Messieurs, votre Assemblée législative, forte d'un tel succès qui aura embrassé à la fois presque tous les intérêts, vous la verrez prendre en

---

[1]. Pour que l'impôt soit bien réparti, il faut qu'il soit en équilibre sur trois points, la *propriété*, *l'argent* et *l'industrie*. Il est difficile de savoir comment on atteindra l'*industrie*. L'on se hasardera peut-être à publier promptement des réflexions sur le moyen de faire contribuer l'industrie en augmentant son activité. (*Note de Gouget.*)

considération les circonstances qui exigeront encore l'émission d'un papier-monnaie portant toujours l'intérêt que l'on aura l'intention d'attacher à l'argent; vous verrez créer ou éteindre ce papier, suivant qu'il sera utile de réduire ou d'augmenter l'intérêt de l'argent, et en balancer la possibilité et les avantages d'après les correspondances que nous aurons avec nos voisins; vous verrez vos représentants combattre perpétuellement les agioteurs qui, par leurs spéculations hostiles, ont dilapidé le Trésor public, ont éteint la confiance, desséché l'industrie, ruiné l'agriculture et grossi leur fortune de la misère des autres.

Cependant, je dois le dire comme je le pense, le crédit une fois rétabli par l'harmonie et l'économie administrative, je ne vois plus qu'une seule circonstance qui peut-être nécessitera l'augmentation du numéraire réel par un nouveau secours du numéraire fictif.

L'accroissement de la population nécessite dans un empire l'accroissement de sa monnaie; et la population ne peut plus manquer de s'accroître chez un peuple qui ne languira plus dans la misère, qui jouira à une certaine hauteur d'une liberté politique et civile, dont la constitution sera faite aussi bien pour rétablir les mœurs que pour détruire tous les abus, pour extirper tous les moyens d'oppression et pour faire ressusciter tous les principes.

L'accroissement de la population dans un empire qui possède une immense richesse en territoire est un accroissement en *propriété réelle*, parce que c'est une nouvelle ressource pour l'industrie publique, pour la culture et pour les arts.

Avec une éducation nationale, vous approprierez l'accroissement de la population à tout ce qui tient dans l'Empire à sa richesse réelle et à sa richesse fictive; et, si j'avais la crainte de voir jamais une nécessité à l'augmentation de l'impôt, je dirais que cet accroissement de population pourrait encore servir le Trésor public; mais il faut éloigner des inquiétudes que nous ne pouvons plus avoir avec une constitution qui nous assure une administration désormais paternelle et économique.

Je crois, Messieurs, avoir établi de grandes vérités; je les ai longtemps méditées, et je compte assez sur leur évidence pour inviter tous ceux qui voudront les combattre à me proposer leurs objections et pour me flatter de réunir leurs opinions à la mienne.

P.-S. — L'on rappelle à chaque instant le *temps du système*, pour discréditer les assignats. Mais les billets de Law n'avaient pas d'hypothèque, ou plutôt n'en avaient d'autre que les mensonges ministériels d'*alors*. — Ici la différence est grande. Les assignats reposent sur la loyauté d'une nation libre, et qui, s'administrant elle-même, aura le vouloir et le pouvoir de tenir ses promesses. Ils reposent de plus, et c'est ce que l'on ne peut se dissimuler sans l'apparence au moins de la mauvaise foi, ils reposent sur une masse immense et pour le moins équivalente de fonds territoriaux, existants, à portée et sur-le-champ disponibles. « Si le Mississipi, disait avec vérité M. du Port, eût pu se transporter en France, les billets de Law auraient été excellents. » Or nous avons le Mississipi.

XXXVI

PROJET D'ADRESSE A L'ASSEMBLÉE NATIONALE
SUR LE DUEL [1]
PAR PH.-A. GROUVELLE [2]
IMPRIMÉ PAR ORDRE DE LA SOCIÉTÉ DES AMIS DE LA CONSTITUTION,
SÉANTE A PARIS, POUR ÊTRE ENVOYÉ A TOUTES LES SOCIÉTÉS
QUI LUI SONT AFFILIÉES
(Paris, Imp. nationale, 1790, in-8 de 29 pages.)

Falsus honor juvat et mendax infamia terret.
HORACE.

Avertissement [3].

Ce n'est pas seulement comme contraire à l'humanité, au bon sens et à l'ordre social, c'est surtout comme ennemi de la constitution que le duel est ici déféré au tribunal de la patrie.

---

1. Probablement à propos du duel de Barnave et de Cazalès, 11 août 1790.
2. Philippe-Antoine Grouvelle, né à Paris en 1757, secrétaire des commandements du prince de Condé, fit jouer en 1788, au Théâtre-Français, une comédie en un acte, *l'Épreuve délicate*. Un des rédacteurs de la *Feuille villageoise*, fondée par Cerutti, il occupa les fonctions de secrétaire du Conseil exécutif provisoire du 10 août 1792 au 8 juillet 1793. Puis, ministre de France à Copenhague (1793-1800), il fut dès l'an IV un des associés non résidants de l'Institut, classe des sciences morales et politiques, section de science sociale et législation. Il mourut à Varennes, le 30 septembre 1806. — On lit dans la *Chronique de Paris* (tome II, p. 383) que l'écrit de Grouvelle sur le duel « a causé une grande sensation ».
3. *N. B.* — Une partie des principes de cette adresse avait déjà été développée plus au long dans un ouvrage du même auteur, publié au commencement de cette année, et dont la nouvelle édition se vend chez Desenne, libraire au Palais-

Cet *honneur* sanguinaire, qui ne reconnaît qu'une seule espèce de satisfaction pour toutes les sortes d'injures, est un reste des mœurs et des lois du Français barbare, qui a pu se maintenir chez le Français civilisé, parce qu'il était esclave et que l'esclavage est une sorte de barbarie ; mais ce prestige honteux doit s'évanouir dans l'atmosphère de la liberté : car la liberté fait régner la loi, la loi conserve l'égalité, et l'égalité seule suffit à régénérer l'opinion.

Mais cette opinion est-elle aussi préparée, aussi formée qu'on se plaît à le croire ? Le duel est-il jugé ? Tous les esprits sont-ils assez convaincus de sa barbarie et de ses dangers ? Non, sans doute ; et l'on s'exagère le progrès de la raison publique.

On se trompe surtout à cette espèce d'insurrection du patriotisme qui vient de multiplier les pétitions contre le duel. Platon nous représente Socrate arrêtant Alcibiade au moment où il entre dans un temple : « Qu'allez-vous demander aux dieux ? » lui dit-il ; et, sur la réponse de son disciple, le sage lui démontre qu'il n'avait point réfléchi aux conséquences de ses prières les plus ardentes. Si l'on interrogeait la plupart de ceux qui vont dans le temple des lois provoquer l'anathème du législateur contre les duels, je crains bien qu'on ne trouvât beaucoup d'Alcibiades.

La plupart savent-ils que ce n'est pas le duel, mais l'estime absurde qu'on a pour le duel qu'il faut détruire ?

Savent-ils assez que la même loi qui défendra au citoyen de se faire justice à soi-même défendra en même temps à ses concitoyens de louer, même d'exécuter celui qui fait ou accepte un défi, et en même temps de blâmer ou de mésestimer celui qui, recevant une injure, n'en demande justice qu'au magistrat ?

Savent-ils que cette même loi leur défendra de croire qu'il soit réellement au pouvoir d'un coquin ou d'un ivrogne de déshonorer, par un mot grossier ou par un geste brutal, un homme honnête et sage, quand même celui-ci mépriserait assez l'offenseur pour ne pas le forcer à la réparation légale ?

Elle leur défendra encore de croire que la même invective qu'ils dédaigneraient de venger, si elle leur était dite par un passant gros-

---

Royal, sous ce titre : *Point de duel ou point de constitution*. On retrouvera même ici quelques expressions et quelques phrases semblables. Il y a des choses qu'on dirait trop mal, si on avait la prétention puérile de les dire de plusieurs manières. — Ces deux ouvrages seront incessamment suivis d'un discours sur les principes que le législateur doit suivre pour parvenir à l'abolition des duels. On y présentera quelques vues nouvelles sur l'ensemble des lois propres à remplir un objet si désirable. (*Note de Grouvelle.*)

sier et couvert de haillons, doive être punie de mort, si elle sort de la bouche d'un homme plus riche et plus habillé.

Enfin savent-ils que la loi contre les duels leur ordonnera de renoncer à ce préjugé; qu'il n'existe d'autres offenses réelles que les offenses qui sont vengées et réparées par la justice, et un autre honneur que la juste et véritable estime due au religieux observateur des lois?

Telle est pourtant l'étendue de l'engagement que prend tout pétitionnaire contre le duel. Qu'il médite ces maximes, ainsi que les axiomes qui terminent cet écrit, et qu'il se demande à lui-même si, dans le fond de son cœur, il est en effet décidé à n'agir, à ne juger désormais qu'au gré des principes si sévères d'une loi si exigeante.

Ces réflexions à part, je n'aurais encore que trop de preuves de l'immaturité de l'opinion à l'égard du duel. Il ne faut que voir quelques sociétés et entendre quelques conversations : quels discours! quelle déraison opiniâtre!

La plupart de ceux qu'on appelle aristocrates, trop ignorants ou trop légers, n'ont pas bien analysé par quels secrets rapports le duel et le faux point d'honneur sont la dernière ressource de la féodalité et, pour ainsi dire, le dernier baliveau de la forêt d'abus que nous venons d'abattre. Mais je ne sais quel instinct superstitieux les avertit de contrarier toujours la raison et la loi, et de combattre avec fureur l'abolition des duels. Ils trouvent des auxiliaires puissants dans l'armée trop nombreuse des mécontents, des ennemis cachés de la constitution. De là ce redoublement de fureur qui, dans ces derniers jours, a tant multiplié les querelles et les combats meurtriers. Supprimer le duel! Une telle idée soulève tous ces gens. J'ai vu nos jeunes braves crier à l'injustice : il y en a mille qui se feront tuer, tant qu'on voudra, pourvu qu'on leur laisse le plaisir et l'honneur de se battre toute leur vie. D'autres, plus pacifiques, se contentent de l'escrime des paroles. Ils déclament à qui mieux mieux sur les délicatesses de leur prétendu honneur. J'ai entendu rebattre jusqu'à ces vieux sophismes sur la *vengeance personnelle* inventés par les jurisconsultes et les casuistes du XVIe siècle, car les Balde et les Barthole n'ont pas manqué d'élucubrer copieusement la matière du duel, et les jésuites complaisants n'ont pas négligé d'absoudre le duelliste par la direction d'intention.

D'un autre côté, comme le duel protégeait tous les vices, les vices reconnaissants lui rendent sa protection avec usure. Songez à la tourbe des hâbleurs, des dissipateurs, des banqueroutiers, des joueurs, des escrocs, même des femmes vindicatives ou corrompues : voilà encore pour le duel des apologistes et des amis ardents.

Enfin, tandis que l'aristocratie et l'immoralité publique sophistiquent bravement en faveur de cet usage féroce, un grand nombre d'hommes honnêtes et sensés se taisent et dissimulent lâchement la juste horreur qu'il leur inspire. En le détestant tout bas, ils n'osent le proscrire tout haut. Ils craignent de passer pour poltrons, s'ils se montrent humains et raisonnables. J'en ai vu d'assez pusillanimes pour n'oser même lancer en public un écrit où cette manie était puissamment combattue. Enfin, par un singulier contraste de l'hypocrisie générale, on voit tel qui hait au fond du cœur le duel, l'excuser ou n'oser l'attaquer devant les faux braves si communs dans le monde, tandis que tel autre, imbu des chimères du faux honneur, affecte, aux yeux des hommes éclairés, cette même philosophie qui condamne le duel, et que ses propres actions démentiront, comme son cœur, au premier prétexte.

Si ce tableau est fidèle, que faut-il penser de l'opinion? Est-elle mûre pour la loi, quand les principes de la loi sont partout reniés ou dissimulés, ou même entièrement ignorés? Car, s'il faut ici découvrir toute ma pensée, les hommes les plus ardents à solliciter cette réforme légale et morale me semblent tous n'avoir vu que de profil cette grande question. Je le juge par les divers projets de loi qu'on présente de toutes parts. Ils ne sont presque tous que des moyens faibles, partiels et isolés. Il ne suffit pas de considérer la tige, il faut voir la racine et les branches. Ce n'est pas, à mon sens, une simple loi, c'est presque une législation complète qu'il s'agit de produire. Une circonstance accroît encore en ce moment l'influence du point d'honneur et la fureur des duels, c'est l'institution des gardes nationales : la jeunesse de nos villes a trop endossé l'esprit avec l'habit militaire. Croit-on qu'elle s'accoutume sitôt à ne tirer qu'au nom de la loi cette épée, qu'elle porte et qu'elle manie encore avec cette audace pétulante que donne le premier sentiment de la liberté armée?

Aussi, les nombreuses pétitions contre les duels ne sont-elles dues qu'aux alarmes qu'on a pu concevoir pour la vie des défenseurs du peuple, menacée par une ligue de champions antipopulaires. Mais ce n'est point le sentiment, c'est la raison qui détruit les préjugés. Le sentiment peut faire un bon citoyen, mais non un peuple sage; car il n'agit guère que pour l'instant et pour les personnes : la raison seule opère pour les siècles et pour les sociétés. Enfin, si le sentiment fait les belles actions, la raison seule fait les bonnes lois.

En un mot, la nation, le peuple entier, la pluralité des Français a sans doute un intérêt puissant à priver désormais d'estime et d'honneur le duel et les duellistes. Mais la notoriété de cet intérêt public n'est rien moins qu'universelle. Si donc vous ne voulez pas porter une loi prématurée, une loi qui reçoive chaque jour de l'opinion un funeste démenti, et tombe bientôt dans une impuissante désuétude, il faut qu'une rapide et immense diffusion des lumières rende tout à coup les Français dignes de cette loi. Mais, comme ce préjugé est celui des classes accoutumées à lire et à penser, le miracle s'achèvera sans peine; surtout si une discussion solennelle, ouverte au même instant dans tous les coins de l'Empire, appelle et fait rayonner sur tous les principes une salutaire évidence. C'est le but qu'on s'est proposé en offrant ce projet d'adresse à la Société des amis de la constitution. Elle rappellera aux citoyens que c'est à eux qu'il appartient de faciliter l'œuvre du législateur, et qu'un peuple qui demande une loi promet un sacrifice, celui de ses préjugés. Car la nature a voulu que la liberté fût achetée comme tous les biens. La terre n'accorde ses richesses qu'au travail; la constitution ne livrera ses fruits qu'à la raison qui sait se corriger, et au patriotisme qui saura s'immoler.

Projet d'adresse à l'Assemblée nationale sur le duel.

L'Assemblée nationale n'a pas brisé toutes les chaînes. L'aristocratie, détrônée par la constitution, règne encore dans les habitudes. Ces castes oppressives, enfin désarmées, avaient transmis à la nation même leurs préjugés. Comme un joug indestructible, ils pèsent invisiblement sur nous, et l'on peut dire que la tyrannie survit aux tyrans.

Législateurs de la France, remplissez votre mission la plus sublime en fondant la liberté jusque dans les cœurs. Ainsi que la volonté générale, la raison publique est représentée par vous. Jamais plus sainte occasion ne s'offrira d'exercer ce pouvoir de la suprême censure. Une coutume atroce, des opinions follement inhumaines, démentent aujourd'hui le caractère français; puisque enfin le Français a pris un caractère. Il attend votre signal pour se délivrer de ces erreurs. Délibérez; la lumière va luire! Décrétez; les vertus vont éclore!

Oui, c'est trop longtemps entendre le récit de ces scènes cruelles, où des citoyens prodiguent leur vie sans raison, presque sans passion, et surtout sans fruit pour la patrie. Si l'époque immortelle, l'ère fortunée des sociétés humaines est enfin arrivée, si nous ne sommes plus des Welches légers et barbares, pourquoi, à l'instant où le nouvel ordre social commence à fleurir, voyons-nous l'anarchie sauvage et anticivique des duels renouveler ses plus scandaleux excès? Lorsque l'intérêt de la grande famille demande l'exclusif dévouement de toutes les âmes et de toutes les forces, d'où vient que chaque jour nous montre le sang de frères impunément répandu, et des têtes utiles compromises dans des rixes frivoles et pour l'absurde cause du point d'honneur? Il est temps que les Français commencent à pratiquer les vérités qu'ils professent et deviennent les hommes nouveaux des nouvelles institutions.

Il est temps de dénoncer à la conscience des gens de bien, en même temps qu'à la justice du législateur, le danger public et le délit constitutionnel des combats singuliers.

Sans doute, il fallait que cette résurrection politique vînt changer tous les devoirs du citoyen, pour que nous-mêmes vinssions invoquer la loi contre les duels. Lorsque, sous le dernier règne, un philosophe attaquait avec tant d'éloquence cette fatale manie, les âmes fières et libres lui criaient : « Arrêtez, laissez-nous cet abus salutaire, ce vice des mœurs, qui corrige les vices des lois. »

En effet, tant que la dignité de l'homme fut méconnue, tant que l'égalité n'exista point, et qu'on ne vit en France que des hommes tout à la fois inférieurs et supérieurs, il était bon que la crainte d'une épée contînt, sous une lâche politesse, les jalousies mutuelles et l'insolence hiérarchique de tous ces privilégiés, tour à tour superbes et rampants.

Là où paraissaient effacés tous vestiges de liberté publique et privée, la vengeance personnelle, ce reste d'indépendance sauvage, empêchait l'entier avilissement du génie national.

Là enfin où la justice était absente, il fallait que nous pussions nous la faire quelquefois, et réprimer nous-mêmes des offenseurs puissants ou protégés; car, partout où un outrage ne trouve point de réparation légale, l'offensé rentre dans l'état de nature.

L'égalité, la liberté, la justice manquaient; le duel en était l'utile supplément. Ces biens nous sont rendus; périsse leur honteux simulacre!

Elle est donc nouvelle aujourd'hui, cette horrible question tant de fois débattue. D'aujourd'hui seulement, le duel ne saurait trouver grâce devant nous.

Ah! s'il eût pu voir le peuple français rétabli dans ses droits, celui qui révéla à tous les peuples le secret de leur souveraineté usurpée[1], c'est à lui qu'il appartiendrait de renverser, au nom du patriotisme, le préjugé qu'il combattit sans succès au nom de l'humanité. Il commanderait aux citoyens les sentiments civiques, comme il commandait aux mères les vertus maternelles. Du moins, au défaut de son

---

1. Allusion à Jean-Jacques Rousseau.

génie, il nous a légué ses principes, armes impérissables devant lesquelles tombent d'elles-mêmes toutes leurs erreurs.

La philosophie distingue plusieurs époques dans l'histoire du duel.

L'homme sauvage vengeait son offense par une irruption soudaine et préméditée contre son ennemi. Pour empêcher les maux et les guerres qui suivaient ces vengeances et mettre plus d'égalité dans les combats, on convint qu'ils seraient toujours précédés par un appel. Ainsi, un sentiment de justice et de générosité établit dans son origine le duel comme un remède contre les assassinats.

Bientôt les prêtres, nos premiers législateurs (car la théocratie est l'imbécile enfance de presque toutes les sociétés), habiles à ramener sous leur pouvoir toutes les actions de la vie humaine, surchargèrent la loi du combat de formalités et de cérémonies religieuses, et mirent le combat ou l'épreuve du feu au rang de toutes ces épreuves bizarres qui, sous le nom de *jugement de Dieu*, composaient leur superstitieuse et barbare jurisprudence. Ainsi commencèrent à s'instruire, à se plaider et à se juger toutes les causes; ainsi fut institué le *duel judiciaire*. C'est alors que la souveraineté nationale se brisa, pour ainsi dire, en cent mille éclats, et ses fragments dispersés tombèrent au hasard dans les mains de cent mille despotes féodaux. Mais chacun, dans le rang où le plaçait l'ordre graduel du système seigneurial, s'arrogeant le droit souverain de la guerre, le combat devint la jurisprudence unique, et s'étendit à tous les incidents d'un procès, de manière que le juge et les témoins, comme les parties, furent sujets à l'appel et au combat. Ainsi se résolvaient alors toutes les questions; ainsi, comme la plus noble et la seule justice, comme l'attribut et bientôt le privilège exclusif du gentilhomme, s'établit le *duel féodal*.

Mais lorsque ensuite l'autorité royale eut fait rentrer tous les Français sous la puissance des lois civiles enfin épurées et perfectionnées, la race *gentilhommière*, ennemie naturelle de la justice commune, forcée de soumettre aux tribunaux le jugement de ses querelles d'intérêt, s'obstina encore, dans ses démêlés personnels, à ne reconnaître que le jugement de l'épée. Comme une ruine chère à leur orgueil, les nobles conservèrent par l'usage, et malgré la loi, une barbarie jadis moins révoltante, puisque du moins elle était légale. Ainsi se pratiqua jusqu'à nos jours ce qu'il faut appeler le *duel aristocratique*, monument de la féodalité dégénérée, l'abus de l'abus même.

Nos guerres civiles et, depuis la prééminence de l'état militaire, l'esprit des corps, l'usage de porter une épée pour parure, le désœuvrement et la vanité, naturels aux sujets d'un despote, l'ascendant excessif des femmes sur nos sociétés, tous les vices du gouvernement, voilà les canaux, non moins impurs que leur source, par lesquels l'usage du duel pénétra et s'étendit jusqu'à nous, à travers deux siècles de lumières.

Mais comment ce *faux honneur*, le préjugé de quelques familles, devint-il un préjugé national? Comment nous étions-nous accoutumés à n'attacher au duel que des idées nobles et favorables, au lieu des idées affreuses qu'il présente naturellement à des cœurs libres et humains? Oh! prestige de la servitude! oh! perversion de la raison publique! La plupart des vices du peuple, ainsi que tous ses maux, étaient comme des infirmités aristocratiques : imiter les maîtres, c'est l'ambition des esclaves.

Les castes féodales avaient le droit exclusif de porter certaines armes. Le duelliste était donc depuis longtemps honoré, ne fût-ce qu'en qualité d'homme d'épée. Bien plus : de ce que ces gens se battaient seuls avec ces mêmes armes, ils en conclurent qu'ils étaient seuls braves, que l'*honneur* par excellence résidait en eux seuls, qu'il y avait, pour eux des injures particulières et qu'ils avaient seuls droit à une satisfaction privilégiée, dont les réparations banales de la justice ne pouvaient tenir lieu. Et nous, peuple crédule! nous apprîmes à respecter ces chimères injurieuses pour nous; nous pensions nous élever jusqu'à eux en répétant leurs discours, en adoptant leurs rites sanguinaires!

Et tel fut longtemps le pouvoir de ces honteuses illusions que tout à l'heure encore la nation entière semblait les avouer, lorsqu'ils s'arrogeaient pour ainsi dire le monopole des armes, de la bravoure, de l'honneur et du duel même.

L'ignorance, la superstition, l'anarchie, l'avilissement du peuple, des vices politiques, des lois méprisées et des mœurs méprisables, voilà donc l'origine et les soutiens d'une telle coutume et d'un tel préjugé!

Avoir ainsi développé, pour ainsi dire, leur généalogie aristocratique et féodale, c'est avoir déjà réuni contre eux tous les cœurs français. Poursuivons. La nature, la raison et la loi vont prononcer leur proscription unanime.

Et d'abord, loin de nous ces hommes industrieux à pallier tous les vices! Par quelles subtilités justifieraient-ils le duel? Que pourraient-ils dire? Que le duel entretient l'esprit militaire!... Quoi de plus propre au contraire à le détruire qu'une fureur qui anéantit toute subordination? Que le duel nous rend polis!... Les Grecs étaient donc des hommes grossiers? Qu'il nous rend braves!... Les Romains étaient donc des lâches? Et cependant ces peuples célèbres n'ont point connu l'honneur du spadassinage!

Disputerait-on à la loi même le droit de punir le duel, prétendant « que tout homme possède et conserve le droit de disposer de sa vie, qu'il peut donc aussi la risquer, la jouer contre la vie d'un autre »? Mais, quand il serait vrai que l'homme social, que le citoyen eût le droit moral de se tuer, qu'y a-t-il de commun entre un duelliste et un suicide? Le duelliste veut-il donc la mort? Non, il veut la donner à un autre, et c'est cette volonté que la loi punit et doit punir. Le suicide, au moment qu'il s'immole, a renoncé aux droits, aux avantages et par conséquent aux devoirs de l'association : il est devenu étranger. Le duelliste, au contraire, reste sous la protection et par conséquent sous l'empire de la loi.

Jouer sa vie! Le duel, un jeu! Eh bien, s'il est ainsi, la loi doit encore le proscrire, comme elle proscrit tous les jeux inégaux; et celui-ci ne l'est-il pas toujours? La force, l'adresse, l'ardeur du sang, le tempérament seul peut vous rendre un combat inégal. Un adversaire plus adroit, plus vigoureux, plus calme que vous, a beau vous avertir de vous mettre en défense, il n'en est pas moins, s'il vous tue, une sorte d'assassin. Le duel, un jeu! Mais le mérite des hommes, le prix et l'utilité de leur vie, sont-ce des choses égales? Toutes les fois que le scélérat égorge l'homme vertueux, que l'insensé tue l'homme de génie, n'est-ce pas la société entière qui fait, à ce jeu sanglant, la perte la plus ruineuse?

Ah! c'est ainsi qu'elle en doit juger : la loi, son ouvrage, ne voit, dans le duelliste, qu'un meurtrier volontaire. Et, en effet, qui oserait ranger le duel au rang des homicides qu'excuse un funeste hasard? Le duelliste est-il même excusé par l'emportement d'une violente passion, lui qui au contraire prépare à loisir et ajourne froidement sa vengeance? Non; les sages Américains, les précurseurs de la liberté européenne, ont prononcé son arrêt. Leurs lois ont nommé un tel meurtre *l'assassinat en duel*, et l'ont frappé d'une peine plus atroce que celle des autres assassinats.

Laissons ces vains sophismes. La nature crie à tous les hommes : « Le pire des maux est la mort; le plus grand des crimes est le meurtre. » En vain sourira dédaigneusement le faux brave : le courage est de dire ces choses, et la lâcheté de les nier.

La raison nous dit encore : « Celui qui, parce qu'il se croit insulté, veut se faire égorger; celui qui, voulant se venger, va périr sans vengeance; celui qui, ayant fait injure à quelqu'un, le tue pour lui faire satisfaction; celui qui croit répondre au reproche d'être un fripon en montrant qu'il est brave; celui enfin qui, si on le calomnie en disant qu'il a tué un homme, court en massacrer un autre pour prouver que cela est faux; tous ces hommes, extravagants ou furieux, ne méritent que l'horreur ou le mépris des gens de bien. »

Enfin, voici ce que dit aussi la loi, la loi première des sociétés : « Le droit de vengeance personnelle et le droit de se faire justice à soi-même appartiennent à l'homme naturel; c'est pour cela qu'ils sont interdits à l'homme civilisé. Français, vous n'aviez point de loi, vous n'aviez point de société, car le despotisme est la dissolution sociale; il laisse à tous le droit de la violence, sur lequel il est fondé lui-même. Mais la société française est maintenant fondée sur la volonté générale. La loi est souveraine, la loi est légitime. Chaque citoyen est lié tout entier, âme et corps, à la grande cité. Tous appartiennent à tous; malheur au Français qui venge lui-même son injure : il se met à la place de la loi, vengeresse commune et impartiale; il usurpe la souveraineté, il arbore la tyrannie. »

Mais il est un intérêt plus puissant, il est une voix irrésistible qui s'élève en ce moment : c'est celle de la constitution. Législateurs suprêmes, défendez votre ouvrage.

Chacun de vos préjugés antiques n'est plus incompatible avec nos lois présentes. Le duel est un usage féodal, et la constitution s'élève sur les ruines de la féodalité. La constitution ne laisse de force qu'aux lois. Le faux honneur ne connaît de loi que la force.

Le duel est contraire à la sûreté publique, puisqu'il met la vie des citoyens à la merci des caprices scélérats d'un habile escrimeur.

Le faux honneur blesse la liberté individuelle, puisqu'il force à se battre l'homme juste qui, sans redouter la mort, peut abhorrer le crime, ou celui qui, privé par la nature du courage de tempérament, pourrait mériter l'estime par des qualités moins communes et plus utiles.

Enfin, le duel attaque l'égalité des droits. Un délit qui n'est point général, un délit qui est propre aux classes les plus opulentes, mettra le législateur dans la nécessité de porter des lois qui ne seront point applicables à tous, des lois particulières. Ainsi renaîtra au milieu de nous une sorte de privilège, d'exception juridique et d'inégalité légale.

Et cependant la constitution nous promet sûreté, liberté, égalité! Et cependant nous adorons la constitution! Quel est donc cet inexplicable délire des hommes? Ils voudraient amalgamer des êtres hétérogènes et réfractaires, jouir de la tyrannie individuelle au milieu de la liberté générale, ils voudraient, avec des lois pures, conserver leurs habitudes les plus dépravées !

Encore, si l'on pouvait espérer que les mœurs publiques dussent bientôt amener la destruction de cet abus déplorable ! Mais cet abus lui-même détruit tout espoir de régénération dans les mœurs. Eh ! comment naîtrait-elle, cette moralité sévère des citoyens, tant que le faux honneur, comme un affreux tyran, veille, le fer en main, pour imposer silence à l'opinion générale elle-même ; tant que la menace d'une provocation atroce resserre les sentiments individuels sur les hommes et sur les choses ; tant que le duel met à la liberté de la parole les mêmes entraves qu'une police odieuse mettait naguère à la liberté de la presse? Quel homme sage n'a pas craint souvent de laisser échapper la censure, ou du moins de la prononcer avec l'énergie qui la rend efficace? Trop heureux donc les hommes pervers que nous aidons ainsi à étouffer leur opprobre. Mais plaignons l'homme vertueux que ceux-ci priveront de sa gloire ! Plaignons surtout la patrie, condamnée à une éternelle disette de vertus et de mœurs.

Car les mœurs et les vertus ne se reproduisent que par la véridique et libre distribution de l'éloge et du blâme, c'est-à-dire par l'infaillible puissance de l'opinion.

Que si l'opinion, ainsi captive, ainsi tyrannisée, ne rend plus que des témoignages suborneurs, quel guide alors dirigera les suffrages et les choix du peuple? A quel titre reconnaîtra-t-il l'homme digne de sa confiance? Rempli comme vous des superstitions de l'honneur féodal, de l'honneur duelliste, de l'honneur assassin, quel sera pour le peuple l'administrateur, le magistrat, le représentant incorruptible? Ce sera donc ce gladiateur, ce rebelle, ce parjure déjà souillé de meurtres et toujours prêt à laver les taches de sa vie du sang de son dénonciateur? Conséquence absurde, mais digne de son principe ! Tant l'estime exagérée d'une telle bravoure est contraire aux vrais intérêts du citoyen ! Tant les pratiques immorales du faux honneur pourraient vicier la constitution jusque dans ses racines!

Mais quoi! que parlons-nous ici de moralité, de raison, de constitution, de tout ce qui perfectionne les sociétés humaines? Il faudrait plutôt demander s'il y a une société là où triomphe le faux honneur. Non, tant que la loi protectrice qui défend la vengeance personnelle sera violée, aucune autre loi ne jouira de sa pleine et tutélaire puissance, car le duelliste ne viole pas seulement cette loi ; il renie, il insulte la justice commune, il témoigne qu'il la méprise ; et, comme cet usage est celui des classes éclairées, il n'en est point qui plus rapidement énerve les autorités légitimes et contrarie leur action salutaire, en les heurtant, en les bravant sans cesse, en les dégradant même aux yeux du peuple entier.

Hélas! tous les sages, sous quelque ciel qu'ils méditent pour le bonheur des peuples, se félicitaient en voyant s'affermir parmi nous cette égalité sociale des droits, source de tous les biens. « La paix et la liberté, disaient-ils, auront donc un même asile. Il existe enfin une contrée où les citoyens, divisés quelquefois pour leurs intérêts privés, auront du moins des intérêts communs autour desquels on les verra se rallier incessamment; où l'impartialité constante des lois, égalisant tous les individus, relève tous les courages et tempère ainsi l'orgueil, l'envie et toutes les passions haineuses. Là, aucun homme n'aura jamais à se plaindre que de sa destinée et à rougir que de ses vices. Là, comme on le voit dans un corps heureusement organisé, chaque membre du corps social sentira le mal fait à ses moindres parties. Ainsi, une salutaire correspondance de sollicitude, de protection, de surveillance réciproque, rendra plus utiles et plus chers les uns aux autres tous les enfants de la patrie. Ainsi fleurira cette bienveillance générale et mutuelle des citoyens qu'unissent les liens patriotiques, cette fraternité sociale, touchant prélude de l'affection universelle dont la chaîne doit un jour embrasser toute la race consanguine des habitants de la terre. »

Ah! l'ami des humains a trop présumé des Français. Que la fraternité sociale est loin encore d'une nation chez qui la politesse des manières n'est que le masque de la férocité des cœurs, chez qui le plus noble effort de l'esprit humain, le pardon des injures, est réputé infâme, tandis que l'orgueil brutal y recueille une indigne admiration; d'une nation qui honore le meurtre, comme d'autres peuples ont récompensé le larcin et sanctifié la prostitution! Au lieu du spectacle consolant d'une douce harmonie, le sage qui viendra parmi nous y verra les citoyens s'observer, se mesurer sans cesse avec les inquiétudes de la vanité, épier, soupçonner, deviner l'injure; punir de mort un seul mot, et obtenir par des assassinats une honteuse dispense de toutes les vertus. Il y verra un ami forcé par le préjugé d'aller, les larmes aux yeux, poignarder l'ami qu'il venait d'embrasser. Il verra une mère désespérée pleurant son dernier fils, égorgé par la même épée que ses frères, sans avoir pu les venger. Il verra des villes entières dépeuplées de leur plus brillante jeunesse, comme un jardin dépouillé de ses fleurs, comme si l'année avait perdu son printemps! Enfin il verra au sein de la paix toutes les sanglantes horreurs de la guerre intestine.

Quoi donc! la fraternité sociale, l'humanité même n'est-elle qu'un vain nom? *Qu'as-tu fait de ton frère?* criait la voix céleste au premier homme qui versa le sang d'un homme. *Suis-je donc le gardien de mon frère?* répondit le meurtrier. Hommes durs et vains, esclaves pusillanimes du point d'honneur, telle pourrait être aussi votre réponse, quand, loin de former une seule famille, les Français n'étaient pas même des êtres d'une espèce semblable. Mais maintenant que la constitution vous a donné des frères, vous êtes leur gardien comme ils sont les nôtres, et leur sang rejaillira sur vous.

Qu'il cesse donc et disparaisse à jamais ce vertige humain! Législateurs suprêmes, vous êtes comptables des maux et des crimes publics. C'est vous que le sang des victimes, que les pleurs de leurs familles, que les regrets de la patrie accuseront désormais. Tous les bras sont armés, tous les citoyens sont soldats : les excès du duel vont de jour en jour s'accroître et se multiplier. La fureur des partis peut à chaque moment changer en batailles civiles les combats singuliers. Déjà une ligue de mécontents, ivres de vengeance, aiguisent le fer, croyant sans doute, les insensés! tuer la liberté, le peuple même, en égorgeant leurs défenseurs. Il ne faut qu'un instant, et ce peuple égaré va produire quelque funeste explosion, en punissant le mal qu'il vous appartenait de prévenir. Oui, les ravages du duel vous demandent une loi; et en même temps le préjugé, déjà ébranlé, vous promet de fléchir devant elle. Entrez au fond des cœurs : vous y verrez le duelliste se reprocher secrètement sa démence, sa cruauté, sa lâcheté même, et cette fausse honte qui le rend si timide contre l'erreur publique, si hardi contre sa conscience, sa raison et sa loi. Entrez au fond des cœurs : vous verrez que le duel n'y est plus chéri et défendu que par les plus viles passions. Ordonnez donc avec confiance les réparations légales, et proscrivez les réparations meurtrières. Sauvez ainsi la constitution et la vertu. Qu'enfin le premier d'entre nous, assez courageux pour refuser un duel, au nom de vos décrets, paraisse avoir craint les lois, et non pas avoir eu peur des hommes. En le rendant, ce décret nécessaire, vous ne ferez point du duel un délit particulier. Vous n'imiterez point ces édits odieux de Louis XIV qui, ne statuant que sur l'honneur d'une seule classe d'hommes, semblaient l'ôter à la nation entière. Vous ne confondrez point le duelliste meurtrier avec le simple infracteur de la loi, et vous n'essayerez pas de réprimer, par la crainte de la mort, des hommes qui ne se rendent coupables que pour paraître ne pas craindre la mort.

Pour nous, en vous appelant au secours de la constitution même, menacée par ses irréconciliables ennemis, le duel et le faux point d'honneur, nous avons pensé que les principes qui serviront de fondement à votre décret devaient être sanctionnés d'avance dans toutes les âmes, afin que l'opinion cessât d'encourager le crime, en même temps que la loi cesserait de le tolérer. Voici donc les maximes que nous reconnaissons solennellement comme véritables et sacramentelles, comme les seules maximes qui conviennent aux nouveaux Français.

PREMIÈRE MAXIME.

Il n'appartient qu'à la puissance publique de forcer un citoyen à la réparation d'une offense privée. Le défi qu'un citoyen, même offensé, fait à un autre est donc comme une déclaration de guerre faite à tout le corps social et doit être réprimé comme la première hostilité d'un ennemi.

DEUXIÈME MAXIME.

Une action funeste à la société ne saurait être honorable. C'est déshonorer l'honneur de prostituer ce nom à la vengeance personnelle.

TROISIÈME MAXIME.

Le vrai courage n'est que le mépris d'un danger nécessaire. La bonne opinion qu'on prodigue à la bravoure du spadassin est aussi contraire au bien public qu'au bon sens, puisqu'elle rebute et rend plus rares les autres vertus sociales. On ne doit donc ni applaudir celui qui se bat, ni mépriser celui qui ne se bat point.

QUATRIÈME MAXIME.

Une indulgente générosité pardonne l'injure; une magnanimité éclairée la dédaigne. On a donc droit de blâmer celui qui mérite l'injure, mais non celui qui la supporte.

CINQUIÈME MAXIME.

C'est un devoir et un droit du législateur de déterminer la nature et la gravité des offenses. Celui donc qui s'offense trop facilement, prenant pour injure ce qui n'en est point une pour les autres, ou ce que la loi n'a point jugé tel, celui-là n'est point l'homme d'honneur, mais plutôt un homme vain et colère, qu'il ne faut point récompenser par l'estime : car l'estime est une portion du trésor public qui ne doit être dépensée et répartie qu'aux actions conformes à l'utilité commune.

SIXIÈME MAXIME.

Ainsi donc un usage et un préjugé qui tarissent et corrompent toutes les sources de l'opinion publique ne peuvent être chers qu'aux hommes vicieux qu'ils favorisent, ou aux ennemis de la constitution, parce qu'ils la privent de sa plus grande force, la responsabilité morale de chaque citoyen.

Enfin, le duel est maintenant pour tout Français un attentat contre la constitution et une violation du serment civique et fédératif.

S'il est quelque Français qui renie ces axiomes sacrés, qu'il paraisse armé de son glaive fratricide ; qu'il vienne ici rétracter ses serments ; qu'il se reconnaisse indigne de la liberté, et déchire devant nous les pages immortelles de la Déclaration des Droits de l'homme et du citoyen [1].

XXXVII

DISCOURS DE CLOOTS AUX JACOBINS
EN AOUT 1790 [2]

En quelque lieu que vous rencontriez l'erreur, sous quelque point de vue que vous l'envisagiez, elle est toujours funeste. L'idée avantageuse qu'on se forme en France d'une descente en Angleterre est une de ces erreurs qui ont souvent renversé des empires. L'efficacité prétendue de cette descente fait perdre de vue les véritables boulevards du royaume, ces murailles de bois, lesquelles sauvèrent Athènes, grâce au génie de Thémistocle, qui inspira et commenta l'oracle de Delphes.

Comme les sages Français ne sont pas de superstitieux Grecs, nous laisserons là les oracles pour ne consulter que le bon sens. Posons l'état de la question. Il est inutile, nous dit-on, d'avoir une flotte ;

---

1. Nous ignorons si les Jacobins présentèrent en effet le projet d'adresse de Grouvelle. Nous voyons seulement que la municipalité de Paris adressa, le 15 novembre 1790, une pétition à l'Assemblée nationale sur le même sujet.
2. *Moniteur* du 22 août 1790.

nous n'avons rien à craindre pour nos colonies, car nous couperons racine à la guerre en jetant une armée dans Albion. Je réponds que votre armée ne franchira jamais le Pas-de-Calais, si vous n'êtes pas maîtres de la mer, à moins que l'ennemi, par un raffinement de cruauté, ne vous laissât un libre passage. Je vous suppose descendus : vous ne trouverez pas, comme Jules César, une terre inculte, clairsemée de barbares ; vous ne trouverez pas, comme les Danois et les Saxons et les deux Guillaume, des peuples divisés, abrutis, des Bretons ou des Pictes qui se joindront à vous. Vous n'aurez pas fait dix lieues dans cette île très belliqueuse, très civilisée et très peuplée, que vous ne soyez bloqués par un million d'hommes vigoureux et d'amazones robustes, armés pour la défense de leur foyers. Tous les habitants, hommes, femmes et enfants, demanderaient à vous exterminer. Une cavalerie nombreuse troublera votre marche, enlèvera vos bagages, coupera vos vivres. Songez à la descente des Athéniens en Sicile, dont il ne revint pas un seul homme ni un seul navire, parce que les Siciliens avaient des chevaux excellents. Et Scipion aurait échoué en Afrique sans le secours de la cavalerie numide, commandée par le roi Massinissa. Vous voudrez combattre, mais on n'acceptera pas vos défis. Une guerre de poste consumera votre temps et vos magasins ; la saison des frimas et des orages arrivera pour être témoin de votre désespoir. La désertion, l'inanition, la captivité de cent mille braves soldats forceront la France de sacrifier ses possessions lointaines, son commerce et son numéraire à l'avarice des Anglais. J'ai calculé ailleurs toutes les conséquences de ce nouvel ordre de choses. Vos ports de mer ne seraient plus à vous, votre existence politique serait à la merci de vos rivaux. L'axiome ancien sera éternellement vrai : *Les maîtres de la mer sont les maîtres de la terre.*

Je ne conçois pas comment, après le triste exemple de la guerre de 1741, dont celle de 1756 a été une suite nécessaire, je ne conçois pas, dis-je, comment des Français peuvent encore mettre en question l'utilité, l'importance d'une marine formidable, marine que vos colonies vous payent de reste, marine dont vous ne pourriez pas vous passer, quand même vous n'auriez point de colonies. Mais les Autrichiens, mais les Prussiens n'ont ni colonies ni marine. Oui, c'est qu'ils se reposent sur votre sagesse pour la balance des mers. Et l'applaudissement universel que vous attira l'indépendance de l'Amérique était l'effet de l'intérêt immédiat que chaque puissance européenne avait à ne pas voir baisser la balance maritime sous la prépondérance anglaise.

Le cardinal de Fleury était entouré de flagorneurs qui vantaient son économie, qui approuvaient son mépris pour les *murailles de bois*,

Ses complaisants, les ambitieux Belle-Isle, ne songeaient qu'à leur métier, la guerre de terre. Le public partageait le délire de la cour; il oublia tellement le département de l'Océan que Voltaire écrivit de Bruxelles en 1741 au marquis d'Argenson : « Toute votre nation, à ce qu'on dit, veut passer le Rhin et la Meuse, sans trop savoir ce qu'ils y vont faire; mais ils partent, ils font des équipages, ils vont à la guerre, et cela leur suffit. Ils chantent et dansent, la première campagne; la seconde, ils bâillent; la troisième, ils enragent. Il n'y a pas d'apparence qu'ils fassent la troisième. Les choses semblent tournées de façon qu'on pourra faire bientôt frapper une nouvelle médaille de *regna assignata*. Il semble que la France, depuis Charlemagne, n'a jamais été dans une si belle situation; mais de quoi tout cela servira-t-il aux particuliers? Ils payeront le dixième de leurs biens et n'auront rien à gagner. »

Cette guerre, qui devait à peine coûter deux campagnes, dura jusqu'en 1763. Les victoires et les défaites furent autant de désastres, parce qu'on avait négligé la marine sous le ministère Fleury. Tous les yeux du public se portèrent sur les dépouilles de Marie-Thérèse : on ne faisait aucune attention aux chantiers de Portsmouth, de Plymouth, de Chatham. Voilà pourquoi il semblait que la France, depuis Charlemagne, n'avait jamais été dans *une si belle position*. Et voilà pourquoi le règne de Louis XV a été marqué par une série de malheurs et de calamités. Et si vous voulez, Messieurs, éviter à Louis XVI une perspective de catastrophes, vous armerez tous vos vaisseaux pour appuyer votre médiation entre l'Espagne et la Grande-Bretagne.

XXXVIII

DISCOURS

PRONONCÉ A LA SOCIÉTÉ DES AMIS DE LA CONSTITUTION

SUR LES PRINCIPES FONDAMENTAUX

DE L'ORGANISATION DE L'ARMÉE FRANÇAISE [1], PAR M. CARRA [2]

(S. l. n. d., in-8 de 12 p.)

Quelle sera désormais l'attitude de la France libre, respectivement

---

1. Il s'agit surtout, comme on le verra par les conclusions de Carra, de la question de la nomination aux grades dans l'armée. Cette question fut débattue dans les journaux, à l'Assemblée et même au Lycée (voir les réflexions de Delacroix, *Mon.*, V, 379), au mois d'août 1790. Elle fut tranchée par le décret du 23 septembre suivant.

2. Jean-Louis Carra, né en 1743 à Pont-de-Veyle, employé à la bibliothèque du

aux peuples qui l'environnent ? Quels seront dorénavant ses intérêts politiques avec les princes de l'Europe? Les Français libres auront-ils jamais des motifs assez puissants, assez justes pour attaquer irruptivement leurs voisins hors de leurs limites? Seront-ils assez lâches, assez insensés pour servir désormais l'ambition des cours étrangères, sous le prétexte d'une alliance existante, ou renouvelée par l'intrigue et l'étroite politique des agents du pouvoir exécutif? Non. Un peuple, devenu libre par les progrès réels et décidés d'une raison et d'une philosophie universelles, n'a plus de guerre offensive que contre la tyrannie et les tyrans qui pourraient s'élever dans son sein. Il ne doit jamais intervenir dans une querelle de rois que pour maintenir entre eux la balance politique et empêcher les plus mutins et les plus ambitieux de troubler le repos de la terre. Tel est, Messieurs, le rôle imposant et sublime que les Français doivent jouer aujourd'hui sur le globe. Circonscrits dans les limites géographiques de notre puissance nationale, nous étendrons partout la puissance nationale, nous étendrons partout la puissance morale de nos lois, l'influence de notre régénération, les merveilles de notre industrie.

Oui, nous serons ce peuple chéri du ciel, ce peuple messie que tous les autres peuples attendent pour être le sauveur et le soutien de tous. Nous devons porter chez nos voisins, non le flambeau de la guerre ou de la discorde, mais celui du génie et de la liberté. Nos arts et notre constitution, mais non pas nos guerriers, doivent franchir le Rhin, les Alpes et les Pyrénées. A vingt ans, j'ai prononcé un axiome que je ne cesserai de répéter : *Le glaive de la guerre est le sceptre du crime!* Mais... pour éviter la guerre, soyons toujours prêts à la faire : organisons notre armée, non pour obéir et marcher sous les ordres d'un conquérant, mais pour défendre les lois et la patrie au dedans, mais pour veiller sur les frontières et nous garantir de la foule et des entreprises d'un voisin perfide ou insensé. Et quand cette longue chaîne de gardes nationales confédérées borde la France dans une circonférence de plus de six cents lieues ; et quand les soldats de nos troupes de ligne ont multiplié leur bravoure de tout leur patriotisme, et l'honneur militaire de tout l'honneur national ; et quand le trône des despotes européens frémit dans ses fondements de la commotion électrique du feu sacré de la liberté, de cette commotion continue, dont le centre est chez nous et le conducteur partout où il y a des êtres pensants ; je le demande, Messieurs, quelle sera la puissance

roi, électeur du district des Filles-Saint-Thomas, rédacteur des *Annales patriotiques*, représentant de Saône-et-Loire à la Convention, guillotiné avec les Girondins le 31 octobre 1793.

étrangère, quelle sera la confédération de puissances qui viendra nous attaquer? Ne craindra-t-elle pas autant l'effet de nos lumières et de notre générosité que celui de nos armes et de notre courage? Il est donc démontré mathématiquement, Messieurs, et à notre conscience et à notre opinion et à l'Europe entière, qu'en devenant libre, la France est devenue invincible et inattaquable à ses voisins; elle doit être, par cette même raison, inoffensible (sic) pour eux.

D'après l'évidence de ces principes, que j'ose dire émaner d'une politique certaine, quoique nouvelle, il est facile de concevoir et de poser les véritables bases de la nouvelle organisation de notre armée. Il s'agit de créer, non des soldats romains ou spartiates (car les soldats romains ou spartiates, en servant la liberté, servaient plus souvent encore l'ambition de leurs chefs et le caprice des tyrans), mais de vrais soldats français qui, joignant à l'honneur militaire, qui ne les abandonne jamais, l'amour sacré de la patrie, qui leur était jadis inconnu, et l'obéissance éclairée aux lois nationales, qui n'existaient pas encore, ne seront plus traités ni regardés comme de vils mercenaires, mais comme des agents honorables du pouvoir exécutif, agents salariés par la nation, comme les autres agents de ce pouvoir, comme ceux du pouvoir judiciaire, comme ceux du pouvoir administratif, comme ceux enfin du pouvoir spirituel et de la religion. Oui, Messieurs, si les soldats français, jusqu'à l'époque de notre révolution, ont été les aveugles instruments du despotisme, des mannequins redoutables aux citoyens, c'est que le despotisme lui-même s'efforçait de les avilir dans leur propre esprit et dans celui des peuples; c'est que les peuples eux-mêmes, aveuglés et intimidés par les despotes, craignaient et méprisaient en même temps les soldats. Remarquez bien, Messieurs, que ces soldats français qu'on ne cessait de craindre, d'avilir et de mépriser, se sont relevés d'eux-mêmes de leur funeste abaissement, en se refusant au moment de la Révolution de verser le sang de leurs frères et de leurs concitoyens. Ils n'ont pas attendu la nouvelle organisation de l'armée pour faire le serment civique, pour se pénétrer des décrets de l'Assemblée nationale, pour former entre eux, et avec les citoyens soldats, des pactes fédératifs. Dirait-on, après cela, qu'ils ne sont point faits pour participer aux honneurs des autres professions sociales, pour sentir la vraie dignité de la profession militaire, pour mériter tous les avantages attribués aux citoyens actifs? Plaçons-nous à la véritable hauteur où nous sommes portés par le progrès accéléré des lumières et par nos belles destinées; effaçons de notre esprit et de notre logique ces préventions et ces préjugés dont l'ancien régime n'a laissé que trop de traces encore dans notre mémoire, et songeons que toutes les professions avilies chez un peuple esclave s'ennoblissent chez un peuple libre. Songeons qu'un génie puissant agite en ce moment toutes les âmes bien nées et bien organisées : ce génie, c'est l'émulation du bien, c'est le désir ardent de se distinguer aujourd'hui en patriotisme et en loyauté, comme les sardanapales de l'aristocratie et leurs esclaves se distinguaient naguère en bassesse et en perfidie.

Peut-être aura-t-on peine à comprendre que la discipline militaire, que la subordination des soldats envers les officiers, admettent entre eux durant leur service mutuel l'égalité des droits dans toute sa valeur et sa plénitude.

Mais, si on y réfléchit, on verra que cette égalité de droits est juste, qu'elle est indispensable et que, quand même elle ne serait ni juste ni indispensable, elle serait d'une excellente politique au milieu des troupes de ligne comme partout ailleurs. Cette égalité des droits dans les troupes amène tous les bons effets de la discipline et de la subordination par les principes mêmes de la justice et de l'espérance ; les soldats seront jugés par leurs pairs ; ils pourront arriver à tous les grades quelconques ; tous les chemins des honneurs civiques leur seront ouverts. Quel intérêt n'auront-ils donc pas de donner à leurs camarades, je ne dis pas seulement l'exemple et l'habitude de la subordination et de la discipline, mais l'exemple et l'habitude des bonnes mœurs ? Oui, des bonnes mœurs, car des camps et des garnisons où les soldats et les officiers se surveillent sans cesse deviendront plus facilement des écoles de bonnes mœurs que les villes où règnent le luxe des plaisirs et la pleine liberté d'action. Sans doute, quand les soldats étaient payés pour obéir aveuglément au despote, sans espoir de jamais commander, sans espoir de voir leur paie augmenter et leur épaulette de laine se changer en soie ou en or ; sans doute alors ils étaient passifs et indifférents à l'amour de la patrie, au perfectionnement de la discipline, au respect d'eux-mêmes, au respect du cœur pour leurs officiers. Ce n'est donc point sous les rapports du passé, mais sous ceux du présent et de l'avenir, que nous devons considérer la profession de soldat et la discipline militaire. Un soldat citoyen ne doit différer d'un citoyen soldat qu'en cela seul que le premier ne pourra donner sa démission à volonté : c'est la condition de son engagement pécuniaire et du prêt journalier qu'il reçoit de la nation au service de laquelle il s'est voué spécialement dans cette profession pour un temps donné. Dans tout autre cas, il doit jouir non seulement des droits de l'homme, des droits de soldat actif, mais de ceux de citoyen actif. Je dis plus : dans un cas où un soldat engagé serait appelé par ses concitoyens à quelque emploi municipal ou de judicature, son engagement serait rompu, sans autre obligation que de se faire remplacer dans le régiment par un homme du même âge à peu près que lui ; car le titre de citoyen actif, sous les conditions requises, est indélébile dans quelque état que l'on soit, excepté celui de domesticité.

La transition de la profession militaire à une profession civile n'étant pas plus étrange que la transition d'une profession civile à la profession militaire, il est évident que le principe de l'activité civique réside essentiellement et immuablement dans toutes les professions, et que le méconnaître dans les soldats, lorsqu'ils sont au service spécial de leur nation, serait une erreur bien dangereuse et une injustice bien grave. Je le répète, Messieurs, ce ne sont ni des Romains comme ceux de Marius, ni des Macédoniens comme ceux d'Alexandre, que vous devez avoir dans vos armées ; ce sont des Français, soldats et citoyens en même temps ; ce sont des soutiens de vos lois, des disciples de votre constitution, des frères d'armes qui veilleront à votre défense pendant que vous méditerez sur le bonheur moral et politique de la patrie et que vous pourvoirez à leur subsistance. Votre rôle est sublime sans doute ; mais le leur, par cela seul qu'il est moins beau, mérite d'être plus relevé, plus encouragé. Non, vous ne sauriez trop honorer la profession de soldat ; cette profession ainsi que celle de laboureur eurent les premiers honneurs chez les premières générations de la terre : toutes les deux furent dégradées ensuite chez les peuples esclaves et chez les rois tyrans. Aujourd'hui, l'une et l'autre de ces professions vont reprendre leur lustre dans cet empire, parce que cet empire est libre ; et ce lustre sera bien plus beau, plus durable qu'il ne le fut jamais dans aucune contrée du monde et dans aucun siècle. J'insiste donc, et je propose pour base de la nouvelle organisation de votre armée les articles suivants :

1° L'armée française, subordonnée en masse et par délégation au chef du pouvoir exécutif, est déclarée appartenir à la nation, faire partie inséparable de cette même nation, être soldée par elle et composer la force publique permanente, nécessaire non seulement à la défense de l'empire contre les ennemis du dehors, mais à celle des lois, de la liberté et de la constitution.

2° Tous les officiers généraux de cette armée, jusqu'aux colonels exclusivement, seront nommés par le roi et choisis de grade en grade, depuis celui de colonel du régiment, jusqu'à celui de maréchal de France.

3° Les colonels de régiment seront choisis et nommés par trente commissaires de ce régiment, choisis eux-mêmes par les soldats dans la classe des capitaines, lieutenants, sous-lieutenants, sergents et caporaux. Les capitaines et lieutenants seront nommés par dix commissaires de la compagnie, également choisis par les soldats de la dite compagnie à leur volonté. Les sous-lieutenants, sergents et caporaux seront élus au scrutin par les soldats de ladite compagnie seulement. Toutes ces élections se feront purement et simplement, sans aucune délibération préliminaire ou ultérieure de la part des commissaires ou soldats assemblés.

4° Tout citoyen français qui suivra la profession des armes dans les troupes de ligne, dès qu'il aura l'âge requis par la loi et qu'il aura prêté le serment civique, prendra dès ce moment la qualité de citoyen actif, et, sous ce rapport, pourra parvenir non seulement à tous les grades militaires quelconques, mais être nommé par ses concitoyens, quelque part qu'il se trouve, après le temps légal de la résidence, aux emplois civils; et dans le cas où il accepterait un emploi civil avant l'expiration de son congé, il sera tenu de se faire remplacer dans le régiment par un homme du même âge à peu près que lui, qui recommencera le temps de son engagement.

5° Tout militaire des troupes de ligne, de quelque grade qu'il soit, qui aura rempli le temps de son engagement ou seize ans de service avec honneur et fidélité et qui rapportera un brevet de patriotisme et de bonne conduite dans le pays qu'il habitera, aura acquis par là, et pour toujours, les conditions requises pour être électeur et éligible dans les assemblées de département, quand même il n'aurait aucune propriété nationale, le temps de son service lui tenant lieu de titre primitif auprès de ses concitoyens.

6° Les soldats, dans le cas d'une faute grave commise directement contre la discipline militaire et la subordination, seront jugés par leurs pairs-soldats au nombre de douze, présidés par le plus ancien capitaine ou lieutenant du régiment. Dans le cas d'un crime contre la société, ils seront renvoyés par le pouvoir exécutif au pouvoir judiciaire civil [1].

---

1. Le décret du 28 septembre 1790, sur l'avancement aux grades militaires, substitua en cette matière des règles fixes à l'arbitraire de l'ancien régime. Il ne consacra pas le principe de l'élection des officiers par les soldats tel qu'il venait d'être posé aux Jacobins. Il établit seulement que les grades d'officiers seraient donnés par le roi tantôt à l'ancienneté, tantôt au choix, tantôt au concours. Mais il confia aux sous-officiers le soin de se recruter eux-mêmes dans le régiment. C'est sous la Convention que les idées des Jacobins prévalurent : le décret du 21 février 1793, relatif à l'organisation de l'armée admit trois principes pour l'avancement : le choix, l'ancienneté, l'élection.

XXXIX

Septembre 1790

DISCOURS

SUR LES CHASSES DU ROI [1], PRONONCÉ PAR M. MÉCHIN L'AÎNÉ [2]

MEMBRE DE LA SOCIÉTÉ DES AMIS DE LA CONSTITUTION

A PARIS, DANS LA SÉANCE DU 1er SEPTEMBRE 1790, IMPRIMÉ PAR ORDRE

DE LA SOCIÉTÉ DES JACOBINS

(Paris, Imprimerie nationale, s. d., in-8 de 25 p.)

Messieurs,

Vous avez ajourné à cette séance la discussion sur les chasses du roi. Propriétaire de biens-fonds dans une des ci-devant capitaineries

---

1. Le décret des 4, 6, 7, 8 et 11 août 1789, sanctionné le 21 septembre, promulgué le 3 novembre suivant, et qui abolissait le régime féodal, édictait, par paragraphe de l'article 3, « que toutes capitaineries, même royales, et toutes réserves de chasse, sous quelque dénomination que ce fût, étaient abolies, et qu'il serait pourvu, par des moyens compatibles avec le respect dû aux propriétés et à la liberté, à la conservation des plaisirs personnels du roi ». Le 20 avril 1790, l'Assemblée nationale demanda au roi de faire connaître les limites des cantons qu'il voulait se réserver exclusivement pour la chasse. Le roi répondit en août 1790 : « ...Je tiens surtout à ne jouir d'aucuns plaisirs qui puissent être onéreux à quelques-uns de mes sujets. Je m'en repose avec confiance sur les dispositions que vous croirez devoir adopter... » Le 13 septembre suivant, au nom des Comités de féodalité et des domaines, Barère fit un grand rapport, à la suite duquel fut voté, le 14 septembre, un décret dont les deux premiers articles étaient ainsi conçus : « Il sera formé, dans les domaines et biens nationaux qui seront réservés au roi par un décret particulier, des parcs destinés à la chasse de Sa Majesté, et ces parcs seront clos de murs, aux frais de la liste civile, dans le délai de deux années, à compter du 1er novembre prochain. — Le roi pourra, pour la formation ou arrondissement de l'intérieur desdits parcs, y réunir par voie d'échanges faits de gré à gré les propriétés particulières qui y sont enclavées, en cédant des fonds faisant partie des domaines qui lui sont réservés. » En somme la question ne semble pas ici définitivement résolue par une fixation précise des cantons réservés au roi. — Voir aussi la loi des 28 et 30 avril 1790, art. 15.

2. Alexandre-Edme Méchin, né à Paris le 18 mars 1762, était le fils d'un des commis du ministère de la guerre. Fort mêlé à la Révolution, il fut en 1793 un ami des Girondins. En l'an III, on le chargea avec Louis Jullian d'accompa-

royales¹, et, par conséquent, plus à portée que tout autre d'en connaître les abus, j'ai cru que je vous devais le tribut de mes opinions et qu'il importait de vous faire connaître les maux qu'entraînerait une décision irréfléchie et qui sacrifierait aux plaisirs d'un seul la fortune et le repos d'un millier d'agriculteurs.

Sur cette matière, il se présente d'abord les questions suivantes, dont la solution est facile et qui, je crois, n'entraîneront pas de longues discussions :

1° Les cantons de chasses qu'on accordera au roi lui seront-ils accordés comme propriétés, ou bien n'aura-t-il simplement que le droit d'y chasser?

2° Le roi pourra-t-il chasser hors de ses domaines?

3° Le roi pourra-t-il chasser dans les propriétés enclavées dans ses domaines?

4° La clôture des cantons de chasses réservées sera-t-elle à la charge de la liste civile ou, comme ci-devant, à celle des paroisses?

5° Peut-on réserver au roi des cantons de chasses dans des terres labourables et peut-on, comme autrefois, y enclaver des paroisses entières?

Je ne fais cette cinquième question que parce qu'il me semble avoir lu dans une des lettres du roi qu'il était question de plaines pour la chasse du menu gibier et d'indemnités à accorder à ceux qui pourraient souffrir de la conservation de ses plaisirs; or, comme je crois que les plaisirs du roi doivent cesser d'être plaisirs pour lui lorsqu'ils portent préjudice à un citoyen, je me propose d'examiner cette question dans la série des articles que je vous ai soumis.

1° Les forêts réservées pour les plaisirs du roi lui seront-elles accordées comme propriétés? Messieurs, la terrible prédiction de Colbert doit nous faire peser mûrement cet article. D'autres considérations politiques doivent encore vous arrêter; les forêts que le roi se réserve

---

guer Fréron dans sa mission dans le Midi. A son retour, il devint chef du cabinet de Bénézech, ministre de l'intérieur. En thermidor an VI (juillet 1798), il fut nommé commissaire du Directoire à Malte, en remplacement de Regnaud de Saint-Jean d'Angély; mais les troubles de l'Italie l'arrêtèrent en route et l'empêchèrent de se rendre à son poste. Tour à tour préfet des Landes (1801), de la Roër (1802), de l'Aisne (1805), du Calvados (1810), il fut nommé baron de l'Empire le 31 décembre 1809. Préfet d'Ille-et-Vilaine pendant les Cent-jours, il se fit banquier en 1816. Élu député de l'Aisne en 1819, il se signala parmi les orateurs de la gauche. Sous Louis-Philippe il fut nommé préfet du Nord (1830-1834). Il mourut en septembre 1849. Il a publié divers opuscules politiques et une traduction de Juvénal en vers français (1827).

1. Il possédait en effet un domaine enclavé dans la capitainerie de Fontainebleau.

sont immenses : elles forment ensemble, d'après le calcul du ministre même, 68,894 arpents 95 perches, qui peuvent fournir par an des coupes réglées; lesquelles coupes peuvent être évaluées à...

Devez-vous encore ajouter ce revenu considérable aux vingt-cinq millions, aux charges, aux emplois, à tous les moyens de corruption que ce redoutable pouvoir possède? Remettrez-vous ce dépôt précieux, ces biens qui dépérissent tous les jours par l'avidité des administrateurs entre les mains des agents du pouvoir exécutif? Un caprice, un besoin d'argent pourraient engager à faire des coupes extraordinaires, et l'on consommerait ainsi dans une année les ressources de plusieurs autres. La proposition que j'avance n'est pas hasardée : j'ai été et je suis encore tous les jours témoin de l'horrible dilapidation [1] qui s'est introduite dans cette partie de l'administration; je pourrais citer plus de 350 arpents de bois de sept à huit ans qu'on a coupés l'année dernière dans la forêt de Fontainebleau sans aucun besoin apparent. L'avarice des administrateurs qui veulent s'enrichir promptement les engage à devancer le temps où l'on doit faire les coupes, et, si les choses restent toujours les mêmes, je ne désespère pas de voir un jour la forêt de Fontainebleau n'être qu'un vaste taillis. A ces considérations je n'en ajouterai qu'une, et qui doit vous paraître importante : ce sont les vexations exercées journellement par les tribunaux des eaux et forêts [2], tribunaux illégaux, puisqu'ils sont à la fois juges et partie. Il me semblerait donc que le roi ne devrait avoir dans les forêts qu'il se réserve que le droit de chasser, et qu'il serait utile d'en confier l'administration aux municipalités limitrophes, sous la surveillance des départements. Je vois deux avantages résulter de ces dispositions : la publicité de l'administration et la facilité qu'auront les municipalités d'occuper les pauvres de leurs arrondissements à l'entretien des forêts et à la confection des routes.

2° Le roi peut-il chasser hors de ses domaines? Je réponds : Non. Le roi n'a pas plus de droit sur ma propriété que je n'en ai sur les domaines qui lui seront concédés. La solution de cette question est déjà

---

[1] Je ne conçois pas par quelle fatalité l'État perd à la coupe des bois, tandis qu'elle enrichit les particuliers qui en possèdent. Le produit de la vente du bois coupé ne suffit pas pour les plantations, il faut que le roi y ajoute encore une somme annuelle. Je voudrais bien qu'on m'expliquât cette énigme. (*Note de Méchin.*)

[2] L'Assemblée nationale vient de les supprimer. (*Note de Méchin.*) — En dehors du tribunal des eaux et forêts de Paris, cour souveraine jugeant en dernier ressort, il y avait dans le royaume, en 1789, 20 tribunaux de second ordre, dits *les grandes maîtrises des eaux et forêts* et qui se subdivisaient en grueries royales, grueries en titres, etc., selon les lieux et les usages.

donnée par les décrets antérieurs de l'Assemblée nationale; il est inutile de s'y arrêter.

3° Le roi peut-il chasser sur les propriétés enclavées dans ses domaines? A ne considérer que le droit de propriété, ici tout est clair et toute discussion devient inutile; mais, si nous consultons l'intérêt et le repos du propriétaire, alors cet article a besoin d'être examiné. Il est certain, Messieurs, que, ma propriété fût-elle au milieu du parc d'un château royal, nul homme n'a le droit de m'en ôter la jouissance; mais la ligne de démarcation qui la sépare est si petite, qu'exposé tous les jours à la franchir je verrais punir sévèrement la moindre infraction à la loi et s'armer de toute sa rigueur, soit pour me dégoûter de mon fonds, soit pour se venger du refus que j'aurais pu apporter à des propositions désavantageuses. Cette vérité a été généralement sentie dans le canton d'Ury-les-Pierres, district de Nemours, où j'habite une partie de l'année. Aussitôt que nous reçûmes les lettres patentes du roi (car on n'a pas jugé à propos de nous envoyer le décret de l'Assemblée nationale), au moment, dis-je, où nous reçûmes les lettres patentes ou la proclamation du roi qui permettait à tout propriétaire de chasser sur son terrain, la paroisse s'assembla; on arrêta unanimement qu'on respecterait la forêt, que ceux même qui y avaient des bois en propriété renonceraient à y aller chasser; on arrêta, de plus, que l'on chasserait réciproquement sur les terrains des uns et des autres, pour prévenir tous les procès, toutes les querelles, toutes les animosités qui pourraient naître si l'on outrepassait les limites de son champ. Cette délibération a maintenu le village dans la plus grande tranquillité, et c'est un de ceux qui a su user avec le plus de sagesse du bienfait de la proclamation du roi. Je ne dis pas du décret de l'Assemblée nationale, car, comme je l'ai dit, on n'a pas jugé à propos de nous l'envoyer, et, sans moi, le village ignorerait peut-être qu'il lui doit ce nouveau bienfait. Je n'examinerai pas les motifs de cette réticence, et je conclus de cet article, peut-être déjà trop long, qu'il serait avantageux aux propriétaires que le roi fût autorisé à accorder des indemnités à ceux qu'il priverait du droit de chasse sur leurs propriétés enclavées dans ses domaines, pourvu que ce soit du consentement réciproque des parties.

4° La clôture des domaines royaux doit-elle être à la charge de la liste civile ou, comme ci-devant, à celle des paroisses circonvoisines?

Cette question n'est pas plus difficile à résoudre que les précédentes. Tout le monde est convaincu qu'un propriétaire doit être seul chargé d'enclore ses propriétés. Eh bien! Messieurs [1], malgré les réclamations

---

1. On avait oublié ce principe de toute justice, de toute vérité. (*Note de Méchin.*)

de quarante villages réduits à la mendicité par les dévastations des bêtes fauves [1], on ne s'est pas contenté de laisser la forêt non close, on a encore étendu la capitainerie à trois lieues au delà des limites. Les paroisses, désespérées, ont résolu de faire ces clôtures à leurs frais. Cette résolution n'a pu être exécutée qu'à force de prières et de sollicitations auprès du capitaine des chasses. Les uns obtinrent la permission d'élever des murs, les autres des treillages. Ces treillages furent bientôt rompus par les sangliers ou franchis par les cerfs, et les ravages continuèrent comme auparavant. Dans cette situation désespérante, on fut obligé de nommer des gardes-messiers pour garder le gibier. Il fallut encore pour cela des permissions achetées fort cher; et non seulement on enjoignit, sous peine des galères, à ces gardes-messiers de ne tuer aucun de ces animaux, mais encore on ne leur accorda pour toute arme qu'un bâton ferré, qui devenait inutile pour la défense de nos propriétés. Enfin, Messieurs, nous avons des treillages rompus et entièrement délabrés; les paroisses sont réduites à la dernière misère; nous devons une partie de ces clôtures, et, pour leur acquittement, on demande plus de 20,000 livres [2]. A qui? A de malheureux cultivateurs dont tout le numéraire réuni ne monte peut-être pas à mille écus. Pardonnez-moi cette espèce de digression; je l'ai crue nécessaire pour vous démontrer que, non seulement les clôtures des domaines du roi doivent être à sa charge, mais encore qu'on ne lui doit concéder le droit exclusif de la chasse dans les forêts que sous la condition expresse qu'il les fera clore. Car il n'est pas juste que de malheureux cultivateurs accablés de fatigues soient encore obligés, dans le temps des récoltes, à consacrer les heures du repos à écarter ou à tuer (car on les tue présentement) des animaux qui, dans une seule nuit, viendront dévorer le fruit des travaux d'une année. Sans cette clause, Messieurs, nous n'avons presque rien gagné, ou plutôt nous n'avons rien gagné à votre décret du 4 août. Mais nos demandes sont justes, elles seront écoutées; et je suis bien convaincu qu'on ne voudra pas, par une exception que, j'ose le dire, nous ne méritons aucunement, compenser en quelque sorte le bonheur de jouir quelquefois

---

1. Ces animaux ont tellement pullulé dans nos cantons qu'on en trouve souvent, pendant la nuit, à trois lieues des limites de la capitainerie. Nos paroisses ont présenté leurs réclamations au roi. Le roi a ordonné qu'on détruisît une partie de ces animaux. On a accusé les habitants de mensonge; pour l'en persuader, la veille des jours de chasse on faisait des battues, et le lendemain le roi ne trouvait quelquefois pas quatre sangliers, dans toute cette partie qui en fourmille. (*Note de Méchin.*)

2. Loin d'exagérer, cette somme doit être plus forte, puisque notre seule paroisse en a pour 9,000 livres, dont il reste encore à payer 5,000. (*Note de Méchin.*)

de la présence du monarque par des pertes immenses dont il serait effrayé s'il les connaissait lui-même.

5° Doit-on accorder au roi, pour cantons de chasses, des terres labourables et y enclaver, comme ci-devant, des paroisses entières?

Si l'on commettait une pareille injustice, il n'y aurait plus ni liberté, ni propriété, ni égalité. Nous n'aurions plus qu'à quitter nos campagnes et à pleurer sur le malheureux décret qui nous enlèverait nos droits et nos possessions. Je ne m'étendrai pas sur cet article, parce que nous avons affaire à l'Assemblée nationale, et non, comme autrefois, à des capitaines des chasses et à des ministres [1].

Il me semble, Messieurs, que, d'après ces principes, il est facile de tirer des conséquences qui, clairement exprimées, mettront nos propriétés à l'abri de toute usurpation; je pense qu'on pourrait réduire ces différentes questions à ces termes :

Le roi n'aura que le droit exclusif de la chasse dans les forêts; la nation s'en réserve la disposition et l'emploi.

Le roi ne pourra jamais chasser hors des limites qui seront fixées.

Le roi sera autorisé à accorder des indemnités aux possesseurs de propriétés enclavées dans ses domaines; mais les propriétaires ne seront tenus de les accepter qu'autant qu'ils les jugeront convenables, et, dans le cas où les propriétaires refuseraient de consentir à l'aliénation de leurs droits de chasse, le roi ne pourra pas aller chasser sur leurs propriétés.

La clôture des cantons de chasses royales sera à la charge de la liste civile, et le roi sera tenu de les faire enclore le plus tôt possible.

Les chasses du roi ne peuvent s'étendre que dans les forêts et sur des terrains incultes.

Après avoir déterminé ces principes généraux, qui assureront la tranquillité et la prospérité de nos campagnes, vous aurez encore à statuer sur des objets de détail, qui deviennent très importants par les vexations dont ils sont la source.

Quoique les bornes de nos malheureuses paroisses fussent aussi celles des capitaineries, on avait encore trouvé le moyen d'étendre ce genre de vexations bien au delà des limites. Une récompense était accordée à ceux des gardes-chasse qui pouvaient amener au capitaine des braconniers; et plus on faisait de malheureux, plus on acquérait de droit à l'avancement. Non seulement on allait faire des

---

1. Nos paroisses sont dans les plus vives alarmes sur ce point; et je ne doute pas qu'une décision qui étendrait encore sur elles le fléau de la capitainerie ne les conduisît au désespoir et à l'insurrection. (*Note de Méchin.*)

perquisitions dans les maisons des habitants qui avaient le malheur d'avoir leurs possessions en capitainerie, mais encore on allait dans les cantons voisins faire des recherches, sous le prétexte que tel ou tel autre avait été chasser sur les terres du prince. Vous sentez à combien d'abus une pareille inquisition donnait lieu. Les asiles des citoyens étaient violés; on les arrachait de leurs lits, on les chargeait de fers et on les entraînait au tribunal odieux d'un capitaine de chasse.

Quel était le crime de ces malheureux? D'avoir tué un animal qui peut-être ravageait leurs champs, et souvent leur crime était d'avoir encouru la haine d'un garde-chasse. Est-ce un forfait si grand pour que sa poursuite soit différente de celle des autres délits? Je pourrais vous citer mille exemples d'injustice, de tyrannie, qui vous feraient frémir; mais vous les connaissez déjà : les capitaineries ont de tout temps été un terrible fléau et l'attentat le plus avilissant aux droits de l'humanité. Je crois vous avoir suffisamment démontré l'indispensabilité de circonscrire l'inspection des gardes-chasse, et de leur défendre toutes perquisitions dans les maisons des citoyens, car il est odieux qu'on soit tous les jours exposé à perdre la liberté sur de simples soupçons!

Il est encore un autre abus engendré par l'avidité des capitaines de chasses, et cet abus subsiste encore. Moyennant une somme convenue, on obtenait, à vie ou pour un terme limité, le droit de chasser dans un canton quelconque. Ces sommes n'entrent jamais dans les coffres du roi ; ce sont les profits du capitaine : aujourd'hui les acquéreurs réclament ou le droit exclusif de la chasse, ou l'argent qu'ils ont donné.

Je ne sais ce que l'Assemblée nationale statuera sur cet article, mais il me semble de toute justice que le capitaine des chasses soit tenu de rendre ce qu'il a reçu [2].

Je ne sais, Messieurs, si vous laisserez subsister ces tribunaux qui,

---

1. Tout récemment dans un village, appelé le Vaudoué, on vient de saisir à main armée deux malheureux dans leurs lits, pour avoir été chasser dans la forêt de Fontainebleau. Ils sont sans doute coupables. Mais quel droit ont les gardes-chasse de m'arracher de ma maison, dans un endroit où, d'après les décrets de l'Assemblée nationale, ils n'ont plus aucune inspection? Je sais aussi qu'on avait ordonné, si on les rencontrait, de tirer sur eux comme sur des lapins. Ce sont les expressions. (Note de Méchin.)

2. J'ai eu main des preuves de la malversation qui règne dans ce genre d'administration. Qu'on demande à M. de Montmorin ce qu'il a fait des sommes qu'il a reçues du gouvernement. J'ai nourri le gibier, dira-t-il, j'ai payé les gardes-chasse. Je lui dirai : Pourquoi des citoyens ont-ils avancé des fonds pour nourrir ce même gibier? Pourquoi ne sont-ils pas encore remboursés ? Pourquoi voulez-

juges et partie dans leur propre cause, ne laissent aucune ressource à l'innocent opprimé. Je ne sais si vous laisserez à un capitaine de chasse le droit de prononcer sur la liberté d'un citoyen; mais cette institution me paraît trop incompatible avec le système actuel pour qu'elle puisse subsister longtemps dans la capitainerie de Fontainebleau. On a bien prévu l'abolition d'un pareil abus, on a cherché à le reproduire sous une forme plus légale, et on est parvenu à réunir l'autorité municipale avec les emplois dont on sentait le pouvoir près d'être anéanti; pour tout dire, en un mot, le capitaine des chasses a été élu maire de la ville, et le lieutenant commandant des gardes nationales sous M. Gouy d'Arsy. Il m'a toujours paru singulier de voir M. de Montmorin, capitaine de chasse, se requérir lui-même, en qualité de maire, et quitter l'écharpe municipale pour revêtir le baudrier de chasseur; de manière que l'autorité de capitaine des chasses, le pouvoir municipal et la force nationale tendent au même but, et sont réunis dans les mêmes mains. Qu'y avons-nous gagné? Un système d'oppression pire encore que le premier. Ces faits sont vrais, M. de Gouy d'Arsy peut les attester. Je crois qu'il serait de la sagesse de l'Assemblée nationale de prononcer sur la régularité ou l'irrégularité de cette nomination, et de statuer qu'aucun officier des chasses ne pourra occuper les charges municipales ni avoir le commandement des gardes nationales.

C'est assez vous fatiguer, Messieurs, par ce tableau de vexations de tout genre dont nous avons été les victimes et dont nous ne sommes pas encore entièrement délivrés. Je suis convaincu qu'on repoussera avec horreur la proposition d'enclaver des paroisses entières dans les cantons de chasse du roi; que toutes offres d'indemnités sur cet article seront rejetées, parce que rien ne peut dédommager le citoyen de la perte de ses droits. Cependant, avant de me résumer, je crois essentiel de vous faire connaître un fait. Vous savez que pour la conservation du menu gibier, au milieu de nos blés, qui leur servaient de pâture, on avait établi des remises[1]. Pour cet effet on s'était emparé du terrain qui se trouvait à la convenance du capitaine des chasses, avec promesse de dédommager le propriétaire et de lui laisser couper

---

vous faire accepter aux gardes-chasse un acompte sur l'année 1790 au préjudice de l'année 1789? Pourquoi ces formes de quittances que vous demandez? Pourquoi avez-vous cassé une partie des gardes qui avaient adressé à l'Assemblée nationale un mémoire qui contenait leurs justes plaintes? Pourquoi avez-vous menacé de perdre les autres s'ils adhéraient? (*Note de Méchin.*)

1. J'ai appris depuis qu'une partie de ces remises avait été payée et qu'on était entré en possession des autres en vertu des lettres patentes du roi. (*Note de Méchin.*)

le bois qui croîtrait sur son champ. Ces promesses sont encore à être remplies. Nous avons voulu, l'année dernière, rentrer dans ces possessions; mais on nous a objecté qu'il fallait attendre la fixation définitive des réserves de chasses pour le roi, et nous attendons que l'Assemblée nationale ait prononcé sur cet article pour rendre ces terres à la culture.

Dans le courant de ce discours, j'ai souvent substitué les faits au raisonnement. Je les ai crus plus propres à déterminer en faveur de la cause que je plaide, et plus capables d'intéresser des amis de l'humanité que tous les arguments philosophiques.

Je me résume donc, et je pense, pour cette seconde partie :

1° Que les fonctions des gardes-chasse doivent être circonscrites dans les limites des domaines du roi, et que, hors de là, il ne doit plus leur être permis d'inquiéter aucun citoyen pour fait de chasse;

2° Que les tribunaux ordinaires doivent seuls connaître des délits de chasse, et que tous tribunaux établis antérieurement à cet effet doivent être supprimés et abolis;

3° Que le capitaine des chasses ne doit plus avoir le droit d'accorder des permissions particulières et que les sommes reçues à cet effet doivent être remboursées par lui;

4° Que les fonctions municipales et le commandement des gardes nationales doivent être déclarés incompatibles avec celles d'officier des chasses;

5° Que les propriétaires doivent être autorisés à se pourvoir par-devant les juges du lieu pour obtenir la rentrée en possession des terrains usurpés sur eux.

XL

EXAMEN DU MÉMOIRE

ADRESSÉ A L'ASSEMBLÉE NATIONALE PAR LE PREMIER MINISTRE DES FINANCES CONTRE L'ÉMISSION DES ASSIGNATS, PRONONCÉ A LA SÉANCE DU 3 SEPTEMBRE 1790, DE LA SOCIÉTÉ DES AMIS DE LA CONSTITUTION, PAR M. GOUGET-DESLANDRES, MEMBRE DE CETTE SOCIÉTÉ EN SA QUALITÉ D'AFFILIÉ, SUBSTITUT DE M. LE PROCUREUR GÉNÉRAL DU PARLEMENT DE BOURGOGNE, ÉLECTEUR ET CONFÉDÉRÉ DU DÉPARTEMENT DE LA CÔTE-D'OR.

(Imprimé par ordre des Amis de la constitution, Paris, Imp. nationale, s. d., in-8 de 36 pages.)

MESSIEURS,

Lorsque j'ai été instruit que le premier ministre des finances avait adressé à l'Assemblée nationale un mémoire qui se dirigeait contre l'émission des assignats, j'ai craint que nous n'ayons tous professé une grande erreur; je m'accusais personnellement d'en avoir aidé la circulation. Mais, après avoir lu la dissertation du premier ministre des finances et le développement de son opinion sur une disposition à laquelle il ne veut donner aucun *assentiment*, qu'il considère comme *infiniment dangereuse*, qu'il frappe de son improbation *très décidée*, je me suis cependant rassuré.

Il ne faut qu'un peu de courage pour résister aux premières inquiétudes que peut causer le sentiment du premier ministre des finances; en parlant à l'Assemblée nationale, il s'est adressé à l'opinion publique, et son mémoire circule déjà dans toutes les mains.

De son côté, l'Assemblée nationale, en éloignant son opération der-

---

1. Ce discours sert de suite à celui que le sieur Gouget a prononcé à la séance du 13 août de la même Société, et à celle du 22 du même mois de la Société de 1789. Ce discours se vend chez Weberd, marchand de nouveautés sous les boutiques en bois au Palais-Royal, n° 248. (*Note de Gouget.*) C'est la seconde partie de la brochure intitulée *Sérieux et dernier examen...* Voir plus haut à la date du 13 août 1790.

2. Page 1 du mémoire du premier ministre des finances. (*Note de Gouget.*) Il s'agit du *Mémoire présenté à l'Assemblée nationale le 27 août 1790, par le premier ministre des finances*, Paris, imp. royale, 1790, in-4°. (Bibl. nat., Le 29/876.) L'Assemblée passa outre, malgré ce mémoire. C'est alors que Necker donna sa démission et partit pour la Suisse le 18 septembre 1790.

nière sur la liquidation de la dette, a appelé l'opinion publique à son secours.

Il y a déjà cette différence entre la conduite du corps législateur et celle du ministre des finances que l'un désire connaître l'opinion du peuple sur une disposition qui doit embrasser les intérêts de tous, et que l'autre semble avoir espéré d'éloigner la confiance d'une opération qui doit protéger les intérêts de tous les citoyens, en transportant sur des réalités des créances qui n'ont encore aucun point d'appui.

Le langage du premier ministre des finances est tellement extraordinaire, qu'à moins de le regarder comme insignifiant on doit croire qu'il n'a voulu offrir que le préambule d'un plan vaste qui, destiné à maîtriser les résultats d'une grande révolution, doit commander et donner le même mouvement aux intérêts divers, et faire enfin sortir la nation plus triomphante de tous les combats que l'on ose encore lui livrer.

Le ministre des finances nous annonce une nouvelle lutte contre des *difficultés probables ou imprévues : une juste frayeur se répandra ; l'argent effectif se cachera davantage ; son prix s'écartera de plus en plus du pair avec les assignats ; et l'on ne peut déterminer quel serait l'effet dangereux de cette première inquiétude.*

Ce sont là les expressions du premier ministre des finances[1].

Un peu plus loin, il nous dit qu'*une somme immense de papier-monnaie doit mettre en cause dans les mécontentements les plaintes et les réclamations de l'universalité des citoyens ; doit opposer entre eux tous les individus, non pas d'une manière passagère, mais chaque jour, à chaque heure et à tous les instants ; doit mettre en risque la subsistance des villes et la subsistance des particuliers ; doit exposer la sûreté des transports d'argent et rendre incertain le payement de tout le monde ; enfin, doit augmenter le trouble et mettre le royaume dans un état de combustion*[2]... Je rapporte scrupuleusement toutes les expressions dont s'est servi le premier ministre des finances pour dessiner le tableau de nos misères réelles ou présumées, pour troubler la foi publique, pour ébranler la société dans tous ses rapports, pour donner des secousses aux consciences, et, si je puis le dire, pour ne laisser absolument aucun doute sur le discrédit total de la nation française.

Il ne faut pas craindre, cependant, que le peuple se laisse alarmer

---

1. Page 4 du mémoire du ministre des finances. (*Note de Gouget.*)
2. Pages 4 et 5 du même mémoire. (*Note de Gouget.*)

par cette énumération prophétesse de malheurs qui ne peuvent pas exister; il faut qu'il s'applique au détail de la question. Le peuple a son *assentiment* aussi, et il doit être préféré à celui du premier ministre des finances[1].

La nation a déclaré qu'elle voulait payer cette dette immense qu'elle n'a pas contractée : pourrait-on retarder ou empêcher les effets de sa loyauté? La nation ne peut plus violer cette promesse publique, sans laquelle la Révolution ne se serait pas faite, sans laquelle la constitution ne s'achèverait pas.

Il est impossible de payer la dette en argent : elle ne peut être acquittée que par l'abandon et le partage des terres nationales, et l'on a déjà démontré, et le peuple a déjà cette foi, que l'émission des assignats n'est autre chose que ce partage nécessaire dans les mains de tous les créanciers. Le peuple sait qu'il faut suppléer d'une manière quelconque à l'argent que l'on n'a pas; il sait que nous possédons une propriété immense, dont l'emploi suffit à acquitter la dette. Pourquoi ne pas nous aider du seul signe qui puisse tout à la fois représenter cette propriété et en garantir une fois la disposition effective? Le peuple français peut-il craindre, peut-il même ne pas appeler de toute l'ardeur de ses vœux le seul moyen mécanique qui existe de faire entrer en circulation cette valeur réservée pour le salut des finances et de la Révolution?

Chez tous les peuples, c'est l'opinion qui a donné à la monnaie son crédit et la mesure de sa circulation. Le métal d'argent a dû, dans les commencements du monde, servir au luxe avant de servir pour les échanges; le besoin d'échanger nous a indiqué pour signe cette matière, que l'opinion avait déjà placée à un certain rang; la commodité que les peuples ont trouvée dans *l'argent-signe* pour les échanges a rehaussé dans l'opinion et dans l'exercice de la pensée *l'argent-métal*. Mais, si l'on veut chercher dans la nature même de cet argent-métal la cause de cette faveur, on ne rencontre que des abstractions ou, tout au plus, la préférence purement physique et non évaluatrice d'une matière à une autre; et quand on s'appuie sur cette idée, quand on la contemple philosophiquement, on a honte de voir les hommes préférer l'argent au sol et céder de la terre pour du métal.

Ce n'est pas le métal qui a obtenu par lui-même son crédit et sa

---

1. M. Necker a-t-il eu le projet de dégoûter d'avance le peuple d'entrer dans l'examen approfondi de la question, ou de l'y inviter? Je laisse ce problème à résoudre à ceux qui connaissent parfaitement ses intentions; il a eu un objet en s'attachant à illuminer, pour ainsi dire, notre désastre. (*Note de Gouget.*)

valeur spécifique; c'est l'opinion arbitraire des hommes qui a tout fait pour lui, en lui donnant un mérite et une valeur qu'il ne tient absolument que de l'objet de son institution.

Ce n'est donc point le métal qui nous sert par lui-même et qui pourvoit à tous nos besoins, mais uniquement la décision qui a arrêté qu'il serait choisi pour y pourvoir.

Chez certains peuples, vous le savez, Messieurs, cette même opinion et une semblable convention ont suffi pour donner à de vils coquillages la valeur que chez nous l'on attache à l'argent.

Il suit de là qu'il ne vaut que par cette convention; il suit de là que la seule et véritable richesse est attachée au sol, parce que le sol s'accroît par lui-même, parce qu'il reproduit tous les jours et procure continuellement des jouissances et des produits que la monnaie ne fait que rendre plus transmissibles. Ainsi, l'argent comparé à la terre n'est qu'une fiction; la terre est une réalité; l'argent se détruit par l'usage qu'on en fait; et la terre reste, survit et survivra toujours à tout ce qu'on serait tenté de lui préférer.

Si la nation donne donc en circulation, par une émission d'assignats, sa richesse territoriale, elle donne au delà de l'argent, au delà de l'opinion qui s'est attachée à l'argent; elle donne des *réalités*.

Le peuple, imbu de cette vérité qu'aucun sophisme ne peut altérer, reportera donc son choix sur les assignats, ou tout au moins le partagera entre le métal et le signe nouveau destiné à lui livrer une nouvelle masse de propriétés réelles.

Le peuple français pourrait-il, Messieurs, douter de l'utilité des assignats, lorsque tout lui dit que c'est le seul moyen mécanique d'appliquer les fonds dont il est redevenu possesseur à l'extinction d'une dette meurtrière; lorsque surtout l'exemple d'une nation voisine et exercée depuis longtemps à une recherche éclairée de tout ce qui peut augmenter sa richesse lui prouve que, pour de bien moindres motifs, pour des motifs non de salut, mais de simple amélioration, on peut recourir avec avantage à des moyens tout pareils? Et cependant, Messieurs, la nation anglaise n'a rien pour assurer le crédit de son papier national; elle n'a rien que l'opinion, rien que l'estime qu'elle fait elle-même de son papier de banque. Cette estime que le peuple anglais a commencé par donner lui-même à son papier national a fait cependant la force de son crédit et lui a donné le mouvement d'une circulation intérieure et extérieure au delà peut-être de ses forces, et très certainement du moins au delà de ses ressources directes et physiques. Ce papier, on ne peut trop le répéter, n'a pour assignat qu'une espérance grande et vaste, si l'on veut, mais enfin une simple espérance sur la balance du commerce et sur le caprice des autres nations que le peuple anglais sait rendre tributaires de son industrie.

En France, nous n'aurons pas besoin de spéculer, ni sur une balance probable de commerce, ni sur les tributs certains que les autres peuples payeront à notre intelligence pour obtenir l'effet de notre papier territorial. Nos regards n'ont besoin que d'être fixés sur les propriétés immenses et disponibles qui appartiennent à la nation. Du moment où ce papier sera émis, de ce moment même et par le seul et immédiat effet de son émission, tout propriétaire d'action sur le Trésor public, tout particulier même dont les intérêts seront le moins du monde atteints par le mouvement de sa circulation, pourra regarder la propriété nationale comme chose à lui propre et appartenante.

En Angleterre, le papier national ne représente donc que d'heureuses et belles suppositions, que des espérances qui peuvent échapper; en France, il représentera des réalités, des solidités, des fonds territoriaux. En Angleterre, le papier national est déjà dans la circulation à une plus forte mesure qu'il ne sera jamais élevé en France; et cependant aucune frayeur ne s'y est répandue ; *l'argent effectif ne s'y est point caché; son prix ne s'est point écarté de la valeur du papier;* aucun effet *dangereux* n'est survenu; *les intérêts divers* n'ont pas été froissés ¹; les *manufactures* n'ont pas cessé de s'élever à leur perfection; les villes ont continué d'être *alimentées;* les transports d'argent n'ont jamais été *retardés;* les *salaires* des ouvriers de toute espèce y sont acquittés; et l'intérieur de ce royaume n'a jamais été *troublé* ni mis en *combustion* par l'émission de son papier national.

En France, nous avons une population immense, une richesse territoriale incalculable, des ressources continuelles dans les productions de la terre, et néanmoins une agriculture qui dépérit, et néanmoins beaucoup de richesses réelles qui languissent tous les jours par le défaut des richesses fictives (car l'argent lui-même, Messieurs, vous l'avez vu, est aussi une richesse fictive), et l'on veut nous faire craindre qu'elles ne dépérissent encore plus, en leur donnant précisément ce dont l'absence les fait languir.

Le ministre des finances nous dit que les *abstractions en affaires publiques lui paraissent chaque jour plus redoutables;* mais c'est lui qui les emploie, ces abstractions, et qui combat des faits; c'est lui seul qui oppose des probabilités et des inquiétudes aussi peu calculées que mal réfléchies à un grand exemple; c'est lui qui voudrait enga-

---

1. Expressions du ministre des finances. (*Note de Gouget.*)

ger un peuple immense, témoin de la discussion qui est ouverte, à préférer à ce qu'il voit, à ce qu'il entend, à ce que ses mains palpent déjà, si j'ose le dire, la simple sollicitude d'un ministre seul inquiet encore au milieu des amis de la chose publique.

J'ai avancé, Messieurs, que le papier national était déjà porté en Angleterre à une somme plus considérable qu'il ne s'agira jamais de l'élever en France; il faut justifier cette proposition, qui a le rapport le plus immédiat, pour combattre l'ensemble de toutes les probabilités d'inquiétude par lesquelles on veut nous effrayer.

Il est de principe indubitable, vous le savez, Messieurs, que le numéraire ou que les signes des échanges doivent être fournis à une nation dans le rapport direct, mais composé, de sa population et de sa richesse territoriale. Si le numéraire réel et le numéraire fictif ne sont pas dans ce double rapport, il n'y a plus d'équilibre; si les signes des échanges ne correspondent pas en nombre et en valeur avec les productions de la terre et le nombre des bras qui la cultivent, la chose publique n'est plus assurée par elle-même, elle n'est plus parfaitement nivelée, elle perd son assise, et peut se ruiner ou s'affaiblir au moins par la chute des contrepoids.

La richesse territoriale de l'Angleterre ne peut pas être comparée à celle de l'empire français: elle est au-dessous de plus d'une moitié; la richesse en population de ce même royaume est encore au-dessous de la nôtre à peu près des deux tiers; cependant, en Angleterre, il existe une somme de numéraire qui se rapproche du nôtre; il y existe de plus près de cinq milliards, tant en *papier national* (que la nation anglaise ne pourra jamais éteindre par aucune assignation positive) qu'en *divers papiers de banque* qui font les mêmes fonctions que l'argent.

Nous pourrions donc avoir en France un papier national qui, d'après la comparaison que je viens d'offrir, pourrait s'élever sans aucune inquiétude à une somme de 2 milliards. Il n'y aurait même à redouter de son inextinction aucune probabilité funeste ni désastreuse.

L'exemple de l'Angleterre, encore une fois, ne permet pas d'en douter; cet exemple prouve même que nous ne courrions peut-être, à l'imiter, d'autre risque que celui de voir accroître et prospérer nos richesses positives et industrielles. Quel risque, je le demande, pourrions-nous craindre d'un papier national qui ne fera entre nos mains qu'un passage rapide, et qui pourra s'éteindre à l'instant même où on le voudra dans la vente des biens nationaux?

Le ministre craint dans la circulation l'effet des assignats; pourquoi ne s'est-il jamais avisé de craindre la circulation des papiers ordinaires de commerce? L'une des fonctions passagères de ces assignats sera évidemment d'exiler du commerce une pareille quantité de lettres de change, soit en nombre, soit en valeur¹ ; or, sait-on jusqu'à quelle somme s'élèvent dans tous les portefeuilles les dettes actives et passives de tous les citoyens? Ce papier-marchand, en faisant depuis des siècles les mêmes fonctions que l'argent, a-t-il *introduit un jeu effréné* de la part des agioteurs, sinon celui qui a toujours résulté des époques et des places où ce papier était acquittable²? *A-t-il ébranlé toutes les fortunes?* Est-il devenu le principe d'une commotion dangereuse dans l'État? Ainsi, puisque les assignats ne représenteront dans la circulation, et jusqu'à leur extinction, que des lettres de change qu'ils y remplaceront, l'on doit rester rassuré sur les effets de ce papier; ils ne pourront en effet donner dans toutes les probabilités calculables que les mêmes résultats qui ont déjà été les produits de toutes les lettres de change auxquelles l'on va substituer momentanément les assignats.

Je crois donc avoir répondu par des démonstrations, par des renseignements, par des exemples, à toutes les inquiétudes, à toutes les alarmes qui ont conduit le ministre des finances à regarder les assignats comme un moyen dont la *simplicité*, dit-il (et cet aveu est précieux, malgré l'épithète improbative qui l'accompagne), *seront* « sic » *le renversement violent de tous les obstacles*³.

Le ministre des finances s'inquiète encore de l'augmentation que l'émission des assignats portera, à ce qu'il croit, sur les denrées, sur les productions de toute espèce; mais, Messieurs, on peut le tranquilliser, à cet égard, par des raisonnements qui ne vous ont sans doute pas échappé.

L'argent monnayé n'a été institué que pour la facilité des échanges, que pour acheter continuellement les productions de la terre; il n'a pas un emploi d'assignation qui doive être le terme dernier de sa circulation : l'argent n'a pas plus tôt fait une fonction qu'il court à une autre; son exercice n'est limité ni dans son objet ni dans sa durée.

Les assignats, au contraire, s'ils doivent traverser les marchés pu-

1. Voyez le discours du sieur Gouget, du 13 août, pages 26, 27 et 28. (*Note de Gouget.*)
2. Il y a cette différence, entre l'assignat et la lettre de change, que l'époque et la place où cette dernière est acquittable sont encore à la merci de certaines chances et de certaines craintes, au lieu qu'il n'en existe aucune dans l'acquittement des assignats. (*Note de Gouget.*)
3. Page 11 du mémoire du ministre des finances. (*Note de Gouget.*)

blics, ce sera pour eux un passage rapide; ils ne sont point assignés pour les desservir d'une manière pérenne; ils ont, dans l'usage qu'on en fera, un terme arrêté, une limite déterminée et une destination définitive. Pourquoi, dès lors, craindrait-on que les valeurs des marchandises de toute espèce, et celles surtout des comestibles, puissent être atteintes ou déterminées par la quantité de numéraire fictif, puisqu'il ne peut les rencontrer qu'en passant et qu'il doit s'éteindre aussitôt et à mesure qu'il sera dans le cas d'y porter de l'augmentation?

Je vais m'efforcer de rendre cela plus sensible. L'argent effectif, avec lequel on paye un domaine, ne reste pas frappé de paralysie sur le domaine qu'il a fait changer de mains, parce que sa fonction est de retourner où l'usage qu'on en fait tous les jours le rappelle; il ne fait que traverser *la propriété* à laquelle il a donné un mouvement, pour ainsi dire, et il retourne bientôt sur les marchés, où il fait ses véritables fonctions, et où il doit être perpétuellement en activité. Les assignats, de leur côté, ne feront, dans les marchés publics, que les fonctions de l'argent vis-à-vis les immeubles; ils traverseront de même la valeur des productions et iront s'éteindre sur le fonds qui doit être le lieu de leur repos.

Mais, ajoute-t-on, les salaires des ouvriers augmenteront par cela même qu'il faudra donner un emploi aux assignats; je dis, en premier lieu, qu'il y a du temps encore avant que le salaire des ouvriers ne se soit élevé au prix où il était il y a deux ans; et, d'ailleurs, si l'on devait craindre, par l'effet de l'émission des assignats, une augmentation sur les productions de la terre, il serait bien juste aussi que le salaire de celui qui la cultive fût augmenté dans une proportion raisonnable.

Je réponds, en second lieu, qu'il n'y aurait point à hésiter sur les deux partis, ou de voir accroître l'oisiveté et l'avilissement général de l'agriculture et de toutes nos fabriques, ou de se décider à augmenter le prix du travail; il faudrait, sans balancer, composer avec le prix de la main-d'œuvre; et, d'ailleurs, ne serait-il pas aussi de notre moralité de désirer ardemment que le pauvre peuple, qui souffre depuis si longtemps, puisse enfin manger son pain avec moins d'amertume?

Le ministre des finances nous accuse de nous être déjà donné trop d'assignats : « *J'avais craint*, dit-il, *une trop grande quantité de papier-monnaie, et le temps a prouvé que cette crainte était fondée*[1]. » Mais, cependant, sans le papier dont on accuse injustement la présence, le commerce et les fabricants seraient aujourd'hui entière-

---

1. Page 5 du mémoire du ministre. (*Note de Gouget.*)

ment ruinés, tous les ouvriers seraient dans une mortelle inaction, aucuns payements n'auraient pu se faire, et le royaume serait totalement en suspension[1].

Quand on veut ressusciter l'agriculture, quand on veut entretenir les arts et l'industrie, quand on a même besoin de réveiller et de rappeler à la vie une nation paralysée depuis des siècles, l'administration publique ne doit pas être avare, à un certain point, des signes propres aux échanges. La présence de ces signes porte naturellement les gens sages à les employer utilement; un moyen de plus dans les mains du propriétaire et du manufacturier est comme une force d'impulsion qui porte l'un à améliorer son fonds, et l'autre à perfectionner son industrie.

L'on nous inquiète encore par rapport aux désavantages qui peuvent nous résulter des changes avec l'étranger; mais les changes ne sont que les résultats de la solde; il faut tout entreprendre pour obtenir la solde de notre côté, et, alors, les changes nous deviendront favorables.

Pour obtenir sûrement la valeur du change, il faut beaucoup augmenter, beaucoup perfectionner, beaucoup étendre notre richesse industrielle et territoriale; il faut surtout savoir nous passer des marchandises de nos voisins; il faut les séduire par l'ingénieux, par l'utilité, par la bonne fabrique, et par le bon marché des nôtres; il faut tout au moins être en état de soutenir, et chez eux et chez nous, la concurrence; alors, nous obtiendrons infailliblement la balance du commerce.

Ces avantages ne peuvent être que le résultat d'une grande rapidité dans la circulation de tous les signes des échanges, d'une grande facilité à se les procurer, et surtout de la baisse de l'intérêt de l'argent; l'effet de cette baisse sera encore de modérer (non pas en apparence, puisqu'elle pourrait être contraire à cette assertion, mais dans la réalité, et par l'effet des compensations) et le prix des productions, et le prix de la main-d'œuvre.

Tout périt au milieu de la misère : les premiers moyens qui la font disparaître nous conduisent bientôt à des résultats majeurs qui se multiplient les uns par les autres. Ainsi, de même qu'une augmentation des signes des échanges et leur moins de cherté devront donner plus de mouvement, plus de perfection à notre agriculture et à notre industrie, de même ce nouveau mouvement et cette perfection doi-

---

[1]. Le sieur Gouget n'a pas voulu répéter ici ce qu'il a déjà dit et imprimé le 13 du mois d'août et qui répond aux autres objections du ministre des finances. (*Note de Gouget.*)

vent nous obtenir des avantages sur l'intelligence et sur les entreprises commerciales des étrangers, et voilà positivement ce qui constituera pour nous la faveur des changes : ceci est d'une vérité démontrée [1].

L'on ne peut faire aux assignats qu'une seule et forte objection; elle a tenu dans mon esprit à l'intérêt public, parce que je crois que l'intérêt public ne doit être formé que par la majeure partie des intérêts particuliers.

Je me suis dit : ce n'est pas l'*émission* des assignats qu'il faut craindre, mais il faut redouter l'*extinction* des assignats, et cette inquiétude, remarquez-le cependant, nous assurerait déjà le crédit de ce papier territorial.

Si l'on ne vend pas les biens nationaux *contre des assignats*, mais contre de l'argent comptant, les assignats s'éteindront, parce que la nation les sortira de la circulation, en échange de l'argent qu'elle aura reçu en payement de son domaine.

Ainsi, l'on aura placé dans le commerce des immeubles, un tiers ou un quart de biens-fonds qui étaient frappés d'*incirculation*, qui étaient comme des biens substitués d'origine. Ces biens iront grossir journellement le nombre des ventes; ce sera, *au marché des immeubles*, une augmentation perpétuelle de marchandises, sans qu'il y ait une augmentation d'acheteurs, puisque beaucoup de citoyens sont pourvus; puisque, d'un autre côté, il n'y aura plus en circulation cette somme de numéraire fictif qui doit faire la balance lors des premières ventes des biens nationaux.

Que doit-il naturellement arriver, Messieurs, des circonstances dans lesquelles nous nous trouverons? Le premier aperçu est qu'il y aura une baisse considérable sur les fonds, que cette baisse n'atteindra pas

---

1. Écoutons le sublime Mirabeau... « Quoi! serait-il nécessaire de le dire? On parle de vendre, et l'on ne fournirait au public aucun moyen d'acheter! On veut faire sortir les affaires de leur stagnation, et l'on semblerait ignorer qu'il faut un principe de vie pour remuer, pour agir et pour reproduire! Certes ce serait là vraiment un chef-d'œuvre de l'invention, la pierre philosophale des finances, si, sans argent, et sans rien qui le remplace, sans crédit quelconque, au sein d'une inertie qui nous tue, nous trouvions le moyen de revivifier tout à coup les affaires et de ressusciter, comme par enchantement, travail, industrie, commerce, abondance. Ce que nous pourrions attendre à peine d'un miracle, nous pouvons l'espérer des moyens adaptés à notre but. C'est le numéraire qui crée le numéraire ; c'est la médiocrité qui amène l'abondance; c'est le mouvement qui anime tout, qui répare tout, au lieu que la misère est toujours la misère et qu'avec elle, sans industrie, sans expédients pour en sortir, il n'y a qu'une ruine entière à envisager. Jetez donc dans la société ce germe de vie qui lui manque, et vous verrez à quel degré de prospérité et de splendeur vous pouvez dans peu vous élever. » (*Note de Gouget.*)

seulement les anciens biens nationaux, mais elle frappera sans distinction sur tous les biens-fonds du royaume. La mesure de cette baisse peut être déjà calculée, car elle sera indubitablement en raison de la valeur entière de tous les biens mis dans le commerce, c'est-à-dire que, si la valeur des propriétés nationales s'élève à *trois milliards*, il se fera une baisse générale, sur tous les fonds du royaume, de *trois milliards*; c'est-à-dire, pour particulariser cette donnée, que si je suppose les trois milliards des biens nationaux être le *quart* de toutes les propriétés foncières de l'empire, il doit résulter de leur mise dans le commerce (que je ne vois consommée qu'après l'extinction des assignats), il en résultera qu'une propriété que l'on aurait pu acheter aujourd'hui 40,000 livres ne pourra plus se vendre que 30,000 livres.

La nation sera libérée; mais, suivant ce raisonnement, ne pourrais-je pas craindre qu'elle ne se libérât aux dépens de tous les propriétaires de territoires? Et du moment que sa libération pourrait peser et sur tous les anciens propriétaires de fonds, et sur les nouveaux, ne pourrait-on pas en conclure que la nation ne paye plus sa dette avec sa propriété, mais qu'elle s'acquitte avec la propriété des autres?

Voilà, Messieurs, l'objection la plus forte que l'on puisse faire contre l'émission des assignats. Voyons s'il est impossible de la faire disparaître.

Une grande nation, une nation libre et loyale doit, dans une circonstance aussi majeure, se conduire à la face du monde : elle doit mettre tous les peuples à même de juger sa conscience; elle le doit autant par politique que par le respect qu'elle a besoin d'inspirer, qu'elle a besoin de sentir pour elle-même.

S'il n'y avait aucune réponse satisfaisante pour repousser l'objection que je viens de me faire, nous alléguerions des lieux communs, nous dirions que la baisse des propriétés serait moins fâcheuse qu'une banqueroute; qu'il faut supporter ensemble un inconvénient; que tout le monde se trouvant au niveau dans cette occurrence fâcheuse, il faut savoir faire un sacrifice à la chose publique et à la liberté; mais ce ne serait pas là une réponse capable de satisfaire tout le monde et d'accréditer les assignats : je crois qu'il faut en trouver d'autres, et voici celles que je crois déterminantes pour l'opinion publique [1].

---

1. Ce que l'on vient de dire, et ce qui va suivre, répond à toutes les objections détaillées dans une brochure intitulée : *Aperçu des considérations politiques qui doivent faire proscrire une émission considérable d'assignats*, pages 8, 9, 10 et 11. Le reste de cet écrit ne mérite pas une réponse sérieuse, surtout la dernière

1° Nous verrons, Messieurs, augmenter d'une manière étonnante notre industrie; l'accroissement de notre industrie nous obtiendra les moyens de nous passer de celle des autres peuples, et ceux-ci auront de plus en plus besoin de la nôtre; alors nous acquerrons continuellement des capitaux qui remplaceront les assignats que la vente des biens nationaux aura fait disparaître.

2° Une bonne constitution doit nous procurer de nouveaux habitants qui nous apporteront leurs richesses, dont l'emploi sera assigné à des acquisitions de fonds; cette augmentation de numéraire soutiendra nécessairement la valeur des propriétés.

3° Les biens mis dans le commerce ne sont point des fonds qui n'existaient pas : ils existaient, ils existent, et ils ont, par leurs productions, la même ancienneté d'origine que tous les autres fonds

partie qui traite d'un plan de liquidation qui paraît d'une exécution difficile, périlleuse, compliquée dans ses commencements comme dans ses résultats.

On attribue cette brochure aux députés du commerce. Assurément c'est faire injure aux députés du commerce choisis pour diriger et seconder ses opérations, pour les appuyer, soit auprès de l'Assemblée nationale, soit auprès du pouvoir exécutif; ils sont trop instruits pour s'opposer à tous les moyens qui doivent fournir au commerce sa subsistance, sa force et sa splendeur. Toujours est-il que ceux qui nous ont fait cadeau de ces CONSIDÉRATIONS POLITIQUES (car on les a distribuées à l'Assemblée nationale, à la Société des amis de la constitution, à celle de 1789, dans tous les cafés, dans les lieux publics); toujours est-il que l'on a écrit très impolitiquement sous tous les rapports, et que ceux qui se sont donné la peine d'écrire et de distribuer cet imprimé n'ont jamais étudié ni recherché les causes de la pénurie de notre commerce. Qu'ils apprennent donc que l'origine de cette pénurie est ancienne, qu'elle tient à l'inaction, à la misère, à l'incirculation des signes des échanges, à la cherté de ces signes, à la difficulté de se les procurer et point du tout à la cherté des comestibles. Qu'ils nous disent pourquoi la solde et la balance du commerce sont constamment à notre désavantage vis-à-vis de l'Angleterre et vis-à-vis de la Hollande; cependant les comestibles y sont à un très haut prix, en Angleterre surtout, et néanmoins les Anglais nous livrent perpétuellement des combats heureux en industrie; et pourquoi? parce qu'ils se sont donné amplement et parce qu'ils se sont conservé par *leur papier national et par leur papier de banque* tous les moyens pour agir sans gêne et pour entreprendre avec cette hardiesse qui porte l'industrie commerciale à une hauteur d'où il est difficile de la faire déchoir.

C'est parce que les députés du commerce connaissent mieux que personne ces vérités, que je dis qu'on les calomnie en leur attribuant la brochure que je viens de désigner; d'ailleurs les députés du commerce n'imprimeraient point *anonymement*, ils savent que leur assentiment doit marquer quelque peu *pour ou contre* le crédit des assignats.

Cependant l'on doit préférer l'assentiment des propriétaires cultivateurs; ce sont ceux qui payent visiblement les impôts, ce sont ceux qui fournissent au commerce toutes les matières premières; ce sont ceux-là qu'il importe principalement de soulager dans l'intérêt de l'argent, ce sont ceux-là enfin qu'il faut écouter, qu'il faut soutenir et protéger, comme étant les premiers et les seuls commerçants du royaume. (*Note de Gouget*.)

territoriaux, puisque leurs productions se vendent tous les jours et se font tous les jours acheter. Si les productions de ces terres à vendre n'ont jamais fait baisser la valeur des productions des autres fonds, il paraît naturel de penser que la concurrence de ces mêmes fonds, après leur première vente, ne fera point baisser la valeur des autres propriétés.

En France, comme partout, nous avons une mesure pour donner la valeur aux fonds : cette mesure a toujours été la valeur des productions. Si la valeur des productions reste la même, la valeur des fonds ne peut pas baisser; si la valeur des productions diminue, sans contredit il surviendra une diminution sur la valeur des fonds; mais ce ne sera plus là l'effet de la disposition générale qu'il s'agit de décréter, ce serait l'effet d'une diminution de la somme du numéraire effectif dont la quantité doit diminuer la valeur des productions de la terre.

4° Dans le discours du 13 août, que la Société a bien voulu accueillir, je crois avoir démontré que nous devons obtenir très promptement une baisse très considérable dans l'intérêt de l'argent. Quel doit être, Messieurs, l'un des effets de la baisse de l'intérêt de l'argent [1]? Il sera tout naturel. Les capitalistes, au lieu de prêter, aimeront mieux acquérir, et vous verrez augmenter le nombre des acheteurs de fonds, de tous ceux qui préféreront des fonds à des placements d'argent.

En cinquième lieu, Messieurs, je ne considère point l'extinction des assignats comme pouvant, comme devant même faire baisser la valeur des fonds.

J'ai dit, et je répéterai ici, que les *assignats* ne feront autre chose, avant leur emploi définitif, que d'exiler le papier ordinaire que le commerce se crée, se donne, pour se donner *du numéraire*; les assignats qui, par leur circulation, auront fait disparaître momentanément le papier-marchand, seront remplacés après leur extinction par le même papier-marchand. M. de Gouy a donné à ce nouveau papier son véritable nom : *papier de banque*. Oui, Messieurs, vous verrez les institutions commerciales se créer des banques; ce ne sera plus alors le crédit général qui sera mis en circulation, mais ce sera sous le même mode, *le crédit des particuliers du royaume*, qui, peut-être enfin, se donneront un papier de banque, *payable sur toutes celles du royaume* et des royaumes voisins; un *papier de banque* que tout le monde connaît, qui ne s'éteint point, car, lorsqu'il a fait sa fonction,

---

[1] Il est démontré dans le même ouvrage que la baisse de l'intérêt de l'argent se lie au système de l'imposition. (*Note de Gouget.*)

lorsqu'il a été acquitté au profit du porteur, il reprend une nouvelle vie entre les mains de celui qui vient d'en fournir les espèces¹.

Quelles seront les fonctions des assignats en attendant l'époque de leur extinction? Celles que je leur ai déjà assignées, les mêmes dont le papier de banque des Anglais et des Hollandais s'est emparé chez nous. Il n'y aura que cette différence, que depuis longtemps l'un fait circuler chez nous le crédit des négociants étrangers, et que les assignats feront enfin circuler le crédit de la nation, ou plutôt *sa propriété*.

Il nous sera fort difficile, après avoir joui des assignats, de pouvoir nous en priver : nous nous créerons indubitablement des moyens pour nous conserver tous les avantages que l'extinction des assignats doit nous faire perdre.

Ainsi, en voyant finir et éteindre les assignats, nous verrons circuler, et nous y serons déjà habitués, nous verrons circuler les billets de banque particulière qui maintiendront, sous un mode très rapproché de celui des assignats, la quantité du numéraire fictif; ces valeurs vivantes maintiendront, par leur présence, le niveau actuel des

---

1. Les négociants qui voulent bien me prêter quelque attention entendent parfaitement ce que je veux dire; mais je vais tâcher de le rendre sensible à tout le monde.

Plusieurs banquiers de Londres et d'Amsterdam, etc., ont un papier *de banque*, qui est payable sur toutes les places par leurs différents correspondants; ce papier est revêtu de *signatures* qui sont très connues; et, pour éviter la contrefaçon, tous les correspondants ont un signe certain pour reconnaître ce papier. Les contours en sont quelquefois coupés par un fer qui laisse au dehors ce que l'on pourrait appeler des rognures; ces rognures sont entre les mains de tous les correspondants de la maison de banque; en présentant ce papier à sa rognure, l'on reconnaît facilement si ce papier est véritablement celui qu'il faut acquitter. Si cette vérification n'était point très satisfaisante, ce papier ne serait point acquitté et serait même arrêté; si la vérification est en faveur du papier il est acquitté par le correspondant; cela ne fait aucune difficulté.

L'on peut dire que le négociant qui vient d'acquitter à Dijon *, par exemple, un semblable papier, vient de se rendre créancier de son correspondant d'Amsterdam; sans doute, puisqu'il vient de payer en papier un négociant d'Amsterdam; mais le jour même il se fait payer par Amsterdam. Et comment cela? Parce que le même jour il envoie ce même papier à Lyon où il a un payement à faire; Lyon le fait partir de son côté à Aix ou pour un autre lieu, et quelquefois il ne s'éteint qu'à sa source; il circule et revient souvent sur ses pas. Voilà la richesse fictive et industrielle qui vivifie le commerce des Anglais et des Hollandais. Ne pouvons-nous pas espérer devenir à notre tour, en matière de commerce, un peu Anglais et un peu Hollandais? Ne nous sera-t-il pas permis par la suite d'avoir nos banques après avoir desservi celles des autres? (*Note de Gouget.*)

* MM. Gilles et Robinet, négociants très distingués dans cette ville, acquittent pour les négociants de l'Angleterre et de la Hollande.

immeubles réels. Ainsi il ne faut plus craindre la baisse générale des biens-fonds après l'extinction des assignats : ils conserveront leur valeur réelle, parce que nous conserverons des valeurs fictives.

Mais j'ai encore une dernière réponse, que je crois être plus concluante.

J'ai dit, et nous espérons tous, que la nation n'empruntera plus ; j'ai dit que la nation, en se libérant par la voie des assignats, guérirait une plaie profonde dans la société ; j'ai ajouté que les citoyens se liquideraient respectivement, ce qui, en premier résultat, rétablirait la confiance générale et réciproque.

Les acquisitions d'immeubles réels et d'immeubles fictifs sont le fruit de l'économie ou de l'industrie d'une partie des citoyens sur l'autre partie. Voyons dans quel marché pourront se faire, par la suite, les acquisitions des citoyens économes et industrieux.

Lorsque le gouvernement emprunte, lorsque les particuliers empruntent aussi, je vois là deux marchés d'*immeubles fictifs*; lorsque le gouvernement n'emprunte plus et que je vois encore vendre continuellement, à la bourse et chez les notaires, des rentes constituées ou sur l'État ou sur les particuliers, je vois encore deux autres marchés de seconde création d'*immeubles fictifs*; et lorsque je vois dans l'avenir, par la liquidation de l'État et par la liquidation respective et presque générale des particuliers, la suppression presque totale de tous les marchés d'immeubles fictifs, je vois aussi plus d'acheteurs au *marché* des immeubles réels, je vois toutes les économies se porter du côté des fonds et leur donner une valeur plus importante.

Je vois, à la vérité, à peu près pour trois milliards de nouveaux immeubles mis en circulation ; mais d'abord ils ne se vendront pas tous les ans. En supposant, et je crois que ce terme moyen est l'aperçu le plus juste, en supposant que ces fonds changeront de mains tous les vingt ans, je vois par an pour 150 millions de plus d'immeubles réels portés au *marché* des immeubles. Mais je vois d'un autre côté les profits d'une nouvelle industrie qui doivent avoir un emploi, et cet emploi s'assigne de lui-même aux acquisitions des propriétés foncières ; je ne vois plus d'emprunt par le gouvernement ; j'en vois beaucoup moins aussi par les particuliers ; la liquidation publique, particulière et respective, qui s'opère par l'émission des assignats, supprime presque totalement le marché où se consommaient les ventes de toutes les dettes constituées ; je vois toutes les épargnes n'avoir, pour ainsi dire, plus qu'un emploi et se tourner toutes du côté des immeubles réels ; je vois encore l'économie des particuliers devenir, par la suite, plus sérieuse, parce qu'une administration publique, à laquelle tous les citoyens concourront, deviendra un grand exemple pour leur conduite privée.

Je conclus encore de l'amélioration future de la conduite privée qu'il y aura moins de biens-fonds à vendre, parce que les mutations sont pour le grand nombre plus souvent forcées que volontaires. L'on doit donc rester convaincu, par toutes les considérations qui viennent d'être présentées, que la concurrence des acheteurs d'immeubles réels sera augmentée par cela même qu'il y aura moins de vendeurs au même marché.

Je dois m'étendre maintenant avec quelque détail sur des griefs causés à la chose publique, dont le redressement appartiendra à des faits qu'il ne s'agit que de rapprocher, et qui sont peut-être déjà connus de tout le monde.

Le resserrement du numéraire ne tient point à l'émission des assignats : les assignats valent assurément au delà des billets de la Caisse d'escompte, qui se sont faits, jusqu'à une époque assez rapprochée, au pair avec les écus; mais, lorsqu'une émission de *billets-assignats* a été décrétée, il ne fallait pas inquiéter la foi publique, en faisant défendre dans tout le royaume et à tous les receveurs particuliers de recevoir en payement les billets nouvellement émis en circulation; j'ignore d'où est partie cette prohibition, mais elle a eu lieu vis-à-vis de tous les receveurs particuliers et de la part des fermiers généraux, et de la part des receveurs généraux des finances, et de la part des administrateurs des domaines; enfin, de la part de tous ceux qui sont dans le cas d'obéir à l'administration. Rien n'était capable sans doute d'effrayer davantage les citoyens que de voir le gouvernement refuser son propre papier. Un ordre ministériel ne pouvait point paralyser ce signe-argent, vis-à-vis les caisses publiques sans le paralyser également vis-à-vis de tous les citoyens ; la défiance générale devait à la suite s'emparer de tous les esprits. En effet, l'opinion, après avoir fluctué, a pris le niveau que lui indiquait un mouvement supérieur, et le papier n'a pu soutenir dès lors une concurrence au pair avec l'argent : c'est donc l'ordre de l'administration qui a déterminé dans l'opinion une différence entre l'argent et le papier; jusque-là, l'argent n'avait pas été acheté; jusque-là, le papier ne s'était point livré au-dessous de sa valeur réelle.

A qui appartenait-il, je le demande, Messieurs, de rappeler l'opinion publique qui s'égarait? A qui appartenait-il de poursuivre cette erreur, qui était l'avant-coureur du discrédit public? Vous le sentez, Messieurs, et je n'en dirai pas plus à cet égard. Il était des moyens sans doute pour éloigner l'inquiétude générale; mais les moyens inverses que l'on avait mis en usage laissaient partout une impression fâcheuse. « Il fallait de l'argent au trésor public; il fallait une monnaie réelle », nous dit-on; mais, pour en obtenir facilement, il ne fallait pas faire refuser les billets dans toutes les caisses; il fallait plutôt en acheter, sauf ensuite à se procurer du numéraire, quelque sacrifice secret que l'on dût faire, et l'argent aurait bientôt reparu. Un songe ébranle la confiance, à plus forte raison un fait de cette importance.

Dans les six premiers mois de 1789, et malgré deux suspensions de payement à la Caisse d'escompte, les billets de cette caisse ne rapportant pas le moindre intérêt, et dans les circonstances d'une alarme propagée par cette suspension, se sont néanmoins échangés constamment au pair avec les écus : le discrédit était cependant au comble; mais il y avait encore cette différence, qu'il n'avait pas été augmenté par une disposition ministérielle, inconséquente et funeste aux intérêts de tous les citoyens.

La confiance publique, je ne puis trop le répéter, est tenue par un fil infiniment délié : la plus légère secousse le fait rompre.

La ville de Bordeaux avait donné un grand exemple, et au ministère, et à toutes les municipalités, en établissant un bureau pour échanger au pair les petits billets; acheter ainsi les petits papiers-assignats, c'était conserver le crédit de toute l'opération. Si cet exemple eût été suivi par les autres villes de commerce, l'argent se serait répandu dans la proportion qu'aurait eue chaque lieu; mais la ville de Bordeaux a été victime de son patriotisme et de sa prévoyance : elle ne pouvait pas penser qu'une certaine classe d'hommes perdus d'avarice, que je n'appellerai plus des citoyens, devait entreprendre contre elle le jeu immoral de l'inonder de petits billets pour sortir de son sein tout son numéraire et pour en faire un trafic usuraire, et tout à la fois honteux, scandaleux et inconsciencieux, à cette funeste rue Vivienne[1].

Dois-je le dire aussi, Messieurs? Une mésintelligence entre les représentants de l'Assemblée nationale qui trouble toutes les imaginations et dont le premier effet est d'entretenir la division de sentiments parmi l'universalité des citoyens, une protestation d'une partie du corps législateur contre la loi elle-même, des insurrections dans l'armée, des craintes de guerre, des massacres horribles, le sang des citoyens

---

1. Très heureusement il n'y a en France qu'une rue Vivienne, et très malheureusement elle est trop voisine du trésor public et de cette caisse d'amortissement où l'on n'a jamais rien voulu amortir. (*Note de Gouget.*)

qu'on a fait verser, la famine qui s'est fait sentir au milieu de l'abondance, une chaîne d'événements affligeants qui sont peut-être les fils d'une mine creusée sous nos pas, tout a dû faire disparaître la monnaie effective; et à tout cela le ministre des finances vient joindre une attaque ouverte à la seule opération qui puisse et qui doive rassurer la fortune publique et celle de tous les citoyens.

L'histoire apprendra à nos neveux à quel prix nous aurons acheté notre liberté; mais que l'histoire puisse enfin s'arrêter dans l'énumération de tous nos maux et surtout au dernier qui vient de frapper la patrie[1].

Avant de terminer, je m'arrêterai un instant là où le ministre des finances semble vouloir nous annoncer quelque système[2] pour opérer la liquidation de la dette. Mais un système en finances qui substituerait des probabilités aux réalités qu'espèrent les créanciers de l'État; mais détourner tous les regards de dessus la disposition générale qui occupe en ce moment l'Assemblée nationale; mais écarter tout le peuple de l'espérance qu'il a de posséder bientôt dans ses mains les signes d'une réalité, une pareille tâche n'est plus d'une facile exécution; il faut laisser à un temps plus calme l'édification de tout système financier qui ne présenterait point aux créanciers de l'État, au peuple, à la nation entière, des convenances et des sûretés. Nous les avons, ces sûretés, et tout le peuple en demande l'abandon et le partage; il aurait le droit de reprocher au corps national de n'avoir pas usé des ressources que son autorité constituante lui a mises dans les mains; un système industrieux, qui ne satisferait que l'esprit et la pensée, n'est plus le remède qu'il est très pressant d'apporter à nos maux; il s'agit aujourd'hui du salut ou de la perte de l'État; ce n'est plus le temps de jouer avec des fictions.

Je dois le répéter encore, la confiance est ébranlée depuis longtemps. Mais les secousses dont une constitution naissante n'a pu nous garantir, mais le comble des anciennes ruines, mais le combat des intérêts divers, mais l'inquiétude nationale, mais le besoin des uns, mais l'avarice des autres, tout demande, tout exige, tout nous presse pour arriver à une liquidation qui puisse ressusciter rapidement le crédit public, et remettre dans les mains et à la souveraineté de la nation la libre propriété de ses finances; débarrassée de toutes ses

---

1. Le sang précieux des citoyens et des soldats qui vient de couler dans Nancy sera un long sujet de larmes et de deuil; l'on ne peut en dire davantage, les profondes douleurs sont muettes. (*Note de Gouget.*)

2. Page 13 du *Mémoire* du ministre. (*Note de Gouget.*)

inquiétudes intérieures, et ayant signé le traité de paix avec ses créanciers, la confiance sortira enfin du tombeau où elle a été ensevelie. Ce sera le moment peut-être de combiner et d'élever quelque système en finance, dont les résultats pourraient accroître la prospérité de l'empire. Alors il ne s'agira plus que de démarquer à l'opinion la ligne que l'on voudra lui faire parcourir ; alors tous les citoyens, unis par une confiance sans réserve au corps législateur, lui adresseront ce langage de reconnaissance et de fidélité : « Vous nous avez donné le salut de l'État, nous attendons encore de vous sa gloire et son opulence ; vous nous avez conservé nos fortunes particulières, nous vous confions aujourd'hui la fortune publique. »

P. S. — Les assignats doivent être sans intérêt, cela est aujourd'hui démontré par les plus fortes raisons toutes plus sensibles les unes que les autres. On l'avait déjà pensé, dit et imprimé [1] ; on l'aurait dit d'une manière plus prononcée si l'on n'eût pas raisonné d'après l'opération des 400 millions. Une considération très importante pour supprimer l'intérêt est encore celle-ci :

L'on suppose que la nation puisse aujourd'hui payer sa dette en argent effectif et que, pour retirer cet argent de la circulation, elle offrît à tous les capitalistes un emploi à leur argent, la nation devrait-elle encore un intérêt à ces capitalistes jusqu'à ce qu'ils se fussent déterminés ?

L'on insiste par de très grands motifs sur une émission d'une certaine somme de petits assignats, et beaucoup de monde a proposé avec justesse d'établir dans tous les districts, et même dans les municipalités un peu importantes, des caisses où l'on échangerait gratuitement les petits assignats.

Ne serait-il pas très convenable aussi que chaque district ait à lui ses petits assignats qui lui seraient envoyés de l'administration générale, et qui ne pourraient circuler que dans son étendue [2] ? Ils seraient échangés, comme on le propose, d'abord contre des écus pour le service du détail ; ils le seraient aussi contre d'autres circulables alors en tout lieu, lorsqu'une négociation ou lorsqu'un payement appellerait hors du district ; rien ne serait moins difficile.

Si cette disposition était arrêtée, l'on serait moins tenté, ce nous semble, d'essayer la contrefaction des petits assignats ; en voici les

1. Voyez la note de la page 24 du discours du 13 août. (*Note de Gouget.*)
2. L'on assure qu'en Angleterre les comtés ont leurs différents billets. (*Note de Gouget.*)

raisons : 1° il y aurait moins d'appâts, quand les petits assignats n'auraient de circulation que dans un district; 2° il serait plus facile de découvrir et de suivre le falsificateur; 3° les habitants de chaque district seraient plus habiles à distinguer et à reconnaître le papier falsifié que l'on pourrait essayer de faire circuler dans leurs mains; 4° enfin leurs intérêts seraient plus communs, plus rapprochés pour se défendre et pour s'avertir réciproquement de la surprise. Il faut bien parler de la fausse monnaie en *papier* puisqu'il en circule journellement en nos mains en *métal*.

Ne circule-t-il pas en Angleterre, en Russie, dans les colonies et dans tous les pays où l'on a été forcé de recourir à un numéraire fictif, ne circule-t-il pas quelques billets faux? Cela est fort malheureux assurément; mais cela est aussi extrêmement rare; il est d'ailleurs beaucoup plus difficile de contrefaire, soit des billets de la Caisse d'escompte, soit des billets d'assignats, que de faire des écus faux¹. Enfin n'a-t-il jamais circulé de lettres de change contrefaites? Des inconvénients existeront toujours au milieu de toutes les institutions humaines. Mais aussi des précautions bien entendues, des moyens très subtils, rendront ces manœuvres si difficiles, si rares, si inquiétantes pour les coupables; il sera tellement impossible d'échapper à la rigueur des lois; tous les citoyens enfin auront un même intérêt et un intérêt si majeur à faire poursuivre tous les faux-monnayeurs dont on nous effraye, qu'il faut être certain de voir à cet égard la foi publique toujours calme, qu'il faut même être assuré qu'elle ne sera jamais dans le cas d'être alarmée.

---

1. L'on peut tout contrefaire : *des reconnaissances, des lettres de voiture, des billets de loterie* dont on fait commerce, et cependant il est infiniment rare de voir commettre ce genre de délit.

XLI

OPINION RELATIVE A L'OPÉRATION DES ASSIGNATS [1]
PRONONCÉE LE 5 SEPTEMBRE 1790,
DANS LA SOCIÉTÉ DES AMIS DE LA CONSTITUTION DE PARIS,
PAR M. COQUÉAU [2], MEMBRE DE CETTE SOCIÉTÉ ET DE CELLE DU SERMENT
DU JEU DE PAUME [3]
(S. l. n. d., in-8 de 14 pages.)

MESSIEURS,

Parmi les causes, soit naturelles, soit artificielles, qui peuvent tenir l'opinion publique en suspens sur les avantages à recueillir d'une forte émission d'assignats, grands et petits, forcés, sans intérêt, et

1. Voici un court historique de la législation relative aux assignats depuis l'origine jusqu'au moment où parle Coquéau :
Le décret des 19 et 21 décembre-janvier 1790 créait une Caisse de l'extraordinaire où seraient versés les fonds provenant de la contribution patriotique, de la vente des domaines de la couronne ainsi que d'une quantité de domaines ecclésiastiques suffisants pour former ensemble la valeur de 400 millions. En même temps, on créait, sur cette caisse, des assignats portant intérêt à 5 p. 100. Le décret des 16 et 17-22 avril 1790 réduisait cet intérêt à 3 p. 100, édictait que l'assignat vaudrait chaque jour son principal, plus l'intérêt acquis, lui donnait cours de monnaie et en créait depuis mille livres jusqu'à deux cents livres. L'Assemblée décrétait aussi que les billets de la Caisse d'escompte feraient fonction d'assignats jusqu'au 15 juin 1790 et qu'ils seraient à cette époque changés contre des assignats ; puis elle prorogea ce terme jusqu'au 15 août suivant (décret du 24-29 mai 1790), puis elle le prorogea sine die (décret du 17 juillet 1790). Les caisses publiques durent accepter les assignats (12-18 septembre 1790). L'émission de 800 millions d'assignats nouveaux fut décrétée sans intérêt le 29 septembre-12 octobre suivant. Enfin l'intérêt des assignats fut supprimé par un décret des 8 et 10-12 octobre 1790 dont il est bon de rapprocher les considérants du discours de Coquéau : « L'Assemblée nationale, considérant que, par un décret du 29 septembre dernier, elle a déterminé le remboursement de la dette constituée de l'État et de la dette constituée par le ci-devant clergé, en assignats-monnaie, sans intérêts ; considérant que les assignats représentant la propriété territoriale et foncière des domaines nationaux ont une valeur intrinsèque tellement réelle et tellement évidente qu'ils peuvent concourir avec la monnaie d'or et d'argent dans tous les échanges ; que, propres à tous les emplois productifs et particulièrement à l'acquisition des domaines nationaux, ils ne doivent pas être productifs par eux-mêmes, non plus que l'or et l'argent avec lesquels ils doivent concourir ; que les intérêts attachés à la possession d'une monnaie quelconque la dénaturent, en s'opposant à la circulation qu'elle est destinée

(Voir pour les notes 2 et 3 à la page suivante.)

exclusivement admissibles à l'acquisition des biens nationaux, je n'en vois pas de plus séduisante ni de plus dangereuse, dès lors, que l'emploi des mots de crédit et de papier-monnaie dans cette discussion.

Rien de plus déplacé, selon moi, que l'application de mots pareils à l'examen de cette question. En effet, quel est le but de l'opération projetée? De payer la dette exigible avec les biens nationaux.

Assurément, il n'y a pas là de crédit; car si je devais 100,000 francs à quelqu'un, et que je lui transmisse directement la propriété d'un domaine à moi, valant la même somme, il serait bien certainement non recevable à se servir du mot de crédit pour caractériser ma manière de m'acquitter envers lui. Dans la pire des suppositions, ce serait le payer comptant, puisque, pour une créance jusque-là incertaine, je lui livrerais une propriété réelle, peut-être même susceptible d'acquérir, entre des mains plus libres que les miennes, une valeur plus forte encore que celle portée dans notre traité d'acquittement.

Ainsi, la nation n'use point de son crédit en payant sa dette avec des biens nationaux : le crédit est une promesse, et l'homme qui livre ne promet pas; le crédit est une espérance, et l'homme qui livre une valeur réelle, positive et disponible, n'expose pas son créancier à la simple espérance d'une valeur encore incertaine et précaire.

Mais, dira-t-on, les assignats ne sont pas des terres; moi, je dis que c'est absolument la même chose. En effet, l'homme à qui je devais tout à l'heure 100,000 francs a accepté en payement le domaine qui m'appartenait; je ne lui ai pas livré de la main à la main mon domaine, comme une chose portative et que j'aurais pu tirer de ma poche; il a fallu un intermédiaire quelconque, un acte de vente, par exemple, soit sur parchemin, soit sur papier. Or, je dis que cet

à entretenir et à animer; considérant enfin que les motifs qui l'ont déterminée à décréter les 800 millions d'assignats nouveaux sans intérêts ne lui permettent pas de laisser subsister ceux qui avaient été attachés aux 400 millions d'assignats créés précédemment par les décrets des 16 et 17 avril dernier, et que cette suppression importe essentiellement au soulagement du peuple et au salut de l'État, par l'économie d'un million par mois, et par l'accélération de la vente des domaines nationaux, décrète ce qui suit: Art. 1er: l'intérêt des 400 millions d'assignats-monnaie, créés par les décrets des 16 et 17 avril dernier, cessera le 16 du présent mois, et n'accroîtra plus le capital à compter de cette époque, etc. »

2. Le 9 thermidor an II, le tribunal révolutionnaire condamna à mort un certain C.-P. Coquéau, « âgé de trente-neuf ans, né à Dijon, architecte, ex-commis chez l'ex-ministre Roland ». Il est possible que ce soit le jacobin Coquéau dont il est question ici et sur lequel nous n'avons nul renseignement.

3. La Société du Serment du Jeu de Paume avait été fondée par G. Romme pour perpétuer et honorer le souvenir de la célèbre journée du 20 juin 1789. Voir à ce sujet le livre de M. Vatel, *Notice sur le Jeu de Paume*, Versailles, 1883, in-8.

acte de vente, que ce parchemin, que ce papier, n'est pas autre chose qu'un assignat.

Je dis qu'un assignat n'est autre chose qu'un titre *aliénatif* et *aliénable* de propriété, donné par la nation, à ses créanciers, sur des fonds territoriaux qui lui appartenaient, titre qui dessaisit réellement et à l'instant même de son émission la nation même de la propriété de ses fonds, titre qui rend à l'instant les créanciers réellement propriétaires de la masse de fonds territoriaux qui leur est abandonnée.

S'il pouvait rester quelques doutes sur la réalité de ce titre transmissif, si l'on osait dire, par exemple, que la possession du titre ne constitue pas encore la jouissance du fonds, je dirais que la passation de l'acte entre particuliers ne la constitue pas davantage; je dirais que la propriété de l'acquéreur n'en existe pas moins au moment de la livraison du titre chez le notaire, et que le surplus n'est déjà plus à la disposition du vendeur, trop intéressé d'ailleurs, dans le cas particulier où la nation se trouve, à aider de toute sa force l'exécution d'un traité également avantageux aux deux parties contractantes : avantageux à l'acheteur ou cessionnaire, puisqu'il n'existe pas d'autre moyen, puisqu'on ne peut même en imaginer un meilleur de le payer; avantageux au vendeur, puisque ce vendeur ne pourrait songer à rompre ce traité, sans se retrouver, à l'instant, dans la même situation qui l'avait forcé de le contracter. Ainsi, à l'instant même et par le seul fait de l'émission des assignats, la nation ne sera plus propriétaire des biens, maintenant encore et jusque-là seulement *nationaux*; ainsi, ils appartiendront à ses créanciers, qui seront alors bien réellement payés; ainsi, ces propriétés ne seront plus nationales ; elles seront devenues, dans toute la rigueur du terme, des propriétés absolument privées. Mais, dira-t-on encore, ces propriétés resteront entre les mains des corps administratifs; le titre qui les représente circulera cependant comme signe, comme *monnaie*, et vous ne nous avez, dès lors, offert en payement qu'un vain prestige, une trompeuse subtilité.

Pour résoudre ce nouveau doute, il me suffira de poursuivre la même supposition que j'ai déjà présentée : l'homme à qui j'ai cédé mon fonds en est propriétaire¹; mais il ne l'a pas encore vu, il n'en a pas encore joui. Ce fonds, qui n'est plus à moi, reste provisoirement entre les mains du fermier et du régisseur, en attendant l'œil de son nouveau maître; cependant, ce maître suspend sa prise de possession.

1. Le propriétaire du titre est, je pense, bien réellement propriétaire du fonds. (*Note de Coqnéau.*)

Supposons maintenant, ou qu'il doive le tout, ou bien partie de la somme que son fonds lui a coûtée, ou qu'il trouve à gagner de la main à la main sur la revente de ce fonds, ou qu'il rencontre l'occasion d'en employer la valeur à une spéculation différente et plus profitable; dans tous les cas, il lui importera que ce fonds soit bien réellement disponible entre ses mains, et le titre qui l'a rendu propriétaire suffit déjà pour lui assurer cet avantage. Mais un plus grand avantage encore serait qu'il ne fût pas obligé, pour disposer de son fonds, de disposer de tout à la fois, et qu'il pût, soit pour payer quelques parties de ses dettes, soit pour profiter de quelques convenances, en aliéner à volonté quelques parties détachées. Tel serait, par exemple, l'avantage qu'il trouverait à recevoir de moi, au lieu de ce seul titre général qui lui aurait assuré la propriété de ce domaine entier, plusieurs titres de détail isolément affectés à chacune des portions d'héritages, à chacune des *pièces de terre* qui le composent. Alors, il pourrait céder, il pourrait transmettre, au gré de son intérêt et des circonstances, tel ou tel de ces titres de détail, et cette disponibilité, libre et partielle, lui aurait au moins rendu le service de lui épargner les embarras et les frais intermédiaires d'une ventilation. Ainsi, le voilà qui transmet ses titres partiels à ses créanciers ou à ses voisins, et ceux-ci les transmettent à leur tour à d'autres, ceux-ci encore à d'autres, et d'encore en encore, par une suite probable d'actes pareils toujours, ces titres se trouveront, au bout d'un certain temps, avoir circulé dans diverses mains, au point de revenir peut-être dans cette même main qui s'en sera dessaisie la première. Or, qui osera dire que des titres ainsi transmis cessent pour cela d'être de véritables titres de propriété? Qui osera, à plus forte raison, dire que ces titres, ainsi circulant, soient du *papier-monnaie?* On pourrait le dire, sans doute, si, devenus comme de l'argent signes distinctifs non d'une propriété, mais de jouissances quelconques et passagères, ils pouvaient cesser un instant de tenir indivisiblement au fonds de terre immobile et toujours le même dont l'aliénation première leur donna naissance. Mais ce n'est évidemment pas là le cas de cette transmission : cette circulation même de titres ne sera pas autre chose en réalité comme en principe, dans le fait comme dans le droit, qu'une pure et simple succession d'actes consécutifs de revente.

Cependant, ainsi que je l'ai déjà dit, ce fonds sera resté entre les mains du fermier et du régisseur; mais le propriétaire, pour avoir changé successivement, n'en aura pas moins continuellement existé. Ce sera, si l'on veut, une série d'ayants cause, de subrogés, d'acheteurs; mais qui oserait dire qu'un ayant cause, qu'un subrogé, qu'un acheteur, n'ait pas le même sort, les mêmes droits et la même qualité que son vendeur? Ainsi, le propriétaire sera, dans chaque instant successif et donné, le porteur actuel de tel assignat ou de telle masse d'assignats, libre de garder son fonds en allant offrir ses titres à la brûlure, libre de s'en défaire en cédant ses assignats à un nouvel acquéreur; mais ce ne sera pas moins pour ce propriétaire quelconque, et à son profit, que le régisseur ou le fermier en aura cependant recueilli les fruits ou acquitté les fermages [1], et l'instant où il se trouvera enfin un dernier propriétaire qui veuille aller sur les lieux et exploiter par lui-même ne différera absolument en rien de celui où le premier de ces propriétaires successifs aurait pris le parti d'en faire autant.

Ce rapprochement, Messieurs, très simple, ce me semble, et très à la portée de tout le monde, pourrait, en le suivant jusqu'où il peut aller, résoudre une foule de questions, et peut-être même toutes les questions accessoires de celle qui nous occupe. Il conduirait, par exemple, à décider l'émission instantanée d'une quantité d'assignats équivalente à la masse totale des biens nationaux [2]. Se refuser à cette

---

[1]. Quelles seront les fonctions de la Caisse de l'extraordinaire relativement à la recette des produits annuels des domaines nationaux, jusqu'à l'époque de l'extinction des assignats? Pas d'autre que d'être la caisse commune où se versent ces produits pour être payés; à qui? aux propriétaires des fonds, puisqu'ils le seront des produits; aux jouisseurs même des fonds puisqu'ils le seront des produits; et cela répond à l'objection qui m'a été faite, que mes prétendus propriétaires ne toucheraient pas les fruits et que dès lors ma comparaison n'était pas juste. Il suffit de considérer quel sera l'emploi spécial auquel doit être affecté le passif futur de la Caisse de l'extraordinaire; à cet égard, pour sentir la justesse de ma manière de voir, et s'il pouvait exister quelque doute, j'ajouterais qu'à la vérité chaque porteur de titre ne sait pas encore géométriquement de quel fonds il est propriétaire, mais qu'il est le maître de le savoir en se présentant pour acquérir; que la masse des porteurs d'assignats n'est autre chose qu'une masse de créanciers syndiqués, à qui leur débiteur commun a cédé des domaines et qui, en attendant que la licitation ait eu le temps de s'en faire entre eux, jouissent cependant des fruits et les perçoivent à la caisse commune au marc la livre de leur titre respectif; que jusque-là chacun d'eux ne peut pas dire de quelle partie de fonds il est propriétaire puisqu'ils le sont en commun du total; mais qu'ils le savent lorsque enfin la licitation en est faite, et qu'alors le syndicat et la caisse commune cessent. Or l'achèvement de la vente en détail des biens nationaux sera précisément cette licitation, et avec lui finiront pareillement les fonctions analogues de la Caisse de l'extraordinaire. (*Note de Coqueau.*)

[2]. Il serait peut-être dangereux, mais tout au moins dispendieux, d'en émettre davantage; mais il ne le serait pas également d'excéder la masse de la dette exigible, si cette masse se trouvait inférieure à la valeur du capital des biens nationaux, ce qui est aussi possible que désirable. En effet, à quoi se réduirait la clôture de ce compte ouvert de la nation avec les particuliers? Uniquement à favoriser jusqu'au bout l'aliénation *totale* de ces biens, et l'on conviendra sans peine que cela est aussi indispensable pour l'achèvement de la constitution que pour délivrer une bonne fois les corps administratifs de toutes les tentatives

opération définitive serait ne vouloir aliéner qu'une partie de ces biens. Mais cette mise en vente partielle ne pouvant, par la nature des choses, être jointe à l'indication précise, locale et détaillée des parties des biens qui la composeraient; cette mise en vente partielle ne pouvant offrir, d'ailleurs, l'assurance indubitable que les lots à vendre seraient bien précisément à la convenance de tels ou tels porteurs de titres qui se présenteraient à la suite d'une première émission [1]; il s'ensuivrait que le marché d'immeubles, qu'il s'agit d'établir, ne serait pas complètement assorti; il s'ensuivrait que tel porteur de titre pourrait ne pas rencontrer dans tout le marché l'objet qu'il se soucierait de posséder, et de là résulteraient des expectatives, des indécisions, qui, indépendamment même des préférences ou des jalousies qu'un remboursement partiel tendrait naturellement à établir entre les créanciers, produiraient nécessairement une infinité de défiances, d'incertitudes et d'engorgements très susceptibles de gâter toute l'opération.

Je ne fais que présenter cette conséquence, et je m'abstiendrai d'en présenter beaucoup d'autres [2], qui tendraient à prouver que le plan de MM. Mirabeau, Gouy, Petion et autres, est tellement lié, tellement indivisible, qu'on ne peut lui faire subir un seul amendement sans le détruire, et je reviens aux seules considérations que je m'étais proposé d'abord de vous soumettre.

---

immorales et corruptrices que peut y introduire la détention provisoire dont il a fallu les charger pour le mécanisme de l'opération. Quant au produit de cet excédent, il trouverait naturellement son emploi soit dans le secours qu'il prêterait à ces fonds d'amortissement destinés à éteindre ou du moins à réduire la dette constituée, soit dans l'assignation qu'il serait possible d'en faire à des améliorations ou à des encouragements d'administration. Mais, dans tous les cas, il est également important d'aliéner *tous* les biens nationaux et de les aliéner *le plus promptement possible*, fût-ce même à perte. (*Note de Coquéau*.)

1. En effet, par cela seul que tous les biens ne seraient pas en vente, il se trouverait des biens où il n'y en aurait pas à vendre. Or, qu'arriverait-il en ce cas, si le mouvement de la circulation venait à porter les assignats précisément dans ces lieux-là? En les exposant tous, on sera sûr au moins d'en avoir mis partout où cela était possible, et ce sera une inquiétude de moins à avoir, comme un reproche de moins à se faire. (*Note de Coquéau*.)

2. On entrevoit par exemple ici la nécessité de faire des petits assignats, et surtout celle de rejeter les quittances de finance, car sans les premiers et avec les secondes, ou en un mot, sans une divisibilité et une disponibilité de titres poussées l'une et l'autre aussi loin qu'elles puissent physiquement l'être, l'on ne pourrait jamais garantir à chaque titre ou à chaque masse de titres l'assurance qu'elle dût rencontrer ainsi la portion géométrique et donnée de fonds territoriaux à laquelle elle pût s'adapter; et il résulterait de là des embarras et non-valeurs incalculables tant sur l'aliénation définitive que dans la transmission circulaire des titres. (*Note de Coquéau*.)

Ainsi, Messieurs, l'effet de l'émission des assignats sera de dessaisir réellement et immédiatement la nation de ces propriétés dont elle a si légitimement recouvré la jouissance; ainsi, l'effet de cette émission sera bien moins au fond un versement de numéraire qu'elle ne produira qu'*occasionnellement*, mais fort heureusement, je l'avoue, qu'une véritable aliénation, bien consommée, qui aura métamorphosé ces propriétés, jusque-là nationales, en propriétés particulières. Ainsi, ces assignats seront bien moins un signe d'échanges que de véritables titres de propriété, réellement transmissibles, comme doivent l'être tous titres de propriété, et, dès lors, circulables, par cela seul qu'ils seront transmissibles. Ainsi, la nation, en confiant momentanément aux municipalités le dépôt de ses biens [1], n'a pas entendu en déléguer à ces corps ni la propriété, ni la possession, ni même la simple jouissance : elle n'a prétendu les instituer que comme simples fermiers et régisseurs provisoires de ces biens, comptables et responsables envers elle, tant que l'aliénation n'en sera pas faite, c'est-à-dire tant que les assignats ne seront pas émis; comptables et responsables envers les nouveaux propriétaires, du moment où la livraison de leurs titres, sous forme d'assignats, les aura réellement investis de leur nouvelle propriété [2]. Et si la nation intervient encore entre ces fermiers et ces nouveaux propriétaires, si elle prend le soin de présider, soit à la bonne administration de ces biens, soit à l'installation successive de leurs nouveaux maîtres, ce ne sera plus comme propriétaire de la force publique, destinée en général à assurer l'exécution de tous les contrats quelconques entre les particuliers [3].

---

1. On m'a objecté à la tribune même, d'où je venais de descendre, qu'il était faux que les porteurs d'assignats fussent propriétaires, puisqu'avant de posséder ils seraient obligés d'acquérir des municipalités. J'aurais pu répondre qu'un homme à qui le vendeur a fourni d'avance, pour s'acquitter avec lui, le signe, le mandat, le titre sans lequel il ne peut entrer en jouissance, a déjà bien réellement acquis, s'il est vrai du moins que payer est acquérir. Mais je me suis contenté de demander à mon contradicteur s'il croyait que l'émission des assignats constituât réellement l'aliénation de biens nationaux. Si cela est, ai-je ajouté, la nation n'est plus propriétaire, et, comme il faut bien qu'il y en ait un, que l'autre le peut être que les porteurs d'assignats? Ainsi, ai-je dit encore, la prétendue rente à faire par les municipalités ne sera point une rente, ce sera un simple acte de licitation, une simple formalité d'installation du propriétaire. (*Note de Coquéau*.)

2. Il serait peut-être bien d'exprimer (au moins dans le préambule du décret) ce principe du dessaisissement de la nation et de l'aliénation effective au profit des porteurs d'assignats. (*Note de Coquéau*.)

3. Le rapprochement, trivial peut-être, mais au moins clair, qui sert de base à toute cette opinion, même si bien à tous les détails de la question, qu'il n'est pas jusqu'au seizième de bénéfice accordé aux municipalités qui ne le justifie, puisque ce seizième de bénéfice représente tout naturellement les bénéfices ou

Ainsi, Messieurs, les assignats ne seront ni plus des papiers-monnaie, ni des papiers de banque, ni des papiers de crédit ou de confiance, ce seront de véritables *papiers d'aliénation*, de véritables *papiers-terres*, liquides et insusceptibles de retrait comme de révocation. Ainsi, tout ce qui se passera de relatif à la circulation de ces effets entre particuliers n'aura plus rien de national que le souvenir encore récent de leur aliénation première : ce ne seront plus que des ventes ou des reventes successives et privées. Il est, dès lors, aussi faux que dangereux de dire que l'opération des assignats soit une opération de crédit national; il est, dès lors, aussi faux que dangereux d'appeler ces assignats du nom, peut-être mal à propos inquiétant, de *papier-monnaie*; et, quelque minutieuse, quelque grammaticale même, que puisse paraître cette discussion, tout ce qui touche à la confiance est trop frêle à la fois et trop important pour que vous ne me pardonniez pas de l'avoir ouverte.

XLII

ADRESSE

DE LA SOCIÉTÉ DES AMIS DE LA CONSTITUTION DE PARIS

AUX SOCIÉTÉS QUI LUI SONT AFFILIÉES[1]

10 SEPTEMBRE 1790

Les Amis de la constitution ne cessent de veiller pour le salut de la chose publique, soit que la liberté paraisse menacée par des entreprises funestes, soit que l'observation des lois soit troublée par la

---

les salaires à abandonner au fermier ou au régisseur. Sur quoi je dois observer en passant qu'il est très heureux que ce seizième de bénéfice ait été décrété; en effet, ce bénéfice devant se calculer sur le prix effectif de la vente définitive, il est clair qu'il sera d'autant plus grand que les biens auront plus de valeur et auront moins dépéri ; et cet article, que j'ai blâmé dans le temps faute de réflexion, est dès lors le moyen le plus efficace d'intéresser les municipalités, sinon à procurer promptement la vente définitive de ces biens, au moins à les tenir jusqu'à cette époque en bon état, et à les administrer, comme elles le doivent, en bons pères de famille. (*Note de Coquéau*.)

1. Cette adresse est extraite du *Moniteur* (t. V, p. 647), lequel la fait précéder de la note suivante :

« Les Amis de la constitution, établis aux Jacobins, ayant pensé qu'une adresse aux Sociétés qui leur sont affiliées, sur les désordres qui ont eu lieu dans les troupes, pourra être utile dans les circonstances présentes, M. Alexandre Lameth a été chargé de la rédiger. Voici cette adresse telle qu'elle a été lue par lui à la séance du 10 et unanimement adoptée. »

licence ou l'erreur, leur sollicitude est la même. Avec ce zèle infatigable qui poursuit incessamment les complots des ennemis de la patrie, ils s'empressent d'éclairer ceux qu'une effervescence dangereuse pourrait égarer sur leurs devoirs. Le maintien de l'ordre, l'exécution des lois, le respect des propriétés, ne sont pas moins l'objet de leurs soins que la recherche des abus, la défense des opprimés et la surveillance des dépositaires du pouvoir.

Bornés à l'influence de l'opinion, ils défendent la constitution par la propagation des lumières et de l'esprit public. Leurs écrits et leurs discours tendent sans cesse à entretenir le courage civique qui a fondé la liberté, qui doit la défendre, et les principes d'ordre social qui la maintiennent, qui en répandent les fruits, qui la font chérir à tous.

Dirigés par ces sentiments, nous croyons, Messieurs, pouvoir en ce moment présenter à votre patriotisme un moyen de servir efficacement la chose publique. De grands mouvements, de grands désordres, se sont manifestés dans plusieurs régiments de l'armée [1]. L'ordre a été rétabli, mais la nation est en deuil des événements qui se sont passés et elle n'est pas encore tranquille sur l'avenir.

De la méfiance, des torts réciproques entre ceux qui commandent et ceux qui obéissent, des manœuvres odieuses, des insinuations perfides des ennemis de la patrie, ont égaré nos frères, nos défenseurs. Si la justice doit remonter aux causes de ces désordres, si elle doit en rechercher les vrais auteurs, si elle doit les punir sans distinction d'état, de grade, de rang, de dignité, confions-nous à elle et laissons-lui ce pénible ministère; nous, citoyens, nous pouvons en remplir un plus doux et non moins utile.

Membres des Sociétés établies dans des villes où sont les troupes de ligne, et où quelques semences de troubles ont excité vos alarmes, employez tous vos soins à y ramener l'ordre et à y rétablir cette union, cette franchise, cette cordialité, qui conviennent si bien à des militaires; en rappelant la paix parmi eux, vous rappellerez la tranquillité et la confiance dans la nation.

Dites-leur qu'un aveuglement funeste égare leur patriotisme; que, livrés aux suggestions des ennemis de la patrie, ils travaillent, sans le vouloir, à détruire cette constitution qu'ils ont juré de maintenir;

---

1. Toute l'année 1790 est troublée par l'antagonisme entre les officiers, attachés à l'ancien régime, et leurs soldats, partisans de la Révolution. Voir par exemple, en juin 1790, à Perpignan, la querelle entre les soldats du régiment de Touraine et leur colonel, le vicomte de Mirabeau, dans les *Orateurs de l'Assemblée constituante*, par F.-A. Aulard, p. 194 et suiv.

que, tandis que les bons citoyens sont alarmés de ces désordres, les méchants s'en réjouissent et se flattent d'opérer, par l'insubordination de l'armée, la ruine d'une constitution qui s'est formée à l'abri de son civisme.

Le plus noble désintéressement a toujours caractérisé les militaires français; quand l'intérêt public a parlé, ils ne consultent point le leur; mais l'horreur de l'ingratitude doit faire impression sur des âmes généreuses. Une grande révolution vient d'abattre presque tous les corps qui existaient dans l'ancien gouvernement; ceux qui n'ont pas été détruits ont perdu la plupart de leurs avantages; l'armée seule en a recueilli; tandis que tous les fonctionnaires publics ont vu réduire leurs salaires, ceux des militaires ont été augmentés; toutes les injustices dont ils souffraient ont été réprimées ou sont prêtes à l'être; tous les avantages compatibles avec les devoirs de leur profession leur ont été accordés ou promis.

Quoi ! la nation obtiendrait-elle moins d'eux par sa bienveillance et par sa justice que l'ancien régime n'en obtenait par la rigueur et par l'oppression ? Mais de plus nobles motifs auront plus d'empire sur eux.

Dites-leur que, si les peuples ont attaché tant de considération à la profession des armes, ce n'est pas seulement la valeur et le mépris de la mort qu'ils ont voulu récompenser; que d'autres devoirs non moins utiles, non moins glorieux, attachent les soldats à leur patrie. Toujours prêts à accourir à la voix des magistrats pour le maintien de l'ordre public, c'est sur eux que repose la sûreté, la tranquillité des citoyens. Leurs armes leur ont été remises pour assurer l'exécution des lois, de même que pour repousser les ennemis de l'État, et le citoyen se confiant en eux repose en paix à l'abri de leur courage et de leur vigilance. Ainsi, troubler l'ordre public qu'ils sont chargés de maintenir, tourner contre les lois les armes qu'ils ont reçues pour les défendre, abuser du dépôt que la nation a remis dans leurs mains, ce serait violer à la fois tous les devoirs, ce serait trahir la confiance et manquer à l'honneur.

Qu'ils le sachent, c'est assez; la patrie n'a rien à craindre d'eux, quand ces vérités leur seront connues.

Dites aux chefs que les soldats, pour leur être subordonnés, n'en sont pas moins leurs compagnons d'armes; que ce titre appelle la bienveillance réciproque, que l'autorité ne perd rien de sa dignité en se conciliant l'affection; et que, s'ils ont le droit de réclamer l'obéissance au nom de la loi, ils ont le devoir de la rendre facile par la confiance.

Dites aux soldats que chaque état impose des devoirs, que l'engagement qu'ils contractent les soumet aux règles que l'intérêt de la nation a dictées; qu'il ne peut point exister d'armée sans discipline et de discipline sans obéissance, que l'obéissance prescrite par les lois est un titre d'honneur.

Dites à tous que le bien de la patrie leur fait un devoir de se concilier et de s'unir; que la nation a les regards fixés sur eux, et qu'elle attend de leur patriotisme cette unité d'efforts et de volontés qui peuvent seuls la rendre tranquille au dedans et imposante au dehors.

Dites-leur que la liberté qu'ils ont défendue et qu'ils chérissent ne saurait exister avec des armées indisciplinées; que le respect des lois est nécessaire pour assurer et maintenir cette liberté que l'énergie du patriotisme a conquise, et que c'est à ce signe désormais que l'on reconnaîtra s'ils sont Français et citoyens.

Telles sont, Messieurs, les idées que nous avons cru utile de répandre dans les circonstances présentes; nous en laissons le développement à vos lumières, à votre patriotisme, et nous nous reposons avec confiance sur tout ce qu'il saura vous inspirer.

XLIII

LETTRE

DU PRÉSIDENT DE LA SOCIÉTÉ DES AMIS DE LA CONSTITUTION DE PARIS

A CELLE DE BREST

(Paris, 22 septembre 1790, in-8 de 3 p.)

MESSIEURS,

Les détails que vous nous avez donnés concernant la réception de l'Assemblée coloniale de Saint-Domingue à Brest¹ nous ont pénétrés de douleur. S'ils font l'éloge de votre droiture et du patriotisme qui

---

1. On lit dans le *Moniteur* du 19 septembre 1790 : « Un courrier, arrivé officiellement de Brest, le 17 de ce mois, à 8 heures du soir, nous apprend que le vaisseau le *Léopard* est entré dans ce port le 14, ayant à bord 80 membres de l'Assemblée générale de Saint-Domingue, qui s'y sont embarqués à Saint-Marc, le 8 août, d'après le rassemblement des troupes de ligne et des volontaires de la colonie qui marchaient sous les ordres de M. Peinier pour dissiper cette assemblée. » Accueillis avec enthousiasme par les Jacobins de Brest, ces membres de l'Assemblée de Saint-Domingue ne s'étaient pas montrés dignes de cette confiance, et, dans l'insurrection advenue à bord des vaisseaux de l'État, avaient eu une attitude équivoque.

vous anime, ils ajoutent à nos inquiétudes sur les dangers de la patrie. Que ses ennemis se montrent de front, nous n'en doutons pas, ils seront bientôt dissipés. Mais les bons citoyens ne sont pas assez en garde contre le masque perfide de l'hypocrisie; plus le zèle de la chose publique est pur, et plus il est facile à égarer.

Rappelez-vous, chers compatriotes, le récent et trop cruel événement de Nancy, où nos frères, nos amis les plus fidèles, égarés par de scélérates insinuations, se sont trouvés en opposition, et, croyant presque tous servir la bonne cause, ont plongé dans le sein l'un de l'autre le poignard dont les avait armés l'aristocratie la plus raffinée.

Nous avons hier pleuré sur leurs cendres dans le champ de la fédération générale; que du moins leur infortune serve la patrie; que leurs mânes s'apaisent : ces braves citoyens seraient consolés si, du fond de leur tombe, ils avaient entendu nos regrets et nos serments.

Nous avons de trop justes motifs de penser que l'Assemblée coloniale de Saint-Domingue n'est pas aussi pure qu'elle vous l'a persuadé pour ne pas regretter les témoignages éclatants de confraternité que vous lui avez donnés. Nous avons des preuves de sa désobéissance à la loi, et c'est dans ses propres registres que nous les trouvons.

Nous vous recommandons spécialement, Messieurs, d'employer tous vos bons offices pour maintenir l'ordre et la tranquillité dans votre cité. L'effervescence du peuple, exalté ou trompé, est aujourd'hui l'ennemi le plus dangereux d'une constitution qui nous est chère, qui doit faire notre bonheur à tous.

Les mécontents ne cessent d'accuser les patriotes de tous les désordres qui se commettent. Eh! nous n'avons qu'un cri... : la paix... la paix... et de la patience. Respectons les lois, payons les impôts, confondons notre intérêt personnel dans l'intérêt général, et nos ennemis les plus acharnés seront bientôt forcés de se cacher ou de nous imiter.

Je profite avec empressement, Messieurs, des ordres que m'a donnés la Société de vous faire part de ses sentiments pour vous prier d'agréer l'hommage de mon entier dévouement.

DUBOIS DE CRANCÉ,
Président de la Société des amis de la constitution, de Paris.

A Paris, le 22 septembre 1790.

XLIV

ÉLOGE DE M. LOUSTALLOT

PRONONCÉ DEVANT LA SOCIÉTÉ DES AMIS DE LA CONSTITUTION
PAR CAMILLE DESMOULINS [1], SEPTEMBRE 1790

[Élysée Loustallot, né en décembre 1761, à Saint-Jean-d'Angély, avocat, rédigea à peu près seul les *Révolutions de Paris* du 14 juillet 1789 jusqu'au numéro LX (du 28 août au 4 septembre 1790). Il mourut le 19 septembre 1790. Cf. Marcellin Pellet, *Élysée Loustallot et les Révolutions de Paris*, Paris, 1872, in-12. Dès qu'ils avaient appris la maladie de Loustallot, les Jacobins s'étaient émus et on lit dans le journal de Fréron : « Le bruit s'est répandu que M. Loustallot, auteur des *Révolutions de Paris*, écrivain patriote et courageux, dont la perte exciterait la douleur la plus juste et la plus vive parmi les bons citoyens, a été empoisonné. C'est une erreur; sa maladie est une fièvre putride qui l'a réduit à toute extrémité. Le club des Jacobins lui a député deux de ses membres, MM. Robespierre et Mercier; il n'est pas hors de danger, quoiqu'au seizième jour de sa maladie. Espérons que sa jeunesse et les soins qui lui sont prodigués le rendront bientôt aux vœux de ses amis; c'est parler de tous ses lecteurs. » (*Orateur du peuple*, n° XXXIX, t. II, p. 309.) Les Jacobins arrêtèrent en outre de porter pendant trois jours le deuil de Loustallot. (*Patriote français* du 27 septembre 1790.)]

Le petit nombre d'amis de M. Loustallot qui avait été instruit de sa mort accompagnait le cercueil. Ils avaient voulu au moins le suivre jusqu'au tombeau. C'est à ce terme que l'homme faible est obligé de s'arrêter et laisse à la divinité à accompagner sans doute ses amis au delà. Au moment où chacun de nous jetait l'eau lustrale, cette dernière ablution des morts chez les Grecs religieux, en lui faisant ce dernier adieu que l'homme n'entend déjà plus, un citoyen, avec l'enthousiasme du patriotisme et l'accent de la plus vive douleur, plein de l'image de M. Loustallot, croyant qu'il l'entendait, croyant encore le retenir dans ses bras, s'écrie : *Malheureux ami de la constitution, va dans l'autre monde, puisque telle est ta destinée ! c'est la douleur du massacre de tant de nos frères à Nancy qui a causé ta mort; va leur dire qu'au seul nom de Bouillé, le patriotisme frémit; dis-leur que, chez un peuple libre, rien ne reste impuni; dis-leur que, tôt ou tard, ils seront vengés* [2].

---

1. *Révolutions de France et de Brabant*, n° 45, t. IV, p. 253.
2. Il y a dans le texte : *Elles seront vengées...* C'est une faute d'impression évidente.

C'est un boucher, M. Legendre, citoyen de l'ancien district des Cordeliers, qui a prononcé cette courte oraison funèbre. Eût-il pu sortir rien de plus sublime de la bouche de Démosthène lui-même?

Vous avez attendu de moi, Messieurs, les détails qui manquaient à cet éloge de Loustallot. Vous avez cru que la conformité de nos principes, le même genre de vie, et des ennemis communs, avaient dû nous lier et m'instruire de particularités qui ne sauraient vous être indifférentes. Sans doute M. Loustallot était mon ami, puisqu'il l'était de la liberté; il était le meilleur de mes amis, puisque la liberté n'avait point de plus ferme défenseur; mais nous combattions dans le même camp sans habiter la même tente. Le cercle de la société d'un journaliste est nécessairement [si] rétréci, par ses occupations, que je n'ai guère vu M. Loustallot plus de trois fois.

Avocat au parlement de Bordeaux, une affaire l'avait appelé, il y a deux ans, à Paris, où je le rencontrai la première fois discutant dans un lieu public. Il me donna une grande idée d'un barreau où il paraissait n'être encore que surnuméraire. J'étais ici à peu près dans le même cas. Nos principes à tous deux ne faisaient pas alors fortune. De mon côté, je tâchai, pour l'honneur de notre tableau, de lui laisser la moins mauvaise idée qu'il me fût possible de ses surnuméraires. Je l'avais perdu de vue. Depuis la Révolution, frappé de quelques dissertations du journal de Prudhomme et du grand talent polémique de l'auteur, je cherchai à le voir. Quelle fut ma surprise! « C'est toi? — C'est vous », furent notre premier mot.

Pour moi, j'aurais dû le deviner, car je savais qu'il n'était pas à Bordeaux, et je l'avais entrevu depuis dans le Palais-Royal. Le jour où je l'ai vu plus longtemps, c'est celui même où il est tombé malade. Pardonnez, Messieurs, ces détails minutieux à l'amitié, qui recueille autour du tombeau le plus qu'elle peut de souvenirs. J'étais allé à sa campagne; je le trouvai qui se délassait de son journal en travaillant à la terre, où il ne se croyait pas si près de retourner. Il m'entretint des instances que lui faisait sa famille de quitter une carrière trop périlleuse et de venir trouver près d'elle les commodités de la vie, qu'il achetait si chèrement. Mais il était devenu inséparable de la Révolution et de son foyer. Il s'était comme identifié avec elle. Il s'était fait une autre grande famille, celle des patriotes. Les anciens regardaient comme malheureux celui qui mourait hors de sa patrie et des bras de ses proches : quelque part que la mort vînt surprendre M. Loustallot dans les 83 départements, il était impossible que ce ne fût pas dans les bras de ses proches. Il connaissait bien l'effet du patriotisme et l'attachement ardent, les liens étroits dont il unit les citoyens les uns aux autres. Cet attachement est fort comme la mort, pour me servir des expressions de l'Écriture. Ici, Messieurs, vous vous rappelez ce trait dont le récit nous a tous émus, le trait de ce député extraordinaire de Corse, M. Constantini, découvrant le drap mortuaire, voulant voir son ami une dernière fois, embrassant son visage glacé, et le disputant encore à la mort longtemps après sa victoire.

Qui mieux que M. Loustallot connut cette sorte d'attachement pour la grande famille des patriotes? C'est sa sensibilité qui nous l'a ravi. Je me rappelle qu'en même temps que nous regardions ensemble cette Société des amis de la constitution comme le plus ferme rempart de la liberté, comme la plus sainte et la plus belle institution humaine, en nous réjouissant de la propagation de cette grande famille, l'effroi immortel des tyrans, en comptant ces 152 Sociétés déjà affiliées, nous déplorions dans quelques-unes de ces Sociétés ce mélange de faux-frères et d'esclaves qui ont su s'y glisser et s'asseoir à côté d'hommes libres; nous déplorions surtout la tiédeur de la fraternité d'un grand nombre. Comment, disions-nous, ces clubs à la fois patriotes et philosophes étaient-ils si loin de l'école des Pythagoriciens, qui poussaient la charité jusqu'à mourir les uns pour les autres? Par exemple, la veille de notre entretien, comment les patriotes de l'Assemblée nationale, au lieu d'apporter le plus prompt remède au décret du 16 août, avaient-ils pu consommer le temps en vaines discussions et retarder une proclamation posthume, au lieu de ne prendre aucun repos qu'ils n'eussent vu les deux commissaires partir en poste pour arrêter l'effusion du sang? Comment l'Assemblée nationale avait-elle pu croire que les régiments ne fussent pas amis de la constitution, et que le soldat pût souhaiter le retour des Saint-Germain, des Ségur et de l'ancien régime? Ces pensées l'accablaient; et alors il n'avait pas encore reçu la nouvelle de la journée du 31, alors l'Assemblé n'avait pas voté des remerciements à Bouillé, alors on n'avait pas arraché à la tribune les députés patriotes qui voulaient s'opposer à ces remerciements, alors on n'avait pas décerné une pompe funèbre, telle qu'on l'eût faite pour les 300 soldats tués aux Thermopyles, à des brigands tués dans l'ardeur du pillage! On n'avait pas décerné des couronnes civiques à ceux qui avaient réussi à obtenir, par le massacre de 3,000 citoyens, ce qu'on eût aussi bien fait avec la verge d'un huissier et la présence des deux commissaires! Si Voltaire avait une fièvre anniversaire le jour de la Saint-Barthélemy, il n'est pas surprenant que cette journée du 31, que M. Loustallot regardait comme une Saint-Barthélemy de patriotes, ait achevé d'enflammer son sang, déjà allumé par les veilles et par un travail forcé. L'âme a tué le corps; et tous ses discours, dans sa dernière maladie, désespéraient les médecins, en leur montrant les pensées qui l'agitaient et qui portaient dans ses veines un poison plus dangereux que celui de la fièvre la plus brûlante, et auquel l'art ne sait point de remède. Ne semblait-il pas prévoir son malheur, lorsque, dans son dernier écrit, le numéro 60, il commençait la peinture du massacre de Nancy par ces mots, qui nous offrent si bien la peinture de son âme? *Comment narrer avec une poitrine oppressée? Comment réfléchir avec un sentiment déchirant? Ils sont là, ces cadavres qui jonchent les rues de Nancy... Attendez, scélérats! la presse, qui dévoile tous les crimes et qui détruit toutes les erreurs, va vous enlever votre joie et vos ressources. Qu'il serait doux d'être votre dernière victime!* Certes, on peut mourir plus utilement pour son pays, mais non pas plus glorieusement. Tel soldat tué dans l'armée des patriotes, et à qui on rend des honneurs funèbres, a pu être tué en cherchant à fuir et retenu par la honte, il a pu être tué en fuyant, il a pu périr victime de la soif du pillage et d'autres passions basses; mais celui-là est bien mort pour la patrie, celui-là est bien mort martyr de la patrie et de la liberté, à qui sa douleur des revers des patriotes a ôté d'elle-même la vie qu'il regrettait de n'avoir pu perdre en combattant parmi eux!

Venez maintenant, vous, ses détracteurs obscurs, qui ne lui laissez pas l'honneur de lui supposer les rêves d'un homme de bien et le fanatisme de la vertu, qui ne cessiez de dire que c'était un écrivain salamandre qui ne pouvait vivre qu'au milieu des flammes, un écrivain soudoyé pour embraser la France du nord au midi, pour faire entr'égorger ses concitoyens; venez épier ses discours dans les transports du délire, lorsque sa raison égarée ne commande plus à sa langue. Venez recueillir sur ses lèvres ses plus secrètes pensées. Voyez comme elles n'avaient pour objet que la paix, la défense de l'opprimé, le châtiment du crime et la félicité du peuple. Voyez comme il ne parle que des affaires publiques, des malheurs de Nancy, comme il prononce avec horreur le nom de Bouillé et des indignes municipaux qui ont trahi leurs concitoyens. Ah! si les imprécations des mourants, tant redoutées chez les anciens, sont en effet des oracles, malheur aux traîtres, ils n'échapperont point à la peine!

Loustallot méprisa toujours cette classe d'ennemis acharnés à sa diffamation; il ne pouvait comprendre la bassesse d'une foule de journalistes qui, au lieu d'appeler les hommes à la liberté, à l'égalité, et l'homme de talent à sa place, qui est de la maintenir, ne rougissent point, pour un peu d'argent, de se faire les valets des aristocrates qu'ils méprisent, diffament pour leur plaire des écrivains qu'ils ne peuvent s'empêcher d'estimer, ravalant ainsi la littérature et les talents à un état de domesticité, et redevenant, autant qu'il est en eux, comme ces Grecs, esclaves beaux-esprits dont Rome était remplie dans les derniers temps de la République, où les artistes, les savants et les poëtes n'étaient, pour le riche orgueilleux et stupide, qu'une classe de valets, comme un cuisinier, un frotteur et un laquais. Loustallot savait que sa vie et ses ouvrages étaient pour eux la plus amère censure, qu'ils devaient le haïr, comme l'esclave hait l'homme libre, et le faible l'homme fort; et il dédaignait leurs injures. Que lui faisaient les clameurs, pourvu qu'il arrivât à son but? Loin de s'en détourner, il ne s'arrêtait même pas. D'après les principes que vous l'avez entendu professer à cette tribune sur la calomnie, que pouvait-il en craindre? L'ingratitude? Il voulait qu'un peuple libre fût ingrat. Entre ces deux inconvénients que le peuple fût trompé ou ingrat, il ne voyait dans l'un que le malheur d'un seul, et dans l'autre celui de tous. Il pensait que ce qu'il y avait à craindre du peuple français, c'était sa reconnaissance plutôt que son ingratitude, sa confiance plutôt que ses soupçons; et, prêt à sacrifier au bien public jusqu'à sa réputation, il tendait au terme qu'il avait montré avec une persévérance et une tenue qui nous servaient de modèle à tous. C'est en cela que je ne pouvais m'empêcher d'admirer sa supériorité et de reconnaître combien son âme était plus grande et sa marche plus assurée que la mienne.

Je l'avouerai, Messieurs, au milieu de tant de gens qui nous appelaient scélérats dignes de mille morts, rassuré mal par ma bonne foi et par le sentiment intérieur, j'ai craint plus d'une fois de servir à égarer mes concitoyens en les conduisant, non pas où je ne savais, mais où je ne pouvais, dans le soulèvement de tant de monde contre mes feuilles. Pour me raffermir, j'avais besoin d'une autorité autre que celle de ma conscience; je la trouvais, Messieurs, dans les encouragements dont vous avez daigné plus d'une fois honorer mes confrères. J'opposais aux murmures et les nombreux applaudissements qui nous venaient de toutes parts, et l'amitié des patriotes les plus illustres, et ces lettres fraternelles que nous recevions des différentes Sociétés des amis de la constitution et jusque des extrémités du monde. Je me souviens que je montrais à Loustallot une lettre d'une ville du département du Var, où on avait baptisé un enfant au nom d'un journaliste, pour le venger d'un opprobre dont cherchaient à le couvrir de mauvais citoyens, et une autre lettre contenant un parallèle très flatteur entre nos deux journaux, qui m'était envoyée par le maire d'une grande municipalité. Loustallot me regarda en pitié, d'avoir besoin de ce véhicule. Pour lui, il n'ouvrait aucune lettre, s'enveloppait de sa vertu, se soutenait de sa seule force, et planait au-dessus d'une nuée d'ennemis.

Loustallot sentait toute l'importance de son poste, toute la dignité de ses fonctions. Que le vulgaire continue d'attacher les mêmes idées à un mot qui a perdu son ancienne signification! Le temps n'est plus où le journaliste n'était, ou qu'un juge de comédie et du prix du chant, qui prononçait si Vestris dansait mieux que Dauberval, ou un maître d'affiches qui indiquaient les maisons à vendre, les effets perdus, le prix des foins et la hauteur de la rivière, ou un anatomiste au scalpel de qui on n'abandonnait que les morts, tandis que l'exercice et l'application de son art lui étaient défendus sur les vivants, ou un aristarque éternellement en guerre avec les talents et en paix avec les vices, arrêtant les livres et laissant passer les crimes, insultant au génie et à genoux devant le despotisme. Le journaliste tel que Loustallot s'en formait et en remplissait l'idée exerçait une véritable magistrature et les fonctions les plus importantes comme les plus difficiles. Telle était, selon lui, la nécessité de ces fonctions qu'il ne cessait de répéter cette maxime d'un écrivain anglais : *Si la liberté de la presse pouvait exister dans un pays où le despotisme le plus absolu réunit dans une seule main tous les pouvoirs, elle suffirait seule pour faire contrepoids.*

Aujourd'hui il fallait à l'écrivain périodique et la véracité de l'historien qui parle à la postérité, et l'intrépidité de l'avocat qui attaque les hommes puissants, et la sagesse du législateur qui règne sur ses contemporains. Il se représentait un véritable journaliste, tel que l'un d'eux en a fait le portrait, « comme le soldat de l'innocence et de la vérité, engagé à un examen scrupuleux avant que d'entreprendre, à un courage inébranlable après avoir entrepris ». Il pensait que tous les citoyens devaient trouver en lui un ennemi implacable de l'injustice et de l'oppression, armé pour les attaquer sous quelque forme qu'elles se montrassent, forcé, sous peine d'être regardé comme un lâche déserteur, d'augmenter de zèle et de chaleur en raison de la faiblesse, de l'impuissance de l'opprimé, et de ce que l'intrigue et l'imposture lui opposaient d'obstacles, engagé à se sacrifier s'il fallait pour repousser leurs efforts, et à périr s'il ne pouvait vaincre. Si ce ministère est pénible, combien d'un autre côté il le trouvait honorable pour les journalistes! (Je parle de ceux qui sont dignes de ce nom.) Il voyait en eux, jusqu'à l'achèvement de la constitution, les censeurs par *intérim* qui biffaient les noms des citoyens sur l'*album* national. Ils étaient à ses yeux les rois d'armes de la nation, selon la belle expression de M. Cloots, les stentors de l'opinion qui se faisaient entendre de tout le camp des Grecs, les tribuns du peuple qui avaient la véritable initiative de son *veto*, les précurseurs intrépides de la volonté générale qui fait les plébiscites, et à qui seuls il appartient de faire des lois immuables. Ils occupaient la tribune extérieure de l'Assemblée nationale, d'où ils proclamaient les décrets, d'où leur voix remplissait non seulement la place publique, mais tout l'empire, mais toutes les nations ; c'était le levier d'Archimède qui remuait le monde. Les deux cent mille lecteurs qu'avait Loustallot sont une preuve qu'il n'était pas au-dessous de cette idée qu'il s'était faite du journaliste. La propagation de cette famille de lecteurs le passionnait bien moins que celle de la grande famille des patriotes. Il espérait bien voir celle-ci se multiplier comme les étoiles du ciel et les sables de la mer. Il s'en regardait comme un des conducteurs vers une terre promise. Hélas! il ignorait qu'il allait mourir aussi à la vue de cette terre promise.

Loustallot ne signait point ses articles. Plus sage que nous, ce publiciste français se cachait sous le nom de Prud'homme, comme le publiciste anglais sous celui de Junius. Il savait que c'est en se montrant peu qu'on fait beaucoup. Les détails sur sa vie me manquent; et puis ils ne le feraient point connaître à ceux qui ne l'ont pas lu, et il est impossible que ceux qui l'ont lu ne le connaissent pas tout entier. Le patriotisme n'est proprement dit que la haine des méchants et le zèle de la vertu; et un civisme tel que le sien, aussi ardent, aussi pur que sa logique était saine, ne va point sans une belle âme. C'est sur cette base seule qu'a pu s'élever son ouvrage immortel. La hauteur du bâtiment qui paraît fait paraître la hauteur des fondements qui sont cachés. Son journal peut passer pour un traité de droit public. C'est là qu'il prouvait, par une argumentation serrée et irrésistible, ce que je n'avais fait que poser en principes, guidé par le sens moral de la liberté et comme par l'instinct. J'ai à me reprocher trop de crédulité au patriotisme de certains individus ; on peut reprocher à Loustallot, au contraire, trop de défiance du civisme de ces mêmes individus; mais c'était sa maxime, que la liberté doit être soupçonneuse. Vivez tel qu'on ne vous soupçonne jamais, comme les Phocion et les Caton, les Barnave, les Lameth, les Petion et les Robespierre. Celui qui veut redresser un arbre le plie du côté opposé à sa pente ; de même lorsque Loustallot combattait l'idolâtrie pour le commandant général [1], il a paru ne pas craindre l'extrémité contraire. La mort l'a enlevé avant de voir ce trop coupable hérésiarque abjurer et se réconcilier avec vous, Messieurs, avant

---

1. Il s'agit de La Fayette.

d'avoir eu la joie de reconnaître qu'il s'était trompé, et le plaisir de désavouer les traits dont l'avait peint son burin énergique. Je dois à la vérité cette particularité de ses derniers moments, et où, Messieurs, la vérité se fera-t-elle entendre librement, si ce n'est pas dans cette enceinte? Il est mort, le nom de La Fayette sur les lèvres, le regardant comme un officier ambitieux qui ne s'était point senti l'âme assez grande pour jouer le rôle de Washington, et n'attendait que le moment de jouer celui de Monck. Puissent ces présages se trouver faux! Loustallot en était tellement affecté, que cette pensée et celle de la confiance aveugle de ses concitoyens n'ont pas peu contribué à le conduire au tombeau. Le général est bien vengé des traits que lui a lancés le journaliste: il a la gloire d'avoir fait mourir cet excellent citoyen.

Oui, c'est toi, La Fayette, qui l'as tué, non par le poignard de l'assassin ou le couteau légal du juge, mais par la douleur de ne voir que le plus dangereux ennemi de la liberté dans toi en qui nous avions mis toute notre confiance et qui devais être le plus ferme appui de la liberté. Nous, toutefois, nous suspendons notre jugement sur tes desseins secrets. Puisque l'ombre de Loustallot n'est point errante autour de toi, puisqu'elle ne s'attache point à te poursuivre et à porter dans ton sein l'inquiétude et les remords, c'est une preuve, ou que ce qu'on raconte des fantômes d'Oreste et de Brutus sont des fables, ou bien que cette ombre, sondant les derniers replis du cœur et lisant mieux que nous dans le tien, te voit déjà revenir parmi les Amis de la constitution et assis avec nous dans ce temple de la liberté et de l'égalité.

Par où pourrais-je mieux terminer le portrait de M. Loustallot que par celui qu'il a fait de lui-même, sans y penser, dans un endroit de son journal? C'était au moment où la plus violente tempête s'était élevée contre les écrivains patriotes, où les plus intrépides renonçaient à tenir une mer si orageuse, où les vaisseaux de la reine d'Égypte, qui n'avaient arboré le même pavillon que par intérêt, se hâtaient de se joindre à la flotte d'Octave, où les Marius se cachaient dans les marais de Minturnes, en ce moment Loustallot combattit avec le même courage. Il me reprochait ma lâcheté. Il nous ramena au combat, il ne désespéra point de la République. Il s'écriait : « S'il reste un seul journaliste qui soit tout à la fois vigoureux et inflexible, qui ne craigne ni les coups d'autorité, ni le couteau des lois, ni les fureurs populaires, qui sache toujours être au-dessus des honneurs et de la misère, qui dédaigne la célébrité et qui se présente quand il le faut pour défendre légalement ses écrits, ah! qu'il ne cesse d'abreuver l'esprit public de la vérité et des bons principes, et nous lui devrons la Révolution et la liberté. »

Ces mots achèvent de le peindre, ils rappellent toute notre douleur. O Loustallot! oui, c'est toi qui es celui à qui nous devrons la Révolution et la liberté! C'est ainsi que tu soutenais notre courage, que tu nous ralliais contre l'ennemi. Qui va maintenant raffermir nos pas chancelants? Hélas! tu ne jouiras pas de cette Révolution, de cette liberté que nous te devrons. C'est ici, c'est dans cette tribune, que tu as prouvé tant de fois que la nature t'avait accordé tous les dons, le talent de l'orateur comme celui de l'écrivain. C'est à cette place que tu recueillais des applaudissements si honorables, qu'une famille de frères aussi illustre que nombreuse t'appelait par ses vœux à une autre tribune et te désignait pour une seconde législature dont tu eusses fait l'ornement! O vaines espérances! Tu n'avais pas encore achevé de monter la montagne de la vie, tu étais loin d'être arrivé à ce sommet sur lequel l'homme ne peut plus s'arrêter, et une mort soudaine vient t'en précipiter!. Tu ne contempleras point du haut de la montagne cette liberté que tu y avais plantée et qui y répandait la joie sur toute son étendue. Tu ne la descendras point avec tes amis, avec les Amis de la constitution. Nous ne t'entendrons plus dans cette tribune où j'annonce aujourd'hui ton absence, ton éternelle absence. Nous ne te verrons plus, mais du moins nous retiendrons ton souvenir au milieu de nous, nous y placerons ton image. C'est devant cette image que nous viendrons ranimer nos forces dans notre découragement, comme elles renaissaient auparavant en lisant tes mâles écrits. Mais tu as toujours dédaigné les honneurs, la célébrité. Tu me rappelles la brièveté de ton éloge de Franklin. On me reproche de consacrer à ton éloge des moments que je devrais employer comme toi à déjouer les projets des ennemis du bien public. Tu ne veux d'autre éloge que de nous voir suivre tes traces. Reçois-en ici le serment. Vois tous mes confrères, tous tes rivaux noblement unis, jurer avec moi, devant ton ombre sacrée, de redoubler de courage et de ne poser les armes qu'après la défaite des tyrans, de tous les ennemis du bien public, et de périr s'ils ne peuvent vaincre.

Ce discours fut souvent interrompu par de vifs applaudissements, et M. le président fit à l'orateur une réponse des plus honorables. Une partie de l'assemblée, qui était extrêmement nombreuse, demanda l'impression du discours et de la réponse et l'envoi aux Sociétés affiliées, et M. le président, croyant voir une majorité évidente, prononça l'arrêté. Mais il s'élève alors une grande opposition. Les aides de camp et les partisans de M. Motier[1], membres de la Société, demandent le retranchement de ce qui concerne le général ; d'un autre côté, les membres de l'Assemblée nationale représentent qu'ordonner l'impression du paragraphe sur l'affaire de Nancy cela aurait l'air, de leur part, d'une protestation de la minorité contre le décret. Quoique cette raison ne fût pas sans réplique, puisque les membres de l'Assemblée nationale ne formant pas le tiers de l'assemblée, on pouvait seulement conclure qu'ils avaient cédé à la majorité des non-députés, cette raison cependant était si plausible que moi-même je suppliai la Société de ne point imprimer cet éloge en son nom, et de me laisser en rassasier la curiosité dans mon journal. Le président de la Société, M. Dubois de Crancé, si digne de cette présidence par son civisme et sa *Lettre à ses commettants* (le meilleur ouvrage qui ait paru sur la Révolution), a présenté à l'appui d'excellentes observations, et l'Assemblée, qui ne pouvait revenir sur les applaudissements, revint au moins sur son arrêté.

L'impression de ce discours, que je viens de publier tel que je l'ai prononcé, et où certainement il n'y a rien de coupable ni même de répréhensible, prouvera combien l'esprit de modération et l'amour de la concorde animent la Société des Jacobins, qui a cru, pour me servir de l'expression heureuse d'un des membres, qu'il était une *sainte dissimulation*, et qu'elle devait refuser sa sanction à l'impression de deux endroits de ce discours, sauf la liberté de l'auteur de publier personnellement ses opinions, en vertu de la Déclaration des Droits.

1. Il s'agit encore de La Fayette qui s'appelait Marie-Joseph-Paul-Yves-Roch-Gilbert du Motier, marquis de La Fayette. (Voir son extrait de naissance dans le *Dictionnaire critique* de Jal.)

XLV

CONSIDÉRATIONS PARTICULIÈRES

SUR LES INCONVÉNIENTS DES ENTRÉES DES VILLES [1]
LUES A LA SOCIÉTÉ DES AMIS DE LA CONSTITUTION, PAR M. LULIER [2]
MEMBRE DE LA SOCIÉTÉ,
HOMME DE LOI, CITOYEN DE LA SECTION MAUCONSEIL

(Paris, Imp. nationale, s. d. [3], in-8 de 4 pages)

Messieurs,

Si les lois en général doivent avoir un grand caractère de moralité qui leur imprime le respect et la durée, vous ne devez pas craindre la confection de celles qui auraient trait aux entrées des villes.

Ce qu'ont fait déjà nos législateurs nous est un présage, aussi assuré que favorable, qu'ils ne s'abaisseront jamais à cette mesure ténébreuse et tyrannique.

Ceux qui ont fait la Déclaration sacrée des Droits de l'homme et du citoyen se sont imposé la loi rigoureuse de proscrire à jamais ce genre affreux d'imposition.

L'article II de la Déclaration fait entrer dans l'énumération de ces droits celui de la résistance à l'oppression, et l'article XVIII dit que la contribution à la charge publique doit être également répartie entre tous les citoyens à raison de leurs facultés.

Si tels sont les principes, il me suffira de prouver que les barrières produisent l'oppression pour justifier la résistance : d'où il suit qu'une loi aussi pernicieuse dans ses effets doit être anéantie sans modification ultérieure.

Cet impôt n'est également réparti ni à l'égard des citoyens d'une

---

1. L'Assemblée constituante décréta en effet (19-25 février 1791), « que tous les impôts perçus à l'entrée des villes, bourgs et villages, seront supprimés à partir du 1er mai prochain ».

2. Louis-Marie Lulier devint membre et président de la Commune du 10 août, puis procureur général syndic du département de Paris à la place de Rœderer. Traduit devant le tribunal révolutionnaire avec les Dantonistes, acquitté (16 germinal, an II), mais retenu en prison, il se donna la mort à Sainte-Pélagie.

3. D'après le catalogue de la Bibliothèque nationale, cette pièce doit être rapportée au mois de septembre 1790. Je ne vois rien, dans le texte du discours de Lulier, qui rende cette date invraisemblable.

même circonscription ni comparativement à ceux qui dépassent leurs limites; ainsi un tribut qui pèse plus sur une partie que sur l'autre, dans une même localité, ou qui porte inclusivement sur cette localité en affranchissant la partie extérieure, est un tribut oppressif; donc il doit être anéanti.

Cet impôt est immoral, impolitique; il provoque la fraude, la résistance ou la corruption, les délits et les peines; il produit l'esclavage et la tyrannie, détruit l'industrie; il s'oppose à la population, enfante l'émigration, chasse l'étranger, anéantit la consommation et paralyse enfin le commerce, les arts et l'agriculture.

Je ne parle pas de la nécessité d'une force relative pour percevoir la rétribution du droit, de la mixtion de tous les breuvages et de tous les objets qui en sont susceptibles, et notamment de la falsification des vins, breuvages lentement mortels pour les malheureux qui se livrent à son illusion fatale.

Je me tais sur les maladies que ce dernier inconvénient provoque.

Je ne dis rien de la surcharge des hôpitaux, de la mortalité, et de l'immoralité profonde qui déshonorera à jamais l'administration qui souffrira de pareils excès. Au total, je ne donnerai pas de développement sur le paragraphe précédent, chacun pouvant facilement se convaincre de mes assertions.

Si ce régime est inapplicable à toutes les villes de l'empire, à quel point doit-on moins l'adapter à la capitale!

Paris forme le plus petit département; il est par sa situation privé des ressources agricoles, il est encore privé de celles que les déprédations de tout genre, mères du luxe le plus dispendieux, versaient abondamment dans son sein. Paris aujourd'hui est obligé de recourir à une industrie nouvelle; il doit subsister désormais d'un commerce légitime, et, si les droits d'entrée avaient lieu, le rehaussement des matières, dites premières, celui des objets de première nécessité, détruiraient à jamais, pour lui, la balance du commerce.

Ce qui avait lieu sous le despotisme devient impraticable à la liberté.

Si le fatalisme fait adopter cette mesure infernale, les ressources s'éloigneront l'une de l'autre, le grand point de ralliement sera détruit, la chaîne des intérêts nationaux sera brisée, et la dissolution générale anéantira l'empire.

Cette mesure est d'autant plus aggravante qu'il est possible de suppléer à ces rapports par mille moyens différents, entre autres par l'imposition supplémentaire au marc la livre des impositions foncières et personnelles ou telle autre que l'on aviserait mieux être.

Il faut bien se persuader, Messieurs (et je vous supplie de vous pénétrer de cette vérité), qu'un impôt indirect quelconque cache sa profondeur en s'étendant sur toutes les classes de la société, et qu'il pèse toujours d'un cinquième de plus sur la classe aisée qu'un impôt direct, dont la superficie, plus resserrée, ne laisse apercevoir qu'une latitude dont les dimensions et les rapports sont toujours mieux connus.

Ainsi, puisque nous ne pouvons nous dérober la connaissance des frais locaux ou de municipalité, osons en envisager l'étendue et couvrons cette superficie d'un tribut légitime et libre; alors tout sera dans l'ordre, car les voies sinueuses ne peuvent cadrer avec la liberté.

Il faut déployer un caractère égal pour arriver à de grands moyens de prospérité. Enfin, Messieurs, si ce tribut était préféré, de quel œil le citadin avili osera-t-il regarder l'homme des champs, cet être privilégié, vivant paisiblement et noblement sous l'empire auguste des lois, affranchi des droits odieux de la fiscalité auxquels le citadin se trouvera soumis lui-même? Le bon La Fontaine vous le dit dans sa fable du *Chien et du Loup*, et vous en induirez sans doute, Messieurs, que toutes les villes du royaume seront bientôt désertes.

Si toutes les déductions que j'ai faites ont été bien senties, je ne doute pas que les législateurs qui m'entendent ne s'opposent de tout leur pouvoir à l'admission du régime des barrières, puisque de ces conséquences dérive l'anéantissement des villes et subsidiairement celui de l'empire.

Je les prie donc, au nom de la patrie, d'abord de résister à cette mesure, et ensuite d'obtenir un ajournement suffisant sur la matière générale de l'imposition, à l'effet de réunir le plus d'éclaircissements possible sur cet objet important.

LULIER,
Représentant de la Commune.

XLVI

Octobre 1790

SÉANCE DU 1ᵉʳ OCTOBRE 1790
D'APRÈS L' « ORATEUR DU PEUPLE »[1]

Le décret du dimanche 12 septembre 1790, portant que les assignats seront reçus dans les caisses des impositions, a été sanctionné le 18 du même mois : eh bien! il n'a pas encore été envoyé par le garde des sceaux. Le décret qui met l'affaire de Montauban entre les mains de la municipalité de Toulouse[2] a été même sanctionné, il y a près de deux mois : eh bien! on a assuré, le 1ᵉʳ octobre, à la séance des Jacobins, que le décret n'avait point été envoyé non plus. Est-elle assez imprudente, la conduite de tous ces vils agents du pouvoir exécutif? Il est temps de mettre un terme à leurs malversations! Il est temps d'appeler sur eux la vengeance des lois! Quelques députés se proposent de demander à l'Assemblée nationale qu'elle interrompe toute communication et correspondance avec ses ministres actuels; d'autres, que chacun soit mandé à la barre; mais, comme sûrement il ferait la réponse de ce cocher : « Cela m'empêchera-t-il de mener mon fiacre? » on invoque des moyens plus expédients et plus sûrs; comme de déclarer le sieur Champion criminel de lèse-nation et de lèse-constitution, et, comme tel, poursuivi par la nation et la loi.

---

1. *Orateur du peuple*, nº LVI, tome II, 447. On lit dans le sommaire de ce numéro : *Motion faite aux Jacobins pour que le sieur Champion, garde des sceaux, soit mandé à la barre de l'Assemblée nationale, pour de nouvelles iniquités ministérielles.*

2. Le 10 mai 1790, l'évêque et le clergé de Montauban avaient fomenté des troubles sanglants dans cette ville. Cette tentative de contre-révolution avait été réprimée par l'arrivée de la garde nationale de Bordeaux. Le 26 juillet 1790, un décret de l'Assemblée constituante déclara non avenue l'information commencée devant les juges de Montauban sur les événements du 10 mai, et renvoya la connaissance de l'affaire devant les officiers municipaux de Toulouse.

XLVII

SÉANCE DU 6 OCTOBRE 1790

M. Mirabeau s'est rejoint mercredi dernier à ses frères d'armes des Jacobins. C'est une nouvelle que tous les amis de la constitution apprendront sûrement avec plaisir [1].

XLVIII

DISCOURS

PRONONCÉ A LA SOCIÉTÉ DES AMIS DE LA CONSTITUTION

LE 6 OCTOBRE 1790, SUR LES IMPOSITIONS,

PAR UN DE SES MEMBRES [2] ET IMPRIMÉ AVEC L'APPROBATION DE LA SOCIÉTÉ.

(Baudoin, s. d., in-8 de 24 pages)

Messieurs,

Jamais moment peut-être ne fut aussi convenable que celui-ci pour présenter à tous les membres de la Société un sujet d'une telle importance pour chacun d'eux; cet instant, où ils savent qu'ils sont comptés pour quelque chose dans l'ordre public; où chaque citoyen est invité, disons mieux, est nécessairement engagé, par l'intérêt du maintien de ses droits, à tendre de tout son pouvoir à la coopération du bien commun.

La nation doit fournir à toutes les charges et dépenses de l'État, c'est un axiome indubitable en politique. Toutes les fortunes doivent contribuer proportionnellement à acquitter ces charges, c'est une autre vérité d'éternelle existence, et qui est si palpable qu'on doit être plus que surpris que, pendant si longtemps, les uns aient pu maintenir l'usage contraire, et les autres le souffrir sans réclamation. Toute autre levée sur les biens-fonds que celle qui a pour destination

---

1. *Chronique de Paris* du 9 octobre 1790. A la suite de quelles circonstances Mirabeau s'était-il momentanément séparé des Jacobins? C'est ce que nous n'avons pu trouver.

2. Constantini, député extraordinaire de la ville de Bonifacio. — Voir plus bas, p. 315-316.

l'emploi aux charges de la société, est vexatoire et abusive : cette assertion n'est pas encore moins constante.

En nous attachant à prouver ces grandes maximes, nous n'avons fait que propager des développements déjà insinués sous plusieurs formes dans les écrits de plusieurs publicistes; mais ceci était un préliminaire indispensable pour faciliter l'arrivée au but final de notre entreprise.

Parvenus là, il s'est agi d'en détailler démonstrativement toutes les parties, d'exposer nos preuves justificatives des moyens de remplir les conditions annoncées. Nous n'avons pas prétendu persuader la Société par les seules forces du raisonnement : la frapper par des exemples, nous a paru plus propre à nous faire obtenir un moment d'attention.

Nous nous sommes arrêtés à deux sortes de contributions : *contribution personnelle et contribution réelle*, d'après ce qu'il nous a paru que la raison et le vœu général demandaient que toutes celles qui existent y fussent réduites et confondues. Ce n'est, au surplus, qu'après avoir examiné les différents systèmes proposés à cet égard, que nous nous sommes déterminés à adopter de préférence celui que nous tracerons dans peu.

Écoutons, pour la nomenclature des principaux de ces systèmes, l'éloquent Linguet (*De l'Impôt territorial*, Londres, 1787). Notre narration ne pourrait qu'être affaiblie, si nous l'entreprenions sans son secours.

« Les uns, dit-il, fondés sur ce que *tout sort de la terre*, voudraient que les produits seuls de la terre fussent taxés, et qu'ils le fussent à leur source. »

Le maréchal de Vauban, l'abbé Raynal (*Aux États généraux*, Marseille, 1789), voudraient que les *biens de campagne*, qui, dans la vérité, sont les seuls biens réels et solides, supportassent toutes les charges, et qu'on abandonnât à une entière liberté toutes les autres natures de richesses qui ne sont qu'un moyen de faire valoir les premières.

D'autres prétendent (*Essai sur la répartition de la taille et des vingtièmes*, Londres, 1788; — *Fléau de l'agriculture*, 1789; — *Crédit national*, 1789; — *Essai sur la constitution*, par M. de Condorcet, 1788) qu'il n'y aurait rien de plus injuste que cette restriction. Tout le fardeau des charges communes retombera en ce cas, disent-ils, sur les agriculteurs. L'argent, pour parvenir jusqu'à eux, n'a qu'une seule route, étroite, pénible, souvent arrosée de leurs sueurs et même de leurs larmes : il en trouve mille pour leur échapper. *L'avocat, le médecin, le prêtre, le militaire, le marchand*, etc., vivent sans difficulté du travail du laboureur. Ils lui vendent des conseils en tout genre, dont le prix se lève sur sa subsistance. C'est une première espèce de tribut que leur industrie impose à son ignorance.

Il faut donc que cette industrie soit taxée, suivant une proportion connue, à la décharge du cultivateur. Il faut que les bourgeois des villes murées, celui qui professe des arts libres, celui qui subsiste des appointements attachés à son emploi, ou des gains produits par son travail, participe aux charges de la société dont il recueille les avantages. L'industrie ingénieuse ou oiseuse des villes doit être taxée encore plus haut que le travail pénible des campagnes, puisqu'elle est plus lucrative.

Ces observations paraissent sans réplique. Mais quel sera le taux de cette taxe? Sur quelle règle sera établie cette proportion? Ici, les spéculateurs se partagent encore avec plus de vivacité, dit l'auteur de l'*Essai sur la répartition de la taille et des vingtièmes*.

Ceux-ci veulent une capitation unique, qui procure à tout le reste un affranchissement universel; ils éclatent contre les droits multipliés, contre les taxes abusives, ridicules, plus effrayantes, plus ruineuses encore pour le peuple, par l'arbitraire qu'elles entraînent, qu'avantageuses à la nation par leur produit.

Ceux-là soutiennent (voyez M. Necker, *Administration des finances*) qu'un impôt de cette nature serait accablant et insoutenable. Ils prétendent que le grand secret de la finance, c'est de surprendre imperceptiblement et par portion au peuple les sommes dont l'exaction le révolterait, si elles étaient arrachées en une seule masse. Ils comblent d'éloges l'idée de faire porter la subvention sur les denrées de la consommation habituelle, et ne cessent de répéter qu'il n'y a pas d'autre moyen de rendre le fardeau insensible, en ce qu'on paye journellement, *sans le savoir*, et avec une égalité dont aucune autre méthode n'est susceptible.

Ce dernier système, continue M. Linguet, a en effet prévalu dans la pratique. C'est d'après ces principes que les frontières de tous nos États européens sont hérissées de *bureaux*, de *corps de garde*; que notre législation présente une immense nomenclature de denrées permises ou défendues, de tarifs de toute espèce, de droits non moins nombreux, et de commis amoncelés pour les percevoir ou déconcerter la fraude, si l'on osait essayer de les éluder.

Après l'exposé de ces différents systèmes, auquel de tous M. Lin-

---

1. Necker, *De l'administration des finances de la France*, Paris, 1784, 3 vol. in-8.

guet s'arrête-t-il? Au premier, c'est-à-dire à *la contribution unique sur les terres*, et c'est en nature qu'il veut qu'on lève cette contribution. C'est le développement des idées du maréchal de Vauban pour l'établissement de la dîme royale [1].

M. Linguet se décide donc en faveur du principe qui admet qu'en dernière analyse toutes les espèces de contributions retombent sur les propriétés territoriales, et qu'en les prélevant tout d'un coup à leur source, ce n'est plus ensuite que l'affaire du laboureur de prendre ses arrangements pour faire contribuer tous les consommateurs, en portant ce qui lui reste à un prix tel qu'il puisse y retirer son compte.

M. Linguet prévient l'objection de ce que, d'après tous les calculs, les vingtièmes ne rendent pas la douzième partie des sommes nécessaires pour les dépenses de l'État. Il annonce l'augmentation incommensurable résultant de ce que l'on astreindrait à la contribution tous les biens qui n'y sont point sujets; et il conclut qu'en joignant le produit d'une contribution sur les maisons des villes, le produit des domaines, des contrôles, des postes, on pourrait parvenir à trouver un capital équivalent aux besoins annuels. Ce système a été assez généralement improuvé et reconnu comme impraticable, par la principale raison qu'une foule de circonstances s'opposeraient à l'établissement et au maintien d'une balance relative entre le prix, indispensablement rendu très élevé, des denrées de première nécessité, et le prix des autres marchandises et de tous les objets des différents travaux. On a encore mis en problème :

1° La possibilité de convertir toutes celles des charges publiques qui frappent directement sur les propriétés foncières, en une contribution sur le blé (voyez *Projet nouveau de faire utilement en France le commerce des grains*, par M. Bourdon des Planches); mais, entre autres inconvénients notables de ce projet, il en est un d'après la connaissance duquel il serait horrible de l'admettre : c'est que cette contribution serait presque entièrement supportée par le pauvre, qui mange infiniment plus de pain que le riche.

2° Et la possibilité de convertir toutes les charges publiques en une

---

1. On n'a nulle part combattu ce système avec autant de clarté que dans le cahier de la paroisse de Clamart-sur-Meudon. Il est impossible, y est-il dit, de percevoir l'imposition en nature, sans exposer l'État, qui ne peut supporter aucune disette, au hasard des calamités, à l'incertitude des récoltes, et sans le rendre dépendant de l'inaction ou de l'inexpérience d'un cultivateur paresseux ou novice.

Nota. — On ne doit point payer en proportion du produit des récoltes, mais en proportion de ce qui est nécessaire à l'État. (*Note de l'auteur du discours.*)

seule contribution sur les marchandises et denrées de consommation recherchées ; mais l'exécution de ce projet présenterait les mêmes difficultés que celui de la seule contribution sur les terres, que nous avons exposées plus haut. (Voyez *Crédit national*.)

RÉSUMÉ
DU CADASTRE PERPÉTUEL

Nous avons donc cru, tout examiné, devoir nous retrancher dans les bornes des deux contributions : l'une *réelle*, et l'autre *personnelle*. Indépendamment de l'autorité d'une quantité majeure de cahiers portés à l'Assemblée nationale, et des divers éclaircissements particuliers sur le régime des contributions, nous avons encore été appuyés dans notre opinion par le poids entraînant de celle de l'auguste sénat qui éclaire en ce moment, plus que jamais, toutes les nations de l'univers.

Par un décret du 7 octobre 1789, confirmatif de l'article XIII de la *Déclaration des droits de l'homme*, l'Assemblée nationale a dit : « Toutes les contributions et charges publiques, de quelque nature qu'elles soient, seront supportées par tous les citoyens, en raison et proportion de leurs biens et facultés. »

Voilà, en effet, Messieurs, la grande, la vraie, la seule juste théorie du mode des contributions communes. Tout plan qui ne se rapportera point à cette règle équitable sera nécessairement injuste. Cette règle est si claire, si juste, si sensée, que, dès qu'elle fut posée, tous les citoyens s'en virent pénétrés de la manière la plus intime ; le trait de lumière passa dans toutes les âmes, et l'on ne supporta plus qu'impatiemment et avec peine les institutions de l'ancien régime, qui s'écartent en tout de l'égalité proportionnelle, relative aux biens et aux facultés de chaque citoyen.

Du moment qu'il est reconnu que la contribution aux charges de la société est d'obligation pour tous ceux qui, comme membres de cette société, participent à ses avantages, l'examen qui doit suivre cette vérité fondamentale paraît être celui qui peut conduire à faire connaître comment et en quelle mesure chaque individu doit concourir à cette contribution.

Cet arrangement nécessite l'obligation, par la partie commettante, de fournir aux dépenses indispensables de la partie commise, et ces dépenses, pour la chose commune, sont précisément l'objet de ce que l'on appelle *contribution*.

Le premier soin de la partie commise devant être de veiller à la conservation de l'existence physique des personnes, de les prémunir contre toutes les attaques qui pourraient leur être lancées, tant du dedans que du dehors; il s'ensuit que chacun, retirant le même avantage de ce soin, doit contribuer, en proportion de ses forces, au soutien des établissements qui assurent cette conservation personnelle. De là la nécessité de la *contribution personnelle*.

Un second point d'obligation de la part des mandataires de la société, c'est de veiller à la conservation de la propriété de chaque individu; et comme chacun retire plus ou moins d'avantages de cette protection des propriétés, en raison du plus ou du moins qui lui en est dévolu, il est de droit commun que chacun doit contribuer, en proportion de ce qu'il a, au soutien des établissements qui assurent cette conservation des biens réels. De là la nécessité et la mesure de proportion de la *contribution réelle*.

Telle est la division que nous avons cru pouvoir faire des contributions aux charges de la société, et il nous a paru qu'à ces deux dénominations, *contribution personnelle et contribution réelle*, toutes les charges publiques quelconques devaient se trouver réduites.

MANIÈRE
DE RÉPARTIR LA CONTRIBUTION FONCIÈRE

Nous n'entreprendrons pas prématurément de présenter l'approximation de la consistance du territoire de la France et de son produit capital[1]; un tel calcul ne pouvant être fondé que sur des probabilités, de simples présomptions, ne peut être qu'un travail dont les résultats ne prouvent absolument rien. Tous ceux qui s'y sont livrés ont tous obtenu des données différentes; et cela ne pouvait manquer d'être : chacun d'eux partant de principes douteux et de suppositions arbitraires, et voulant éviter de paraître tout à fait copier les autres dans les points qu'ils avaient pris pour base, est parvenu, comme il devait s'y attendre, à un total non ressemblant. Comment, en effet, pouvoir se flatter, d'après un simple aperçu de l'étendue d'un vaste royaume, de faire des supputations approchant du nombre d'arpents en total, du nombre de ceux en culture, de l'espace qu'occupent les chemins, les rivières, les landes, les friches? Il n'y a que le cadastre qui puisse faire cesser les incertitudes sur ce point capital, sur ce point pour lequel il importe si fort à la nation de ne plus perpétuer l'ignorance.

La vérité sur cet objet, mise dans tout son jour, donnera à la fois

---

1. Voyez le maréchal de Vauban; Voltaire, *l'Homme aux quarante écus*; M. Necker, *le Crédit national*; *l'Essai sur la répartition de la taille et des vingtièmes*, *l'Impôt abonné* et le *Tableau territorial*. (Note de l'original.)

les moyens de travailler avec certitude à la répartition équitable de la cote-part de *contribution réelle* pour chaque département, chaque district, chaque canton, chaque communauté, chaque individu; mais pour donner au cadastre, d'après cette répartition, une assiette de stabilité indépendante des variations dans la mesure des besoins du gouvernement national, nous croyons qu'il faudrait établir nécessairement la convention d'une monnaie idéale, dont la dénomination serait toujours la même pour l'ensemble, quoique la valeur intrinsèque des parties en puisse continuellement varier. Ceci va être développé par un exemple.

Nous mettrons en supposition, d'abord, que Pierre possède un fonds de terre estimé 4,000 livres de valeur réelle, évalué pour le revenu, année commune, à 180 livres, et que la contribution en soit portée, pour l'année 1790, aux trois vingtièmes, faisant 27 livres de notre monnaie.

Nous admettrons ensuite qu'en 1791 le Trésor public ait besoin d'une plus forte contribution et que Pierre, obligé de supporter sa part de l'augmentation, voie sa cote portée à 33 livres tournois : voilà une circonstance qui, en suivant les procédés les plus connus, nécessiterait à changer ou à surcharger cette cote pour substituer à la somme de 27 livres celle de 33.

Pour éviter cet embarras, convenons de compter invariablement par le même nombre de livres; admettons seulement que le nombre sols constituant la livre variera en raison de l'augmentation ou de la diminution de la somme capitale fixée pour les besoins publics, et pour caractériser cette livre variante, nommons-la *livre de contribution*.

Cette forme va nécessairement nous conduire à laisser constamment subsister la première fixation, et pour l'augmentation que nous venons de supposer, nos 33 livres tournois continueront de n'en faire que 27 livres *à la livre de contribution*.

Mais, par une règle de trois, nous trouverons que, relativement à la livre tournois, cette livre de contribution vaudra 1 livre 4 sols 5 deniers un tiers, à raison desquels l'on considérera, pour 1791, chacune des 27 livres portées à la cote de Pierre.

Comme nous prenons cette cote pour exemple commun, on sent que les 1 livre 4 sols 5 deniers forment, pour 1791, la livre de contribution dans tout le cadastre. Ainsi, il suffira de mettre une seule fois en tête :

Pour 1791, la livre de contribution vaut 1 livre 4 sols 5 deniers un tiers. Si dans les années suivantes il ne survient pas de changement à cet égard, il suffira de mettre, ensuite de cette première note :

Pour 1792...... idem. Pour 1793...... idem. Pour.... etc., etc..

Chacune des années où la fixation de la dette publique amènera une variation dans cette livre idéale, il faudra mettre une note en conséquence, telle que :

Pour 1794, la livre de contribution vaut... tant de sols ; par ce moyen simple, on évitera d'apporter jamais aucun changement dans la première fixation.

Pour nous rendre encore plus clair, nous allons maintenant supposer une diminution en 1794 dans la masse de la dette publique, d'où il résulterait que Pierre ne dût plus contribuer que pour 24 livres tournois. Par une semblable règle de proportion, nous trouverons que cette somme réduit la *livre de contribution* à 17 sols 9 deniers un tiers, à raison desquels l'on devra considérer chacune des 27 livres de la fixation primitive.

Nous proposons un dernier exemple tiré d'une plus grande hypothèse.

Soit établi que, d'après l'extinction des richesses foncières et industrielles de tout le royaume, les contributions fixées aux trois vingtièmes des revenus produisent un total de 550 millions de livres de contributions. Posons ensuite que la dette publique soit de 660 millions tournois. Au même moyen d'une règle de proportion, nous trouvons aussitôt ce que peut être la livre de contribution. Le quotient qui en résulte est de 1 livre 4 sols, rapport de la livre de contribution à la livre tournois.

On voit que cette manière est dans le cas de dispenser de l'emploi du terme sol pour livre, qui a eu des conséquences ruineuses dont on ne s'est point défié, parce que par une acception trompeuse ce mot ne semble devoir pas effrayer. On voit encore que ce moyen est le plus propre à départir avec la plus exacte égalité *toute augmentation ou diminution de la contribution*. Adopté pour tous les départements, districts, cantons, et pour toutes les communautés, pour chaque corps de terrain, il rendra partout la *première estimation perpétuelle*, indépendamment des variations dans la masse totale de la *contribution*. C'est, lors de la perception, un simple calcul à faire (sur le total de chaque contribuable), relativement au nombre de sols dont la livre est composée pour l'année. Mais continuons l'indication de la marche organique de notre objet (disent les auteurs du *Cadastre perpétuel de 1789*, dédié à l'Assemblée nationale [1]); je ne ferai qu'en donner un aperçu.

1. Cet ouvrage, aussi intéressant sur les impositions, se trouve chez M. Au-

Nous allons suivre pied à pied le matériel de chacune de ces opérations et ainsi débuter par le titre du livre du cadastre...

Cadastre perpétuel de la paroisse et territoire de N..., contenant tant d'arpents, dont tant de première, tant de seconde, et tant de troisième qualité. Le tout devant fournir, à raison de la contribution générale, une somme de... livres de contribution.

Au feuillet suivant doit être la carte générale. A cette carte devront succéder les notes explicatives des couleurs qui y servent à indiquer les différentes classes de fonds.

Paraîtra ensuite le rappel de la valeur annuelle de la livre de contribution; suivra une table de proportion, etc., et ainsi de suite, etc.

Il me reste maintenant, Messieurs, à vous prouver sur quelles bases on peut asseoir la contribution personnelle sur l'universalité des citoyens.

Avant tout autre examen, il nous a paru nécessaire de vous fixer à celui de la question de laquelle nous avons formé le titre de ce paragraphe.

En établissant deux sortes de contributions, l'une *réelle* et l'autre *personnelle*, deux points de vérité fondamentale se reconnaissent :

1° Que la contribution réelle est le prix de la protection donnée par la force publique pour assurer paisiblement la conservation des productions nécessaires à la subsistance des hommes, pour répondre de ces premières et communes richesses, seules capables de nous faire acquérir toutes les autres;

2° Que la *contribution personnelle* est le prix de la protection donnée par la force publique pour assurer à chaque citoyen le libre et paisible exercice de son industrie actuelle, le mettre à portée d'acquérir, par cette industrie, sans aucun obstacle, les avantages qu'elle est susceptible de procurer, et lui garantir enfin de ses travaux la conservation de ce qu'ils lui auront acquis.

On parvient à répartir la *contribution réelle* entre tous les individus au moyen de ce que chacun d'eux rapporte au cultivateur par le prix de sa consommation, le remboursement des avances que celui-ci a faites pour tous ceux qui doivent consommer la dépouille de son fonds de terre.

On parvient à répartir la *contribution personnelle* entre tous les

---

difred, rue Quincampoix, n° 40, l'un des auteurs. Un vol. in-8, fig. et table, prix, 3 liv. et 3 liv. 10 sols rendu franc de port, par la poste, pour tout le royaume. On pourra voir à la même adresse un instrument de trigonométrie d'une nouvelle invention, qui peut abréger de plus des trois quarts l'arpentage des terres. (*Note de l'original.*)

individus en y soumettant ceux qui, par une industrie actuelle, se procurent, sans trouble ni empêchement, un revenu quelconque, et ceux qui, des fruits d'une industrie ancienne, conservent de même, sans trouble ni empêchement, un autre revenu quelconque.

Si l'on ne considérait cette *contribution personnelle* susceptible d'être assise que sur ce que nous appelons l'industrie active, il s'ensuivrait que les journaliers, artisans, hommes à gages, gens aux appointements, officiers de justice, marchands, etc., seraient seuls dans le cas de la supporter. Les oisifs, tous les personnages rentés en seraient exempts; et pour se soustraire à ces obligations à cet égard, cette raison : *Je ne fais rien*, deviendrait indisputablement suffisante. Mais ce serait le plus grand des abus que la chose pût être ainsi envisagée. Ce qui est acquis par avance doit bien payer aussi tôt que ce qui est le fruit du travail de chaque jour. Une fortune faite, qui dispense de tout mouvement utile celui qui la possède, est censée être le fruit de l'ancienne industrie de ses pères, et il doit payer relativement aux soins prévoyants que lui prête la force publique pour lui en assurer la conservation.

Un homme laisse à son fils une somme de 60,000 livres qui lui procure un revenu annuel de 3,000 livres, et le fait vivre à rien faire. Un autre homme donne au sien un talent capable de lui faire gagner chaque année, à condition qu'il voudra travailler, une somme de deux mille écus. Le premier revenu est l'industrie indirecte du particulier renté, et le second celle directe du citoyen laborieux. L'une et l'autre doivent une rétribution à la force publique, qui également les protège.

Mais une chose qui semble devoir fixer l'attention de la société, c'est que, selon nous, ces deux revenus doivent être considérés comme à peu près égaux, et supporter en conséquence la même quotité *de contribution*. Si le dernier est double, la transmission aux enfants n'en est point aussi certaine. On peut être plus assuré de conserver le bien que l'on a reçu de ses aïeux que d'inculquer un talent quelconque. Au reste, l'uniformité de revenu du particulier renté est appuyée solidement, tandis que celle du revenu produit par le travail dépend des événements et des circonstances; et il faut laisser de l'encouragement à l'industrie agissante.

Celui dont toute la fortune consiste en terre et qui, par cette raison, paraît payer considérablement sur la *contribution réelle*, n'est pas dans le cas pour cela d'être moins soumis à la *contribution personnelle*. Nous avons déjà fait voir qu'en dernière analyse chaque individu participe également, en raison de la consommation personnelle, au payement de la contribution avec tous les autres hommes, dans la seule proportion de ce qu'ils en consomment individuellement; et ils doivent, comme les citoyens de toutes les professions, être cotisés pour leur industrie, c'est-à-dire fournir leur part de la *contribution personnelle*.

BASES DE LA RÉPARTITION

Quand, sous les différences que nous avons établies pour les proportions à garder dans l'assiette de la *contribution personnelle* entre les revenus assurés et les revenus éventuels, quand, disons-nous, il est reconnu que tous les hommes doivent payer cette *contribution* en raison de leur fortune annuelle, ce qui embarrasse est d'établir les bases convenables pour pouvoir la répartir avec justice. Comment déterminer avec quelque précision l'état des diverses fortunes? Comment fonder, avec l'assurance d'obtenir quelques résultats seulement approximés, le rapport de l'industrie de chaque citoyen? Nous n'avons encore vu, à cet égard, que des projets vagues et superficiels; ils ne peuvent pas satisfaire pleinement une nation désireuse d'être administrée par des formes qui puissent généralement paraître équitables.

L'inquisition la plus rigoureuse serait insuffisante pour acquérir des notions positives sur le juste état des affaires de chaque particulier. Pour la *contribution réelle*, rien ne peut s'échapper. Voilà un terroir, il est possédé par Pierre, Jacques et Paul; il faut que ce soient eux qui payent; mais quand il s'agira de former la cote de *contribution personnelle* de Pierre, si Pierre ne me rend pas un compte exact de sa fortune, s'il ne me présente pas des chapitres distincts de son actif et de son passif, s'il ne me justifie point ce que peut être son revenu, d'un côté en fruit acquis, et de l'autre en produits industriels; si de ces biens acquis, il en est qui consistent en fonds de terre situés à dix lieues de son domicile, et qu'il ne le déclare pas, s'il en fait de même pour des contrats de constitution qu'il conserve dans son portefeuille, etc., jamais je ne pourrai parvenir à cotiser Pierre dans une proportion relative à son revenu; et telles sont les difficultés que je rencontre dans la cote de Pierre, telles seront celles que j'éprouverai dans toutes les cotes qui me passeront par les mains.

Le projet qui, entre tous les autres, aurait pu présenter une amorce plus attrayante pour le but de saisir le terme le mieux approximé des diverses fortunes, eût été de présumer celle de chaque citoyen dans le rapport proportionnel du logement qu'il occupe. Pour appuyer ce système, l'on a avancé l'argument peu concluant qu'il n'était pas à croire qu'un homme, jouissant d'un bien honnête, allât, pour sauver le payement d'une partie de sa contribution, se retirer dans quelque recoin chétif, et que, par les observations qui paraissaient se rapprocher le plus de la probabilité, l'on avait vu qu'en général chaque individu pouvait employer, pour se loger, à peu près le dixième de son revenu; qu'ainsi ce pouvait être la base que l'on pourrait prendre pour déterminer la *contribution personnelle*.

Ces assertions bien pesées ne sont rien moins qu'incontestables. Sans que les circonstances d'occuper un logement plus ou moins étendu aient été jusqu'ici une considération à laquelle on se soit attaché dans l'objet d'asseoir les *contributions personnelles*, combien cependant ne voit-on pas de particuliers extrêmement aisés, de vieillards, de célibataires, de prêtres, de gens isolés de toutes les classes, qui se plaisent, soit par avarice ou par goût, à vivre resserrés dans des réduits tout à fait mesquins, tandis que des chefs de famille, de simples artisans, dont les facultés sont infiniment plus médiocres, se voient obligés de tenir des emplacements considérables, soit en raison de leur nombreuse suite, soit par rapport à la possibilité d'exercer certaines professions qui, pour n'être quelquefois pas très lucratives, nécessitent des laboratoires bien plus vastes que ceux qui suffisent pour exécuter les travaux qui le mieux attirent l'or [1].

Si, dans cette partie très délicate, où il est question de parvenir à asseoir le plus justement possible la contribution personnelle, nous n'atteignons pas à donner les meilleurs plans imaginables, nous voyons du moins que, quelque autre moyen que l'on préfère pour arriver à ce but, la méthode de perception que nous avons à présenter sera toujours admissible, et que l'admission de notre *cadastre personnel* comportera, de même que celui pour les levées sur les *possessions territoriales*, un fond des principes présentatifs du mécanisme le moins dispendieux, le plus simple et le mieux ordonné.

Ainsi, c'est sans prétention, Messieurs, que nous exposerons préalablement nos idées sur les moyens d'évaluer les *facultés personnelles*.

Dans chaque paroisse à la campagne, et dans chaque district et canton des villes et villages, procéder par une commission aussi nommée par l'assemblée du département, comme pour la vérification du cadastre réel, à un compte rendu avec tous les citoyens, c'est-à-dire à recevoir de chacun en particulier des déclarations de ce à quoi

---

[1]. Le procureur peut faire les grosses sur un espace de quatre pieds carrés, et le faiseur de cordes occupe un atelier de cinquante aunes de longueur. (*Note de l'original.*)

ils évaluent eux-mêmes leur fortune; les recevoir, ces déclarations, précisément telles qu'ils les dictent et d'après l'axiome : que la fraude ne se présume pas, s'en rapporter d'abord à leur bonne foi, sans se permettre aucune observation sur l'apparence du plus ou moins d'exactitude des détails qu'elles devront tenir;

Former ensuite des corporations de tous les citoyens de chaque état et profession qui, en raison de cette analogie, sont le mieux dans le cas de connaître réciproquement les fortunes les uns des autres; rassembler chacune de ces corporations et procéder, de concert avec tous les individus qui la composent, à la vérification contradictoire de ces déclarations.

Toutes ces mêmes déclarations seront rassemblées en un recueil ayant pour titre : *Cahier d'estimation des fortunes personnelles de la paroisse, canton ou district de..., en l'année telle.*

S'il arrivait que quelques-unes de ces déclarations présentassent des inexactitudes trop frappantes, il est à croire que la majorité de la corporation réclamerait contre l'atteinte que porterait à son intérêt ces sortes d'infidélités; car, dans toute association où les divers membres sont obligés de contribuer chacun pour leur partie des frais, tous doivent avoir les yeux ouverts pour empêcher qu'aucun d'eux ne cherche à s'y soustraire aux dépens des autres.

Mais dans un gouvernement dont on connaîtrait la pureté d'intentions et la sagesse des vues; dans un gouvernement où tous les citoyens seraient généralement persuadés que l'emploi des revenus ne pourrait porter que sur leur véritable et utile destination; dans un gouvernement enfin où chaque membre, ayant un droit égal à la chose commune et sentant toute la force significative du grand mot de *Patrie libre*, aurait lieu de regarder comme sa propre et principale affaire l'objet de l'administration publique, nous le demandons, qui, chez un peuple élevé à ce degré d'énergie, aurait l'âme encore assez dégradée pour tendre à se retrancher d'une participation aux charges, d'où dépendrait le maintien de son bonheur, puisque dans un état citoyen, il n'en est point de plus grand que celui de la félicité générale, fruit de la conservation des bonnes lois, de l'égalité et de la liberté?

En supposant que notre société encore naissante n'atteigne point d'abord à cette hauteur de sentiments qui était si bien connue à *Lacédémone*, à *Athènes*, et chez tous les peuples de l'*ancienne Rome*, en supposant que quelques racines d'anciens préjugés pussent tenir encore des Français bassement courbés vers les honteuses maximes des siècles d'esclavage, la comparaison qu'il paraîtrait le plus juste de faire pour reconnaître la sincérité des déclarations dont nous venons d'établir le plan devrait être tout simplement d'en rapprocher le contenu à la dépense apparente de chaque déclarant, en ce qu'il est naturel, raisonnable et assez général pour tous les hommes de mesurer leurs dépenses à leurs différents revenus respectifs.

Pour prévenir l'abus qui pourrait naître encore de ce que toute une section ou corporation s'entendît pour ne faire que des déclarations frauduleuses, il serait fait une révision de la première vérification, dans une assemblée générale de la paroisse ou district contradictoirement avec tous les membres de diverses corporations ou sections; et c'est dans cette assemblée que la commission du département statuerait définitivement sur ce montant de l'évaluation de la fortune de chaque citoyen, dans les proportions distinctes proposées il y a un instant entre les parties de revenus assurés et les parties de revenus seulement éventuels, et qu'elle établirait la cotisation aussi dans la proportion comparative généralement déterminée de la contribution au revenu. Comme le cas de variations dans les besoins de l'administration nécessiterait le changement de la contribution dans ce *cadastre personnel*, comme dans celui *réel*, il faudrait également le former d'après l'établissement de notre *monnaie idéale ou de livre de contribution*.

C'est d'après toutes ces différentes opérations que serait formé le cadastre personnel, dans lequel seraient employés, pour chaque paroisse, canton ou district, tous les citoyens majeurs de vingt-cinq ans, vivant en séparation de leurs maisons paternelles, dans des logements particuliers. Enfin, la contribution unique doit seulement tomber sur les possessions territoriales et sur les facultés personnelles et industrielles.

CONSTANTINI,

Député extraordinaire de la commune de la ville de Bonifacio, en Corse.

XLIX

AUTRE DISCOURS

PRONONCÉ PAR M. CONSTANTINI [1]

A LA SOCIÉTÉ DES AMIS DE LA CONSTITUTION DE PARIS

LE 6 OCTOBRE 1790, SUR CETTE QUESTION

L'IMPÔT FONCIER DOIT-IL ÊTRE PAYÉ EN NATURE OU EN ARGENT

ET IMPRIMÉ AVEC L'APPROBATION DE LA SOCIÉTÉ

(Paris, Baudouin, in-8 de 11 pages)

Messieurs,

Mes réflexions sur les meilleurs ouvrages qui traitent de l'imposition et notamment sur ceux qui ont paru depuis l'ouverture des États généraux, m'ont déterminé à faire un travail sur le moyen le plus convenable de payer l'impôt foncier chez une nation qui a su si promptement et si courageusement reconquérir la liberté. J'ai eu l'honneur d'en soumettre un extrait à vos lumières; vous avez paru en goûter les principes; il me reste à vous les confirmer, non par une nouvelle théorie, mais par un exemple frappant puisé dans une expérience faite dans ma patrie.

Vous vous rappelez, Messieurs, que j'ai voulu établir que le payement de l'impôt en argent en proportion de biens de chacun est le seul moyen qui convienne à un peuple libre et que celui de l'impôt en nature est abusif et vexatoire.

J'établirai encore que le but de soulager le peuple, autant que cela est compatible avec les besoins de la nation, ne sera qu'imparfaitement atteint si l'on détermine un mode de perception en argent proportionné au revenu brut ou net d'une propriété foncière, dont l'évaluation se fera d'après l'industrie ordinaire de l'agriculteur, et la défalcation de ses frais de culture.

Vous verrez, Messieurs, d'après l'exposé que je viens d'avoir l'hon-

---

[1]. Antoine Constantini, négociant en Corse, député extraordinaire de la ville de Bonifacio, semble aussi être venu à Paris pour réclamer une indemnité. Le 20 mars 1791, l'Assemblée nationale décréta qu'il lui serait payé une somme de 32,482 livres avec les intérêts, pour dépenses faites à l'occasion de la guerre de Corse. Nous ne trouvons rien sur lui dans les diverses histoires de Corse, même dans la *Storia di Corsica* de Renucci.

neur de vous faire, que la Corse a bien senti ces deux inconvénients d'après la règle qu'elle s'est prescrite pour asseoir l'impôt, en fixer la répartition et en assurer l'exacte rentrée au Trésor public.

Lors de l'union de la Corse à la France, le gouvernement prescrivit le payement de l'impôt en nature et demanda aux Corses le vingtième de tout le produit de leurs biens.

Les États pressentant le danger qui résulterait pour le pays de cette forme d'imposition, dont le montant devait passer directement entre les mains du fisc, en sollicitèrent l'évaluation en argent. Elle fut portée, autant que je puis me rappeler, à 120,000 livres. Le gouvernement a confié la perception à l'administration provinciale, se réservant le droit d'infliger la peine de confiscation et tous les autres pouvoirs propres à effectuer la rentrée au Trésor royal de ladite somme de 120,000 livres.

La Corse était alors divisée en dix provinces, aujourd'hui neuf districts[1], chaque province en plusieurs piéves, maintenant cantons. Chaque piéve ou canton s'obligea de payer en nature la cote-part de contribution dans le rapport de son territoire et de son revenu. Enfin, chaque canton mit à l'enchère sa cote-part pour trois ans. Des fermiers ou régisseurs se chargèrent de percevoir en nature cet impôt et de payer comptant par quart et d'avance, au trésorier de l'administration.

Tel fut, Messieurs, l'ordre qui fut suivi dans la division de cette forme d'imposition. Voici maintenant quels en furent les inconvénients jusqu'au moment où quelques provinces ou districts tels que Bonifacio, mon pays natal, y apportèrent le sage remède que j'aurai l'honneur de vous développer bientôt.

L'usage de battre les blés n'est point pratiqué en Corse ni en Sardaigne. Aussitôt qu'ils sont coupés et mis en gerbes, des bœufs ou chevaux font sur le champ même les fonctions du *battage*.

Cette méthode donnait à plusieurs laboureurs la facilité de pouvoir transporter au même instant leurs blés chez eux; mais ils ne pouvaient profiter de cet avantage parce qu'ils étaient obligés d'attendre la visite des fermiers ou régisseurs qui procédaient sur le lieu même à l'enlèvement du vingtième de la récolte de chaque particulier.

Le temps que demandait cette opération forçait le laboureur d'attendre son tour deux ou trois jours et quelquefois une semaine.

Une excessive chaleur, des pluies, des ouragans, survenaient dans

---

1. Bastia, Oletta, l'Ile-Rousse, la Porta d'Ampugnani, Corte, Cervione, Vico, Ajaccio, Tallano. Ces 9 districts étaient subdivisés en 68 cantons. Le chef-lieu du département et le siège de l'évêque étaient à Bastia.

cet intervalle ; le blé se détériorait, se gâtait, se pourrissait et une grande partie se perdait.

Le vigneron ne pouvait pas non plus faire la vendange, sans que le fermier ou le régisseur fût présent pour voir transporter le raisin dans les caves et ensuite le vin dans les tonneaux pour en percevoir le vingtième.

La vendange en Corse se fait entièrement dans le mois de septembre, d'où il résultait que la surveillance du régisseur ne pouvant avoir lieu sur tous les points à la fois, on éprouvait les mêmes inconvénients que pour le blé ; c'est-à-dire que le raisin ne se coupait pas à la juste maturité et qu'il en pourrissait une bonne partie.

Les jardiniers et cultivateurs d'oliviers voyaient pareillement leur fortune et leurs ressources soumises à cette tyrannique et désastreuse manière de percevoir l'impôt ; indépendamment des pertes considérables qu'ils éprouvaient d'ailleurs, ils voyaient encore leurs olives, exposées à la maligne influence des pluies et des vents, perdre leur qualité naturelle ; et leur huile prenait un goût terreux qui rendait la consommation moins commune et le débouché plus difficile.

Voilà, Messieurs, les inévitables effets de la perception de l'impôt en nature. Vous ne tenterez sûrement pas de faire la malheureuse expérience de la Corse.

Je dois vous entretenir à présent, Messieurs, du moyen qui a été employé par mes compatriotes pour procurer à leurs concitoyens une meilleure forme d'imposition, la seule qui me paraisse vraiment concourir aux vues salutaires qui nous animent tous.

Il faut satisfaire à ce que le gouvernement demande de nous en débarrassant le public des entraves qui l'accablent ; voilà ce que s'est dit la ville de Bonifacio, et voici ce qu'elle a fait.

Cette cité frontière formant elle seule, par les avantages commerciaux que lui donne le port dont elle jouit, une piève ou canton, a créé une espèce de cadastre divisé en plusieurs colonnes, dans l'ordre qui suit :

La première regarde les terrains destinés à la culture, leur qualité et la quantité de semences en blé dont ils sont susceptibles ;

La deuxième, ceux réservés en prairies ; leur produit y est évalué d'après la quantité de semences en blé dont ils sont susceptibles ;

La troisième, les vignes ; leur qualité y est spécifiée et leur produit y est évalué par journée ;

— La quatrième, les oliviers. Leur valeur est estimée d'après la quantité de grands, moyens et petits oliviers, que contient le champ destiné à cette production ;

La cinquième, les jardins à légumes et les arbres fruitiers; l'espèce, le nombre de chaque production et leur rapport y sont expliqués, etc.

Ce tableau fait, tous les propriétaires de la commune furent invités à se rendre à la maison-de-ville pour y faire purement et simplement la déclaration de leurs biens et la situation de ces biens. Après cette formalité, les officiers municipaux et notables de cette commune nommèrent des experts qui se transportèrent sur les lieux pour vérifier la déclaration de chaque propriétaire, ayant préalablement fait le serment à la municipalité de procéder à l'estimation des biens-fonds de ladite communauté d'après le témoignage de leur conscience.

Ils ne prirent point pour base de leur travail le revenu net ou brut des biens des particuliers, mais bien leur valeur totale comme s'il se fût agi de les vendre argent comptant.

C'est d'après cette donnée qu'ils ont formé une règle de proportion, par laquelle chaque propriétaire a été taxé en raison de la valeur de ses biens, et non en celle de son revenu net et brut.

Voici, Messieurs, comment les experts procédèrent à cette estimation.

Transportés dans les propriétés de *Pierre*, par exemple, ils commencèrent par détailler toutes les espèces de productions qu'elles contenaient et leur valeur locale; ensuite, faisant une addition du tout, ils le portèrent à la somme de...

Ils suivirent la même méthode pour les propriétés de *Paul*, *Jean*, etc.

L'estimation de tout le district ainsi fait et par cantons et paroisses, on établit alors par une règle de proportion la part de ce que chaque propriétaire devait payer.

Ainsi, en supposant que la totalité des lieux du district soit estimée 2,400,000 livres, et que le district doive payer pour la subvention 10,000 livres, il arrivera que chaque propriétaire payera un denier pour livre de l'estimation de ses biens. Dans cette hypothèse, si *Pierre* possède 20,000 livres de biens-fonds, il payera par conséquent pour sa cote-part du vingtième la somme de 83 livres 6 sols 8 deniers.

Cette manière de régler et répartir l'impôt procure dans la province de Bonifacio la plus grande sécurité sur les fortunes. On n'y craint point l'arbitraire, parce que chacun est imposé également, de quelque qualité et condition qu'il soit, que les cadastres ne peuvent être renouvelés que tous les dix ans[1] et qu'on a l'avantage de pouvoir vérifier

---

1. On s'est réservé la faculté de vérifier les biens tous les dix ans, afin que ceux qui auront été améliorés ou dégradés puissent être réimposés dans la proportion de leur accroissement ou de leur dépérissement. (*Note de Constantini*.)

quand on le juge à propos, si on avait été toisé d'une manière égale, juste et uniforme, puisque le rôle d'imposition est toujours sur la table de la maison-de-ville.

Par ce moyen simple, la province, en payant toujours la même somme d'imposition s'est affranchie pour jamais du monopole des fermiers ou régisseurs qui, dans le temps de disette, faisaient hausser le blé à leur volonté et réduisaient le pays à la famine. Quel malheur ne serait-ce pas pour la France si l'Assemblée nationale adoptait un régime aussi désastreux que celui de la perception de l'impôt en nature? L'existence de ses habitants serait bientôt à la merci de ces âmes sordides qui se complaisent à bâtir leur fortune sur les malheurs publics.

J'ai encore à démontrer, Messieurs, que le mode de perception en argent, proportionné au revenu net ou brut, n'entre point dans le plan d'un système de contribution propre à un peuple libre.

Dans un gouvernement sage et bien ordonné, la masse de l'impôt est calculée d'après ses besoins, et non d'après les revenus nets ou bruts des particuliers. Dans le premier cas, on y voit cette justice, cette intégrité qui doivent caractériser un peuple de frères; dans le second, on ne peut s'empêcher d'y remarquer ces réticences fiscales qui cherchent à ménager des moyens de vexations. D'ailleurs, quelle ligne de démarcation l'esprit aperçoit-il dans ce genre de perception? L'industrie et la circulation ne peuvent exister qu'avec la plus entière sécurité; le moindre doute les fait languir. C'est une vérité que nous confirme une expérience constante. Ainsi, en adoptant cette méthode, on s'exposerait donc à mettre des entraves à la prospérité nationale.

De quelque manière que j'envisage les divers modes qu'on a proposés pour asseoir la perception de l'impôt foncier, je n'en vois aucun qui me satisfasse autant que celui adopté dans ma patrie. On me dira peut-être qu'une sorte de prédilection pour ce qui vient de mon pays m'empêche de découvrir les inconvénients de ce mode; mais au moins on ne verra pas dans mes efforts pour le faire réussir les intentions d'un mauvais citoyen; l'amour du bien public me dirige uniquement: puisse mon zèle vous en convaincre.

La France, Messieurs, est divisée aujourd'hui en quatre-vingt-trois départements, et chaque département en plusieurs districts, chaque district en plusieurs cantons, chaque canton en plusieurs paroisses ou sections. D'après une telle division, il n'y a rien de si aisé que de se procurer en peu de temps un cadastre général de tout le territoire de la France, dans le plus bel ordre qu'on puisse désirer. Cette opération se commençant par les sections ou cantons, les districts et les départements n'auront plus qu'à l'examiner et la vérifier, et l'Assemblée nationale se trouvera à la portée, d'après tant de lumières réunies, d'asseoir avec égalité et justice l'impôt foncier, d'en déterminer la répartition avec cette exactitude, cet ordre et cet amour du bien public qui distinguent toutes ses actions.

Supposons maintenant que le cadastre du territoire de France, examiné de la manière que nous venons de le tracer, ait donné un résultat conforme au calcul de l'honorable membre, M. Delley d'Agier, qui porte le revenu net de la France à un milliard soixante-quatorze millions : nous aurons alors une richesse territoriale d'environ trente milliards; et si les besoins de la nation exigeaient qu'elle fût imposée à trois cents millions, nous trouverions par une règle de proportion que chaque propriétaire devrait payer deux deniers et deux cinquièmes de denier pour livre de ce qu'il possède en biens-fonds; ce qui revient à peu près au cinquième du revenu que l'Assemblée nationale paraît vouloir prendre pour base de l'impôt foncier.

La contribution de chaque particulier aurait, par ce moyen, une base fixe, dont on ne se départirait que dans les circonstances impérieuses et qui n'altérerait en rien la confiance, l'industrie et la circulation. On ne craindrait jamais l'arbitraire ni les vexations, parce que les secours que les particuliers accordent à la chose publique sont subordonnés à la connaissance qu'ils ont de ses besoins.

Alors, la tranquillité et la sécurité que l'on a sur sa fortune redonnent l'essor à tous les moyens de l'agrandir. L'industrie et le commerce se ressentent de ce mouvement et la prospérité nationale parvient au plus haut point d'accroissement.

Voilà, Messieurs, les perspectives consolantes que j'entrevois dans le développement du plan que je soumets à vos lumières. Puisse-t-il en faire naître un meilleur, et je me trouverai bien récompensé de mon dévouement à la chose publique.

CONSTANTINI,

Député extraordinaire de la commune de la ville de Bonifacio, en Corse.

L

ADRESSE

DE LA SOCIÉTÉ DES AMIS DE LA CONSTITUTION DE PARIS

AUX SOCIÉTÉS QUI LUI SONT AFFILIÉES

SUR L'IMPORTANCE DES BONS CHOIX DANS L'ÉLECTION DES JUGES

(Paris, Imp. nat., s. d., in-4 de 8 p.)

[Le décret du 16-24 août 1790, sur l'organisation judiciaire, portait que les juges seraient élus par les justiciables pour une période de six ans (titre III, art. 3 et 4). Les juges de paix étaient élus, dans chaque canton, par l'assemblée primaire (titre III, art. 4); les juges des tribunaux de district, par les électeurs du district (titre VI, art. 1); les juges des tribunaux criminels de département, par l'assemblée électorale de département (décret du 20 janvier-25 février 1791). — D'après une note manuscrite de l'exemplaire de la Bibliothèque nationale, cette adresse serait du 10 octobre 1790, et, par conséquent, antérieure à la loi sur les tribunaux criminels de département.]

L'Assemblée nationale marche à grands pas vers le terme de ses travaux. Son patriotisme inaltérable a renversé tous les projets des ennemis de la chose publique.

Du milieu des orages s'élève une constitution qui fixera dans nos climats le bonheur et la liberté. Les Français, en butte à la satire de quelques peuples qui les jugeaient sans les connaître, auront la gloire d'avoir posé les premiers les bornes qui divisent tous les pouvoirs dans un gouvernement essentiellement libre, et lorsqu'ils offriront à l'univers étonné le plus beau code politique qui existe parmi les hommes civilisés, ils acquerront des droits immortels à la reconnaissance de toutes les nations qui seront dignes de les imiter. Appelés pour régler ses plus grands intérêts, les représentants du peuple ont rempli avec une noble énergie la tâche qu'ils se sont imposée; en le réintégrant dans tous les droits imprescriptibles de la justice et de l'égalité, ils ont produit ces élans sublimes qui précèdent toujours les grandes révolutions, et dont les effets extraordinaires paraîtront à la postérité des exagérations de l'histoire.

Mais, après avoir brisé ses fers, ils ont voulu lui apprendre combien il doit apporter de soins à respecter les lois, et ils lui ont déféré le choix et la nomination de ceux qui en seront les dépositaires.

Les hommes ne sont point avant les lois ce qu'ils peuvent devenir par elles; mais ce sont les hommes publics qui, plus encore que les institutions, peuvent, par leur attachement à la patrie et aux lois, par l'exemple d'une conduite irréprochable, rétablir dans un pays les mœurs et les vertus sociales; ils infusent, pour ainsi dire, dans toute la nation l'âme des vrais amis de l'ordre et de la liberté; sans eux la plus parfaite institution se convertirait en une froide théorie trop tardive dans ses effets pour influer sur les actions et les habitudes des citoyens. Tel est donc, Messieurs, l'empire de l'exemple, qu'il faut unir au pouvoir la vertu, les lumières et le patriotisme; c'est par là qu'un peuple qui se régénère peut acquérir cette force irrésistible contre laquelle viendront toujours se briser les efforts des ennemis de sa gloire.

De lui-même le peuple veut toujours le bien, mais il ne le voit pas toujours : il faut le guider, éclairer son jugement, le garantir de la séduction des volontés particulières. Rappelez donc aux électeurs de vos contrées que, si les vertus et les lumières rendent les hommes dignes d'exercer les fonctions de l'ordre social, la candeur, la bienfaisance, l'amour de la justice, l'austérité des mœurs et le mépris des richesses doivent surtout former le caractère des ministres des lois, de ces ministres arbitres de la fortune, de la vie et de l'honneur de leurs concitoyens. Arrêtez leurs regards sur ce décret qui, rétablissant l'empire naturel et juste des vertus et des talents, donne à tous les citoyens le droit de choisir leurs juges sur l'appel, lorsqu'ils n'auront pas pu s'accorder par la voie de la médiation; enfin, faites-leur sentir que leur intérêt et leur devoir se réunissent pour qu'ils élisent, sans acception de rang ou de fortune, des hommes qui joignent les lumières à la probité.

Que si, par la fatalité des circonstances, ces qualités précieuses n'avaient pas encore germé autour de leurs demeures, dites-leur qu'ils doivent chercher en d'autres lieux les citoyens dont la renommée aura publié le savoir et les vertus.

Et quel homme pourrait se refuser à croire combien il importe au peuple français de conserver le droit d'élire ses fonctionnaires publics? S'il en existe quelqu'un parmi vous, qu'il apprenne que l'exercice de ce droit est essentiellement lié à l'esprit d'un gouvernement libre; qu'il ne faudrait que quelques mauvais choix pour donner lieu aux ennemis de la constitution de porter atteinte à la liberté politique en s'élevant contre la loi des élections populaires; qu'il apprenne qu'en faisant de bons choix on prouvera combien il était absurde et ridicule de n'accorder qu'à la naissance et à la fortune la faculté d'exercer le plus difficile et le plus redoutable ministère. Malheur au citoyen qui, au moment de donner son suffrage, oubliant son serment et ce qu'il doit à sa patrie, serait guidé par un mouvement d'intérêt personnel ou d'affection particulière! Qu'il soit à jamais responsable de tous les maux dont son crime pourrait accabler son pays!

Dignes Amis de la constitution, vous êtes pénétrés de ces vérités importantes. Nous vous invitons, au nom de la patrie, à les répandre dans vos contrées. Que votre vigilance, dont nous avons si souvent éprouvé les bons effets, s'étende aujourd'hui jusqu'à écarter les ennemis du bien public des places auxquelles ils ne manqueront pas de prétendre, dans le dessein de donner l'exemple du mépris des lois, d'y accoutumer les citoyens, et par là renverser insensiblement notre constitution.

Pour nous, unis dans tous les points de l'empire pour la maintenir et la défendre, dirigés par un principe unique dans tous nos sentiments, nous redoublerons d'efforts à mesure qu'elle avancera vers son terme. C'est dans ce moment que la fureur de nos ennemis l'environne de nouveaux dangers. Ils s'efforcent de mettre les pouvoirs en opposition, d'exciter par des calomnies absurdes un tiraillement continuel incompatible avec le bon ordre; ce n'est plus le corps de l'ouvrage qu'ils se flattent de détruire, mais ils s'attachent à ralentir, à empêcher l'exécution des décrets; ils voudraient accréditer les maximes les plus étranges: si l'on en croit les vils agents de leur cabale expirante, l'autorité despotique est nécessaire à la célérité de l'action; les méprisables prôneurs de ces impiétés politiques voudraient qu'une affreuse anarchie vînt justifier cette funeste idée dans l'esprit de tous les citoyens. Opposons à ces perfides manœuvres une conduite sage, ferme et courageuse; ranimons, s'il le faut, dans tous les cœurs ce feu sacré qui embrasa, dans de pareilles circonstances, des peuples que l'amour de la patrie a rendus si célèbres, et qui portèrent leur courage et leurs vertus à ce degré d'énergie dont nos intrigants politiques n'ont jamais eu l'idée, et qu'il ne leur appartient pas même de croire. N'oublions pas qu'il ne s'agit plus d'acquérir la liberté, mais de la conserver, car on ne la recouvre jamais; et, si l'insurrection est nécessaire quand on veut renverser le despotisme, la paix ne l'est pas moins pour maintenir un gouvernement libre.

Que s'il est autour de vous des hommes qu'un orgueil indomptable ou un vil intérêt empêche de chérir nos lois nouvelles, invitez-les à leur porter du moins ce respect religieux que tout homme doit, pour sa sûreté personnelle, aux lois du pays qu'il habite. Et nous, membres de toutes les Sociétés des amis de la constitution, méritons toujours cet honorable titre. Réunissons tous nos efforts pour former et pour propager l'esprit public par la puissance de l'opinion, et ne nous lassons jamais de les diriger contre tous ceux qui tendraient à troubler la liberté, l'ordre constitutionnel et le bonheur de l'empire.

Du Port, *président.*
Polverel, Loyseau, Brostaret, Reubell, *secrétaires.*

LI

SÉANCE DU 22 OCTOBRE 1790
D'APRÈS LE DUC DE CHARTRES[1]

Mon père ayant approuvé le vif désir que j'ai d'être reçu aux Jacobins, M. de Sillery m'a présenté vendredi (22 octobre 1790).

[Voici la bibliographie de l'ouvrage auquel nous empruntons ce texte :
Correspondance de Louis-Philippe-Joseph d'Orléans avec Louis XVI, la reine, Montmorin, Liancourt, Biron, La Fayette, etc., etc.; avec des détails sur son exil à Villers-Cotterets et sur la conduite qu'il a tenue aux 5 et 6 octobre, écrite par lui; suivie de ses Lettres à sa femme, à ses enfants, et de celles de Mme de Genlis, auxquelles on a joint un extrait du Journal du fils aîné de d'Orléans, écrit au jour le jour par lui-même. Publiée par L. C. R. Les originaux de cet ouvrage sont déposés chez l'imprimeur jusqu'au 1er brumaire an IX. Paris, Marchand, Debray et Lerouge, 1800, 2 vol. in-8.
Même ouvrage, 2e édition, augmentée de lettres de Louis XVI, de Necker, et de notes. Paris, Marchand, 1801, 2 vol. in-12.
Mémorial des pensées et actions du duc de Chartres, aujourd'hui Louis-Philippe Ier, roi des Français, écrit par lui-même en 1790 et 1791; tiré de la Correspondance de Louis-Philippe-Joseph d'Orléans avec Louis XVI, la reine, Montmorin, Liancourt, etc., imprimée et publiée en 1800. Avec un Discours préliminaire, notes et appendice. Paris, Delaunay et Lecointe, 1830, in-8.
Un an de la vie de Louis-Philippe Ier écrite par lui-même, ou Journal authentique du duc de Chartres (1790-1791). Paris, Perrotin, 1831, in-8.
Il y eut, sur cette dernière réimpression, un article critique dans la *Gazette de France* du 22 mars 1831, par Colnet. L'authenticité du *Journal* n'y est pas mise en doute, et en effet elle ne semble pas douteuse.]

---

1. Il s'agit de Louis-Philippe, le futur roi des Français.

LII

REQUÊTE PRÉSENTÉE A L'ASSEMBLÉE NATIONALE
PAR REINE-LOUISE AUDU, ACCUSÉE DANS L'AFFAIRE DES 5 ET 6 OCTOBRE,
DÉTENUE ÈS-PRISONS DU CHATELET
LUE A LA SOCIÉTÉ DES AMIS DE LA CONSTITUTION
LE 24 OCTOBRE 1790
(Imp. Roland, s. d., in-8 de 7 pages)

[On trouve quelques détails sur Reine Audu dans les deux imprimés suivants : 1° *Aux citoyens dignes de ce nom*, s. l. n. d. (en 1791), in-8 de 4 p.; 2° *Pétition pour Reine-Louise Audu*, lue à l'Assemblée nationale, le dimanche 24 janvier 1792, au nom de plus de trois cents citoyens actifs, s. l. n. d., in-8 de 7 pages (Bibl. nat., Ln 27/754, 755). Reine-Louise Audu, « neuvième enfant d'une mère de 78 ans », avait cinq frères « portant les armes pour la défense de la patrie. » D'après Lairtullier (*Les femmes célèbres de 1789 à 1795*, Paris, 1842, 2 vol. in-8), elle était alors marchande fruitière. Elle partit de Paris, le lundi 5 octobre 1789, avec plus de 800 femmes qui s'étaient assemblées aux Champs-Elysées. « Elle les mit par pelotons de huit, et dans cet ordre, qu'elle eut bien soin de faire tenir, pour qu'il n'arrivât point de désordre, elles arrivèrent à Sèvres... » Elle laissa 400 femmes à l'Assemblée nationale et se dirigea vers le Château avec 12 de ses compagnes. « Les gardes du corps refusèrent le passage. Elle écarta deux des chevaux montés par eux, passa sous le ventre d'un des chevaux, et là reçut les premières blessures à la main droite et à la poitrine. » Reine Audu et ses amies obtinrent du roi la sanction de la Déclaration des Droits de l'homme et des promesses relativement aux subsistances. En sortant, elle reçut un coup de sabre. Elle avait les pieds à moitié écrasés. Elle passa la nuit sur un canon, revit le roi le mardi 6 au matin, obtint de lui sa parole qu'il viendrait à Paris et y revint elle-même sur un canon. Incarcérée, elle aurait dû recouvrer sa liberté en octobre 1790, d'après le décret qui arrêta les poursuites pour les journées d'octobre 1789. On la garda néanmoins en prison, « couchée sur la paille, nourrie au pain et à l'eau..., obligée de se priver d'une partie de sa nourriture pour se procurer du tabac ». (Son interrogatoire est dans le *Moniteur*, VI, 78.) En juin 1791, le club des Cordeliers s'occupa d'elle ; mais l'affaire du 17 juillet 1791 arrêta ses efforts pour la délivrer. Ce n'est qu'en septembre qu'elle fut enfin mise en liberté. Le 24 janvier 1792, la pétition mentionnée plus haut demanda pour elle des secours à l'Assemblée législative. — Elle joua un rôle dans la journée du 10 août. On lit en effet, dans le *Moniteur* du 3 septembre 1792 : « Les fédérés viennent de décerner des couronnes civiques à Mlles Lacombe, Théroigne et Reine Audu, qui se sont distinguées par leur courage dans la journée du 10 août. »]

MESSIEURS,

Daignez suspendre un moment le cours de vos délibérations pour entendre en silence le récit des infortunes d'une victime du pouvoir judiciaire.

Si vos cœurs ne peuvent y être insensibles, songez qu'investis du pouvoir souverain vous ne pouvez pas en faire un plus noble usage que d'en anéantir sur-le-champ la cause.

La femme infortunée qui sollicite votre attention, gémissante depuis longtemps sous le joug du malheur, s'est vue tout à coup enlevée de ses foyers, conduite dans les cachots; elle descend dans son cœur, trouve sa conduite innocente, ne sait à quoi attribuer les nouveaux malheurs qui viennent l'assiéger; elle se soumet et gémit en silence.

Appelée au pied du tribunal d'où est émané cet ordre, on l'instruit que, complice d'hommes illustres, elle est ou doit être l'agent d'une trame ourdie pour attenter à la vie du plus chéri des rois.

À ces mots son cœur frémit d'horreur; mais, forte de son innocence, elle s'écrie : Non, il n'y a pas de coupables!

Vous n'aviez pas alors prononcé; mais la nature, plus forte que la méchanceté combinée des hommes, devait ce tribut à la vérité.

La nature! Que dis-je, Messieurs, la nature? Son langage était-il fait pour être entendu par ceux qui, accusateurs d'une prétendue trame ourdie, en préparaient une mille fois plus criminelle encore? Aussi, Messieurs, ce cri du cœur, cet élan de la vérité ne suspendit-il pas la téméraire instruction que l'infortunée était destinée à subir. Replongée dans les cachots, elle n'en sortait que pour entendre réciter les pitoyables dispositions sur lesquelles se fondait le frêle édifice qui devait bien s'écrouler.

Épouvantée de la témérité de ses adversaires, ne pouvant pas prévoir quel en serait le but, elle attaqua le tribunal par l'autorité duquel elle était privée de sa liberté; sa réclamation fut vaine : elle fut obligée de subir publiquement ses interrogatoires. Sa fermeté à nier tout ce que la calomnie a inventé de plus atroce, sa franchise à avouer ce que le patriotisme le plus pur se fait un devoir d'accorder, ont convaincu tout esprit juste de son innocence. Ses juges seuls, calculant froidement ses malheurs, y restaient insensibles et semblaient s'applaudir de retenir dans les fers la première victime de leurs détestables manœuvres, espérant que, bientôt subjugués par l'intrigue, vous seriez contraints de leur abandonner celles qu'ils vous avaient désignées.

Heureusement, Messieurs, leurs espérances ont été trompées. Tout à coup un grand changement s'est opéré; un nouveau jour est venu luire sur cette affaire au moment où, au nom de votre Comité des rapports, l'éloquent Chabroud, d'une main sûre, vous en a tracé l'effrayant tableau! En un instant l'opinion des plus incrédules a été vaincue.

Vous n'avez cependant pas, Messieurs, encore assez fait pour la justice et l'humanité. Vos collègues n'étaient pas les seuls sur qui dût se porter la fureur de nos ennemis; une semblable entreprise eût été trop ridicule; leur associer des agents subalternes était le seul moyen de voiler leur trop odieux projet, et la seule ressource de n'être pas entièrement compromis. Si les premiers nous échappent, disait-on, les seconds, abandonnés, justifieront nos démarches; si ce n'est une entreprise contre le trône, ce sera une émeute populaire que nous punirons.

Il est donc nécessaire, Messieurs, que vous pénétriez ce mystère d'iniquité.

Il est temps enfin que vous instruisiez ces ennemis de la patrie que, tant que vous avez pu croire qu'un projet odieux avait été conçu, tant qu'il ne vous a pas été permis de douter si l'on n'avait pas entrepris de l'exécuter, il a été de votre devoir de ne pas arrêter les poursuites à l'égard des accusés, qui, ne partageant pas vos infatigables travaux, n'étaient pas inviolables; mais actuellement que tout est découvert, qu'il ne nous est plus permis d'apercevoir dans cette affaire *qu'une conspiration ourdie contre la constitution;* actuellement que vous pouvez apprécier les justes causes de l'insurrection des 5 et 6 octobre, vous ne pouvez pas laisser plus longtemps sous le glaive de la justice ceux sur la tête desquels il est suspendu.

Vous devez donc, Messieurs, dans votre sagesse, décréter les moyens d'enlever à *un tribunal* qui, suivant l'expression de monsieur le rapporteur, *a cessé d'être lui et s'est, par un principe d'erreurs, laissé entraîner, on ne sait pas trop comment, à la pensée d'autrui,* la décision d'un procès qu'il n'aurait jamais dû s'approprier.

Votre équité peut-elle en effet permettre que ce tribunal use d'un pouvoir dont il est convaincu avoir abusé? Auriez-vous oublié, Messieurs, qu'il existe entre les mains des membres de vos Comités mille réclamations contre l'attribution qui lui a été déférée?

Ce tribunal libre, arbitre de toutes ces attributions, peut-il à son gré convertir tous les délits en crime de lèse-nation?

Des considérations immenses exigent que, sans vous livrer à l'examen de l'innocence ou de la complicité des accusés, vous pesiez dans votre profonde sagesse si cette accusation, toute fausse, toute calomnieuse qu'elle soit, établit un crime de lèse-nation. « Des barrières, vous a-t-on dit, ont été forcées, des gardes du roi ont été massacrés aux portes de son palais, une bande d'homicides se sont avancés, les portes de la reine ont été sur le point d'être forcées; mais un respect involontaire a retenu leurs pas, et le crime n'a pas été consommé. » Mais ce que l'on ne vous a pas dit, ce qu'il est bien essentiel de remarquer, ce dont on doit se convaincre, c'est qu'au milieu de ces forfaits la personne du roi a toujours été respectée.

Puisque le malheureux tableau de cette affaire doit encore passer sous vos yeux, saisissez, Messieurs, cette occasion pour décréter constitutionnellement la distinction absolue qu'il y a entre la personne inhérente à la constitution d'avec celle qui, pour être en droit d'exiger nos hommages, n'en est cependant pas personne intégrante.

Ce principe une fois décrété, l'accusation des 5 et 6 octobre vous paraîtra une matière ordinaire, obligée en conséquence, par sa nature, d'être instruite par les juges du lieu où le crime a été commis.

En vain, Messieurs, cherchera-t-on à détourner votre attention sur la décision que sollicite la malheureuse victime qui est à vos pieds; en vain, quelques ennemis du bien public voudraient-ils suspecter vos pouvoirs pour statuer sur cette réclamation : que tous ces doutes ne vous arrêtent pas! Vous êtes les seuls à qui l'infortunée puisse se faire entendre; c'est de vous qu'émanent les pouvoirs qu'exerce le Châtelet; c'est à vous seuls qu'il appartient de juger s'il les outrepasse, si les procédures qu'il dirige sont régulières, si les délits qu'il s'approprie sont des crimes de lèse-nation. A quel autre tribunal, en effet, Messieurs, pourrait-on s'adresser? Est-ce aux cours supérieures? Elles n'existent plus. Au conseil des parties? Mais non, Messieurs, le Châtelet lui-même refuserait de se justifier devant toute autre autorité que la vôtre. Serait-il nécessaire, Messieurs, pour intéresser votre justice, et obtenir de vous une prompte décision, de vous peindre de nouveau les malheurs de l'infortunée qui la sollicite? Je vous dirais : neuvième enfant d'une mère de soixante-dix-huit ans, celle-ci succombe sous le poids de la douleur que lui inspirent les tourments de sa fille. Je vous dirais... mais non, j'abrège. Dire aux instituteurs de la liberté qu'un citoyen en est privé injustement, c'est peindre en un trait tous les malheurs ensemble!

Veuillez donc, Messieurs, prendre en considération cette pétition, et décréter :

1° Constitutionnellement, que la seule personne du roi est inhérente à la constitution, et peut être l'objet d'un crime de lèse-nation;

2° Que l'accusation des 5 et 6 octobre ne porte pas sur un crime de lèse-nation;

3° Casser et annuler, comme incompétemment faite, la procédure tenue au Châtelet de Paris, relativement au délit des 5 et 6 octobre;

4° Et, comme les juges ayant outrepassé leur pouvoir et mission, en les ayant étendus au delà des limites que circonscrivait la dénonciation de M. le procureur syndic de la Commune du 23 novembre 1789, les droits des accusés réservés pour la prise à partie, ordonner que l'accusation et toutes les pièces du procès, servant de conviction, seront envoyées devant les juges du délit;

5° Ordonner pareillement que, provisoirement, les accusés seront mis en liberté, à la charge par eux de se présenter en tout état de cause.

REINE AUDU, CHÉNAUX[1].

LIII

PROSPECTUS D'UNE SOUSCRIPTION CIVIQUE
PROPOSÉE AUX AMIS DE LA CONSTITUTION,
POUR L'EXÉCUTION D'UN TABLEAU DE 30 PIEDS SUR 20, REPRÉSENTANT
LE SERMENT FAIT À VERSAILLES DANS UN JEU DE PAUME,
PAR LES DÉPUTÉS DES COMMUNES LE 20 JUIN 1789
(Paris, Imp. nationale, 1790, in-8 de 12 p.)

DU 28 OCTOBRE 1790

M. Dubois de Crancé[2], monté à la tribune, a dit :

MESSIEURS,

A peine sorti des ruines des plus antiques préjugés, l'édifice de la constitution du peuple français présente déjà, aux nations étonnées, le plus majestueux aspect. A notre exemple, l'univers sera libre un jour. A mesure que les lumières se propageront, l'homme reprendra ses droits, sa dignité, et tous les efforts des despotes ne feront qu'ac-

1. C'est le nom du procureur qui signa la protestation d'incompétence de Reine Audu lue au Châtelet le 30 septembre 1790. (Bibl. nat., Lb 39/9426, in 8.)
2. Edmond-Louis-Alexis Dubois de Crancé, né à Charleville en 1747, député aux États généraux par le bailliage de Vitry-le-François, représentant des Ardennes à la Convention, membre du Conseil des Cinq-Cents, inspecteur général à l'armée du Rhin en l'an VII, ministre de la guerre jusqu'au 18 brumaire, mort à Rethel, le 29 juin 1814.

célérer cette révolution. Commençons donc par effacer de notre chronologie tant de siècles d'erreurs; oublions les tyrans et les victimes, et que la France, régénérée, date du 20 juin 1789. Cette époque à jamais célèbre, Messieurs, est celle où les représentants de vingt-cinq millions d'hommes, appelés par un bon roi, opprimés par les courtisans, chassés de la salle des États, errants dans les rues de Versailles, se sont réfugiés dans un jeu de paume; et là, le bras tendu vers l'Éternel, ils ont fait le serment de mourir plutôt que de se séparer avant que la France fût libre. Rappelez-vous, loyaux et fidèles soutiens de la constitution, cette sublime cérémonie, commandée par la plus impérieuse des circonstances, et dont le patriotisme le plus pur a fait seul tout l'ornement; rappelez-vous le contre-coup que tous les cœurs français en ont reçu, son active influence sur tant d'actions héroïques dont, à l'unanimité, notre nation vient de donner l'exemple à des peuples qui osaient la mépriser; et dites-moi s'il en serait un seul, parmi vous, qui se permît d'aborder le seuil de ce temple auguste sans être pénétré d'un saint respect.

Le lieu qui reçut les serments d'une grande nation qui a voulu être libre, doit à jamais être voué au silence. Mille fois plus fameux, dans sa simplicité, que ces pyramides dont les ruines immenses attestent l'antiquité du despotisme, les voyageurs viendront y admirer sa destruction, se reposer sur sa tombe... et c'est là qu'ils prendront la plus grande leçon que jamais ait offerte aucun monument.

Je vous le demande, Messieurs : les Amis de la constitution doivent-ils laisser souiller plus longtemps le berceau de la liberté du genre humain?

Je propose qu'il soit fait, par cette Société, une adresse à l'Assemblée nationale pour l'engager à mettre sous sa sauvegarde le Jeu de Paume de Versailles; à ordonner que ce monument sera toujours entretenu en l'état où il se trouve, et même rebâti tel qu'il est, lorsque le temps en aura commandé la destruction. Demandons-lui que la garde de ce sanctuaire soit confiée à perpétuité aux citoyens de Versailles; que les portes en soient fermées à tous les ennemis des droits de l'homme; qu'elles ne soient ouvertes qu'aux sectateurs de la liberté; et que l'Assemblée nationale y aille, chaque année, au renouvellement de ses séances, répéter le serment qui a sauvé la France.

Mais, Messieurs, nous contenterons-nous de solliciter un décret pour immortaliser une action aussi mémorable? Tous les hommes ne peuvent pas venir agrandir leur être dans le temple du patriotisme. Offrons donc aux régions les plus éloignées la faculté de se retracer à volonté cette simple et majestueuse idée.

Ces murs, nus et noircis, images d'une prison ; ces planches servant de sièges ; cette table à pliant sur laquelle 600 députés, *moins un*, ont souscrit leur immortel serment ; ce ciel, que par la voûte seule ils pouvaient prendre à témoin ; ce peuple immense, obstruant les rues, attentif, silencieux comme s'il eût pu les entendre à travers les murs ; quel spectacle ! Le souvenir de cet appareil austère, contrastant avec le luxe asiatique qui avoisinait ce temple auguste, rend encore à mon cœur toute la chaleur du moment. Eh bien, Messieurs, que le plus énergique pinceau, que le burin le plus savant, transmette à nos arrière-neveux ce qu'après dix siècles d'oppression la France a fait pour eux ! Que cette image vraiment sacrée fixe leurs premiers regards ; qu'elle reçoive, chaque jour, l'hommage de leur enfance ; et qu'en balbutiant le doux nom de frères, ils y apprennent les droits et les devoirs de l'homme.

Cette entreprise, digne des vrais Amis de la constitution, ne doit pas les étonner : car ils ne peuvent, sans injustice, refuser d'appeler à cet acte de patriotisme tous les citoyens de l'univers. Ne doutons point de leur empressement, si nous leur déclarons que tous les Amis de la constitution française veulent perpétuer dans le sein de l'Assemblée nationale le plus utile monument de courage qu'aucun siècle ait jamais produit. Disons-leur : « Nous avons choisi, pour animer notre pensée sur la toile, ce Français patriote, l'auteur de *Brutus* et des *Horaces*, dont le génie a devancé la Révolution ; nous ferons ensuite graver ce tableau par les meilleurs artistes français, et vous seuls en aurez les estampes à votre disposition. » Voilà, Messieurs, ce que mon zèle pour la chose publique m'a décidé à vous proposer. Je vais maintenant, si vous l'agréez, vous offrir les détails d'un plan et les moyens très simples d'exécution pour cette souscription.

La Société des amis de la constitution, séante à Paris, fera, au nom de toutes les Sociétés qui lui sont affiliées, une adresse à l'Assemblée nationale dans laquelle sera exprimé le vœu de tous les bons citoyens pour la conservation du Jeu de Paume de Versailles, qu'ils considèrent comme le plus précieux monument national.

La Société fera, par la même adresse, à l'Assemblée nationale, hommage du projet qu'elle a de consacrer et de transmettre à la postérité le Serment du Jeu de Paume par un tableau de la composition du sieur David, destiné à orner la salle de l'Assemblée nationale ; en conséquence, le sieur David sera invité, sur-le-champ, de déclarer s'il accepte l'honorable confiance de cette Assemblée, et s'il veut se charger de la composition d'un tableau de 30 pieds sur 20, représentant le Serment du Jeu de Paume.

La Société choisira, parmi les meilleurs artistes français, un graveur, avec lequel elle fera un traité à forfait, pour lui procurer le nombre d'estampes dont elle sera convenue, et ensuite la planche sera brisée.

Il sera nommé une commission de douze membres, choisis dans le sein de la Société des amis de la constitution, pour surveiller l'exécution de tous les ouvrages ci-dessus désignés, et, pour parvenir au payement de la somme de 72,000 livres à laquelle se monteront lesdits ouvrages par approximation, les douze commissaires désignés ouvriront, au bureau des Amis de la constitution séants à Paris, une souscription de 3,000 actions, à raison de 24 livres par action, passé lequel nombre la souscription sera fermée; et, attendu que lesdits ouvrages ne peuvent être complètement exécutés en moins de trois ou quatre années, chaque souscripteur sera libre de payer le prix de son action en un ou deux payements égaux de 12 livres chacun, moitié en souscrivant et l'autre moitié en recevant la gravure.

Pour chaque action de 24 livres, tous les souscripteurs recevront *gratis*, au bureau de correspondance de la Société, une superbe estampe représentant le Serment du Jeu de Paume, cachetée du sceau de la Société, par ordre de date de souscription, dont il sera tenu registre et dont la liste sera imprimée.

Les commissaires seront chargés de veiller avec la plus scrupuleuse attention à ce qu'il ne soit tiré que le nombre suffisant d'exemplaires pour remplir les engagements de la Société envers messieurs les souscripteurs, et la planche sera à l'instant brisée.

La Société, ne connaissant de nuance que celle de l'opinion, admet à concourir à son acte de patriotisme tous les amis des Droits de l'homme, quel que soit le point du globe qu'ils habitent.

La Société des amis de la constitution a adopté le plan proposé et en a ordonné l'exécution.

Signé : CHABROUD, *président.*

FEYDEL, H.-F. VERCHÈRE, VILLARS, *secrétaires.*

DU 29 DÉCEMBRE 1790[1]

Les membres composant la Société des amis de la constitution, séante à Paris, aux Jacobins, ont unanimement arrêté :

1. Nous n'avons pas cru devoir séparer, malgré la différence des dates, l'arrêté de la Société d'avec le discours de Dubois-Crancé, puisque ces deux documents ont été imprimés ensemble par la Société.

Article premier.

Jacques David sera invité à s'occuper sans retard des moyens d'exécution du tableau que la Société a confié à ses talents et à son patriotisme.

II.

La souscription pour ce monument national sera ouverte à commencer du premier janvier prochain, l'an troisième de la liberté, jusqu'au premier avril même année.

III.

Il ne sera admis à cette souscription civique que les membres des Sociétés des amis de la constitution qui, ne formant dans l'empire qu'une seule famille, sont déjà affiliées à celle de Paris, ou pourraient l'être d'ici au premier avril prochain.

IV.

La Société, considérant que tous les peuples libres sont frères, accorde une exception honorable à celle des Amis de la Révolution, de Londres, et l'admet à concourir à cette souscription.

V.

Le nombre des souscriptions est fixé à trois mille, à raison de 24 livres chacune, payables en un ou deux payements, au choix des souscripteurs, savoir : moitié en souscrivant et moitié en recevant une gravure du tableau, ainsi qu'il sera dit ci-après.

VI.

Tout souscripteur justifiera de son titre de membre d'une Société des amis de la constitution, et aucun ne sera admis pour plus d'une souscription avant le premier avril.

VII.

Les noms des souscripteurs et ceux des Sociétés auxquelles ils appartiennent seront inscrits par ordre de date sur deux registres, dont un sera déposé entre les mains du commissaire de la Société et l'autre restera entre les mains du receveur des souscriptions. Ces deux registres seront vérifiés toutes les semaines, et il en sera rendu compte à la Société.

VIII.

La souscription étant fermée, la liste des souscripteurs sera rendue publique, dans l'ordre de leur inscription au registre, et il en sera envoyé un exemplaire pour chaque souscripteur, au chef-lieu de la Société qu'il aura indiqué.

IX.

Des trois mille souscriptions, produisant 72,000 livres, 36,000 livres appartiendront au sieur David, et lui seront délivrées sur des mandats des commissaires que la Société nommera pour surveiller l'exécution de son plan, par parties et à mesure que l'ouvrage avancera, la Société se confiant à l'honnêteté du sieur David autant qu'à ses talents.

X.

Dès que le tableau sera fait, il sera placé dans la salle de l'Assemblée nationale, s'il y a un local propre à le recevoir; jusque-là, il restera chez le sieur David.

XI.

Les 36,000 livres restant de la souscription proposée seront employées aux frais d'encadrement du tableau, dont il sera passé un marché par les commissaires jusqu'à concurrence de 6,000 livres, et les 30,000 livres restant seront employées à la gravure du tableau, sous la conduite du sieur Jacques David, par un de nos meilleurs artistes français.

XII.

Il sera tiré, sous l'inspection rigoureuse de six commissaires au moins, nommés *ad hoc*, trois mille exemplaires de cette gravure, applicables, par ordre de tirage, aux souscripteurs, suivant la date de leur inscription au registre. Ces trois mille exemplaires seront, sur-le-champ, inscrits chacun au nom de celui à qui il appartiendra, souscrit du président et de deux secrétaires, et le sceau de la Société y sera apposé; le tout en remplacement de ces dédicaces fastueuses et dénuées d'intérêt.

XIII.

Les souscripteurs seront avertis de faire retirer l'exemplaire qui leur appartiendra en payant ce qui restera du prix de leur souscription, et cet avertissement sera donné au bureau de la Société qu'ils auront indiqué en souscrivant.

XIV.

Après le tirage des trois mille exemplaires ci-dessus désignés, les planches seront dorées et déposées dans le Jeu de Paume de Versailles, à côté du monument que le patriotisme y a déjà fait élever.

XV.

La souscription sera ouverte à dater du premier janvier, suivant les formes et conditions ci-dessus prescrites, chez Antoine-Christophe Gerdret, négociant, rue des Bourdonnais, choisi au scrutin par la Société, qui accepte cette marque de confiance et lui en garantit l'exécution pour ce qui concerne son ministère, sans aucune rétribution, sous la condition que toutes lettres et envois seront affranchis.

Imprimé par ordre de la Société, Paris, 29 décembre, l'an deuxième.

Signé : MIRABEAU l'aîné, *président*[1].

FEYDEL, VILLARS, H.-F. VERGNIER, Alexandre BEAUHARNAIS, *secrétaires*[2].

[1]. Voir plus bas, à la date du 6 novembre 1790, le discours d'une députation

LIV

SÉANCE DU 28 OCTOBRE 1790

[On lit dans *le Patriote français* du vendredi 29 octobre 1790 :]

On a dénoncé hier aux Jacobins la conduite atroce des officiers, et on dit même des soldats, de deux régiments en garnison à Belfort. Royal-Liégeois est l'un, et l'autre est la légion de Lauzun. Officiers et soldats, leur major à leur tête, se sont répandus dans la ville les armes à la main, en criant : *Vive le roi, la reine! vive l'aristocratie!* et en proférant les mots les plus exécrables contre la nation et l'Assemblée nationale.

LV

LETTRE

A LA SOCIÉTÉ DES AMIS DE LA CONSTITUTION A BREST

(Paris, Imp. nationale, s. d., in-4 de 3 pages)

Paris, le 28 octobre 1790.

MESSIEURS,

Il est réservé aux Sociétés des amis de la constitution d'assurer dans toutes les parties de l'empire le triomphe des lois et de la liberté : c'est par elles, c'est par leur zèle infatigable pour le maintien de l'ordre et de la paix, que se propage cet esprit public qui régénère la France, et répand la terreur parmi les ennemis de la Révolution. En rétablissant la discipline et la tranquillité dans l'escadre de Brest 1 vous avez été, peut-être, les arbitres d'une querelle bien plus importante que les petites dissensions qui s'étaient élevées dans nos vais-

---

du Club à la Constituante sur le même sujet. — Le lecteur trouvera des détails sur l'histoire du tableau de David dans la *Notice historique sur la salle du Jeu de Paume*, par Charles Vatel, Versailles, 1883, in-8, p. 34 et sqq.

1. Une révolte avait eu lieu à bord de quelques bâtiments de l'État. La Société des amis de la constitution de Brest contribua à rétablir le calme en envoyant plusieurs de ses membres haranguer les matelots et les rappeler à la discipline au nom de la patrie. L'Assemblée nationale décréta, le 16 octobre, que son président écrirait aux Jacobins de Brest pour les féliciter.

seaux armés. Quoi qu'il en soit, Messieurs, vous avez du moins donné une grande leçon à tous ces vils fauteurs du pouvoir arbitraire, qui, sous prétexte de travailler à servir la chose publique, n'ont cherché qu'à semer la discorde parmi les citoyens, à les tromper par des manœuvres criminelles, à mettre leur devoir en opposition avec leurs intérêts, et qui, loin de veiller au salut de la patrie, réunissaient leurs moyens et leurs efforts pour la livrer à tous les maux d'une guerre intestine ou étrangère. La récompense qui vient de vous être décernée par l'Assemblée nationale suffit sans doute à votre gloire ; mais la première et la plus ancienne Société des amis de la constitution a pu penser qu'en vous exprimant ses sentiments pour un bienfait aussi signalé elle ne déparerait pas ceux que l'Assemblée nationale a consignés dans son décret. Ce décret, Messieurs, honore toutes les Sociétés des amis de la constitution ; il consacre à jamais l'utilité de ces établissements patriotiques ; il blâme, sans le dire, la conduite de ces municipalités, sans doute égarées, qui, pour diminuer la force de l'esprit public, ont tenté de paralyser en quelque sorte les Sociétés renfermées dans l'enceinte de leur administration.

Jouissez, Messieurs, de votre triomphe ; maintenez votre ouvrage, et comptez sur les éloges et la reconnaissance de tous ceux qui sont dignes de défendre et de conserver la liberté.

Nous sommes, avec des sentiments bien fraternels,

Les membres du Comité de correspondance :

Signé : Du Port, *président.*

Saint-Rémi, Broglie, Villars, J. de Menou, Loyseau, *secrétaires* [1].

[On lit, au sujet de cette pièce, dans *le Patriote français* du 5 novembre 1790 :]

Cette adresse, qui a été rédigée par M. Villars, un des collaborateurs les plus zélés de cette utile Société, doit encourager les Sociétés sœurs des départements ; elles doivent modeler leurs travaux sur les siens, créer des comités pour les suivre avec vigueur : car il faut bien se souvenir que personne ne fait ce que tous doivent et se chargent de faire.

1. Cette adresse fut reproduite par *la Chronique de Paris* du 31 octobre 1790, et par *le Patriote français* du 5 novembre suivant.

LVI

ADRESSE

DE LA SOCIÉTÉ DES AMIS DE LA CONSTITUTION DE PARIS

AUX SOCIÉTÉS QUI LUI SONT AFFILIÉES

SUR LA NÉCESSITÉ DU PAYEMENT DE L'IMPÔT

(Paris, Imp. nat., 1790, in-4 de 7 p.)

[Octobre 1790.]

MESSIEURS,

Un grand coup vient d'être porté aux ennemis de la patrie : une grande victoire, remportée sur d'aveugles préjugés et sur les vues intéressées de la malveillance, assure désormais la fortune publique, si le peuple français, fidèle à la voix du patriotisme, seconde par ses efforts les travaux de ses représentants.

Une dette énorme, mise sous la sauvegarde de l'honneur national, paraissait un gouffre prêt à nous engloutir. La valeur immense des biens ecclésiastiques et domaniaux pouvait seule combler le fond de cet abîme; mais les capitaux resserrés, enfouis de toutes parts, la circulation engorgée, la méfiance et la mauvaise volonté, semblaient en rendre la vente impraticable. L'utile et salutaire émission des assignats vient de renverser tous les obstacles [1].

Ces signes représentatifs d'une richesse réelle et disponible rétabliront promptement la circulation et lieront les capitalistes eux-mêmes à la fortune de l'État, dont ils furent longtemps les plus dangereux ennemis; les propriétés territoriales, plus également réparties, reprendront la supériorité que dut toujours leur donner une constitution bien réglée; les mœurs renaîtront sous l'influence des vertus agricoles. Les entreprises utiles encouragées, les manufactures rendues à leur première activité, la vie et le mouvement rétablis dans tout le corps social, telles seront les suites heureuses de cette grande opération, qui n'eut tant de contradicteurs que parce qu'elle doit produire tant de biens et prévenir de si grands maux.

---

1. Il s'agit probablement de l'émission de 800 millions d'assignats nouveaux, sans intérêt, ordonnée par le décret du 29 septembre 1790. Voilà pourquoi nous croyons pouvoir dater cette pièce d'octobre 1790.

C'est elle qui, véritablement, va régénérer la France, et l'un de ses plus évidents comme de ses plus utiles effets est de fournir au peuple les moyens faciles d'acquitter la dette sacrée de l'impôt, en même temps qu'elle procure à ses représentants la faculté si précieuse d'en alléger le fardeau. L'intérêt de la dette exigible rendait inévitable une augmentation d'imposition d'environ cent millions : l'heureuse émission des assignats vient encore délivrer les peuples de ce poids immense ; mais ce bienfait inappréciable deviendrait nul et illusoire si la contribution qu'exigent indispensablement les besoins de l'État n'était pas acquittée avec une scrupuleuse fidélité. C'est à vous, Messieurs, que nous nous adressons, pour vous conjurer, au nom du patriotisme qui nous lie, d'employer toute votre influence, toutes les voies de persuasion qui vous sont ouvertes, pour faire sentir à nos concitoyens combien il est de leur intérêt de ne pas compromettre le succès de la Révolution par le refus ou le retardement du payement de l'impôt.

Ce serait une étrange erreur, non de la liberté, mais de la licence, que de compter parmi les privilèges d'un peuple libre celui d'être dispensé des impôts. L'impôt, au contraire, est la base sur laquelle reposent la sûreté, la propriété, la liberté, puisque sans lui chaque homme serait réduit à ses forces individuelles, toujours insuffisantes pour le défendre seul contre tous.

L'objet de toute agrégation sociale étant de créer une force publique qui prête aux biens et aux personnes l'appui qui leur manquait sans elle, c'est aux personnes, c'est aux biens, à entretenir cette force ou à renoncer aux avantages qu'ils en retirent.

Et de quel droit exigerions-nous que notre champ fût protégé, notre maison gardée, nos ennemis contenus ou repoussés, par une puissance militaire toujours active, si nous refusions une modique partie de nos propriétés pour nous assurer par ce secours la tranquille possession du reste ?

De quel droit prétendrions-nous que, s'il s'élève quelque discussion d'intérêt, des juges soient là pour nous concilier ou pour la décider par des voies légales, si nous ne contribuions à leur procurer un légitime salaire ?

Quoi ! l'on ouvrira pour notre commerce des communications entre toutes les parties de l'empire ; de grandes routes, des canaux, des ports, augmenteront et feront circuler nos richesses, et nous ne serons pour rien dans l'entretien de ces sources de notre opulence !

Parcourons ainsi toutes les parties de l'administration publique : toutes ont pour but notre utilité particulière dans l'utilité commune ;

toutes, en assurant nos possessions et nos jouissances, réclament de nous un sacrifice. Nous y refuser est une injustice envers tous : c'est vouloir qu'ils nous protègent, qu'ils nous jugent, qu'ils défendent nos personnes, nos propriétés, sans que nous aidions en rien à leur procurer, à notre tour, les mêmes avantages.

Tels sont, Messieurs, vous le savez, les vrais et uniques principes de la théorie de l'impôt, principes qu'on avait tellement obscurcis et confondus sous un régime despotique, où la plus grande partie des perceptions était dévorée par les percepteurs mêmes ; principes qu'il est si facile d'établir et d'appliquer sous une administration libre et populaire, qui ne fait plus contribuer que pour le bien même des contribuables.

Tel est encore le véritable fondement de la légitimité du droit de contrainte que tout gouvernement doit exercer contre ceux qui se refusent à partager, selon leurs facultés, le poids des charges publiques.

Mais est-ce à des Français, et surtout à des Français libres, qu'il faut parler de contraintes? Non, ce peuple qui payait avec une soumission aveugle des taxes excessives, arbitrairement et inégalement imposées, pour assouvir la cupidité déprédatrice des ministres et des courtisans, ne se refusera pas à des contributions justes, égales et modérées, qui n'auront d'autre emploi que sa propre sûreté, sa prospérité, sa gloire.

Lorsqu'on l'imposait à volonté, le peuple obéissait sans murmure ; ses murmures et ses refus commenceront-ils au moment où il a conquis le droit de s'imposer lui-même par ses représentants?

Ah! qu'il prenne de plus justes idées de ses vrais intérêts ; qu'il écoute en vous, Messieurs, ses véritables amis ; qu'éclairé par vos lumières, il apprenne à lire dans un avenir prochain les utiles et honorables fruits de sa soumission à la loi de l'impôt. Le succès de cette révolution glorieuse, assuré sans retour ; l'établissement inébranlable de la plus belle constitution de l'univers ; la paix intérieure rétablie ; des moyens imposants de défense extérieure ; l'achèvement des grands et pénibles travaux de ses courageux représentants ; enfin la diminution annuelle et progressive des impositions mêmes : voilà le plus certain des sacrifices que le patriotisme lui commande.

Que si les ennemis de la liberté publique parvenaient à l'aveugler dans cette circonstance décisive, quel contraste effrayant! L'anarchie suivie du despotisme ; les principes de la liberté méconnus ; la constitution détruite, s'écroulant sur ses intrépides et infortunés défenseurs ; la révolte et la dissolution de l'armée ; l'invasion des ennemis extérieurs ; le triomphe des insolents fauteurs du pouvoir arbitraire, l'inévitable banqueroute, entraînant toutes les fortunes particulières dans la ruine de la fortune publique : telles seraient les funestes suites non seulement du refus absolu de payer l'impôt et des coupables manœuvres qui auraient pour but de s'y soustraire, mais encore des indécises et négligentes lenteurs que les citoyens apporteraient à s'acquitter de ce devoir important et sacré. Voilà pour l'intérêt, voici pour l'honneur, pour ce dieu de la nation française, qu'elle ne cessera jamais d'adorer. La France offre maintenant un grand spectacle au monde, les yeux de toutes les nations sont fixés sur elle; leurs intérêts sont liés au succès de notre révolution; à peine commencée, elle a déjà changé l'attitude respective des peuples et de leurs chefs. Ceux-là, bénissant la juste et courageuse entreprise des Français, en attendent le dénouement pour recouvrer leurs droits jusque-là méconnus; ceux-ci, détestant notre énergie, entassent autour de nous les difficultés et les obstacles, reçoivent en frémissant la nouvelle de nos succès; la souveraineté qu'ils ont usurpée, est prête à leur échapper pour retourner dans les mains des peuples, *seuls légitimes souverains*; les tyrans, déjà humiliés, invoquent la clémence de leurs esclaves; le bonheur du monde entier est dans nos mains.

Une telle perspective présentée à nos concitoyens, une aussi vaste idée offerte à leurs espérances, nous répondent de leur constance comme de leur succès; ils ne laisseront pas échapper une telle victoire; ils sentiront que pour rendre leur liberté inébranlable il faut qu'ils apprennent aux nations voisines à l'apprécier et à la chérir; ils sentiront que le plus sûr rempart d'un empire est la liberté et le bonheur des peuples qui l'entourent; ils ne s'exposeront pas, par un découragement honteux, par une faiblesse coupable, à reprendre des fers que leurs mains généreuses ont brisés pour jamais; ils craindront de livrer à la vengeance cruelle des despotes ces peuples que le cri puissant de la liberté avait déjà remplis d'espérance.

Éclairés par vos conseils, préservés par vos sages instructions des erreurs dans lesquelles les infatigables ennemis du bien public voudraient encore les entraîner, les Français sentiront qu'il leur suffit maintenant, pour affermir une constitution, base immortelle de la liberté des hommes, d'acquitter fidèlement la dette de l'impôt; et s'il était besoin d'ajouter à cette considération décisive un nouveau motif d'encouragement, alors, Messieurs, vous leur rappelleriez sans doute que cette précieuse liberté dont, jusqu'à nous, les annales de l'histoire ont toujours présenté le berceau teint de sang, est offerte à nos heureux concitoyens en échange de quelques sacrifices d'argent et pour prix de leur soumission aux lois qu'ils se sont eux-mêmes imposées par l'organe de leurs représentants.

Du Port, *président;*
Loyseau, Polverel, Brostaret, Reubell, *secrétaires.*

LVII

PAMPHLET

MORT DE M. VOIDEL

MEMBRE DE L'ASSEMBLÉE DES JACOBINS
EN FAISANT LE RAPPORT D'UNE CONTRE-RÉVOLUTION

(Paris, Imp. de *l'Ami de l'ordre,* s. d., in-8 de 7 p.)

Ces jours derniers, un honorable membre de l'honorable Assemblée jacobine, M. Voidel[1], instruit d'une infinité de projets de contre-révolution, dont il a fait intercepter toutes les correspondances par les vénérables frères de la propagande, et qui lui ont été envoyés, escortés de ville en ville, par les gardes nationaux de différents endroits; l'honorable membre, croyant que la patrie était en danger, arriva tout couvert de sueur, chargé de cette précieuse découverte. A ce fatras de papiers de la pesanteur de dix livres, l'Assemblée rit et applaudit. Aussitôt tous les membres quittèrent leurs places, entourèrent M. Voidel, le questionnèrent sur sa découverte; MM. Barnave, Lameth et Menou, ne pouvant contenir leur joie, crièrent : « L'État est encore une fois sauvé »; l'Assemblée fit écho. Le président ayant pris la sonnette rappelle les honorables membres à leurs places; quelques-uns d'entre eux s'étaient déjà emparés de plusieurs copies de ces projets contre-révolutionnaires; M. Charles Lameth, frappé de ce qu'annonçait une de ces copies, demanda le premier la parole en balbutiant ces mots : « Arrivée en France des troupes de l'empereur de Chine, de Tippoo-Saëb et du grand Mogol »; MM. Barnave, d'Aiguillon, annonçant la désertion de nos troupes de ligne pour s'occuper de la culture du tabac, demandaient aussi la parole. M. Voidel la leur disputait, et comme c'était lui qui était le dépositaire de tous ces projets

---

1. Voidel, avocat, député du bailliage de Sarreguemines, membre du comité des recherches de l'Assemblée nationale. Il fit en cette qualité de nombreuses dénonciations contre les aristocrates. Voir surtout son rapport du 26 octobre 1790.

de contre-révolution, et qu'il devait connaître ceux qui étaient les plus dangereux, les plus à craindre, le président la lui accorda. M. Voidel monte à la tribune, et, ayant tiré de sa poche le projet qui lui paraissait le plus à craindre, dit : « Messieurs, nous avons plus d'ennemis que nous ne pensons, même parmi nos municipalités. Voilà la perfidie la plus inouïe : la municipalité de Strasbourg, gagnée par les agents de Léopold, s'est chargée de lui faire passer tous les décrets, motions, amendements, sous-amendements, ajournements, tant de l'Assemblée nationale que de la nôtre; on peut en évaluer la moitié à plus de deux cent mille, et vous allez voir l'usage perfide qu'il veut en faire. Voilà l'origine de la lettre adressée aux officiers municipaux, datée de Vienne : « Vrais amis de votre roi et de sa patrie, je vous
« rends grâce de la ruse que vous m'avez fournie pour faire entrer en
« France deux cent mille hommes et les faire parvenir jusqu'aux
« portes de Paris sous le costume français sans être reconnus, afin de
« réduire cette capitale séditieuse qui a donné l'exemple de la rébel-
« lion à toutes les provinces de la France. L'exécution en est très
« facile. Mes soldats auront les cheveux plats, un bonnet de liberté,
« un uniforme des droits de l'homme, des culottes de motions, des
« guêtres d'amendements, des souliers d'ajournements, des boucles
« de cuivre, et seront bien armés de grands décrets et de lanternes;
« ils seront accueillis partout comme les plus zélés patriotes, et je
« défie vos Comités des recherches même et M. Voidel, homme si rusé,
« de se douter du piège.

« L'artillerie, embarquée dans des ballons, descendra au Champ
« de la Fédération, où toutes nos troupes se rendront. Lambesc, leur
« général, aura aussi un bonnet de liberté et sera monté sur la pro-
« cédure du Châtelet; il sera ceint d'une écharpe municipale à la
« place de son cordon bleu, et, pour bâton de général, il aura une
« grande pique ferrée. Lorsque tout sera prêt, il divisera son armée
« en six colonnes qui attaqueront Paris par six barrières. Lambesc
« se tiendra à la barrière de la Conférence, et, après la réduction de
« la ville, fera une entrée triomphante par le pont tournant, comme
« il fit le 12 juillet 1789, portera les clefs de la ville à Sa Majesté votre
« beau-frère, et l'invitera à être présent à un feu de joie qu'il fera
« faire de tous les habits et de toutes les armes des ci-devant gardes
« nationaux; il s'emparera de l'Assemblée nationale et des jacobins,
« tels que les Mirabeau, les Barnave, les Chapelier, Préfeln, d'Ai-
« guillon, Lameth, Voidel et autres, qu'il fera chevaliers de la lan-
« terne. » A ces mots, on vit trembler et pâlir le rapporteur; sa voix s'éteignit, son sang se glaça; les honorables membres le rassurèrent

un peu en lui disant qu'il n'y avait rien à craindre, puisque l'on était prévenu du stratagème; que l'on déposerait la municipalité, qu'elle serait remplacée par des hommes intègres, et que l'Assemblée nationale serait suppliée de changer un peu la forme de ses décrets pour déjouer les projets de nos ennemis. Dans ce même moment, un bruit de cliquetis d'armes se fit entendre au dehors; les portes de l'Assemblée furent fortement heurtées, le rapporteur perdit entièrement connaissance; une vapeur épaisse sortit de son corps et infecta toute l'Assemblée; on eut beau lui prodiguer tous les secours possibles, rien ne put le ramener à la vie. Le bruit redoublant, le président, tout effrayé, ordonna à l'un des huissiers de s'assurer du sujet du trouble. L'huissier rapporta que la garde nationale venait de dissiper des gens armés, qui... L'huissier, n'osant achever, mit toute l'Assemblée dans une inquiétude mortelle; mais le président l'ayant pressé de finir, il reprit : « Une foule de gens armés qui, lassés depuis longtemps des délibérations incendiaires, voulaient vous congédier un peu brutalement. » Le président fit entrer le commandant du bataillon, lui adressa des remerciements au nom de l'Assemblée, et lui promit qu'elle prendrait en grande considération le service important qu'il venait de rendre pour le soutien des lois et du bon ordre. Cependant une mort si extraordinaire engagea l'Assemblée à requérir M. Guillotin pour savoir si l'honorable membre n'était point frappé de léthargie. M. Guillotin, les larmes aux yeux, ôta tout espoir de recouvrer M. Voidel. On députa un courrier à l'Assemblée nationale qui annonça la mort tragique de M. Voidel; elle l'a reçue avec consternation, et elle décréta que la France en porterait le deuil pendant huit jours.

LVIII

Novembre 1790

SÉANCE DU 1ᵉʳ NOVEMBRE 1790

D'APRÈS LE DUC DE CHARTRES [1]

J'ai été reçu hier aux Jacobins; on m'a fort applaudi : j'ai témoigné ma reconnaissance de l'accueil plein de bonté qu'on voulait bien me

---

1. *Correspondance de Louis-Philippe-Joseph d'Orléans*, p. 220. — Voir plus haut, p. 326.

faire, et j'ai assuré que je ne m'écarterai jamais des devoirs sacrés de bon patriote et de bon citoyen.

[On lit, à ce sujet, dans *la Chronique de Paris* du 4 novembre 1790 :]

M. de Chartres a été reçu, lundi 1er novembre, membre de la *Société des amis de la constitution*. Il est inutile de dire que pour son admission on n'a dérogé à aucune des formalités d'usage; seulement il a été très applaudi en entrant. Voici le discours qu'il a prononcé :

« MESSIEURS,

« Il y a longtemps que je désirais ardemment d'être admis au milieu de vous; l'accueil favorable que vous daignez me faire me touche infiniment; j'ose me flatter que ma conduite justifiera vos bontés; et je puis encore vous assurer que toute ma vie je serai bon patriote et bon citoyen. »

LIX

SÉANCE DU 3 NOVEMBRE 1790

D'APRÈS LE DUC DE CHARTRES [1]

.... J'ai été ce soir aux Jacobins : on m'a nommé membre du comité des présentations, c'est-à-dire du comité chargé d'examiner les proposés. Ce comité s'assemble tous les jeudis; j'ai prié un de mes collègues de vouloir bien témoigner au comité mon regret de l'impossibilité où j'étais d'y aller demain.

1. *Correspondance de Louis-Philippe-Joseph d'Orléans*, p. 221.

LX

DISCOURS
PRONONCÉ A LA SOCIÉTÉ DES AMIS DE LA CONSTITUTION
PAR MM. LES DÉPUTÉS EXTRAORDINAIRES DU DÉPARTEMENT DE LA CORSE[1]
LE 5 NOVEMBRE 1790
IMPRIMÉ PAR ORDRE DE LA SOCIÉTÉ DES AMIS DE LA CONSTITUTION
(Paris, 1790, in-8 de 2 pages.)

MESSIEURS,

Flattés de l'honneur que vous voulez bien nous accorder en nous admettant dans le sanctuaire de la liberté parmi les défenseurs et les amis de la constitution, nous ne pouvons mieux répondre aux vœux d'un peuple qui a tant de fois armé son bras et versé son sang pour la défense de la liberté, qu'en vous priant de nous accorder l'honneur d'assister à vos séances pendant notre séjour dans cette capitale, pour nous pénétrer de plus en plus des sages principes qui vous ont mérité, à juste titre, l'estime et la reconnaissance de tous les bons citoyens.

Les Corses, réunis aux Français par les liens de l'amour et de la fraternité, ne sont dans leur île qu'une Société d'amis de la constitution; cependant, permettez, Messieurs, que, de retour au milieu de nos compatriotes, nous puissions leur annoncer que vous agréez l'affiliation d'une Société qu'ils formeront sous vos auspices.

Peut-être que l'Italie, dont nous sommes environnés, ne demeurera pas indifférente au spectacle de la liberté; peut-être que cette contrée infortunée, qui n'existe plus que dans les monuments de l'histoire, imitant cet exemple, secouera le joug des faibles tyrans qui la déchirent et de la superstition qui l'avilit.

POZZO DI BORGO.

1. Dans sa dernière séance, l'assemblée électorale de la Corse, réunie à Orezza, avait nommé deux députés extraordinaires pour porter certains vœux à l'Assemblée nationale et au roi : c'étaient Antonio Gentili et Carlo-Andrea Pozzo di Borgo, depuis célèbre. Tous deux parurent à la barre de la Constituante le 6 novembre 1790. (Procès-verbal de ce jour, p. 18. — Voir aussi Renucci, *Storia di Corsica*, I, 341 et sqq.)

LXI

OBSERVATIONS SUR LE TARIF D'IMPOSITION

CONSIDÉRÉ EN LUI-MÊME ET RELATIVEMENT A PARIS,

SURTOUT DANS SA PROGRESSION ET SON RAPPORT AVEC LE COMMERCE,

IMPRIMÉES PAR ORDRE DE LA SOCIÉTÉ DES AMIS DE LA CONSTITUTION,

OÙ ELLES ONT ÉTÉ LUES, LE 5 NOVEMBRE 1790,

PAR M. JEAN-JACQUES THOMAS, MEMBRE DE CETTE MÊME SOCIÉTÉ

ET SOLDAT CITOYEN DE LA SECTION DES LOMBARDS.

(Paris, Imp. nationale, 1790, in-8 de 21 pages.)

[Sur J.-J. Thomas et ses écrits de finances, on lit dans la *Chronique de Paris* du 12 décembre 1790 : « Nous avons été des premiers à annoncer les observations de M. Jean-Jacques Thomas sur le tarif des impositions. Nous avons eu raison de vanter la sagesse de ces observations. La France et Paris surtout doivent en reconnaître l'utilité, puisque le tarif est diminué de moitié et même plus pour certaines classes. Le Comité a senti combien étaient fondées les réflexions de l'auteur sur le gigantesque de la progression, puisqu'il les a suivies à la lettre, et qu'au lieu de sauter d'un cinquième à un septième et demi, il va d'un cinquième à un cinquième et demi; de là à un sixième, et ainsi de suite. — N'a-t-on pas le droit de s'étonner que la municipalité ne se soit occupée de ce tarif que le 30 novembre, tandis qu'un citoyen obscur, emporté par son zèle et son patriotisme, s'en était occupé dès le mois d'octobre, et les a rendues publiques le 5 novembre? Le Comité en a eu connaissance peu de jours après; et il s'est écoulé environ trois semaines avant que la municipalité lui eut présenté les siennes. »

Et dans le n° du 14 février 1791 : « Nous avons été surpris de ne pas voir encore sortir de l'urne électorale le nom de M. Thomas, négociant, digne par sa probité, ses lumières et son patriotisme, d'être au nombre des magistrats qui veillent aux intérêts du peuple. On ignore, à la vérité, que depuis vingt ans il s'est livré de préférence aux études importantes du commerce et des finances ; mais on ne doit pas ignorer qu'il a rendu un service important à Paris par des observations sur le tarif, que son ouvrage en a fait réformer les bases par l'Assemblée nationale, qu'on a adopté en entier les corrections qu'il indiquait, et que les impositions sur les loyers ont été établies sur les progressions, toutes différentes, qu'il a imaginées. Le commerce de Paris lui doit une grande reconnaissance et s'applaudira, sans doute, de voir dans le département un homme qui peut lui être si utile. »

Enfin, dans le n° du 2 mai 1791: « La suppression des barrières doit rappeler à Paris ce qu'il doit à M. Thomas, assesseur du juge de paix de la section des Lombards. Le travail de cet estimable citoyen sur le tarif, et celui qu'il a lu à l'assemblée des Amis de la constitution, sur les entrées dont il a prouvé et l'inutilité, et l'injustice, et les suites funestes au commerce, doivent être rappelés aux honnêtes gens, avec d'autant plus de soin que l'auteur pense moins à les faire valoir. » — Jean-Jacques Thomas, licencié ès lois, fut député de Paris à la Convention nationale. En 1800, il devint membre de la Cour d'appel de Paris.]

Messieurs,

La question que nous avons à discuter aujourd'hui me paraît une des plus intéressantes de celles qui peuvent être soumises à vos réflexions. L'impôt, et surtout le mode de l'impôt, c'est là que nous attendent les ennemis de la Révolution, c'est leur dernière espérance.

Employons tous nos soins à la déjouer, comme nous avons déjoué toutes les autres.

Nulle société ne peut exister sans impôt; chacun participe aux avantages ; donc chacun doit contribuer pour sa part également, mais en proportion de ses facultés.

Ce principe est simple, personne ne le conteste dans la théorie ; mais combien de mauvais citoyens cherchent à l'éluder dans la pratique !

En politique, il ne faut pas voir les hommes comme ils devraient être, mais bien comme ils sont, et au lieu de s'en rapporter à l'équité de chacun, il faut chercher les moyens de poursuivre avec succès l'égoïsme, l'intérêt et l'avarice d'un très grand nombre.

Rien de plus aisé que d'imposer les fortunes ostensibles et foncières ; mais comment atteindre à celles qui ne tiennent qu'à des revenus mobiliers, dépendant de talents ou d'industrie, dont le propriétaire seul peut apprécier le bénéfice, enfin à ces fortunes de portefeuille, si je puis parler ainsi, fortunes qui n'existent que chez les nations policées, c'est-à-dire corrompues ?

C'est un problème proposé depuis longtemps, qui n'est point encore résolu, et qui, je crois, ne le sera jamais entièrement.

On est donc obligé, à l'égard de ces sortes de revenus, d'aller, comme on dit, par des à peu près, des probabilités ; mais encore faut-il leur donner une base fixe et certaine, puisqu'on veut détruire, jusque dans ses racines, le fléau de l'arbitraire.

L'Assemblée nationale a décrété que chacun payerait l'impôt personnel selon son revenu présumé d'après le loyer.

Obéir et se taire, c'est le devoir de tout bon citoyen, à plus forte raison des Amis de la constitution.

Heureusement le tarif n'est pas encore arrêté. Il est donc permis de l'examiner, de le discuter, de l'attaquer même, et c'est ce que je vais faire ;

1° En lui-même ;

2° Dans sa progression et dans son mode pour la ville de Paris, surtout par rapport au commerce.

En lui-même.

Le revenu présumé n'a évidemment nulle proportion avec le loyer supposé, surtout dans les basses classes.

Peut-on supposer qu'un homme à Paris, qui ne se fait par son travail que 300 livres de revenu, prenne un logement de 60 livres, ou que celui qui a un logement de 60 livres ne se fasse que 300 livres de revenu ? Il ne lui resterait donc que 240 livres.

Sur lesquelles le tarif lui ôte :

1° Impôt comme citoyen actif.	2 livres	5 sols.
2° Cote d'habitation	1 »	» »
3° Quinze fois sa cote d'habitation pour atteindre sa cote de facultés	15 »	» »
Soit	18 livres	5 sols.

Il ne lui resterait donc que 221 livres 15 sols pour vivre, lui, sa femme et ses enfants.

Donc, ou votre tarif est vicieux dans sa proportion, ou il est barbare.

Ensuite, peut-on supposer que le loyer de l'habitation dans un hameau soit dans la même proportion avec le revenu que le loyer d'une habitation dans une ville, et surtout à Paris? C'est cependant ce que présente le tarif, puisqu'il admet la même proportion de revenu présumé d'après le loyer pour une habitation dans un village comme pour une habitation dans Paris. C'est toujours un cinquième pour la première, c'est-à-dire pour la plus pauvre classe, quoique présenté sous des formes différentes. Mais les proportions sont les mêmes, car 10 est à 50 comme 20 est à 100, comme 60 est à 300, etc.

Dans les comparaisons que j'ai faites des sept différents tarifs, j'ai trouvé à travers leur obscurité presque tous les rapports aussi déraisonnables.

Pourquoi l'homme qui paye 1,000 livres de loyer à Bordeaux est-il sur la même ligne que l'homme qui paye 1,000 livres à Paris, c'est-à-dire dans la proportion d'un dixième, tandis que l'homme qui paye 940 livres à Paris n'est plus sur la même ligne que l'homme qui paye la même somme à Bordeaux, etc.? Je cherche en vain la raison de ces différences.

Je me contente de cet exemple: je pourrais vous en citer beaucoup d'autres aussi frappants; mais vous avez le tarif en main, et je renferme tout dans ce raisonnement, contre lequel je ne crois pas que personne veuille réclamer.

Plusieurs proportions correspondent à celle de Paris, et en général plutôt au-dessus pour Paris qu'au-dessous. Je dis que cela n'est pas juste, et pourquoi? C'est qu'à Paris, une des plus fortes dépenses, surtout pour la classe inférieure et moyenne, c'est-à-dire la classe la plus intéressante et la plus laborieuse (car les oisifs et les inutiles peuvent choisir le quartier), la plus forte dépense, dis-je, est celle du logement. Au contraire, en province, et si vous allez toujours en descendant jusqu'au hameau, le prix du logement est la moindre des dépenses.

Dans Paris même, d'un quartier à l'autre, il y a une différence prodigieuse. Cela me paraît si évident que je croirais insulter à vos lumières si j'insistais davantage.

Eh bien! Messieurs, le tarif admet bravement la même présomption de revenu (ce mot présomption ressemble assez au mot arbitraire) du village à la capitale, et du plus mauvais quartier de celle-ci au plus fréquenté, partant au plus cher.

L'homme qui vit de son travail est pourtant obligé de choisir ce dernier de préférence. Car s'il veut être occupé, il faut bien qu'il se loge à portée de ceux qui peuvent l'occuper.

Le premier mérite d'un tarif quelconque est la scrupuleuse exactitude des proportions, non pas arithmétiques, mais relatives. Jugez d'après ce que j'ai eu l'honneur de vous dire, et j'aurais pu vous en dire bien davantage, si je n'eusse craint d'abuser de votre patience ; jugez, dis-je, si ce tarif a le mérite de cette exactitude de proportion relative ; si, au contraire, il ne s'en éloigne pas de la manière la plus ridicule.

Il est donc vicieux en lui-même.

Quel remède à cela? me demandera-t-on.

Jeter le tarif au feu, et en faire un autre, mais en raison inverse ; et ici je vous prie, Messieurs, de redoubler d'attention. Au lieu de partir des campagnes pour arriver à Paris en proportion égale et souvent croissante, il faut partir des campagnes pour aller de là aux villes de province, et des provinces à Paris, toujours en proportions décroissantes, puisqu'il est certain que la dépense de l'habitation est une des plus fortes dépenses à Paris, et que c'est une des moindres dans les provinces, et ainsi de suite, toujours en rétrogradant vers les campagnes ; et au lieu de dire : le prix du loyer est en campagne le dixième du revenu, et également à Paris, il faudrait dire : le même prix du loyer qui représente en campagne le dixième du revenu, ne représente à Paris que le cinquième, et peut être moins pour certaines classes, puisqu'à Paris il en coûte beaucoup plus d'argent pour se loger qu'il n'en coûte en campagne, toutes choses égales d'ailleurs.

Donc le tarif d'imposition personnelle, calqué sur le prix des loyers, doit être beaucoup moindre à Paris que dans les grandes villes de province; dans celles-ci moindre que dans les petites, et ainsi de suite jusque dans les campagnes.

Ceci, Messieurs, est de justice rigoureuse.

Et pour ceux qui n'auraient pas saisi la vérité de ces raisons, fondées sur des calculs arides et ennuyeux, je vais leur rendre la chose sensible et palpable par un exemple.

Ne perdez pas de vue que cette contribution personnelle n'est établie que pour atteindre l'industrie.

Eh bien! supposons deux hommes ayant chacun une fabrique quelconque, mais du même genre; par exemple, la bonneterie. Ils emploient chacun trois cents ouvriers, fabriquent la même quantité dans la même qualité, ont vendu pour la même somme, que je suppose de 100,000 livres; mais l'un a sa fabrique dans une ville de vingt mille âmes (car je veux suivre le tarif scrupuleusement), l'autre a sa fabrique à Paris. Celui-ci trouvera à peine, pour 10,000 livres de loyer, l'emplacement nécessaire que son confrère de la petite ville trouvera facilement pour 2,000 livres; car 2,000 livres de loyer dans une petite ville, cela est énorme.

Que fait le Comité d'impositions? Son tarif à la main, il dit au fabricant de la petite ville: Vous avez 30,000 livres de rente, attendu que votre loyer est de 2,000 livres, et vous devrez 100 livres pour votre cote d'habitation, ci . . . . 100 livres.
Plus, pour votre cote de facultés 1,500
En tout . . . . 1,600 livres.

1. J'ai connu un citoyen à Paris qui a occupé dans la bonneterie jusqu'à 800 ouvriers. Il ne les logeait pas chez lui, dira-t-on. Et qu'importe? Si vous imposez ces ouvriers en raison de leur logement, il faut bien qu'ils augmentent le prix de leur main-d'œuvre en raison de l'imposition; et comme les ouvriers de la petite ville seront moins imposés, ils augmenteront moins le prix de leur main-d'œuvre. Qu'on ne me dise pas (car il faut répondre à tout) que le fabricant fera payer ce surplus à l'acheteur : cela serait bon s'il ne travaillait que pour son pays, et que l'on n'y connût pas d'autre fabrique. Mais c'est avec la province, et même avec l'étranger, qu'il commerce. Or, l'homme de province ou l'étranger ne lui donnera pas un sol de plus de sa marchandise qu'au fabricant de la petite ville, puisque, dans l'exemple supposé, toutes leurs marchandises sont de même qualité. (*Note de J.-J. Thomas.*)

A celui de Paris: Vous avez 200,000 livres de rente, attendu que vous avez un loyer de 10,000 livres, et vous devez pour votre cote d'habitation.............. 666 livres 13 sols 4 deniers.

Et en ajoutant pour votre cote de facultés cette somme multipliée par 15, donnant .... 10,000 » » »

Vous payerez en tout........ 10,666 livres 13 sols 4 deniers.

Mais, répondra celui-ci, observez que je n'ai pas vendu une paire de bas de plus que celui de province, ni plus cher; que la différence réelle qui existe entre nous deux, c'est que je suis moins riche que lui de 8,000 livres que mon loyer me coûte de plus; que je paye la main-d'œuvre plus cher; qu'il m'en coûte beaucoup plus pour défrayer ma maison. — Point de raisons : le tarif dit que vous avez 200,000 livres de rente, et que l'autre n'en a que 30. Taisez-vous et payez.

Je ne l'invente pas, Messieurs, le tarif le dit mot à mot. L'homme payera en disant tout bas que le tarif n'a pas le sens commun; et moi je vous le dis tout haut, puisqu'il en est encore temps, et je vous répète qu'il doit être refait en sens absolument contraire.

En effet, en suivant l'exemple, si vous disiez à l'homme de Paris: votre loyer représente un dixième de votre revenu, donc on présume ce revenu de 100,000 livres; et à l'homme de province : votre loyer représente un cinquantième, donc on vous présume 100,000 livres, vous voyez bien que, quoiqu'ils payassent tous les deux la même imposition personnelle et industrielle, l'avantage serait encore pour celui de province, puisqu'il a vendu pour la même somme, au même prix, et qu'indépendamment du bénéfice égal sur la chose, il gagne en sus les 8,000 livres que celui de Paris paye de plus pour son loyer, sans compter le gain sur tous les autres frais qui sont bien moindres en province.

Je ne cherche donc point à favoriser Paris aux dépens des autres villes; mais je voudrais qu'on fût juste envers toutes également, et qu'on n'affectât pas de vouloir écraser Paris pour avoir l'air de soulager les autres.

Oui, Messieurs, les ennemis de la Révolution voudraient se venger de Paris, le punir de son courage, de son énergie et de sa patience, le plus grand de tous les courages.

Les patriotes ne doivent-ils pas, au contraire, s'efforcer de procurer à cette ville couverte de gloire, mais criblée de blessures, les moyens de se relever, en favorisant, bien loin de surcharger, l'industrie chez elle?... Mais je ne veux pas anticiper sur ce que j'aurai à vous en dire par la suite.

Rentrons donc dans le labyrinthe inextricable de ce tarif, et c'est surtout dans ses progressions et son mode pour la ville de Paris, principalement par rapport au commerce, que je veux vous en indiquer les principaux inconvénients, car il serait trop long de vous les détailler.

La première progression est d'un cinquième jusqu'à un septième et demi. Mais cela part depuis 60 livres, premier loyer supposé, jusqu'à 500 livres. De là on se reporte tout à coup jusqu'à 940 livres de loyer. Quelle différence cependant entre l'homme qui ne peut employer pour se loger que 60 livres et celui qui peut en employer 460 ! Que de gradations ne pourrait-on pas intercaler entre deux sommes si différentes ?

J'en dis autant de la seconde progression sans entrer dans les détails. Rappelez-vous seulement qu'elle part de 500 livres jusqu'à 940 et même 990 livres.

La troisième ne fait qu'un saut d'un septième et demi à un dixième, et ce dixième est toujours présumé depuis 1,000 de loyer jusqu'à 2,300 livres.

Je ne me permettrai pas de vous faire des observations là-dessus. Vous sentirez de vous-mêmes le ridicule de cette progression gigantesque.

Mais un exemple vous en démontrera mieux l'injustice, et vous fera naître bien des réflexions.

Je connais une personne qui était logée il y a six mois pour 1,100 livres par an. Les propriétaires (c'étaient des gens tenant à l'église), abusant de l'impossibilité où cette personne, par rapport à son état, était de quitter cette maison, au renouvellement d'un bail fait il y a dix-huit mois (c'est-à-dire avant la Révolution, mais qui ne commence à courir que depuis six mois), l'ont forcée, dis-je, à payer 1,500 livres pour son loyer.

D'après le tarif, s'il eût été établi l'année dernière, on lui aurait dit : Vous avez pour 1,100 livres de loyer, donc, car le tarif l'assure, vous avez 11,000 livres de rente ; et au 1er janvier 1791, on viendrait lui dire : Recevez nos compliments ; depuis l'année dernière vous avez gagné 4,000 livres de rente de plus, car votre loyer est de 1,500 livres ; donc vous avez 15,000 livres de rente. Chers Messieurs, c'est tout le contraire ; bien loin d'être plus riche de 4,000 livres, comme vous le supposez, je suis plus pauvre de 400 livres, que je paye de plus, indépendamment des pertes que j'ai faites dans mon commerce, purement de luxe, par la Révolution. Non, vous êtes certainement plus riche de 4,000 livres de rente, le tarif le dit, et au lieu de payer 36 livres 13 sols 4 deniers pour cote d'habitation, vous payerez cette année 50 livres; et aux 400 livres que vous perdez sur votre loyer vous voudrez bien ajouter 13 livres 7 sols 8 deniers, que vous payerez en sus de la cote d'habitation; et enfin 201 livres 5 sols, que vous payerez de plus sur votre cote de facultés; c'est-à-dire que, grâce à la cupidité de votre propriétaire et à la progression du tarif, vous tirerez de votre poche tous les ans 600 livres de plus... Encore un coup, consolez-vous de tout cela, par l'assurance que nous vous donnons que, au lieu de 11,000 livres de rente que vous aviez l'an passé, vous en avez 15,000 cette année. N'est-ce pas ajouter l'insulte et l'ironie à l'injustice?

Que répondra à cela le Comité?

Puisque la personne s'est soumise à une augmentation de 400 livres, c'est qu'elle a cru, en restant dans sa maison, gagner beaucoup plus qu'elle ne gagnait précédemment.

Eh non, Messieurs, c'est qu'elle était ruinée si elle en sortait. Je vous en citerais mille exemples.

Un boulanger, un serrurier, peuvent-ils emporter, l'un sa forge, l'autre son four? Un épicier, en abandonnant un quartier, emportera-t-il avec lui ses pratiques, qui pour l'ordinaire tiennent plus à la boutique qu'à l'homme? Pourra-t-il détacher, dans le quartier où il se transportera, toutes les pratiques qui sont habituées à acheter ailleurs? Pardon, Messieurs, ces détails paraissent peut-être au-dessous de la majesté de la tribune, mais ne s'ennoblissent-ils pas aux yeux des Amis de la constitution, s'ils peuvent les mener plus sûrement à la connaissance de la vérité?

Qu'il est dangereux de ne s'en tenir qu'à la théorie, sans daigner descendre à ces connaissances pratiques et de détail sans lesquelles pourtant on heurte à chaque pas, jusqu'à ce qu'enfin on tombe entièrement.

Vous ne seriez point injustes si, dans l'exemple allégué, l'homme quittant son commerce, et par conséquent abandonnant librement son logement, eût été en prendre un autre plus cher, car vous auriez pu lui supposer alors une augmentation de fortune, puisque vous lui supposez la faculté de se loger avec plus d'agrément et de dépense.

Vous seriez justes encore si vous augmentiez son imposition d'après l'augmentation du prix de son loyer, dans le cas où ce logement serait augmenté en étendue. Je m'explique.

Un homme en s'établissant avait assez d'une petite boutique; il étend son commerce, et ajoute à sa boutique un magasin, et ainsi de suite. Alors réellement vous pouvez supposer qu'il a augmenté sa fortune. Mais, hors ce cas-là, il faut absolument admettre comme principe invariable que, tant que le même homme (vivant de son travail, et cloué par ce travail à tel ou tel endroit) restera dans le même logement, je dis le même et sans aucune extension, pas seulement d'une pièce, on ne pourra point augmenter son imposition, quand même son propriétaire augmenterait le prix de ce loyer : car c'est une barbarie de mettre un impôt sur une perte.

J'ai donc eu raison de vous dire que ce tarif était injuste et déraisonnable dans sa progression, dans son mode, mais surtout par rapport au commerce de Paris.

Eh! Messieurs, sous ce mot de commerce, je comprends tout ce que produisent les travaux, les talents, les arts et l'industrie. Le médecin vend ses lumières comme l'apothicaire vend ses drogues, l'homme de loi ses connaissances, ses conseils, comme le marchand mercier son papier, ses plumes et son encre.

Tout ce qui tient au commerce, comme je l'entends, n'est pas maître de se loger où il veut, et les propriétaires, qui le savent bien, ne manquent pas d'en abuser; et le tarif, qui ne le savait pas, a pourtant imposé les locataires en raison du surplus d'un loyer qu'ils ne sont pas les maîtres de choisir dans tel ou tel quartier, ce qui dans Paris fait pour certains états les trois quarts de différence.

La plus grande erreur du Comité d'imposition est de n'avoir pas su distinguer deux espèces très différentes dans ces richesses mobilières qu'il voulait atteindre.

Les unes, selon moi, tiennent aux talents, au travail, et, n'ayant jamais pu se cacher, elles ont toujours payé de manière ou d'autre.

Les autres ne tiennent qu'à une quantité d'argent qu'un homme possède, et qu'il fait valoir sans être obligé de paraître, souvent même étant obligé de se cacher.

C'était ces derniers qu'il fallait chercher à atteindre. Or, ce n'est pas par les loyers que vous en viendrez à bout.

Ces malheureux, qui ne s'engraissent que de la misère d'autrui, savent bien que le besoin leur amènera toujours assez de chalands.

Peut-être y a-t-il un moyen plus sûr. Mais je ne l'ai pas encore assez médité pour vous le proposer.

En attendant, je m'occupe des gens laborieux et honnêtes, et je vous propose, pour les soulager :

1° Une *grande réduction* dans le tarif pour Paris, et surtout dans sa *progression*. Au lieu de partir d'un cinquième à un septième et demi (ce qui fait d'un seul bond une moitié en sus), je voudrais qu'on s'arrêtât à tous les intervalles de demies et d'entiers, d'entiers et de demies;

Exemple : d'un cinquième à un cinquième et demi, d'un cinquième et demi à un sixième, ainsi de suite;

2° Je demanderais deux tarifs :

L'un, très favorable pour le commerce, comme je l'ai expliqué ci-dessus, c'est-à-dire pour les gens travaillant et, partant, utiles; l'autre bien plus fort pour les rentiers, qui n'ont que la peine de vivre.

Mais il y aurait à faire quelque chose de bien plus intéressant encore pour cette ville, écrasée sous les ruines du despotisme, et portant elle seule tout le poids de l'édifice de la liberté.

Paris est une ville absolument à part de toutes les autres; une ville politique, si je puis m'exprimer ainsi... Qu'on ne croie pas que je veuille ressusciter les privilèges. Personne n'en est plus ennemi que moi.

Mais s'il ne doit pas y avoir de privilèges qui favorisent un aux dépens des autres, est-il juste d'admettre des exceptions qui favorisent tous les autres aux dépens d'un seul?

Ce serait privilège en sens inverse; il n'en serait pas moins injuste.

Tel a pourtant été le sort de Paris depuis longtemps. Il faut enfin revenir aux grands principes, et mettre cette ville, pour ses impositions générales, au niveau de toutes les autres.

Je dirai plus : quand même on la soulagerait un peu, il n'y aurait pas de quoi éveiller la jalousie des provinces.

Je ne rappellerai point ici ce qu'elle a fait, ce qu'elle a souffert...; elle n'a fait que ce qu'elle a dû. Il n'y a pas de mérite à cela. Il ne lui fallait pas moins que ces miracles de courage et d'énergie qu'elle a montrés pour couvrir la honte et l'opprobre d'avoir souffert si longtemps les atrocités de l'ancien despotisme dont elle était le premier témoin comme la première victime.

Sa gloire actuelle efface tout, et certes elle ne veut pas la trafiquer pour de l'argent.

Ce n'est donc pas à raison de son héroïsme que je demanderais une diminution sur les charges dont elle était accablée ; c'est au nom de la justice, dont les droits sont imprescriptibles; c'est au nom de l'intérêt même de toutes les provinces.

Oui, Messieurs, il faut une grande capitale à un grand empire. C'est elle qui appelle et qui retient les étrangers; mais ce n'est pas elle qui les nourrit, qui les habille... ce sont les provinces.

Écrasez Paris, et les provinces languiront; ranimez Paris, et il rendra aux provinces une partie de la vie et de la vigueur que vous lui aurez donnée.

Souvenez-vous de la fable des *Membres et de l'Estomac*. Les provinces sont des membres utiles et laborieux, mais Paris est l'estomac, sans lequel tous ces membres s'affaibliraient prodigieusement.

Pour le raviver, il faut diminuer une grande partie des impositions qui portaient sur les entrées.

Dans tous les droits d'entrées, il en faut distinguer de deux sortes :

Les uns, qui portent sur des objets de commerce qui n'arrivent que comme dans un entrepôt pour être réexportés ensuite ailleurs.

Les autres, sur des objets de consommation pour le pays même.

Laissons de côté ceux de la première sorte.

Ils étaient si énormes que Paris n'a jamais pu spéculer pour faire ce que l'on appelle le commerce d'entrepôt.

Ne voyons que ceux de la seconde sorte, qui pèsent directement sur tous les habitants, condamnent les pauvres à des privations très dures et brident sans cesse l'industrie.

C'est de ceux-là qu'il faut nous occuper, et d'abord ceux qui brident l'industrie et l'empêchent de s'évertuer.

Paris pourrait devenir une ville de fabrique... Elle l'est déjà pour plus d'objets qu'on ne pense. Mais la plupart étaient de luxe et tombent avec lui.

Ce serait un grand bonheur si des spéculateurs industrieux pouvaient se rejeter sur d'autres. Ce serait le moyen de réparer les torts incalculables que le nouvel ordre de choses fait à Paris.

Il ne faut pas croire que les provinces y perdissent :

1° Nous ne fabriquons pas encore assez pour notre usage, puisque nous tirons beaucoup de l'étranger ;

2° C'est que plus on fabrique et plus on apprend à fabriquer bon et à meilleur marché, ce qui finirait par engager l'étranger à nous donner la préférence.

D'ailleurs, il ne faut pas se le dissimuler, les provinces vont s'engraisser de ce que Paris perdra ; Paris ne vivait que d'abus, et les abus sont détruits.

Ne cherchez point à Paris, même avant la Révolution, ces grandes fortunes dont le propriétaire peut en quelque sorte s'enorgueillir aux yeux de ses concitoyens, parce qu'il ne doit sa richesse qu'à ses travaux, à son industrie, à ses spéculations qui tiennent au coup d'œil du génie et au sang-froid de la raison, et qu'enfin en acquérant pour lui, il a fait participer la société à ses avantages, quand ce n'eût été qu'en multipliant ses jouissances, et, ce qui est plus intéressant, en fournissant du travail à beaucoup d'individus. Vous ne les trouverez, ces fortunes de premier ordre, que chez les négociants, cette classe si utile, si estimable, et naguère si peut-considérée. Or, ce sont les provinces et les ports de mer qu'ils habitent.

Il n'y avait de grandes fortunes à Paris que celles des financiers et des traitants, qui aspiraient la substance des peuples et s'engraissaient de leur misère. Or, il n'y aura plus de traitants.

Après eux, nos grands consommateurs à Paris étaient nos gros bénéficiers, pieux abbés, édifiants évêques, qui, après avoir charitablement débarrassé leurs ouailles de quelques centaines de mille francs, venaient saintement les dépenser à Paris, où, pendant les trois quarts de l'année, ils étaient retenus pour les affaires de leur diocèse, ainsi qu'il appert par leurs mandements [1].

Ensuite, deux ou trois douzaines des ci-devant grands seigneurs qui volaient à la cour et mangeaient à Paris.... Oh! c'était le bon temps! Hélas! il est passé!...

Ne pouvant plus voler à la cour, il faudra bien, au moins six mois de l'année, s'en aller vivoter dans ses terres.

Je ne vous parle pas de cette foule de gens qui venaient exercer à Paris des emplois très lucratifs, et qui, par le nouvel ordre de choses, seront épars dans les provinces.

De cette foule de plaideurs, qui étaient attirés ou traînés dans la capitale de plus de cent lieues par tant de tribunaux, et qui, tout en se laissant manger par les sangsues et la vermine du Palais, dépensaient encore pour beaucoup d'autres objets.

Que lui restera-t-il? L'Assemblée nationale ou les législatures, et le tribunal de cassation. Encore faut-il supposer pour cela que les bons patriotes seront assez heureux pour renverser les projets de ces hommes abominables, qui voudraient transporter l'un et l'autre loin de Paris, moins encore pour porter le dernier coup à cette ville déjà trop malheureuse, que pour ôter au tribunal de cassation et à la haute cour nationale cette force d'opinion qui, lorsqu'elle vient à se condenser, peut écraser tout sous son poids énorme et sous sa masse imposante. Mais cela est bien loin de remplacer tout ce que Paris a perdu.

Paris n'a donc plus d'autre ressource que de devenir ville de commerce.

Sa situation lui défend de penser au commerce de spéculation.

De longtemps elle ne pourra faire le commerce d'entrepôt.

---

1. Voyez la plupart des mandements de nos jadis seigneurs-évêques de province; ils finissent par ces mots : « Donné à Paris, où nous sommes retenu pour les affaires de notre diocèse. »

Il ne lui reste donc que celui de fabrique et de manufacture. Elle a pour cela des avantages immenses : une grande population, un peuple le plus industrieux peut-être de tous les peuples. (Et je pourrais vous en donner des raisons, qui, quoiqu'en apparence métaphysiques et subtiles, n'en sont pas moins très réelles et prouvées par l'expérience.) Pourquoi, malgré ces avantages, Paris a-t-il vu décliner plusieurs de ses manufactures, quoique leurs qualités soient encore vantées partout? Pourquoi se trouve-t-il dans l'impossibilité d'en établir de nouvelles?

C'est que les matières premières, je ne dis pas celles qui font partie de la chose fabriquée, mais celles sans lesquelles on ne peut pas la fabriquer, sont d'un prix excessif, grâce à l'énormité des impôts.

Je m'explique.

Prenons la chapellerie pour exemple.

La matière première, composant l'objet même fabriqué, est la laine, le poil et quelques autres ingrédients, pour teinture, colle, etc.

Quand même ces matières ne payeraient pas plus de droits à Paris que dans les provinces, votre manufacture de chapellerie, quoique la plus belle qu'il y ait en France, puisque Lyon seul en approche, ne pourrait cependant jamais prendre une grande étendue ; car ce n'est pas le tout que d'avoir ces matières premières, il faut encore avoir ce qui est absolument nécessaire pour les mettre en œuvre : c'est le bois, le charbon, et surtout les ouvriers; voilà ce que j'associe, ce que j'identifie avec la matière première, puisque sans cela cette matière première devient nulle pour la fabrique. Or, à Paris, le bois, le charbon, et surtout la nourriture et le logement des ouvriers, étant incomparablement plus chers qu'en province, il faut que le chapeau fait à Paris se vende beaucoup plus cher que celui fait en province ; donc pour favoriser le commerce de fabrique à Paris, il faut diminuer, mais de beaucoup, les droits d'entrée à Paris.

En second lieu, quand vous pourriez oublier, pour un instant, ces impositions énormes, relatives à la possibilité d'y établir des manufactures, votre humanité (car les Amis de la constitution le sont aussi de l'humanité) pourrait-elle oublier les privations cruelles auxquelles elles exposent les ouvriers, la classe la plus indigente, la plus malheureuse et pourtant celle qui n'est pas la moins utile de la société?

Oui, je vous le répète, ces impositions, injustes en elles-mêmes par leur énormité, sont barbares dans leur conséquence ; elles frappent sur les choses de première nécessité ; et pour vous mettre en état d'en juger, permettez-moi de vous en indiquer quelques-unes dont vous avez porté chacun votre part, sans vous en douter, grâce à vos fortunes, mais qui écrasent le pauvre, et qui exciteront sans doute votre sensibilité dès que vous les connaîtrez.

Je ne m'attache qu'à celles qui portent sur les objets qu'on appelle de première nécessité.

Par exemple, la viande, le vin, le bois, les toiles.

Le vin coûte d'entrée par pièce 55 livres, ce qui fait près de 5 sous par bouteille.

Toiles, les plus communes, 2 sous 6 deniers par aune.

Bois, 7 livres par voie.

Ainsi, à Paris, une chemise coûte 9 sous de plus qu'en province, par la seule raison des entrées sur la toile; et comme le prix de la façon est encore proportionné au prix des denrées plus chères à raison des entrées, cette façon coûte 6 sous de plus; de sorte que le pauvre ne peut pas se revêtir de la chemise la plus grossière sans la payer 15 sous de plus à Paris qu'il ne l'eût payée à quatre lieues hors des murs de cette ville.

Vin. Par sa cherté, vous condamnez l'homme qui travaille excessivement à ne boire que de l'eau toute la semaine, et vous l'induisez à s'enivrer le dimanche hors des barrières.

Bois. Vous avez vu combien il était chargé; mais vous ne savez pas comment on est arrivé à cette surcharge.

Avant 1783 il ne coûtait encore que 21 livres la voie; dans cet hiver rigoureux on fit semblant d'être à la veille de manquer de bois, et la police, toujours astucieuse, pour éveiller encore plus l'inquiétude des bons Parisiens, commença par mettre de côté trois cent mille voies de bois, réservées, disait-elle, pour les boulangers.

Elle en fit couper dans les bois de Boulogne et de Vincennes. Alors Paris se crut perdu. Eh bien, lui dit-on, payez 3 livres de plus par voie, et vous ne manquerez pas de bois, on en enverra chercher par terre; et les Parisiens, qui alors n'osaient pas penser, encore moins parler, payèrent 3 livres de plus; le bois monta donc alors à 24 livres.

Mais voyez, Messieurs, la profondeur des calculs de la police.

A ceux qui disaient : « Nous avons payé des tombereaux pour enlever la neige de nos rues, et la neige n'est point enlevée », on répondait : « N'avez-vous pas encore plus besoin de bois pour vous chauffer que de propreté pour marcher? Remerciez-nous donc d'avoir employé ces mêmes tombereaux à vous faire apporter du bois. »

A ceux qui se plaignaient de payer le bois plus cher, on leur disait : « N'êtes-vous pas heureux de payer 3 livres de plus pour être sûrs de ne pas manquer de bois, et par conséquent de pain, car on ne peut pas faire de pain sans bois? »

Ainsi l'administration faisait payer deux fois pour un seul objet.

Les administrateurs disparaissaient de temps en temps; mais leur esprit survivait toujours. Or, en 1788, arriva un hiver encore plus rigoureux que celui de 1783; le bois devint réellement d'une nécessité urgente.

Vous croyez sans doute, Messieurs, que la police, mue par les sentiments d'une sollicitude paternelle, dit alors au bon peuple : « Puisque le bois vous est plus nécessaire, nous allons en diminuer le prix. »

Au contraire, voici comme elle calcula :

Le peuple a plus besoin de bois que jamais; donc il est plus forcé que jamais d'en acheter; donc la consommation sera nécessairement plus forte; donc, en augmentant l'imposition, nous gagnerons à la fois, et le surcroît d'imposition, et le surplus de consommation.

Mais comment faire pour établir ce surcroît d'imposition? Rien de si simple. N'avez-vous pas l'exemple de 1783? Sur quoi a-t-on fondé l'augmentation de 3 livres par voie sur les entrées? Sur les neiges des rues et les glaces de la Seine. Vous avez cet hiver encore plus de neiges et de glaces qu'en 1783 : or, il sera très aisé de persuader aux Parisiens que ce même bois qui devait être vendu en décembre ne peut plus arriver par eau en janvier; mais que « s'ils veulent donner 3 livres de plus, ils n'en manqueront pas ». Eh bien! cela réussit à merveille, et Paris se soumit, attendu que la rivière était gelée, à payer 3 livres de plus.

Or, Messieurs, il est de notoriété publique que, depuis ce temps, la Seine est dégelée; mais l'impôt n'en subsiste pas moins.

Mais laissons les détails, et voyons les choses dans leur ensemble.

Sous l'ancien régime, les entrées de Paris s'élevaient de 30 à 35 millions. Le fisc s'en emparait, car il prenait partout. Il abandonnait à la ville 5 à 6 millions, sous le nom de domaine. C'était apparemment ce qui payait les fêtes, les repas... Je n'en sais rien. Le fisc mettait le reste en poche; attendu que, pour débarrasser la ville, il se chargeait d'entretenir le pavé, la garde, les lanternes, etc., etc., etc.

Or aujourd'hui, en portant les choses à l'excès, il est prouvé qu'avec 12 ou 15 millions tout au plus Paris peut faire sa dépense, quoique beaucoup augmentée. Que Paris paye ses jouissances, rien de si simple et de si juste. S'il lui faut 15 millions pour payer 6 ou 8,000 hommes de gardes soldées, qui, en y comprenant l'état-major, excessivement soldé, coûtent énormément...; pour payer ses réverbères, son pavé, et surtout le plaisir de marcher proprement, même dans les plus mauvais temps, comme chacun sait...; encore un coup, si 15 millions sont nécessaires pour tout cela, il faut que Paris les paye.

Mais, de cette somme de 15 millions, que je veux bien croire nécessaire, à celle de 35 millions qu'on nous a pris jusqu'ici, il y a un excédent de 20 millions. Que devenaient-ils? Je n'ai pas trop idée de les avoir jamais vus portés en compte dans les revenus de l'État... C'était peut-être, suivant l'expression de l'ancien régime, des dragées que se partageaient les ministres. Raison de plus pour souffler dessus.

S'ils entraient dans les coffres publics, oh! c'est une grande raison pour les conserver : car ce n'est pas le moment d'appauvrir le Trésor national. Tout bon citoyen, tous ceux mêmes qui ne seraient dirigés que par l'intérêt, mais bien entendu et éclairé, désireront de le voir s'enrichir. Mais pourquoi faut-il que ce soit aux dépens de Paris tout seul?

Si ces fonds entrent dans le Trésor *public* pour être employés au bien *public*, c'est le *public*, c'est-à-dire la totalité de la nation, qui doit les faire, et Paris doit y contribuer pour sa quote-part comme les autres.

Supposez Paris un vingtième de la France ; il n'a donc qu'un million à payer de plus, ce qui, joint aux 15 millions que j'ai supposés nécessaires pour sa dépense personnelle, disais-je, ne ferait jamais que 16 millions. Vous voyez donc, pour ne pas nous jeter dans des fractions obscures, que je puis diminuer d'un seul trait ses entrées de plus de la moitié.

Il vous reste le même revenu, et Paris est déjà bien soulagé.

Et que serait-ce si j'entrais dans des détails qui vous prouveraient que je pourrais encore diminuer la moitié de cette moitié, c'est-à-dire réduire les droits d'entrées au quart de ce qu'on paye aujourd'hui, et mettre la même somme dans vos coffres?

Paris ne perdrait rien, et certes le peuple gagnerait beaucoup.

C'est un paradoxe.

Un instant d'attention, et il va devenir une vérité démontrée.

L'impôt tue l'impôt : ceci est un axiome que les législateurs ne doivent jamais perdre de vue...

Si l'impôt est trop fort, les fraudes se multiplient. Il y a toujours mille et peut-être dix mille têtes qui cherchent le moyen de frauder, contre une qui veille au moyen d'en empêcher.

Que de preuves ne pourrais-je pas vous en donner!

Je me contente d'un seul exemple qui n'a que deux mois de date.

Il semble que le vin, attendu son volume, est un des objets sur lesquels il est le plus difficile de frauder.

Eh bien, à l'époque citée, n'avez-vous pas vu tout Paris en mouvement pour ce grand miracle de l'eau changée en vin?

Eh! Messieurs, croyez-moi, tandis que le peuple était ébahi de voir arriver du vin aux fontaines où il n'attendait que de l'eau, certaines personnes étaient bien autrement ébahies de ne voir arriver que de l'eau où elles s'attendaient à voir arriver du vin...

Tout cela n'a tenu qu'à une petite erreur sur le choix du canal...

Le vrai moyen d'empêcher la fraude est de mettre l'impôt si bas qu'il n'y ait plus d'intérêt à frauder, que les risques de l'amende ou des pertes couvrent l'espoir du bénéfice.

L'homme qui a donné ce petit spectacle à Paris a voulu faire entrer au moins 200 pièces de vin[1] : à raison de 55 livres la pièce, il gagnait sur les entrées 11,000 livres ; mais il risquait de perdre, comme il a perdu en effet, la valeur réelle de son vin, que je ne porte qu'à 30,000 livres.

Eh bien, s'il n'en coûtait que 12 livres par muid, cela ferait 2,400 livres pour les 200 pièces, qui coûtaient d'achat et de port 30,000 livres ; je vous le demande, quel est l'homme qui voudrait risquer de perdre 30,000 livres pour gagner 2,400 livres ?

Mais si vous lui présentez l'appât d'un tiers de bénéfice en cas de succès, vous le tentez ; je dis plus, vous le corrompez.

Voyez l'Angleterre : depuis qu'elle a diminué de moitié les droits d'entrée sur les eaux-de-vie, elle retire le double du produit de cet impôt.

Portez encore vos regards sur les toiles. Les plus communes payent 2 sous 6 deniers d'entrée par aune. — Eh bien! Messieurs, il n'y en a pas un vingtième qui paye l'impôt ; mais le pauvre n'en paye pas moins la toile 2 sous 6 deniers de plus par aune ; le fraudeur seul fait ce bénéfice.

Je me résume donc, et je me renferme dans ces conclusions :

1° Respecter la base du tarif, puisqu'elle est décrétée ;

2° L'attaquer comme vicieux, en lui-même, et en demander un dont la proportion soit absolument inverse, c'est-à-dire qui viendrait des campagnes aux villes de provinces et des provinces à Paris, toujours en proportion décroissante ;

3° La restreindre dans ses progressions ;

4° Réduire considérablement le taux du revenu ;

5° Établir dans toute l'étendue de la France deux tarifs différents pour la contribution personnelle :

L'un pour les citoyens oisifs et sans état, vivant, comme on dit, de

---

[1]. Quatre fontaines ont rendu, pendant huit heures, du vin, et enfin de l'eau colorée.

leurs rentes, qui soit de la moitié en sus de celui des gens faisant le commerce, c'est-à-dire travaillant, comme je vous l'ai expliqué ci-dessus;

6° Diminuer les entrées à Paris des deux tiers au moins, d'après les raisons que je vous ai exposées.

LXII

PROCÈS-VERBAL DE L'ASSEMBLÉE NATIONALE
SÉANCE DU 6 NOVEMBRE 1790 [1]

Une députation de la Société des amis de la constitution établie à Paris s'est présentée à la barre et a prononcé le discours suivant :

« Messieurs,

« Les différentes Sociétés des amis de la constitution répandues dans le royaume prennent aujourd'hui celle de Paris pour organe, et usant du droit de pétition, exerçant ce droit conservateur que vous avez placé à côté de la liberté, comme son incorruptible gardien; à côté des lois, comme un moyen toujours d'en préparer la sagesse; à côté de l'opinion publique, pour en diriger utilement le cours ; à côté des ennemis de la constitution, pour leur susciter autant d'accusateurs que d'hommes libres, elles vont fixer votre attention sur le sort d'un monument sacré, dont il faut arracher la destruction au temps, puisque les souvenirs que ce monument rappelle sont immortels.

« Si l'on vous disait que cet heureux vaisseau, cette arche précieuse, qui, au milieu du bouleversement du globe, sauva les restes du genre humain, existe encore près de vous et périt dans l'oubli, vous vous empresseriez de le déposer dans le plus beau de vos temples, et vous ne seriez que les interprètes des générations innombrables dont elle a été le berceau. Ces planches antiques n'auraient cependant sauvé que l'existence à quelques hommes, et les auraient également conservés pour la liberté, l'âme de la vie, et pour l'esclavage, pire que la mort.

« Si l'on vous disait que les représentants d'un grand peuple, envoyés auprès du trône pour faire une constitution et créer des lois nouvelles, n'ayant d'autre force que ce saint caractère et cette auguste mission, d'autres gardes que les satellites d'un pouvoir qu'ils venaient détruire, et obligés d'attaquer la tyrannie en délibérant dans le palais même

---

1. Voir plus haut, à la date du 28 octobre 1790, la motion de Dubois-Crancé.

des rois, ont été forcés tout à coup de chercher un autre asile; et, comme si le même génie les eût également inspirés, se sont rendus sans concert dans le même lieu, sous un humble toit, retraite obscure que sa simplicité ne destinait pas à cette scène imposante; que là, contents d'habiter des ruines, quoique dépositaires de la souveraineté du peuple, contents de pouvoir graver sur des murailles les droits éternels des nations, la première explosion de leur courage fut un serment solennel de ne se séparer qu'après avoir conquis la liberté; si l'on ajoutait que ce serment fut une source féconde de patriotisme, de vertus et de bonnes lois, que ce peuple deviendra le plus heureux de la terre, et que cependant ce premier temple où la liberté prit naissance reste sans honneur, ne seriez-vous pas frappés d'une si étrange indifférence?

« Augustes organes du vœu de la France, l'enceinte de ce temple existe au milieu de nous, et ce temple est sans gloire! Il existe, et la main du temps le détruit, lorsque sa durée doit atteindre la stabilité, l'éternité de vos lois. C'est ce Jeu de paume, qui, le 20 juin 1789, servit d'asile à six cents d'entre vous, lorsque l'entrée de votre salle vous fut refusée, qui recueillit les espérances d'un peuple de vingt-cinq millions d'hommes, et qui fut à jamais consacré par le serment dont il devint le dépositaire et le témoin. Que les autres nations vantent leurs monuments, ces antiques pyramides amoncelées par une multitude d'esclaves, ces palais, orgueilleuses retraites des dominateurs de la terre, ces tours sourcilleuses, instruments de la tyrannie. Il ne faut à des Français devenus libres que des monuments qui attestent d'âge en âge la conquête de leur liberté.

« L'histoire peindra cet instant où les députés, errants dans les rues de Versailles, ne cherchaient qu'à se rencontrer pour se réunir; où le peuple consterné demandait: *Où est l'Assemblée nationale?* et ne la trouvait plus; où le despotisme qui croyait triompher expirait sous les derniers coups qu'il venait de se porter à lui-même; où quelques hommes, à l'approche d'une horrible tempête, et dans un lieu sans défense, qui pouvait devenir leur tombeau, sauvèrent une grande nation par leur courage. Mais ces murs nus et noircis, image d'une prison et transformés en temple de la liberté; ces planches servant de sièges; cette table chancelante sur laquelle fut écrit le plus durable et le plus redoutable serment; ce ciel que chaque député prenait à témoin, et qui ne donnait qu'une faible lumière, comme s'il avait voulu cacher cet auguste mystère à de profanes regards; ce peuple immense se pressant autour de cette retraite, attentif comme s'il avait pu voir à travers les murs, silencieux comme s'il avait pu entendre; et près de là ces palais des prétendus maîtres du monde, ces lambris dorés, d'où les législateurs d'une grande nation étaient repoussés; un tel tableau échapperait peut-être à l'histoire : c'est à l'immortel pinceau, c'est à l'immortel burin à le retracer.

« Conservez, oh! représentants des Français, conservez ce précieux monument; qu'il reste dans son inculte et religieuse simplicité, mais qu'il échappe au torrent des années par des soins capables de l'éterniser sans le changer, ni l'embellir; qu'une garde de citoyens l'environne, comme s'il concentrait encore tout l'espoir d'une grande nation, comme s'il était encore le berceau de la loi; qu'il soit, qu'il demeure surtout fermé comme le temple de la guerre, puisque nous ne verrons jamais se renouveler le combat des pouvoirs qui fit sa glorieuse destinée. Monument instructif pour les enfants des rois, il servira de contraste à leurs demeures; il leur retracera l'époque où commença leur véritable puissance. A jamais respecté de la nation, il lui rappellera le courage, les vertus de ses véritables fondateurs. Un jour la vénération publique en environnera l'enceinte, comme d'une barrière impénétrable aux vils adorateurs du despotisme; et quand le temps aura couvert d'un voile religieux son origine, les générations futures verront encore le génie de la liberté veillant sur les destinées de l'Empire. C'est là que chaque législature, en prêtant son premier serment, rendra grâces à l'auteur de l'homme et de ses droits imprescriptibles de n'être plus exposée aux dangers qui immortalisèrent le choix de cet asile. Les étrangers même, en abordant notre terre hospitalière, viendront recueillir sur le seuil de ce sanctuaire les impressions profondes qu'il fera naître, et emporteront dans leur patrie les germes féconds d'une sensible et courageuse liberté.

« Oh! premiers législateurs des Français! ou plutôt premiers organes des lois de la nature! couronnez nos vœux, en agréant l'hommage du tableau qui représentera votre héroïque serment! Il sera éternel, ce monument dédié au temps et à la patrie, si, placé dans la salle même de vos assemblées, il a sans cesse pour spectateurs des hommes capables d'imiter le patriotisme dont il retracera l'image. »

L'Assemblée nationale a renvoyé la pétition au Comité de constitution, a accordé les honneurs de la séance à la députation, et a ordonné que le discours qu'elle a prononcé et la réponse de M. le Président seraient imprimés dans le procès-verbal[1].

---

1. Cette réponse ne se trouve pas au procès-verbal. Le *Moniteur* du 9 novembre 1790 la donne en ces termes : « *Réponse de M. Barnave, président*. — L'émo-

LXIII

SÉANCE DU 9 NOVEMBRE 1790

D'APRÈS LE DUC DE CHARTRES [1]

..... Le soir, j'ai été aux Jacobins; on m'a nommé censeur (ce sont ceux qui font les fonctions d'huissier). Comme la salle est beaucoup trop petite pour contenir les Amis de la constitution, dont le nombre augmente tous les jours, on a nommé des commissaires pour s'occuper de trouver un autre local. On a parlé sur le projet de la maison militaire du roi. M. Mathieu de Mirampal (un jeune homme) a particulièrement bien parlé. J'ai appris aussi que j'avais été nommé de la députation chargée de porter à l'Assemblée le projet relatif au Serment du Jeu de Paume.

LXIV

DISCOURS DE CHARLES VILLETTE

AU CLUB DES JACOBINS [2]

[10 novembre 1790?]

Messieurs,

D'après les décrets de l'Assemblée nationale, l'abbaye de Sellières [3] est vendue. Le corps de Voltaire y repose; il appartient à la nation. Souffrirez-vous que cette précieuse relique devienne la propriété d'un particulier? Souffrirez-vous qu'elle soit vendue comme un bien domanial ou ecclésiastique? Le nom de Voltaire est si imposant que son éloge devient superflu. Notre glorieuse Révolution est le fruit de ses

tion que l'Assemblée a ressentie au récit des événements que vous lui avez rappelés, les applaudissements qu'elle vous a donnés, vous prouvent l'intérêt qu'elle attache à vos démarches... Il est aisé de concevoir ce que peuvent les arts, sous les yeux de la liberté, pour la conservation précieuse des monuments qui en rappellent la conquête... L'Assemblée prendra vos propositions en très grande considération, et vous invite d'assister à sa séance. »

1. *Correspondance de Louis-Philippe-Joseph d'Orléans*, p. 222-223.
2. *Chronique de Paris* du 12 novembre 1790.
3. L'abbaye de Sellières (ou *Scellières*) était une abbaye de bernardins, située en Champagne, dans le diocèse de Troyes.

ouvrages : s'il n'eût pas fait des philosophes, le fanatisme serait encore debout au sein de la capitale. Ce sont des philosophes qui ont fait les décrets; ce sont des philosophes qui les propagent et les défendent.

La Société des amis de la constitution en est la preuve. C'est à elle qu'il appartient de demander le corps de Voltaire; c'est à elle qu'il appartient d'aller consoler son ombre, et recueillir à Sellières [1] les dépouilles mortelles, les restes d'un simple citoyen qui fut plus grand que tous les rois de la terre. Les hommages qu'on lui doit sont préparés, sont exigés par les honneurs publics rendus à Jean-Jacques et à Franklin.

En vain l'hypocrite vomira ses blasphèmes; à travers le masque de sa bouche de fer [2], la renommée aux cent bouches d'or imposera silence aux déclamations de ces prédicants exaltés.

Vous approuverez sans doute, Messieurs, la translation de Voltaire à Paris : il s'agit de déterminer le lieu où il doit être déposé. L'opinion de quelques honorables membres de cette assemblée n'est point la mienne. Je dirai à l'éloquent orateur qui proposa le Champ de la fédération : Il est plus convenable au guerrier qui combat pour la patrie qu'au philosophe qui renverse les préjugés.

On parle de Voltaire au pied de la statue de Henri IV : il faut laisser de pareils honneurs au courtisan du despote, à La Feuillade, enterré sous le piédestal de son maître. Osons le dire tout haut dans cette tribune, qui est la chaire de la vérité : Voltaire a ressuscité Henri IV. Parmi tant d'écrivains célèbres qui ont illustré le long règne de Louis XIV, en est-il un seul qui ait proclamé le nom du vainqueur de la Ligue? Voltaire a distribué la gloire, et ne l'a reçue de personne. Encore une fois, il est le philosophe, il est le poète de la nation; si les Anglais ont réuni leurs grands hommes dans Westminster, pourquoi hésiterions-nous à placer le cercueil de Voltaire dans le plus beau de nos temples, dans la nouvelle Sainte-Geneviève, en face du mausolée de Descartes, que l'on alla chercher de même à Stockholm, seize ans après sa mort? C'est là que j'offre de lui élever un monument à mes frais. Voltaire, dans cette cérémonie religieuse, aura pour cortège ses fidèles amis; ils sont parmi nous en grand nombre; je les

1. Les restes de Voltaire avaient été transportés à l'abbaye de Sellières. Par décret du 8-15 avril 1791, l'Assemblée nationale en ordonna la translation à l'église de Romilly, puis (par décret du 30 mai-1er juin 1791) à Sainte-Geneviève. Cette cérémonie eut lieu le 11 juillet suivant.

2. Allusion à l'abbé Fauchet qui, dans son journal et son club, attaquait la mémoire de Voltaire.

nommerai en fixant ici mes regards sur les meilleurs Amis de la constitution, sur ses plus intrépides défenseurs.

CHARLES VILLETTE[1].

LXV

SÉANCE DU 11 NOVEMBRE 1790

D'APRÈS LE DUC DE CHARTRES[2]

En sortant de l'Assemblée, j'ai été dîner au Palais-Royal, et de là au Comité de présentation. Pour recevoir quelqu'un, il est nécessaire qu'un membre du Comité signe sur le dos de la présentation. J'ai endossé MM. Lebrun, Comeiras et Brichard; j'ai ensuite prévenu le Comité qu'une personne admise dans le Comité, et affichée dans la salle (M. Meuke ou Mecke), était intéressée dans un papier intitulé *la Gazette générale*, qui est très aristocrate. Il a été ajourné indéfiniment.

LXVI

DISCOURS

PRONONCÉ, AU CLUB DES JACOBINS, PAR UN CURÉ ÉLECTEUR DU DISTRICT DE MELUN

(Paris, Baudouin, 1790, in-8 de 8 pages.)

[L'auteur de ce discours, l'abbé Romain Pichonnier, prêtre du diocèse de Bayeux, chapelain de Saint-Pierre et Saint-Paul à Notre-Dame de Paris, était depuis 1780 curé d'Andrezel, petite commune du district de Melun. Andrezel était une paroisse du diocèse de Paris, à la nomination de l'archevêque. Fort ardent pour la Révolution, et ayant sans doute à se plaindre du chapitre de Paris, qui possédait des droits dans sa paroisse, il se fit nommer électeur par ses paroissiens, et devint aumônier du bataillon de la garde nationale de Guignes, puis membre du directoire du département de Seine-et-Marne, en 1791. — Il renouvela en 1792, au sein du directoire du département, ses plaintes

---

1. *Note des rédacteurs.* — Personne n'avait plus de droit pour faire cette motion que M. Charles Villette. Voltaire est mort dans ses bras; c'est à lui à donner un asile à son ombre errante. Nous ne doutons pas que l'Assemblée nationale ne lui accorde sa demande, et que nous ne contemplions bientôt, dans le superbe temple qu'il a désigné, ce monument élevé au génie par l'amitié. Ce discours a reçu de vifs applaudissements; on en a demandé l'impression.
2. *Correspondance de Louis-Philippe-Joseph d'Orléans*, p. 225.

contre les gros bénéficiers. Après 1794, on le perd de vue. Sans doute il quitta la Brie. On a de lui quelques opuscules imprimés, outre ce discours aux Jacobins de Paris :

1. — Motion contre le chapitre Notre-Dame de Paris, faite à l'Assemblée électorale du département de Seine-et-Marne...., par Romain Pichonnier, citoyen et curé d'Andrezel, électeur du canton de Chaumes, le 27 mai 1790. — *Melun, Tarbé*, in-8° de 12 p.

2. — *Aux électeurs*. — *Melun, Tarbé*, 1790, in-8° de 4 p.

Il y eut alors une « Réponse au libelle diffamatoire répandu dans l'Assemblée des électeurs, à Melun, par le sieur Pichonnier, contre la communauté des habitants, les officiers municipaux et le sieur Lesourt, maire de la ville de Chaumes ». — *Melun, Tarbé*, in-8° de 16 p.

3. — Discours prononcé, le mercredi 14 juillet 1790, en présence des gardes nationales des sept communes formant le bataillon de Guignes, par Romain Pichonnier, prêtre-citoyen, curé de la commune d'Andrezel et aumônier du bataillon. — *Melun, Tarbé*, in-8° de 24 p.

4. — Romain Pichonnier, curé d'Andrezel, aux citoyens des campagnes du département de Seine-et-Marne. — *Melun, Tarbé*, 6 juin 1791, an II de la Liberté, 27 pages in-8°.

Ces renseignements nous ont été communiqués par M. Th. Lhuillier, secrétaire de la Société archéologique de Melun.]

MESSIEURS,

J'aspirais depuis longtemps à l'honneur de me voir assis parmi les membres de la première Société des vrais amis de la constitution. Mes vœux sont remplis ; je goûte à ce moment la plus douce satisfaction que puisse éprouver un curé patriote, qui a juré dans son cœur et prononcé le serment de vivre et de mourir libre.

Vous voyez en moi, Messieurs, un curé des environs de Melun, lequel n'a pas craint d'être le premier de l'Assemblée bailliagère de cette ville à déchirer d'une main sûre et hardie le voile qui cachait aux malheureux habitants des campagnes et à leurs pasteurs les abus du régime clérical et le despotisme du haut clergé. J'ai osé le premier prédire la Révolution dans un ordre qui ne devait son excessive opulence qu'à des siècles d'ignorance et de superstition.

Ami de la vérité, je n'ai pas attendu le moment de la propager sans crainte au milieu des campagnes, aux portes d'un chapitre qui régissait ses vassaux avec la verge de fer. L'orage grondait sur ma tête, et l'ancien aumônier de vaisseau n'en fut jamais épouvanté.

Ami de la liberté, même au péril de ma vie, je n'ai pas attendu la Déclaration des Droits de l'homme pour en prêcher les principes dans mon canton.

Les décrets d'un sénat auguste, la sanction d'un monarque justement adoré du peuple le plus aimant, ne m'ont que trop vengé des sarcasmes, des calomnies d'une foule d'êtres parasites qui s'engraissaient nonchalamment à l'ombre des autels, et d'un grand nombre de curés qui ne cessent encore, dans leur délire, de crier aux bons et simples cultivateurs que la religion est perdue, le culte détruit, parce que la dîme et le casuel sont supprimés.

Honoré du choix libre de mes concitoyens pour être un des électeurs du département de Seine-et-Marne, j'ai paru à la tribune de l'assemblée électorale, pour y dénoncer, avec cette énergie que donnera toujours l'amour de la vérité, la protestation d'un chapitre qui n'avait pas rougi de couvrir du voile de la religion ses prétentions ambitieuses et sa criminelle résistance aux décrets de l'Assemblée nationale.

Cette dénonciation, imprimée et rendue publique par ordre de l'Assemblée, m'a suscité de nouveaux ennemis. Glorieux d'en avoir à ce prix, mon zèle pour la bonne cause ne s'est pas ralenti. Dès le 20 juin, j'ai eu l'avantage de réunir sept communes rurales, de les rallier sous le drapeau de la liberté. Le bataillon de Guignes s'est donné pour chef un généreux citoyen qui n'avait connu jusqu'alors le prix de la fortune que par le plaisir de faire des heureux.

Le bataillon de Guignes en Brie n'a cessé de montrer, depuis sa formation, les sentiments les plus patriotiques. Tous se sont empressés de seconder les vues sages de l'auguste sénat français; tous, fidèles à la loi, se sont fait un devoir d'accélérer le payement de leurs impositions, de n'apporter aucun obstacle à la libre perception des droits indirects non légalement supprimés; tous ont senti que la vraie liberté ne pouvait exister sans la prompte obéissance aux lois obligatoires pour tous; abjurant des erreurs du moment, ils ont regretté des écarts suggérés par des conseils perfides; tous se sont depuis montrés dignes du titre le plus glorieux, du titre de citoyens français.

Ne se bornant point à répandre des larmes stériles sur le tombeau de leurs généreux frères d'armes de Metz, les soldats citoyens du bataillon de Guignes, après l'exhortation de leur aumônier, ont voulu prouver efficacement que les sacrifices pécuniaires ne coûteraient rien aux moins fortunés, lorsqu'il s'agirait du salut de la patrie. Tous se sont empressés de contribuer au soulagement de veuves éplorées, d'enfants orphelins; et la quête a surpassé de beaucoup mon espérance.

Vous me pardonnerez, sans doute, Messieurs, cette digression qui m'est personnelle : pour paraître au milieu de vous, pour oser y élever la voix, il faut des titres bien constatés. Malheur au citoyen qui, se revêtissant de la peau de l'agneau, ne serait bientôt reconnu que comme un loup introduit dans la bergerie!

On a calomnié sans doute la Société des Jacobins; mais, par une de ces fatalités qui accompagnent toujours les révolutions, on a répandu dans nos districts qu'il y avait de faux frères parmi vous.

Revêtu d'un habit dont je m'honore, et qui malheureusement est commun aux ennemis les plus déclarés de la Révolution, je craindrais de passer pour un faux frère, et d'entendre mal interpréter le bonheur dont je jouis maintenant, si l'on me soupçonnait capable d'une démarche dictée par un pur mouvement de curiosité.

Député d'hier matin près de l'Assemblée nationale par les communes qui m'ont choisi depuis longtemps pour leur interprète, à peine arrivé dans la capitale, un heureux hasard m'a procuré le plaisir dont je jouis. Je n'avais pour titre d'admission que mon patriotisme, et l'honorable membre qui m'a introduit ne peut encore vous le certifier; mais je viens d'acquérir un titre dont vous connaîtrez sous peu l'authenticité.

Il manquait à la ville de Melun une Société des amis de la constitution. Le chef-lieu d'un département devait sans doute s'empresser d'allumer dans son sein ce feu sacré qui doit échauffer la génération qui s'élève et former pour la patrie des défenseurs aussi intrépides que ceux que l'on se plaît à compter dans le sénat français, et parmi vous, Messieurs.

Dix-sept électeurs, du nombre desquels je suis, se sont réunis, ces jours derniers, pour fonder ce précieux établissement. Vos règlements ont été adoptés en grande partie; et un des articles du nôtre est d'entretenir avec vous une correspondance qui fasse trembler les ennemis de la patrie jusqu'au fond de nos hameaux, où la peur les a relégués, dont ils ne sortent que pour chercher à séduire les faibles, à corrompre les faciles, et qui, par des libelles abominables, par des actes apostoliques, dégoûtants par leurs sales plaisanteries, par leurs mauvais calembours, propagent une contagion d'autant plus dangereuse que le peuple des campagnes ne peut s'instruire aussi promptement qu'il a été vif à sentir les premiers élans d'une liberté naissante.

Déjà, Messieurs, la Société des amis de la constitution, séante à Melun, compte parmi ses membres des Jaucourt, des Vaublanc, dignes émules des Lameth et des Barnave. Elle y compte des citoyens connus par un patriotisme éclairé et soutenu, et qui leur a mérité d'être appelés aux fonctions d'administrateurs; elle y comptera bientôt les Tellier, les Courteille, qui, magistrats de notre ancien tribunal, ont mérité, par l'ardeur avec laquelle ils ont embrassé la cause du peuple à l'Assemblée nationale, d'être choisis pour nouveaux juges du district de Melun. Un choix libre a purifié des titres qu'ils n'avaient dû qu'à la vénalité.

Soutenue par votre exemple et par celui de toutes les Sociétés semblables érigées dans les villes de la France, la Société melunaise s'empressera de concourir au bien général ; elle éclairera les citoyens de son district sur leurs vrais intérêts. La publicité de ses séances y appellera les jeunes gens, qui viendront apprendre à bien mériter de la patrie, à se former aux administrations et à la législation.

En vain les ennemis de la patrie osent-ils encore tout espérer de l'inconstance du peuple français. Aveugles qu'ils sont dans leur rage et leur désespoir, ils feignent d'ignorer que des hommes libres ne peuvent plus être volages. Si le citoyen semble s'endormir et les laisse impunément murmurer, qu'ils tremblent à son réveil ! Les Amis de la constitution veillent toujours pour lui ; et du Club des Jacobins partira ce rayon de lumière qui éclairera dans un instant tout l'empire français. Laissons, s'il le faut, à nos égoïstes mécontents, à nos ambitieux pontifes, à nos moines désœuvrés, le sarcasme et la calomnie : la raison est pour nous ; la loi nous autorise, et les gardes nationales nous en assurent l'exécution.

Encore quelques moments, et bientôt le peuple français ne connaîtra plus d'ennemis. Ne se trouvant dans la prochaine législature que des citoyens librement élus par lui seul, on ne verra plus ces divisions funestes qui semblent profaner la plus belle Révolution. Il fallait, pour la faire, un assemblage aussi bizarre ; il fallait une oppression aussi marquée pour faire luire, du milieu des orages, le beau jour de la liberté. Mais bientôt l'achèvement d'une constitution, à laquelle nos nouveaux législateurs jureront sans doute en présence de leurs commettants de se conformer entièrement, fera disparaître du milieu de nous cet esprit de discorde qui scandalise en apparence nos prétendus impartiaux ; mais qui vraiment, dans leur cœur, est le seul, quoique vain, espoir qui leur reste de ne point voir s'achever une constitution dont la sagesse transmettra dans la postérité la plus reculée et d'un pôle à l'autre les noms de ses auteurs et celui du meilleur des rois, qui a promis au peuple d'en être le plus ferme appui.

Pour moi, Messieurs, fidèle à mon serment, je le prononce de nouveau devant vous : Vivre libre ou mourir, voilà ma profession de foi. Ministre d'une religion qui a tracé elle-même les bases de notre sublime constitution, je me ferai toujours un devoir sacré d'apprendre à mes paroissiens que nous sommes tous égaux devant la loi et que nous devons tous la respecter et y obéir. Encore quelques années, et des pontifes désintéressés, patriotes et populaires, des curés vertueux et plus instruits que ne l'étaient la plupart de ceux des campagnes, apprendront à leurs habitants à bénir la Révolution, et ils la béniront avec eux. Administré par des citoyens vivant avec lui, le vertueux laboureur acquittera gaiement des impôts, dont il connaîtra l'emploi; il oubliera ses malheurs. Heureux dans leurs humbles foyers, les manouvriers des campagnes ne regretteront plus la fécondité de leur mariage; ils élèveront des citoyens à la patrie; les lumières ne seront plus concentrées dans les villes, et la France ne sera plus qu'une grande famille, dont les membres auront les mêmes droits, les mêmes motifs d'encouragement et les mêmes assurances de parvenir aux honorables fonctions fixées par la constitution.

Signé : Pichonnier, curé d'Andrezel.

Imprimé par ordre de la Société des amis de la constitution. Paris, le 14 novembre 1790.

Signé : Chabroud, *président.*

Fendel, Villars, *secrétaires.*

LXVII

SÉANCE DES JACOBINS DU 14 NOVEMBRE 1790

D'APRÈS CARRA [1]

CALOMNIE DES SIEURS BOYER ET CERIZIER

AUTEURS DE LA « GAZETTE UNIVERSELLE »[2]

CONTRE LA SOCIÉTÉ DES AMIS DE LA CONSTITUTION DE PARIS

Le 14 novembre, on a dénoncé aux Jacobins le paragraphe suivant de *la Gazette universelle* du même jour :

« La nouvelle du combat entre MM. Lameth et Castries, apportée le même soir à l'assemblée des Jacobins, y causa une fermentation extrême, au point que les membres de l'Assemblée nationale présents à la séance se retirèrent bien vite, pour ne pas paraître, par leur pré-

---

1. *Annales patriotiques et littéraires*, t. V, p. 684.
2. *La Gazette universelle, ou Papier, nouvelles de tous les pays et de tous les jours*, était un journal contre-révolutionnaire qui parut du 1er décembre 1789 au 10 août 1792. La collection forme 5 vol. in-4°.

sence, approuver les résolutions désespérées auxquelles on s'abandonnait. Il n'était question de rien moins que d'aller dévaster et abattre l'hôtel de Castries, et de tomber sur tous les aristocrates insolents qui insultent journellement les défenseurs de la cause du peuple. On s'était encore affermi dans cette résolution, après avoir entendu les plaintes que venaient de porter MM. Menou et Barnave, etc. »

On voit que, dans ce paragraphe, les sieurs Boyer et Cerizier, dès longtemps vendus au ministère, voudraient faire retomber adroitement sur la Société des amis de la constitution le projet que le peuple a formé lui-même et exécuté le lendemain d'aller démeubler l'hôtel de Castries; eh bien, les sieurs Boyer et Cerizier sont coupables de la plus insigne calomnie envers cette Société : 1° On n'a pris ni publiquement ni en particulier, dans la séance du 12, aucune espèce de résolution, et encore moins celle d'aller dévaster et abattre l'hôtel de Castries; cette idée-là même n'est venue à personne, ce qui peut être attesté par plus de 800 membres qui étaient présents; 2° MM. de Menou et Barnave n'ont point paru dans cette séance; M. de Mirabeau seul a exprimé à la tribune, avec beaucoup de sagesse et de circonspection, la douleur que les bons patriotes devaient éprouver de l'accident arrivé à M. Charles Lameth. Chacun s'est retiré ensuite, et aucun des députés de l'Assemblée nationale qui se trouvaient à cette séance n'a quitté avant la fin de la séance. Mais la calomnie des auteurs de *la Gazette universelle* ne surprendra point ceux qui lisent habituellement leurs feuilles, et qui savent que ces auteurs ont toujours plaidé la cause des ministres et des ennemis du peuple contre le peuple lui-même, tout en affectant niaisement une impartialité politique et un certain attachement à la constitution. Mais le peuple n'est jamais dupe de ces grimaces, et l'on sait trop bien que les deux auteurs cités sont réellement pensionnés de la Cour.

CARRA.

LXVIII

SOCIÉTÉ DES AMIS DE LA CONSTITUTION

EXTRAIT DU PROCÈS-VERBAL DE LA SÉANCE DU 15 NOVEMBRE

L'AN DEUXIÈME DE LA LIBERTÉ

(Paris, 1790, in-8 de 4 p.)

[Pour comprendre les circonstances qui amenèrent le débat qu'on va lire, il faut se reporter à l'article suivant de la *Chronique de Paris* du 9 novembre 1790 :

« Un commandant de bataillon de la garde nationale [1] a dénoncé avant-hier soir à la Société des amis de la constitution le projet qu'avaient les ministres de former pour la garde du Roi une maison militaire de 6,000 hommes, laquelle serait prise parmi les anciens gardes-françaises, dont l'état-major est encore soldé, et parmi les grenadiers du centre. Il y a plusieurs jours que nous avons dénoncé ce projet. Ce serait le moyen le plus sûr d'allumer dans Paris le feu de la guerre civile, d'opérer cette contre-révolution si désirée de nos ennemis et de replonger la France dans l'abîme du désordre et de l'anarchie; mais la coalition des bons citoyens, la sainte institution des Sociétés des amis de la constitution, sera toujours l'écueil contre lequel viendront se briser leurs détestables projets. Voici des pièces authentiques.

« *Lettre du Roi à M. de La Fayette.*

« D'après ce que vous m'avez dit hier, Monsieur, je vous instruis que je prendrai dans ma garde les grenadiers et les hommes du centre.

« *Signé* : LOUIS.

« *Lettre circulaire des Grenadiers de l'Oratoire*
« *Aux autres Compagnies du centre.*

« DU 7 NOVEMBRE 1790

« NOS CHERS CAMARADES,

« Nous souhaitons tous que notre sort soit décidé; mais, tandis que nous cher-
« chions les moyens de parvenir à l'objet de nos désirs; tandis que, suivant
« l'impulsion qui nous était donnée par des hommes qui avaient su captiver
« notre confiance, nous nous laissions peut-être aller à de fausses démarches,
« notre général travaillait pour ses enfants, qu'il nomme ses camarades.
« Hier nous avons appris du général lui-même qu'il avait été notre interprète
« auprès du Roi, que Sa Majesté, touchée de nos demandes, a daigné, par une
« lettre de sa main, que nous avons tous lue et entendue hier, l'assurer qu'elle
« était dans l'intention, pour composer sa garde à sa solde, de choisir dans la
« garde soldée.
« Quand même nous n'aurions pas tant de raisons d'accorder une confiance
« aveugle à notre commandant, cette marque d'intérêt et d'amitié suffirait pour
« nous attacher à lui et pour éloigner de nous jusqu'à l'ombre des soupçons;
« ainsi, nos chers camarades, reposons-nous entièrement sur ses soins, et ne
« pensons qu'à lui témoigner notre reconnaissance.
« Nous sommes avec fraternité vos camarades,

« *Signé* MARÉ, sous-lieutenant; ROMINGUE, lieutenant;
« MOUNIER, GAUTHIER, BAUBILTHER, grenadiers;
« JACOB, sergent; RAMBOUR, caporal. »

1. Il s'agit du même Gerdret dont il va être question plus bas. — Antoine-Christophe Gerdret était négociant rue des Bourdonnais (Voir plus haut, p. 336).

« Il est aisé de voir que les agents de la Cour ont saisi ce moyen pour semer la discussion dans l'armée parisienne ; mais les efforts des ennemis de la constitution seront vains: elle subsistera ; ses intrépides défenseurs ne perdront jamais de vue le serment sacré qu'ils portent sur leurs boutons et qu'ils ont gravé dans le cœur : *Vivre libre ou mourir*. Ils feront connaître leur erreur aux soldats que l'on égare ; l'armée française et les gardes nationales seront unies du même esprit, parce qu'elles n'ont qu'un même intérêt, et les ennemis de la constitution seuls doivent trembler ».]»

M. Gerdret, membre de la Société et commandant du bataillon de l'Oratoire, ayant fait lecture d'un imprimé ayant pour titre : *Adresse des commandants de bataillons de la 1re division aux commandants de bataillons des autres divisions de la garde nationale parisienne*, et conçu en ces termes :

CHERS CAMARADES,

Vous connaissez tous le billet que Sa Majesté a bien voulu écrire à notre général en faveur des gardes nationaux volontaires et du centre ; vous êtes pareillement instruits que ce billet, singulièrement dénaturé, a donné lieu à une motion qui a été faite à la tribune du Club des Jacobins par l'un de nos camarades ; vous avez été témoins de la vive fermentation qu'elle a causée parmi nos concitoyens et des suites qu'elle pourrait avoir ; enfin, vous avez entendu les calomnies absurdes qu'elle a fait répandre contre notre général, et vous avez sûrement partagé la juste indignation que ces calomnies nous ont inspirée.

Heureusement, chers camarades, la vérité a été bientôt connue ; mais nous suffit-il que les projets des malveillants aient avorté ? Non, il est encore de notre devoir de nous réunir tous, afin de désavouer publiquement pour notre camarade celui dont une démarche inconsidérée a pu provoquer un grand désordre. Ce devoir est pénible à remplir ; mais nous nous le devons à nous-mêmes, nous le devons encore plus à notre brave général, comme une preuve authentique de la confiance éclairée que nous avons dans ses principes et de notre entier dévouement pour sa personne.

Nous sommes avec les sentiments de la plus parfaite fraternité vos camarades,

Le chevalier Guillote, commandant du 2e bataillon ; Alexandre Clément, commandant du 3e bataillon ; Acloque, comman-

---

1. Voir aussi les *Annales politiques et littéraires* de Mercier et Carra, t. V, p. 645 et 689, et l'*Orateur du peuple*, t. III, p. 196.

dant du 4ᵉ bataillon ; Debemant, commandant du 5ᵉ bataillon ; Soufflot le Romain, commandant du 6ᵉ bataillon ; Étienne, commandant du 7ᵉ bataillon ; Auguste Parseval, commandant du 9ᵉ bataillon ; Calvinhac, commandant du 10ᵉ bataillon.

Ce 12 novembre 1790.

P. S. — Nous attendons votre réponse avant de faire aucune démarche ; nous vous prions de l'adresser à notre chef de division.

Vu par nous, chef de la première division,

CHARTON.

La Société des amis de la constitution, considérant que les persécutions exercées contre les citoyens pour gêner la liberté de leurs pensées et ravir à la nation la connaissance des faits qui intéressent sa sûreté sont des atteintes immédiatement dirigées contre la liberté publique ;

Considérant qu'il est du devoir des Amis de la constitution de lutter par tous les moyens qui sont en eux contre un genre d'oppression qui, en intimidant le courage des bons citoyens, tend à dégager les hommes publics de l'utile surveillance qui doit sans cesse les environner ;

Considérant enfin que prêter solennellement l'appui de leur estime au développement des vérités qui intéressent le salut commun, c'est se déclarer les amis de tous les hommes courageux qui les disent avec franchise et de tous les hommes purs qui n'ont rien à en redouter ;

A arrêté qu'elle renouvelle à M. Gerdret le témoignage de son estime et que ceux de ses membres qui prendraient part à aucune démarche contre lui à raison de l'exposé qu'il a fait à la Société, dans la séance du 7 novembre, sont dès à présent exclus de son sein et considérés comme indignes d'y être reçus à l'avenir.

Signé : CHABROUD, président.

BROSTARET, FEYDEL, H.-F. VERCHÈRE, VILLARS, secrétaires.

Pour copie : FEYDEL, secrétaire.

1. On lit à ce sujet, dans la *Chronique de Paris* du 17 novembre 1790 : « Avant d'aller plus avant, nous demanderons à M. Guillote, ci-devant inspecteur de police au marché aux chevaux, pourquoi il signe *chevalier*. Nous observerons que M. Auloque, instruit, après avoir signé, que le brave Gerdret était le citoyen

[*L'Orateur du peuple*, t. III, p. 263, ajoute:]

A la lecture de cet arrêté, rédigé par M. Barnave, les membres de la Société, au nombre de douze cent onze, ont demandé à le revêtir de leur signature individuelle.

Une telle détermination couvre d'une juste flétrissure l'adresse des commandants de bataillon.

LXIX

PAMPHLET

LES JACOBINS DÉNONCÉS

AUX CITOYENS, AUX TROIS RÉGIMENTS DE TROUPES DE LIGNE, FORMÉS DE LA GARDE NATIONALE DU CENTRE, A LA GENDARMERIE A PIED ET A CHEVAL, A LA GARDE NATIONALE BOURGEOISE, AUX DIX-HUIT CENTS GARDES DE LA MAISON DU ROI ET AUX CI-DEVANT GARDES-FRANÇAISES [1].

(S. n. l. d., in-8 de 4 p.)

Les Jacobins méditent encore de grands forfaits. Ils cherchent à rendre suspects les soldats des trois régiments de troupes de ligne formés de la troupe du centre, et demandent qu'ils soient envoyés sur les frontières; ils calomnient la gendarmerie à pied et à cheval, qui a déjoué jusqu'à présent leurs projets et protégé si efficacement la propriété des citoyens; ils veulent qu'elle soit dispersée dans toute l'étendue du royaume. Ils ont dit dans leur tribune et fait répéter par leurs émissaires cent impostures sur le compte de la nouvelle maison militaire: qu'elle était le double et le triple de ce qu'elle avait été décrétée; que mille hommes de cette garde devaient être placés à l'Arsenal, pour se rendre maîtres de la poudre et des autres munitions de guerre. Mais nous ne finirions pas si nous rendions compte de tous les impudents mensonges qu'ils ont dits, à ce sujet, dans leur infâme repaire, et fait circuler dans le public. Ils ont cherché à soulever le peuple contre les citoyens qui se vouent à la sûreté publique; ils vont

dénoncé, a retiré sa signature. — Cet arrêté a été lu lundi à la Société des amis de la constitution: cette Société qui, si la liberté pouvait être bannie du reste du monde, serait son sanctuaire, n'a pu voir sans une véritable douleur un si généreux citoyen victime de son zèle et de son courage; elle a cru devoir le couvrir de l'égide de son estime, et elle a pris l'arrêté suivant. » (Suit le texte de l'arrêté.)

1. C'est encore aux événements qui précèdent que se rapporte ce pamphlet.

jusqu'à dire que lorsqu'ils arrêtent quelques perturbateurs du repos public, voleurs ou autres, ils affectent de les faire passer dans le ruisseau, le plus près des roues de voiture, pour les faire écraser. Santerre, cet agent du duc d'Orléans, l'a dit aux Jacobins, et a été applaudi. Ces scélérats supposent que tous les ci-devant gardes-françaises se plaignent des mauvais traitements qu'ils reçoivent; et il est très vrai que tous ceux qui se sont retirés l'ont fait librement, et qu'il y en a tout au plus une trentaine, gagnés par ces monstres, qui témoignent quelque mécontentement. Enfin, ils menacent d'enclouer tous les canons.

Nous vous le demandons, citoyens : lorsque ces scélérats osent exiger que les trois régiments de troupe de ligne, la gendarmerie à pied et à cheval, soient renvoyés; lorsqu'ils déclament contre la garde nationale bourgeoise; lorsqu'ils font construire des piques, lorsqu'ils manifestent l'intention de rendre nos canons inutiles; n'est-ce pas une preuve de leurs criminelles intentions? N'est-il pas clair qu'ils veulent livrer aux brigands qu'ils ont fait venir de toutes les parties du royaume et de l'étranger les propriétés et les vies des citoyens? Cent Jacobins se sont assemblés, pendant la nuit, dans la place Vendôme, et ont fait le serment *d'en finir avec la dynastie régnante*; ce sont les expressions dont ils se sont servis, c'est-à-dire d'assassiner ou faire assassiner tous les Bourbons. Détruisons cette affreuse Société; dispersons-en les membres abominables, ou les plus grands malheurs vont fondre sur nous.

LXX

SÉANCE DU 19 NOVEMBRE 1790

D'APRÈS LE DUC DE CHARTRES[1]

J'ai été aux Jacobins; j'ai demandé la parole et ai dit que l'année dernière l'on avait eu la bonté de m'admettre avant l'âge fixé dans la Société philanthropique; que cette Société dépensait environ cent mille livres, et que cette année, au lieu d'avoir cent mille livres à sa disposition, elle n'en avait que cinquante, parce que des personnes très riches donnent leur démission, sous prétexte que la Révolution leur empêche de donner quatre louis par an. Cela a deux raisons: la première, c'est de pouvoir dire que la Révolution a fait tomber ce

---

1. *Correspondance de Louis-Philippe-Joseph d'Orléans*, p. 226-227.

respectable établissement ; la seconde, c'est qu'en diminuant le revenu de la Société philanthropique on la force à diminuer le nombre des pensionnés, et on fait un ennemi de la Révolution de chaque pensionnaire réformé qui redemande la pension qui le faisait vivre, en lui disant : *C'est la Révolution qui vous ôte votre pain.*

J'ai dit que je croyais qu'il serait digne de la Société des amis de la constitution de soutenir la Société philanthropique et que j'invitais tous ceux qui pouvaient donner quatre louis par an à vouloir bien s'y faire recevoir, et ceux qui ne le pouvaient pas de vouloir bien y porter ce dont leur fortune leur permet de disposer.

J'ai été très applaudi ; et sur la demande de M. Feydel, on a arrêté de porter à la Société une quête faite il y a un mois pour un malheureux qui l'a refusée.

LXXI

SÉANCE DU 20 NOVEMBRE 1790

D'APRÈS LE DUC DE CHARTRES [1]

J'ai été hier soir aux Jacobins. M. Pujol, apothicaire, et très bon patriote, avait prêté sa carte ; on l'avait mis à part parce qu'il y a un arrêté qui exclut de la Société tous ceux qui prêteront leur carte ; chaque récipiendaire est obligé de la signer. M. Pujol ne l'avait pas lu. J'ai sollicité l'indulgence de l'assemblée pour ce patriote, et on a ordonné de lui rendre sa carte.

LXXII

SÉANCE DU 22 NOVEMBRE 1790

[On lit dans *le Patriote français* du 23 novembre 1790 :]

Hier, M. Barnave a présenté et fait recevoir au Club des Jacobins les députés de cette assemblée du nord de Saint-Domingue qui a développé des principes aussi séditieux que celle de Saint-Marc, et aucun membre ne s'est opposé à cette réception. Et on distribuait alors la lettre à M. Barnave, où sa conduite, coupable à cet égard, est pleinement démontrée.

---

1. *Correspondance de Louis-Philippe-Joseph d'Orléans*, p. 229.

LXXIII

SÉANCE DU 25 NOVEMBRE 1790
D'APRÈS LE DUC DE CHARTRES [1]

Après le dîner, j'ai été aux Jacobins; je suis arrivé le premier dans la salle; on m'a prié de passer dans la chambre à côté; on m'a donné à faire le résumé de quelques lettres de province, parce qu'à moins que ces lettres ne soient très intéressantes, on n'en lit que des résumés. Un des résumés (non pas des miens) était conçu en ces termes : *Une lettre de la Société de Foix, qui vous fait passer un exemplaire d'une adresse au roi, dans laquelle elle articule un fait contre M. Lambert, contrôleur général.* On a demandé la lecture de cette adresse, qui est en effet rédigée selon le style de l'ancien régime : *Votre royaume, vos fidèles sujets verseront jusqu'à la dernière goutte de leur sang pour votre personne sacrée*, etc., etc., se trouvent dans cette adresse, qui a été interrompue par des murmures auxquels je n'ai pris aucune part. On a demandé de passer au fait, ce qui a été exécuté. Un membre de l'Assemblée nationale, député de Foix, a justifié M. Lambert, et a dit qu'il fallait excuser le style de ses compatriotes, parce qu'ils étaient si éloignés de tout que l'esprit public n'avait pas encore pénétré chez eux, mais qu'ils chérissaient et bénissaient la constitution. D'après ma demande et d'après celle de plusieurs autres membres, la Société a passé à l'ordre du jour.

LXXIV

SÉANCE DU 26 NOVEMBRE 1790 [2]

Vendredi dernier, on lut à la Société des amis de la constitution de Paris une adresse rédigée par un curé, âgé de cinquante ans, qui avait pour objet de supplier l'Assemblée nationale de rendre aux prêtres la liberté de se marier. Cette adresse fondée sur la raison, sur la nature, sur l'usage constant des premiers siècles de l'Église, annonce de la part de l'auteur une âme honnête et sensible, en qui les appro-

---

1. *Correspondance de Louis-Philippe-Joseph d'Orléans*, p. 229-231.
2. *Journal des clubs*, t. 1, p. 115, n° 3.

ches de la vieillesse n'ont pas encore détruit les tendres affections du cœur, et qui commence à redouter le délaissement et la solitude dont ses vieux jours sont menacés[1].

Nous ignorons si l'Assemblée nationale s'occupera d'un objet qui paraît être de pure discipline ecclésiastique; nous prévoyons encore moins quel serait alors son jugement. Sans chercher à le prévenir, nous essayerons d'examiner uniquement sous le rapport de la politique cette question, beaucoup plus importante peut-être qu'on ne pense : Est-il avantageux à la société que les prêtres aient la liberté de se marier?

Qu'est-ce qu'un prêtre dans l'ordre social? C'est un officier de morale, chargé d'instruire les hommes des grands principes de justice et de charité qui doivent diriger leur conduite particulière, de leur annoncer un Dieu, le protecteur de la vertu, l'ennemi du vice, aux yeux duquel rien n'est caché, qui connaît toutes les pensées, et qui voit les actions les plus secrètes que la loi ne peut pas surveiller.

Le ministre d'un Dieu bienfaisant doit être aussi l'instrument de sa Providence. Il doit se dévouer plus particulièrement au bonheur des hommes, au maintien de la paix dans les familles, au soulagement, à la consolation des malheureux. Mais, pour remplir dignement ces fonctions, est-il donc nécessaire d'outrager la nature ? Et l'homme qui se fait l'organe des volontés du Ciel a-t-il le droit de se soustraire au premier commandement que Dieu ait fait aux hommes après leur création : *Crescite et multiplicamini*, croissez et multipliez!

C'est une contradiction bien singulière que, pour admettre un candidat au sacerdoce, on exige de lui qu'il soit muni de tous les organes destinés à la multiplication de l'espèce, et qu'on lui en interdise l'usage. Il est bien bizarre qu'on ait imaginé d'honorer, par une nullité volontaire, le Créateur, dont l'essence est la production, et qui, dans les saintes Écritures, maudit partout la stérilité! Un pareil sacrifice nous paraîtra bien plus absurde si nous en suivons les effets dans l'individu qui a l'imprudence de s'y soumettre et dans la société dont il trouble l'harmonie.

C'est en vain qu'un adolescent, une jeune beauté, qui s'ignorent encore eux-mêmes, dont les premières années se sont passées dans la retraite, loin de ce monde qu'on leur dit être si dangereux, ont prononcé le vœu indiscret de renoncer à leur existence. Bientôt une voix

---

1. Bien que les réflexions qui vont suivre n'aient pas pour objet les séances du Club des Jacobins, nous les reproduisons parce qu'elles expriment bien l'état de l'opinion en 1790 sur une question dont les Jacobins eurent, on le voit, à s'occuper.

plus forte que celle d'un devoir factice, la voix sacrée de la nature, vient se faire entendre au fond de leurs cœurs, et s'en échappe en vains soupirs. Bientôt un instinct plus impérieux que tous les serments arrache le bandeau fatal de leurs yeux, qui se remplissent inutilement de larmes. Le souverain de l'univers, l'amour, dont l'haleine féconde entr'ouvre le calice des fleurs, qui, dans nos bosquets, inspire à Philomèle ses chants mélodieux, qui, dans les déserts de l'Afrique, fait ramper les tigres et rugir les lions, l'amour exerce également son empire sur le jeune pontife et sur la timide vestale. D'abord c'est une douce chaleur qui circule paisiblement dans leurs veines ; bientôt c'est un torrent de feu qui les brûle et qui les consume.

Quand les organes de l'homme ont atteint tout le développement dont ils sont susceptibles, le superflu des sucs s'accumule dans les vaisseaux, désormais incapables d'un plus grand accroissement. De nouveaux canaux sont ouverts, un nouveau travail commence : des ornements nouveaux, de nouvelles formes, de nouveaux désirs, annoncent l'instant de la maturité. Les germes créateurs sont prêts : trop longtemps retenus dans les cellules qui les renferment, ils en irritent les membranes. Cette commotion électrique se communique rapidement à tout le système nerveux ; elle se porte jusqu'au cerveau, le délire est dans l'imagination, le désordre est dans tous les sens. Jeunes amants, l'amour et l'hymen vous appellent : goûtez le vrai bonheur dans des jouissances légitimes.

Telle est la loi de la nature. Mais si, par des engagements qu'elle réprouve, on a la témérité de vouloir se soustraire à son empire, si l'on résiste à l'aiguillon du besoin, les principes de la vie s'altèrent bientôt dans leur source. Toutes les humeurs se corrompent, toutes les fonctions se dégradent, le visage se décolore, le cœur se flétrit, une sombre mélancolie s'empare de l'âme, le caractère devient farouche, la solitude irrite, et la société désespère.

Dans un état aussi pénible, que fera le jeune lévite, nouvel Adam, placé continuellement au pied de l'arbre de la science, environné de serpents tentateurs ? Si, trop faible pour vaincre un penchant bien doux, il se permet des jouissances que lui défendent ses vœux, dès lors il est obligé de se couvrir du masque de l'hypocrisie, d'être dans une contradiction perpétuelle de ses paroles avec sa conduite, de prêcher la vertu en s'abandonnant au vice. Insensiblement il contracte l'habitude de la fausseté, ses inclinations se dépravent, son âme s'avilit, ses remords se taisent ; il arrive enfin au dernier degré de la corruption.

De là tant de victimes innocentes, entraînées dans le désordre par l'abus de la confiance ; de là tant d'épouses séduites, tant de couples désunis; de là tant de scandales publics et particuliers, tant de froideur pour la religion, et tant de mépris pour ses ministres.

Nous ne parlerons point des plaisirs solitaires et honteux auxquels se livrent trop souvent les malheureux voués aux privations du célibat : de tels détails, en souillant notre plume, révolteraient la délicatesse de nos lecteurs.

Si, fidèle à ses engagements, un jeune prêtre a le courage de résister à ses passions, que de combats à soutenir, et combien lui coûtent ses victoires ! Obligé de lutter sans cesse, son caractère s'aigrit à force de contrariétés; sa vertu devient sombre, sa morale prend une teinte atrabilaire, qu'il répand dans ses discours et dans l'exercice de ses fonctions. Alors, loin de faire aimer la religion, il la rend odieuse. Son austérité porte le trouble dans les consciences timides ; il prête à Dieu les petites passions des hommes; il ne parle que de ses vengeances; et, loin de porter dans les âmes cette confiance douce, cette dévotion tendre, qui soutient et console, il n'inspire que la crainte et le désespoir.

Forcé de concentrer en lui-même toutes ses affections, ne tenant à la société par aucun lien, un prêtre n'a bientôt plus ni parents, ni patrie, son intérêt personnel est le seul qui l'occupe ; cet intérêt ne tarde pas à se confondre dans son esprit avec celui de la religion. De là tant de cabales, tant d'intrigues, tant de troubles excités par les prétentions réunies des prêtres; de là cette ligue dangereuse du clergé qui ébranla tant de fois les empires, et qui a fait répandre tant de sang en Europe.

Pour abattre entièrement ce colosse, pour éteindre à jamais le flambeau du fanatisme, qui semble vouloir se rallumer, le moyen le plus sûr est de rappeler les prêtres à l'état de nature, en leur permettant de s'engager dans les doux liens du mariage : alors ils pourront avoir des mœurs ; alors ils prêcheront la vertu d'exemple et de parole; alors la considération que s'attireront les ministres rendra la religion plus chère et plus respectable; alors, livrés à des sentiments plus humains, les prêtres auront des vues plus pacifiques; alors ils n'auront pas des intérêts opposés à ceux de la société; alors ils seront hommes, ils seront citoyens. Ce que nous disons ici n'est point une spéculation frivole. En Angleterre, en Hollande, partout où les prêtres ont conservé la faculté de se marier, ils sont en général vertueux et paisibles ; partout où ils sont astreints au célibat, ils ne s'abandonnent que trop souvent au libertinage et à l'intrigue.

C'est en vain qu'on objecterait les lois de l'Église. Ces lois ont été faites dans les siècles antérieurs, et n'étaient pas connues dans les temps où, plus voisine de sa naissance, la religion chrétienne conservait encore sa ferveur et sa pureté primitives. Lorsque, dans le concile de Trente, la loi du célibat fut portée, on remarqua que les jeunes gens l'avaient provoquée, et que tous les vieux pères du concile s'y opposaient. Les premiers eurent l'avantage; mais les vieillards parlaient d'après l'expérience, et les jeunes opinaient suivant leurs passions.

Peut-être dira-t-on que les soins d'une famille, l'embarras d'un ménage, l'éducation de leurs enfants, la nécessité de pourvoir à leur existence future, détourneraient les prêtres de leurs véritables fonctions : nous répondrons que ces soins même, en les retenant agréablement dans leur intérieur, les empêcheraient de se livrer au tumulte et à la corruption du monde. D'ailleurs, les prêtres n'ont-ils pas, dès à présent, leur ménage, dont ils sont obligés de s'occuper seuls? Ne se chargent-ils pas souvent d'élever les enfants des autres? Pourquoi n'élèveraient-ils pas de même les leurs? Et ne seraient-ils pas bien plus capables de diriger l'éducation publique lorsqu'ils seraient vraiment citoyens?

Si les honoraires fixés pour les différentes fonctions du sacerdoce ne paraissent pas suffisants pour les besoins d'une famille, nous dirons que les alliances que les prêtres pourront former augmenteront leurs ressources, et que d'ailleurs il n'est pas nécessaire, ni peut-être convenable, de les tirer toujours de la classe indigente. Lorsque le sacerdoce aura repris la dignité et la considération qu'il aurait dû ne jamais perdre, les citoyens aisés s'honoreront d'en remplir les fonctions.

Combien il serait touchant de voir un père, environné de ses enfants, offrir à Dieu les vœux de sa famille, et répandre sur elle ses bénédictions! Combien son ministère serait plus imposant, plus respecté, quand il joindrait à la sainteté qui lui est propre l'autorité de la nature!

LXXV

SÉANCE DU 26 NOVEMBRE 1790

D'APRÈS LE DUC DE CHARTRES [1]

..... Je suis arrivé au Comité des présentations aux Jacobins. J'ai

---

1. *Correspondance de Louis-Philippe-Joseph d'Orléans*, p. 231-232.

examiné la lettre que M. Mecke avait fait insérer dans le journal de MM. Mercier et Carra; on m'a demandé si je répondais de la vérité de ce qu'elle contenait : j'ai dit que non [1].

LXXVI

SÉANCE DU 28 NOVEMBRE 1790

EXTRAIT D'UN DISCOURS PRONONCÉ À LA TRIBUNE DE LA SOCIÉTÉ DES AMIS DE LA CONSTITUTION DE PARIS, PAR M. STOURM, MEMBRE DE CETTE SOCIÉTÉ, LE 28 NOVEMBRE 1790, EN RÉPONSE AUX ASSERTIONS DE M. CARRA, SUR LA POSITION ACTUELLE DE LA BELGIQUE [2].

Je ne prétends pas justifier les intentions de l'empereur ni applaudir à ses mesures contre les Belges; je suis loin d'avoir une entière confiance dans la maison d'Autriche; mais je dois défendre ces braves Vonckistes, indignement persécutés, et plus indignement calomniés. Beaucoup d'entre eux se trouvent parmi vous, Messieurs, et sont dignes d'y être. Vos principes sont les leurs, et voilà précisément ce qui leur a fait éprouver tant de persécutions. C'est pour avoir prêché à leurs concitoyens la constitution française qu'ils ont été proscrits. Et c'est ici, à cette tribune, que l'on ose se déclarer pour leurs ennemis, qui sont les nôtres! Oui, Messieurs, que Van der Noot, Van Eupen et leurs complices ne s'en prennent qu'à eux-mêmes si l'empereur recouvre aujourd'hui sa domination dans les Pays-Bas. Jaloux de régner, ils n'ont point voulu consulter leur nation, et ils ont repoussé avec la fureur du fanatisme les justes réclamations des amis de la liberté et de l'égalité, des véritables auteurs de la révolution belgique.

1. Cette lettre parut dans les *Annales patriotiques et littéraires* du 16 novembre 1790. (Tome V, p. 672, n° CCCCX.) Elle est ainsi conçue : « *Paris, le 13 novembre.* — Messieurs, comme je suis soupçonné d'être intéressé au journal ayant pour titre *la Gazette générale*, je déclare d'honneur n'y avoir aucune part directe ni indirecte, et que je désapprouve et ai toujours désapprouvé ses principes, et notamment les articles concernant M. d'Orléans, son procès et l'Assemblée nationale. — *Signé :* MEEKE (sic). »

2. Extrait du *Moniteur*, t. VI, p. 532. — Il y a, dans ce journal, deux articles signés du nom de Stourm : l'un sur le droit de paix et de guerre (27 mai 1790); l'autre sur le veto (5 février 1791). — L'opinion de Carra avait été formulée à la tribune des Jacobins : Stourm le dit dans son discours. Nous n'avons pas cette opinion. Mais nous voyons que le journal de Carra, *les Annales patriotiques et littéraires*, soutient le congrès et Van der Noot. Voir surtout les numéros du 18 et du 19 novembre 1790, pages 683 et 685.

Dira-t-on que, si les États n'ont pas suivi d'abord les principes adoptés en France, ce n'était point le moment, qu'il fallait commencer par chasser l'ennemi commun? Vain prétexte, fausse défaite! Si telle était l'intention des États, pourquoi ont-ils donc si violemment persécuté ceux qui demandaient une Assemblée nationale? Ils ont crié partout que les Vonckistes soutenaient les principes de l'Assemblée nationale de France, et qu'en conséquence ils étaient les ennemis de la religion. C'est en faisant passer nos législateurs pour les plus violents ennemis de Dieu qu'ils sont parvenus à ameuter le peuple contre les démocrates brabançons. Tout le monde sait avec quelle fureur Feller, Brosius et Beaunoir, ont déclamé dans leurs journaux contre l'Assemblée nationale de France. Eh bien! ce sont pourtant là les écrivains avoués et soudoyés des États de Brabant. Aussi longtemps que ces États ont espéré d'être secourus par la Prusse, ils ne se sont pas contentés de calomnier l'Assemblée nationale, ils ont encore persécuté tous les Français patriotes.

D'ailleurs il est faux que ce ne fût point le moment d'assembler la nation immédiatement après que les troupes autrichiennes furent expulsées. En effet, quoique Joseph II eût fait mille infractions à la constitution brabançonne, cependant il n'était point déchu de ses droits : car la constitution déclarait seulement que, dans ce cas, le droit du prince parjure était suspendu jusqu'à ce qu'il eût réparé ses attentats. Voici ce que porte l'article 59 de la constitution brabançonne, appelée *joyeuse entrée* :

« S'il arrivait que Sadite Majesté, ses hoirs et successeurs, vinssent, allassent ou fissent à l'encontre, par eux ou par quelqu'un d'autre, en tout ou en partie, en quelle manière que ce soit, nous, en ce cas, consentons et accordons, au nom de Sadite Majesté, auxdits prélats, barons, chevaliers, villes, franchises, et à tous autres sesdits subjects, qu'ils ne seront tenus de faire aucun service à Sadite Majesté, ses hoirs et successeurs, ni d'être obéissants en aucunes choses de son besoin et que Sadite Majesté pourrait ou voudrait requérir d'eux, jusques à ce qu'elle leur aura réparé, redressé et entièrement désisté et renoncé à l'emprise ci-dessus mentionnée. »

Que fallait-il donc faire pour exclure la maison d'Autriche de la souveraineté des Pays-Bas? Il fallait un jugement formel de la nation, et ce jugement ne pouvait être porté que par une assemblée nationale, investie du pouvoir constituant; car il n'y a qu'une telle assemblée qui puisse enlever un pouvoir que la constitution donne expressément.

Aujourd'hui Léopold a déclaré qu'il était prêt à réparer tous les attentats commis par son frère; le voilà donc rétabli dans ses droits, en vertu de la constitution brabançonne, et cela par la faute des États qui, s'ils avaient suivi l'avis des démocrates, auraient rendu leurs concitoyens libres. Mais ce n'était point la liberté des Belges que ces odieux aristocrates et théocrates cherchaient, c'était au contraire leur esclavage certain, et ils ne désiraient l'indépendance de la Belgique que pour eux seuls et pour être despotes tout à leur aise.

Enfin, Messieurs, se déclarer pour les Belges, ce serait en quelque sorte sanctionner la forme de gouvernement la plus monstrueuse qui existe, la plus contraire à vos principes; ce serait protéger à notre porte un foyer d'aristocratie et de théocratie, qui tôt ou tard ne manquerait pas de nous être funeste.

Eh! ne serait-ce pas donner à l'empereur le prétexte le plus plausible d'attaquer la France, et d'entraîner dans son alliance tous les princes d'Allemagne, etc.?

LXXVII

DISCOURS

PRONONCÉ LE 28 NOVEMBRE, L'AN DEUXIÈME

A LA SOCIÉTÉ DES AMIS DE LA CONSTITUTION DE PARIS

PAR M. F. JAUCOURT [1], PRÉSIDENT DE LA SOCIÉTÉ DE MELUN

A LA TÊTE D'UNE DÉPUTATION

(Paris, Imp. nationale, 1790, in-8 de 7 pages.)

MESSIEURS,

Un petit nombre de patriotes, dont les sentiments et les vœux ont devancé l'heureuse révolution qui nous rend à la liberté, vient de se réunir. Le premier acte de cette Société [2] est de vous offrir le tribut d'estime et de reconnaissance que vous doivent tous les amis d'une constitution que vous avez si utilement, si glorieusement servie. C'est parmi vous que ces hommes généreux, qui recevront de la postérité le titre de bienfaiteurs du monde, viennent ranimer leur courage,

---

1. Arnail-François, marquis de Jaucourt (1757-1852), né d'une famille protestante, président du directoire du département de Seine-et-Marne, député de ce département à la Législative, pair de France et ministre de la marine sous la Restauration.
2. Sur la fondation de ce club des Jacobins à Melun, voir plus haut le discours de l'abbé Pichonnier.

concerter leurs efforts, éclairer leur opinion de toutes les lumières, consoler leurs cœurs du spectacle affligeant des passions qu'ils ont à combattre, et recueillir des forces nouvelles pour atteindre le but de leurs travaux. Vous veillez pour déconcerter les complots sans cesse renaissants; vous propagez la vérité; vous poursuivez l'erreur; vous instruisez, par vos discours et vos écrits, cette partie si intéressante de l'humanité, qu'il est quelquefois facile d'égarer en trompant ses vertus mêmes; votre patriotisme enfin excite une noble émulation dans le cœur des bons citoyens. Oui, Messieurs, nous devons le dire, c'est vous qui peut-être avez préservé la France d'une guerre civile; c'est vous qui avez empêché les génies malfaisants du fanatisme et de la féodalité de souiller de leurs mains sanguinaires le plus beau monument qu'ait encore élevé la raison humaine.

Ils existaient, les amis de la liberté, avant la chute du despotisme; mais ils ne pouvaient s'entendre; ils n'osaient se communiquer leur indignation; ils méconnaissaient leurs forces; ils ignoraient combien d'âmes généreuses restaient indépendantes au milieu de l'asservissement général. Enfin la liberté a donné le signal, le cri de ralliement s'est fait entendre, et dans un seul jour les Français ont effacé l'opprobre de leur longue patience.

Cependant ne nous abusons point. Cette révolution, sur laquelle l'œil de la philosophie aime à se fixer dans une douce contemplation, parce qu'elle est la première dans les annales du monde qui soit tout à l'avantage du faible contre le fort, cette révolution, il ne faut pas se le dissimuler, a de dangereux ennemis. S'ils osaient l'attaquer ouvertement, nous verrions en pitié leur nombre plus affligeant que redoutable; mais, tandis qu'au milieu de nous ils s'efforcent, par de souterraines machinations, de tromper une partie du peuple, un lâche et honteux essaim de transfuges souffle partout la discorde, conjure au dehors contre la patrie, insulte à la face des nations aux droits sacrés des hommes. Mais c'est en vain qu'ils ont conçu l'affreux espoir d'une guerre civile, de liguer les tyrans contre nous. Toutes les Sociétés des amis de la constitution, étroitement unies, se tenant, pour ainsi dire, par la main d'un bout de l'empire à l'autre, veilleront pour la liberté; et, dans quelque lieu qu'on ose frapper cette chaîne patriotique, la commotion s'en fera ressentir dans toute la France, avec la soudaineté de l'étincelle électrique.

Cette coalition est d'autant plus pressante que les ennemis de la Révolution, convaincus enfin du pouvoir de l'opinion publique, ont adopté le criminel projet de l'égarer. Ils appellent tous les intérêts personnels, excitent tous les mécontentements, profitent de tous les projets, et par ce système de déception ils se flattent de faire prendre leurs clameurs pour la voix générale.

Pénétrés des services que notre association a rendus à notre commune patrie, le premier pas que nous devons faire vers le but de notre institution est de nous réunir à ceux qui nous ont tracé la route.

Nous vous demandons cette réunion, avec la confiance que nous inspirent vos principes et vos sentiments. Notre admiration pour vous est la preuve que nous méritons de joindre nos efforts aux vôtres. Elle vous répond de notre zèle à concourir à vos vues bienfaisantes. Nous jouirons de vos succès, nous serons orgueilleux de votre gloire; trop heureux si, comme vous, nous pouvons bien mériter de nos concitoyens, déconcerter les méchants, rassurer les faibles, développer l'esprit national, contribuer au plus grand bien que l'on puisse faire aux hommes, celui d'établir la liberté sur le respect des lois !

RÉPONSE DU PRÉSIDENT.

MONSIEUR,

On a vu toutes les sectes livrées à la fureur du prosélytisme, ou plutôt des ambitions particulières, couvrir leurs efforts des ténèbres de cette illusion. Il n'appartient qu'à ces dogmes immortels des droits des hommes, de la raison et de la liberté, que nous proclamons, de s'annoncer à découvert, de se propager par leurs propres attraits. Vous avez vu qu'ils étaient l'objet de nos vœux, de nos desseins, de nos travaux. Remplis du même esprit, vous voulez partager notre culte. Les formes que nous nous sommes prescrites suspendent de notre part un vœu qui n'est pas incertain. Ainsi cette Société diffère, pour les serrer plus solidement, les nœuds fraternels qui doivent l'unir à la vôtre, et vous cherchez parmi les Amis de la constitution votre élément naturel.

LXXVIII

29 NOVEMBRE 1790
DÉBATS AUX JACOBINS SUR LE CERCLE SOCIAL
D'APRÈS CAMILLE DESMOULINS [1]

[Après avoir rappelé le décret par lequel la Constituante avait blâmé la municipalité de Dax, qui avait voulu gêner l'activité de la Société des amis de la constitution établie dans cette ville, après avoir rappelé aussi que le même décret proclamait à nouveau le droit des citoyens de former des clubs et sociétés, Camille Desmoulins raconte et blâme comme il suit l'attitude prise par les Jacobins contre le Cercle social :]

D'après ce décret constitutionnel, quelle a dû être la surprise des véritables Amis de la constitution de voir à la séance de lundi, aux Jacobins, s'élever une si violente tempête contre la Société dite *Cercle social* [2] !

Un honorable membre a vu dans le Cercle social une Société rivale qui tendait à affaiblir celle des Jacobins, et à partager la France en deux sectes. Il a accusé le directoire du Cercle social du crime de plagiat, de supposition de nom, et de publier que le Club des amis de la constitution et celui de 89 s'étaient fondus dans le sien, et étaient venus perdre leur nom, en se jetant dans l'océan *de la grande confédération universelle*, à l'embouchure du cirque. Il a attaqué les principes du Cercle social, prétendant que cette Société, en pressant les conséquences du principe de l'égalité des droits, faisait découler la loi agraire. En sorte que l'accusateur, qui venait un moment auparavant de présenter le Cercle social comme l'ancien Club des modérés, des modérateurs, des impartiaux, qui renaissait sous une autre dénomination, et lui avait fait un crime de ses principes relâchés, lui reprochait ici l'extrémité opposée et d'outrer les principes. Après avoir accusé le Club des amis de la vérité, ou le Cercle social, comme pla-

---

1. *Révolutions de France et de Brabant*, n° 54, t. V, p. 59.
2. Le Cercle social, fondé par l'abbé Fauchet, tint sa première séance au Cirque du Palais-Royal, le 13 octobre 1790. La seconde séance, 22 octobre, attira huit à neuf mille personnes ; elle fut présidée par Goupil de Préfeln. Un tel succès fit dire aux plaisants que Fauchet avait *confisqué* les Jacobins. Sur Fauchet et le Cercle social, voir notre livre *les Orateurs de la Législative et de la Convention*, tome II, p. 109-117. — Sur l'attitude officielle des Jacobins vis-à-vis du Cercle social, voir plus bas la circulaire de la Société du 18 décembre 1790.

giaire et schismatique, il a conclu par proposer, comme une chose infiniment importante, une adresse à toutes les Sociétés affiliées des amis de la constitution, pour leur dire de se bien garder de confondre le Cercle social avec la Société des amis de la constitution.

Cet orateur était M. Laclos. Comme je lui crois une profondeur de politique dont je ne me pique pas, et cette seconde raison, comme dit Target, reculée dans le fond de la méditation et de l'expérience, et qui éclaire la retraite du sage à qui il est donné de gouverner les empires, je ne m'élevai point d'abord contre cette motion, et je calmai ma bile de mon mieux; mais tous ceux qui demandèrent successivement la parole, étant entrés dans les idées du préopinant, je pensai que l'autorité de M. Laclos devait m'arrêter un moment, mais non pas me détourner, et allant à M. Chabroud, alors président de la Société des amis de la constitution, et qui l'avant-veille avait été proclamé orateur du Cercle social : « Comment se peut-il, lui dis-je, que vous qui tenez ici la sonnette, vous abandonniez la défense d'une autre Société qui vous a choisi avant-hier avec M. de Condorcet pour un de ses deux orateurs? » M. Chabroud me dit qu'il attendait le moment de prendre la parole. En effet, il amenda très bien la motion de M. Laclos, et en ôta habilement tout ce qu'elle me paraissait avoir de venin, en proposant que la lettre circulaire aux Sociétés affiliées fût conçue en termes généraux, et sans désignation de la Société du Cercle social en particulier. (Je ne serai pas long, et je demande grâce à mes lecteurs pour une discussion de trois minutes, parce que si M. Laclos a attaché une importance infinie à sa motion, je n'y en attache pas moins, mais dans un autre sens.) Je démêlai aisément que la majorité n'était pas pour l'amendement de M. Chabroud, et j'en voyais bien la cause dans l'esprit de corps qui se glisse dans les meilleures institutions. Je demandai la parole, mais je fus interrompu dès l'exorde, et même contraint de descendre par les huées. Je n'ai point dit alors aux auditeurs, comme le petit père André : *Messieurs, je vous plains, vous perdez une pièce d'éloquence;* mais, véritablement, je n'avais jamais été si content de moi. C'était la première fois qu'il m'arrivait de me sentir en état de réfuter sur-le-champ à la tribune un préopinant. La question ne m'intéressait pas assez pour m'ôter mon sang-froid, et pour que les idées devançassent leur tour au passage de la voix, et vinssent, par leur confusion et leur multitude, l'obstruer et y faire engorgement. J'avais distribué mon exorde, mes principes, mes conclusions. J'avais divisé, subdivisé : il me semblait lire un discours écrit dans ma tête, et je montais à la tribune en louant Dieu de ce qu'enfin j'allais être bon à quelque chose, et qu'au lieu d'amuser l'oisiveté des lecteurs de discussions tardives et de doléances posthumes dans mon journal, sur des arrêtés de la veille, ou des décrets irrévocables, au lieu de n'avoir raison qu'au bas de l'escalier, je me trouvais en état de tenir la tribune, et de lutter corps à corps. Je me trompais : on ne me laissa pas achever six lignes, et l'amendement de M. Chabroud fut rejeté; mais il ne sera pas dit que j'aie improvisé une fois en ma vie sans saisir cette occasion de me venger des électeurs de mon bailliage qui m'ont refusé leurs suffrages, ne me croyant pas en état d'improviser. J'ai appelé de l'arrêté des Jacobins à mes souscripteurs et je les constitue juges en dernier ressort si M. Laclos avait raison ou M. Chabroud. Voici mon discours mot pour mot et tel que le tachygraphe de M. Panckoucke aurait pu le transcrire, si on me l'avait laissé prononcer :

« Avec tous les ménagements dus à l'opinion de M. Laclos, je lui répondrai que la lettre circulaire par laquelle la Société des amis de la constitution repousse loin d'elle le soupçon d'unité de communion avec le Cercle social est une véritable flétrissure qu'on imprime à cette Société naissante. Une flétrissure est une peine, et toute peine ne doit être infligée que d'après un exposé fidèle des faits. Si l'exposé du préopinant était exact, le Cercle social aurait encouru la peine que provoque son accusateur; mais je dénie les faits. On vous demande de déclarer le Cercle social schismatique, de prononcer contre lui l'excommunication; j'atteste qu'il professe la même doctrine que les Jacobins. (En cet endroit je fis une gaucherie digne de l'abbé Maury : au lieu de prouver d'abord que les deux clubs professaient les mêmes dogmes, je transposai ainsi le conséquent avant les antécédents.) J'ai suivi les séances du directoire du Cercle social, et j'atteste que MM. Fauchet et Bonneville sont nos frères en apostolat. J'atteste n'avoir remarqué d'autre différence dans les deux clubs, sinon qu'à l'entrée on paye 9 livres dans l'un et 12 livres dans l'autre¹. »

Que n'avais-je d'abord articulé mes faits? Cette conséquence n'eût point paru ridicule; mais, ô danger d'une transposition! il faut que ma disparité arithmétique et les douze livres aient bien mal sonné à l'oreille de mes frères les Jacobins, car à ces mots il s'éleva une huée telle qu'en reçut notre cher Sillery, lorsque dernièrement il essaya devant les Jacobins son rapport de Nancy. Quant à lui, il devait bien s'y attendre, et je lui avais bien prédit cette musique; mais pour moi je ne devais pas faire fond sur un si nombreux

---

1. Ainsi se trouve confirmée la tradition rapportée par Louis Blanc, au sujet de la cotisation des Jacobins, et que nous avons rapportée dans notre introduction, p. xxxiii, avant que notre attention eût été attirée sur ce passage.

orchestre. Il me fut impossible de recouvrer la parole; et, par sa facilité à abandonner son amendement que je défendais, M. Chabroud me donna l'exemple de ce que j'avais à faire. Maintenant je prie mes souscripteurs de m'accorder la parole et de me permettre d'achever :

« Nicolas Bonneville et l'abbé Fauchet sont les deux fondateurs de la prétendue secte; je ne lis pas dans les cœurs, mais j'ai entendu leurs discours; j'ai fait nombre d'agapes avec eux, et je les ai reconnus à la fraction du pain. Allez entendre Nicolas, vous qui calomniez ses principes, citez-en qui méritent que vous lui cassiez sa bouche de fer; et quand bien même mon ami N. déraisonnerait, ce qui nous arrive à tous, car toutes les fois que deux personnes parlent contradictoirement, il y a toujours l'une des deux qui dit une sottise, il ne faudrait pas imputer ses torts à la Société dont il est membre. L'abbé Fauchet est allé d'argument en argument jusqu'à la loi agraire, mais il y est allé seul, et il n'a pas conduit son auditoire qui l'a au contraire sifflé et persiflé. Je ne dois pas aimer l'abbé Fauchet, qui s'est approprié mon office de procureur général et qui dit du bien de moi pour me ménager, tandis qu'il dit du mal de Voltaire et de Rousseau; en sorte que je suis tout honteux de ses éloges, qui ne peuvent alors passer que pour des injures; mais je ne rendrai pas moins justice à notre abbé. Outre qu'il a de l'éloquence, chose bien plus rare qu'on ne croit, son manteau a été percé de balles au siège de la Bastille. Et parce qu'il aura fait un mauvais raisonnement, est-ce une raison suffisante de faire de son système celui de son auditoire, qui le siffle pendant une demi-heure? Ne débite-t-on jamais d'extravagances à cette tribune? Excommunier l'abbé Fauchet et le rayer du tableau des patriotes, pour une opinion fausse, ce serait intolérance. Dire anathème au Cercle social pour l'opinion d'un de ses membres, et prononcer une excommunication lorsqu'il ne partage pas cette opinion, c'est une injustice, et, partant, une impiété, comme dit Zénon. Vous séparer de communion avec le Cercle social, qui vous a invités d'assister à ses séances, qui vous a déclarés associés honoraires, c'est ingratitude. Publier, comme on vous le propose, que tous les Amis de la constitution de Paris sont renfermés dans cette enceinte de trente pieds de large sur quatre-vingt-dix de long, et vous solliciter de déclarer ou du moins d'insinuer que le Cercle social est une Société schismatique et sentant l'hérésie; présenter le patriote Bonneville comme un hérésiarque ambitieux de faire une nouvelle secte de Nicolaïtes, et vous attribuer le privilège exclusif du patriotisme, en vérité je respecte trop les membres de cette Assemblée pour qualifier cela de son vrai nom, et je dirai seulement que l'arrêté qu'on vous proposé est inconstitutionnel. On vous a dit qu'un journaliste, à Lyon, avait imprimé que la Société des Jacobins s'était venue dissoudre et avait perdu son nom dans le Cercle social; réfutez cette assertion, très bien. J'approuve fort cette motion de M. Laclos, mais amendez-la comme M. Chabroud, et, en réfutant cette erreur, n'entachez pas vos frères du cirque pour ce qu'un journaliste a inséré dans sa feuille. Imprimez dans votre adresse que la Société des Jacobins existe, qu'elle existera toujours et que les portes de l'enfer ne prévaudront jamais contre elle, non plus que contre l'église, il n'y a rien de mieux; mais, de grâce, ne cassez point la bouche de fer de Nicolas, ne supposez point une scission qui n'existe pas, et souvenez-vous que c'est en supposant la secte de Jansénius qui n'existait pas qu'on a créé une secte. Je citerai ici une application que le vénérable Goupil, président du Cercle social, a faite fort heureusement à l'occasion de cette loi agraire de l'abbé Fauchet. Après avoir reproché au procureur général cette intempérance de philosophie : « Messieurs, a-t-il dit dans le directoire du Cercle social, saint Paul, dans son épître aux Corinthiens (tout le monde a ouvert les oreilles à une citation de saint Paul dans la bouche de M. Goupil), saint Paul dit aux Corinthiens, à propos de je ne sais quel principe qu'il venait de poser, et qui avait excité des chuchotements et des murmures dans le club des catéchumènes à Corinthe : « Mes très chers frères, ce que je viens de vous dire et qui « vous paraît un peu fort, n'allez pas croire au moins que je vous le « dise comme de la part de Dieu. Non pas; c'est de mon cru que « je parle ainsi : *Quod vobis dico, non dico tanquam Christus, sed* « *tanquam Paulus.* » Eh bien! Messieurs, continue l'honnête M. Goupil, de même ce que M. Fauchet a dit sur la loi agraire, il l'a dit comme Paul, et non pas comme Dieu; il l'a dit comme Fauchet, et non comme procureur général du Cercle social. Si saint Paul, lui qui savait quand il parlait au nom de Dieu et quand il n'y parlait pas, si saint Paul, à qui Dieu faisait l'honneur de parler, ne laissait pas d'avoir la vanité de parler quelquefois de son chef, serez-vous surpris que M. l'abbé Fauchet n'ait pas été exempt de ce faible pour ses propres idées, et qu'il lui soit arrivé de parler une fois sans être inspiré de vous? Je reviens à l'amendement de M. Chabroud, et je n'ajoute plus qu'un mot. Le grand rassemblement des souscripteurs et des souscriptrices au Cercle social ne peut nullement porter ombrage à la liberté. Ce ne sont point les grandes Assemblées qui conspirent. Je ne répéterai point ce qu'a dit l'abbé Fauchet avec beaucoup d'esprit, en prêchant sa confédération, *que toute association est bonne en soi, que les brigands mêmes, lorsqu'ils s'unissent, commencent à avoir entre eux de la probité*. Mais j'observerai que le Cercle social est composé de trois mille associés, et, dans un club si nombreux, il est impossible que la raison ne domine pas à la tribune ; car aujourd'hui, dans ce progrès de la philosophie et des lumières, il semble que la raison fasse aux hommes la même promesse que Dieu dans l'Évangile : « Quand vous « serez rassemblés deux ou trois en mon nom, je serai au milieu de « vous. »

La motion de M. Laclos a été adoptée par la Société des Jacobins ; le lendemain, le directoire du Cercle social a usé de représailles : il a arrêté que les cartes des Jacobins ne vaudraient plus billets d'entrée au cirque, que les seuls souscripteurs et souscriptrices seraient admis dans l'enceinte, et voilà la guerre. C'est ainsi qu'il s'élève des sectes ; mais les véritables patriotes sauront empêcher que le Club de 89 ne renaisse de ses cendres, au moyen de ce schisme, et leur modération amènera les deux clubs à désarmer. Tous deux sont d'accord sur la Déclaration des Droits et sur les grands principes ; c'est l'essentiel. Peu importe qu'ensuite ils soient partagés sur quelques subtilités de l'école. Il me semble voir le docteur angélique et le docteur séraphique, qui n'étaient jamais d'accord sur certains points et ergotaient et s'égosillaient du matin au soir ; mais ils ne s'excommuniaient point, et n'en furent pas moins canonisés tous les deux.

> La dispute est un grand secours,
> Sans elle on dormirait toujours.

[Donnons aussi le compte rendu de cette séance d'après *le Journal des Clubs*, n° 3 :]

Le 29 novembre, on a dénoncé aux Amis de la constitution une société sous le titre de *Cercle social*, ou Confédération générale des amis de la vérité, etc., qui, se circonscrivant modestement dans les limites de l'univers, prétend étendre ses soins maternels à toutes les parties du globe, et publie qu'elle a déjà vu venir se réunir sous ses ailes et s'incorporer à elle les Amis de la constitution. Rappelant quelques-uns des principes avancés au milieu de cette association (un de ces principes était : « Que les hommes, étant égaux en droits, ils doivent l'être en possessions »), on a fait voir combien ils étaient inconstitutionnels, et qu'ils tendaient directement à établir que l'Assemblée

---

1. La dénonciation faite aux Jacobins lorsque notre *Adresse au club* était déjà livrée à l'impression prouvera la justesse de nos observations. (*Note de l'original.*) Cette adresse au club se trouve en tête de ce n° 3 du *Journal des Clubs*.

nationale était bien en deçà du terme que devait atteindre une Assemblée constituante. Que fera dans ces circonstances la Société, uniquement occupée à assurer le maintien de la constitution pour déjouer les menées que l'on ourdit contre elle? Chargera-t-elle quelques-uns de ses membres du soin de s'assurer des principes qu'on professe dans cette nouvelle association pour venir ensuite lui en rendre compte, afin qu'elle avise aux moyens d'en arrêter les progrès? Non, de semblables démarches sont indignes d'elle; elles seraient d'ailleurs contraires à cette liberté d'exprimer ses pensées et de les publier qu'elle défend à si juste titre, à cette tolérance qu'elle invoque pour elle-même. Elle se bornera à instruire les Sociétés qui lui sont affiliées, que c'est faussement que l'on publie et que l'on imprime *qu'elle s'est réunie aux soi-disant Amis de la vérité*. Ce premier écart, cette infidélité faite à la vérité une fois connue, les amis de la Constitution n'auront pas à redouter une association qui, par ses vues trop vastes, se prépare une chute très prochaine et une dissolution d'autant plus éclatante.

La Société des amis de la constitution a donc arrêté qu'elle ferait connaître par une adresse aux Sociétés qui lui sont affiliées que c'est à tort qu'il a été imprimé que la Société des amis de la constitution était fondue dans le *Cercle social*[1].

LXXIX

DISCOURS DE M. HONORÉ MIRABEAU
ÉLU PRÉSIDENT DE LA SOCIÉTÉ DES AMIS DE LA CONSTITUTION
LE 30 NOVEMBRE 1790[2]

Les faveurs de cette assemblée sont d'autant plus précieuses qu'elle ne doit rien de ce qu'elle accorde; et j'en suis d'autant plus touché que, ne l'ayant jamais servie, si ce n'est dans ses rapports généraux avec la chose publique, je n'avais point de titres à ce que je reçois.

Le droit qu'ont les citoyens de se réunir pour se manifester leurs pensées sans troubler l'ordre public est un des bienfaits les plus doux de la liberté, comme il en est le plus constant appui.

Les grandes assemblées font naître l'opinion publique, cette pre-

---

1. Cette adresse ne fut envoyée que le 18 décembre. On la trouvera plus bas à cette date.
2. *Journal des Amis de la constitution*, t. I, p. 95.

mière législatrice des empires, et l'opinion, quand elle n'est pas l'ouvrage d'un parti et qu'elle est universelle comme la raison, est la seule garde incorruptible des bonnes lois.

Lorsqu'il existe des factions dans un État, l'association des citoyens qui professent la même doctrine ne servirait peut-être qu'à les rendre plus redoutables. Lorsque les factions n'existent point, cette association peut les prévenir, et vous avez rempli ce but important. Déjà tous les Français sont auxiliaires de la liberté; il ne reste plus qu'à les rendre tous ennemis de la licence et auxiliaires de la paix.

C'est dans ces principes, Messieurs, que je tâcherai de remplir les devoirs de la présidence à laquelle vous avez daigné me nommer.

LXXX

Décembre 1790

SÉANCE DU 2 DÉCEMBRE 1790
D'APRÈS LE DUC DE CHARTRES [1]

... J'ai été le soir de bonne heure aux Jacobins : nous avions à élire un président et un secrétaire, membres de l'Assemblée nationale. J'ai donné ma voix à MM. de Mirabeau et Beauharnais; ils ont réuni la majorité des suffrages. M. Barnave a très bien parlé sur le club des soi-disant représentants des gardes nationales de France. (M. de La Fayette leur a accordé d'envoyer tous les jours deux d'entre eux chez le roi, qui font les fonctions de chevau-légers; ils sollicitent la même faveur auprès de l'Assemblée nationale.) M. Barnave a fait sentir combien il serait impolitique de permettre que les gardes nationaux fissent un corps; qu'on ne devait pas séparer les soldats des citoyens, etc. J'ai été nommé censeur.

1. *Correspondance de Louis-Philippe-Joseph d'Orléans*, p. 233-234.

LXXXI

LETTRE

DE LA SOCIÉTÉ DES AMIS DE LA CONSTITUTION ÉTABLIE A PARIS,
EN RÉPONSE A UNE LETTRE DU CLUB
SE DISANT LA SOCIÉTÉ DES GARDES NATIONAUX
DES DÉPARTEMENTS DE FRANCE [1]

(Paris, 1790, in-4 de 3 p.)

Paris, 3 décembre, l'an deuxième.

La Société des amis de la constitution, Messieurs, a reçu la lettre que vous lui avez adressée, dans laquelle vous prenez le titre de la *Société des gardes nationaux des départements de France*, et où vous manifestez vos dispositions et le vœu d'être admis à offrir une garde au roi et à l'Assemblée nationale. Voici quels sont nos principes : nous avons cru que leur exposition était la seule réponse que nous dussions faire à votre lettre.

Les Amis de la constitution ne pensent point que les gardes nationales forment en France un corps séparé de celui du peuple; ils croient que le droit de défendre la constitution, sous les drapeaux de la patrie, appartient également à tous les citoyens, et que l'institution qui le réserverait à une classe particulière établirait le plus injuste et le plus dangereux des privilèges. Pénétrés d'estime et de reconnaissance pour ceux qui, les premiers, se sont réunis pour la défense de la Révolution, ils sont intimement convaincus qu'aucun d'eux n'a conçu la pensée de s'en faire un titre, d'établir une corporation, de renouveler, en quelque sorte, ces distinctions que les principes de l'égalité ont fait disparaître, et, après avoir été les premiers défenseurs de la liberté, d'en devenir le premier écueil. Les Amis de la constitution

---

1. Sur la formation de cette société, qui probablement n'aboutit pas, nous n'avons d'autres renseignements que ceux qui sont donnés ici. — Le *Moniteur* reproduit cette adresse (VI, 586) et la fait précéder de la note suivante : « La Société des amis de la constitution, ayant reçu une adresse du club établi aux Petits-Pères, sous le titre de Société des gardes nationaux de France, a cru devoir saisir cette occasion pour manifester ses principes sur les gardes nationales. Voici sa réponse, telle qu'elle a été rédigée par M. Barnave, et adoptée à la séance du 1er décembre 1790. »

ne reconnaissent donc aucun représentant, aucune représentation des gardes nationaux de France. Une telle représentation serait à leurs yeux celle de la nation même, et la nation ne l'a placée que dans l'Assemblée nationale. Ce n'est pas d'ailleurs sous un caractère guerrier et sous le costume des armes que les citoyens doivent se réunir et former entre eux des associations délibérantes. Chacun, à titre de citoyen, a le droit d'exprimer son opinion; chacun, à titre de citoyen, à l'usage libre de ses droits, de sa volonté politique; mais, sous un titre militaire, aucun ne peut être que l'instrument passif de la loi, sans autre volonté que celle de la loi, sans autre guide que la voix du magistrat qui en est l'organe. Les hommes libres sont fiers quand ils exercent leurs droits individuels; mais ils ne connaissent plus qu'une soumission religieuse, sous le caractère qui met dans leurs mains le dépôt imposant de la force publique. Les hommes libres sont soldats à la voix de la patrie qui les appelle; mais ils s'empressent de rentrer sous le régime de la paix, pour recueillir les fruits de la liberté qu'ils ont défendue, pour agiter les intérêts publics, pour mêler l'expression de leurs vœux à la volonté générale. Les hommes libres croiraient trahir leur patrie et eux-mêmes si, jaloux de vains honneurs, ambitieux d'un pouvoir que la loi ne leur aurait pas conféré, ils osaient y faire servir cet appareil militaire que la nation ne leur a donné que pour en imposer à la tyrannie.

Ces opinions, Messieurs, vous indiquent assez ce que nous pensons de l'institution de notre Société. Il est inutile de vous dire que le patriotisme dont sont animés tous les gardes nationaux de France nous rassure pleinement sur le sort et les progrès de cette institution; et qu'instruits qu'elle n'est formée que par l'assentiment individuel d'un très petit nombre de personnes, c'est moins à son importance qu'au désir de manifester notre pensée que nous avons cru devoir le développement de ces principes.

Nous avons l'honneur d'être,

Messieurs,

Vos très humbles et très obéissants serviteurs.
Les membres de la Société des amis de la constitution,

MIRABEAU l'aîné, *président.*

FEYDEL, VILLARS, H.-FR. VERCHÈRE, ALEXANDRE
BEAUHARNAIS, *secrétaires.*

[Sur le rôle que La Fayette joua dans cette affaire, on lit dans l'*Orateur du peuple*, t. III, p. 475 :]

Le général s'attendait si bien à être dénoncé comme l'auteur, l'instigateur, le protecteur du club dangereux, criminel, inconstitutionnel des fédérés, lequel prend dans ses lettres le titre ambitieux de *Société des gardes nationaux de France*, qu'il envoya le soir même aux Jacobins son aide-major général, *la Colombe*[1]. Qu'advint-il à ce brave satellite du sieur Motier[2]? La plus mortifiante mésaventure. Il fut prié par les censeurs de sortir à l'instant de la salle, n'ayant pas l'honneur d'être de la Société; ce qu'il exécuta. C'est un fait dont tous les assistants furent témoins. Quel dommage qu'on l'eût fait si tôt déguerpir! Il aurait pu rendre à son chef les propres expressions de Barnave et de Mirabeau sur son compte; il lui aurait dit comme quoi le premier, parlant avec toute l'énergie qui caractérise ce jeune et brave député, il dénonçait M. La Fayette, et demandait qu'il fût tenu de s'expliquer au sujet des prétendus fédérés autorisés par lui à monter la garde chez le roi, à former entre eux une assemblée délibérante, quoique armée, et, pour comble de scandale, à la faire présider par un nommé Saint-Amand, son aide de camp. Il lui aurait encore appris cette autre particularité : on donnait à l'assemblée communication d'un libelle atroce contre les Lameth, les d'Aiguillon, les Robespierre, libelle écouté sans aucune marque d'improbation, excepté le passage où vint le tour de M. Motier. A cet instant, ses hydrophobes adorateurs poussèrent des hurlements, suivant leur usage, afin d'étouffer la voix du lecteur, et empêcher la vérité de se faire entendre. C'est alors que le président Riquetti s'est écrié de toute la puissance de ses poumons : « Eh quoi! Messieurs, lorsqu'il est question des noms chers à la patrie vous n'arrêtez pas l'orateur, et il vous plaît de crier au scandale lorsqu'il nomme qui? bon Dieu! La Fayette! » C'est encore Mirabeau qui, à l'occasion de l'almanach militaire, où le sieur Motier est nommé généralissime de toutes les gardes nationales du royaume, almanach dont on faisait aussi la dénonciation, disait à la même assemblée : *La Fayette est-il donc maire du palais?* Pour caractériser son ambition dévorante, cachée sous un air doux et froid, Riquetti lui a donné, dans le monde, le sobriquet de Cromwell-Grandisson.

1. Il s'agit de M. de la Combe, un des trois aides-majors généraux de La Fayette et qui demeurait dans l'hôtel même du commandant général, rue de Bourbon.
2. Il s'agit de La Fayette. Voir plus haut, p. 297.

LXXXII

SÉANCE DU 3 DÉCEMBRE 1790
D'APRÈS LE DUC DE CHARTRES [1]

... En sortant, j'ai été au Comité des présentations aux Jacobins; j'ai endossé MM. Lecouppey, Conard et Alyon [2], j'ai encore endossé MM. Bénezet et Issaurat. J'avais informé du premier, et l'information lui avait été favorable ; le second m'était recommandé par M. Mirys, qui s'est rendu caution de son patriotisme. M. Bonnecarrère a lu un projet de règlement dont le Comité était chargé par la Société. Un article portait que nul ne serait admis avant l'âge de vingt et un ans, à moins d'un cas particulier. J'ai demandé que l'âge fût fixé à dix-huit ans, en disant qu'à dix-huit ans, on était bien en état de suivre une délibération; que, la Société n'ayant aucun caractère légal, on devait la regarder comme une école, et qu'alors il était important d'y admettre de bonne heure les jeunes gens, parce que leur timidité serait plus aisément vaincue et qu'ils pourraient, quelque jour, défendre les droits sacrés de la nation dans l'Assemblée nationale. On n'a pas trouvé mes raisons suffisantes, et on a rejeté mon amendement. J'ai dit alors que j'avais un intérêt dans cet amendement, que mon frère désirait ardemment être admis dans cette Société et que cela le rejetterait bien loin. M. Collot d'Herbois m'a dit que cela ne lui ferait rien, que, quand on avait reçu une éducation comme la nôtre, on était dans le cas des exceptions; je l'ai remercié, et je me suis en allé.

LXXXIII

SÉANCE DU 6 DÉCEMBRE 1790
D'APRÈS CAMILLE DESMOULINS [3]

Qui pourrait ne pas partager la sainte indignation que Robespierre fit éclater le soir aux Jacobins dans un discours admirable? Les

---

1. *Correspondance de Louis-Philippe-Joseph d'Orléans*, p. 234-235.
2. Lecouppey et Alyon ne se trouvent pas sur la liste du 21 décembre 1790.
3. Camille Desmoulins, *Révolutions de France et de Brabant*, n° 55.

applaudissements dont il fut couvert, si forte censure du décret du matin¹, parurent alarmer Mirabeau, président des Jacobins. Il osa rappeler Robespierre à l'ordre, en disant qu'il n'était permis à personne de parler contre un décret rendu. Cette interruption excita un grand soulèvement dans l'assemblée, déjà indignée de ce qu'on prétendait dépouiller les citoyens non actifs du droit de porter l'uniforme. Y a-t-il rien de plus tyrannique que le silence que Mirabeau imposa à Robespierre et la raison qu'on en alléguait?...²

Il n'y avait paysan et vendeuse d'herbes dans l'Attique qui n'aurait ri au nez de Mirabeau, s'il lui avait échappé de dire qu'on ne pouvait pas parler contre un décret. Aussi le tumulte dura-t-il pendant une heure et demie. Mirabeau, voyant que la voix de sa sonnette était étouffée et qu'il ne pouvait parler aux oreilles, s'avisa de parler aux yeux, et, pour les frapper par un mouvement nouveau, au lieu de mettre son chapeau comme le président de l'Assemblée nationale, il monta sur son fauteuil : « Que tous mes confrères m'entourent! » s'écria-t-il, comme s'il eût été question de protéger le décret en sa personne. Aussitôt une trentaine d'honorables membres s'avancent et entourent Mirabeau. Mais, de son côté, Robespierre, toujours si pur, si incorruptible, et à cette séance si éloquent, avait autour de lui tous les vrais Jacobins, toutes les âmes républicaines, toute l'élite du patriotisme...

Le silence que n'avaient pu obtenir la sonnette et le geste magistral de Mirabeau, le bras en écharpe de Charles Lameth parvint à le ramener. Il monta à la tribune, où, tout en louant Robespierre de son amour pour le peuple, et en l'appelant son ami très cher, il le colaphisa un peu rudement et prétendit, comme M. le président, qu'on n'avait pas le droit de faire le procès à un décret, sanctionné ou non. Mais M. Noailles concilia les deux partis en soutenant que le décret ne comportait point le sens qu'on lui prêtait, qu'il s'était trouvé au Comité de constitution lorsqu'on avait discuté cet article, et qu'il pouvait attester que ni lui ni le Comité ne l'avaient entendu dans le sens de M. Charles Lameth et de Mirabeau. La difficulté étant levée, la parole fut rendue par le président à Robespierre, qui acheva son

---

1. Voir le décret du 6-12 décembre 1790 sur l'organisation de la force publique. Implicitement, ce décret excluait (à l'avenir) les citoyens non actifs de la garde nationale.
2. Suivent des réflexions de Camille Desmoulins, que nous omettons, parce qu'elles ne nous apprennent rien sur le Club des Jacobins.
3. Nous omettons encore ici des réflexions de Camille Desmoulins, qui n'ont aucun rapport avec notre sujet.

discours au milieu des applaudissements comme il l'avait commencé. Mais c'était sauver l'honneur de l'Assemblée d'une singulière façon, et la conséquence faisait bien plus de tort à l'Assemblée et à son décret que tout ce qu'avait dit Robespierre¹.

[Sur la même séance on lit dans *le Patriote français* du 7 décembre 1790 :]

Le Club des Jacobins eut hier une séance très orageuse. M. Robespierre y lut un discours sur le droit qu'avaient tous les citoyens *actifs et inactifs* d'être gardes nationales. Fondé sur les principes qu'il développa avec la plus grande force, il fut singulièrement applaudi. Son discours finissait, quand M. Mirabeau, président des Jacobins, le rappela à l'ordre, sur le prétexte qu'il y avait un décret rendu dans la matinée même, et qu'il n'était permis à personne, et surtout à aucun membre de l'Assemblée nationale, de parler contre un décret rendu. Cette interruption excita un soulèvement universel dans l'assemblée, déjà indignée de ce qu'on prétendait dépouiller les citoyens non actifs du droit de porter l'uniforme ; le tumulte dura pendant une heure et demie. M. Charles Lameth parvint à le calmer ; mais il prétendit également qu'on n'avait pas le droit de parler contre un décret ; et cette prétention ne fut pas fort applaudie. M. Noailles réconcilia davantage les esprits en soutenant que le décret ne comportait pas le sens qu'on lui prêtait. Le décret ne bornait pas aux seuls citoyens actifs le droit d'être garde nationale, mais ordonnait à ceux qui voulaient être actifs de se faire enregistrer. Il ajouta que tel était le sens dans lequel il avait été entendu au Comité de constitution, lorsqu'on avait discuté cet article, discussion à laquelle il avait assisté.

1. Camille Desmoulins ajoute un peu plus loin : « Quelques-uns pourront penser qu'il y a de la maladresse à ne ménager ainsi personne, et à déplaire tour à tour à tous les partis, que je devrais taire ces sortes de séances des Jacobins, et ne point imiter le crime de..... (a) ; mais je vois qu'il faut se défendre avec autant de soin de la superstition pour un corps que pour un individu. »

(a) Ici, il manque une ligne dans l'exemplaire que je possède et dans celui de la Bibliothèque nationale, t. V, p. 116.

LXXXIV

DISCOURS

PRONONCÉ LE 12 DÉCEMBRE, L'AN DEUXIÈME DE LA LIBERTÉ,
À LA SOCIÉTÉ DES AMIS DE LA CONSTITUTION DE PARIS,
PAR M. DUMAS,
MEMBRE DE LA SOCIÉTÉ DE CORBEIL, A LA TÊTE D'UNE DÉPUTATION [1]

Après avoir sollicité pour la Société de Corbeil l'avantage d'être affiliée au Club des Jacobins, M. Dumas ajoute :

« C'était une considération digne de vous que cette réciprocité d'action de la constitution sur l'esprit public, et de l'esprit public sur la constitution : vous avez réellement, par cet apostolat de la liberté, posé la base de la morale des peuples et vous vous êtes aussi imposé des devoirs proportionnés à la dignité de votre institution.

« Nous touchons à l'époque de la Révolution où nos soins vigilants sont aussi nécessaires que l'ont été jusqu'ici nos généreux efforts. Nous n'aurons pas à remporter, le fer à la main, une seule et dernière victoire; mais nous avons à combattre tous les jours avec les armes de la raison et de la vérité, et il faut mettre ces armes dans les mains du peuple. Que rien ne vous détourne donc de vos grands desseins ! On vous fait une insidieuse et méprisable guerre ; négligez ces attaques multipliées et marchez droit à votre but : l'instruction du peuple. Il faut qu'il sache, il faut qu'il trouve, dans son expérience journalière, l'influence immédiate de la constitution sur son bonheur ; il faut lui montrer comment ses droits ont été consacrés, comment, dans toutes les circonstances de la vie, il est indépendant du gouvernement des hommes, et uniquement subordonné à la loi qui règle ses devoirs, et par là même assure et protège ses jouissances.

« Que des publicistes, orgueilleux d'une vaine science, s'efforcent encore de consacrer les erreurs et les crimes des gouvernements; qu'ils se fatiguent à mettre d'accord leurs maximes paradoxales avec les droits de l'homme; qu'ils apologisent, tant qu'ils voudront, de barbares et incohérentes institutions; qu'ils abusent de la majesté de l'histoire : l'avenir ne leur appartient plus, et le culte de la liberté a renversé cette idolâtrie politique.

---

1. *Journal des Clubs*, t. I, p. 255.

On a trompé longtemps l'innocente et respectable crédulité du peuple, et maintenant que la vérité éclate, pénètre de toutes parts, les ennemis de l'humanité (car on ne peut plus leur donner d'autre nom), renonçant à poignarder l'opinion publique, lui préparent les plus funestes poisons. Ils multiplient les productions de leur imagination déréglée; ils espèrent, à force de mensonges, donner quelque substance à leurs fantômes. Ils demandent à grands cris où est la patrie, quand sa voix les réprouve. Ils osent en appeler à la nation, quand elle est là présente et qu'elle enchaîne leurs bras parricides. D'autres fois ils revêtent nos couleurs; ils emploient, par une sacrilège profanation, le langage de nos vertus patriotiques; mais votre vigilance préviendra partout leur décevante adresse, avant qu'elle ait infecté les sources de l'esprit public. Voilà, Messieurs, le danger chaque jour renaissant, et c'est pour le combattre chaque jour que notre Société s'est formée. Son but, comme le nôtre, est de faire aimer la constitution en la faisant bien connaître, de respecter et de faire respecter la loi et de la suivre religieusement jusque dans ses moindres applications, afin qu'une main ennemie n'en détourne pas les bienfaits. »

LXXXV

SÉANCE DU 15 DÉCEMBRE 1790

D'APRÈS « L'ORATEUR DU PEUPLE »[1]

Avec quelle satisfaction n'a-t-on pas vu reparaître dernièrement aux Jacobins un des plus zélés défenseurs de la patrie! M. Barère de Vieuzac, méprisant enfin les séductions de 89[2] et les jongleries du Cercle social, est revenu dans la Société des amis de la constitution, et a répondu aux personnes qui, dans la salle même, se sont empressées d'aller le féliciter sur sa conversion : « *Eh! Messieurs, est-ce que j'aurais attendu le 15 décembre pour devenir patriote? Soyez sûrs que je l'ai été constamment et que je le serai toute ma vie.* » A cette même séance, Mirabeau, ce protée auquel on ne peut refuser de grands talents, s'il voulait de bonne foi les consacrer à la chose publique, a tonné contre La Fayette. Il a déployé tous ces beaux mouvements d'éloquence qu'on applaudissait si fort dans l'orateur romain, quand il dévoilait à ses concitoyens la fausse et dangereuse popularité de

---

1. *Orateur du Peuple*, t. III, p. 516.
2. Il s'agit du Club de 1789, au Palais-Royal.

celui qui, à la tête de nombreuses légions, se préparait à franchir les limites que le Sénat même lui avait tracées. « N'est-il pas honteux, disait Mirabeau, président des Jacobins, qu'un simple citoyen se flatte d'influencer toute la République, lui qui a contribué moins que tout autre à notre liberté, lui qui, par un heureux hasard, ou par quelque autre combinaison politique, et par une intrigue de cour, se trouve à la tête de l'armée parisienne? La place de commandant général, qui, dans les premiers temps de la Révolution, était peut-être difficile à remplir, n'est aujourd'hui que la chose la plus simple du monde, vu le zèle, le courage, l'activité, le patriotisme des citoyens de Paris. » Mirabeau reprochait en même temps à Charles Lameth le peu de confiance qu'il témoignait en ses propres forces, eu égard à cette place; c'est ainsi que Cicéron reprochait à Marcellus de craindre le consulat; Mirabeau parlait, et le fantôme du généralat s'évanouissait à tous les yeux, comme le plus petit nuage aux premiers rayons du soleil.

LXXXVI

SÉANCE DU 17 DÉCEMBRE 1790

Dans la séance du 17, il s'est élevé une discussion relative à M. de La Fayette, qui a paru développer très clairement les véritables sentiments de la Société pour ce général. La municipalité de Marseille avait écrit aux Amis de la constitution pour les prier de fixer l'opinion qu'elle devait avoir de M. de La Fayette, sur le compte duquel des bruits populaires lui avaient inspiré quelque défiance. Le Comité de correspondance avait été chargé de rédiger la réponse à faire à Messieurs de Marseille. La première rédaction, présentée dans une séance précédente, n'avait pas été adoptée. Le second projet de réponse n'a pas eu plus de succès. On y disait entre autres choses que M. de La Fayette, *trop facile pour ses entours*, avait pu quelquefois en recevoir des impressions peu conformes à ses principes; mais que les soldats citoyens de Paris, attentifs à sa conduite, ne lui obéiraient qu'autant qu'ils le verraient dans le bon chemin. Un des membres de la Société proposait de répondre en quatre mots, à la manière des Lacédémoniens, et de dire simplement: *M. de La Fayette n'est plus parmi nous, nous sommes vos frères*. Un autre membre était d'avis qu'on envoyât la lettre de Marseille à M. de La

---

1. *Journal des Clubs*, n° 6, t. I, p. 249.

Fayette, afin de savoir de lui-même en quels termes devait être conçue la réponse. Enfin, une nouvelle rédaction a été présentée et approuvée, dans laquelle la Société déclare que, n'étant point attachée particulièrement à des individus, mais s'occupant uniquement du bien public, elle surveillera toujours les fonctionnaires publics et ne manquera jamais de les dénoncer, s'ils trahissent la cause commune. Les différentes opinions ont été longuement discutées, et cependant avec modération, de manière qu'il était aisé de conclure que le plus grand tort de M. de La Fayette était d'avoir abandonné la Société. Peut-être serait-il à désirer pour le bien public, pour le rapprochement de tous les esprits, que M. de La Fayette revînt dans un club où il n'a jamais reçu que des témoignages d'estime et d'attachement, et dont le patriotisme s'est alarmé de sa retraite. Il serait bien à désirer aussi que tous les clubs de Paris pussent être réunis, ou du moins que tous les citoyens pussent assister à celui des Jacobins, pour faire cesser tout prétexte de division, et pour anéantir les calomnies absurdes qu'on ne cesse de débiter contre une Société qui joint au patriotisme le plus pur l'équité la plus rigoureuse.

LXXXVII

DISCOURS SUR LA LIBERTÉ DU THÉATRE

PRONONCÉ PAR M. DE LA HARPE[1]

LE 17 DÉCEMBRE 1790

À LA SOCIÉTÉ DES AMIS DE LA CONSTITUTION

(Paris, 1790, in-8 de 16 pages.)

En montant pour la première fois dans cette tribune, destinée à être un des organes du patriotisme, si j'ose appeler votre attention sur la liberté du théâtre, ne croyez pas que je me propose d'occuper

---

1. C'est le célèbre critique Jean-François de La Harpe (1739-1803). Quand la Révolution éclata, il était professeur au *Lycée*, établissement d'enseignement supérieur libre au Palais-Royal. En 1790, il demanda dans *le Mercure* la suppression des parlements qu'il avait déjà attaqués dans son cours en 1788. Le 23 août 1790, il fut l'orateur d'une députation des auteurs dramatiques qui vint demander à la barre de la Constituante de leur assurer la propriété de leurs œuvres. En janvier 1791, il donne un plan d'éducation publique, imprimé dans ses œuvres. Dans la *Chronique de Paris* du 15 mai 1791, il y a une très vive lettre de lui contre ceux qui s'opposaient à ce qu'on mit les cendres de Voltaire au Panthéon. Le 3 décembre 1792, il assiste en bonnet rouge à la séance de rentrée du Lycée,

à des objets purement littéraires des moments que réclameraient avec raison des intérêts d'une toute haute importance.

Non, Messieurs, quoiqu'on ne doive pas exiger de l'écrivain ni de l'artiste qu'ils se désintéressent sur l'exercice de leurs talents, quoiqu'on leur permette d'y attacher un sentiment d'amour et de gloire, qui en est l'aliment naturel, cependant tel est l'ordre de choses où nous sommes placés aujourd'hui (je l'ai déjà dit plus d'une fois, mais j'aime à le répéter devant vous), que toutes nos pensées, tous nos travaux, toutes nos habitudes, tout ce qui composait auparavant le plan de notre vie individuelle, doit faire place désormais à cette espèce de vie publique et sociale que nous devons à la liberté, ou du moins l'y subordonner à un tel point, je dirai même l'y incorporer tellement, que l'une et l'autre ne fassent plus qu'une seule et même chose. Malheur à celui qui ne sentirait pas, depuis qu'il a eu le bonheur de devenir libre, que tous les titres de gloire, quels qu'ils soient, disparaissent devant ce grand titre d'homme libre et de citoyen; que tout est petit devant cette grandeur première de l'homme, sans laquelle il n'est qu'un être dégradé, un esclave qui ne peut différer des autres esclaves qu'en sachant plus ou moins orner ou adoucir des chaînes qui sont toujours un fardeau d'ignominie.

D'après ces sentiments, qui ont toujours été au fond de mon cœur (car j'ose en attester mes écrits, quelque peu de mérite qu'ils puissent avoir d'ailleurs, j'ai toujours été libre par le sentiment et par la pensée, même avant de l'être par la loi), vous pouvez être sûrs, Messieurs, que si je viens mettre sous votre protection le vœu des gens de lettres pour la liberté du théâtre, c'est que je me crois digne de vous en parler, non pas en auteur, mais en citoyen; c'est qu'il m'est facile de vous faire voir à combien d'égards très essentiels cette liberté du théâtre, la seule qui nous manque, intéresse la chose publique, combien elle touche de près à la cause de la liberté générale, comme elle se lie de tous côtés aux intérêts du patriotisme, et

devenu le *Lycée républicain*, et il débite un dithyrambe fameux. Sa collaboration au *Mercure* est alors républicaine, mais plutôt girondine. (Voir le *Cours de littérature*, éd. de 1818, IV, 169-171.) — Arrêté en avril 1794 et enfermé au Luxembourg, il y reste cinq mois. C'est de là qu'il aurait écrit, d'après Laya, une lettre adulatrice à Robespierre (*Journal de la librairie* du 14 décembre 1833.) Au contraire, dans le *Lycée* (IV, 170), il prétend avoir dénigré hautement Robespierre. Il est possible qu'il ait fait les deux choses. En prison, une influence féminine convertit, dit-on, ce voltairien au catholicisme. Il traduisait le *Psautier*. Quand il remonta dans sa chaire, la réaction l'acclama. Il publia alors, en 1795, un opuscule contre-révolutionnaire, *Du fanatisme dans la langue révolutionnaire*, où il lançait l'anathème aux Jacobins. Ses palinodies se marquent aussi dans le petit écrit intitulé *Esprit de la Révolution*, qu'on trouvera dans ses œuvres.

quand j'invoque ces noms sacrés devant les *Amis de la constitution*, quand je suis prêt à démontrer que ses ennemis sont les nôtres, que c'est la liberté publique que l'on veut combattre en effet, en combattant nos justes demandes, puis-je douter que vous ne daigniez m'honorer quelques instants d'une attention bienveillante?

Il y a quatre mois, Messieurs, que ceux des gens de lettres qui ont travaillé pour le théâtre français ont eu l'honneur de présenter à l'Assemblée nationale une pétition[1] qui tendait principalement à obtenir une loi qui encourageât l'établissement de nouvelles troupes de comédiens, autorisées à représenter cette foule de chefs-d'œuvre de tout genre dont une nombreuse succession d'auteurs, devenus classiques, enrichit depuis cent cinquante ans une seule troupe qui, à la faveur d'un privilège exclusif, se prétend encore seule héritière de ce genre de richesses, reconnues dès longtemps par tous les gens sensés pour être, par sa nature, une propriété publique et nationale.

A cette demande, où l'intérêt particulier des auteurs dramatiques s'identifie si évidemment et si heureusement avec l'intérêt général, on ne pouvait rien opposer, absolument rien, que l'avidité orgueilleuse de la troupe usurpatrice. Des nombreux pamphlets qu'elle a produits pour sa défense, pas un n'a même approché de la question; jamais on n'a même hasardé de citer un seul passage, d'attaquer un seul des raisonnements qui fondaient notre pétition. Il ne s'agit nullement de les rappeler ici; ce n'est pas là ce qui m'amène devant vous; mais comme, depuis quatre mois, nous n'avons pu encore obtenir que l'on entendît le rapport du Comité de constitution, rapport qui est prêt depuis six semaines, rapport qui ne tiendrait pas une heure de discussion, que l'on nous a promis dix fois, et notamment la semaine dernière, de placer à la séance du soir; rapport que l'illustre membre de l'Assemblée nationale qui a l'honneur de présider celle-ci[2] doit appuyer par un discours qu'il a composé au moment même de notre pétition; comme déjà les comédiens français se vantent de perpétuer leurs usurpations en obtenant le silence des législateurs; mon dessein, Messieurs, est de vous prouver, par les faits, que cette honteuse victoire, s'ils la remportaient, serait le triomphe de l'aristocratie et du despotisme sur l'esprit patriotique et sur la liberté; mon dessein est de vous faire suivre de l'œil la marche oblique et astucieuse des comédiens qui ont su lier à leur cause celle des ennemis de la Révolution, en sorte que leurs intérêts sont devenus les mêmes; que ceux qui les

1. Séance du 23 août 1790. (*Mon.*, V, 487.) La liberté du théâtre fut décrétée le 13 janvier 1791.
2. Mirabeau. Quant au rapport, il fut fait par Le Chapelier.

défendent sont en même temps ceux qui vous menacent; que ceux qui les servent sont ceux qui vous haïssent; et qu'il n'y a qu'une loi positive, la loi que nous implorons, qui puisse ôter aux uns et aux autres les armes qu'ils veulent tourner contre vous.

Je n'ai besoin, Messieurs, que de vous rappeler un moment à vos réflexions et à votre expérience, pour vous faire sentir jusqu'où s'étend la puissance des impressions théâtrales. De tous les lieux où les hommes se rassemblent, il n'en est aucun où la communication des sentiments soit plus rapide, plus efficace, plus contagieuse. Comme on n'y va que pour être ému, l'âme toute remplie de ce besoin d'émotions s'ouvre de tous côtés pour les recevoir ou pour les répandre; elles s'accroissent en se réunissant; elles s'exaltent, et par leur propre expression et par celle des autres. On entraîne ou on est entraîné; bientôt toutes les voix ne font qu'un cri, tous les mouvements ne font qu'une impulsion; toutes les affections morales ou spontanément émues, ou impérieusement assujetties, forment à grand bruit une vaste explosion. C'est là, certes, c'est là que s'élève dans toute sa force la voix dominatrice de l'opinion; c'est de là qu'on part pour la juger; c'est là qu'on cherche à la capter, à la modifier, à la faire parler chacun selon ses intérêts et ses vues. Eh bien! Messieurs, pensez-vous qu'il soit indifférent de laisser à une seule et unique troupe de comédiens le choix de ces ouvrages, dont les représentations sont, pour ainsi dire, des miroirs à facettes, où l'opinion se réfléchit en se multipliant dans le jour qu'on veut lui donner, selon les moyens que l'on a pris pour faire prévaloir tel ou tel ordre de spectateurs, ou selon les circonstances qui en déterminent le concours? Faut-il vous retracer ce que vous voyez tous les jours? L'esprit de parti ne cherche-t-il pas sans cesse à faire hausser ou baisser à son gré cette espèce de thermomètre moral et politique? N'entendez-vous pas chacun tirer plus ou moins d'avantages de ces variations? Et combien les comédiens, qui connaissent mieux que personne dans quelle température il faut le placer, ont-ils de ressources pour préparer des indications infidèles ou dangereuses?

Je me bornerai à un seul exemple qui n'a pas échappé aux observateurs, mais qu'on paraît avoir trop tôt oublié. Remettez-vous devant les yeux l'époque des fêtes de la Fédération. Pouvons-nous dissimuler qu'à cette époque mémorable, qui semblait devoir échauffer plus que jamais l'esprit patriotique, on s'aperçut au contraire de quelque refroidissement? Et à quoi faut-il principalement l'imputer? Au choix insidieux et perfide des pièces données au Théâtre-Français pendant le séjour des fédérés à Paris, à l'accord de ces pièces avec les insinuations calomnieuses de l'aristocratie. Quel est en effet le dernier artifice dont elle s'arme contre la Révolution? C'est de représenter tous les vrais patriotes comme de mortels ennemis de la royauté, même légale, et de les rendre odieux, sous ce point de vue, à tous ceux qui ne réfléchissent pas (et il n'y en a que trop); de leur faire oublier que les amis de la constitution ne sauraient, sans être inconséquents et parjures, se déclarer ennemis de la royauté qu'eux-mêmes ont reconnue partie intégrante de cette constitution qu'ils ont juré de maintenir. C'est dans cette vue que le parti antirévolutionnaire s'efforce d'échauffer dans la tête du peuple, de porter au delà de toute mesure cet ancien attachement pour les rois, qui ne fut longtemps, il faut l'avouer, qu'un aveugle instinct de servitude et qui n'est vraiment éclairé, vraiment estimable, que depuis que nous avons appris à ne plus séparer la loi et le roi. Mais la multitude n'a pas toujours cette précision d'idées. Rien n'est si facile que de l'égarer même par un sentiment louable. Et que veulent nos ennemis? L'amener à séparer sans cesse dans ses erreurs ce que nous réunissons toujours dans nos principes, la liberté politique et la monarchie légale; lui persuader, s'ils le pouvaient, que pour bien aimer son roi il ne faut pas aimer la liberté, et dégoûter insensiblement le peuple de l'une en l'enthousiasmant follement pour l'autre. Une vieille habitude rend cette confusion d'idées si facile dans le commun des hommes! La liberté et la royauté ont dû paraître si longtemps inconciliables, parce que la royauté n'était en effet que le despotisme! Jugez combien de gens qui ne sont pas encore faits à cet accord tout nouveau de deux choses qui semblaient si disparates! Comme il est facile de séduire leur raison par des affections mal entendues! Et c'est là ce que l'on prétendait faire en associant aux fêtes de la liberté naissante non pas des ouvrages propres à en affermir l'esprit, mais des pièces dégoûtantes d'adulation, infectées de servitude; *le Siège de Calais, Gaston et Bayard, Zelmire*¹, toutes les tragédies nommées autrefois, si ridiculement, *nationales*, dans un temps où il n'y avait pas même de nation, dans un temps où un ministre, homme d'esprit, le comte d'Argenson, disait à Duclos, en pleine Académie, à propos de ce mot de nation que l'écrivain employait souvent : « Vous devriez savoir, Monsieur, qu'en France il n'y a point de nation : il y a un roi et des sujets. » Le cœur se serre d'indignation à ces paroles flétrissantes, prononcées il n'y a guère plus de trente ans. Vous rougissez, Messieurs, vous

---

1. Tragédies par de Belloy. *Zelmire* fut représentée pour la première fois le 6 mai 1762, *le Siège de Calais* le 13 février 1765, *Gaston et Bayard* le 24 avril 1771.

paraissez humiliés et consternés de tant de bassesse. Relevez la tête, et, comparant la proximité des intervalles et la distances des choses, regardez plutôt avec un noble orgueil quel chemin nous avons fait.

Eh bien! ce sont pourtant toutes les productions de ce poète courtisan, dont le théâtre entier n'est qu'un système suivi d'adulation et d'esclavage; ce sont ces misérables drames que l'on offrait de préférence aux députés de la France entière, appelés dans la capitale pour solenniser notre Révolution. Et qui faisait ce choix antinational, antipatriotique? Des hommes qui, tout récemment réintégrés dans le rang de citoyens, auraient dû, plus que personne, sentir tout le prix d'un titre que l'on venait de rétablir dans tous ses droits. Tel est le patriotisme, telle est la reconnaissance des comédiens français. Et pensez-vous qu'eux seuls eussent part à ce choix si bien concerté et si bien soutenu? Jugez-en par un seul passage d'une de ces pièces, passage que je choisis sur cent autres, auquel on ménagea des applaudissements dont le bruit me poursuit encore, et qu'il faut (pour des raisons que vous approuverez sans doute), qu'il faut que mon indignation dénonce à la vôtre :

> Dieu dit à tout sujet, quand il lui donne l'être :
> « Sers, pour me bien servir, la patrie et ton maître.
> Sur la terre à ton roi j'ai remis mon pouvoir;
> Vivre et mourir pour lui, c'est ton premier devoir [1]. »

Voilà ce que des Français, tout bouillants des premières ardeurs d'une liberté récente, ont entendu et applaudi!

Je ne crois pas être suspect d'aucune espèce de fanatisme : invariable dans mes principes, je réprouve également et l'aristocratie qui hait la liberté, et le forcené démagogue qui la souille. Je sens tous mes droits d'homme, non pas depuis que l'Assemblée nationale les a déclarés, mais depuis que je me connais; je me souviens, en même temps, de mon serment civique, le seul que j'aie prononcé en ma vie, et que je n'ai pas prononcé en vain. Je méprise les écrivains sans pudeur qui ont outragé un roi citoyen : ils ont oublié ce qu'ils devaient au chef d'un peuple libre, et que manquer parmi nous à la dignité royale, c'est attenter à la majesté nationale. J'aime et je respecte mon roi dans la personne de Louis XVI; mais c'est précisément parce qu'il n'est pas *mon maître*, et que, d'après mon serment et le sien, je n'ai de *maître* que la loi. Comment donc nos oreilles ont-elles souffert

[1] Paroles de Bayard dans la tragédie de *Gaston et Bayard*, acte I, scène IV.

ces vers scandaleux, qui sont une sorte d'impiété politique? (Je dis impiété, car la liberté a aussi son culte comme la religion.) Que signifient ces mots absurdes et discordants de *maître* et de *patrie*? Comme si l'on pouvait avoir une *patrie* quand on a un *maître*? Comment Dieu nous aurait-il *ordonné*, comme notre premier devoir, de vivre et de mourir pour un maître? Dieu qui nous a tous créés libres! Messieurs, je sais qu'un poëte dramatique n'est pas rigoureusement responsable de ce qu'il fait dire à ses personnages : il est censé leur donner leur esprit, et non pas le sien; les faire parler d'après la situation, et non d'après ses sentiments. Mais ici il n'y a point d'excuse. Ces vers ne sont nullement nécessaires à la scène : ce n'est qu'un lieu commun, un hors-d'œuvre, un remplissage. L'effet qu'ils peuvent produire n'est pas balancé par le caractère du personnage; il n'est pas donné dans la pièce pour un homme vil ou méchant : c'est un personnage honnête et imposant. Je ne crois pas que l'on doive tolérer que de pareilles maximes soient débitées, comme des vérités morales, devant un peuple qui vient de se donner une constitution libre. L'effet des sentences que l'on entend au théâtre, et qu'on y entend applaudir, a un très grand pouvoir sur les hommes, surtout s'ils sont jeunes, s'ils sont peu instruits, s'ils sont prévenus. C'est là que se forme habituellement l'esprit public; c'est là qu'on prépare avec adresse les impressions qu'on veut lui donner. Je ne suis point exagérateur; mais je conçois tel ordre de choses, tel arrangement de circonstances, où de pareils vers applaudis pourraient être un signal d'émeute et de soulèvement. Je propose donc, puisque j'ai occasion d'en parler, qu'il soit défendu aux comédiens de les débiter sur la scène. Qu'on ne nous accuse point de porter trop loin la surveillance. Rien n'est petit (surtout à l'époque où nous sommes) de ce qui peut intéresser la liberté; rien n'est indifférent de ce qui touche à l'ordre public. Et qui de vous ignore, Messieurs, quel exemple donnèrent, en ce genre, les Athéniens? Dans une pièce d'Euripide, on récita deux vers dont le sens était que, dès qu'il s'agissait de régner, la justice devait être comptée pour rien. L'assemblée éclata en murmures; la pièce fut interrompue; on cita le poète devant les spectateurs, et l'on voulait lui faire un procès capital pour avoir énoncé, surtout devant les républicains, cette doctrine abominable. Euripide se justifia heureusement, en suppliant les Athéniens de vouloir bien attendre jusqu'à la fin de la pièce; qu'ils verraient puni de mort celui qui avait tenu ce langage, digne d'un tyran tel qu'il était. C'est à ce point, Messieurs, qu'un peuple si éclairé portait le scrupule et la sévérité sur les maximes du théâtre. Rougirions-nous d'être aussi sévères qu'eux? C'en serait assez, sans doute, pour vous faire connaître quel est, par rapport à notre Révolution, l'esprit de cette troupe privilégiée, qui prétend qu'on lui abandonne exclusivement la disposition de tous nos ouvrages dramatiques. Vous voyez comme elle sait en appliquer l'emploi à l'utilité publique. Je ne vous rappellerai pas ce qu'il a fallu de temps et d'efforts pour leur arracher la représentation de *Brutus*[1], de cette admirable tragédie, qui n'avait guère d'autre défaut que d'être au-dessus du siècle et des spectateurs, ne fût-ce que par ces deux vers si remarquables et si peu sentis jusqu'à nos jours, ces vers où l'on dit en parlant d'un roi :

> Et, dès qu'aux lois de Rome il ose être infidèle,
> Rome n'est plus sujette, et lui seul est rebelle.

C'est la première fois, peut-être, qu'on avait entendu ce mot de *rebelle* appliqué à un roi. Ce mot contient toute la doctrine, alors si neuve et si peu connue parmi nous, de la souveraineté de la nation. On n'a rien risqué sur la scène d'aussi hardi, et cette hardiesse même était si loin de nos idées qu'elle ne fut pas aperçue. Quels ridicules prétextes alléguaient les comédiens pour écarter depuis longtemps de la scène cet ouvrage qu'on leur demandait? « Ils craignaient, disaient-ils (et je ne puis qu'en vous demandant pardon, répéter devant vous ce qu'ils ont osé imprimer), ils craignaient qu'on ne vît Louis XVI dans Tarquin! » Heureusement, l'expérience a fait voir qu'ils ne connaissaient pas mieux le public que le roi. Ce public, dont le tact est un peu plus juste que le leur, n'a marqué par aucun applaudissement tout ce qui attaquait la royauté en elle-même, et s'est contenté d'accueillir avec transport tous les élans de la liberté et du patriotisme. En un mot, les représentations de *Brutus* ont été le triomphe de l'esprit public, malgré tous les efforts de l'aristocratie pour en troubler ou en corrompre l'effet. L'un de ces ennemis de la Révolution n'a-t-il pas cru se signaler en répondant à un vers qui proscrivait les rois par des cris de *vive le roi*? Toute l'assemblée, d'une voix unanime, en répétant *vive le roi* et en y joignant *vive la nation*, a fait voir

---

1. Cette tragédie de Voltaire fut reprise le 17 novembre 1790 (et non 1791, comme le disent par erreur Étienne et Martainville dans leur *Histoire du théâtre*, I, 194). On donna le même soir *la Feinte par amour*, comédie de Dorat, qui avait été représentée pour la première fois le 31 juillet 1773. *Brutus* fut joué pour la seconde fois le 19 octobre. L'affiche portait cet avis : « Conformément aux ordres de la municipalité, le public est prévenu que l'on entrera sans cannes, bâtons, épées et sans aucune espèce d'armes offensives. »

que, si les conquérants de la Bastille avaient égalé le courage des Romains, Paris ne croyait pas que sa révolution dût ressembler à celle de Rome, ni que Louis XVI pût ressembler à Tarquin.

Mais qui peut mieux faire juger de l'esprit des comédiens français, sous les rapports du civisme, que leur conduite envers la municipalité? Je n'entrerai sûrement dans aucun détail sur la querelle indécente et odieuse qu'ils ont suscitée à un de leurs camarades[1]. Je laisse à ceux qui affectent d'en méconnaître les conséquences demander, avec une légèreté maligne et méprisante, s'il est bien important qu'un comédien ait tort ou raison avec ses camarades. Non, cela n'est pas en soi-même d'une gravité majeure. Cependant je demanderai, à mon tour, s'il est absolument indifférent qu'un citoyen (et ce citoyen, Messieurs, a l'honneur d'être un de vos membres) soit arbitrairement privé de son état, pour avoir pensé et dit que l'on pouvait donner au public une pièce que les comédiens lui refusaient : car c'est là, en dernière analyse, le seul tort qu'il ait à leurs yeux. Mais ce qui certes n'est rien moins qu'indifférent à l'ordre public, c'est que, dans une constitution naissante, l'autorité municipale ait été publiquement, formellement, persévéramment méconnue et bravée par des comédiens tout récemment revêtus du titre de citoyens. Je ne reconnais de citoyen que celui qui regarde comme un devoir sacré l'obéissance à la loi, et quiconque désobéit à la loi est l'ennemi de la liberté. Dès que toutes les têtes ne se courbent pas devant la loi, de ce moment il n'y a personne qui soit en sûreté. Et pouvez-vous oublier, Messieurs, tous les scandales, les troubles, les désordres, qu'a occasionnés cette désobéissance coupable? Pouvez-vous douter de l'esprit antirévolutionnaire qui règne parmi les comédiens, et qui est le seul motif de la proscription qu'ils ont prononcée contre quelques-uns de leurs camarades connus par leurs sentiments patriotiques? Pouvez-vous en douter, quand vous vous rappelez la résistance hardie et soutenue que la Comédie en corps a opposée, pendant huit jours, non seulement aux ordres de la municipalité affichés à leur porte, mais même aux invitations, aux instances répétées du maire de Paris; quand vous vous rappelez cette réponse qu'ils croyaient pleine de dignité, et qui n'était que ridiculement insolente : « Nous allons porter les clefs au roi »; quand vous vous rappelez que huit cents citoyens, la plupart membres de cette Société, justement indignés de cette révolte, signèrent une adresse au corps municipal pour obtenir qu'enfin les comédiens fussent forcés d'obéir; que le maire lui-même fut obligé d'employer tous les

---

1. Il s'agit de Talma.

moyens possibles pour apaiser le mécontentement public qui éclatait au spectacle; qu'il poussa la bonté jusqu'à promettre en leur nom qu'ils obéiraient; et pendant que le public accusait tout haut leur désobéissance, tandis qu'un maire demandait, pour ainsi dire, grâce pour eux, ils étaient sur la scène et se taisaient. Ils se taisaient!... Jugez, Messieurs, un pareil silence et de pareils citoyens! Et ils n'ont pas été punis!

Et ne vîtes-vous pas alors avec quelle joie curieuse et insultante les ennemis de la constitution observaient ce premier conflit ouvertement déclaré contre l'autorité municipale; comme ils rappelaient le temps où un gentilhomme de la chambre, un lieutenant de police, envoyait d'un mot au cachot l'acteur le plus célèbre, l'en tirait pour le faire jouer, et l'y faisait ramener ensuite? Eh bien! ce temps-là, Messieurs, c'est celui que les comédiens regrettent. Accoutumés à ramper orgueilleusement devant les cordons aristocratiques, ils dédaignent, ils insultent ce qu'ils appellent la bourgeoisie d'un maire. Je ne fais que répéter ici ce qu'attestent tous ceux qui les ont vus de près, ce qu'attestent leurs propres camarades, et je craindrais même de tout répéter... Je m'arrête, et je me résume en peu de mots sur l'objet principal et les résultats de ce discours.

Ce caractère anticivique, qui doit être suspect et odieux aux citoyens, ce despotisme qui doit être intolérable pour les auteurs, est habituellement nourri par le dangereux avantage de pouvoir dire au public : Nous sommes les seuls possesseurs de toutes les pièces tragiques et comiques composées depuis Corneille, les seuls arbitres de vos plaisirs; et, contents ou mécontents de nous, il faut vous en tenir à nous.

Tout changera, tout rentrera dans l'ordre dès qu'il y aura concurrence, et il ne peut y en avoir sans la loi que nous demandons. Car il ne faut pas se méprendre à la renonciation forcée et hypocrite que les comédiens français ont paru faire de leur privilège. En ne réclamant que ce qu'ils appellent leur propriété, ils savent bien ce qu'ils font. Ils savent que ce privilège, anéanti de droit, subsisterait de fait, s'ils restaient seuls en possession de cet immense répertoire dont ils s'arrogent la jouissance exclusive. Non, Messieurs, ne vous y trompez pas. En vain la liberté, même la plus indéfinie, d'élever des théâtres de tous les genres, serait établie par la municipalité : aucune troupe quelconque, réduite aux nouveautés, ne pourrait soutenir six mois la concurrence du tragique et du comique contre les comédiens français, s'il ne lui était pas permis de toucher à ce fonds de richesses dramatiques successivement entassées et perdues en partie entre leurs mains depuis cent cinquante ans. Voilà le secret de leur politique; voilà d'où viennent ces cris qu'ils jettent, en invoquant cette chimère de propriété, qui, comme vous savez, Messieurs, est le mot de ralliement de tous ces usurpateurs dont la constitution a fait justice. Nous avons épuisé la matière dans notre pétition, qui est restée sans réponse. Je n'y ajouterai rien. Il me suffira de vous faire observer combien il serait absurde, incroyable, ridicule que vingt hommes de génie eussent cru travailler depuis un siècle et demi pour nourrir exclusivement la paresse et la vanité d'une troupe privilégiée, qui veut être si gratuitement et à perpétuité l'unique héritière de leurs veilles. C'est donc au nom de la nation, qui doit réclamer cet illustre héritage; au nom de la liberté, qui doit permettre à tout comédien de jouer aujourd'hui Corneille, Racine, Molière, Crébillon, etc., comme il est permis à tout libraire de les imprimer; au nom du patriotisme, qui a tout à craindre d'un seul théâtre français privilégié, et tout à attendre de plusieurs théâtres rivaux; c'est enfin au nom de tous nos confrères qui ont signé la pétition, que je supplie les honorables membres de cette Société, qui le sont aussi de l'Assemblée nationale, de vouloir bien, par tous les moyens qui peuvent être en leur pouvoir, nous procurer une décision d'où dépend notre existence littéraire. Vous concevrez aisément, Messieurs, que des gens de lettres qui sont devenus libres dans leur patrie ne veulent pas être esclaves au théâtre; que les signataires d'une pétition que les comédiens regardent comme une déclaration de guerre n'iront pas se remettre à la discrétion de leurs mortels ennemis, et, après ce qu'ils ont souffert de leur insolent despotisme, se replacer sous ce même despotisme, irrité encore par la vengeance. Personne ne respecte plus que nous les occupations de l'Assemblée nationale; mais lorsqu'à l'exemple de toutes les classes de citoyens nous avons remis entre ses mains nos intérêts particuliers, qui se trouvent heureusement ceux du public, peut-être pouvons-nous nous flatter, comme les autres, de trouver une place et d'obtenir une heure dans une de ces séances du soir, destinées en partie à des rapports de ce genre. Nous languissons depuis quatre mois dans une incertitude cruelle : tout ce que nous demandons, c'est de savoir enfin à quelles conditions nous pourrons désormais exercer un talent dont jusqu'ici l'effort le plus pénible n'était pas tant de vaincre les difficultés de l'art que de lutter contre les dégoûts de toute espèce où nous condamnait la domination privilégiée des comédiens français [1].

1. Le décret du 13-19 janvier 1791 réalisa les vœux des Jacobins : « Art. 1.

Imprimé par ordre de la Société. Paris, 17 décembre, l'an deuxième de la liberté.

MIRABEAU l'aîné, *président*.

FEYDEL, VILLARS, H.-FR. VERGUÈRE, ALEXANDRE BEAUHARNAIS, *secrétaires*.

LXXXVIII

LETTRE

DE LA SOCIÉTÉ DES AMIS DE LA CONSTITUTION DE PARIS AUX SOCIÉTÉS QUI LUI SONT AFFILIÉES

(S. l. n. d., in-folio plano.)

Paris, le 18 décembre 1790.

MESSIEURS,

La Société, étant informée qu'on a répandu dans les départements divers imprimés dans lesquels on annonçait qu'elle était réunie à celle nouvellement établie sous le titre de : *Confédération générale des amis de la vérité*, a arrêté que, pour prévenir les erreurs et les inconvénients qui pourraient naître de ces faux bruits, elle ferait savoir à toutes les Sociétés qui lui sont affiliées qu'elle n'a rien changé, ni aux principes qu'elle suit, ni au régime qui la gouverne, ni au lieu où elle tient ses séances.

Nous sommes avec des sentiments bien fraternels,

Les membres de la Société des amis de la constitution,

MIRABEAU l'aîné, *président*.

VILLARS et FEYDEL, *secrétaires* [1].

Tout citoyen pourra élever un théâtre public et y faire représenter des pièces de tous les genres, en faisant préalablement à l'établissement de son théâtre sa déclaration à la municipalité des lieux. — Art. 2. Les ouvrages des auteurs morts depuis cinq ans et plus sont une propriété publique et peuvent, nonobstant tous anciens privilèges qui sont abolis, être représentés sur tous les théâtres, indistinctement. — Art. 3. Les ouvrages des auteurs vivants ne pourront être représentés sur aucun théâtre public, dans toute l'étendue de la France, sans le consentement formel et par écrit des auteurs, sous peine de confiscation du produit total des représentations au profit des auteurs. » Suivaient quatre autres articles moins importants. Le septième portait qu'il n'y aurait au spectacle qu'une garde extérieure dont les troupes de ligne ne seraient point chargées.

1. Cette adresse avait été votée en principe dans la séance du 29 novembre 1790. Voir plus haut, p. 392.

LXXXIX

LETTRE

DE LA SOCIÉTÉ DES AMIS DE LA CONSTITUTION DE PARIS

AUX SOCIÉTÉS QUI LUI SONT AFFILIÉES

(S. l. n. d., in-folio plano.)

Paris, le 18 décembre 1790.

Messieurs,

La Société a jugé qu'il était utile de fixer l'attention de l'Assemblée nationale sur la nécessité d'une nouvelle loi capable d'anéantir l'usage des combats singuliers, dont l'institution théocratique et féodale contraste si criminellement avec notre constitution, et lui ferait perdre bientôt l'un de ses principaux avantages, celui d'avoir substitué partout la justice à la force.

Pour atteindre plus facilement ce but, elle désire faire connaître aux représentants de la nation l'opinion générale de la France sur cet objet, et particulièrement celle des citoyens dont le patriotisme est le plus généralement connu.

En conséquence, elle a chargé un de ses membres (M. Grouvelle) de rédiger les principes qu'elle professe à cet égard, pour être communiqués aux Sociétés qui lui sont affiliées [1]. Elle attend de leur zèle qu'elles s'occuperont sans délai de discuter ces principes, de les modifier, ou d'y adhérer. Elle ose croire que ce dernier parti sera celui que vous dictera votre attachement aux vrais principes de la constitution; et, dans ce cas, elle vous prie de lui faire passer incessamment votre adhésion et vos pouvoirs.

Armée de cette masse imposante d'opinions, qui mérite à si juste titre de représenter, et même de diriger l'opinion publique, la Société se fera un honneur et un devoir de consacrer ses soins les plus assidus à obtenir des représentants de la nation ce nouveau bienfait, digne à tous égards de leur sagesse et de leur justice.

Nous sommes avec des sentiments bien fraternels,

---

1. Voir plus haut le discours de Grouvelle, août 1790, p. 225.

Les membres de la Société des amis de la constitution,

MIRABEAU l'aîné, *président*.

VILLARS et FEYDEL, *secrétaires*.

XC

SÉANCE DU 19 DÉCEMBRE 1790[1]

Dans l'assemblée du 19, après la lecture des différentes adresses, deux députés envoyés exprès de Lyon par la Société des amis de la constitution de cette ville ont fait lecture de l'adresse dont ils étaient porteurs pour la Société de Paris, et ont donné de nouveaux détails touchant la conspiration de Lyon[2]. Le 10 était le jour marqué pour l'explosion; elle devait commencer par un attroupement des ouvriers et autres personnes du peuple qu'on avait séduites et qui se seraient portées à l'Hôtel de Ville pour demander à la municipalité du pain et le retour des trois princes fugitifs, *des chers princes*, qui leur donneraient du pain. L'émeute aurait été renforcée par environ quinze cents brigands armés de poignards, arrivés depuis quelques jours de Turin et qui occupaient toutes les hôtelleries de la ville. Après ce premier éclat, la foule se serait dispersée dans les rues pour massacrer les patriotes, la plupart désignés sur des listes de proscription. Les régiments en garnison à Lyon devaient prêter main-forte, ainsi que les deux régiments établis à Trévoux, à quatre lieues de Lyon. Ceux-ci avaient mis leurs canons en état et avaient requis la municipalité de Trévoux, d'après les ordres du général de La Chapelle[3], de leur fournir des chevaux pour conduire ces canons. Pour assurer leur marche, on avait eu la précaution de faire sonder le chemin qui conduit à Lyon, et dont plusieurs parties étaient couvertes par le débordement de la Saône. Lorsque la municipalité de Lyon, instruite par celle de Trévoux de ces préparatifs, en fit demander la raison, on répondit à ses députés que ce n'était que pour faire nettoyer les canons. C'est apparemment une nouvelle méthode inventée par M. de La Chapelle de

---

1. *Journal des Clubs*, n° 6.
2. Sur cette affaire, voir l'*Histoire de Lyon depuis 1789*, par J. Morin, I, 296 et suiv.
3. Après la destruction des barrières de l'octroi de Lyon et les troubles qui suivirent cet incident, le ministère avait envoyé près de cette ville un corps de troupe sous les ordres de M. de La Chapelle. Déjà ce général avait été dénoncé aux Jacobins, d'après le *Patriote français*, dans la séance du 16 octobre 1790.

faire voyager des canons pour les nettoyer; mais il est douteux que ce général parvienne à se nettoyer lui-même en voyageant de Lyon à Paris.

Les trois princes devaient se rendre pour le 10 à Chambéry, et de là se transporter à Lyon à la première nouvelle du succès, le tout par condescendance pour le bon peuple qui leur demandait du pain. Ils vous en eussent donné peut-être, aveugles citoyens, mais comme ils en donnent à leurs chiens, en les remettant à leur chaîne. On assure qu'un grand nombre de jeunes gens, ci-devant nobles, la plupart officiers, s'étaient rendus de tous les côtés aux environs de Lyon. Si le projet eût réussi, ces braves chevaliers se promettaient de bien faire leur cour aux princes en se présentant à eux couverts du sang de leurs concitoyens noblement assassinés de leurs mains [1].

Les députés de Lyon ont terminé leur récit en annonçant que la municipalité de leur ville est composée, pour la plus grande partie de ses membres, d'excellents patriotes. Il y en a donc à Lyon plus qu'on ne croit, de patriotes, puisqu'ils dominent dans les places, et qu'ils y sont appelés par la voix du peuple. Un des nouveaux municipaux, lorsqu'il apprit que M. Barnave était président de l'Assemblée nationale, alla chercher un pauvre citoyen, le fit habiller de pied en cap, lui dit que c'était au sujet de la présidence d'un des meilleurs représentants de la nation, et le renvoya en l'invitant à prier le Ciel de conserver aux Français l'illustre Barnave. Ce dernier trait a reçu de toute la Société les applaudissements les plus vifs. Le président a répondu à la députation de Lyon avec son éloquence ordinaire. La réponse devant être imprimée avec l'adresse de la Société de Lyon, nous en ferons part à nos lecteurs dans le cahier suivant.

Une seconde députation s'est présentée de la part d'une partie du bataillon du Val-de-Grâce. Trente-huit membres de ce bataillon étaient de garde, lorsque la nouvelle se répandit qu'une armée ennemie se formait près de nos frontières. Ces braves citoyens jurèrent sur-le-champ, et s'obligèrent par écrit à voler en personne, et à leurs frais, sur nos frontières, pour défendre la patrie, si le danger était réel. Ils s'engagèrent en même temps à payer, au taux de l'armée, l'un cinq, l'autre trois, deux, ou du moins un citoyen, à qui leurs

---

1. L'historien de Lyon, M. Morin, ajoute : « Les conjurés avaient cherché, pour agir sur le peuple, des intermédiaires parmi les maîtres ouvriers influents. Mais ceux-ci, après avoir reçu des confidences, étaient allés aussitôt les révéler à un officier de la garde nationale, qui les engagea à feindre des sentiments favorables aux dénonciateurs, et qui, par ce moyen, eut connaissance de tout ce qu'ils machinaient et fut même quelquefois le témoin secret de leurs entrevues. » (I, 298.)

facultés ne permettraient pas de faire les frais de la campagne. Les soldats du centre présents voulurent signer aussi cet acte de patriotisme; mais on ne pensa pas qu'ils eussent besoin d'un nouvel engagement : ce que ces généreux guerriers ont déjà fait pour la Révolution vaut bien mieux que leur signature. Tant que nous aurons de pareils citoyens, la constitution est inébranlable et la France invincible.

M. Dubois de Crancé, dont on connaît si bien la probité, le zèle et le patriotisme, est ensuite monté à la tribune pour faire part d'un fait qui lui était personnel et qu'il croyait intéresser la chose publique. La veille, ce respectable député avait travaillé tout le jour au plan d'organisation des gardes nationales dont il a fait lecture dans la même séance. Le soir, étant fatigué, il voulut se délasser en allant voir *Nicodème dans la Lune*[1]. Toutes les places étaient prises dans les loges, il n'en restait qu'au paradis : M. Dubois s'y établit et se trouve à côté de plusieurs soldats du centre qui parlaient entre eux de l'ordre qu'ils avaient eu la veille de rester dans leurs casernes et de se tenir prêts à marcher. M. Dubois écoute : il entend qu'on avait des craintes pour M. de La Fayette, que quatre députés de l'Assemblée nationale voulaient le faire assassiner pour avoir sa place. Les noms de MM. Lameth, Barnave et abbé Grégoire, sont prononcés. L'honorable membre frémit, se mêle à la conversation, tâche de dissiper l'erreur de ces braves soldats, en leur disant que de pareilles horreurs ne pouvaient être que l'ouvrage des ennemis du bien public, et que si véritablement on en voulait à la vie de M. de La Fayette les députés qu'ils avaient nommés, pourraient être ses défenseurs, mais ne seraient jamais ses assassins. M. Dubois a fini son discours en disant : *On vous trompe, Messieurs, on trompe M. de La Fayette. Je déclare que je lui écrirai dès demain matin, et je vous ferai part de sa réponse.* Les applaudissements ont été unanimes.

1. Opéra-comique en trois actes par le *Cousin Jacques* (Beffroy de Reigny), joué pour la première fois sur le Théâtre-Français comique et lyrique de la rue de Bondy le 6 novembre 1790. Cette pièce à allusions politiques eut plus de 400 représentations.

XCI

DISCOURS

PRONONCÉ A LA SOCIÉTÉ DES AMIS DE LA CONSTITUTION,

PAR M. LE BIHAN,

OFFICIER DE LA GARDE NATIONALE,

A LA TÊTE D'UNE DÉPUTATION DU BATAILLON DU VAL-DE-GRACE,

LE 19 DÉCEMBRE L'AN DEUXIÈME

(Paris, 1790, in-8 de 7 p.)

MESSIEURS,

Nous soumettons à vos lumières et à votre patriotisme la résolution prise et signée par nous, soldats volontaires du bataillon du Val-de-Grâce, sixième de la première division, le 17 décembre, huit heures du soir, en notre corps de garde.

Nous nous engageons, non seulement à continuer le service, comme ci-devant, pour le maintien de l'ordre public, mais en outre à marcher au premier signal contre l'ennemi qui paraît en ce moment menacer nos frontières, et de notre consentement bien réfléchi nous avons signé ainsi qu'il suit :

LE BIHAN, bon pour six hommes qu'il promet de solder toute une campagne sur le pied militaire.

Et de suite ont signé, soit pour servir personnellement ou fournir un ou plusieurs hommes selon leurs moyens, les sieurs

BACOT, grenadier; ROBERT, chauffeur; BONNOMMET, grenadier; DELORME, chauffeur; MARTIN, chasseur; DU CHÊNE, grenadier; PROVOT, chasseur; NAVIER, grenadier; CRETTÉ, chasseur; MALAISÉ, chasseur; DELETTE, grenadier; LAVIGNE, fusilier; DELORME, grenadier; EBRARD, grenadier; MARTINE, fusilier; FOUCAULT, fusilier; RAMÉ, fusilier; DIOT, chasseur; CABOTAIN, fusilier; MATTEY, chasseur; DOUAYS, chasseur; GUENNEBAUT, fusilier; RAVENET, fusilier; JACOB, fusilier; RICHER, grenadier; ION, chasseur; CONSTANT, grenadier; SBIRE, chasseur.

Nous aurions eu sûrement le bonheur de vous présenter un plus grand nombre de signatures, mais malheureusement nous n'étions pas davantage pour le moment, et nous ne doutons pas que beaucoup de camarades de notre bataillon ne s'empressent d'y souscrire.

Quant à moi, je suis fermement persuadé que tous les bons citoyens, enrôlés ou non enrôlés, penseront et agiront comme nous.

Dans ce cas, ne pourrait-on pas établir une caisse patriotique et militaire où les souscripteurs verseraient chaque mois la somme pour laquelle ils se seraient engagés? Et parmi ceux à qui leur patriotisme a valu quelque grade dans la garde nationale, en est-il un seul qui ne s'empressât de faire inscrire son nom sur cette liste honorable?

Nous aurions, par ce moyen, une armée formidable, qui ne serait pas à charge à la partie indigente de la nation; et avec quelle facilité cette armée de citoyens, embrasés du plus pur amour de la liberté et secondés par la bravoure et l'expérience de nos troupes de ligne, mettrait en fuite les mercenaires soudoyés par des tyrans et guidés par les satellites du despotisme!

Nous ne vous laisserons pas ignorer, Messieurs, que cet enthousiasme qui anime tous nos volontaires est partagé par nos amis, par nos frères de la compagnie du centre de notre bataillon. Tous voulaient à l'envi que leur nom fût inscrit sur notre liste; mais nous avons pensé qu'un engagement nouveau de leur part était inutile, et que la conduite qu'ont tenue, depuis les premiers moments de la Révolution, ces guerriers, dont le courage nous a aidés à reconquérir notre liberté, était un garant assez sûr qu'ils ne souffriraient pas qu'on essayât de détruire leur ouvrage et le nôtre.

Nous apportons ces marques de notre dévouement dans le sanctuaire de la liberté, et nous pensons que personne ne peut mieux que les Amis de la constitution donner à cette idée toute l'étendue, toute la perfection dont elle a besoin pour embraser tous les citoyens du feu sacré du patriotisme.

RÉPONSE DU PRÉSIDENT

Messieurs,

Au milieu de l'attendrissante surprise que nous cause l'expression énergique et neuve de votre dévouement à la patrie, il ne faut pas moins que l'excès des circonstances qui vous ont alarmés sur la sûreté de nos frontières, pour que la Société ait admis des députés qui nous apportent la délibération d'un corps militaire, car la loi ne permet pas aux citoyens armés de délibérer. Votre proposition, héroïque dans son intention, grande dans sa simplicité, est un beau mouvement sans doute; mais à Dieu ne plaise que l'empire soit jamais dans cet état de détresse où la surveillance de l'Assemblée nationale, secondée de tant de millions de bons citoyens, aurait besoin encore pour la sûreté de la grande famille d'accepter les sacrifices individuels des familles particulières qui la composent; les forces naturelles de la France ont été centuplées par l'établissement d'une constitution. Lorsqu'elles étaient concentrées dans les mains du pouvoir arbitraire et que des revers avaient abattu son orgueil et détruit ses ressources, il se hâtait de convoquer ce que la vanité féodale appelait le ban et l'arrière-ban. Aujourd'hui l'Assemblée nationale, assaillie de toutes les vicissitudes humaines, convoquerait tous les enfants de la liberté, et soudain la victoire se poserait avec la liberté sous nos pavillons.

La Société vous invite à assister à la séance.

Imprimé par ordre de la Société des amis de la constitution. Paris, 19 décembre, l'an 2° de la liberté.

Signé : MIRABEAU l'aîné, *président.*

VILLARS, FEYDEL, H.-FR. VERCHÈRE, *secrétaires.*

XCII

SÉANCE DU 22 DÉCEMBRE 1790 [1]

Le 22, M. Dubois de Crancé, toujours également zélé pour défendre les intérêts de la patrie et pour la garantir des dangers qui la menacent, a rappelé les bruits qui se répandent sur les préparatifs de guerre que l'empereur semble faire contre nous. Sans ajouter beaucoup de foi à tous ces bruits, sans paraître alarmé des intentions hostiles qu'on prête à l'empereur, M. de Crancé pensait cependant qu'une trop grande insouciance pourrait avoir quelques dangers et que le moyen le plus sûr de conserver la paix était de se préparer à faire la guerre. En conséquence, il a fait part d'une motion qu'il se proposait de lire à l'Assemblée nationale, si elle était approuvée par la Société. Dans cette motion, l'honorable membre exposait le projet de former une armée nationale, composée de soldats volontaires, qui seraient prêts à marcher vers les frontières au premier ordre qui leur serait donné pour faire face à l'ennemi, concurremment avec les troupes de ligne. Pour former cette armée, toutes les municipalités du royaume seraient invitées à s'assembler et chacune choisirait parmi les citoyens qui la composent, et en état de porter les armes, un

1. *Journal des Clubs,* t. I, p. 297.

homme sur dix, lequel serait armé d'un fusil, d'une baïonnette, d'une giberne, d'un sabre, et revêtu d'un uniforme. Les citoyens ainsi choisis se rassembleraient par cantons, par districts et par départements, à l'effet de nommer leurs officiers, de se former en compagnies, en bataillons, en légions. Ils resteraient chez eux, tant que la nécessité de défendre l'État ne les appellerait point ailleurs. Tant qu'ils ne seraient pas obligés de marcher, ils recevraient la demi-paye des soldats; lorsqu'ils se mettraient en campagne, ils seraient payés sur le taux de l'armée. Tous les dimanches, ils se rassembleraient par cantons pour se former aux évolutions militaires, et seraient toujours prêts à partir en cas de besoin.

La France ayant actuellement trois millions d'hommes armés, en prenant un homme sur dix, il en résulterait un corps choisi de trois cent mille hommes, qui, avec cent cinquante mille hommes de troupes réglées, ferait une armée de quatre cent cinquante mille hommes, indépendamment des autres gardes nationales qui pourraient toujours les renforcer au besoin. Avec de semblables forces, M. de Crancé pensait que nous serions en état de résister à toutes les tentatives de l'ennemi, de quelque côté qu'il vînt à se présenter.

Cette motion a été vivement applaudie; cependant elle a trouvé des contradicteurs. M. Alexandre Lameth voyait beaucoup de dangers pour la constitution dans la formation d'un corps particulier de gardes nationales, qui, après avoir soutenu la liberté, pourrait un jour servir à la détruire. Il pensait que toute distinction, toute marque de supériorité devait être abolie parmi les gardes nationales, et que, par conséquent, il ne fallait pas leur donner d'uniforme; que tous les citoyens devaient être prêts à voler au secours de la patrie, à verser tout leur sang pour elle, mais qu'il était inutile de les enlever à leurs foyers, à leurs familles et à leurs affaires, sans un danger évident; qu'il y avait tout lieu de croire que l'empereur n'avait aucune intention de faire la guerre à la France, et qu'il était certain que le roi de Sardaigne ne voulait point rompre la paix avec nous; enfin que la solde d'une armée auxiliaire de trois cent mille hommes serait une charge considérable pour l'État, dont on ne devait pas légèrement augmenter les dépenses. L'opinion de M. de Lameth a trouvé beaucoup de partisans.

La discussion a été suspendue.

Un des membres de la Société a proposé de rédiger une adresse à l'Assemblée nationale à l'effet de demander de nouveau le renvoi de M. Guignard. On a vivement applaudi cette motion, mais la Société n'a pas jugé à propos de s'en occuper ultérieurement. La proposition a cependant produit tout son effet, car, dès le même jour, M. Guignard a demandé et obtenu sa retraite.

XCIII

A Messieurs,

MESSIEURS LES PRÉSIDENT ET MEMBRES

DE LA SOCIÉTÉ DES AMIS DE LA CONSTITUTION, A PARIS

(Paris, 24 décembre 1790, in-8 de 3 pages.)

Messieurs,

Le 15 de ce mois, nous avons eu l'honneur de vous adresser une lettre relative aux troubles de la ville d'Haguenau[1], à laquelle nous avions joint un tableau de quatorze chefs d'accusation contre M. Regnier, membre de l'Assemblée nationale et rapporteur de cette affaire. L'envoi était accompagné de toutes les pièces justificatives sur lesquelles reposent la vérité et la justice de notre dénonciation. Nous demandions, Messieurs, que, vu l'importance du sujet, la Société des amis de la constitution voulût bien nommer des commissaires pour en prendre une connaissance exacte, vous en faire le rapport, et, par là, vous mettre à même de juger dans votre sagesse du degré d'intérêt que nous nous flattons d'inspirer aux soutiens du patriotisme.

Le 22 de ce mois, nous vous avons réitéré notre demande, et, comme vous n'avez encore rien prononcé à cet égard, nous avons l'honneur de renouveler notre demande et de vous prier, Messieurs, de la prendre en considération.

Elle est d'autant plus instante qu'une prompte décision peut influer infiniment sur l'opinion des habitants de la ci-devant province d'Alsace et réchauffer l'esprit de civisme, singulièrement attiédi

---

1. Une émeute avait eu lieu à Haguenau le 15 juin 1790, sous l'inspiration de la municipalité et de son greffier Westermann (depuis célèbre) et à l'occasion de la formation par les « aristocrates » d'une seconde garde nationale inconstitutionnelle. Le 24 juillet 1790, les citoyens d'Haguenau voulurent s'opposer par la force à l'entrée dans leur ville du régiment de Picardie. Il y eut un combat où plusieurs personnes furent blessées. Regnier, député de Nancy, fit deux rapports sur ces faits, les 30 octobre et 2 novembre 1790. A cette dernière date, l'Assemblée donna tort à la municipalité d'Haguenau et fit transférer Westermann, arrêté, dans les prisons de Strasbourg. — Dans la séance du 5 février 1791 (procès-verbal, p. 32), Regnier répondit aux accusations portées contre lui par les Jacobins d'Haguenau.

parmi le peuple, depuis qu'il a connaissance du peu de faveur dont la municipalité et la commune d'Haguenau, entièrement dévouées à la constitution, jouissent dans ce moment auprès de l'Assemblée nationale si cruellement trompée.

Nous sommes avec les sentiments de fraternité que nous vous avons voués,

Messieurs, vos très humbles et très obéissants serviteurs,

SAUR, *député.*
ARTZ, *député.*

Paris, ce 24 décembre 1790.

XCIV

SÉANCE DU 24 DÉCEMBRE 1790

Le 24, plusieurs membres de la Société ont fait part à l'assemblée des nouvelles qu'ils avaient reçues de Lyon. La municipalité de cette ville est maintenant composée d'excellents patriotes, comme nous l'avons déjà dit. M. Vitet, médecin[2], a été élevé à la dignité de maire et a dû les suffrages de ses concitoyens à son ardent patriotisme. Ce choix a été fort applaudi. Lorsque les habitants de Clermont-Ferrand apprirent le danger où se trouvait la ville de Lyon, ils s'assemblèrent sur-le-champ, et plus de deux cents braves citoyens de cette ville voulaient partir aussitôt pour voler au secours de leurs frères de Lyon. Cependant on pensa qu'il serait avantageux d'être mieux instruit de l'état des choses et de prendre un peu plus de temps pour faire des préparatifs plus formidables. En conséquence, on dépêcha deux députés pour aller à la découverte, tandis qu'on préparerait l'artillerie et qu'on rassemblerait un plus grand nombre de citoyens. Les députés arrivèrent comme les auteurs ou les agents de la conspiration venaient d'être arrêtés. Ils firent part à leurs frères de Lyon du sujet de leur voyage, reçurent d'eux les témoignages de leur reconnaissance, et partirent sur-le-champ pour tranquilliser leurs compatriotes.

La plupart des ci-devant nobles, qui s'étaient rendus à Lyon pour contribuer au grand œuvre de la contre-Révolution étaient arrivés

---

1. *Journal des Clubs.*
2. Louis Vitet, né à Lyon en 1736, maire de Lyon, député de Rhône-et-Loire à la Convention, compromis dans l'insurrection lyonnaise, membre des Cinq-Cents, mort en 1809.

avec deux chevaux, dans l'intention sans doute de prêter le second à ceux des conjurés qui en auraient manqué. A la première nouvelle de la conspiration découverte, tous ces messieurs prirent la fuite avec un seul cheval, parce que le second les aurait embarrassés, de sorte qu'il s'est trouvé dans les hôtelleries de Lyon environ quatre cents chevaux qui n'ont plus de maîtres. Ils pourront servir à former un corps de cavalerie qui ne manquera pas de bien recevoir les fuyards à leur retour.

XCV

SÉANCE DU 24 DÉCEMBRE 1790
D'APRÈS LE DUC DE CHARTRES [1]

J'ai été hier au Comité des présentations. M. Carra a dit que l'on répandait que l'on nous ferait sauter en mettant de la poudre dans la cave. J'ai dit que cela était absurde, que l'on n'oserait pas. On a demandé que nous allions visiter les caves; j'ai dit que cela n'avait pas d'inconvénient, mais que cela était inutile. On a nommé trois commissaires, qui étaient MM. Févelat, Carra et moi. Nous avons fait la visite des caves, où il y avait beaucoup de vin, mais rien qui pût inquiéter. J'ai endossé M. Potocki [2].

XCVI

SÉANCE DU 25 DÉCEMBRE 1790 [3]

Dans la séance du 25, après avoir annoncé différentes adresses, le secrétaire a parlé d'un paquet à l'adresse de la Société, et venant du Brabant, dans lequel était renfermée une lettre imprimée du général Bender, qui invite l'Assemblée nationale à solliciter au plus tôt la clémence de Léopold. On a beaucoup ri de cette fanfaronnade, qui ne peut venir du général Bender et qui est tout au plus l'ouvrage de M. Duval [4]. Il ne manquait à cette lettre, pour achever le ridicule que

---

1. *Correspondance de Louis-Philippe-Joseph d'Orléans*, p. 239.
2. Ce nom ne se trouve pas sur la liste du 24 décembre 1790.
3. *Journal des Clubs.*
4. Il s'agit sans doute de Duval d'Éprémenil, qui siégeait à la droite extrême de la Constituante.

d'être jointe à une excommunication de la part du pape. S'il était vrai que le général Bender l'eût écrite, nous pourrions l'assurer qu'il ne verra dans nos armées d'autres bannières que les drapeaux et d'autres chapelets que les cartouches. Un peuple conduit par des prêtres, qui se bat pour des *oremus*, mérite d'être esclave : il est vaincu d'avance. Mais un peuple éclairé, qui connaît ses droits et sa force, qui se bat pour la liberté ! ce peuple ne sait que deux choses, Monsieur Bender : *vaincre ou mourir*.

Il serait pourtant bien singulier que Léopold, qui vient de faire la guerre en Brabant pour soumettre des prêtres, vînt aussitôt la faire en France pour soutenir des prêtres révoltés. Ce serait un nouveau chapitre à placer dans l'histoire des inconséquences humaines. Cependant, sous certains rapports, il y a bien dans tout cela quelque apparence de raisonnement. Les prêtres ont été de tout temps les apôtres du despotisme ; leur cause a toujours été liée à celle des tyrans. Pour conserver leur propre empire, ils exigent des hommes une foi aveugle ; pour soutenir l'autorité des rois, qui les protègent et les enrichissent par reconnaissance, ils prêchent continuellement aux peuples une obéissance servile. Mais les peuples savent aujourd'hui que la raison doit éclairer leur croyance ; que Dieu ne leur a pas donné des rois, mais bien le droit de les choisir ; qu'en obéissant à leurs rois c'est aux lois seules qu'ils obéissent, et qu'ils ne doivent de soumission aux lois qu'autant qu'elles sont leur ouvrage.

Voilà ce qu'apprendront en France tous les peuples de l'Europe qui viendront pour la subjuguer. Ils apprendront quel est le prix de la liberté par le courage avec lequel les Français sauront la défendre. En venant nous donner des fers, ils apprendront à briser les leurs ; et les rois de la terre apprendront enfin eux-mêmes comment on doit gouverner les hommes. En attendant, les ordres sont donnés pour que les places des frontières soient mises en état d'opposer une forte résistance aux entreprises du dehors ; et, ce qui vaut mieux que tous les remparts, tous les Français aiguisent leurs armes pour affronter leurs ennemis.

Peuples de la terre, c'est ici votre propre cause. Voulez-vous être esclaves, servir à jamais de pâture aux bergers-loups qui daignent vous dévorer ? Venez ravager nos provinces, venez engraisser nos terres de votre sang. Voulez-vous être heureux, voulez-vous être libres, voulez-vous être des hommes ? Peuples, regardez-nous, voyez vos fers, osez nous imiter.

XCVII

OPINION DE M. CHÉPY [1]

AVOCAT, MEMBRE DE LA SOCIÉTÉ DES AMIS DE LA CONSTITUTION

SUR CETTE QUESTION :

À qui doit-on déléguer l'accusation publique ?

(Paris, Imp. nat., s. d., in-8 de 11 p.)

25 décembre 1790.

Chez un peuple qui a reconquis les droits imprescriptibles de la nature et qui tend à la perfection du système social, toutes les institutions doivent être coordonnées à la liberté. C'est d'après ce principe, qui, j'espère, ne trouvera point ici de contradicteurs, et que l'Assemblée nationale a consacré tant de fois d'une manière si éclatante, qu'il faut examiner s'il convient de laisser au ministère public l'accusation publique, ou s'il est à propos de la détacher de ses fonctions et d'en donner l'attribution à un juge dans chaque tribunal.

Pour donner à cette question délicate le développement dont elle est susceptible, pour la présenter sous son véritable point de vue, je fixerai d'abord vos esprits sur la place qu'occupe le ministère public dans l'organisation judiciaire décrétée par l'Assemblée nationale.

Que sont les officiers du ministère public? Ce sont des commissaires près les tribunaux nommés à vie par le pouvoir exécutif.

De cette définition exacte, et réduite à ses termes élémentaires, il suit nécessairement, ce me semble, qu'il est inconstitutionnel et incalculablement dangereux de leur confier l'accusation publique.

Pour démontrer jusqu'à l'évidence cette proposition qui, au premier aspect, ne paraît peut-être offrir que la hardiesse du paradoxe, je vous demande quelques moments d'attention et surtout d'indulgence.

Je commencerai par vous exprimer l'idée que je me fais d'un accusateur public, intimement convaincu que quiconque n'embrassera point toute l'étendue de ses obligations n'abordera pas même la ques-

---

[1] Pierre Chépy, secrétaire de légation à Liège, puis à Lisbonne, commissaire du Conseil exécutif provisoire en Belgique, agent secret en Isère (sa correspondance est aux archives des Affaires étrangères), arrêté pendant la Terreur, vice-consul à Rhodes sous le Directoire, prisonnier des Turcs lors de l'expédition d'Égypte, commissaire général de police à Brest sous l'Empire.

tion. Quand je parle d'un accusateur public, je me représente un homme d'une moralité saine et profonde, de cette fermeté calme qui exclut toutes les passions, excepté l'amour du bien général, de ce courage saintement âpre qui s'irrite des obstacles et se nourrit de ses efforts; un homme riche de patriotisme, fort de sa conscience, un homme enfin qui ose toujours être juste et vertueux. Ces qualités sont insuppléables sans doute : eh bien, Messieurs, les commissaires du pouvoir exécutif sont, pour ainsi dire, condamnés par les circonstances qui les environnent à ne jamais les réunir.

Nommés à vie, cette crainte salutaire de l'opinion qui accompagne les fonctions temporaires ne pèsera point sur eux. Bientôt ils regarderont l'accusation publique, non plus comme l'auguste sacerdoce de la patrie, mais comme leur propriété, comme leur patrimoine. Ils feront moins pour leurs concitoyens, précisément parce qu'ils auront une existence indépendante de leurs suffrages. Ajoutez à cela l'habitude du pouvoir, l'orgueil de l'inamovibilité, et vous aurez déjà une somme d'inconvénients suffisante pour faire pencher votre détermination en faveur de l'avis du Comité de constitution.

Mais il est encore des considérations majeures, des motifs impérieux, qui ne vous permettent point de ne pas l'adopter.

Choisis par le pouvoir exécutif, c'est-à-dire par le ministère, les commissaires près les tribunaux en seront les agents. Pour ne point effrayer par des transitions trop brusques et des conséquences trop tranchantes ces âmes pusillanimes qui ne voient jamais le mal ou qui cherchent toujours à le pallier, je raisonnerai dans deux hypothèses. Ou les commissaires du pouvoir exécutif près les tribunaux ne seront pas corrompus, ou ils le seront. S'ils ne sont point corrompus, étant dans une dépendance immédiate du pouvoir exécutif, tenant tout de lui, quel que soit leur civisme et la rectitude de leurs intentions, l'influence ministérielle qui les investira, si elle n'étouffe pas leurs voix, en affaiblira du moins les accents. Ils croiront n'être que reconnaissants envers les auteurs de leur élévation, quand ils auront déjà manqué à la chose publique. En un mot, continuellement pressés entre leurs intérêts et leurs devoirs, ils auront sans cesse à soutenir un combat pénible, et c'est ne pas connaître les hommes que de les y exposer. Je le dirai hautement : si l'Assemblée nationale les y livrait, elle se rendrait complice de leurs fautes et de leurs erreurs. S'ils sont corrompus, au contraire, ce qui est voisin de la vraisemblance, quels malheurs affreux nous menacent! En effet, il y aura, dans tous les temps, des ministres, c'est-à-dire des hommes ennemis par état de la liberté, assez stupides pour n'en pas sentir le prix, et assez audacieux pour l'envier à leurs semblables. Il ne sera pas toujours assis sur le trône, ce monarque honnête homme, ce monarque citoyen, qui, trop grand pour n'être qu'un despote, a trouvé dans son cœur le besoin d'aimer la Révolution et d'être roi d'un peuple libre. Un jour viendra peut-être où un prince, aveuglé par l'ambition, tentera de nous forger des fers. Alors, Messieurs, en laissant aux commissaires du pouvoir exécutif l'accusation publique, nous lui fournirions contre nous des armes terribles. Il trouverait dans ses commissaires les instruments de ses desseins et de ses fureurs; on les verrait traîner au pied des tribunaux les plus zélés défenseurs de la constitution, les harceler par des accusations calomnieuses, les tourmenter, les travailler par de violentes persécutions, se servir du glaive de la loi pour les immoler ; enfin, souiller toute la France d'assassinats juridiques. Eh! qu'on ne me dise pas que ces appréhensions sont exagérées et qu'il y a de l'inconvenance à déplier les voiles d'un si triste avenir. En fait de liberté, il n'est point de crainte excessive. C'est à la prudence à conserver ce que l'héroïsme a conquis. Nous nous devons à nous-mêmes les précautions les plus multipliées, car désormais tout Français doit vivre libre ou mourir. Le pouvoir exécutif aura toujours assez de ressources, assez de moyens, pour entreprendre sur nos droits, et nous n'en aurons jamais trop pour repousser ses attaques. Laissons-lui, puisqu'il le faut, son or séducteur, le souvenir de quatorze siècles d'esclavage, et cet art exécrable qu'on a décoré des noms pompeux de politique et de science du gouvernement, mais ne remettons pas entre ses mains la verge sanglante de l'accusation publique.

Après avoir appelé vos regards sur les suites funestes que pourrait avoir la délégation de l'accusation publique aux commissaires du pouvoir exécutif; après avoir parcouru avec vous la série des possibles, je dirai mieux, des probables, il me reste une autre tâche à remplir, c'est de réfuter les objections hasardées contre le plan du Comité de constitution.

Elles peuvent se réduire à trois : la première, que l'influence du ministère public sera presque nulle, les juges étant vis-à-vis de lui dans la proportion de cinq contre un ; la deuxième, qu'en laissant au roi la nomination du ministère public, l'Assemblée nationale a entendu laisser au ministère public la plénitude des fonctions qu'il exerçait auprès des anciens tribunaux ; la troisième enfin, que le pouvoir exécutif étant chargé de maintenir la tranquillité, c'est à ses délégués seuls qu'il appartient de dénoncer les délits qui tendent à la troubler.

Je répondrai brièvement quant à la première objection. Tous ceux qui ont couru la carrière des lois savent tout le poids que donnent à une dénonciation la gravité du ministère public et l'idée d'impartialité qui y est attachée. Ils savent combien il est difficile aux magistrats de se défendre des impressions que veulent leur communiquer les surveillants et les gardiens de l'ordre. D'ailleurs, il ne s'agit point ici de plus ou moins d'effet de l'accusation : quand elle n'en produirait pas d'autre que de fatiguer le patriotisme par la fréquence de ses atteintes, ce serait toujours un grand avantage que nous abandonnerions à nos ennemis.

La deuxième objection est peut-être plus spécieuse ; mais quelques réflexions simples en détruiront bientôt l'éclat sophistique. L'Assemblée nationale, ou, ce qui est la même chose, la nation, en admettant, comme partie intégrante dans le système judiciaire le ministère public, l'a créé une seconde fois. Or, la puissance qui crée a incontestablement le droit de modifier. Eh quoi ! l'on refuserait à la nation, de qui émanent tous les pouvoirs, la faculté de constituer des fonctions qui n'existent que par elle et que pour elle, de manière à ce qu'elles ne puissent nuire à sa liberté ! En déléguant au pouvoir exécutif le droit de nommer les officiers du ministère public, elle n'a pu aliéner le droit qu'elle a essentiellement d'établir entre elle et leur institution les rapports qu'elle juge propres à assurer son bonheur. Méconnaître ces principes, ce serait tomber dans les absurdités les plus révoltantes.

La troisième objection est le nœud de la question. Je m'attacherai donc à la combattre avec vigueur. De ce que le pouvoir exécutif est chargé de maintenir l'ordre, s'ensuit-il que ses délégués seuls doivent dénoncer les délits qui tendent à le troubler ? Non sans doute ; si, comme je crois l'avoir rigoureusement prouvé, la délégation de l'accusation publique aux commissaires du pouvoir exécutif serait attentatoire à la liberté, la nation, qui ne peut aliéner sa liberté, ne pourrait leur confier cette même accusation, quand elle devrait leur être donnée par la nature de leurs fonctions, quand sans elle ils ne pourraient les remplir. Mais leur position n'est pas telle, et, sans être chargés de l'accusation publique, ils peuvent maintenir l'ordre, dont ils sont les conservateurs, ils peuvent acquitter la dette du pouvoir exécutif envers la nation. Ils n'auront point, il est vrai, l'initiative de l'accusation, parce qu'en eux cette initiative serait destructrice de la liberté ; mais ils auront encore tout ce qui leur appartient, je veux dire la faculté de peser le délit dénoncé, de le présenter aux tribunaux sous les rapports qu'ils l'estimeront voir avec la chose publique, et d'en poursuivre la punition. En voilà strictement assez pour le maintien de l'ordre et pour l'accomplissement des obligations du pouvoir exécutif. Un pouvoir plus étendu compromettrait la constitution.

Je terminerai ici le cours de mes observations. Jeune, sans expérience, dénué de cette éloquence, heureux véhicule des vérités utiles, j'ai dû vous paraître téméraire d'avoir monté à cette tribune, où tant d'excellents publicistes, tant d'orateurs célèbres, se font entendre chaque jour ; mais, Messieurs, voici mon excuse : je suis au milieu des Amis de la constitution, et j'ai osé parler de liberté [1].

CHÉPY, *avocat.*

XCVIII

DISCOURS DE M. LE MONNIER

A L'ASSEMBLÉE DES AMIS DE LA CONSTITUTION SÉANTE AUX JACOBINS

(Paris, Imp. nationale, s. d., in-8 de 7 pages.)

25 décembre 1790.

Vous savez, Messieurs, que l'aristocratie, désespérée d'avoir vu tous ses complots découverts, toutes ses sombres manœuvres mises au jour, a cru avoir inventé un moyen infaillible pour anéantir tout ce que nos législateurs ont fait pour la stabilité de l'empire français : c'est l'établissement d'un club sous le nom de *Constitution monarchique*. Plaisante dénomination ! Comme si tous les clubs patriotiques, en particulier celui des Amis de la constitution, n'avaient pas le but de fonder une constitution vraiment et essentiellement monarchique, mais une monarchie légale, une monarchie qui aura pour base les lois, et pour objet le salut de la nation.

Ce n'est point pour ridiculiser cette folle institution que j'ai eu l'honneur de vous demander la parole, mais pour vous dénoncer les premières opérations de cette assemblée vraiment anticonstitutionnelle ; elle a conçu le plan de mettre le trouble dans cette capitale, et par la suite dans le royaume entier. Voici le sûr moyen que ces hommes fallacieux ont cru devoir employer. Ils ont nommé quarante-huit commissaires pour se répandre dans les quarante-huit sections de Paris ; c'est le cheval de bois qui vomit les guerriers grecs pour renverser les murs de Troie. Vous verrez quels Grecs se sont répandus dans la capitale, et si cette capitale n'a que d'imbéciles Troyens pour défendre ses murs.

---

1. Le décret du 16-29 septembre 1791 établit près de chaque tribunal criminel un *accusateur public* élu par les électeurs du département.
2. Ce club avait été fondé par Malouet et Clermont-Tonnerre.

Un seul événement, arrivé hier à la section de la place Vendôme, va vous développer cette trame, ourdie par la plus insigne perfidie : un sieur Cormier, un des quatre commissaires de ces prétendus monarchistes, s'est présenté à la section de la place Vendôme, d'autres se sont présentés dans d'autres sections ; mais le seul fait de cette section nous suffit pour le présent, le temps nous développera les autres menées dans les différentes sections. Ce sieur Cormier s'est donc présenté à sa section, et au nom de ces nouveaux révolutionnaires, parmi lesquels se trouvent un grand nombre du côté droit de l'Assemblée nationale et même quelques-uns de l'autre côté, muni d'une carte signée Clermont-Tonnerre, Cormier a fait, de la part de ce conventicule, l'offre de distribuer par semaine deux cents livres de pain aux pauvres de la section, à un sol la livre. Rien de si attendrissant, rien qui prouve mieux la charité bienfaisante, que de distribuer du pain aux nécessiteux. L'apparence seule de la charité est si séduisante que la plupart de ceux qui se trouvaient à la section se sont répandus en éloges et ont multiplié leurs actions de grâces.

Heureusement un homme sage et clairvoyant a obtenu un moment de silence.

« Nous ne voulons pas, Messieurs, douter de votre généreuse bienfaisance, a-t-il dit. Vous mettez une condition dans votre générosité qui pourrait alarmer les vrais citoyens, car ce n'est pas du pain que vous offrez simplement, mais du pain à moitié prix. Il me semble qu'il y aurait un grand danger à ce que certains boulangers livreraient du pain à un sol, tandis que les autres ne pourraient le livrer qu'au prix du marché ; vous exposeriez les autres marchands de pain à se voir assaillis et insultés par une populace avide et ignorante. Vous exigez encore que sur cette carte soient inscrits le nom, la demeure de celui qui recevra cette livre de pain à un sol : est-il de la sagesse de notre bureau de consentir à ce que dans les quarante-huit sections de la ville vous ayez une liste de pauvres qui vous soient affidés ? Nous vous prions d'en peser les conséquences alarmantes. »

Il est à propos que vous sachiez le nom de ce membre sage et prudent ; c'est M. Leclerc, ancien commissaire des guerres, chevalier de Saint-Louis, de qui je tiens le fait, qui a fini par lui dire[1] : Puisque vous voulez obliger les pauvres, a-t-on ajouté au sieur Cormier, donnez en argent à chaque section qui, avec votre surveillance, si vous l'exigez, distribuera le pain à ceux que la section connaîtra en avoir le plus de besoin. A quoi l'émissaire n'a pas voulu consentir.

---

1. Nous reproduisons textuellement ce passage assez obscur.

Cette carte, plus grande qu'une carte ordinaire, a au milieu le nom du roi; à côté de ce nom auguste est représentée une balance; au haut paraît une guirlande avec le titre de Club de la constitution monarchique.

A ces représentations, faites avec modération, le missionnaire de la nouvelle propagande s'est récrié avec fureur que c'était méconnaître la pureté des motifs de sa congrégation; qu'il était étonnant que des gens préposés pour procurer les avantages de la section refusassent les secours offerts à la mendicité. Ce que vous refusez dans cette section a déjà été accepté par treize autres. Chaque section peut avoir sa façon de penser et d'agir, a répliqué M. Leclerc, nous ne faisons pas la loi aux autres, mais nous ne sommes pas obligés de la recevoir d'elles. Au reste, ceci est assez important pour une plus mûre délibération. Ayez la complaisance de nous laisser par écrit l'engagement que vous voulez contracter, avec toutes ses clauses. Le nouveau Sinon, orateur des braves Grecs qui se préparent à détruire Troie, n'en avait pas la ruse : il a donné dans le piège, et a laissé par écrit sa soumission avec la carte. Le président de la section l'a mise dans son bureau, elle va être portée à la police de la ville aujourd'hui.

Vous n'avez pas besoin de mes réflexions sur ce simple exposé; vos lumières et votre sagesse vous en feront faire de meilleures sur les miennes. Mais permettez-moi de vous prier de ne pas perdre de temps, et que tous les membres de cette assemblée se répandent au plus tôt dans les différentes sections, et surtout dans celles qui peuvent avoir été séduites par cet appât frauduleux. Les ennemis de la liberté ne se lassent pas comme vous voyez; j'espère que les amis de cette liberté ne s'endormiront pas.

Heureusement que jusqu'à ce jour leurs plans sont mal combinés : c'est un tissu d'absurdités; mais une étincelle peut causer un incendie; veillons surtout, renversons tous les obstacles que nos ennemis ne cessent d'opposer.

Agréez, Messieurs, cette invitation de la part d'un vieillard de soixante-seize ans, qui, prêt à payer le tribut de tout mortel, ne peut se promettre de jouir longtemps de la prospérité dont jouira le royaume, d'un vieillard qui, lié intimement avec le respectable et immortel Mably, gémissait avec lui sur la honteuse servitude où était stupidement plongée la France. Hélas! je ne faisais que gémir avec cet écrivain illustre que j'ose nommer le premier publiciste de l'Europe moderne; mais il écrivait, il traçait ce que nous devions faire, et vous savez combien nos législateurs en ont profité; mais, je le dis avec douleur, sans qu'on ait encore assez universellement reconnu les immenses obligations que nous lui avions.

Sans m'étendre sur les immortels ouvrages qui ont fait connaître l'histoire de France, en particulier du plus grand monarque de l'univers, Charlemagne, en renonçant[1] au despotisme pour ne régner que par les lois, comme vous le prouvent ses admirables *Capitulaires*; sans vous parler de la suite de ses *Observations sur l'histoire de France*, dont il me confia la publication peu d'heures avant sa mort, et où les usurpations du pouvoir arbitraire de la cour, où les faux principes des ci-devant parlements sont si bien développés; sans vous parler de ses *Principes des négociations*, tous fondés sur la raison et la plus pure vertu, ainsi que dans son *Droit public*, fondé sur les traités, et de tant d'autres ouvrages où nos législateurs ont si souvent puisé, presque toujours sans le nommer; il me suffit pour le moment (peut-être me permettrez-vous d'entrer une autre fois dans de plus grands détails), il me suffit, dis-je, que dans son *Traité de législation* il a prescrit à tout empire qui voudra acquérir la liberté d'anéantir les ordres, et en particulier que celui du clergé n'existât plus, et que les ministres des autels ne fussent que des fonctionnaires salariés. Quels murmures s'élevèrent en 1770 contre ces principes fondamentaux! Je me rappelle avec joie avec quelle aigreur je fus traité par les puissants bénéficiers, pour les avoir partout répandus en son absence lorsqu'il fut en Pologne.

Je me tais, Messieurs; ces écrits parlent pour mon ami, et il ne me convient pas de parler plus longtemps d'un de ses exécuteurs testamentaires.

Imprimé par l'ordre de la Société des amis de la constitution. Paris, 25 décembre, l'an deuxième de la liberté.

Signé : MIRABEAU l'aîné, *président*.

FEYDEL, VILLARS, *secrétaires*.

XCIX

[On lit dans *le Patriote français* du 29 décembre 1790 :]

Il s'est présenté au Club des Jacobins un curé en habit bourgeois et en *queue*. Il était à Paris depuis quelques jours, où il avait une mission à remplir, que voici : il avait formé dans sa paroisse un club

---

1. Textuel.

patriotique, dont l'amour de la liberté, des lois et de la religion formait la base; il était chargé d'affilier ce club à la Société de Paris dont les principes seraient les plus purs. Sa mission a été connue, et il a reçu la visite d'un membre d'un club *qu'il croit être le Club monarchique*. Sa tentative n'a pas réussi. Enfin, c'est à la Société des amis de la constitution qu'il donne une juste préférence. Quant à son costume, il a cru devoir le prendre pour sa commodité, sans blesser sa conscience, et il ne le quitte que pour remplir les fonctions de son ministère. Ce prêtre fait dans sa paroisse un double catéchisme: dans l'un il explique les devoirs d'une religion sainte, qui prêche la soumission et l'humilité; dans l'autre, il interprète les décrets et inspire à ses paroissiens, ses frères, ses amis et ses enfants, le respect qui est dû aux volontés d'une nation unie de cœur et d'esprit à son roi adoré. Il a été vivement applaudi.

C

DISCOURS

PRONONCÉ PAR M. L'ABBÉ CHAMBON,

DÉPUTÉ DES AMIS DE LA CONSTITUTION DE PERPIGNAN,

AU CLUB DES JACOBINS DE PARIS

(Imp. Guillaume, rue de Savoie, s. d., in-8 de 15 p.)

Décembre 1790.

MESSIEURS,

La mission que je viens remplir auprès de vous est bien délicate, puisque j'ai à vous dévoiler des scènes d'horreur où le clergé paraît avoir joué le premier rôle, et que la plus grande indulgence ne saurait excuser; mais, fût-elle plus difficile, je la remplirais avec le zèle qu'inspire l'amour du bien public.

Les désordres dont la malheureuse ville de Perpignan [1] a été le

---

1. Il s'était formé à Perpignan une Société hostile à la Révolution, la *Société des amis de la paix*, qui siégeait dans une maison voisine de celle de la Société des amis de la constitution. Le 5 décembre au soir, deux coups de fusil furent tirés des fenêtres des Amis de la paix sur des citoyens qui sortaient du club adverse (il y eut deux blessés). Aussitôt le peuple entoura la maison des Amis de la paix, enfonça les portes, trouva nombre de fusils, arrêta plusieurs personnes, qui furent transférées à la citadelle. La municipalité parut favorable aux Amis

théâtre dans la nuit du 5 au 6 courant avaient été prévus; aussi je ne reviendrai point sur des détails qui ont déjà intéressé votre sollicitude. Me bornant donc à vous parler de l'adresse que les partisans des soi-disant Amis de la paix ont présentée à l'Assemblée nationale [1], il sera aisé de vous démontrer la coalition coupable des ci-devant nobles et prêtres, pour allumer le feu de la guerre civile dans notre ville, peut-être même dans l'espoir de le propager dans tout l'empire. Le projet est d'autant plus digne de vraisemblance qu'il y a plusieurs villes où des mécontents forment des Sociétés non moins dangereuses et où il y a eu des explosions aussi funestes [2].

Les soi-disant Amis de la paix poussent de hauts cris contre ceux de la constitution, et cherchent à les trouver coupables, en leur reprochant d'avoir écrit une lettre incendiaire [3], dont le but était, suivant eux, de faire avaler jusqu'à la lie le calice d'amertume à tous ceux qui ne se prêteraient pas à leurs désirs.

Grâce, Messieurs, au soin qu'ils ont pris d'isoler la phrase, et d'y faire une addition criminelle, elle présente un sens équivoque; mais, si on la considère sans la dénaturer, et avec l'impartialité qui doit régler le jugement, on conviendra qu'elle n'est que l'expression d'un mouvement bien naturel, qui trouve d'ailleurs sa justification dans la résistance des ennemis de la patrie et de la loi. Ce langage mâle, nécessité par les circonstances et digne des Amis de la liberté [4], excita contre eux la noblesse, la magistrature et le sacerdoce, et ce furent les prêtres, toujours adroits à séduire quand il s'agit de leurs intérêts, qui persuadèrent à quelques femmes crédules d'engager leurs époux

---

de la paix et le désordre moral fut à son comble dans la ville de Perpignan. Le 24 décembre, sur le rapport de Muguet de Nanthou, l'Assemblée nationale ordonna la mise en liberté des personnes arrêtées, des poursuites devant le tribunal du district contre les auteurs des délits commis et même contre les officiers municipaux de Perpignan.

1. Cette adresse est du 23 novembre 1790. On en trouvera le texte dans l'*Histoire de la Révolution dans les Pyrénées-Orientales*, par P. Vidal, I, 133.

2. A Lyon, trois citoyens ont été dénoncés et arrêtés pour avoir formé un projet de contre-révolution. Le moyen qu'on employait pour ameuter le peuple et le porter à la révolte était de l'assurer que les villes voisines s'étaient révoltées, et même plusieurs des frontières, puisque Perpignan était du nombre. (*Note de l'abbé Chambon.*)

3. C'est une lettre circulaire des commissaires de la *Société patriotique de Perpignan.* (Vidal, I, 134.)

4. Il y avait à Perpignan deux Sociétés favorables à la Révolution : les *Amis de la constitution* et les *Amis de la liberté et de la loi*. Elles ne tardèrent pas à n'en faire qu'une seule (7 novembre 1790), et l'abbé Chambon alla haranguer le département au nom de la nouvelle Société formée des deux anciennes. (Vidal, I, 134.)

à rétracter leur signature de l'écrit qu'ils appelaient incendiaire. C'est donc en vain qu'on publie avec emphase cette rétractation partielle. Le clergé aura toujours à rougir des voies iniques dont il s'est servi pour l'arracher à quelques citoyens timides.

Cette persécution ouverte n'arrêta point les Amis de la constitution dans leur projet; les obstacles, au contraire, parurent accroître leur zèle.

Oui, ils virent sans effroi la municipalité, au mépris des lois auxquelles elle doit son existence, favoriser les complots des mécontents; et, se ralliant au contraire sous les tentes glorieuses de la liberté et de la loi, ils réclamèrent avec succès la protection de l'Assemblée nationale, pour qu'il leur fût permis d'instruire le peuple sur les dispositions du nouveau code national.

Les Amis de la constitution ont toujours été fidèles au but qu'ils s'étaient proposé, et, s'ils ont donné au peuple l'espoir d'un sort plus heureux, ce ne fut jamais en lui promettant qu'il n'y aurait plus d'*impôt*; mais en lui assurant au contraire qu'il serait également réparti sur tous les individus. Si ce langage trompe le peuple, les Amis de la constitution sont coupables, et le glaive de la justice doit les frapper; mais, s'il n'est que le commentaire de la loi, leur conduite ne saurait être blâmée; je dirai plus, Messieurs, elle mérite des éloges. Ah! pourquoi les Amis de la paix feignent-ils d'ignorer que les candidats ne sont jamais reçus à la Société des amis de la constitution qu'après avoir ajouté au serment civique la promesse formelle de payer les impôts, et que l'article 3 du règlement des Amis de la liberté et de la loi porte expressément que nul ne pourra être reçu à l'école patriotique qu'après que les membres qui le présentent ont certifié qu'il a payé l'impôt. A l'appui de cette vérité, Messieurs, je pourrais ajouter une autre preuve authentique, consignée dans un discours rendu public, où nos principes sur la nécessité de payer l'impôt sont développés dans l'exactitude la plus rigoureuse; mais je pense qu'il est inutile de m'étendre sur cet objet. La calomnie est aussi évidente que le but de soulever le peuple contre les Amis de la constitution est authentique.

La passion de calomnier les vertus civiques des partisans de la Révolution a toujours dirigé la plume des Amis de la paix, et voilà sans doute ce qui les a décidés à rappeler le souvenir d'une assemblée de toutes les classes des citoyens qui devait se tenir aux Jacobins, qu'il allait (sic) s'y assembler des nobles, des magistrats et des prêtres. Pourquoi? Afin de dresser une protestation contre les décrets de l'Assemblée nationale. Je puis donc dire hardiment que le jeune citoyen qui menaça des effets de son indignation le chef du conciliabule [1] était réellement poussé par les mains sacrilèges qui allaient mettre le sceau à leur rébellion en protestant contre vos décrets, et que, puisque la voix d'un enfant a suffi pour séparer les Amis de la paix, la bonne cause n'était pas en leur faveur. Oui, Messieurs, ce généreux athlète de la patrie ne se porta à cette menace que pour intimider ceux qui protestaient contre les décrets. Le succès a couronné son courage, et les Amis de la paix ne sauraient lui ravir la gloire qu'il s'est acquise en faisant avorter leur projet.

Les ennemis du bien public, toujours vaincus et toujours entreprenants, ne se rebutaient point, et chaque jour nous montrait le spectacle affreux des nouvelles tentatives contre la Révolution. Les bons citoyens souffraient de ce désordre. Le régiment de Touraine en fut même indigné, et le fut tant à cette époque, qu'il fit éclater son amour pour la patrie. Craignant sans doute que les auteurs de la révolte contre l'Assemblée nationale ne se flattassent dans la ridicule chimère de voir Touraine rangé sous leurs étendards, il s'en montra avec courage l'ennemi. Voilà, Messieurs, des démarches que les Amis de la paix notent d'infamie en les appelant un *instant d'erreur*. Mais... un ordre subit arrache ce brave régiment à nos regrets [2]; et à peine est-il à quelques lieues qu'un écrit apocryphe publie, sous son nom, des injures atroces contre les Amis de la constitution. Ce libelle fut bientôt démenti par Touraine, qui fut sensiblement affligé de voir que des méchants avaient compromis sa loyauté, et le projet enfanté pour nous diviser avec nos frères de Touraine ne fit que resserrer les liens de la plus tendre fraternité.

Cette nouvelle défaite ne rebuta point les mécontents : nous les vîmes bientôt se réunir sous le beau titre des *Amis de la paix*. Ah! pourquoi faut-il que les œuvres ne répondent point à l'institution, et que le cercle de paix devienne à l'instant le foyer du désordre? Les Amis de la paix ne devraient montrer que les armes de la paix, et leur Société n'a montré que les préparatifs d'une guerre toujours prochaine.

Doit-on être surpris, après cela, si les Amis de la révolution, effrayés de tant de précautions alarmantes, en ont instruit l'Assemblée nationale? Hélas! n'auraient-ils pas été coupables s'ils avaient

---

1. Nous ne trouvons rien sur cet incident.
2. Il ne resta plus à Perpignan que le régiment de Vermandois, « dont plusieurs détachements même occupaient d'autres garnisons et dont une partie était employée à protéger la circulation des grains ». Rapport de Muguet de Nanthou. (*Mon.*, VI, 697.)

gardé le silence sur des faits aussi contraires au bon ordre? Tout les invitait donc à demander une force suffisante pour arrêter l'effet des motions incendiaires qui se multiplient chaque jour, et si, en demandant des troupes de ligne, nous avons excepté nos frères du Languedoc [1], c'est parce que nous savions combien il est nécessaire à Carcassonne, et le regret qu'ils auraient eu de quitter leur garnison. Voilà, Messieurs, l'interprétation naturelle de cette réticence, qui a fourni aux Amis de la paix les moyens de présenter sous un aspect aussi défavorable et d'empoisonner, pour ainsi dire, les sentiments d'amitié que nous avons toujours conservés pour nos frères du Languedoc.

L'histoire déplacée de la sérénade faite à M. Coma-Serra [2], député de l'Assemblée nationale, ne m'occupera point. Je ne crois pas lui devoir le sacrifice d'un temps précieux et m'occuper de lui, en renouvelant le souvenir d'une fête aussi incivique que peu méritée.

La même neutralité régnera sur les cris indécents qu'on se permit à la suite de cette musique vraiment scandaleuse et insultante. Nous en avons gémi, et je ne veux pas vous entretenir de sarcasmes aussi indécents. Mais je vous montrerai l'audace des soi-disant Amis de la paix portée à son comble, en assurant dans leur adresse qu'un membre du district tira un coup de fusil pour alarmer et ameuter le peuple. Le membre du district, Messieurs, étant en sentinelle, ne fit feu que parce qu'il fut insulté et menacé; or, rien n'est plus conforme aux lois militaires et au droit de sûreté.

L'éloge pompeux du curé de la cathédrale est singulier, mais je n'en suis pas surpris. Après avoir commencé par blâmer la vertu, ils devaient terminer par louer le vice. Quoi! un ministre de l'Évangile qui, oubliant son ministère, devient l'apôtre des mécontents de la Révolution, serait digne de nos éloges! Certes, ce serait là le comble de la dérision. Et le sieur Barazin, curé, ainsi que ces prédicants des autres provinces, qui, par leurs sophismes, ont voulu persuader au peuple que les décrets attaquaient la religion, ne doivent être appelés que les suppôts de la tyrannie chez toutes les nations libres.

Ne confondons pas, Messieurs, dans les justes anathèmes, le sieur Guiter, vicaire de la cathédrale, qui, d'apôtre de la religion et de la patrie, est devenu la victime de son zèle. Les palmes de ce martyr de la Révolution flottent déjà sur sa tête, et il est digne de votre amour pour le progrès de la Révolution de solliciter auprès de l'Assemblée

---

1. Le régiment du Languedoc.
2. Michel de Coma-Serra, homme de loi, député de la noblesse du Roussillon, était connu en 1790 par ses sentiments contre-révolutionnaires.

nationale, afin que la sentence inique rendue par quatre prêtres, ci-devant vicaires généraux, aujourd'hui sans caractère, soit frappée de nullité. Cette résolution est d'autant plus urgente qu'il importe davantage de prévenir ces jugements arbitraires et passionnés, qui enlèveraient au peuple séduit le petit nombre de prêtres qui consacrèrent leur ministère à l'instruire.

Un calme apparent régnait alors dans la ville de Perpignan, et les véritables Amis de la constitution, quoique instruits, j'ose même dire convaincus, des intentions hostiles de cette classe parasite à la ci-devant noblesse et clergé, continuaient leurs séances sans marquer aucun sentiment de crainte.

Le 5 et 6 du courant, sur les neuf heures du soir, quelques patriotes, sortant de leur Société, furent insultés d'une manière outrageante par des membres de la Société des prétendus amis de la paix. Fidèles aux principes de modération qui les ont toujours guidés, les Amis de la constitution ne crurent pas devoir s'arrêter à de pareilles injures : ce qui n'était pas répondre aux vues du parti opposé, qui ne respirait que le carnage. L'effet suit bientôt leurs menaces. Un des nôtres, à peine provoqué, est inhumainement renversé par un coup de fusil dirigé par un membre des Amis de la paix. Aux cris du blessé, cinquante patriotes s'approchent à l'instant pour demander l'infâme assassin de leur frère. Pour toute réponse, on fait une seconde décharge plus meurtrière. Il n'y avait plus un instant à perdre, le danger était évident, la vie des citoyens était compromise, et le sang des meilleurs patriotes eût été répandu sans pudeur dans cette fatale nuit, si l'amour de la patrie et l'indignation poussée à son comble n'eussent réuni les braves soldats de Vermandois, si connus déjà par leur patriotisme, aux six cents patriotes zélés qui se présentèrent pour arrêter le désordre. Leur présence, loin d'intimider cette horde ennemie, ne fit qu'alimenter leur rage, et le feu continua avec vigueur jusqu'à ce que le canon fît brèche. Oui, Messieurs, ce ne fut qu'à l'instant où ils virent que leur projet échouait qu'ils cherchèrent honteusement leur salut dans la fuite. Oh ! Messieurs, quel spectacle s'offre à mes regards en entrant dans cette Société qu'on appelle si improprement les *Amis de la paix* ? Ici, ce sont armes de toute espèce, là des munitions de guerre ; plus loin et dans un endroit obscur, des monceaux de cailloux, inutiles sans doute s'ils n'avaient été réservés pour quelque projet meurtrier. Mais ce qui ajoute à ma surprise et à mon indignation, c'est que les premiers dont le peuple se saisit sont des ministres des autels et de paix, des prêtres, des chanoines arrêtés sur le champ de bataille. Soixante-dix-sept membres, Messieurs, ont été arrêtés et conduits à la citadelle, et, quoique aucun n'ait échappé aux premiers mouvements de la vengeance publique, la vie de tous cependant a été sauvée.

Les meubles de la Société ont été jetés par la fenêtre; mais, ô prodige d'amour! le peuple respecte le portrait de Louis XVI et le porte en triomphe au département.

Il est de mon devoir et de mon ministère, Messieurs, en achevant ce pénible récit, d'intéresser votre sollicitude, et de réclamer votre indulgence en faveur de quelques individus qui n'ont été que les instruments aveugles de la ci-devant noblesse et du clergé. La désignation authentique qu'ils font des chefs de ce complot sanguinaire prouve la sincérité de leur retour à la patrie.

La même indulgence doit s'étendre sur le plus coupable, et, quoique ma tête fût du nombre des proscrites, Messieurs, le plus beau jour de ma vie sera celui de leur délivrance.

CI

PAMPHLET

GRANDE DÉNONCIATION AU CLUB DES JACOBINS
CONTRE UN PROJET DE CONTRE-RÉVOLUTION

(S. l. n. d., in-8 de 6 p.)

[Décembre 1790.]

La Société des amis de la constitution, réunie, comme à son ordinaire, dans une salle dépendant de la maison ci-devant connue sous le nom des *Jacobins*, a arrêté à l'unanimité des voix que la dénonciation faite par le Club des Cordeliers et débitée à la tribune clémentine serait imprimée aux frais de la Société, pour communiquer avec plus de facilité et de rapidité à tous les bons patriotes qui ont le bonheur de penser comme elle les moyens de se garantir du coup affreux qu'on veut leur porter. En outre, a arrêté ladite Société que tous les colporteurs seraient tenus de prendre et débiter les civiques dénonciations, sous peine d'être cassés et de ne plus recevoir aucun gage. A arrêté encore que tous les journaux répéteront avec beaucoup de jactance les bruits contenus dans cette dénonciation et que la Société est intéressée à répandre encore s'il est possible, par la raison que, si tous ceux qui les entendent n'y croient pas, il s'en trouvera au moins quelques-unes qui y ajouteront foi. Le président, en conséquence, est chargé de veiller à l'impression et distribution de ce travail.

Discours de l'orateur de la députation des Cordeliers.

MESSIEURS,

Notre civisme est trop connu de la France entière pour que nous ayons besoin de le citer aujourd'hui pour nous faire écouter favorablement de cet auguste aréopage. Je viens au nom du club le plus fameux de Paris, qui a, pour ainsi dire, donné l'essence à tous les autres ; car, il faut en convenir, Messieurs, il y avait des Cordeliers avant des Jacobins ; je viens dénoncer dans cette tribune un attentat affreux médité contre vous et contre nous, un de ces attentats qui, s'il était exécuté, ferait frémir la nature entière, occasionnerait sûrement un tremblement de terre, et, qui plus est, ferait reculer le soleil d'horreur.

Sachez donc, Messieurs, que nous avons été bien près de notre dernière heure, que le Club monarchique avait projeté une nouvelle *Saint-Barthélemy* de tous les patriotes : le même jour et à la même heure, c'est-à-dire le jour où ce club devait se rassembler, on devait massacrer tous les Jacobins possibles, et tous ceux qui, comme vous, font profession du plus pur et du plus ardent patriotisme. Je veux dire comme ce complot était monté... Je l'ignore ; mais tout ce que je puis vous assurer, c'est que, quoique la chose ne paraisse pas facile d'exécution, elle n'en est pas moins vraie. Je sais bien qu'on pourrait m'objecter qu'il est impossible à cinq ou six cents personnes qui composent le Club monarchique d'assassiner au même instant vingt mille personnes dans des parties du royaume, ce qu'on appelle les *Jacobins* ; je sais bien qu'on pourrait me dire que, loin d'avoir à eux les brigands et les coupe-jarrets, qui, en pareil cas, sont des êtres utiles, ces messieurs sont à vos ordres ; je sais bien qu'ils auront des moyens de se défendre et de prouver qu'il n'y a pas un mot de vrai dans les projets qu'on leur prête. Mais qu'importe ? Il faut, comme disait Basile, en dire beaucoup pour qu'il en reste un peu. D'ailleurs, le Club monarchique est composé de gens qui sont nos ennemis ; par conséquent nous ne risquons rien de dire sur son compte tout ce qui peut le perdre dans l'opinion publique. Vous voyez, Messieurs, le danger imminent que vous avez couru et dont nous avons partagé les honneurs avec vous. Mais, comme nous ne sommes pas toujours d'avis d'affronter de pareils périls, nous venons aujourd'hui, en vous les faisant connaître, vous prier, vous sommer même, au nom de la Société entière, de la patrie et de notre heureuse constitution, dont vous êtes les plus fermes soutiens, de faire surveiller avec la plus grande exactitude les principaux membres de ce club qui nous fait peur ; et même, s'ils s'obstinent à nous épier et à divulguer nos projets, je demande qu'on les dénonce à nos affidés, et que notre tribunal de cassation aille leur faire une visite pour les faire rentrer dans les bornes du respect que tout être vivant doit à un corps de souverains comme le nôtre.

N. B. Ce discours, vivement applaudi et profondément senti, n'est point une affaire d'imagination : il a été réellement prononcé dans une des dernières séances des Jacobins.

CII

PAMPHLET

OBSERVATIONS IMPARTIALES D'UN JACOBITE

Je suis pour les persécutés.
SIDNEY.

[Décembre 1790.]

Comme membre d'une agrégation de citoyens amis de la liberté, j'ai le droit de dire mon avis sur une dénonciation faite, le .... décembre, par M. Barnave contre le nouveau club qui vient de se former au Panthéon sous la dénomination d'Amis de la constitution monarchique.

Je demande donc quel peut être le but d'une dénonciation précipitée, qui porte un caractère d'enthousiasme tyrannique contre des citoyens qui ont, comme nous, le droit de s'assembler, le droit de s'occuper de la chose publique, le droit de discuter nos propres principes. Je suis ami de la liberté ; et c'est parce que je l'aime que je me garderai bien d'attenter à celle d'autrui, de jeter l'alarme dans tous les cœurs français, parce qu'il se forme une association dont les membres prennent le titre d'Amis de la constitution monarchique. N'en sommes-nous pas aussi les amis, les défenseurs ? Ou leurs principes ressemblent aux nôtres, ou ils les modifient : dans l'un et l'autre cas nous n'avons rien à dire, rien à faire, jusqu'à ce que nous sachions quel est le but de nos frères. S'ils s'enveloppent des ombres.

du mystère, surveillons-les ; s'ils se montrent à découvert, écoutons-les ; s'ils font mieux que nous, profitons de leurs avis ; si, au contraire, leurs principes, clairement exposés, tendent à faire circuler une doctrine alarmante et destructive du bon ordre, attentatoire aux dogmes que nous professons, opposons-nous par des voies légales à la propagation du venin aristocratique, et redoublons de zèle pour faire triompher la bonne cause.

Nous n'avons vu jusqu'ici qu'un prospectus de journal, dont l'exposition est trop simple, trop dénuée de détails, pour pouvoir prononcer sur le but de cette association.

Je désapprouve donc d'une manière formelle tout attentat qui aurait pour but de dissoudre un corps qui s'organise publiquement ; et mes raisons sont que ce que nous faisons, d'autres ont droit de le faire. Je me garderai bien de consentir à ce que des têtes exaltées par un amour effréné de la liberté, pour prouver leur mission, s'ingèrent de persécuter des hommes qui ne nous ont pas connus, et exposent par là notre Société à la défaveur du public, qui est notre juge. Nous ne sommes pas toujours justifiés par notre intention : elle pourrait être bonne, essentiellement bonne, et le mode de sa manifestation pourrait être mauvais, pourrait être illégal, et par conséquent criminel. Si ce sont des contrepoids que l'on se prépare à nous présenter, de quel droit les rejetterions-nous ? Pourquoi nous arrogerions-nous la liberté indéfinie de juger les autres, et de ne pas consentir à être jugés par eux ? Je me défie de tout ; mais je sais aussi me défier de moi-même. Toutes les vertus ont un vice qui les accompagne ; le zèle politique et le zèle religieux ont les leurs. Laissons aux charlatans crier de dessus leurs tréteaux : Ici est la vérité ; vous ne la trouverez point ailleurs. N'ayons pas l'air de nous défier de la sagacité et de la sagesse de nos auditeurs ; ne revêtons pas le caractère odieux de persécuteurs ; gardons-nous d'essayer de faire des martyrs, car les formes tyranniques et inquisitoriales donnent une prodigieuse extension aux erreurs politiques.

Les nouveaux apôtres, assemblés au Panthéon, réunis ou non réunis aux fédérés, et se déclarant les Amis de la constitution monarchique, le sont dans le sens des décrets, ou s'en éloignent. S'ils s'en éloignent, rien ne les autorise à élever des autels proscrits par la nation entière, et la dissolution de ce corps est prochaine. Ce n'est qu'un troupeau de désespérés, dont l'impuissance est plus digne de pitié que de colère. S'ils sont fermement attachés aux bases constitutionnelles de l'empire français, s'ils nous offrent des secours pour les affermir, nous leur devons de la reconnaissance.

Ils se disent Amis de la constitution monarchique : nous le sommes aussi. Ils se disent soumis aux décrets de l'Assemblée nationale : observons-les ; ils ne peuvent en imposer à notre vigilance, ils ne peuvent nous induire en erreur ; l'entreprise serait extravagante. Veillons autour de l'autel de la patrie, ne souffrons point qu'on égare ses enfants ; voilà l'idée que je me suis faite de mes devoirs, et j'y serai fidèle.

Mais je préviens mes collègues que je ne partagerai point ce zèle aveugle qui s'entoure de soupçons, qui se plait à les répandre, qui se fait un devoir sacré d'outrager, d'armer toutes les mains de poignards, de manifester une puissance odieuse par des proscriptions toujours atroces, et, par conséquent, toujours condamnables. La morale du peuple se forme de toutes ces exagérations ; il a toujours besoin d'être retenu dans les bornes de la modération, même lorsqu'il s'agit de briser le bras du tyran qui veut l'enchaîner. Les progrès du bien sont toujours lents, et ceux du mal toujours rapides.

Je suis fâché pour l'honneur de M. Barnave que, dans sa dénonciation, il n'ait pas mis ce caractère de prudence qui l'a toujours distingué. Quand on a une bonne cause à défendre, il faut savoir s'interdire, par politique même, ces élans qui annoncent la faiblesse. Fort de sa raison, fort de l'assentiment de la majeure partie des citoyens de la capitale, et de celle des départements, qu'avait-il à faire de proposer, avant d'être instruit de tout ce qu'il aurait pu savoir, de poursuivre à outrance une Société dont les principes ne sont pas encore connus ?

Trois moyens lui ont paru nécessaires : de ces trois moyens, deux me paraissent au moins prématurés, et le troisième est vexatoire.

Pour premier moyen, il invite les amis de la liberté à dénoncer dans les différents départements ces apôtres d'une doctrine perverse ; et cette doctrine n'est pas connue de lui, et ne peut l'être encore, puisque ces apôtres jugés suspects n'ont rien dit, n'ont point tenu de séance publique. Que concluront d'un pareil procédé tous ceux qui se donnent la peine d'examiner un fait, d'en constater l'authenticité, avant de prononcer leur jugement ? Ils en concluront que c'est une témérité ; et toute témérité en pareille matière excite l'indignation et multiplie les prosélytes de la nouvelle secte. Les mécontents n'attendent peut-être que ce signal de proscription pour se montrer. Soyons donc assez sages pour ne pas les provoquer, si nous aimons la patrie, si nous chérissons la paix, si nous avons de l'horreur pour le sang.

Le second moyen porte avec lui le cachet de l'ignominie, et je suis bien étonné qu'il se soit présenté à l'esprit de M. Barnave. Quoi ! il veut invoquer l'appui des journalistes pour semer la défiance ! Les journalistes dignes de ce nom ne s'y prêteront pas sans avoir sous les yeux des preuves de délit; ils s'opposeront à la flétrissure que les feuillistes de la force des Marat, des Carra, des Martel, des Desmoulins voudront imprimer sur le front des nouveaux fédérés. Ces gens-là ont perdu même la confiance des porteurs d'eau et de nos commissionnaires, qui les lisaient avec tant d'avidité, par les rapports de crédulité qu'ils avaient saisis dans leur esprit. Ce moyen est usé, ce moyen est ridicule, ce moyen est tout propre à ne rien faire croire de ce que l'on voudra persuader ; ce moyen est abject en ce que les trompettes qui rassemblent les incendiaires et les brigands de toute espèce ne doivent pas être convoquées par un homme comme M. Barnave ; son devoir de député, son titre d'ami de la liberté ne doit pas faire mettre en œuvre les artisans et fauteurs de la licence ; ce moyen est criminel, en ce qu'il n'est pas au pouvoir de M. Barnave d'en deviner les suites, d'en calculer les dangers et d'arrêter le progrès du mal qu'il aurait pu produire. C'est enfin impolitique et dangereux, ce moyen, car il peut faire vouer à l'exécration par le peuple, qui n'est pas toujours aveugle, des noms qu'il respectait, des noms qu'il doit respecter, et qui n'éveilleraient plus chez lui que l'idée du mépris, s'il venait à savoir qu'on l'a trompé. Il n'est pas toujours bon de compter sur les bénéfices du hasard.

Je rejette donc pour mon compte ces deux moyens, pour les raisons que j'ai données, et pour beaucoup d'autres considérations qui m'ont frappé.

Quant au troisième, je ne concevrai jamais comment M. Barnave a pu penser qu'il était de sa compétence d'interdire ou faire interdire à des citoyens qui jouissent des mêmes droits que lui celui de s'assembler où bon leur semble ; et à moins qu'il ne soit prouvé, et prouvé bien clairement, que cette association est criminelle par son objet, attentatoire à la sûreté publique, comment parviendra-t-il à chasser de son autorité privée ces mêmes hommes qui sont fondus dans toutes les classes de la société, qui peuvent offrir une masse effrayante à l'autorité arbitraire de M. Barnave, et qui vraisemblablement ne seraient pas disposés à lui laisser exercer ses droits régaliens? *Je veux*, sont deux mots qui doivent toujours être accompagnés de ceux-ci : *en vertu de la loi*, et je demande maintenant si la volonté de M. Barnave est une loi. Ah ! Monsieur Barnave, ne gâtez pas votre réputation ; j'ai été un de vos plus zélés partisans tant que vous vous êtes montré bon citoyen, ami de l'ordre et de la paix ; quand je vous ai vu aller trop avant, j'ai usé de l'indulgence qu'on doit à ses amis quand ils sont égarés par un zèle trop ardent pour la chose publique ; mais, si vous contractez l'horrible habitude de dire : « Je veux », et « Tel est mon bon plaisir », je ne verrai plus en vous qu'un homme de l'ancien régime.

Soyons justes ; toute espèce de fanatisme est effrayant pour les amis de l'ordre. Je veux pour moi la liberté, comme je la veux pour tous ; si je ne la veux que pour moi, je suis un tyran. Je veux me déclarer l'ami du roi, il n'y a pas de puissance qui m'en empêche légalement en France, puisque l'existence de la royauté est inhérente à la constitution. Mais quoi ! Monsieur Barnave, n'est-ce pas vous-même qui, comme commissaire de la nation, et une des douze cents voix représentatives des vingt-cinq millions d'autres, avez consenti ce pacte, l'avez revêtu de toute la force que doit avoir un décret qui ne sera pas fait par des enfants ou des fripons ? N'est-ce pas vous qui avez incorporé ce titre de roi avec la constitution ? De quoi vous offensez-vous ? Sur quoi motivez-vous vos alarmes, vos dénonciations, vos proscriptions ? Votre devoir est de prêcher la paix, et non de déployer l'étendard de la discorde : je suis Jacobite et ami du roi, je pourrais n'être pas l'ami du roi et l'être de la royauté ; je dis plus, c'est mon devoir, c'est le devoir que vous m'avez prescrit, et vous n'avez pas le droit de lier et délier suivant vos caprices. On ne parvient pas à me convaincre de la pureté de son patriotisme, en égarant à chaque instant mon opinion. Je tiens donc au roi, parce qu'il a des vertus, et je tiens à la royauté, parce que vous l'avez voulu ; un roi des Français ne doit pas ressembler au soliveau que Jupiter envoya aux grenouilles ; je ne veux pas avoir à craindre un roi ; mais l'Assemblée nationale, en l'admettant, en consacrant son autorité contenue par les lois fondamentales du royaume, ne peut pas me prescrire de le haïr lorsqu'il a des vertus, de l'outrager à la Marat ou à la Desmoulins ; il a, comme prince, ses devoirs à remplir : j'ai aussi les miens, et je ne ferai point une vertu de l'ingratitude, et je n'atterrerai pas mes principes d'équité pour jouer un patriotisme effréné, et je haïrai quiconque m'y forcera, et je repousserai tout tyran qui voudra faire de moi ou un être passif, ou un forcené ; et, si les Jacobites pourchassent les Amis de la constitution monarchique, je quitte les Jacobins et je vais au Panthéon ; et je ne serai pas le seul.

CIII

PIÈCES SANS DATE

[Nous donnons maintenant des pièces qui nous paraissent être de l'année 1790, mais auxquelles nous n'avons pu assigner une date plus précise.]

COUP D'ŒIL RAPIDE SUR LE PAYEMENT DES RENTES

ou

ABRÉGÉ D'UN DISCOURS

PRONONCÉ AU CLUB DES AMIS DE LA CONSTITUTION

(Paris, de l'Imp. de la rue d'Argenteuil, s. d., in-8 de 8 p.)

Depuis que les représentants de la nation poursuivent les abus de l'ancien régime, avec une persévérance digne des plus grands éloges, quel bon citoyen ne s'est pas applaudi cent fois de voir plusieurs réformes s'introduire dans quelques parties de l'administration? Je croyais d'abord que les payeurs des rentes avaient besoin, comme d'autres, d'un examen sévère; que leur régime était entaché des vices antiques; qu'il fallait enfin le soumettre à la régénération universelle. Mais, Messieurs, en interrogeant plusieurs d'entre eux, en suivant de près leurs travaux, en consultant l'opinion publique, en cherchant enfin à m'éclairer par toutes les voies possibles, j'ai trouvé que leur comptabilité était dans le plus bel ordre, et leurs bénéfices modérés hors de toute proportion avec les gains immenses qu'on reproche à d'autres compagnies.

J'ai eu en main, Messieurs, un précis fort bien fait sur l'acquittement de la dette publique, et j'invite fortement tous ceux qui n'aiment point à multiplier les destructions sans nécessité à voir par quels moyens victorieux les payeurs et contrôleurs de rentes repoussent l'attaque qu'on leur prépare.

Facilité du service, sûreté de service, économie, voilà les trois grandes bases de leur défense; et, pour peu qu'on parcoure le mémoire qui l'établit, on ne conçoit pas que douze à quinze cent mille parties de rentes, qui enfantent des milliers d'acquits, puissent se payer dans une seule caisse, sous l'inspection et la garantie d'un seul chef.

Ils invoquent en leur faveur la caisse des amortissements, qui, n'ayant que 20 millions à payer, coûtait à elle seule plus que dix payeurs ensemble, et dont les comptes arriérés ne pourront se clore qu'après de grands sacrifices de la part de la nation.

Mais, Messieurs, peut-être que le projet est de changer la nature des contrats, et qu'en simplifiant le travail on a l'espoir certain d'une manutention plus économique. A ce mot si séduisant d'économie, il n'y a personne qui ne soit tout d'un coup porté à adopter le projet qui promet de la procurer; mais, Messieurs, prenons garde ici que l'influence des mots ne nous égare sur le fond des choses. Si cette économie était une injustice ou une imprudence, si elle provenait d'un bouleversement dans les propriétés, croyez-vous qu'il fût convenable de se livrer à une illusion aussi dangereuse? L'économie! on a sans cesse ce mot à la bouche. Quand on veut plaire à ceux qui aiment le bien, on séduit ceux qui ne peuvent pas tout approfondir. Ici, par exemple, serait-ce donc une économie que de supprimer la forme des quittances qu'on sait être assujetties à un léger droit, ce timbre qui, lui seul, couvre les frais de cette manutention? Je vais même plus loin, Messieurs, et je soutiens que le projet de convertir les rentes en annuités, ou coupons, détruira l'effet du dernier décret sur l'enregistrement. S'il n'y a plus de contrats de rentes, il n'y aura plus ni contrats d'acquisition, ni transactions, ni partages, ni procurations, ni pouvoirs, ni enfin une multitude d'actes qui, calculés sur quinze cent mille parties de rentes, produiront journellement une multitude de droits, et des rentrées assez fortes pour couvrir encore d'autres dépenses de l'État. En étudiant les décrets de l'Assemblée nationale, j'ai vu dans tout l'horreur la plus marquée pour tout ce qui s'appelle agiotage. Et, pourtant, quelle source plus féconde pourrait-on ouvrir à ces spéculations désastreuses, que la conversion des contrats en des milliers de billets au porteur, ou que telle autre opération de banque, si redoutable dans ses conséquences? Certes, il serait facile d'établir une dépense pareille; mais est-il sage de compromettre ainsi la fortune publique? Est-il même au pouvoir de l'Assemblée nationale de dénaturer le titre primitif d'une créance qu'elle a reconnue? En créant des immeubles fictifs, en tout semblables dans leurs effets aux immeubles réels, n'est-ce pas un gage qu'on a donné à la dot des femmes, au patrimoine des mineurs, des interdits? Et de quel droit changerait-on la disposition de tous les partages?

Est-ce au contraire une réunion de contrats qu'on veut opérer? Eh bien! supposez cette opération consommée, et, pour y parvenir, les embarras et les dépenses dix fois moins considérables, vous n'aurez encore rien fait; car, le lendemain, il va mourir un rentier dont la fortune est à partager de nouveau.

Mais peut-être que les payeurs et contrôleurs des rentes ont deux grands torts :

Le premier, de tenir au régime ancien ; le second, d'être titulaires de charges.

Eh quoi ! Messieurs, faudra-t-il toujours être puni du péché originel ? Il a bien fallu, sans doute, renverser courageusement tout ce qui mettait obstacle à la constitution ; il a fallu nuire à quelques intérêts particuliers pour établir le bien général, et je pense assez bien de nos législateurs pour croire qu'il en coûtait à leur cœur de s'environner ainsi de victimes. Mais quand des sacrifices pareils ne sont pas démontrés nécessaires, quand ceux qui occupaient ci-devant des emplois publics se sont montrés honnêtes et désintéressés, est-ce qu'on ne leur doit pas compte, je dirai plus, est-ce qu'on ne leur doit pas récompense pour des travaux exempts de toute censure ? Confondre ensemble et ceux qui abusaient et ceux qui servaient la chose publique, ne serait-ce pas montrer une passion irréfléchie, plutôt que la sage modération d'une Assemblée législative ?

Mais les payeurs sont en charge, et ce seul mot est aujourd'hui marqué du sceau de la réprobation.

D'accord, Messieurs ; il a je ne sais quoi qui répugne au nouvel ordre de choses ; et cependant on pourrait distinguer les charges constitutionnelles de celles qui ne sont que passagères. Tant qu'il y aura des hommes rassemblés en société, on conçoit, par exemple, qu'il existera des juges et que, si la vénalité de leurs offices n'eût pas été détruite, cette vénalité eût été un fléau éternel. Mais des charges de payeurs de rentes, qu'est-ce autre chose qu'une sûreté des fonds qu'ils ont entre les mains ? Avec l'ordre qui s'établit dans toutes les branches de l'administration, il est à espérer sans doute que la dette publique s'amortira d'année en année. A présent qu'on parle de réunion au service des rentes de 50 millions de plus à répartir entre les payeurs, leur nombre n'a rien de disproportionné à leurs travaux ; mais, à mesure que la dette s'éteindra, il est bien clair qu'ils finiront avec elle.

Au reste, Messieurs, je crois que les payeurs eux-mêmes attachent peu d'importance à la conservation du titre de leurs charges. Malgré les pertes qu'ils éprouveront, en voyant leur propriété convertie en une simple commission, ils savent trop ce qu'ils doivent à l'intérêt public pour ne pas faire volontiers tous les sacrifices qu'il exigera. Que ce soit donc à titre de cautionnement que l'État garde leurs 24 millions, et, surtout, qu'on éloigne l'idée de leur rendre cette somme, pour n'exiger d'eux qu'un cautionnement en immeubles. A quelle lenteur n'exposerait-on pas la rentrée des fonds publics si on la faisait dépendre de toutes les formes judiciaires? Supposez qu'un de ces comptables puisse en détourner une partie; à l'instant celui qui le remplace comble le déficit, et jamais le Trésor public n'est à découvert.

Je me résume, et je dis que je ne vois pas qu'on puisse substituer au travail des payeurs et contrôleurs des rentes un nouveau régime plus simple, plus économique, plus sûr à tous égards, sans un changement destructif de la propriété elle-même. Depuis je ne sais quel temps on vante partout leur service actuel; le rapport du Comité des finances est l'apologie la plus complète qu'on en puisse faire; les décrets qui l'ont suivi ont, pour ainsi dire, lié l'Assemblée.

Par quelle fatalité changerait-elle tout à coup de système, et déchirerait-elle en un jour l'opinion méditée pendant plus de six mois? On a vu les plans de MM. de Laborde et de Montesquiou, d'abord couverts d'applaudissements, échouer ensuite contre la réflexion et l'expérience. Il est probable que de nouvelles tentatives ne seront pas plus heureuses, et que la Commune de Paris, si intéressée au maintien de ses propriétés, témoignera quelques alarmes du système subit qui tend à les dénaturer.

CIV

PAMPHLET

GRANDE DÉNONCIATION D'UNE CONSPIRATION
FAITE CONTRE LE CLUB DES JACOBINS PAR LES PERRUQUIERS

(S. l. n. d., in-8 de 7 p.)

MESSIEURS,

Vous devez remarquer que, malgré notre zèle infatigable à la recherche des conspirations dont notre liberté et notre pouvoir naissants sont sans cesse menacés, des ennemis du bien public et d'une Société qui s'immortalise par son patriotisme et sa sagesse veillent sans cesse et ne s'occupent que de complots qu'ils cherchent à mettre en exécution. Nous marchons depuis longtemps dans cette carrière périlleuse avec un courage et une persévérance que peut seul donner l'amour de la patrie.

Voilà la conspiration la plus criminelle et la plus horrible; c'est à ma vengeance et à mon ressentiment que vous en devez la découverte.

Vous vous rappelez sans doute, Messieurs, l'aventure qui m'est arrivée avec un perruquier dans la place du Carrousel, qui a excité votre indignation au point de rendre sur-le-champ un décret qui supprimât la compagnie des perruquiers, barbiers et étuvistes.

Les maîtres perruquiers, furieux, conçurent le projet de s'en venger d'une manière sanglante : leur complot ne tendait à rien moins que de détruire d'un seul coup, le même jour et à la même heure, l'auguste assemblée qui m'entend et dont j'ai l'honneur d'être membre.

Voici quel était le complot.

Les maîtres perruquiers, un jour où les honorables membres faisant grande toilette pour se trouver à quelque repas donné à la Société par le président, devaient aller eux-mêmes les coiffer et raser, c'est-à-dire leur couper le cou et emporter leurs têtes dans leurs sacs à poudres ; les garçons, de leur côté, devaient porter une grande quantité de poudres dans les souterrains de la salle où se tient l'assemblée, et laisser une longue traînée qui, communiquant à la masse des poudres, aurait entraîné, par son explosion, la ruine du sanctuaire de la liberté, dont ils ne voulaient pas qu'il restât les moindres traces.

L'assemblée, d'abord effrayée, mais reprenant ses sens, crut qu'il était de sa sagesse, étant prévenue du complot, de faire avertir la municipalité, qui requerrait le commandant général de mettre sous les armes vingt-cinq mille hommes, qui s'empareraient de messieurs les maîtres perruquiers, et qu'il serait fait sur-le-champ une visite dans les souterrains, pour constater le complot et détourner l'orage. Un membre, se voyant inculpé ainsi que tout son corps, demanda la parole, qui lui fut accordée :

« Je ne puis entendre une pareille dénonciation sans éclater de rire. Je vois que l'honorable membre se ressent encore de la manière brusque dont lui a parlé un de mes confrères, et que c'est la vengeance qui lui a fait imaginer cette calomnie, ou bien c'est l'effet de la peur que l'honorable membre a maintenant des perruquiers.

« Quant aux poudres qui se trouvent près les souterrains de la salle de l'assemblée, c'est un de mes confrères qui, craignant le renchérissement des poudres à poudrer, en a fait descendre dans sa cave dans des tonneaux. »

Le dénonciateur, un peu confus de sa méprise, insista toujours sur la visite dans les souterrains et les caves voisines.

L'assemblée, n'étant pas trop rassurée sur ce que venait de dire le contre-dénonciateur, qui aurait pu prendre les intérêts de sa compagnie et imaginer ce prétexte pour faire perdre de vue à l'assemblée, l'horrible complot, nomma dix commissaires qui se feraient assister d'experts pour constater la qualité des poudres, et qui en feraient le rapport avant de lever la séance. Les commissaires confirmèrent la méprise de l'honorable dénonciateur.

Plusieurs membres, s'en voyant quittes pour la peur, dans l'excès de leur joie, demandèrent que l'on rétablît une société calomniée et si utile au public; mais l'assemblée déclara qu'elle ne pouvait enfreindre ses décrets qui étaient immuables.

Le président leva la séance à trois heures du matin.

CV

PAMPHLET

PLAINTES AMÈRES ET JUSTES

DE L'AUGUSTE ET PATRIOTIQUE CLUB DES JACOBINS

AU BON PEUPLE DE PARIS

(S. l. n. d., in-8 de 17 pages.)

Citoyens utiles et plus passifs encore, indignés des bruits qui courent dans le public et des injustes réclamations que l'on vous suppose et que l'on ne cesse de répandre partout, au sujet des 18 francs que reçoivent journellement les membres augustes de l'Assemblée, nous vous adressons les présentes :

Depuis dix-huit mois, avons-nous cessé de former des décrets qui, avec la liberté, l'égalité et les droits de l'homme, répandent et à Paris et dans les provinces la paix, l'union, la concorde et l'abondance? Et c'est à ces hommes précieux, devenus vos législateurs, vos docteurs et vos maîtres absolus, que vous enviez 18 francs par jour ! Quelle indécence! Parisiens, nous nous étions laissé dire que vous étiez des badauds : pouvons-nous en douter maintenant ? Le mal n'est pas bien grand il est vrai, mais c'est tant pis, tant mieux. Loin d'avoir à nous en plaindre, il faut avouer que nous nous sommes bien trouvés en maintes circonstances de la présente et salutaire Révolution. Mais murmurer, vous plaindre, assurer que l'auguste Assemblée ruine Paris et le peuple, est une badauderie impardonnable et que le sens commun réprouve, car ce ne sont plus des représentants, mais des constituants de la nation, puisqu'ils se sont déclarés tels.

Seriez-vous donc assez dépourvus de raison et de bon sens pour ne pas concevoir la dignité dont ils sont revêtus, l'autorité dont ils se sont emparés, les pouvoirs illimités qu'ils se sont donnés, et dont ils font un usage bien meilleur et bien plus noble que ne le faisait le roi lui-même sous le règne du despotisme insupportable de l'ancien régime?

Quoi donc! vous êtes encore à vous apercevoir de l'admirable métamorphose qui s'est faite en nous depuis qu'animés par l'amour d'une liberté indéfinie, d'avocats, procureurs, huissiers, médecins, chirurgiens, apothicaires, cultivateurs, paysans et quelque chose de pis : nobles, nous sommes devenus vos rois?

Quel honneur pour Paris! Il voit dans son sein ce que l'histoire de l'univers n'a jamais rapporté, 1,200 rois réunis. Et c'est à ces êtres infiniment respectables, aux pieds desquels votre devoir serait de vous prosterner, que vous jalousez 18 francs!

Nous vous voyons porter l'habit militaire, et c'est ces sages de la France qui vous ont procuré cet honneur ; mais ils voient avec douleur qu'ils ne vous en ont point jusqu'ici inspiré les sentiments. Oubliez, oubliez si vous pouvez que vous n'étiez sous l'ancien régime que des praticiens occupés au vil ministère de la chicane, que votre unique bien était votre plume, et que vous ne viviez que du sang des malheureux plaideurs ; des marchands et courtauds de boutiques sans cesse livrés au service du public, tantôt à vendre, tantôt à acheter, et toujours, toujours à servir tout le monde pour un lucre modique ; des artisans accablés de travail, environnés de pratiques, qui à l'envi recouraient à vous pour les différents besoins qu'elles en avaient. Se pourrait-il que vous ne saisissiez pas encore le changement heureux que l'auguste Assemblée vous a procuré? Regardez donc, mais pénétrés de la plus vive reconnaissance, le fusil que vous portez sur l'épaule, ce sabre et cette giberne qui pendent à vos côtés, ces baudriers qui se croisent sur votre poitrine, mais surtout ces poils, ces aigrettes, ces beaux et superbes bonnets de grenadiers, ces épaulettes honorables qui vous distinguent et font oublier ce que vous avez été. Voilà, voilà l'ouvrage de vos dignes législateurs. Voyez et comparez votre vie actuelle avec celle que vous meniez dans et sous l'ancien despotisme. De citoyens lâches, efféminés, volages, inconstants, amollis par les plaisirs de toute espèce, vous voilà tout à coup devenus guerriers, cavaliers, dragons, fantassins, canonniers ; et votre vie monotone est devenue une vie de tracas, de fatigues, qui vous permet à peine de sacrifier quelques moments à vos familles. Parisiens, à qui devez-vous tant de nobles bienfaits? N'est-ce pas à l'auguste Assemblée? Et 18 francs vous tiennent au cœur, ingrats!

Mais, pour achever de vous confondre, dites-nous : quelle idée avez-vous de vos sublimes législateurs? Ignoreriez-vous qu'ils sont au-dessus même du roi qui n'est que leur agent? Cependant *Barnave l'a dit*; il l'a dit; par conséquent, ils sont bien infiniment au-dessus des princes et de tous ceux qui, dans l'ancien régime, occupaient les premiers postes du royaume : chacun d'eux est plus qu'un ministre, un ambassadeur, un maréchal de France, un amiral, un général, un premier président même de votre parlement de Paris.

Car venons au fait. Qu'est-ce qu'un ministre? Un agent d'un roi subalterne; et un député est un roi législateur suprême. Qu'est-ce qu'un ambassadeur? Un espion du gouvernement. Un maréchal de France? Un général chef de brigands et d'assassins. *Dubois de Crancé l'a dit.* Un amiral? Un commandant d'hommes brutaux, sans éducation, sans politesse, esclaves ambulants, gens de sac et de corde. Ainsi le pense l'auguste Assemblée. Cependant, Parisiens insensés, vous ne vous plaigniez pas des sommes immenses, des dépenses énormes que dévoraient ces sangsues de l'État. Vous les voyiez bien placées et même nécessaires, et, lorsqu'il est question de 18 francs par jour pour un député-roi bien supérieur au roi, vous jetez les hauts cris, vous pestez, jurez, tempêtez; et vous prétendez que les impayables et inviolables membres de la plus auguste Assemblée qui fut jamais, vous ruinent et vous réduisent à la misère! Ah! Parisiens! est-il donc possible d'être badauds à ce point?

Mais, non contents de cette criante et à jamais déshonorante injustice, vous aviez encore la hardiesse, l'audace, pour ne pas dire l'insolence, d'y ajouter le mépris le plus outrageant, crime de lèse-nation, en nous adressant dans un libelle infâme ces paroles révoltantes : « *Voilà vos dix-huit francs à deux sols la pièce.* » Avez-vous bien senti l'horreur de cette conduite? Le Club patriotique des Jacobins a-t-il pu sans indignation entendre ces blasphèmes et apprendre sans frémir une telle forfaiture?

Oui, les augustes députés qui les composent, les fervents israélites, les zélés protestants, les quakers, les prudents agioteurs, les capitalistes désintéressés, les sages économistes, les philosophes religieux, les généraux académiciens; oui, les ecclésiastiques édifiants et réguliers, les moines et religieux fidèles, dom Gerle, ce pieux cénobite lui-même que l'on y a bien voulu admettre, tous ont été surpris, étonnés, ébahis de cette monstrueuse ineptie.

Oui, citoyens de Paris, il faut que ces 18 francs vous aient tourné la tête, ainsi qu'à bien d'autres. Mais, dites-nous, pouvez-vous vous imaginer que ce soit avec la modique somme de 18 francs que nous puissions soutenir le brillant éclat qu'exige la sublime dignité dont nous sommes revêtus? Serait-ce avec vos 18 francs que nous pourrions rouler carrosse, entretenir chevaux et valets, habiter des hôtels et tenir table ouverte? Car, vous en conviendrez sans doute et il faudrait être privé de jugement pour soutenir le contraire, sied-il à nous, députés-rois, d'aller à pied comme un manant (bon autrefois), de nous faire éclabousser par le premier fiacre, coudoyer par un laquais, un manœuvre, un crocheteur; d'arriver, d'entrer et de pénétrer dans la respectable Assemblée de vos souverains, crottés comme des barbets, enguenillés comme un pauvre, mis comme un goujat d'armée?

Est-ce avec vos 18 francs que nous pourrions fournir à nos dépenses dans les cafés et chez les traiteurs (car *item*, il faut vivre, et vivre selon son rang), aux repas que nous sommes obligés de donner à nos collègues, nos connaissances, nos amis, etc., et cela plusieurs fois la semaine?

Est-ce avec vos 18 francs que, pour nous délasser des travaux excessifs auxquels nous nous livrons, et pour conserver une santé qui doit vous être chère, si vous êtes justes, nous pourrions nous procurer un peu de délassement dans quelques parties de plaisir, soit à la ville, soit à la campagne; nous présenter dans les compagnies; fréquenter l'Opéra, la Comédie et surtout ce délicieux Palais-Royal où nous avons soin de paraître avec cet air de grandeur et de majesté qui inspirent le respect le plus profond et qui font dire au premier coup d'œil : « Voilà un député », et répondre aussitôt à ses voisins : « Oui, c'est le roi *Mirabeau*, le roi *Barnave*, le roi *Roberts-Pierre* [1], le roi *Gouttes*, le *Soüppes* [2] », etc?

Mais oublions-nous nous-mêmes pour un instant. Est-ce avec vos 18 francs que, dans les tribunes, nous payons 14 à 1,500 braves gens qui, chaque jour, en sacrifiant constamment leurs journées, n'en désemparent pas depuis sept heures du matin jusqu'à quatre heures du soir; qui, par leurs applaudissements réitérés, stimulent notre patriotisme et, par leurs huées et leurs improbations, et quelque chose de plus, quand il en est besoin, confondent nos adversaires, leur font quitter la tribune, les font fuir bon gré mal gré, font passer nos décrets, bons et mauvais, et nous aident merveilleusement à avancer l'œuvre admirable de la constitution?

Est-ce avec vos 18 francs que nous occupons un grand nombre

---

1. Le nom de Robespierre se trouve ainsi défiguré, même dans les journaux favorables à cet homme politique, pendant les premiers temps de la Révolution.

2. Allusion au constituant Thibault, curé de Souppes.

d'autres affidés, à 3, 6 et même 10 livres par jour, à faire des motions en notre faveur et contre nos adversaires; à les faire honnir, bafouer et menacer de la lanterne comme des aristocrates?

Est-ce avec vos 18 francs que nous entretenons des marchés partout; que nous envoyons des émissaires fidèles dans toutes les provinces et jusque dans les pays étrangers, pour y former des clubs patriotiques et républicains, qui y prêchent la liberté et les droits de l'homme, y répandent nos décrets; pour y soulever le bon peuple en faveur de la sainte Révolution que nous voudrions étendre dans toute l'Europe et l'univers entier? Pouvez-vous vous imaginer que c'est avec vos 18 francs que nous avons pu réussir à corrompre du moins une partie de l'armée; à faire révolter le soldat contre son officier, à lui faire fouler aux pieds la discipline militaire et assassiner ses chefs; le matelot à refuser le service de mer, à secouer toutes les ordonnances de la marine et, par son insubordination, à rendre l'escadre inutile? Et tout cela pourquoi? Parce que vos sages et prudents législateurs ont jugé qu'il valait bien mieux sacrifier les colonies avec quelques provinces du royaume, et fonder des républiques dans celles que les ennemis du dehors voudront bien nous laisser. Braves Parisiens, que dites-vous maintenant de vos 18 francs? Il a donc fallu vous découvrir le secret de notre vénérable Club, pour vous forcer à ouvrir les yeux et à nous rendre justice.

Sans d'autres ressources, nous eussions été bien mal dans notre compte... Mais, heureusement, des âmes généreuses, désintéressées, vraiment patriotes et amateurs d'un régime nouveau, qui leur faisait entrevoir l'agréable perspective des premiers devenir les derniers et des derniers devenir les premiers, se sont livrées à la plus héroïque générosité. Juifs, hétérodoxes, agioteurs, Genevois, capitalistes, les Anglais eux-mêmes, autrefois nos ennemis naturels, mais devenus les bons amis de l'Assemblée, ont voulu contribuer à notre heureuse Révolution.

Demandez à Philippe Capet, ce prince estimable et si indécemment calomnié pour n'avoir pas arrêté les prétendus désordres des 5 et 6 octobre 1789, comme si toute autre considération ne devait pas céder à la réussite de la Révolution; demandez-lui, dis-je, ce qu'il en coûte à son ardent patriotisme; et il vous répondra : « J'ai vidé mes coffres-forts, épuisé mes trésors, vendu ma bibliothèque, ma salle de peintures, mes diamants, contracté des dettes immenses et sacrifié Villers-Cotterets. »

Sont-ce là 18 francs?

Demandez à La Fayette, et il vous répondra : « J'ai employé mes possessions de l'Amérique, une partie de mes terres, et, de cent cinquante mille livres de rentes, je me vois réduit à vingt-cinq mille. »

Sont-ce là 18 francs?

Demandez à notre ami Necker: c'est lui qui, mieux que quoi que ce soit, justifiera de l'emploi des profits sur les blés et farines et des billets de la Caisse d'escompte, des dons patriotiques, de l'impôt du quart, et des autres revenus de l'État qui n'ont pas été détruits.

Sont-ce là 18 francs?

Vous seriez surpris, citoyens fortunés, si l'on entrait dans le détail des sommes qu'ont fournies d'Aiguillon, Picot, beau-frère du patriote Lameth, le millionnaire Laborde, etc., et vous conviendriez que ce n'est pas avec 18 francs que s'est fait le bouleversement heureux que vous voyez sous vos yeux. « Mais, nous direz-vous peut-être, quelles vues pouvaient-ils donc avoir? » Elles sont grandes, vastes, justes, puisqu'elles étaient patriotiques et que l'avenir n'y était pas oublié.

Soyons donc enfin justes, chers Parisiens, mettez fin à vos murmures, admirez les grands desseins de vos rois et soumettez-vous à leurs décrets quelconques: ils ont droit d'exiger de vous l'obéissance la plus aveugle, la soumission la plus parfaite, la dépendance la plus entière.

Nous vous avons fait beaucoup de mal, et nous vous en faisons encore, avez-vous dit, et cela peut bien être. Mais ne sommes-nous pas vos maîtres? N'avons-nous pas droit de vous châtier? Mais non, nous prétendons vous avoir fait beaucoup de bien.

L'avenir fera voir qui a tort ou raison. En attendant trouvez bon que nous gardions nos 18 francs; le moment de nous séparer de vous approche; ils pourront nous servir, ne fût-ce que pour courir la poste et nous éloigner de vous. Vos regrets feront notre éloge; et par vous nous emporterons dans les provinces, et peut-être ailleurs, le souvenir délicieux du plus simple, du plus soumis et du meilleur des peuples.

(CLUB DES JACOBINS.)

CVI

PAMPHLET

GRANDE COLÈRE DE Mlle CHIT-CHIT
CONTRE UN PATRIOTE JACOBIN

(S. l. n. d., in-8 de 10 p.)

Ce n'est pas le Pérou que votre connaissance!

Il était onze heures du soir, je rentrais chez moi; la mauvaise humeur que j'avais précipitait mes pas et m'empêchait de voir ce qui se trouvait sur mon passage. Je proférais quelques paroles, je méditais profondément sur un projet que je devais proposer à mes frères les Jacobins, et pour lequel je n'avais pu obtenir la parole ce soir-là. Je m'en rappelais les principaux détails, j'en voyais déjà la pleine et entière exécution, lorsqu'une princesse à triple panache, illustre habitante du Palais ci-devant royal, et maintenant national, vint m'accoster et me tirer du délire où j'étais plongé. Cet acte inhumain redoubla mon humeur. « Oses-tu bien, barbare, troubler un Jacobin? » lui dis-je; et, plus fier qu'Artaban, j'allais continuer mon chemin, lorsque je lui entendis dire : « Ah! ce n'est pas le Pérou que votre connaissance! » Ce mot piqua mon amour-propre, et je résolus de lui prouver qu'elle en avait menti : « Parle et dis-moi, avant d'aller plus loin : sais-tu ce que c'est qu'un Jacobin? Sais-tu que c'est dans leur Club que l'on prépare le bonheur de la France? Sais-tu que c'est de là qu'émanent tous les décrets, et que rien ne se fait à l'Assemblée qu'après avoir été proposé, discuté et décrété au *Club des Jacobins?* — Je sais tout cela, me répondit-elle, et c'est positivement ce qui me fait dire que ce n'est pas le Pérou que votre connaissance, et je ne suis pas la seule; car qui peut ignorer les indignes manœuvres que vous employez pour arriver à vos fins? Qui peut ne pas frémir d'indignation en voyant que le sort de la France est livré à des hommes pervers, tous vendus à un parti qu'ils veulent soutenir aux dépens des fortunes de tous les particuliers? Ce Club, cet indigne foyer où, sans égard pour le malheureux, l'on n'est occupé que des moyens qui pourront faire réussir les infâmes projets dont il veut nous rendre victimes, devrait être anéanti et livré à la juste fureur du peuple. Depuis trop longtemps il nous égare; il met sur son égide les mots de liberté, de patriotisme, et sous ce masque respectable il nous trompe et nous entraîne dans le précipice.... Toutes les classes des particuliers sont attaquées, et nous-mêmes, nous dont l'empire doux, mais cependant intéressé, s'étendait sur tous les honorables membres de la nation et nous faisait jouir en paix de la récompense de nos peines, nous, dis-je, nous sommes aussi perdues et sans nul espoir; les bourses se ferment à notre aspect, et nous serons bientôt aussi à plaindre que les autres. Vous ne pouvez nous supprimer; mais, en supprimant les autres, vous dérangez cruellement nos espérances, et vous augmentez notre nombre. Ce n'est donc pas sans raison que je dis que ce n'est pas le Pérou que votre connaissance, et que c'est au contraire un passeport assuré pour la grande maison de santé établie sur le bord de l'eau. » Ces insolents propos avaient mis ma patience à bout, et j'allais abandonner cette infernale vipère; mais une seconde arrivant à la charge, croyant sans doute qu'il fallait son suffrage pour me déterminer à partir avec ma dulcinée, et l'esprit rempli du vif intérêt qu'elle portait à son amie, me parut disposée à me parler plus humainement que la première. M'accueillant d'un bonsoir gracieux, elle voulut se joindre à notre conversation : « Alors, mon ami, me dit-elle, montons, nous serons mieux auprès du feu. — Que fais-tu ? lui dit la première; Tu ne sais donc pas que Monsieur est Jacobin. — Jacobin, dis-tu? Ah! que tu es heureuse d'avoir rencontré Monsieur! — Que dis-tu? heureuse! — Oui! tu es heureuse; tu ne vois donc pas l'avantage qu'il y a d'être dans les bonnes grâces de ces messieurs? C'est par eux que l'on obtient tout ce que l'on veut, l'argent abonde dans leurs poches; et, comme ce qui vient de la flûte retourne au tambour, l'argent qu'on leur donne, ils n'ont pas de regret à le rendre; et puis d'ailleurs ils sont jaloux d'avoir des amies, et, pour les expéditions, des citoyennes actives. » Le bon sens de cette dernière m'avait un peu calmé; et, profitant de cette occasion favorable pour tâcher de ramener son amie à la raison, je lui dis : « Ajoutez qu'un député, surtout quand il est Jacobin, est l'ami le plus avantageux que l'on puisse avoir. S'il prend nos intérêts à cœur, il les défend comme les siens propres, il les propose dans le Club; et, comme entre honnêtes gens il n'y a que la main, il amende et décrète ce qu'il a proposé. Ce premier Club, dont on a su écarter les importuns, ce peuple qu'il faut prendre par les apparences, ce premier Club, dis-je, n'est que l'atelier où l'on forge les décrets qui doivent meubler les municipalités; il est un autre endroit où ils doivent encore comparaître, endroit jadis redoutable, mais maintenant facile à conduire, depuis que quelques habiles champions ont su donner sur les ongles aux aristocrates. Cette épreuve n'a rien qui nous effraye, et nous savons parer aux coups que l'on doit nous porter. — Vous ne rougissez pas, infâme! me répliqua-t-elle, de m'avouer des crimes semblables! Est-il possible que des hommes chargés de soutenir les droits, les intérêts du peuple, se comportent aussi lâchement? La justice ne se lassera donc pas d'être sans culte, et l'homme ne reprendra-t-il jamais ses droits confiés à des traîtres qui les trahissent au lieu de les défendre? Cette réflexion me transporte de colère; et, si je ne craignais d'échouer, je voudrais, en nouvelle Jeanne d'Arc, sauver, moi seule, ma patrie du danger où elle est plongée, rendre la liberté à notre roi et exterminer tous les traîtres que mon bras rencontrerait; ma haine pour eux me les ferait reconnaître... Mais où m'emporte un excès de courage? Je ne m'aperçois pas que me voici noyée dans le sang et que ces sentiments sont ceux que ces monstres ont voulu nous inspirer. J'effectuerais des scènes que les Lameth, les d'Aiguillon, les Barnave ont cent fois voulu exciter.

« — Arrête, malheureuse! et crains que les bouillons d'un courroux patriotique n'égarent ma raison et ne me fassent oublier le respect dû à ton sexe. J'ai jusqu'à présent enduré toutes tes sottises, mais enfin ma patience pourrait s'échapper. Crois-moi, obéis aveuglément à la loi. Que peut faire ta plainte? Elle ne produira que du vent : le peuple est pour nous; au premier signal, nous pouvons assembler nos cohortes et précipiter nos ennemis dans la nuit éternelle; nous pouvons vous faire trembler : tout est dans nos mains; les deux pouvoirs seront bientôt réunis; et pour avoir manqué notre coup le 28 février dernier, nous ne perdons pas courage : c'est reculer pour mieux sauter.

« — Puissiez-vous tous sauter à vous casser le cou! » me répliqua la première. Elle allait continuer, si la seconde, partant d'un grand éclat de rire, ne l'eût interrompue : « En vérité, ma mie, lui dit-elle, tu prends la chose au sérieux, et je ne t'aurais pas crue si philosophe; pour moi, qui n'ai jamais su ni A ni B, je pense comme Lameth : j'aime mieux l'argent.

« — Tu as raison, lui répliquai-je, c'est le parti le plus sage; tu gagneras de l'argent, et ton amie, en philosophant et parlant politique, périra de misère. — N'importe, dit-elle, j'aurai du moins la satisfaction d'avoir éclairé quelques patriotes aveuglés; et, dussé-je mourir de faim sur un grabat, je persisterai dans mon opinion, je dirai que vous êtes des infâmes, des traîtres, des pervers, que vous méritez tous une punition sévère; tels seront mes derniers mots. Puisse la justice suprême entendre ma prière et exaucer mes vœux ! Alors je mourrai contente, en disant encore du fond de mon cœur : Vous le voyez, ce n'est pas le Pérou que votre connaissance. »

En disant ces mots elle s'éloigna de moi, en me lançant un regard terrible. Je crus qu'au moins la seconde allait rester avec moi ; j'espérais qu'elle me consolerait du désagrément d'avoir entendu son amie ; mais entraînée avec elle soit par l'amitié, soit par son absurde raisonnement, je me vis seul ; je maudis cent fois le moment où j'étais passé dans ce lieu fatal. Enfin, prenant mon parti, je décampai comme un éclair et rentrai chez moi, me croyant poursuivi par des femmes qui me criaient à chaque instant : « Ce n'est pas le Pérou que votre connaissance. »

CVII

PAMPHLET

ADRESSE DES CHEVAUX DE FIACRE
AU CLUB DES JACOBINS
(S. l. n. d., in-8 de 8 p.)

Nous, vos dévoués serviteurs et profonds admirateurs, les chevaux de fiacre soussignés, pleins de confiance dans vos lumières et intimement persuadés que votre amour pour la liberté n'est pas uniquement renfermé dans l'espèce humaine ; convaincus que votre civisme n'en veut qu'aux animaux aristocrates, tels que lapins, lièvres, sangliers, pigeons, etc., dont la nonchalante et féodale foule méritait à si juste titre d'être anéantie, pour ne plus souiller vos regards en vous rappelant le souvenir d'une noblesse si digne de vos mépris par l'immense distance de ses sentiments avec les vôtres ; nous appuyant sur votre popularité, et considérant que nos sueurs, nos travaux constants, notre sobriété, notre patience et le peu de luxe de notre parure, nous classent à bon droit parmi le peuple des animaux ; nous osons vous porter nos justes doléances et vous représenter, avec tout le respect que des bêtes vous doivent, que vous dérogez à vos principes en ce qui nous regarde.

Vous avez amélioré, Messieurs, le sort de tous les chevaux, et vous avez appesanti le joug pour nous seuls ! Du moins, dans l'ancien régime, si nous étions souffrants, nous avions la consolation de voir nos grands seigneurs les chevaux de duchesse, nos insolents petits-maîtres les chevaux de wiski, nos aimables libertins les chevaux des filles entretenues, nos superbes protecteurs les chevaux d'archevêques, d'évêques et d'abbés, passer ventre à terre à nos côtés ; et, malheureux, ennuyés et harassés au milieu des grandeurs, du faste et du plaisir, regarder d'un œil d'envie l'avoine que nous mangions piteusement au coin des rues. Aujourd'hui, grâce à vous, Messieurs, plus de duchesses à Paris, plus de filles, parce qu'il n'y a point d'argent pour les entretenir, plus de petits-maîtres, parce que vous prétendez qu'ils sont monarchiens, plus d'évêques, parce que vous ne voulez que des curés, et, par conséquent, autant de chevaux qui se dodinent dans les écuries, tranquillement couchés sur la litière.

Il était bien juste au moins que vos bienfaits s'étendissent jusqu'à nous, et nous commencions à l'espérer. Plus de cour, disions-nous : par conséquent, plus de provinciaux qui viendront solliciter des grâces et dont, aux dépens de nos pauvres jambes, il fallait traîner la badaude curiosité de l'antichambre d'un ministre, au dôme des Invalides et au combat du taureau. Plus de parlement, par conséquent plus de plaideurs à charroyer de porte en porte dans l'île Saint-Louis. Plus de procureurs, par conséquent plus de clercs à rouler dix à la douzaine, sans compter leurs maîtresses, tous les dimanches à Vaugirard. Plus de curés dévots, par conséquent plus de tête-à-tête ambulant dans nos voitures avec de jolies grisettes. Enfin plus de carnaval, et cela, par exemple, c'est tout profit.

Hélas ! Messieurs, tout ce calcul n'était qu'un joli rêve. Depuis que votre auguste assemblée tient ses séances, nous sommes plus foulés que jamais. D'abord votre palais est un peu loin de tous les honnêtes gens ; pour s'y rendre on nous fait courir à perte d'haleine ; mais, pour en sortir, c'est bien pis encore ! Un époux est attendu par son épouse, un fils de famille par ses parents ; et la puissante raison : *Je sors des Jacobins*, ne serait pas toujours bien accueillie si, aux dépens de nos faibles jarrets, on n'abrégeait pas un peu les ennuis de l'attente.

Mais, Messieurs, ce ne serait rien encore sans les importantes fonctions de vos délateurs ! Il faut voir quand ils accourent de tous les coins de Paris pour vous dénoncer municipalités, départements, généraux, gardes nationales, citoyens de tout genre, de tout âge, de tout sexe : ils nous prennent vraiment pour des chevaux de course anglais. Malédictions, juremens, coups de fouet tombent sur nous comme grêle ; il semble qu'ils n'arriveront jamais assez tôt ; et si vos graves occupations, Messieurs, vous donnaient le temps d'avoir un peu pitié de votre prochain, vous seriez attendris de nous voir dans ces moments-là crottés jusqu'aux oreilles, suant à grosses gouttes, déchirés de coups de chambrière que l'on nous allonge, et cependant réduits au silence, parce qu'on nous dit que le traitement que l'on nous fait éprouver est pour l'avantage de la liberté.

De leur côté, les dénoncés se mettent en campagne, pour parer les coups qu'on veut leur porter, et c'est un nouveau fardeau pour nous. Les uns courent chez leurs amis pour crier à l'oppression, les autres, plus timides, gagnent incognito la porte pour se sauver; et, quand nous sommes recrus (sic) d'avoir traîné vos délateurs, nous devenons fourbus pour leur dérober les délatés.

Arrive enfin la nuit : elle amène le repos pour tous les êtres, excepté pour nous; c'est le tour de vos observateurs. Il nous faut aller rôder à pas de loup autour de la maison de M. le ministre, de M. le *Côté noir*, de M. le monarchien, de M. je ne sais qui, car il y en a tant !

M. l'observateur descend, campe une demi-heure, l'oreille à une porte cochère, à une porte bâtarde, à une porte de jardin; tout cela est fort lucratif pour lui, Messieurs, mais pour nous, je vous le demande? Tandis qu'il a l'oreille haute, nous avons l'oreille basse.

Le jour commence à poindre; il est bien temps, après vingt-quatre heures de misère, d'aller manger un peu d'avoine : fol espoir ! Nos conducteurs nous disent qu'il n'y en a point, parce que des gens, interprétant mal vos dispositions pacifiques, ont brûlé les châteaux et les granges en votre nom, et que le paysan n'a plus le temps d'en faire venir, depuis qu'il y a dans chaque village un club de Jacobins.

Voilà notre triste sort, Messieurs; daignez le peser dans votre sagesse. Quand toute la France vous célèbre, les chevaux de fiacre seront-ils les seuls à qui votre éloge soit interdit? Nous ne vous sommes point étrangers, Messieurs, nous sommes vos amis dès l'enfance; vos pères, aussi modestes que vous, ne dédaignaient point nos services.

De tout temps, ennemis de l'orgueil, vous abandonnâtes aux grands les chars superbes et vous étiez bien aises de nous trouver pour vous rapporter de nourrice. Combien de fois avons-nous dérobé à vos pères, à vos épouses, à vos enfants, vos petites parties clandestines? Combien de fois avons-nous caché à vos voisins le délabrement de votre commerce, en portant vos marchandises au Mont-de-piété? Vous nous aimiez alors! Auriez-vous donc changé depuis que vous faites le destin des empires? Et serait-il vrai que le cri des malheureux ne pût plus monter jusqu'à vous et que, protecteurs affichés du peuple, vous nous dédaignassiez par cette raison que nous sommes peuple?

Quoi! Messieurs, serait-il donc si difficile que vous vous rapprochassiez un peu du sein des bons citoyens pour que nos courses fussent moins longues?

Serait-il impossible que vos délateurs fussent à pied? Un quart d'heure de plus ou de moins n'ajoute rien au mérite d'une délation, ce n'est pas là ce qui la rend meilleure; et si vous les aimez, vous savez, Messieurs, que l'attente du plaisir ajoute au plaisir même.

Quant à vos observateurs, il est de votre intérêt de leur interdire nos services. Nous ne sommes pas assez riches, Messieurs, pour avoir des bottes fourrées; nos fers et nos roues font du bruit, on nous entend dans le silence des nuits, on ouvre les fenêtres: tout cela donne des soupçons. Qu'arrive-t-il? Vous tirez votre poudre aux moineaux quand ils sont dénichés.

A l'égard de notre avoine, nous ne cherchons point à pénétrer dans vos augustes desseins; nous nous tairons jusqu'à ce que l'intérêt de la chose publique, qui repose entre vos mains, n'ait plus besoin qu'on brûle les châteaux, les métairies et les granges, et nous nous contenterons du foin que vous nous laissez.

Nous sommes avec respect, Messieurs, vos infortunés serviteurs,

— Les Chevaux de Fiacre.

CVIII

PAMPHLET

DIALOGUE TRÈS VIF

ENTRE UN JACOBIN ET UN FORT DE LA HALLE QUI A CONVERTI L'HONORABLE MEMBRE

(S. l. n. d., in-8 de 8 pages.)

LE JACOBIN.

Mon cher, que de bénédictions ne nous devez-vous pas pour tout ce que nous avons fait et faisons pour cette heureuse Révolution, que nous chérissons et que nous protégeons contre les attentats des ennemis de la liberté naissante!

LE FORT.

Ma foi! Monsieur, tout le monde n'est pas si content que vous le croyez bien. Si des bénédictions nous mettaient un peu plus à notre aise, nous vous en baillerions depuis le matin jusqu'au soir, mais il s'en faut diablement. Je crois que cette Révolution serait bien venue sans vous et que malheureusement elle ne sert qu'à engraisser les intrigants et faire mourir de faim les honnêtes gens.

LE JACOBIN.

Mon cher ami, dans un moment de crise comme celui-là, vous ne pouvez pas sentir tout le bien que nous vous préparons; mais vos arrière-petits-neveux n'auront plus besoin de travailler pour vivre: l'on pourra appeler ce siècle-là l'âge d'or.

LE FORT.

Taisez-vous, il y a longtemps qu'on nous berce de ces contes bleus: ç'a toujours été par ceux qui avaient l'air de prendre les intérêts du peuple, et qui le rongent jusqu'aux os. Je m'embarrasse bien, moi, que mes arrière-petits-neveux vivent sans travailler: j'aime bien mieux travailler et gagner de quoi vivre.

LE JACOBIN.

Mais, mon cher ami, vous voulez aller contre toute évidence. N'êtes-vous pas libre, ne pouvez-vous pas vous enrichir quand vous voudrez? Vous pouvez entrer chez votre voisin qui aura de grands biens et lui dire: Nous sommes tous égaux, je n'ai point de pain: il faut que vous partagiez le vôtre avec moi. Tous les hommes, depuis cette Révolution, sont pénétrés de cette grande vérité; et, s'il s'en trouvait qui ne voulussent pas y consentir, vous avez le droit de les faire *lanterner*; les nouveaux tribunaux vous accorderaient même une partie de leurs biens et l'autre serait pour eux.

LE FORT.

Palsambleu, Monsieur, c'est la morale toute pure des Jacobites que vous prêchez là! Est-ce que vous en seriez un? Ma foi! si je le savais, vous passeriez mal votre temps, car personne n'a de plus grands ennemis que cette Société de scélérats. Ils veulent établir une république en France. Est-ce que nous avons un esprit républicain? Nous avons un bon roi que nous aimons et chérissons, mais auquel des scélérats ont ôté tout pouvoir de réparer le mal que des ministres dissipateurs nous ont fait. Je ne veux pas parler de notre Assemblée nationale, qui a malheureusement à sa tête quelques scélérats qui s'unissent à la Société des Jacobins et qui nous rendent avec leurs mots: *liberté, patriotisme*, plus esclaves que nous ne l'avons jamais été. Est-ce que j'avais peur d'une lettre de cachet? C'était bon pour ces intrigants qui cherchent à troubler la tranquillité publique par leurs actions et qu'on ménagerait encore trop en les faisant pourrir dans un cachot.

LE JACOBIN.

Je ne suis point de cette Société; mais elle s'est cependant fait une grande réputation et il en existe une dans toutes les villes de France.

LE FORT.

Je le crois bien. Ces scélérats ont tous les deniers publics entre les mains et ils les ont distribués avec profusion partout; c'est le meilleur argument pour avoir quelqu'un de son parti. Mais j'ai dans l'idée que vous êtes un de leurs apôtres; vous avez une manière traîtresse et perfide d'insinuer leur morale, qui vous décèle.

LE JACOBIN.

Je vous proteste que je ne suis point de cette Société; mais j'admire ce qu'ils font pour la chose publique, et il faudrait être ingrat pour ne pas leur donner des éloges.

LE FORT.

Des éloges aux Jacobins! Mais je suis sûr que vous en êtes un. Eh bien! je veux vous proposer une morale plus pure et une liberté plus éclairée que celles que vous me débitiez tout à l'heure.

Ces gens-là ont d'abord séduit le peuple, mais il commence à revenir de son égarement, et il est furieux d'avoir été trompé. Venez trouver mes camarades et d'autres hommes de notre classe qu'ils ont cherché à séduire par l'argent pour se faire des partisans, et vous les verrez tout prêts à fondre sur cette infernale assemblée. C'est le devoir de tous les honnêtes gens, et vous ne pouvez vous refuser de détruire une Société si perverse et si corrompue. Venez avec moi, je vais rassembler quelques bons égrillards qui leur donneront une chasse, et vous verrez après cela que tout ira bien.

LE JACOBIN.

Ce procédé n'est pas tout à fait la liberté, c'est la licence. On ne va pas chasser des gens qui s'assemblent et qui exercent publiquement de saintes fonctions, et que le gouvernement voit avec plaisir se propager.

LE FORT.

Eh mais! qu'est-ce que c'est d'aller prendre le bien de son voisin, et, s'il ne le trouve pas bon, de le lanterner? Vous appelez cela la liberté? C'est bien le plus affreux brigandage. Je vois à votre air hypocrite et par vos raisonnements captieux que vous êtes de cette secte infernale; il faut tout à l'heure m'en faire l'aveu, ou je vous assomme.

LE JACOBIN, *tombant à ses genoux.*

Eh bien! oui, j'ai eu le malheur de me laisser séduire par plusieurs membres qui m'ont forcé de m'affilier avec eux; mais je vous proteste qu'au fond de mon cœur je désapprouve toutes les sottises qu'ils font, et qu'au contraire je me suis toujours récrié sur l'argent immense que l'on répand pour soulever le peuple contre le roi.

LE FORT.

Vous faites tous comme cela les capons quand on vous tient de près. Je te pardonne, mais je veux au moins que tu m'instruises surtout ce qui se passe dans cette infernale assemblée.

LE JACOBIN.

Les Barnave, Voidel, Lameth, Menou, Prudhomme, Marat, Danton et Mirabeau mènent toute l'Assemblée nationale; il ne se rend pas un décret qu'il n'ait été rendu à l'Assemblée jacobine. Ils font passer à leur gré les décrets favorables à quelques sociétés moyennant quelques millions avec lesquels ils payent les ouvriers des ateliers pour se répandre dans la capitale et y troubler la tranquillité. Ils font tous leurs efforts pour insinuer dans l'esprit du peuple qu'il serait infiniment heureux si l'Assemblée nationale renversait la monarchie pour y substituer une république dont ils veulent être les principaux membres. Ils cherchent à faire assassiner le roi pour parvenir plus facilement à leur but, et toutes ces manœuvres se renouvellent chaque jour.

LE FORT.

On ne les a pas calomniés; ils sont bien connus, les scélérats! J'ai un bon avis à te donner, c'est de te retirer de ce détestable club, qui ne tardera pas à payer bien cher toutes les horreurs qu'il fait commettre.

LE JACOBIN.

Je vous le promets sincèrement et vous invite même à détruire de fond en comble cette Société dangereuse; je ne craindrai pas de me joindre à vous et d'y participer de toutes mes forces.

LE FORT.

Embrassons-nous, tu es un honnête homme qu'ils ont séduit, mais ils n'en sont que plus criminels.

CIX

PAMPHLET

GRANDE MOTION DE M. DE CHARTRES

AU CLUB DES AMIS DE LA CONSTITUTION

EN FAVEUR DES ARTISTES PEINTRES, SCULPTEURS ET GRAVEURS DE PARIS

(S. l. n. d., in-8 de 12 p.)

Depuis longtemps les artistes se plaignent de n'être occupés par personne, et un grand nombre d'entre eux sont allés offrir leurs talents aux Anglais et aux Italiens, parce qu'ils mouraient de faim à Paris. Les patriotes ont forcé les aristocrates d'emporter leur or corrupteur chez nos voisins, ce qui est sans contredit d'une sagesse admirable. Mais, comme les statuaires, les peintres, les architectes, les graveurs ne vivaient que du superflu de cette canaille, et que les hommes ne vivent pas seulement de patriotisme, il fallait bien s'occuper d'un moyen de les faire exister, à moins qu'on ne prît le parti de les tuer. Comme cette motion n'a point été faite, et que les Amis de la constitution n'ont encore rien ordonné à cet égard, un des plus illustres d'entre eux vient d'ouvrir un avis qui a été adopté par acclamation.

Voici l'arrêté tel qu'il a été présenté par M. de Chartres :

« La pénurie dans laquelle se trouvent les artistes français ayant fixé l'attention des Amis de la constitution, qui étendent leur vigilance sur tout ce qui peut contribuer au bonheur et à la gloire de la nation, ils ont arrêté qu'il leur serait présenté une liste de tous les artistes de la capitale, à l'effet de leur distribuer du travail, et, comme désormais ils ne doivent plus prostituer leurs talents aux décorations des hôtels des aristocrates, mais bien les consacrer à célébrer les avantages de la Révolution et à immortaliser les vrais patriotes, nous commandons aux statuaires dix-huit cents bustes de Jacobins, pour lesquels il sera ouvert une souscription dans les quatre-vingt-trois départements. Les Sociétés affiliées contraindront par corps les aristocrates restant à souscrire, pour la modique somme d'un louis par personne, dont la collecte sera faite par les membres du directoire de chaque Société, et le tout sera versé dans une caisse faite des débris du trône, déposée à la chancellerie d'Orléans.

« *Item*. Quatre-vingt-trois statues pédestres en bronze, représentant M. Barnave à la tribune des Jacobins, un foudre dans une main comme le dieu de l'éloquence, et des rognures d'assignats dans l'autre figurant les récompenses accordées à son civisme ; sa tête sera couverte du bonnet de la liberté, sur lequel l'artiste représentera un coq, emblème de la vigilance ; ses bras seront nus comme ceux d'un boucher, et il lui donnera l'attitude la plus séditieuse possible. Ces quatre-vingt-trois statues, destinées aux quatre-vingt-trois départements de la France, et placées dans les chefs-lieux, seront fondues aux frais des monarchistes. Les Amis de la constitution seront invités à traiter avec une rigueur patriotique ceux qui se refuseraient à payer la taxe qui leur sera imposée, et les voisins seront requis pour fouiller dans les poches de ceux qui seraient récalcitrants. Il n'avait été voté d'abord qu'une statue pour ledit sieur, mais les Amis de la constitution ont prévu que le département qui la possèderait serait en butte à la jalousie des quatre-vingt-deux autres; et, pour parer à un soulèvement inévitable, elle a préféré en commander quatre-vingt-deux copies exactes, sauf à les multiplier suivant les désirs des frères affiliés.

« *Item.* Quatre statues équestres à la gloire de M. Alexandre Lameth, tenant son frère Charles en croupe; ces quatre statues seront placées aux quatre points cardinaux de la France; le cheval foulera à ses pieds la reconnaissance, comme vertu anticonstitutionnelle; il aura un damas menaçant dans la dextre, et, sur le bonnet de la liberté qui penchera sur l'oreille gauche, sera figuré un chat, et pour cause. — Ces quatre statues ne coûteront rien à la nation, les Jacobins ayant décidé qu'il serait procédé à la destruction de toutes celles que, dans des temps de barbarie, on a érigées à Henri IV et à ses successeurs. Les débris de ces monuments de despotisme ayant servi à remplir cet objet sacré, le surplus sera destiné à représenter dans des bas-reliefs les vertus de Philippe d'Orléans, et il sera frappé en outre dix mille médailles représentant son effigie; elles seront données pour prix à tous les patriotes qui auront incendié des châteaux et berné ou assommé des aristocrates.

« *Item.* Trois mille peintres en miniature seront occupés à saisir la ressemblance exacte de MM. Voidel, Chabroud, Menou, d'Aiguillon et quelques autres, pour que ces immortels, entourés de brillants, ornent les cous d'ivoire de nos héroïnes patriotes. Ceci ne coûtera encore rien à la nation, car on préparera un décret qui sera obligatoire pour l'Assemblée nationale, à l'effet de prier, par toutes les voies requises ou non, les ex-princesses, ex-duchesses, ex-comtesses, ex-vicomtesses, ex-marquises, de livrer leurs diamants pour servir d'entourage auxdits portraits, et le travail des peintres sera payé des deniers provenant de la vente des croix pectorales, anneaux et autres bijoux de nos prélats réfractaires; si cela était insuffisant, M. Voidel sera chargé de faire la recherche des croix de nos ex-abbesses, de leurs cafetières, chocolatières d'argent, etc.

« *Item.* Trois cents graveurs seront employés à multiplier les copies des portraits des membres du Concile des Trente séant de jour aux Jacobins et de nuit dans l'hôtel de la chancellerie d'Orléans, situé rue des Bons-Enfants; douze cents presses seront exclusivement consacrées à en tirer des épreuves, et trois mille courriers seront destinés à les répandre dans les quatre parties du monde, après en avoir pourvu suffisamment les quatre-vingt-trois départements. Comme ces portraits seront très-bas (*sic*), ils se trouveront à la portée des curieux les moins aisés; et le trésor public ne souffrira pas de dommage d'une entreprise qui pourrait enrichir une compagnie, si elle proposait de s'en charger.

« *Item*. La manufacture de Sèvres recevra un ordre pour ne plus fabriquer aucun vase qui ne présente à l'œil quelqu'un des Amis de la constitution (Jacobins, et non autres), avec une couronne civique sur la tête et des immortelles formant cadre autour desdits portraits. Il ne sera fait exception que pour les vases de nuit, sur lesquels il sera permis de faire représenter par leurs peintres des aristocrates, des monarchistes, des amis de l'ordre, des amis de la paix, etc. Et si les entrepreneurs de la manufacture se permettent une infraction à cette loi, fût-ce même pour le roi, M. Voidel se transportera sur les lieux et fera briser ignominieusement les vases de contrebande par la Société des tyrannicides, ayant à sa tête Nicolas Coupe-Tête, dit la Grande-Barbe.

« *Item*. On occupera tous les dessinateurs à faire les caricatures les plus déshonorantes contre les ennemis des Jacobins; M. Gorsas sera chargé de prêter son génie burlesque à la confection de ce projet; et, pour le payer de son travail, il prendra pour lui cinquante épreuves avant la lettre qu'il vendra à son profit; il aura en outre une garde d'honneur à sa porte, composée de six familiers de M. Voidel, qui mettront ses épaules sous la garantie de la constitution.

« *Item*. Il sera défendu à tous ceux qui se chargent de dresser des chiens et de leur enseigner à obéir à la voix, soit invalides ou autres, de leur apprendre à sauter pour les rois des Français: ou, si cet ordre est intimé aux barbets, ils doivent se coucher sur le dos; et, à l'injonction de sauter pour les Jacobins, ils doivent se trouver sur leurs quatre pattes et faire trois cabrioles de suite, sous peine auxdits instituteurs, en cas d'infraction, d'être poursuivis extraordinairement par le Comité des recherches, et la moindre peine qui puisse leur être imposée sera d'être interdits de leurs fonctions pour trois ans. »

Nous nous sommes empressés de communiquer au public des arrêtés aussi sages, qui prouvent invinciblement que les Jacobins s'occupent de tout, voient tout, surveillent tout, font tout, ordonnent tout, pour la plus grande gloire de la constitution. Nous nous bornons, en qualité de patriotes et de Jacobins, à inviter tous ceux qui n'ont pas l'honneur d'être affiliés à ces Michel Morin de fléchir trois fois le genou, de courber trois fois le cou quand ils verront passer un des membres de la sainte Société, en signe de reconnaissance et de vénération pour les divins moyens qu'ils adaptent à leurs divines vues, dans leur divin directoire, divinement composé pour éterniser leur divinité.

CX

PAMPHLET

NON, ILS N'AIMENT PAS LA CONSTITUTION

(S. l. n. d., in-8 de 8 p.)

Un homme dont le patriotisme est aussi vrai que celui de mille autres est douteux; un homme qui n'aspire à rien, qui ne désire rien, qui aime moins sa propre gloire que le bonheur de ses semblables; un homme qui a vu cent hurleurs ignorants lui passer sur le ventre sans qu'il s'en soit plaint, et cent fripons obtenir la confiance publique; un homme qui n'a jamais été loué par aucun journaliste, car il n'en a jamais caressé ni payé; un homme enfin auquel il n'a manqué que trois ou quatre vices, tels que l'hypocrisie, l'impudence, l'ingratitude et la férocité, pour se faire un grand nom et arriver à tout, gardait le plus profond silence au milieu d'un troupeau de bavards zélés, que deux vauriens connus entretenaient du *patriotisme des sacrifices*, de *la sainte inquiétude* d'un certain ci-devant duc, ci-devant prince[1], ci-devant roué (dernier titre que toute la puissance de l'Assemblée nationale ne pourra effacer de dessus son front bourgeonné par le vice et avili par le crime). « Que n'a-t-il pas fait, disaient nos énergumènes soldés, pour hâter la maturité de l'indignation publique contre le despotisme ministériel? N'est-ce pas à l'appui de son nom que tout s'est fait, que nous avons marché à pas de géant vers un nouvel ordre de choses? N'est-ce pas lui qui a aiguisé la hache qui devait terrasser ce monstre aux cent têtes, dont les langues étaient autant de suçoirs qui pompaient notre substance? A quoi ne s'est-il pas exposé pour assurer à la nation française tout le bonheur que lui promet la nouvelle constitution? Et l'ingratitude l'entoure, et la calomnie le poursuit; et l'on ne rougit pas de reprocher à ce prince des erreurs de jeunesse que son amour pour le bien public, que son dévouement à nos intérêts auraient dû effacer entièrement de notre mémoire! Que nous importe sa vie privée? Il a les vertus de l'homme public, il a tout aux yeux de ceux qui savent être justes. »

Deux groupes considérables s'étaient formés autour des deux ora-

---

1. Il s'agit du duc d'Orléans.

teurs qui se partageaient l'attention bénévole des curieux imprudents et des fanatiques imbéciles qui avaient été refoulés vers la porte des Tuileries, le jour que Louis XVI se proposait d'aller prendre l'air à Saint-Cloud. Comme l'homme est un animal avide d'émotions et imprévoyant, j'avais été poussé par le torrent jusque vers le lieu même où les deux champions rompaient des lances en l'honneur du fameux saint du jour, du bandit de la veille. J'écoutai malgré moi, et je me tus : car, en vertu de la liberté dont nous jouissons, j'aurais pu être étouffé, assommé, éventré ou pendu, suivant les dispositions de nos chers frères en Jésus-Christ, si je m'étais avisé d'être d'un avis différent des deux chevaliers et des bruyants admirateurs qui les pressaient; et j'entendis, par le sacrifice forcé d'une heure et demie de patience, tout ce que la bassesse gagée peut imaginer de plus fort, de plus impudent, de plus extravagant pour faire d'un brigand un grand homme et d'un scélérat un dieu. Je réfléchis peu sur l'acte en lui-même, mais beaucoup sur le but préparatoire de cet acte, et je suis persuadé que, si les deux apologistes qui s'étaient jetés dans la foule pour gagner des âmes à leurs héros eussent prévu que le peuple soldé s'en serait tenu aux hurlements, ils n'auraient pas tant fatigué leurs poumons. Un grand prix était sans doute proposé à leur zèle, et, si le succès ne l'a pas couronné, je m'offre à servir de témoin que ce n'est nullement leur faute, qu'ils ont bravé, avec une effronterie plus que cynique, le mépris, l'indignation des honnêtes gens qui assistaient à l'apologétique fête parée, rue des Bons-Enfants, et qu'ils ont menti avec une audace impayable.

Un seul homme osa (et il fallait pour cela un grand courage) contredire l'énoncé affirmatif des deux champions; il osa leur dire que le panégyrique qu'ils venaient de faire portait tous les caractères de la plus fine ironie, et qu'il était bien persuadé qu'ils n'avaient eu d'autre dessein que de jeter du ridicule sur le ci-devant prince, pour empêcher l'action de l'indignation publique contre le seul auteur de l'émeute combinée depuis plusieurs jours par les factieux qui sont à ses gages. Cette tournure les plongea dans un étonnement stupide, et ceux qui avaient donné bêtement leur assentiment à la pathétique harangue des deux bandits témoignèrent, par leur rire, qu'ils étaient bien aises d'être délivrés de l'illusion dont ils avaient été un instant les dupes. Comme dans ce discours d'apparat on avait fait entrer avec art le dispositif des moyens peu constitutionnels employés par les *Amis de la constitution* et qu'on avait désigné particulièrement l'*honnête* Laclos et quelques autres honnêtes gens de cette force, le contredisant personnage s'avisa de peindre aussi à sa manière les héros livrés à l'admiration du cercle hébété, et ils parurent plus vrais et mieux peints que par les mercenaires qui s'étaient chargés d'embellir leurs traits; et cette formule, placée à côté de chaque trait de leur vie : *Non, ils n'aiment pas la constitution*, fit un effet qu'il est difficile de rendre. Une seule voix interrompit l'homme courageux : *Mais qu'aiment-ils donc?* A inquiéter le peuple, à l'alarmer, à le soulever, à l'irriter, à le porter aux excès, pour tirer parti de la force de ses bras et de la faiblesse de sa tête. Je ne connais pas d'êtres plus pervertis que les flatteurs du peuple, car pas un d'eux ne croit en faire partie. Je compare les adjudants des factieux, les journalistes, à ces escrocs qui invitent à dîner leur tailleur, qui disent des douceurs à sa femme et donnent des bonbons à ses enfants, et qui finissent par ne lui laisser d'autre prix de ses avances que les basses salutations qu'ils ont faites et les plates gentillesses qu'ils ont dites. Les premiers devoirs à observer envers celui dont l'existence dépend de son travail est de ne pas le tromper et d'être toujours juste envers lui. Quand on flatte la vanité du pauvre, c'est qu'on veut faire de son corps un rempart; et quand on va jusqu'à le corrompre par des écus, c'est qu'on le méprise et qu'on regarde l'écu comme l'équivalent du sang que l'ivresse qu'il lui a procurée peut lui faire répandre. Un double malheur, inséparable de toutes ces commotions communiquées, c'est d'altérer le caractère national, de faire d'un peuple doux un troupeau de tigres. Quand j'entends dire : « Le vœu du peuple est que telle chose se fasse », je ris d'indignation, en jetant les yeux sur les scélérats qui sèment cette bêtise pour la faire fructifier, et je ris ensuite de pitié sur le peuple crédule qui croit véritablement énoncer son vœu lorsqu'il ne fait qu'obéir à l'impression donnée. Que ne peut-on pas tenter à la faveur de ces sottises colportées dans les quatre-vingt-trois départements par un vil pantin comme Gorsas, ou quelque autre enthousiaste qui a l'insolence de pervertir le peuple qu'il se charge d'endoctriner pour quatre sous par jour? De tels hommes sont-ils faits pour distribuer l'éloge ou le blâme? Sur quoi fondent-ils leur importance? Ce ne peut-être sur leurs talents, à moins que ce n'en soit un de dénaturer tous les faits qui leur sont communiqués, ou d'en imaginer de favorables aux intentions de ceux qui les mettent en œuvre. Si, dans un moment où d'aussi grands intérêts occupent une nation, la curiosité n'était pas de toutes les passions du cœur de l'homme la plus active, qui est-ce qui oserait dire : « Je lis Carra »? On conviendrait plus facilement de faire sa lecture habituelle de l'*Almanach de Liège*. Est-il un de ces messieurs qui ne regarde comme juste tout ce qui est utile? On sent qu'avec de telles dispositions dans le cœur, on peut aller très loin; mais il serait bien essentiel de trouver un homme qui eût assez d'honnêteté dans l'âme et de justesse dans l'esprit pour dire au peuple et lui répéter sans cesse que rien n'est plus utile de ce qui n'est pas juste; que l'obéissance à la loi est le premier des devoirs du citoyen; que la force, qui fait tout enfreindre et qui laisse tout impuni, devient un moyen de destruction plutôt qu'un moyen d'affermissement pour la constitution; que, quand on dégrade dans ses caprices les bases de la constitution posées par la volonté générale, on sert une faction et l'on oublie la patrie. Mais rien de tout cela n'est à la portée du peuple, et ses criminels instituteurs sentent bien qu'en pressant le ressort de la crainte, qu'en répandant les alarmes autour de lui, qu'en le poussant au désordre, qu'en alimentant sa fureur, ils le conduiront où ils voudront. Qu'arrivera-t-il de là? C'est qu'il sera la première victime de l'imposture qu'il aura affermie; qu'il sera foulé aux pieds de ses nouveaux tyrans, et le moment n'est peut-être pas éloigné où il sentira ses intérêts; mais probablement ce ne sera qu'après avoir multiplié ses fautes, au point d'occasionner une subversion générale. — Qui le croirait? L'auteur de ce discours n'a pas été pendu; et il raisonnait juste au milieu d'un peuple égaré, qui demande la liberté pour lui et qui ne veut pas que le chef qu'il s'est donné en jouisse. Qui croirait qu'il a été applaudi? Cette scène, dont j'ai été le témoin, prouve que, quand un honnête homme, sans s'écarter des règles de la prudence, a le courage de dire la vérité, et qu'il n'a point d'intentions coupables, il est sûr d'être écouté et d'être récompensé de son zèle par l'estime et la reconnaissance de ses auditeurs.

CXI

PAMPHLET

RÉCEPTION DU PÈRE DUCHÊNE

AU CÉLÈBRE CLUB DES JACOBINS,

ET LE DISCOURS BOUGREMENT PATRIOTIQUE QU'IL A PRONONCÉ

(S. l., n. d., in-8 de 8 p.)

Depuis longtemps, sacredieu, l'envie d'être admis au Club des Jacobins me roulait dans le ventre. Enfin, vive la Révolution et au f..... l'aristocratie : je viens de me satisfaire. Le brave Lameth et le vertueux Robespierre m'ont présenté; j'ai été reçu à bras ouverts;

l'on a battu des mains. Aussitôt je suis monté à la tribune, et, ayant prié l'assemblée de bien ouvrir les oreilles, j'ai prononcé le discours que voici :

« Mes amis et mes frères, vous avez entendu parler de moi dans le monde; vous connaissez mon patriotisme, ma probité et mon style. Je viens m'unir à vous pour travailler ensemble au bien de notre pays et réduire la chienne d'aristocratie en poussière. La sacrée garce est encore bien forte. Mais, par la barbe de mille Mahomets, redoublons nos efforts et abattons-lui la mâchoire. Je suis charmé, triple nom d'un tonnerre, de me trouver au milieu des meilleurs patriotes de la France. Les motions que je ferai ne seront pas des platitudes à la Bailly, ni des équivoques à La Fayette, et le feu du patriotisme sortira de ma bouche comme le poison de l'aristocratie coule de la gueule des sacrés mâtins de Cazalès et de l'abbé Maury, que tous les millions de diables confondent.

« Je sais que les pendards d'ennemis du bien public couvent toujours sous la cendre des complots sanguinaires, et qu'ils n'ont point perdu l'espoir d'une contre-révolution. Que les dents et les cheveux leur tombent, quand ils apprendront mon agrégation au Club des Jacobins; mais, mort de Lucifer, je veux qu'un million de garces soient pendues à mes culottes si, par mon secours, tous leurs projets infernaux ne deviennent point du bouillon d'andouille.

« Messieurs, vous avez fait de belles choses et la nation vous en baise les mains. Mais, f....., vous avez été quelquefois trop lâches et trop timides. Votre patriotisme s'est glacé comme l'amour d'une femme après un an de mariage. Vous avez mâché huit jours d'avance tout ce qui devait se faire à l'Assemblée nationale, et cependant, nom d'un sacré courage de lièvre, tous vos efforts ont abouti à laisser passer un mauvais décret, et vous n'avez fait que de la bouillie pour les chats. D'un autre côté, lorsque les chiens de traîtres que le peuple a mis à sa tête n'emploient leur pouvoir qu'à l'endormir et à le faire égorger, vos langues ont été muettes comme mon lit, sur lequel ma femme me plante des cornes; et vous n'avez rien fait, tonnerre d'un dieu, pour éclairer les bons citoyens et réduire à zéro les nouveaux Cromwells qui les opprimaient.

« J'ignore pourquoi vous les avez ménagés; mais, double million d'enclumes sur le nez de tous les calotins, il me semble, à moi, que l'on ne doit avoir aucun égard pour des bougres de traîtres, et que le plus tôt que l'on peut les démasquer et les f..... au rebut, c'est le meilleur. Non, Messieurs, je vous en prie, par tous les coups de canon qui brisèrent les portes de fer de la Bastille, et par la corde qui serra le cou du vampire Foullon et de son infâme gendre, qui vivait en Sardanapale aux dépens du public, ne ménageons point les bougres de gueux qui trompent le peuple et qui, petit à petit, le replongent dans l'ancien régime pour l'enchaîner et le dépouiller à leur aise.

« Vous savez, nom de mille cruches et de dindes, que la plupart des hommes sont dignes de la paille, et qu'ils se laissent mener comme des chevaux qu'on attelle à des fiacres et qui traînent le diable tout le jour, jusqu'à ce qu'ils tombent sous le harnais, manquant de respiration et de force; c'est à nous, f......, à avoir pitié des sacrés imbéciles; c'est à nous, double mille tonnerres, à leur dire : « Voilà des « chiens enragés qui veulent sauter dessus vous, retournez-vous, « f......, et fendez-leur la gueule. »

« Oui, Messieurs, tel doit être le vrai patriote; son cœur ne doit point être aussi froid que la charité d'un chien d'évêque, ni aussi mou que les tétons d'une vieille salope. Lorsqu'un grand incendie dévore une maison, il faut un volume considérable d'eau pour pouvoir l'éteindre, sans quoi, f......, tous les appartements ne forment bientôt plus qu'un poêle. Les aristocrates, mille mal à peste, sont le feu sacré qui brûle la nation; c'est en découvrant leurs noirs projets que nous parviendrons à l'anéantir, et tous les bons patriotes doivent suivre mon exemple.

« Mes amis, un grand complot couve sous la cendre : les contre-révolutionnaires se vantent de nous couper dans quelque temps les oreilles et ensuite bras et jambes. Je l'ai entendu moi-même de leur bouche l'autre jour que je raccommodais les tuyaux de poêle sur la couverture du château des Tuileries. J'étais appuyé contre les bords d'une cheminée, et l'un de ces bougres de coquins qui composent le comité secret tint ce discours dont je ne perdis pas un seul mot :

« Les affaires vont très bien, Madame; cette année vous avez eu « quelque consolation; mais l'année prochaine vous aurez des sujets « de joie et vos désirs seront remplis. Nous cherchons à brouiller les « cartes et à nous faire des créatures. La garde soldée de Paris est « presque toute à nous. Nous l'avons remplie d'escrocs et d'hommes « pour qui l'argent est la seule patrie et qui nous sont vendus.

« Catilina, qui était un homme habile, en usait ainsi. Nous avons « de pareils hommes dans toutes les villes, et nous les payons pour « espionner et tourmenter la canaille patriote et les faire battre en- « semble. Nous n'attendons que ce moment, et alors, sous le prétexte « de nous aider à mettre l'ordre, les Autrichiens entrent, et, avec le « secours des bras qui nous sont vendus, nous exterminerons tous ces

« Damiens et ces Ravaillacs qui vous ont tous fait pleurer. Encore
« quelques jours, trop charmante femme, et vous serez vengée et
« contente. »

« Voilà les sacrées paroles que mes oreilles ont, du haut d'une cheminée, entendues de la bouche d'un chien d'aristocrate; avec une ardoise je voulais lui fendre la tête, mais, f......, c'était fait de moi; il faut mieux que je vive encore pour vous en faire part et pour vous inviter à prévenir les vilains coups qu'on vous prépare. Vous êtes perdus, double million de filles b......, si vous vous endormez sur la pelouse et votre salut consiste à démasquer les traîtres qui vous poussent dans un précipice. »

FIN DU TOME PREMIER

TABLE DES MATIÈRES

INTRODUCTION.

	Pages
1. — Idée générale de ce recueil.	I
2. — Faits préalables : le Club breton	II
3. — Formation de la Société des amis de la constitution à Paris	XVII
4. — Dénomination et sceau des Jacobins. Lieu de leurs séances.	XXI
5. — Organisation intérieure de la Société des Jacobins. — Règlement. Liste des membres. Liste des Comités. Liste des présidents et secrétaires. Sociétés affiliées.	XXIX
6. — Législation des clubs pendant la Révolution.	XC
7. — Bibliographie. — Histoires des Jacobins. Journaux.	CIII
8. — Du plan et de la méthode suivis dans ce recueil	CXXIV

Février 1790.

I. — Pamphlet. Les chefs des Jacobins aux Français, du 10 février 1789 (sic : lire 1790), au petit Club, rue Basse-du-Rempart. ... 1

II. — Discours sur les colonies et la traite des noirs, prononcé le 25 février 1790, par M. MOSNERON DE L'AUNAY, député du commerce de Nantes près l'Assemblée nationale, à la Société des amis de la constitution. ... 9

Mars 1790.

III. — Discours prononcé à l'Assemblée de la Société des amis de la constitution (sur la situation de l'Europe), par M. DE PEYSSONNEL, le mercredi 10 mars 1790. ... 17

IV. — Motion lue par M. le comte de SAINTE-ALDEGONDE-NOIRCARMES (sur

---

1. Rappelons que le dernier volume de ce recueil contiendra un index analytique et alphabétique des noms et des choses.

2. Quand le titre d'une pièce n'en désigne pas suffisamment le contenu, nous avons cru devoir, dans cette table, en indiquer le sujet par quelques mots entre parenthèses, afin de faciliter leurs recherches aux lecteurs de ce recueil.

des bois abattus illégalement par les religieux des abbayes de Flines et de Marchiennes), au Club des Jacobins, le 17 mars 1790. 28

V. — Lettre de CHARLES VILLETTE aux auteurs de la *Chronique de Paris* (pour demander qu'on ne fasse plus de recrues ecclésiastiques), 15 mars 1790. 31

VI. — Motion d'un membre du Club des Jacobins, Société des amis de la constitution, par M. ANACHARSIS CLOOTS, 18 mars 1790. (Pour demander : 1° que l'exercice de tous les cultes soit renfermé dans l'enceinte des temples; 2° qu'un article de la constitution interdise au roi la faculté de commander les troupes en personne.) 32

VII. — Proposition du district des Mathurins à la Société des amis de la constitution (de placer des factionnaires à la porte du club). . . 42

VIII. — Réflexions sur le plan de constitution de M. du Port, député à l'Assemblée nationale, lu à la Société des amis de la constitution aux Jacobins, le 24 mars 1790, par M. LOYSEAU, auteur du *Journal de constitution et de législation*. 42

IX. — Séance du 29 mars 1790, d'après la *Chronique de Paris* du 2 avril 1790. (Déclaration patriotique des députés extraordinaires de la Bretagne et de l'Anjou.) 58

Avril 1790.

X. — Séance du 12 avril 1790, d'après Camille Desmoulins. (Débat sur la motion faite le même jour à l'Assemblée nationale par dom Gerle, en vue de déclarer que la religion catholique est la religion nationale.) 59

XI. — Pamphlet. Grands arrêtés du Club des Jacobins qui seront convertis en décrets de l'Assemblée nationale, comme de coutume, dans le courant de cette semaine (25 avril 1790). 60

XII. — Pamphlet. Motion du père GÉRARD, député de Bretagne, déposée sur le bureau à l'assemblée des Jacobins, le 27 avril 1790 63

XIII. — Pamphlet. Le portier du Club des Jacobins aux aristocrates (avril 1790). 74

Mai 1790.

XIV. — Discours sur l'alliance de la France avec la Suisse et les Grisons, prononcé à l'assemblée des Amis de la constitution, par M. DE PEYSSONNEL, le 3 mai 1790. 79

XV. — Motion lue au Club des Jacobins par CLOOTS, d'après la *Chronique de Paris* du 28 mai 1790. (Pour demander que la constitution n'établisse en France que quatre évêques.). 99

XVI. — Discours prononcé par M. l'abbé BAYREDAT dans la Société des amis de la constitution de Paris, sur les deux rapports du Comité ecclésiastique concernant le clergé, le 28 mai 1790. 100

XVII. — Opinion de M. Loyseau, membre de la Société des amis de la constitution, sur le mode de responsabilité des ministres et des autres agents du pouvoir exécutif, lue le 29 mai 1790 116

XVIII. — Opinion de M. DE POLVEREL, membre de la Société des amis de la constitution, sur le mode de responsabilité des agents du pouvoir exécutif (vers le 30 mai 1790)................. 129

Juin 1790.

XIX. — Société des amis de la constitution. Extrait [du procès-verbal de la Société des amis de la constitution assemblée aux Jacobins, le 3 juin 1790. (Les Jacobins décident de n'user que des marchandises manufacturées en France.)................ 136

XX. — Séance du 4 juin 1790. (Élection d'un candidat à la présidence de l'Assemblée nationale.) 138

XXI. — Pamphlet. Bulletin de la grande assemblée tenue aux Jacobins, le vendredi 4 juin 1790, 7 heures du soir 139

XXII. — Réponse à un écrit intitulé *Bulletin de la grande assemblée du Club des Jacobins*, par LE PELETIER SAINT-FARGEAU 140

XXIII. — Opinion d'un membre de la Société des amis de la constitution sur la nécessité de décréter la responsabilité des chefs des bureaux et sur le mode de responsabilité des ministres, lue à l'assemblée du 6 juin 1790 142

XXIV. — Séance du 7 juin 1790, d'après la *Chronique de Paris* du 8 juin 1790. (La Société exprime le vœu que la constitution soit achevée avant le 14 juillet 1790.) 152

XXV. — Séance du 17 juin 1790, d'après *l'Ami du roi* du 21 juin 1790. (Un membre propose de donner à Louis XVI le titre d'empereur.) .. 153

XXVI. — Pamphlet. Grand bulletin de la séance tenue aux Jacobins, le 18 juin 1790, à 7 heures du soir 154

XXVII. — Séance du 24 juin 1790, d'après le *Patriote français* du 25 juin 1790. (Députation des habitants d'Avignon au Club des Jacobins.) 155

XXVIII. — Opinion de M. DE POLVEREL sur l'aliénation et l'emploi des biens nationaux et sur l'extinction de la dette publique, lue à l'assemblée de la Société des amis de la constitution, le vendredi 25 juin 1790 155

XXIX. — Pamphlet. Trahison contre l'État, ou les Jacobins dévoilés, réponse aux numéros 137 et 139 de *l'Ami du peuple* (du 18 et du 20 juin 1790.) 187

Juillet 1790.

XXX. — Opinion de M. DE POLVEREL sur la Cour de cassation, lue à la

Société des amis de la constitution, le vendredi 16 juillet 1790, et imprimée par son ordre 193

XXXI. — Extrait du procès-verbal des séances de la Société des amis de la constitution tenues aux Jacobins, rue Saint-Honoré, le vendredi 21 juillet 1790, entre 7 et 8 heures du soir. (Débat sur la destitution de M. Pignola, sous-lieutenant de la marine à Toulon.) 199

XXXII. — Une séance des Jacobins d'après *le Patriote français* du 29 juillet 1790. (Nomination de six commissaires pour examiner le compte de Necker.) 200

XXXIII. — Motion faite par René Girardin à l'assemblée des Amis de la constitution, imprimée suivant le vœu de cette Société à Paris. (Il demande, à propos des affaires d'Espagne, en juillet 1790, qu'il soit fait une notification solennelle à tous les peuples du décret du 22 mai 1790, par lequel l'Assemblée nationale a déclaré « que la nation française renonce à entreprendre aucune guerre dans la vue de faire des conquêtes et qu'elle n'emploiera jamais ses forces contre la liberté d'aucun peuple ».) 200

XXXIV. — Une séance de juillet 1790, d'après *l'Orateur du peuple*, n° 50. (Discours patriotique d'un curé lorrain.) 203

Août 1790.

XXXV. — Sérieux et dernier examen sur le rachat de la chose publique, discours sur les finances, le crédit des assignats, la circulation de l'argent et la baisse de l'intérêt de l'argent, prononcé à la séance du 13 août 1790 de la Société des amis de la constitution par M. Govost-Deslandres 204

XXXVI. — Projet d'adresse à l'Assemblée nationale sur le duel, par Ph.-A. Grouvelle, imprimé par ordre de la Société des amis de la constitution séante à Paris, pour être envoyé à toutes les Sociétés qui lui sont affiliées (août 1790) 225

XXXVII. — Discours de Cloots aux Jacobins, d'après *le Moniteur* du 22 août 1790. (Il demande que la France arme tous ses vaisseaux pour appuyer sa médiation entre la France et la Grande-Bretagne.) 239

XXXVIII. — Discours prononcé à la Société des amis de la constitution sur les principes fondamentaux de l'armée française, par M. Carra (août 1790) 241

Septembre 1790.

XXXIX. — Discours sur les chasses du roi, prononcé par M. Méchin l'aîné, membre de la Société des amis de la constitution à Paris, dans la séance du 1ᵉʳ septembre 1790, imprimé par ordre de la Société des Jacobins 247

TABLE DES MATIÈRES 489

XL. — Examen du mémoire adressé à l'Assemblée nationale par le premier ministre des finances contre l'émission des assignats, prononcé à la séance du 3 septembre 1790 de la Société des amis de la constitution, par M. Goudet-Deslandes, membre de cette Société, en sa qualité d'affilié, substitut de M. le procureur général du parlement de Bourgogne, électeur et confédéré du département de la Côte-d'Or . . 256

XLI. — Opinion relative à l'opération des assignats, prononcée le 5 septembre 1790, dans la Société des amis de la constitution de Paris, par M. Coquéau, membre de cette Société et de celle du serment du Jeu de Paume 276

XLII. — Adresse de la Société des amis de la constitution de Paris aux Sociétés qui lui sont affiliées, 10 septembre 1790. (Sur les désordres qui avaient eu lieu dans l'armée.) 283

XLIII. — Lettre du président de la Société des amis de la constitution de Paris (Dubois-Crancé) à celle de Brest, 22 septembre 1790. (A propos des intrigues des membres de l'Assemblée coloniale de Saint-Domingue, récemment arrivés à Brest.) 287

XLIV. — Éloge de M. Loustallot, prononcé devant la Société des amis de la constitution, par Camille Desmoulins, septembre 1790 288

XLV. — Considérations particulières sur les inconvénients des entrées des villes, lues à la Société des amis de la constitution par M. Lulier, membre de cette Société, homme de loi, citoyen de la section Mauconseil, septembre 1790 298

Octobre 1790.

XLVI. — Séance du 1er octobre 1790, d'après *l'Orateur du peuple*, n° 51. (Débat sur les troubles de Montauban.) 301

XLVII. — Séance du 6 octobre 1790, d'après la *Chronique de Paris* du 9 octobre 1790. (Rentrée de Mirabeau au Club des Jacobins.) . . . 302

XLVIII. — Discours prononcé à la Société des amis de la constitution, le 6 octobre 1790, sur les impositions, par un de ses membres (Constantini); et imprimé avec l'approbation de la Société 302

XLIX. — Autre discours prononcé par M. Constantini à la Société des amis de la constitution de Paris, le 6 octobre 1790, sur cette question : *L'impôt foncier doit-il être payé en nature ou en argent ?* et imprimé avec l'approbation de la Société 316

L. — Adresse de la Société des amis de la constitution de Paris aux Sociétés qui lui sont affiliées, sur l'importance des bons choix dans l'élection des juges, 10 octobre 1790 322

LI. — Séance du 22 octobre 1790, d'après le duc de Chartres. (Le duc de Chartres demande à devenir membre du Club.) 325

LII. — Requête présentée à l'Assemblée nationale par Reine-Louise Audu, accusée dans l'affaire des 5 et 6 octobre, détenue ès-prisons du

Châtelet, lue à la Société des amis de la constitution, le 24 octobre 1790 326

LIII. — Prospectus d'une souscription civique proposée aux Amis de la constitution (par DUBOIS-CRANCÉ), pour l'exécution d'un tableau de trente pieds sur vingt, représentant le serment fait à Versailles, dans un jeu de paume, par les députés des communes, le 20 juin 1789, du 28 octobre 1790 330

LIV. — Séance du 28 octobre 1790, d'après *le Patriote français* du 29 octobre 1790. (Dénonciation de deux régiments en garnison à Belfort, qui sont accusés d'incivisme.) 336

LV. — Lettre de la Société des amis de la constitution de Paris à celle de Brest (pour la féliciter d'avoir rétabli la discipline et la tranquillité dans l'escadre), 28 octobre 1790 336

LVI. — Adresse de la Société des amis de la constitution de Paris aux Sociétés qui lui sont affiliées, sur la nécessité du payement de l'impôt, octobre 1790 338

LVII. — Pamphlet. Mort de M. VOMEL, membre de l'Assemblée des Jacobins, en faisant le rapport d'une contre-révolution 342

Novembre 1790.

LVIII. — Séance du 1er novembre 1790, d'après le duc de Chartres. (Réception et discours du duc de Chartres aux Jacobins.) 344

LIX. — Séance du 3 novembre 1790, d'après le duc de Chartres. (Le duc de Chartres est nommé membre du Comité des présentations.) ... 345

LX. Discours prononcé à la Société des amis de la constitution par Messieurs les députés extraordinaires du département de la Corse (pour protester de leur fidélité à la France et annoncer la fondation d'une Société des amis de la constitution en Corse), le 5 novembre 1790, imprimé par ordre de la Société des amis de la constitution. (Signé : POZZO DI BORGO.) 346

LXI. — Observations sur le tarif d'imposition considéré en lui-même et relativement à Paris, surtout dans sa progression et son rapport avec le commerce, imprimées par ordre de la Société des amis de la constitution où elles ont été lues, le 5 novembre 1790, par M. JEAN-JACQUES THOMAS, membre de cette même Société et soldat citoyen de la section des Lombards 347

LXII. — Procès-verbal de l'Assemblée nationale, séance du 6 novembre 1790. (Les Jacobins se présentent à la barre et demandent à l'Assemblée de veiller à la conservation de l'édifice du Jeu de Paume et d'agréer d'avance l'hommage du tableau projeté par David.) 364

LXIII. — Séance du 9 novembre 1790, d'après le duc de Chartres. (Le duc de Chartres est nommé censeur. Débat sur le projet de la maison militaire du roi.) 367

TABLE DES MATIÈRES

Pages.

LXIV. — Discours de Charles Villette au Club des Jacobins, d'après la *Chronique de Paris* du 12 novembre 1790. (Il demande que le corps de Voltaire soit transporté à Sainte-Geneviève.) 367

LXV. — Séance du 11 novembre 1790, d'après le duc de Chartres. (Présentation de diverses personnes.) 369

LXVI. — Discours prononcé au Club des Jacobins par un curé électeur du district de Melun (l'abbé Romain Pichonnier), 14 novembre 1790. . 374

LXVII. — Séance des Jacobins du 16 novembre 1790, d'après Carra. Calomnie des sieurs Boyer et Cerizier, auteurs de la *Gazette universelle*, contre la Société des amis de la constitution de Paris 374

LXVIII. — Société des amis de la constitution. Extrait du procès-verbal de la séance du 15 novembre, l'an deuxième de la liberté. (Affaire Gerdret.) 375

LXIX. — Pamphlet. Les Jacobins dénoncés aux citoyens, aux trois régiments de troupes de ligne, formés de la garde nationale du centre, à la gendarmerie à pied et à cheval, à la garde nationale bourgeoise, aux dix-huit cents gardes de la Maison du roi et aux ci-devant gardes-françaises, novembre 1790. 379

LXX. — Séance du 19 novembre 1790, d'après le duc de Chartres. (Débat sur la Société philanthropique.) 380

LXXI. — Séance du 20 novembre 1790, d'après le duc de Chartres. (Débat sur les cartes d'entrée.) 381

LXXII. — Séance du 22 novembre 1790, d'après *le Patriote français* du 23 novembre 1790. (Réception des députés de l'Assemblée du nord de Saint-Domingue.) 381

LXXIII. — Séance du 25 novembre 1790, d'après le duc de Chartres. (Débat sur la Société des amis de la constitution de Foix.) 382

LXXIV. — Séance du 26 novembre 1790, d'après le *Journal des Clubs*. (Adresse d'un curé qui voudrait qu'on permit aux prêtres de se marier.) 382

LXXV. — Séance du 26 novembre 1790, d'après le duc de Chartres. (Affaire de la lettre de M. Mecke.) 386

LXXVI. — Extrait d'un discours prononcé à la tribune de la Société des amis de la constitution de Paris, par M. Stouam, membre de cette Société, le 28 novembre 1790, en réponse aux assertions de M. Carra, sur la position actuelle de la Belgique 387

LXXVII. — Discours prononcé le 28 novembre, l'an deuxième, à la Société des amis de la constitution, par F. Jaucourt, président de la Société de Melun, à la tête d'une députation. 389

LXXVIII. — Débats aux Jacobins sur le Cercle social, novembre 1790, d'après Camille Desmoulins 392

LXXIX. — Discours de M. Honoré Mirabeau, élu président de la Société des amis de la constitution, le 30 novembre 1790, d'après le *Journal des Amis de la constitution*. 398

Décembre 1790.

LXXX. — Séance du 2 décembre 1790, d'après le duc de Chartres. (Débat sur le Club des gardes nationales, etc.) 399

LXXXI. — Lettre de la Société des amis de la constitution établie à Paris, en réponse à une lettre du Club se disant la Société des gardes nationaux des départements de France, 3 décembre 1790 400

LXXXII. — Séance du 3 décembre 1790, d'après le duc de Chartres. (Débat sur l'âge d'admission au Club.) 403

LXXXIII. — Séance du 6 décembre 1790, d'après Camille Desmoulins. (Débat sur l'admission des citoyens non actifs dans la garde nationale.) 403

LXXXIV. — Discours prononcé le 12 décembre, l'an deuxième de la liberté, à la Société des amis de la constitution de Paris, par M. Dumas, membre de la Société de Corbeil, à la tête d'une députation. (Il veut qu'on instruise le peuple, afin qu'il ne se laisse plus égarer par les discours des partisans de l'ancien régime.) 406

LXXXV. — Séance du 15 décembre 1790, d'après *l'Orateur du peuple*. (Rentrée de Barère aux Jacobins. Discours de Mirabeau contre La Fayette.) 407

LXXXVI. — Séance du 17 décembre 1790, d'après le *Journal des Clubs*. (Débat sur La Fayette.) 408

LXXXVII. — Discours sur la liberté du théâtre, prononcé par M. DE LA HARPE, le 17 décembre 1790, à la Société des amis de la constitution, 409

LXXXVIII. — Lettre de la Société des amis de la constitution aux Sociétés qui lui sont affiliées, 18 décembre 1790. (La Société annonce qu'elle forme un groupe bien distinct de la *Confédération générale des amis de la vérité*.) 420

LXXXIX. — Lettre de la Société des amis de la constitution aux Sociétés qui lui sont affiliées, 18 décembre 1790. (Elle envoie et recommande l'adresse de GROUVELLE contre le duel.) 421

XC. — Séance du 19 décembre 1790, d'après le *Journal des Clubs*. (Débats sur les affaires de Lyon, etc.) 422

XCI. — Discours prononcé à la Société des amis de la constitution, par M. LE BRAS, officier de la garde nationale, à la tête d'une députation du bataillon du Val-de-Grâce, le 19 décembre, l'an deuxième. (Ces soldats s'engagent à marcher au premier signal contre l'ennemi.) 425

XCII. — Séance du 22 décembre 1790, d'après le *Journal des Clubs*. (Débat sur le projet de former une armée nationale composée de volontaires.) 427

XCIII. — A Messieurs les président et membres de la Société des amis de la constitution à Paris. (Les députés extraordinaires d'Haguenau appellent l'attention de la Société sur les troubles de cette ville.) ... 429

XCIV. — Séance du 24 décembre 1790, d'après le *Journal des Clubs*.

	Pages.
(Débat sur les affaires de Lyon.)	430
XCV. — Séance du 24 décembre 1790, d'après le duc de Chartres. (Débat sur une prétendue conspiration des poudres.)	431
XCVI. — Séance du 25 décembre 1790, d'après le *Journal des Clubs*. (Débat sur les affaires de Brabant.)	431
XCVII. — Opinion de M. Curry, avocat, membre de la Société des amis de la constitution, sur cette question : *A qui doit-on déléguer l'accusation publique ?* (25 décembre 1790)	433
XCVIII. — Discours de M. Le Monnier, à l'assemblée des Amis de la constitution, séante aux Jacobins, 25 décembre 1790. (Dénonciation contre le Club monarchique.)	437
XCIX. — Une séance du Club, d'après *le Patriote français* du 29 décembre 1790. (Conduite civique d'un curé.)	440
C. — Discours de M. l'abbé Chambon, député des Amis de la constitution de Perpignan, au Club des Jacobins de Paris, décembre 1790. (Sur les troubles de Perpignan.)	441
CI. — Pamphlet. Grande dénonciation au Club des Jacobins contre un projet de contre-révolution, décembre 1790	447
CII. — Pamphlet. Observations impartiales d'un jacobite (décembre 1790)	449
CIII. — Coup d'œil rapide sur le payement des rentes ou abrégé d'un discours prononcé au Club des amis de la constitution.	454
CIV. — Pamphlet. Grande dénonciation d'une conspiration faite contre le Club des Jacobins par les perruquiers	457
CV. — Pamphlet. Plaintes amères et justes de l'auguste et patriotique Club des Jacobins au bon peuple de Paris.	459
CVI. — Pamphlet. Grande colère de Mme Chti-Chti contre un patriote jacobin	463
CVII. — Pamphlet. Adresse des chevaux de fiacre au Club des Jacobins.	468
CVIII. — Pamphlet. Dialogue très vif entre un Jacobin et un fort de la halle qui a converti l'honorable membre.	471
CIX. — Pamphlet. Grande motion de M. de Chartres au Club des amis de la constitution, en faveur des artistes, peintres, sculpteurs et graveurs de Paris.	474
CX. — Pamphlet. Non, ils n'aiment pas la constitution.	478
CXI. — Pamphlet. Réception du père Duchêne au célèbre Club des Jacobins et le discours bougrement patriotique qu'il a prononcé.	481

PHOTOGRAVURES

Vignettes employées par les Jacobins en tête de leurs manuscrits et de leurs imprimés.	xxiii
Une séance de la Société des amis de la constitution dans la bibliothèque du couvent des Jacobins. — Hors texte, entre les pages xxiv et	xxv

ERRATA

Pages LXIV et LXXX, au lieu de *Moreton-Chabrillant*, lire *Moreton-Chabrillan*.
Page CIII, l. 24, au lieu d'*Histoire des Jacobins*, lire *Histoires des Jacobins*.
Page 99, l. 15, au lieu de *servi*, lire *sevré*.
Page 141, avant-dernière ligne, au lieu de *Lepelletier Saint-Fargeau*, lire *Le Peletier Saint-Fargeau*.
Page 153, dernière ligne, au lieu de 31 *juin*, lire 21 *juin*.
Page 199, ligne 8, au lieu de *mercredi*, lire *vendredi*.

A PARIS

DES PRESSES DE D. JOUAUST

Rue de Lille, 7

—

M DCCC LXXXIX

COL

Documents relatifs à

PENDANT LA RÉVOLUTIO

Publiée sous le patronage du Conse

I™ SÉRIE

(Délibération du Conseil municipal du 29 avril 18

OUVRAGES PARUS :

Les Élections et les Cahiers de Paris, par Ch. L. CHASSIN. — 4 volumes.

L'État de Paris en 1789, par H. MONIN. — 1 volume.

La Société des Jacobins, par F.-A. AULARD. — Tome I.

OUVRAGES EN COURS :

La Société des Jacobins, par F.-A. AULARD. — Tomes II et suivants.

Actes de la Commune de Paris pendant la Révolution, par L. FAUCOU.

Personnel municipal de Paris pendant la Révolution, par Paul ROBIQUET.

Procès-verbaux de l'Assemblée électorale de 1790-1791, par J. GUIFFREY.

Élections de Paris, de 1792 à 1800. Députés de Paris, de 1789 à 1800, par Étienne CHARAVAY.

Contraste insuffisant
NF Z 43-120-14

www.ingramcontent.com/pod-product-compliance
Lightning Source LLC
Chambersburg PA
CBHW071931240426
43668CB00038B/1137